suhrkamp taschenbuch
wissenschaft 2062

AF138000

Welche Rolle spielen Werte in den Wissenschaften? Diese Frage bildet den Kern des Werturteilsstreits, einer der nachhaltigsten Debatten der Wissenschaftsphilosophie und Sozialphilosophie. Nach einem ersten Höhepunkt in den 1960er und 1970er Jahren wurde in jüngster Zeit eine Reihe neuer Ansätze zu diesem Thema entwickelt. Der Band präsentiert neue Aufsätze zum Werturteilsstreit, zum Teil in deutscher Erstübersetzung, sowie historische Schlüsseltexte der Debatte. Er bietet einen umfassenden Überblick über eine der wichtigsten Fragen der Wissenschaft.

Gerhard Schurz ist Professor für Theoretische Philosophie an der Heinrich-Heine-Universität Düsseldorf.

Martin Carrier ist Professor für Philosophie mit Schwerpunkt Wissenschaftsphilosophie an der Universität Bielefeld.

Werte in den Wissenschaften

Neue Ansätze
zum Werturteilsstreit

Herausgegeben von
Gerhard Schurz
und Martin Carrier

Suhrkamp

Bibliografische Information der Deutschen Nationalbibliothek
Die Deutsche Nationalbibliothek verzeichnet diese Publikation
in der Deutschen Nationalbibliografie;
detaillierte bibliografische Daten sind im Internet
über http://dnb.d-nb.de abrufbar.

suhrkamp taschenbuch wissenschaft 2062
Erste Auflage 2013
© Suhrkamp Verlag Berlin 2013
Umschlag nach Entwürfen
von Willy Fleckhaus und Rolf Staudt
Druck: Druckhaus Nomos, Sinzheim
Printed in Germany
ISBN 978-3-518-29662-2

Inhalt

Gerhard Schurz und Martin Carrier
Einleitung und Übersicht

Der Werturteilsstreit kreist um die Frage der Wertfreiheit versus Wertbezogenheit der Wissenschaften. Er bildet eine der zentralen und nachhaltigsten Debatten der Wissenschaftsphilosophie und Sozialphilosophie. Der *erste* und richtungsweisende *Werturteilsstreit* fand zwischen 1913 und 1917 statt, prominent angeführt durch Max Weber, der die Wertneutralität der Sozialwissenschaften gegenüber den so genannten »Kathedersozialisten«, namentlich Gustav Schmoller, verteidigte. Ein *zweiter Werturteilsstreit* ereignete sich im deutschen Sprachraum in den 1960er und 1970er Jahren, im Zuge und in der Nachfolge des *Positivismusstreites*. Mittlerweile kann man von einem *dritten Werturteilsstreit* sprechen, der insbesondere in den letzten zwei Jahrzehnten in der englischsprachigen Philosophie stattfand und in dessen Verlauf teils bekannte, teils neuartige Einwände gegen die Wertneutralität vorgebracht wurden, denen die Verteidiger der Wertneutralität mit teils ebenfalls neuartigen Argumenten entgegentraten.

Anders als die beiden ersten Werturteilsdebatten ist diese dritte Kontroverse im deutschen Sprachraum wenig bekannt. Diesem Mangel möchten die Herausgeber mit diesem Band abhelfen. Er enthält Übersetzungen von wichtigen jüngeren Arbeiten zum Werturteilsstreit, zusammen mit den zentralen historischen Ausgangspunkten der Debatte, dazu passenden Neubeiträgen und einer Einleitung, die dem Leser die nötige Übersicht vermittelt. Auf diese Weise soll dieser Sammelband nicht zuletzt als Seminargrundlage dienen.

Der *erste Teil* des Bandes enthält »klassische« Ausgangspunkte der Werturteilsdebatten. Er beginnt mit der Schrift Max Webers von 1917, die den ersten Werturteilsstreit einleitete. Weber bezieht darin Stellung gegen die Proponenten von »Kathederwertungen«, vor allem gegen Gustav Schmoller, der die Auffassung vertrat, die Sozialwissenschaft solle sittliche Werturteile vom Katheder aus, also mit der Autorität des Wissenschaftlers verkünden. Dem hält Weber energisch entgegen, dass Objektivität in der Wissenschaft nur erreicht werde könne, wenn die Wissenschaftler sich auf deskriptive

Tatsachenaussagen beschränken und sie von ihren Werteinstellungen klar trennen. Denn Werturteile sind weder rein logisch noch durch die Erfahrungstatsachen wissenschaftlich begründbar, sondern entspringen subjektiven menschlichen Intuitionen, Interpretationen und Weltanschauungen.

Weber führt daraufhin seinen Lesern die konsequente Anwendung der Wertfreiheitsforderung vor, wenn er die wissenschaftslogische Tatsache, dass Werturteile nicht durch Erfahrung und Logik begründbar sind, sorgfältig unterscheidet von der politischen Frage, ob denn Werturteile vom Katheder aus, also von akademischen Lehrern unterrichtet werden sollen. Auch diese Frage, so Weber, ist letztlich nicht streng wissenschaftlich, sondern nur politisch entscheidbar. Wenn man jedoch die Verkündung von Werturteilen vom Katheder aus für legitim hält, so sei es eine unerlässliche Minimalforderung zur Wahrung wissenschaftlicher Objektivität, dass die Hochschullehrer ihre sachlichen Urteile von ihren Werturteilen strengstens trennten, um dem ungeschulten Hörer nicht ihre eigene Weltanschauung im Schafspelz von Sachurteilen einzuflößen.

Bemerkenswerterweise war die (aus dem religiösen Zeitalter herrührende) Ansicht, dass es auch im Gebiet der Werturteile objektive Wahrheiten gebe, Weber zufolge bereits damals seit etwa 40 Jahren überholt. Es war eher das Persönlichkeitsrecht des Lehrers und die Forderung des Einbezugs von Kulturwerten im Unterricht, in deren Namen Kathederwertungen gutgeheißen wurden. Weber sieht dagegen im Gebrauch des Katheders als Kanzel für Predigten politischer Ideologie einen Missbrauch der vor politischer Einflussnahme geschützten Sphäre der Universität – ein Schutz, der ja auch von Vertretern von Kathederwertungen gutgeheißen werde. Weber kommt zu dem Schluss, dass die Propagierung von Werturteilen im akademischen Unterricht, falls sie von Sachurteilen deutlich getrennt bleibe, eine zwar mögliche, aber keine empfehlenswerte politische Richtlinie sei, denn das primäre Ziel des Hochschulunterrichts sei die Befähigung der Studierenden zu sachlicher Urteilskraft. Aber auch aus der Sicht der Persönlichkeitsentwicklung der Studierenden sei Wertneutralität ein Vorzug, da damit die essenziellen Wertentscheidungen dem jungen Menschen selbst überlassen würden, anstatt sie ihm unter pseudowissenschaftlichem Vorzeichen abzunehmen.

Weber nimmt noch einige weitere Differenzierungen vor und

klärt Missverständnisse auf. So macht er deutlich, dass das wissenschaftliche Wertfreiheitsgebot nur praktische Wertungen betreffe (heute auch »externe« oder »außerepistemische« Werte genannt), während der wissenschaftsinterne Wert der Wahrheitssuche davon nicht betroffen sei. Abschließend stellt Weber klar, dass die Wertfreiheitsforderung nicht impliziere, dass praktische Wertungen in den Wissenschaften keine Rolle spielen oder Wissenschaft nicht praktisch wertvoll sein könne. Erstens sei es die Aufgabe des Sozialwissenschaftlers, das faktisch gegebene Wertesystem von Gesellschaften wertfrei zu erforschen und wiederzugeben, ohne es damit teilen zu müssen. Zweitens könnten Wissenschaftler mit logischen Mitteln allgemeinste Wertaxiome rekonstruieren und die daraus logisch folgenden Werturteile herausarbeiten. Und drittens sei es die Aufgabe der praktisch angewandten Wissenschaft, die Mittel zur Realisierung gegebener Zwecksetzungen zu erforschen sowie auf mögliche Nebenwirkungen und Risiken hinzuweisen.

Prototypisch für die Gegenposition zur wissenschaftlichen Wertneutralität, die im Positivismusstreit beziehungsweise zweiten Werturteilsstreit von Vertretern der Kritischen Theorie entwickelt wurde, ist die Schrift »Erkenntnis und Interesse« von Jürgen Habermas aus dem Jahre 1965. Dieser entwirft darin eine flächendeckende Einteilung von Wissenschaftsdisziplinen beziehungsweise Erkenntnisweisen in drei Haupttypen, denen drei unterschiedliche, zwar sehr allgemeine, aber dennoch praktische Erkenntnisinteressen zugeordnet werden. Das Erkenntnisinteresse der *empirisch-analytischen* Wissenschaften ist erfolgskontrolliertes Handeln und die technische Verfügung über vergegenständlichte Naturprozesse; das der *historisch-hermeneutischen* Wissenschaften ist dagegen Sinnverstehen und die Erzielung von Intersubjektivität und praktischem Konsens. An beiden Typen von Wissenschaften kritisiert Habermas die in ihren Traditionen dominierende Auffassung des Vorliegens objektiver Tatsachen – hier Erfahrungstatsachen und dort Kulturtatsachen – als Schein einer subjektunabhängigen Objektivität, die durch Reflexion des Erkenntnissubjekts auf die es konstituierenden Erkenntnisbedingungen überwunden werden muss.

Dieses kritisch-reflexive Moment kommt in den Wissenschaften des dritten Typs explizit zur Geltung, nämlich den *kritischen Sozialwissenschaften*. Durch Reflexion auf seine eigene Bedingtheit vermag sich das Erkenntnissubjekt aus seinen Abhängigkeiten zu befreien und damit zur Befreiung der Gesellschaft von Gewaltverhältnissen beizutragen. Das den kritischen Sozialwissenschaften zugrunde liegende Erkenntnisinteresse ist somit ein emanzipatorisches: das Interesse an der Beseitigung von Unterdrückungs- und Gewaltverhältnissen.

Im Schlussteil seiner Schrift arbeitet Habermas die seiner Ansicht nach bestehende Dialektik von Ideologiekritik und Objektivität heraus. Ideologiekritik ist die Aufdeckung von verdrängten oder verdeckten Interessenbindungen. Durch solches Gewahrwerden kann sich das Erkenntnissubjekt von partikularen Interessensbindungen befreien und damit in Richtung Objektivität oder Intersubjektivität bewegen; durch ebendieses Gewahrwerden begreift das Erkenntnisubjekt schlussendlich aber auch seine Letztbindung an oberste erkenntnisleitende Interessen und damit die praktische Konstitution von theoretischer Objektivität. Eine Ausnahme davon bildet nach Habermas jedoch das »Interesse an Mündigkeit«, welches a priori einsehbar und daher theoretisch gewiss sei.

Nach den Schriften von Weber und Habermas als zwei »Speerspitzen« des ersten und zweiten Werturteilsstreites liefert der Beitrag von Hans-Joachim Dahms die nötige Orientierung über die Geschichte dieser beiden Perioden des Werturteilsstreits und ihrer Auswirkungen bis in die Gegenwart. Beginnend mit dem ersten Werturteilsstreit geht er auf die Zunahme von Kathederwertungen in der Zeit des Wilheminischen Kaiserreiches ein, bespricht aber auch Webers Wertfreiheitsforderung im Kontext der Debatte um die angemessenen Indikatoren von »Volkswohlstand« bis hin zum eminenten Gewicht von Werturteilen in der aufkommenden »Eugenik«, die von Weber als pseudowissenschaftliche Ideologie bekämpft wurde.

Wie Dahms klarstellt, ist die in der Philosophie in den USA häufig anzutreffende Vorstellung, die Wertfreiheitsforderung gehe auf den *logischen Empirismus* des Wiener Kreises in den 1930er Jahren zurück, überwiegend auf eine Unkenntnis des ersten (deutschsprachigen) Werturteilsstreits zurückzuführen. In diesem Zusammenhang behandelt er ausführlich die Ansichten zur Rolle von Werten im logischen Empirismus, um diese Ansichten dann jenen von Karl Popper und anderen Vertretern des *kritischen Rationalismus* gegenüberzustellen. Während die Vertreter der kritischen Theorie beide Strömungen (den logischen Empirismus wie den kritischen

Rationalismus) als »Positivismus« etikettierten, arbeitet Dahms die entscheidenden Unterschiede zwischen beiden heraus. Beide Positionen knüpfen zwar an Max Weber an, doch in der Philosophie des logischen Empirismus, insbesondere bei Otto Neurath und Rudolf Carnap, bildet sich eine zunehmend nicht-kognitive Auffassung von Werten heraus, der zufolge Werte kognitiv sinnlos oder jedenfalls rational unbegründbar sind. Karl Popper und Hans Albert hingegen – von Theodor W. Adorno und Jürgen Habermas als Positivismusvertreter angesehen – grenzten sich in dieser Hinsicht vom Positivismus ab und vertraten eine kognitivistische Auffassung von Werturteilen. Popper entwickelte in seinem Buch über die *Offene Gesellschaft* sogar eine rudimentäre humanistische Ethik, in der die Offenheit der Gesellschaft für die kritische Diskussion von Werturteilen – nach dem Muster der Offenheit von Wissenschaften gegenüber falsifizierbaren Hypothesen aller Art – eine zentrale Rolle spielt. Andererseits wiederum, so Dahms, räumte Habermas in der Formulierung des »technischen Verfügungsinteresses« den Naturwissenschaften ein hohes Maß an Interessensungebundenheit ein, sodass von einer gewissen Konvergenz der Standpunkte gesprochen werden kann.

Am Schluss seines Beitrages kommt Dahms auf die vieldiskutierte Polemik von Leo Strauss in den 1950er Jahren gegen Webers Wertfreiheitsforderung zu sprechen, die in dem von Hans Albert und Ernst Topitsch herausgegebenen Band *Werturteilsstreit* von 1971 (ein späterer Kompagnon des *Positivismusstreits*) abgedruckt wurde und die es an Radikalität mit den radikalen Wertfreiheitsgegnern in der US-amerikanischen Debatte durchaus aufnehmen kann. Das Argument von Strauss, dem zufolge man über brisante soziale Vorgänge wie etwa nationalsozialistische Judenverfolgung oder Prostitution unmöglich sprechen könne, ohne Werturteile zu gebrauchen, findet sich in ähnlicher Form (jedoch nicht bezogen auf Prostitution, sondern auf Vergewaltigung) im Beitrag von John Dupré in diesem Band. Dahms versucht diese Sichtweise durch ähnlich kraftvolle Gegenargumente zu widerlegen.

Der vierte Beitrag von Richard Rudner aus dem Jahre 1953 verkörpert eine, wenn nicht *die* Initialzündung der englischsprachigen Werturteilsdebatte, die sich auch als dritter Werturteilsstreit bezeichnen lässt. Rudner entwickelt darin ein neuartiges Argument gegen die Auffassung, der wissenschaftliche Begründungsprozess sei frei von wissenschaftsexternen Werten. Obwohl Rudners Argument bereits in einigen früheren Arbeiten (zum Beispiel bei Richard Jeffrey oder C. West Churchman) auftaucht, hat es in der ihm von Rudner verliehenen Form erstmals weite Verbreitung gefunden. Das Argument beruht auf folgenden zwei Prämissen:

(1.) Die meisten wissenschaftlichen Hypothesen – insbesondere alle jene, welche Voraussagen über Unbeobachtetes implizieren – werden durch die Beobachtungstatsachen nicht mit Sicherheit als wahr erwiesen, sondern nur mit einer mehr oder minder hohen Wahrscheinlichkeit gestützt. Der Abstand dieser Wahrscheinlichkeit zur Sicherheit wird auch als das *Irrtumsrisiko* oder (nach Carl G. Hempel) als *induktives Risiko* bezeichnet. Dieses Risiko geht man ein, wenn man die betreffende Hypothese als wahr akzeptiert.

(2.) Eine Hypothese als wahr zu akzeptieren impliziert die Bereitschaft, ihr gemäß zu handeln. Die Höhe des akzeptablen Irrtumsrisikos muss daher die im Irrtumsfalle drohenden negativen Konsequenzen der Hypothesenakzeptanz mit den im Wahrheitsfalle erwarteten positiven Konsequenzen abwägen.

Da diese Konsequenzen praktischer Natur sind beziehungsweise sein können, sind zu ihrer Abwägung externe Wertungen erforderlich. Beispielsweise könnte ein Risiko von 1 % für die Annahme der Hypothese, ein Anschlusszug werde erreicht, noch akzeptabel scheinen, für die Annahme der Hypothese, ein Flugzeug sei absturzsicher, jedoch nicht mehr. Daraus scheint aber zu folgen, dass selbst die wissenschaftsinterne Hypothesenakzeptanz den Einschluss von externen Wertungen erfordert.

Das Rudnersche Argument wird in diesem Band von Heather Douglas verdichtet, und auch andere Beiträge beschäftigen sich damit. Schon vor Rudners Aufsatz wurde von Verteidigern der Wertneutralität, zum Beispiel von Richard Jeffrey, argumentiert, die Wissenschaftler sollten sich auf die Angabe der Irrtumsrisiken ihrer Hypothesen beschränken und die externe Bewertung den Wissensanwendern überlassen. Douglas und Wilholt weisen in diesem Band Jeffreys Vorschlag aufgrund der externen Überlegung zurück, dass die Wissensanwender von der Wissenschaft Information darüber erwarten, welche Hypothesen wahr sind. Rudner versucht dagegen die Undurchführbarkeit von Jeffreys Vorschlag durch ein raffiniertes epistemisches Argument zu zeigen: Er argumentiert, dass auch die bloße Angabe des Irrtumsrisikos einer Hypothese die Annahme der Wahrheit einer anderen Hypothese impliziert, nämlich der betreffenden Wahrscheinlichkeitshypothese. Damit wiederholt sich das Spiel der Abwägung von Irrtumsrisiken auf der nächsthöheren Stufe. Es scheint ein unendlicher Regress zu entstehen, auf den Gerhard Schurz in seinem Beitrag näher eingeht.

Die letzte der »klassisch« gewordenen Schriften des ersten Teils ist Carl G. Hempels Aufsatz über »Wissenschaft und menschliche Werte« aus dem Jahr 1960. Hempel, ein später Vertreter des logischen Empirismus, verteidigt zunächst eine wissenschaftstheoretisch verfeinerte Version der Wertneutralitätsthese. Danach erklärt er die fundamentale Rolle deskriptiver Wissenschaft zur Etablierung von instrumentellen Werturteilen, also von Mittelempfehlungen zur Erreichung von vorausgesetzten Zwecken. Anhand des Beispiels der toleranten Erziehung, die zu selbstständigeren Menschen führe als autoritäre Erziehung, zeigt Hempel auf, dass Zweck-Mittel-Beziehungen keine kategorischen Werturteile implizieren; denn dass einer toleranten Erziehung der Vorzug gegeben werden soll, folgt nur, wenn man das kategorische Werturteil akzeptiert, dass Kinder selbstständige Individuen werden sollen. Wie Hempel ausführt, sind kategorische Werturteile keiner erfahrungswissenschaftlichen Begründung fähig (wobei sich Hempel hier auf Weber bezieht). Weder lässt sich die »wahre Moral« aus der Bibel noch aus der Evolutionstheorie oder einer Studie über menschliche Bedürfnisse ableiten. Dies bedeutet jedoch keine Befürwortung einer »moralischen Anarchie«, wie Hempel am Schluss seines Aufsatzes ausführt, denn kategorische Werturteile sind zwar nicht empirisch begründbar, aber dennoch rational kritisierbar und revidierbar, womit er sich vom Nonkognitivismus absetzt.

Die von Hempel überzeugend vorgetragene Standardauffassung von Wertneutralität wird jedoch im Abschnitt 6 seines Aufsatzes modifiziert, wo Hempel das Rudnersche Argument des Einflusses von Werturteilen auf die rationale Akzeptanz von Hypothesen bespricht. Obwohl Hempel die These, dass sich unter den Akzeptanzgründen für eine Hypothese auch Werturteile befinden können, zunächst verneint, räumt er im nächsten Absatz ein, dass dies in einer »spezifischeren Weise« doch der Fall sei, und erläutert daraufhin das Rudnersche Argument im Kontext der Unterscheidung von *Regeln der Bestätigung* und *Regeln der Akzeptanz* von Hypothesen. Während Erstere die Wahrscheinlichkeit von Hypothesen bei gegebenen Evidenzen bestimmen und frei vom Einfluss von Wertungen seien, müssten Akzeptanzregeln auf das Irrtumsrisiko Rücksicht nehmen, das bei der Akzeptanz von unsicheren Hypothesen in Kauf genommen wird. Sind die Konsequenzen des Irrtumsrisikos von praktischer Art, so entscheiden externe Werte über die Annahme der Hypothese. In der reinen Forschung seien dagegen nur die epistemischen Werte für die Akzeptanz von Hypothesen maßgeblich.

Im ersten Beitrag des *zweiten Teils* widmet sich Heather Douglas dem Ausbau des Argumentes von Rudner und seiner Rekonstruktion durch Hempel. Douglas kommt zunächst auf ein Gegenargument von Ernan McMullin zu sprechen, dem zufolge Wissenschaftler zwar die mit Hypothesen verbundenen Irrtumsrisiken spezifizieren, sich aber nicht mit den Konsequenzen von irrtümlich akzeptierten Hypothesen und ihrer Bewertung befassen sollten. Dagegen macht sie geltend, dass die Wissensanwender von Experten sehr wohl Handlungsratschläge erwarten und Expertenmeinungen oft autoritativ verstehen. Daher sollten verantwortungsbewusste Wissenschaftler die Folgen eines möglichen Irrtums abschätzen und im Hinblick auf ihre Kosten bewerten. Dadurch, so Douglas, wird das Standard-»Externalitätsmodell« der Wertneutralität, dem zufolge nicht-epistemische Werte nur in externen Phasen des Wissenschaftsprozesses eine Rolle spielen, grundlegend unterhöhlt, denn nun fließen externe Werturteile direkt in den internen Begründungsprozess ein, der darüber entscheidet, welche Hypothesen akzeptiert werden.

Douglas macht daraufhin klar, dass der Einfluss externer Werturteile weitaus größer ist, als in bisherigen Interpretationen des Rudnerschen Argumentes angenommen wurde. Denn Akzeptanzentscheidungen finden nicht nur am Ende eines wissenschaftlichen Forschungsprozesses statt, nämlich bei der Entscheidung, welche Erklärungshypothese akzeptiert werden soll, sondern auch in vielen Zwischenstadien, zum Beispiel schon bei der Entscheidung für eine bestimmte Forschungsmethodik, der Auswahl eines experimentellen Designs usw. Alle diese kognitiven Entscheidungen involvieren ein Irrtumsrisiko, dessen Gewicht von Bewertungen abhängt, die auch externer Natur sein können. Den Einfluss von Werten bei der Wahl einer Forschungsmethodik erläutert Douglas ausführlich anhand des Problems der Festlegung eines statistischen *Signifikanz-*

niveaus, welches über Akzeptanz oder Zurückweisung von Zusammenhangshypothesen entscheidet. In der von Douglas untersuchten Fallstudie geht es um den Zusammenhang von Dioxinkonsum und Krebsrate bei Laborratten. Striktere Signifikanzstandards (also ein Signifikanzniveau von nur 1% statt der üblichen 5%) führen zur Reduktion falscher Positivbefunde, also zur Verringerung des Irrtumsrisikos bei der Akzeptanz der Hypothese, dass geringe Dioxindosen krebserregende Wirkung besitzen. Schwächere Signifikanzstandards (ein Signifikanzniveau von 5% und mehr) führen zur Reduktion falscher Negativbefunde, also der Verringerung des Irrtumsrisikos bei der Akzeptanz der Hypothese, dass geringe Dioxindosen nicht krebserregend sind. Bei gleich bleibendem Stichprobenumfang kann man nicht gleichzeitig beide Risikoarten herabsetzen und muss daher eine Abwägung treffen, die auch von externen Wertfaktoren abhängt. Strikte Signifikanzstandards bringen die Möglichkeit von unberücksichtigten kleinen Schäden und damit die Gefahr von politischer Unterregulierung mit sich; schwache Signifikanzstandards umgekehrt die Möglichkeit der Einstufung unbedenklicher Dosen als bedenklich und damit die Gefahr der politischen Überregulierung. Verschiedene Interessengruppen (zum Beispiel Dioxinproduzenten versus potenziell Geschädigte) wägen die beiden Risiken offenbar unterschiedlich ab, sodass die Wahl des »richtigen« Signifikanzniveaus, so Douglas, von externen Wertungen abhängt.

Der darauf folgende Beitrag von Wilholt behandelt dieselbe Problematik und geht wie Douglas von der Notwendigkeit kategorischer Werturteile bei der Akzeptanz von Hypothesen aus. Wilholt erläutert zunächst unterschiedliche Arten des Bias in der wissenschaftlichen und industriellen Forschung: *funding effect, diagnostic sensitivity bias* und *publication bias*. Daraufhin unterzieht er die beiden in Akzeptanzentscheidungen involvierten Risiken einer systematischen Betrachtung: das Risiko, eine falsche Hypothese fälschlicherweise zu akzeptieren, und das Risiko, eine wahre Hypothese fälschlicherweise zurückzuweisen. Das erste Risiko wird auch als das *Verbraucherrisiko* und das zweite als das *Produzentenrisiko* bezeichnet, was Sinn ergibt, wenn H eine Hypothese über einen vom Verbraucher erwünschten Sachverhalt ausdrückt, zum Beispiel die Unschädlichkeit einer Chemikalie oder die korrekte Beschaffenheit eines technischen Produkts. Wilholt argumentiert wie Douglas, dass eine Entscheidung über die »richtige Abwägung« zwischen beiden Risikoarten unvermeidlich Werturteile involviert.

Er schlägt jedoch eine andere Strategie als Douglas ein und greift den Vorschlag von Isaac Levi aus den frühen 1960er Jahren auf, rein erkenntnisinterne Bewertungen der Irrtumsrisiken vorzunehmen, also allein am Ziel gehaltvoller Wahrheiten orientierte Bewertungen. In Erweiterung des Levischen Ansatzes schlägt er eine aus sechs Werten bestehende *epistemische Kosten-Nutzenmatrix* vor: den Nutzen c und c' der Akzeptanz einer wahren beziehungsweise der Zurückweisung einer falschen Hypothese, der (meist negative) Nutzen e und e' der Zurückweisung einer wahren beziehungsweise der Akzeptanz einer falschen Hypothese, und schließlich der Nutzen k und k' der Urteilsenthaltung, wenn die Hypothese wahr beziehungsweise falsch ist. Unter den plausiblen Annahmen (i) $c > k > e$ und (ii) $c' > k' > e'$ ergeben sich daraus zwei von diesen sechs Werten abhängende Schwellenwerte $0 \leq z < a \leq 1$, sodass die Zurückweisung der Hypothese rational ist, wenn ihre Wahrscheinlichkeit $P(H)$ kleiner als z ist, die Akzeptanz rational, wenn $P(H) > a$, und die Urteilsenthaltung rational, wenn $z \leq P(H) \leq a$. Da jedoch die Höhe der sechs epistemischen Wertgrößen, abgesehen von den generellen Bedingungen (i) und (ii), nicht feststeht, sondern von kontextuellen und durchaus extern bedingten Präferenzen abhängen kann, kommt Wilholt zum Schluss, dass sein Entscheidungsmodell den möglichen Einfluss externer Wertungen zwar beschränkt, aber nicht ausschließt. Am Schluss seines Beitrages argumentiert Wilholt, dass die Variabilität epistemischer Nutzwerte in Wissenschaftsgemeinschaften durch Konventionen weiter eingeschränkt wird, und kommt in diesem Zusammenhang auf Maßnahmenkataloge und Standards der Biomedizin zu sprechen, durch die es in vielen Fällen erfolgreich gelingt, unerwünschte Einseitigkeiten und Werteinflüsse von erwünschten oder unvermeidlichen Werteinflüssen zu unterscheiden.

Der Beitrag aus der Feder der feministischen Wissenschaftsphilosophin Helen Longino enthält die in diesem Band wohl stärkste Form der Befürwortung einer aktiven Einflußnahme externer Werte auf den internen Wissenschaftsprozess. Dabei geht Longino von einer in der gegenwärtigen Wissenschaftstheorie verbreiteten Konzeption der vergleichenden Bewertung und Akzeptanz von Theorien aus, nämlich der Konzeption von *superempirischen* Werten (oder

Tugenden). Longinos Ausgangspunkt ist das auf Willard V. O. Quine und Pierre Duhem zurückgehende Argument der Unterbestimmtheit von Hypothesen durch empirische Daten. Danach tritt in der Wissenschaft oftmals der Fall auf, dass mehrere alternative Hypothesen oder Theorien empirisch gleich gut bestätigt sind. In solchen Situationen benutzen Wissenschaftler so genannte »superempirische« Kriterien, um unter den empirisch gleichwertigen Theorien einer den Vorzug zu geben.

Die wichtigsten traditionellen superempirischen Werte sind Einfachheit, explanatorische Vereinheitlichungskraft und Konsistenz mit bereits akzeptierten Hintergrundannahmen. Aus der Sicht traditioneller Wissenschaftstheorie handelt es sich dabei um epistemische Werte. Longino argumentiert jedoch, es könne nicht generell gezeigt werden, dass diese traditionellen superempirischen Werte die Wahrheitschancen der von uns akzeptierten Theorien erhöhen. Denn warum sollte die Wahrheit immer einfach sein? Und ist Verträglichkeit mit akzeptierten Hintergrundannahmen nicht eher ein Zeichen für Konservatismus als ein Indikator für Wahrheit? Aufgrund dieser schwer zu widerlegenden Argumente gelangt Longino zu der Schlussfolgerung, dass die traditionellen superempirischen Werte beziehungsweise »Heuristiken« keinerlei epistemische Vorzüge gegenüber »alternativen« Wertekatalogen für die Akzeptanz wissenschaftlicher Theorien besitzen. Warum sollte dann aber, so Longino, die Theorienwahl nicht auch aufgrund »alternativer« Werte – etwa aufgrund feministischer Werte, wie sie vorschlägt – erfolgen? Die feministischen Bewertungskriterien teilen sich mit den traditionellen zwar die empirische Adäquatheit, sehen aber nicht Einfachheit, Vereinheitlichung und Konsistenz mit Hintergrundtheorien als Merkmale bevorzugter Theorien an, sondern Neuartigkeit, ontologische Heterogenität, Komplexität und Wechselseitigkeit von Interaktionen sowie schließlich die Relevanz der Theorien für die Erfüllung menschlicher Bedürfnisse und die Dezentralisierung von Machtbeziehungen.

Longino veranschaulicht an mehreren Beispielen, wie ihrer Ansicht nach traditionelle Tugenden eher androzentrische (männerbegünstigende) und feministische Tugenden eher frauenbegünstigende Sichtweisen fördern. So trug der Wert der Einfachheit dazu bei, dass androzentrische Forscher das Gorillamännchen stellvertretend für die ganze Gorillagruppe ansahen oder stellvertretend für die gesamte US-Population Stichproben erhoben, die nur aus weißen Männern bestanden, wogegen der feministische Wert der Heterogenität dazu beitrage, das Gewicht auf die Unterschiede zwischen Gorillaweibchen und -männchen zu legen und heterogene Stichproben zu bevorzugen. Longino streicht schließlich die Subjektivität der besprochenen Wertsysteme heraus und weist darauf hin, dass es neben den traditionellen und den feministischen noch eine Vielzahl anderer »superempirischer« Wertekataloge gibt, die die Theorienwahl beeinflussen können. Sie spricht sich schlussendlich für einen durchgängigen Pluralismus von Auswahlkriterien für wissenschaftliche Theorien aus, in dem sich alle in der Gesellschaft vorhandenen Interessengruppen gleichermaßen wiederfinden sollten.

Der Beitrag von Noretta Koertge bezieht eine markante Gegenposition zu dem von Longino und anderen Wissenschaftskritikern vorgeschlagenen »politisierten« Wissenschaftsmodell. Sie beginnt ihren Aufsatz mit einer pikanten Replik auf die so genannten *Wissenschaftskriege*, also die scharfe Auseinandersetzung zwischen Befürwortern objektiver Wissenschaft und Wissenschaftskritikern aus den Reihen der Postmodernisten, Sozialkonstruktivisten oder Feministinnen. Letztere treten für eine durchgehende Politisierung der Wissenschaft ein, die es im Interesse einseitiger Machtausübung zwar immer schon gab, die nun aber, anders als bisher, proletarischer, frauennäher oder einfach gerechter sein solle. Obwohl in jüngerer Zeit, so Koertge, eine gewisse Konvergenz zwischen beiden Lagern der Wissenschaftskriege zu konstatieren sei, so seien die beiden Positionen in ihrem Kern doch so unterschiedlich und auch widersprüchlich, dass eine inhaltliche Konvergenz sehr schwierig erscheint. Im Folgenden erläutert Koertge die Unterschiede beider Positionen. Das traditionelle Modell von *Wissenschaft-als-Erklärung*, wie sie es bezeichnet, ordnet alle internen Bewertungskriterien dem Ziel unter, wahre gehaltvolle Erklärungen zu finden. Das bedeutet nicht – und Koertge beruft sich hier auf Popper –, dass dieses Modell nicht vereinbar wäre mit einem hohem Grad an sozialer Verantwortung, den die Wissenschaftler tragen. Neben der Erfüllung ihrer epistemischen Ziele müssten Wissenschaftler auch die praktischen Ziele der Anwender im Auge haben, um ihre Forschungsresultate möglichst nutzbringend in den Dienst der Gesellschaft stellen zu können. Koertge bezeichnet dieses von ihr favorisierte Wissenschaftsmodell als das *Erklärung-plus-Ethik*-Modell.

Das Gegenmodell hierzu ist das Modell von *Wissenschaft-als-Emanzipation* oder noch allgemeiner von *politisierter Wissenschaft*. Diesem zufolge ist der Einfluss externer Interessen oder nicht-epistemischer Werte auf die Wissenschaft ganz unvermeidbar und ihr Anspruch auf Objektivität somit ungerechtfertigt. Es geht in diesem Modell nicht darum, den bisherigen Einfluss von Ideologie auf die Wissenschaft zu beseitigen, sondern diesen durch den ideologischen Beitrag aus der politisch fortschrittlichen Richtung zu korrigieren. Koertge illustriert den Unterschied beider Positionen anhand markanter Beispiele. So würden Vertreter des objektiven Wissenschaftsmodells durchaus den Einfluss externer Interessen auf die Auswahl von Forschungsproblemen zulassen, seien dabei allerdings einem Pluralismus der möglichen Problemstellungen verpflichtet. Dagegen könnten Vertreter einer politisierten Wissenschaft so weit gehen, und sind in einigen Fällen auch tatsächlich so weit gegangen, die Untersuchung bestimmter Forschungsfragen, zum Beispiel über Intelligenzunterschiede zwischen unterschiedlichen Ethnien, zu untersagen oder stark zu behindern, weil die Ergebnisse solcher Forschung, selbst wenn sie wahr wären, politisch unerwünscht sind. Was den Begründungszusammenhang betrifft, haben Vertreter des politisierten Wissenschaftsmodells vorgeschlagen – und Koertge verweist dabei auf eine Arbeit von Longino –, dass es durchaus legitim sei, die Auswahl eines Erklärungsmodells zur Beziehung von Gehirn und Verhalten aufgrund politischer Verpflichtungen vorzunehmen.

Im Schlussteil versucht Koertge dem Leser vor Augen zu führen, dass das emanzipatorische Wissenschaftsmodell nicht nur praktisch undurchführbar, sondern auch selbstzerstörend ist. Es ist ihrer Ansicht nach praktisch undurchführbar, weil es unauflösbare Kontroversen darüber gebe, welche politischen Werte die »richtigen« beziehungsweise »fortschrittlichen« seien, nach denen konkurrierende Theorien ausgewählt werden sollten, insbesondere wenn man bedenkt, dass politische Werte von Kultur zu Kultur variieren. Selbstzerstörend wäre dieses Wissenschaftsmodell, weil eine ideologiegesteuerte Wissenschaft ihre epistemische Autorität und damit auch ihren Einfluss auf die Gesellschaft – der den Vertretern des emanzipatorischen Modells sehr wichtig ist – verlieren würde. Koertge tritt daher entschieden dafür ein, politische Erwägungen

aus dem wissenschaftlichen Begründungszusammenhang herauszuhalten.

Im ersten Beitrag des *dritten Teils* entwickelt John Dupré ein
neuartiges Argument gegen die Wertneutralität von Wissenschaft.
Es besagt, dass es in zumindest allen praktisch relevanten Kontexten unmöglich sei, den Tatsachengehalt von Behauptungen von ihrem Wertgehalt zu trennen. Dieses Argument ist aus der Metaethik
und der deutschsprachigen Wertfreiheitsdebatte durchaus bekannt.
Doch Dupré gibt dem Argument eine spezifische Pointe, wenn er
feststellt, dass er nicht die grundsätzliche *Trennbarkeit* von Tatsachengehalt und Wertgehalt bezweifelt. Vielmehr könne nach einer
solchen Abspaltung Wissenschaft keine praktischen Handlungsempfehlungen mehr abgeben, weil die Formulierung von Hand-
lungsgründen notwendigerweise wertgeladene Ausdrücke benöti-
ge. Duprés Hauptthese besagt also, dass eine auf rein deskriptive
Aussagen beschränkte Wissenschaft, die entsprechend auf externe
Wertaussagen verzichtet, sich vollends ihrer praktischen Relevanz
berauben würde.

Dupré erläutert seine These anhand zweier Beispiele. Sein ers-
tes Beispiel ist die Vergewaltigung von Frauen durch Männer.
Soziobiologen haben als Erklärungshypothese vorgeschlagen,
Vergewaltigung sei eine Strategie ressourcenschwacher Männer
in der Evolution des Homo sapiens gewesen, um sich Partnerin-
nen zur Fortpflanzung zu verschaffen, da Frauen ressourcenstarke
Männer als Väter ihrer Kinder vorzögen. Dupré kritisiert diesen
Ansatz zunächst aus empirischen Überlegungen, da die wahren
Ursachen gegenwärtiger Vergewaltigungen weniger in der Armut
der vergewaltigenden Männer als in ihrer gestörten Beziehung zu
Frauen lägen. Über diese deskriptive Kritik hinaus macht Dup-
ré geltend, dass, wer Vergewaltigung wertneutral als empirischen
Vorgang begreift, anstatt normativ als Verletzung der Rechte des
Vergewaltigungsopfers und damit als etwas von höchst negativem
Wert, einer begrifflichen Konfusion unterliege und nicht verstehe,
was er wirklich untersuche. Denn der Kern des alltagssprachlichen
Vergewaltigungsbegriffs sei normativ, weshalb eine rein deskriptive
Untersuchung von Vergewaltigung den Kern des Problems verfehle
– was, wie Dupré hinzufügt, nicht bedeutet, dass nicht auch der
empirischen Wissenschaft dabei eine wichtige Rolle zukommen
kann. Duprés zweites Beispiel betrifft den Begriff der Pareto-Op-

timalität aus der Ökonomie. Während der Begriff der »Optimalität« positive Wertschätzung suggeriert, beschreibt dieser Begriff lediglich eine Minimalforderung an eine soziale Verteilung. Es gibt sehr verschiedene pareto-optimale Verteilungen, die sehr ungerecht sein können. Im Gegensatz zum Beispiel der Vergewaltigung ist der normative Gehalt ökonomischer Konzepte (wie zum Beispiel Pareto-Optimalität) unterschwelliger Natur. Eine fortschrittliche Ökonomie sollte sich Dupré zufolge zu ihrer Normativität bekennen und beispielsweise Pareto-Optimalität im Kontext von Gerechtigkeitstheorien hinterfragen, anstatt ihre Normativität unter den Tisch zu kehren.

Der darauf folgende Beitrag von Gerald Doppelt entwickelt eine weitere, bisher ebenfalls noch nicht zum Zug gekommene Position in der Werturteilsfrage. Er argumentiert, Wissenschaft sei in der Tat wertrelativ, doch bei den Werten, von denen wissenschaftliche Methoden abhängen, handle es sich durchgehend um *epistemische Werte*. Abgesehen vom Wert der empirischen Adäquatheit, der in allen Wissenschaftsepochen maßgeblich ist, könnten sich die epistemischen Werte der Wissenschaft im Verlauf der Geschichte jedoch ändern und änderten sich auch. Die drei wichtigsten Funktionen superempirischer epistemischer Werte sind nach Doppelt (1) die Eingrenzung gewisser Phänomene eines Bereiches als diejenigen, die wissenschaftlich erfasst und erklärt werden sollen, (2) die Angabe von gewissen Merkmalen empirisch gehaltvoller Theorien, die epistemisch besonders erwünscht sind, wie zum Beispiel Voraussagen oder Kausalerklärungen, sowie (3) die Bevorzugung gewisser Arten des Schließens wie Deduktion, Induktion und Abduktion. Aus unterschiedlichen epistemischen Werten vom Typ (2) und (3) ergeben sich auch unterschiedliche Bestätigungsmaßstäbe für Theorien, zum Beispiel hinsichtlich akzeptabler empirischer Approximationsgrade.

Doppelt rechtfertigt seine epistemische Wertrelativitätsthese durch Bezug auf die Wissenschaftsgeschichte. Er argumentiert, sie sei die beste Erklärung von markanten wissenschaftshistorischen Paradigmenwechseln wie etwa des Übergangs von der Alchemie zur modernen Chemie. Während viele der neuen Effekte (zum Beispiel Massenverhältnisse), welche die modernen Chemie erklären konnte, von der Alchemie nicht wahrgenommen wurden, ignorierte umgekehrt die neue Chemie gewisse Phänomene (zum

Beispiel sinnliche Qualitäten), deren Erklärung ein Zentralanliegen der Alchemisten war. Doppelt räumt zwar ein, dass es auch einige universelle epistemische Werte gebe, wie empirischer Erfolg, Voraussagegenauigkeit, Kausalerklärung, Vereinheitlichung usw., und die Allgemeinheit dieser Werte gebe der neuzeitlichen Wissenschaftsentwicklung letztlich auch ihre Kontinuität. Doch die konkrete Gestalt dieser Werte – die akzeptierten empirischen Erfolgsstandards, die bevorzugten Kausalprinzipien, die gesuchten »Letztursachen« – unterliegt signifikanten historischen Veränderungen. Doppelt betont, dass damit seine Position keinem Relativismus zum Opfer fallen würde, da es rationale Gründe für die Revision von epistemischen Werten gibt. Er erwähnt als Beispiel den Übergang von der induktivistischen Schlussweise zur hypothetisch-abduktiven Methode, die der Theoriebildung in den physikalischen Wissenschaften besser gerecht wird. Andererseits können epistemische Wertänderungen auch von gesellschaftlichen Interessenverschiebungen bestimmt sein, insbesondere was die Festlegung der als erklärungsbedürftig angesehenen Phänomene betrifft. Abschließend hebt Doppelt hervor, dass die Erkenntnis der in wissenschaftliche Argumentationen involvierten epistemischen Werte dabei helfen kann, die versteckten Wertprämissen in scheinbaren Sachkontroversen ans Licht zu bringen – eine Frage, der er anhand der »richtigen« Definition von Stress im Zusammenhang mit der Aushebung eines Fluglotsenstreiks unter Ronald Reagan nachgeht.

Im Schlussbeitrag von Teil III entwickelt Gerhard Schurz eine verfeinerte Form der Wertneutralitätsforderung, die – wie er zu zeigen versucht – nicht nur den unterschiedlichen Einwänden gegen die Wertneutralität standhält, sondern auch dem emanzipatorischen Selbstbestimmungsinteresse aufgeklärter Menschen besser dient als politisierte Wissenschaft. Anknüpfend an Max Weber stellt er zunächst klar, dass Wertneutralität nicht bedeute, dass Werte in den Wissenschaften keine Rolle spielen. Die Schurzsche Wertneutralitätsthese fordert lediglich, dass *fundamentale* nicht-epistemische Werte für die Rechtfertigung wissenschaftlicher Hypothesen keine Rolle spielen dürfen. Wohl aber – darauf legt Schurz den Schwerpunkt seiner Argumentation – können und sollen aus deskriptiven wissenschaftlichen Hypothesen *abgeleitete* Werturteile gewonnen werden, und zwar in Form von Zweck-Mittel-Schlüssen: wenn diese oder jene Ziele angestrebt werden, sind diese oder jene Mittel erforderlich oder auch optimal. Die Wert-komponente solcher abgeleiteten Wertempfehlungen, darin liegt die Pointe der Argumentation, ist jedoch immer nur *hypothetischer* Natur, denn sie ist relativ zu vorausgesetzten kategorischen Fundamentalwerten, die von den Wissenschaftlern nicht wissenschaftlich begründet werden, sondern von den Wissensanwendern oder der Gesellschaft übernommen werden. Die erfahrungswissenschaftliche Unbegründbarkeit von kategorischen Norm- und Werturteilen wird von Schurz nicht als selbstverständlich vorausgesetzt, sondern erfährt eine tiefere logisch-metaethische Betrachtung im Rahmen seiner Untersuchungen zum *Sein-Sollen-Problem*.

Schurz versucht daraufhin zu zeigen, dass seine Konzeption von Wertneutralität – die nicht als »Wertfreiheit«, sondern als die Auffassung, dass wissenschaftliche Wert- und Handlungsempfehlungen nur im hypothetischen Sinne legitim sind, zu verstehen ist – einer Reihe von Einwänden zufriedenstellend Rechnung trägt. Auch für die Lösung des Problems des Irrtumsrisikos bei der Akzeptanz unsicherer Hypothesen setzt er die Idee hypothetischer Handlungsempfehlungen relativ zu hypothetisch gesetzten Zwecken des Wissensanwenders ein. Anhand realer Fallbeispiele wie des Problems der Entwarnung bei Erdbebenprognosen führt Schurz vor Augen, dass es in solchen Situationen unangebracht wäre, wenn die Experten durch kategorische Wertempfehlungen den Betroffenen oder den sie vertretenden Behörden die Entscheidung stellvertretend abnehmen wollten, angesichts eines quantitativ bezifferbaren Erdbebenrisikos weiter in den Häusern zu bleiben oder diese zu räumen. Dies würde den Wissenschaftlern eine Verantwortung aufbürden, die sie im Irrtumsfalle gar nicht tragen könnten. Schurz kommt in diesem Zusammenhang auf die hochproblematische Verurteilung von Erdbebenforschern anläßlich des Erdbebens in L'Aquila im Jahre 2009 zu sprechen. Er schließt daraus, dass kategorische Bewertungen nicht zum Geschäft des Wissenschaftlers gehören, dass aber Wissenschaftler dennoch die Aufgabe haben, den Betroffenen die Konsequenzen der Anwendung ihres Wissens relativ zu *unterschiedlichen* praktisch möglichen Zwecksetzungen möglichst umfassend vor Augen zu führen, ohne damit den Betroffenen die letztliche Wertentscheidung abzunehmen.

Der *vierte und letzte Teil* präsentiert abschließend drei Aufsätze zur Rolle von Werten im Kontext von wirtschaftlich subventionierter und industriegestützter Forschung. Der Beitrag von James R. Brown befasst sich mit der Erkenntnisqualität von Wissen, das in einer markt- und gewinnorientierten pharmazeutischen Industrie gewonnen wird. Es geht ihm um Wissen, das für die Behandlung von Krankheiten unmittelbar relevant ist, insbesondere um die Entwicklung neuer Medikamente. Im Fokus stehen dabei die klinischen Prüfungen solcher neuer Medikamente. Browns These lautet, dass medizinisches Wissen dieser Art unter den vorherrschenden Marktbedingungen nicht verlässlich ist, also unter schweren Erkenntnisdefiziten leidet.

Brown rückt dabei den (mehrfach bestätigten) Befund ins Zentrum, dass die Ergebnisse klinischer Prüfungen stark mit den wirtschaftlichen Interessen der betreffenden Geldgeber in Einklang stehen. Insbesondere offenbaren Analysen von vergleichenden Untersuchungen konkurrierender Medikamente verschiedener Hersteller, dass die Präparate desjenigen Unternehmens, das die betreffende Untersuchung in Auftrag gegeben hat, niemals schlechter bewertet werden als diejenigen der Konkurrenz.

Der Grund für solche interessengeleitete Einseitigkeit liegt für Brown in der tiefgreifenden Kommerzialisierung der Pharmaforschung. Diese führt zu einer großen Zahl von Verzerrungen in der Forschung, die zum Nachteil der Kranken ausschlagen. Nicht allein die Ergebnisse sind parteiisch, sondern auch die Forschungsagenda. Auf dieser überwiegen Themen, die zu patentierbaren Medikamenten führen können, während die Frage gar nicht mehr gestellt wird, ob bestimmte Änderungen der Lebensweise vergleichbar günstige Wirkungen erzielen könnten, ohne dabei hohe Kosten und Nebenwirkungen in Kauf nehmen zu müssen.

Ein zentraler wissenschaftsphilosophischer Punkt in diesem Zusammenhang ist, dass Forschungsansätze am besten dadurch bestätigt werden, dass sie gegen alternative Forschungsansätze bestehen und sich gegen diese durchsetzen müssen. In einer durchgehend kommerzialisierten Forschungspraxis herrscht dagegen in wesentlichen Fragen Einigkeit. So wird eben gerade nicht der Frage nachgegangen, ob bestimmte patentierbare Lösungen von Gesundheits- und Umweltproblemen nicht-patentierbaren Alternativen wirklich überlegen sind. Es liegt deshalb im Interesse einer Gesellschaft, die auf gut bestätigtes Wissen in solchen für das Leben höchst relevanten Bereichen angewiesen ist, Alternativen zur vorherrschenden

Industrieforschung zu kultivieren. Eine solche Förderung nicht-patentierbarer Gegenentwürfe kann aber naturgemäß nur durch die Öffentlichkeit erfolgen.

Ein weiteres Kennzeichen einer solchen durchkommerzialisierten Pharmaforschung ist die Verheimlichung von Nebenwirkungen sowie das Interesse von Pharmaunternehmen, solche Nebenwirkungen gar nicht zum Gegenstand der Forschung zu machen. In die gleiche Richtung weist, dass große Pharmakonzerne kurz vor dem Ablaufen des Patentschutzes eine Krankheit neu schaffen oder erfinden, gegen die eine inzwischen in die Jahre gekommene Arznei auch noch hilfreich eingesetzt werden kann. Das Motiv solcher kreativer Eingriffe in das medizinische Klassifikationssystem ist offenbar die Verlängerung des Patentschutzes. Browns zorniges und engagiertes Fazit lautet, dass privatwirtschaftlich organisierte Arzneimittelforschung den Patienten schadet und allein den Geldbeutel der Pharmaunternehmen füllt.

In der Abwägung zwischen einer strikt regulierten, aber privatwirtschaftlich organisierten Pharmaforschung und der Alternative einer sozialisierten oder staatlichen Forschung plädiert Brown für diese zweite Möglichkeit. Der maßgebliche Grund ist, dass die Gewinnorientierung in der Forschung trotz aller Regulierung eine einseitige Forschungsagenda erzeugt, die das Schwergewicht auf patentierbare Lösungen für Gesundheitsprobleme legt. Brown plädiert dafür, alle Patente in der medizinischen Forschung abzuschaffen und stattdessen die öffentliche Forschung finanziell angemessen auszustatten.

Es geht Brown nicht allein um moralische oder gesellschaftliche Werte, sondern um gute methodische Praxis – wodurch die Wissenschaftsphilosophie auf den Plan tritt. Denn es hat sich gezeigt, dass markante wirtschaftliche Interessen Forschungsergebnisse verzerren: Sie führen zu Einseitigkeit, Lückenhaftigkeit und fehlender kritischer Prüfung und verringern dadurch maßgeblich die Erkenntnisqualität der auf diese Weise gewonnenen Resultate. Brown vergleicht diese Situation mit der Entdeckung des Placebo-Effekts. Auch dieser ließ eine Verzerrung der Ergebnisse erkennen, die anschließend durch geeignete methodologische Vorkehrungen (wie Blindversuche) vermieden wurde. Ebenso soll der Beeinträchtigung der Erkenntnisqualität aufgrund finanzieller Interessen durch öffentliche Finanzierung medizinischer Forschung entgegengewirkt werden.

Martin Carrier geht es nicht spezifisch um medizinische Forschung, sondern um anwendungsorientierte Forschung generell. Aber auch er will Faktoren identifizieren, durch die Industrieforschung oder kommerzialisierte Forschung hinter den Anforderungen an gute wissenschaftliche Praxis zurückbleibt. Dabei sieht er vor allem drei Problembereiche. Erstens könnte eine von wirtschaftlichen Interessen bestimmte Forschungsagenda sowohl von Erkenntniszwecken als auch von wohlbedachten Interessen der Gesellschaft als ganzer abweichen. Zweitens leidet anwendungsorientierte Forschung nicht selten unter Einschränkungen der offenen Kommunikation und behindert durch Geheimniskrämerei die breite Überprüfung von Forschungsergebnissen. Drittens wird Forschung zu praktischen Fragen allein danach beurteilt, ob eine daraus entstandene Anwendung verlässlich funktioniert. Tiefer gehende Erkenntnisanstrengungen werden danach nicht unternommen. Carrier geht in seinem Beitrag der Frage nach, ob und gegebenenfalls in welchem Ausmaß diese Bedenken zutreffen.

Er bestätigt zunächst die Einseitigkeit der Wahl von Forschungsproblemen nach den damit verbundenen Gewinnaussichten. Das bringt in Bereichen wie der medizinischen Forschung eine deutliche Diskrepanz zwischen dem so erzeugten Forschungsprofil und den Anforderungen hervor, die sich etwa aus dem Ziel der maximalen Verminderung des globalen Leidens ergeben. Ebenso zeigt sich zunächst, dass die Kommerzialisierung der Forschung in der Tat mit einer Privatisierung der Wissenschaft einhergeht, die ein Hindernis für eine effektive Geltungsprüfung darstellt und ein Hemmnis für den wissenschaftlichen Fortschritt. Methodologische Defizite bestätigen sich ebenfalls auf den ersten Blick. Diese betreffen vor allem die Tiefe der Erkenntnisanstrengung. Anwendungsorientierter Forschung geht es um die Aufdeckung von Beziehungen, die für den technischen Eingriff in die relevanten Phänomene genutzt werden können. Weitergehende Erkenntnisambitionen verfolgt die anwendungsorientierte Forschung jedenfalls nicht aktiv. Weder die Anbindung an zugrunde liegende Kausalprozesse noch die Einbettung in das System des Wissens bestimmt den Ehrgeiz anwendungsorientierter Forschung.

Carrier geht es dann darum, Mechanismen in der anwendungsorientierten Wissenschaft zu identifizieren, die solche Nebenwirkungen wirtschaftlichen Drucks begrenzen können und

Wissenschaft im Einklang mit Ansprüchen wissenschaftlicher Erkenntnisgewinnung halten. Die Aussichten einer Eindämmung negativer Folgen kommerzialisierter Forschung sind besser, wenn man dafür an Prozeduren ansetzen kann, die ohnehin Teil solcher Forschung sind. Ziel ist also die Aufdeckung von Mechanismen, die für Forschungsprozesse unabdingbar sind und die zugleich dazu beitragen, die Objektivität, Offenheit und Erkenntnisorientierung auch kommerzialisierter Wissenschaft zu bewahren.

Zunächst zeigt sich, dass die Forschungsagenda nur schwer auf vorab bestimmte Fragestellungen eingegrenzt werden kann. Vielmehr entwickelt sich oft eine Eigendynamik der Forschung, die zu anfangs unvorhergesehenen Streitfragen und Antworten führt. In Sachen Geheimhaltung zeigt sich, dass sich Forschung hinter verschlossenen Labortüren von den Vorteilen der Kooperation abschottet und das Risiko erhöht, in Sackgassen steckenzubleiben und durch überflüssige Umwege Ressourcen zu vergeuden. Entsprechend legen Beobachtungen nahe, dass die Bereitschaft der Industrieforschung zur Offenheit größer ist als von vielen Kritikern nahegelegt. Hinsichtlich der Erkenntnisqualität anwendungsorientierter Forschung stützt sich Carrier auf pluralistische Vorstellungen von wissenschaftlicher Objektivität, denen zufolge die wechselseitige Kontrolle von Urteilen und Interessen deren Kernbestandteil ausmacht. Die Befreiung von Einseitigkeiten ist unter einer Vielzahl von Umständen schwer zu erreichen oder gar unmöglich. Ein Pluralismus kontrastiver Denkansätze unterstützt dann oft eine Praxis anspruchsvoller Geltungsprüfung und stellt aus diesem Grund eine alternative Basis für wissenschaftliche Objektivität bereit. Der Punkt ist, dass in Carriers Augen Konkurrenz zwischen Wirtschaftsunternehmen einen Anreiz für solche gegenseitige Kontrolle bilden kann. Weiterhin ist Verlässlichkeit eine Forderung gerade der anwendungsorientierten Forschung an ihre Ergebnisse. Verlässliche technische Intervention verlangt jedoch oft das vertiefte Eindringen in das Netzwerk der zugehörigen Kausalfaktoren. Nur dann gelingt es, Störeinflüsse unter Kontrolle zu halten. Deshalb wird die epistemische Eindringtiefe nicht selten durch rein praktische Gesichtspunkte vergrößert.

Carriers Schlussfolgerung lautet, dass viele der Bedenken zu kommerzialisierter Forschung, Auftragsforschung oder Industrieforschung durchaus ihre Berechtigung haben, dass sie aber in unterschiedlichem Maße berechtigt sind und insgesamt in einem geringeren Grad, als Kritiker oftmals geltend machen. Dies sei nicht zufällig so, sondern liege daran, dass methodologische Sicherungen in der Wissenschaft gegen einige dieser negativen Tendenzen wirken. Zugleich betont Carrier, dass diese internen Prozesse aber nicht ausreichen, um sämtliche schädlichen Auswirkungen zu neutralisieren. Trotz solcher mäßigender oder abmildernder Prozesse aus dem Inneren kommerzialisierter Forschung bleibt das Erfordernis öffentlich finanzierter Forschung bestehen, die sich der Transparenz verschreibt und die legitimen Interessen all derer im Blick behält, die von den Forschungsergebnissen betroffen sind.

Die Uneigennützigkeit oder Unparteilichkeit der Forschung gehört zu dem von Robert Merton proklamierten »Ethos der Wissenschaft«, bildet also nach Merton einen Kernbestandteil jeder erkenntnisorientierten Untersuchung. Brown hebt hervor, dass diese Uneigennützigkeit im Bereich der Pharmaforschung massiv verletzt ist, mit dramatischen Folgen für den Geltungsanspruch der Wissenschaft; Carrier sieht (mit Merton) die Möglichkeit, an der Erkenntnisorientierung auch ohne Festlegung auf die Uneigennützigkeit einzelner Forscher festzuhalten. Dies soll dadurch gelingen, dass hinreichend vielfältige und gegensätzliche Zugangsweisen in einem Forschungsbereich eine Pluralität von Forschungsansätzen schaffen, die sich wechselseitig korrigieren. Carrier schlägt also eine pluralistisch verstandene Objektivität als Alternative zur individuellen Uneigennützigkeit vor.

Matthias Adam untersucht in seinem abschließenden Beitrag die Rolle und Berechtigung dieser Norm der Uneigennützigkeit auch und gerade im Bereich der Pharmaforschung. Dabei zielt er auf die These, dass Uneigennützigkeit auch auf der Ebene der einzelnen Wissenschaftler bindend sein müsse, wenn wissenschaftliche Objektivität sichergestellt sein soll.

Adam arbeitet zunächst den bedeutenden Beitrag der Pharmaindustrie an der Entwicklung von Medikamenten heraus. In seinem Verständnis kommt daher dem Markt ein erheblicher Anteil an der Sicherung der Gesundheitsversorgung zu. Überdies könne die Verpflichtung der Industrie zur Bereitstellung von Medikamenten für Krankheiten oder Märkte, bei denen kein Gewinn zu erwarten ist, jedenfalls nicht so weit gehen, dass die wirtschaftliche Existenz des Unternehmens gefährdet sei. Solche primär ethisch begründeten Ansprüche müssten vor allem als öffentliche Aufgabe betrachtet werden.

Andererseits hebt Adam (wie Brown) die massiven Verstöße der Pharmaforschung gegen die Uneigennützigkeit im Sinne einer ausgewogenen Berücksichtigung von Interessen hervor; er folgt jedoch nicht Browns Plädoyer für die ausschließlich öffentliche Finanzierung solcher Forschung. Adams Argument lautet, dass auch dann eine Vielzahl von Akteuren im Gesundheitswesen ihre Partialinteressen verfolgen würden. Versicherungsunternehmen, Ärzteverbände, Patientenorganisationen und öffentliche Forschungsinstitute würden nach wie vor ihre eigennützigen Ansprüche geltend machen. Unter diesen Bedingungen kann man also nicht ohne weiteres davon ausgehen, dass die Forschung den Nutzen aller Betroffenen im Blick hat.

Vor allem geht es Adam um die These, dass ein bloßer Pluralismus noch keineswegs ein verlässliches und angemessenes Ergebnis garantiert. Vielmehr könnten sich Forscher durch die Einwände von Opponenten gerade veranlasst fühlen, ihre von Partialinteressen getriebene These noch zu verstärken. Dahinter könnte das gleichsam strategische Kalkül stecken, dass man sich am Ende in der Nähe der Mitte einigen werde und dass es dafür günstig sei, anfangs eine möglichst markante Position einzunehmen. Ebenso könnten eigennützige Forscher ihre von Partialinteressen getriebene These gerade dort besonders stark zur Geltung bringen, wo es schwer nachweisbar sei. Adam schließt daher, dass die Fähigkeit des Pluralismus zur Herstellung von Objektivität durch wechselseitige Kontrolle begrenzt ist.

Insbesondere weist Adam darauf hin, dass sich die korrigierende Wirkung des Pluralismus nicht auf Interessengegensätze erstreckt. Forschung, die von einseitigen Interessen geleitet ist, wird schwerlich durch Forschung in ihre Schranken verwiesen, die andersartige Interessen verfolgt. Stattdessen wird solche Einseitigkeit und solcher Eigennutz durch Argumente und Einwände begrenzt, die als berechtigt gelten. Wissenschaftler erkennen dann an irgendeiner Stelle an, dass sie ihre bisherigen Ansichten nicht plausibel aufrechterhalten können. Das heißt aber, dass Wissenschaftler eben nicht nur den eigenen Interessen dienen wollen, sondern auch die Erkenntnisorientierung der Wissenschaft hochschätzen und der Objektivität des Wissens einen Wert beimessen. Dies ist jedoch gleichbedeutend damit, dass auch individuelle Wissenschaftler, nicht allein die Fachgemeinschaft, Uneigennützigkeit und Objektivität zum Tragen bringen. Adam hebt also (gegen Carrier) hervor, dass Uneigennützigkeit auch in einem pluralistischen Rahmen eine methodologische und ethische Norm ist. Sie löst sich also nicht in den sozialen Mechanismus von Kritik und Kontrolle auf, sondern bleibt eine an Einzelne gerichtete moralische Forderung, die ein Schlüsselelement der methodologischen Orientierung der Wissenschaft bezeichnet.

1. Ausgangspunkte der jüngeren Werturteilsdebatte

Max Weber
Der Sinn der »Wertfreiheit« der soziologischen und ökonomischen Wissenschaften[1]

Unter *Wertungen* sollen nachstehend, wo nicht ein anderes gesagt oder von selbst ersichtlich ist, *praktische* Bewertungen einer durch unser Handeln beeinflussbaren Erscheinung als verwerflich oder billigenswert verstanden sein. Mit dem Problem der *Freiheit* einer bestimmten Wissenschaft von Wertungen dieser Art, mit der Geltung und dem Sinn dieses logischen Prinzips also, in keiner Art identisch ist die ganz andere, kurz vorweg zu besprechende Frage: Ob man im *akademischen Unterricht* sich zu seinen ethischen oder durch Kulturideale oder sonst weltanschauungsmäßig begründeten praktischen Wertungen *bekennen solle* oder nicht. Wissenschaftlich diskutierbar ist sie nicht. Denn sie ist selbst eine gänzlich von praktischen Wertungen abhängige und eben deshalb unaustragbare Frage. Vertreten sind, um nur die Extreme zu zitieren, sowohl: a) der Standpunkt, dass zwar die Trennung rein logisch erschließbarer und rein empirischer Sachverhalte einerseits, von den praktischen, ethischen oder weltanschauungsmäßigen, Wertungen andererseits, zu Recht bestehe, dass aber dennoch (oder vielleicht sogar: eben deshalb) beide Kategorien von Problemen auf das Katheder gehören, – wie: b) der Standpunkt, dass, auch wenn jene Trennung logisch *nicht* konsequent durchführbar sei, dennoch es sich empfehle, alle praktischen Wertfragen im Unterricht möglichst zurücktreten zu lassen.

Der Standpunkt (b) scheint mir unannehmbar. – Insbesondere scheint mir die für unsere Disziplinen nicht selten gemachte Unter-

1 Umarbeitung eines für eine interne Diskussion im Ausschuss des Vereins für Socialpolitik 1913 erstatteten, als Manuskript gedruckten Gutachtens. Ausgeschaltet wurde möglichst alles nur diesen Verband Interessierende, erweitert [sind] die allgemeinen methodologischen Betrachtungen. Von anderen für jene Diskussion erstatteten Gutachten ist dasjenige von Professor Spranger in Schmollers *Jahrbuch für Gesetzgebung, Verwaltung und Volkswirtschaft* publiziert worden. Ich gestehe, dass ich diese Arbeit jenes auch von mir geschätzten Philosophen für merkwürdig schwach, weil nicht zur Klarheit gediehen, halte, vermeide aber jede Polemik mit ihm schon aus Raumgründen und lege nur den eigenen Standpunkt dar.

scheidung praktischer Wertungen in solche *partei*politischen und solche anderen Charakters schlechterdings undurchführbar und nur geeignet, die praktische Tragweite der den Hörern suggerierten Stellungnahme zu verhüllen. Die Ansicht vollends: dass dem Katheder die *Leidenschaftslosigkeit* eignen müsse, folglich Dinge auszuscheiden seien, welche die Gefahr *temperamentvoller* Erörterungen mit sich brächten, wäre, wenn man überhaupt einmal auf dem Katheder wertet, eine Büreaukratenmeinung, die jeder unabhängige Lehrer zurückweisen müsste. Von denjenigen Gelehrten, welche sich die praktischen Wertungen bei empirischen Erörterungen *nicht* versagen zu sollen glaubten, waren gerade die leidenschaftlichsten – wie etwa Treitschke, in seiner Art auch Mommsen – am ehesten zu ertragen. Denn gerade durch die Stärke der Affektbetontheit wird der Hörer wenigstens in die Lage versetzt, *seinerseits* die Subjektivität der Wertung des Lehrers in ihrem Einfluss auf eine etwaige Trübung seiner Feststellungen abzuschätzen und also für sich das zu tun, was dem Temperament des Lehrers versagt blieb. Dem echten Pathos bliebe so diejenige Wirkung auf die Seelen der Jugend gewahrt, welche – wie ich annehme – die Anhänger der praktischen Kathederwertungen ihnen gern sichern möchten, ohne dass der Hörer dabei zur Konfusion verschiedener Sphären miteinander verbildet würde, wie es geschehen muss, wenn die Feststellung empirischer Tatsachen und die Aufforderung zur praktischen Stellungnahme zu großen Lebensproblemen beide in die gleiche kühle Temperamentlosigkeit getaucht werden.

Der Standpunkt (a) scheint mir, und zwar vom eigenen subjektiven Standpunkt seiner etwaigen Anhänger aus, dann und nur dann akzeptabel, *wenn* der akademische Lehrer sich zur unbedingten Pflicht setzt, in jedem einzelnen Falle, auch auf die Gefahr hin, seinen Vortrag dadurch reizloser zu gestalten, seinen Hörern und, was die Hauptsache ist, *sich selbst* unerbittlich klar zu machen: *was* von seinen jeweiligen Ausführungen entweder rein logisch erschlossen oder rein empirische Tatsachenfeststellung und *was* praktische Wertung ist. Dies zu tun allerdings scheint mir direkt ein Gebot der intellektuellen Rechtschaffenheit, wenn man einmal die Fremdheit der Sphären zugibt; in diesem Falle ist es das absolute Minimum des zu Fordernden.

Die Frage dagegen: ob man auf dem Katheder *überhaupt* (auch unter dieser Kautel) praktisch werten solle oder nicht, ist ihrerseits eine solche der praktischen Universitätspolitik und deshalb letztlich nur vom Standpunkt jener Aufgaben aus entscheidbar, welche der Einzelne von *seinen* Wertungen aus den Universitäten zuweisen möchte. Wer für sie, und damit für sich selbst, *kraft* seiner Qualifikation zum akademischen Lehrer heute noch die universelle Rolle: Menschen zu prägen, politische, ethische, künstlerische, kulturliche oder andere Gesinnung zu propagieren, in Anspruch nimmt, wird zu ihr anders stehen, als derjenige, welcher die Tatsache (und ihre Konsequenzen) bejahen zu müssen glaubt: dass die akademischen Hörsäle heute ihre wirklich wertvollen Wirkungen nun einmal nur durch *fach*mäßige Schulung seitens *fach*mäßig Qualifizierter entfalten und dass deshalb die *intellektuelle Rechtschaffenheit* die einzige spezifische Tugend sei, zu der sie zu erziehen haben. Man kann den ersten Standpunkt aus ebenso viel verschiedenen letzten Positionen heraus vertreten wie den zweiten. Diesen letzteren insbesondere (den ich persönlich einnehme) kann man ableiten sowohl aus einer höchst überschwänglichen wie gerade umgekehrt auch aus einer durchaus bescheidenen Einschätzung der Bedeutung der *Fachbildung*. Zum Beispiel nicht, weil man etwa wünschte, dass alle Menschen, im innerlichen Sinne, zu möglichst reinen *Fachmenschen* werden möchten. Sondern gerade umgekehrt, weil man die letzten höchst persönlichen Lebensentscheidungen, die ein Mensch aus sich heraus zu treffen hat, *nicht* mit Fachschulung – wie hoch deren Bedeutung für die allgemeine Denkschulung nicht nur, sondern indirekt auch für die Selbstdisziplin und sittliche Einstellung des jungen Menschen gewertet werden möge – in denselben Topf geworfen und ihre Lösung aus eigenem Gewissen heraus dem Hörer *nicht* durch eine Kathedersuggestion abgenommen zu sehen wünscht.

Das günstige Vorurteil Professor v. Schmollers für die Katthederwertung ist mir persönlich als Nachhall einer großen Epoche, die er und seine Freunde mit schaffen halfen, durchaus verständlich. Aber ich meine: es könne auch ihm doch schon der Umstand nicht entgehen, dass zunächst die rein tatsächlichen Verhältnisse sich für die jüngere Generation in einem wichtigen Punkt erheblich geändert haben. Es war vor 40 Jahren in den Kreisen der Gelehrtenwelt unserer Disziplinen der Glaube weit verbreitet: dass auf dem Gebiet der praktisch-politischen Wertungen letztlich eine der möglichen Stellungnahmen die *ethisch* allein richtige sein müsse. (Schmoller selbst hat freilich diesen Standpunkt stets nur sehr eingeschränkt vertreten.) Dies nun ist heute gerade unter den Anhängern der Kathederwertungen, wie leicht festzustellen ist, nicht mehr der Fall. Nicht mehr die ethische Forderung, deren (relativ) schlichte Gerechtigkeitspostulate sowohl in der Art ihrer letzten Begründung wie in ihren Konsequenzen (relativ) einfach und vor allem (relativ) unpersönlich, weil unzweideutig spezifisch *über*persönlich, geartet teils waren, teils zu sein schienen, ist es, in deren Namen heute die Legitimität der Kathederwertungen gefordert wird. Sondern (kraft einer unvermeidlichen Entwicklung) ein bunter Strauß von *Kulturwertungen,* in Wahrheit: von subjektiven *Ansprüchen* an die Kultur, oder ganz offen: das angebliche *Recht der Persönlichkeit* des Lehrers. Man mag sich nun über den Standpunkt entrüsten, aber man wird ihn – und zwar deshalb, weil auch er eben eine *praktische Wertung* enthält – wohl nicht widerlegen können: dass von allen Arten der Prophetie die in diesem Sinne *persönlich* gefärbte *Professoren-Prophetie* die einzige ganz und gar unerträgliche ist. Es ist doch ein beispielloser Zustand, wenn zahlreiche staatlich beglaubigte Propheten nicht auf den Gassen oder in den Kirchen oder sonst in der Öffentlichkeit, oder, wenn privatim, dann in persönlich ausgelesenen Glaubenskonventikeln, die sich als solche bekennen, predigen, sondern in der angeblich objektiven, unkontrollierbaren, diskussionslosen und also vor allem Widerspruch sorgsam geschützten Stille des vom Staat privilegierten Hörsaals *im Namen der Wissenschaft* maßgebende Katheterentscheidungen über Weltanschauungsfragen zum Besten zu geben sich herausnehmen. Es ist ein alter, von Schmoller bei einer gegebenen Gelegenheit scharf vertretener Grundsatz: dass die Vorgänge in den Hörsälen der öffentlichen Erörterung entzogen bleiben sollen. Obwohl nun die Ansicht möglich ist, dass dies gelegentlich, auch auf empirisch-wissenschaftlichem Gebiet, gewisse Nachteile haben könne, nimmt man offenbar und nehme auch ich an: dass die *Vorlesung* eben etwas anderes als ein Vortrag sein *solle*, dass die unbefangene Strenge, Sachlichkeit, Nüchternheit der Kollegdarlegung unter dem Hineinreden der Öffentlichkeit, zum Beispiel der Presse-Öffentlichkeit, zum Schaden des pädagogischen Zweckes leiden könne. Allein ein solches Privileg der Unkontrolliertheit scheint doch jedenfalls nur für den Bereich der rein *fachlichen* Qualifikation des Professors angemessen. Für persönliche

Prophetie aber gibt es keine Fachqualifikation und darf es daher auch nicht jenes Privileg geben. Vor allem aber darf sie nicht die bestehende *Zwangslage* des Studenten, um seines Fortkommens im Leben willen bestimmte Lehranstalten und also: deren Lehrer, aufsuchen zu müssen, dazu ausbeuten, um ihm neben dem, was er hierzu braucht: Weckung und Schulung seiner Auffassungsgabe und seines Denkens, und daneben: Kenntnisse, auch noch, vor jedem Widerspruch sicher, die eigene zuweilen gewiss ganz interessante (oft auch recht gleichgültige) so genannte *Weltanschauung* einzuflößen.

Für die Propaganda seiner praktischen Ideale stehen dem Professor, ebenso wie jedermann sonst, andere Gelegenheiten zu Gebote, und wenn nicht, so kann er sie sich in geeigneter Form leicht schaffen, wie bei jedem ehrlichen Versuch dazu die Erfahrung beweist. Aber der Professor sollte nicht den Anspruch erheben, *als Professor* den Marschallstab des Staatsmanns (oder des Kulturreformers) im Tornister zu tragen, wie er tut, wenn er die Sturmfreiheit des Katheders für staatsmännische (oder kulturpolitische) Sentiments benutzt. In der Presse, in Versammlungen, Vereinen, Essays, in jeder jedem anderen Staatsbürger ebenfalls zugänglichen Form mag (und: soll) er tun, was sein Gott oder Dämon ihn heißt. Was aber heute der Student im *Hörsaal* doch vor allen Dingen von seinem Lehrer lernen sollte, ist: 1. die Fähigkeit, sich mit der schlichten Erfüllung einer gegebenen Aufgabe zu bescheiden; 2. Tatsachen, auch und gerade persönlich unbequeme Tatsachen, zunächst einmal anzuerkennen und ihre Feststellung von der bewertenden Stellungnahme dazu zu scheiden; 3. seine eigene Person hinter die Sache zurückzustellen und also vor allem das Bedürfnis zu unterdrücken: seine persönlichen Geschmacks- und sonstigen Empfindungen ungebeten zur Schau zu stellen. Es scheint mir, dass dies heute ganz ungleich dringlicher ist, als es etwa vor 40 Jahren war, wo gerade dies Problem eigentlich gar nicht in dieser Form existierte. Es ist ja *nicht wahr* – wie man behauptet hat –, dass die *Persönlichkeit* in dem Sinn eine *Einheit* sei und sein solle, dass sie sozusagen in Verlust geraten müsste, wenn man ihrer nicht bei jeder Gelegenheit ansichtig wird. Bei jeder *beruflichen* Aufgabe verlangt die *Sache* als solche ihr Recht und will nach ihren eigenen Gesetzen erledigt sein. Bei jeder beruflichen Aufgabe hat der, welchem sie gestellt ist, sich zu beschränken und das auszuscheiden, was nicht streng zur *Sache* gehört, am meisten aber: eigene Liebe und Hass. Und es ist *nicht wahr*, dass eine starke Persönlichkeit sich darin dokumentiere, dass sie bei jeder Gelegenheit zuerst nach einer nur ihr eigenen ganz *persönlichen Note* fragt. Sondern es ist zu wünschen, dass gerade die jetzt heranwachsende Generation sich vor allen Dingen wieder an den Gedanken gewöhne: dass *eine Persönlichkeit zu sein* etwas ist, was man nicht absichtlich wollen kann, und dass es nur einen einzigen Weg gibt, um es (vielleicht!) zu werden: die rückhaltlose Hingabe an eine *Sache,* möge dies und die von ihr ausgehende *Forderung des Tages* nun im Einzelfall aussehen, wie sie wolle. Es ist stilwidrig, in sachliche Facherörterungen persönliche Angelegenheiten zu mischen. Und es heißt, den *Beruf* seines einzigen heute wirklich noch bedeutsam gebliebenen Sinnes entkleiden, wenn man diejenige spezifische Art von Selbstbegrenzung, die er verlangt, nicht vollzieht. Ob aber der modische Persönlichkeitskult auf dem Thron, in der Amtsstube oder auf dem Katheder sich auszuleben trachtet, – er wirkt äußerlich fast immer effektvoll, im innerlichsten Sinn aber überall gleich kleinlich, und er schädigt überall die Sache. Nun hoffe ich, nicht besonders sagen zu müssen: dass mit *dieser* Art von Kultus des Persönlichen, nur weil es *persönlich* ist, gerade die Gegner, mit denen sich diese Darlegungen befassen, ganz gewiss am allerwenigsten zu schaffen haben. Sie sehen teils die Katheteraufgabe in anderem Lichte, teils haben sie andere Erziehungsideale, die ich achte, aber nicht teile. Indessen nicht nur, was sie wollen, sondern wie das, was sie mit ihrer Autorität legitimieren, auf eine Generation mit einer ohnehin unvermeidlich stark entwickelten Prädisposition zum Sichwichtignehmen *wirken* muss, ist zu erwägen.

Schließlich, dass manche angebliche *Gegner* der (politischen) Kathederwertungen gewiss am allerwenigsten dazu legitimiert sind, zur Diskreditierung von *außerhalb* der Hörsäle in voller Öffentlichkeit sich vollziehenden kultur- und sozialpolitischen Erörterungen, sich auf den von ihnen noch dazu oft arg missverstandenen Grundsatz der Ausscheidung der *Werturteile* zu berufen, bedarf wohl kaum der besonderen Feststellung. Die unbezweifelbare Existenz dieser pseudowertfreien, tendenziösen, dabei in unserem Fach durch die zähe und zielbewusste Parteinahme starker Interessentenkreise getragenen Elemente macht es unzweifelhaft verständlich, dass eine bedeutende Anzahl gerade innerlich unabhängiger Gelehrter zur Zeit bei der Kathederwertung beharren, weil sie jene Mimikry einer nur scheinbaren *Wertfreiheit* mitzumachen zu stolz sind. Persönlich glaube ich, dass trotzdem das (nach meiner Meinung) Richtige geschehen sollte, und dass das Gewicht der praktischen Wertungen eines Gelehrten dadurch, dass er ihre Vertretung auf die adäquaten Gelegenheiten außerhalb des Hörsaals beschränkt, nur wachsen würde, wenn man weiß, dass er die Strenge besitzt, innerhalb des Hörsaals zu tun: nur das, was *seines Amtes* ist. Indessen dies alles sind ja eben ihrerseits praktische Wertungsfragen und deshalb unaustragbar.

Jedenfalls wäre aber die *prinzipielle* Inanspruchnahme des Rechtes der Kathederwertung m. E. nur dann konsequent, wenn zugleich Gewähr dafür geschaffen würde, dass *alle* Parteiwertungen Gelegenheit hätten, sich auf dem Katheder Geltung zu verschaffen.[2] Bei uns pflegt aber mit der Betonung des Rechts auf Kathederwertung geradezu das Gegenteil jenes Prinzips der gleichmäßigen Vertretung aller (auch der denkbar *extremsten*) Richtungen vertreten zu werden. Es war zum Beispiel natürlich von Schmollers persönlichem Standpunkt aus konsequent, wenn er *Marxisten und Manchesterleute* für disqualifiziert zur Innehabung von akademischen Lehrstühlen erklärte, obwohl gerade er nie die Ungerechtigkeit besessen hat, die *wissenschaftlichen* Leistungen zu ignorieren, welche gerade diesen Kreisen entstammen. Allein eben hier liegen die Punkte, in denen ich persönlich unserem verehrten Meister niemals folgen konnte. Man darf doch offenbar nicht in einem Atem die Zulassung der Kathederwertung verlangen und – wenn die Konsequenzen gezogen werden sollen – darauf hinweisen, dass die Universität eine staatliche Anstalt für die Vorbildung *staatstreu* gesonnener Beamter sei. Damit würde man die Universität nicht etwa zu einer *Fachschule* (was vielen Dozenten so degradierend erscheint), sondern zu einem Priesterseminar machen, – nur ohne

---

2 Dafür genügt noch keineswegs das holländische Prinzip: Entbindung auch der theologischen Fakultät vom Bekenntniszwang, aber Freiheit der Universitätsgründung im Falle der Sicherung der Geldmittel und der Innehaltung der Qualifikationsvorschriften für die Lehrstuhlbesetzung und privates Recht der Stiftung von Lehrstühlen mit Präsentationspatronat der Stifter. Denn das prämiiert nur den Geldbesitz und die ohnehin im Besitz der Macht befindlichen autoritären Organisationen: nur klerikale Kreise haben bekanntlich davon Gebrauch gemacht.

ihr dessen religiöse Würde geben zu können. Nun hat man freilich gewisse Schranken rein *logisch* erschließen wollen. Einer unserer allererstesten Juristen erklärte gelegentlich, indem er sich *gegen* den Ausschluss von Sozialisten von den Kathedern aussprach: wenigstens einen *Anarchisten* würde auch er als Rechtslehrer nicht akzeptieren können, da der ja die Geltung des Rechts als solchen überhaupt negiere, – und er hielt dies Argument offenbar für durchschlagend. Ich bin der genau gegenteiligen Ansicht. Der Anarchist kann sicherlich ein guter Rechtskundiger sein. Und ist er das, dann kann gerade jener sozusagen archimedische Punkt *außerhalb* der uns so selbstverständlichen Konventionen und Voraussetzungen, auf den ihn seine objektive Ueberzeugung – wenn sie echt ist – stellt, ihn befähigen, in den Grundanschauungen der üblichen Rechtslehre eine Problematik zu erkennen, die allen denjenigen entgeht, welchen jene allzu selbstverständlich sind. Denn der radikalste Zweifel ist der Vater der Erkenntnis. Der Jurist hat so wenig die Aufgabe, den Wert jener Kulturgüter, deren Existenz an den Bestand von *Recht* gebunden ist, zu *beweisen*, wie der Mediziner die Aufgabe hat, *nachzuweisen*, dass die Verlängerung des Lebens unter allen Umständen erstrebenswert sei. Beide sind dazu auch, mit ihren Mitteln, gar nicht imstande. Wollte man aber das Katheder zur Stätte praktischer Werterörterungen machen, dann wäre es offenbar Pflicht, gerade die prinzipiellsten Grundfragen der ungehemmten Freiheit der Erörterung von allen Standpunkten aus freizugeben. Kann dies geschehen? Gerade die entscheidendsten und wichtigsten praktisch-politischen Wertfragen sind heute von den Kathedern deutscher Universitäten durch die Natur der politischen Verhältnisse *ausgeschlossen*. Wem die Interessen der Nation über ausnahmslos *allen* ihren konkreten Institutionen stehen, für den bildet es zum Beispiel eine zentral wichtige Frage: ob die heute maßgebende Auffassung von der Stellung des Monarchen in Deutschland vereinbar ist mit den Weltinteressen der Nation und mit denjenigen Mitteln: Krieg und Diplomatie, durch welche diese wahrgenommen werden? Es sind nicht immer die schlechtesten Patrioten und auch keineswegs Gegner der Monarchie, welche heute geneigt sind, diese Frage zu verneinen und an dauernde Erfolge auf jenen beiden Gebieten nicht zu glauben, solange hier nicht sehr tiefgehende Änderungen eingetreten sind. Jedermann aber weiß, dass diese Lebensfragen der Nation auf deutschen Kathedern nicht in voller Freiheit diskutiert werden können.[3] Angesichts dieser Tatsache aber, dass gerade die praktisch-politisch entscheidenden Wertungsfragen der freien Kathedererörterung dauernd entzogen sind, scheint es mir der Würde der Vertreter der Wissenschaft allein zu entsprechen: auch über solche Wertprobleme, die man ihnen zu behandeln freundlichst erlaubt, zu *schweigen*.

Auf keinen Fall darf aber die – unaustragbare, weil durch Wertung bedingte – Frage: ob man im *Unterricht* praktische Wertungen vertreten dürfe, müsse, solle, irgendwie mit der rein *logischen* Erörterung der Rolle verquickt werden, welche Wertungen für empirische Disziplinen, wie die Soziologie und Nationalökonomie es sind, spielen. Darunter müsste sonst die Unbefangenheit der Diskussion des eigentlichen logischen Sachverhalts leiden, dessen Entscheidung an sich für jene Frage noch gar keine Anweisung gibt, außer der einen rein logisch geforderten: Klarheit und deutliche Trennung der heterogenen Problemsphären durch den Dozenten.

Nicht diskutieren möchte ich ferner, ob die Scheidung von empirischer Feststellung und praktischer Wertung schwierig sei. Sie ist es. Wir alle, der unterzeichnete Vertreter dieser Forderung ebenso wie andere, verstoßen immer wieder einmal dagegen. Aber wenigstens die Anhänger der so genannten *ethischen* Nationalökonomie könnten wissen: dass auch das Sittengesetz unerfüllbar ist, dennoch aber als *aufgegeben* gilt. Und eine Gewissenserforschung könnte vielleicht zeigen, dass die Erfüllung des Postulats vor allem deshalb schwierig ist, weil wir es uns ungern *versagen*, auch das so interessante Gebiet der Wertungen, zumal mit der so anregenden *persönlichen Note*, zu betreten. Jeder Dozent wird natürlich die Beobachtung machen, dass die Gesichter der Studenten sich aufhellen und ihre Mienen sich spannen, wenn er persönlich zu *bekennen* anfängt, und ebenso, dass die Besuchsziffer seiner Vorlesungen durch die Erwartung, dass er dies tun werde, höchst vorteilhaft beeinflusst wird. Jeder weiß ferner, dass die Frequenzkonkurrenz der Universitäten oft einem noch so kleinen Propheten, der die Hörsäle füllt, bei Vorschlägen gegenüber einem noch so erheblichen Gelehrten und *sachlichen* Lehrer die Vorhand gibt, – es sei denn, dass die Prophetie den, politisch oder konventionell, jeweils als normal ange-

---

3 Das ist keine deutsche Eigentümlichkeit. In fast allen Ländern bestehen, offen oder verhüllt, tatsächliche Schranken. Nur die Art der dadurch ausgeschlossenen Wertprobleme ist verschieden.

sehenen Wertungen allzu entlegen wäre. Nur der *pseudo*wertfreie Prophet der materiellen Interessenten ist, kraft des Einflusses dieser auf die politischen Gewalten, auch ihm an Chancen überlegen. Ich halte dies alles für unerfreulich und möchte daher auch auf die Behauptung: dass die Forderung der Ausscheidung von praktischen Wertungen *kleinlich* sei, dass sie die Vorlesungen *langweilig* machen würde, nicht eingehen. Ich lasse dahingestellt, ob Vorlesungen über ein empirisches Fachgebiet vor allen Dingen *interessant* zu sein bestrebt sein müssen, fürchte aber meinerseits, dass jedenfalls ein durch allzu interessante persönliche Noten erzielter Reiz den Studenten auf die Dauer den Geschmack an schlichter sachlicher Arbeit abgewöhnen würde.

Nicht diskutieren ferner, sondern ausdrücklich anerkennen möchte ich: dass man gerade unter dem *Schein* der Ausmerzung aller praktischen Wertungen ganz besonders stark, nach dem bekannten Schema: *die Tatsachen sprechen zu lassen*, suggestiv solche hervorrufen kann. Die bessere Qualität unserer parlamentarischen und Wahlberedsamkeit wirkt ja gerade mit diesem Mittel, – und für ihre Zwecke ganz legitim. Darüber, dass dies auf dem Katheder, gerade vom Standpunkt der Forderung jener Scheidung aus, von allen Missbräuchen der allerverwerflichste wäre, ist kein Wort zu verlieren. Dass aber ein illoyal erweckter Schein der Erfüllung eines Gebotes sich für die Wirklichkeit ausgeben kann, bedeutet doch keine Kritik des Gebotes selbst. Dieses aber geht gerade dahin: dass, *wenn* der Lehrer praktische Wertungen sich nicht versagen zu sollen glaubt, er diese als solche den Schülern *und sich selbst* absolut *deutlich* mache.

Was schließlich am allerentschiedensten bekämpft werden muss, ist die nicht seltene Vorstellung: der Weg zur wissenschaftlichen *Objektivität* werde durch ein Abwägen der verschiedenen Wertungen gegeneinander und ein *staatsmännisches* Kompromiss zwischen ihnen betreten. Die *mittlere Linie* ist nicht nur mit den Mitteln empirischer Disziplinen *genau ebenso* wenig wissenschaftlich beweisbar, wie die *extremsten* Wertungen. Sondern in der *Wertungs*sphäre wäre gerade sie *normativ* am allerwenigsten eindeutig. Auf das Katheder gehört sie nicht, – sondern in die politischen Programme, Bureaus und Parlamente. Die Wissenschaften, normative und empirische, können den politisch Handelnden und den streitenden Parteien nur *einen* unschätzbaren Dienst leisten, nämlich ihnen zu sagen: 1. es sind die und die verschiedenen *letzten* Stellungnahmen zu diesem praktischen Problem *denkbar*; 2. so und so liegen die Tatsachen, mit denen ihr bei eurer Wahl zwischen diesen Stellungnahmen zu rechnen habt. – Damit sind wir bei unserer *Sache*.

Unendliches Missverständnis und vor allem terminologischer, daher gänzlich steriler, Streit hat sich an das Wort *Werturteil* geknüpft, welches zur Sache offenbar gar nichts austrägt. Es ist, wie eingangs gesagt, ganz unzweideutig, dass es sich bei diesen Erörterungen für unsere Disziplinen um *praktische* Wertungen sozialer Tatsachen als, unter ethischen oder unter Kulturgesichtspunkten oder aus anderen Gründen, praktisch wünschenswert oder unerwünscht, handelt. Dass die Wissenschaft 1. *wertvolle*, das heißt logisch und sachlich gewertet *richtige* und 2. *wertvolle*, das heißt im Sinne des wissenschaftlichen Interesses *wichtige* Resultate zu erzielen wünscht, dass ferner schon die Auswahl des Stoffes eine *Wertung* enthält, – solche Dinge sind trotz alles darüber Gesagten[4] allen Ernstes als *Einwände* aufgetaucht. Nicht minder ist das fast unbegreiflich starke Missverständnis immer wieder entstanden: als ob behauptet würde, dass die empirische Wissenschaft *subjektive* Wertungen von Menschen nicht als *Objekt* behandeln könne (während doch die Soziologie, in der Nationalökonomie aber die gesamte Grenznutzenlehre auf der gegenteiligen Voraussetzung beruht). Aber es handelt sich doch ausschließlich um die an sich höchst triviale Forderung: dass der Forscher und Darsteller die Feststellung empirischer Tatsachen (einschließlich des von ihm festgestellten *wertenden* Verhaltens der von ihm untersuchten

4 Ich muss mich auf das beziehen, was ich in den vorangehenden Aufsätzen S. 146 ff., ferner S. 215 ff., 291 ff. gesagt habe [Anm. d. Hg.: Gemeint sind hier Max Weber, »Die ›Objektivität‹ sozialwissenschaftlicher und sozialpolitischer Erkenntnis« (1904); ders., »Kritische Studien auf dem Gebiet der kulturwissenschaftlichen Logik« (1904), und ders., »R. Stammlers ›Ueberwindung‹ der Materialistischen Geschichtsauffassung« (1904), die in Max Weber und Johannes Winckelmann (Hg.), *Gesammelte Aufsätze zur Wissenschaftslehre*, Tübingen 1973 erschienen sind] (die, wie recht wohl möglich ist, zuweilen ungenügende Korrektheit der Einzelformulierungen dürfte keinen zur Sache wesentlichen Punkt betreffen), und möchte für die *Unaustragbarkeit* gewisser letzter Wertungen auf einem wichtigen Problemgebiet u. a. namentlich auf G. Radbruchs *Einführung in die Rechtswissenschaft* (2. Aufl. 1913) verwiesen haben [Anm. d. Hg.: Gustav Radbruch, *Einführung in die Rechtswissenschaft*, Leipzig 1913]. Ich weiche in einigen Punkten von ihm ab. Aber für das hier erörterte Problem sind sie nicht von Bedeutung.

empirischen Menschen) und *seine* praktisch wertende, das heißt diese Tatsachen (einschließlich etwaiger, zum Objekt einer Untersuchung gemachter *Wertungen* von empirischen Menschen) als erfreulich oder unerfreulich *beurteilende*, in diesem Sinn: *bewertende* Stellungnahme unbedingt *auseinanderhalten* solle, weil es sich da nun einmal um heterogene Probleme handelt. In einer sonst wertvollen Abhandlung führt ein Schriftsteller aus: ein Forscher könne doch auch seine eigene Wertung als *Tatsache* hinnehmen und nun daraus die Konsequenzen ziehen. Das hiermit Gemeinte ist ebenso unbestreitbar richtig wie der gewählte Ausdruck irreführend. Man kann natürlich sich vor einer Diskussion darüber einigen, dass eine bestimmte praktische Maßregel: etwa die Deckung der Kosten einer Heeresvermehrung lediglich aus den Taschen der Besitzenden, *Voraussetzung* der Diskussion sein und lediglich die *Mittel*, dies durchzuführen, zur Erörterung gestellt werden sollen. Das ist oft recht zweckmäßig. Aber eine solche gemeinsam vorausgesetzte praktische Absicht nennt man doch nicht eine *Tatsache*, sondern einen *a priori feststehenden Zweck*. Dass das auch sachlich zweierlei ist, würde sich sehr bald in der Diskussion der *Mittel* zeigen, es sei denn, dass der als undiskutabel *vorausgesetzte Zweck* so konkret wäre, wie der: sich jetzt eine Zigarre anzuzünden. Dann sind freilich auch die Mittel einer Diskussion nur selten bedürftig. In fast *jedem* Falle einer allgemeiner formulierten Absicht, zum Beispiel in dem vorhin als Beispiel gewählten, wird man dagegen die Erfahrung machen: dass bei der Diskussion der Mittel nicht nur sich zeigt, dass die Einzelnen unter jenem vermeintlich eindeutigen Zweck ganz Verschiedenes verstanden haben. Sondern insbesondere kann sich ergeben: dass der genau *gleiche* Zweck aus sehr verschiedenen letzten Gründen gewollt wird und dass dies auf die Diskussion der Mittel von Einfluss ist. Doch dies beiseite. Denn dass man von einem bestimmten Zweck als gemeinsam gewollt ausgehen und nur die Mittel, ihn zu erreichen, diskutieren *kann* und dass dies dann eine rein empirisch zu erledigende Diskussion ergeben *kann*, – das ist wohl noch nie jemandem zu bestreiten eingefallen. Aber gerade um die Wahl der Zwecke (und nicht: der *Mittel* bei fest gegebenem Zweck), gerade darum also, in welchem Sinn die Wertung, die der Einzelne zugrunde legt, eben *nicht* als *Tatsache* hingenommen, sondern zum Gegenstand einer wissenschaftlichen *Kritik* gemacht werden könne, dreht sich ja die ganze

Erörterung. Wenn dies nicht festgehalten wird, so ist alle weitere Auseinandersetzung vergeblich.

Gar nicht zur Diskussion steht eigentlich die Frage: inwieweit praktische Wertungen, insbesondere also: ethische, ihrerseits *normative* Dignität beanspruchen dürfen, also anderen Charakter haben als zum Beispiel die als Beispiel angeführte Frage: ob Blondinen den Brünetten vorzuziehen seien, oder als ähnlich subjektive Geschmacksurteile. Das sind Probleme der Wertphilosophie, nicht der Methodik der empirischen Disziplinen. Worauf allein es für diese ankommt, ist: dass einerseits die Geltung eines praktischen Imperativs als Norm und andererseits die Wahrheitsgeltung einer empirischen Tatsachenfeststellung in absolut heterogenen Ebenen der Problematik liegen und dass der spezifischen Dignität *jeder* von beiden Abbruch getan wird, wenn man dies verkennt und beide Sphären zusammenzuzwingen sucht. Dies ist meines Erachtens in starkem Maße geschehen, insbesondere durch Professor von *Schmoller*.[5] Gerade die Verehrung für unseren Meister verbietet es, diese Punkte, wo ich glaube, ihm nicht beipflichten zu dürfen, zu übergehen.

Zunächst möchte ich mich dagegen wenden, dass den Anhängern der *Wertfreiheit* die bloße Tatsache des historischen und individuellen Schwankens der jeweils geltenden wertenden Stellungnahmen als Beweis für den notwendig nur *subjektiven* Charakter zum Beispiel der Ethik gelte. Auch empirische Tatsachenfeststellungen sind oft sehr umstritten, und darüber, ob man jemanden für einen Schurken zu halten habe, kann oft eine wesentlich größere allgemeine Übereinstimmung herrschen als (gerade bei den Fachleuten) etwa über die Frage der Deutung einer verstümmelten Inschrift. Die nach Schmollers Annahme zunehmende konventionelle Einmütigkeit aller Konfessionen und Menschen über die Hauptpunkte der praktischen Wertungen steht in schroffem Gegensatz zu meinem entgegengesetzten Eindruck. Allein das scheint mir ohne Belang für die Sache. Denn was jedenfalls zu bestreiten ist, wäre: dass man sich bei irgendeiner solchen durch Konvention geschaffenen faktischen Selbstverständlichkeit gewisser noch so weit ver-

---

5 In seinem Artikel über die »Volkswirtschaftslehre« im *Handwb. der Staatswissenschaften* (3. Aufl., Bd. VIII, S. 426-501) [Anm. d. Hg.: Gustav Schmoller, »Volkswirtschaftslehre«, in: Johannes Conrad (Hg.), *Handwörterbuch der Staatswissenschaften*, Jena ³1911, Bd. VIII, S. 426-501].

breiteter praktischer Stellungnahmen wissenschaftlich beruhigen dürfe. Die spezifische Funktion der Wissenschaft scheint mir gerade umgekehrt: dass ihr das konventionell Selbstverständliche zum *Problem* wird. Gerade dies haben ja Schmoller und seine Freunde selbst s. Z. getan. Dass man ferner die *kausale* Wirkung des *faktischen* Bestehens gewisser ethischer oder religiöser Überzeugungen auf das Wirtschaftsleben untersucht und unter Umständen hoch veranschlagt, hat doch nicht etwa die Folge: dass man nun jene kausal vielleicht sehr wirksam gewesenen Überzeugungen um deswillen auch zu *teilen* habe oder auch nur für *wertvoll* halten müsse, wie umgekehrt durch Bejahung des hohen Werts einer ethischen oder religiösen Erscheinung nicht das geringste darüber ausgesagt ist, ob auch die ungewohnten Folgen, die ihre Verwirklichung gehabt hat oder haben würde, mit dem gleichen positiven Wertprädikat zu versehen wären. Über diese Fragen ist durch tatsächliche Feststellungen gar nichts auszumachen, und sie würde der Einzelne sehr verschieden beurteilen müssen, je nach seinen eigenen religiösen und anderen praktischen Wertungen. Das alles gehört gar nicht zur Streitfrage. Dagegen bestreite ich sehr nachdrücklich: dass eine *realistische* Wissenschaft vom Ethischen, das heißt die Aufzeigung der faktischen Einflüsse, welche die jeweilig in einer Gruppe von Menschen vorwiegenden ethischen Überzeugungen durch deren sonstige Lebensbedingungen erfahren und umgekehrt wieder auf diese geübt haben, ihrerseits eine *Ethik* ergebe, welche jemals über das Gelten*sollende* etwas aussagen könne. So wenig wie eine *realistische* Darstellung der astronomischen Vorstellungen etwa der Chinesen, – welche also aufzeigt, aus welchen praktischen Motiven und wie sie Astronomie betrieben, zu welchen Ergebnissen und warum sie zu diesen kamen, – jemals die Richtigkeit dieser chinesischen Astronomie zu erweisen zum Ziele haben könnte. Und so wenig wie die Feststellung, dass die römischen Agrimensoren oder die Florentiner Bankiers (die letzteren selbst bei Erbteilungen von ganz großen Vermögen) mit ihren Methoden recht oft zu Resultaten kamen, welche mit der Trigonometrie oder dem Einmaleins unvereinbar sind, etwa die Geltung dieser letzteren zur Diskussion stellt. Durch empirisch-psychologische und historische Untersuchung eines bestimmten Wertungsstandpunktes auf seine individuelle, soziale, historische Bedingtheit hin gelangt man nun und nimmer je zu irgendetwas anderem, als dazu: ihn *verstehend* zu *erklären.* Das ist nichts Geringes. Es ist nicht nur wegen des persönlichen (aber nicht wissenschaftlichen) Nebenerfolgs: dem wirklich oder scheinbar Andersdenkenden persönlich leichter *gerecht werden* zu können, erwünscht. Sondern es ist auch wissenschaftlich höchst wichtig 1. für den Zweck einer empirischen Kausalbetrachtung menschlichen Handelns, um dessen *wirkliche* letzte *Motive* kennen zu lernen, 2. aber, wenn man mit einem (wirklich oder scheinbar) abweichend Wertenden diskutiert, für die Ermittlung der wirklichen gegenseitigen Wertungsstandpunkte. Denn dies ist der eigentliche Sinn einer *Wert*diskussion: das, was der Gegner (oder auch: man selbst) wirklich meint, das heißt den Wert, auf den es jedem der beiden Teile wirklich und nicht nur scheinbar ankommt, zu erfassen und so zu diesem Wert eine Stellungnahme überhaupt erst zu ermöglichen. Weit entfernt [davon] also, dass vom Standpunkt der Forderung der *Wertfreiheit* empirischer Erörterungen aus Diskussionen von Wertungen steril oder gar sinnlos wären, ist gerade die Erkenntnis dieses ihres Sinnes Voraussetzung aller nützlichen Erörterungen dieser Art. Sie setzen einfach das Verständnis für die Möglichkeit prinzipiell und unüberbrückbar *abweichender* letzter Wertungen voraus. Denn weder bedeutet *alles verstehen* auch *alles verzeihen,* noch führt überhaupt vom bloßen Verstehen des fremden Standpunktes an sich ein Weg zu dessen Billigung. Sondern mindestens ebenso leicht, oft mit weit höherer Wahrscheinlichkeit, zu der Erkenntnis: dass, warum und worüber, man sich *nicht* einigen könne. Gerade diese Erkenntnis *ist* aber eine Wahrheitserkenntnis und gerade *ihr* dienen *Wertungsdiskussionen.* Was man dagegen auf diesem Wege ganz gewiss nicht gewinnt – weil es in der gerade entgegengesetzten Richtung liegt –, ist irgendeine normative Ethik oder überhaupt die Verbindlichkeit irgendeines *Imperativs.* Jedermann weiß vielmehr, dass ein solches Ziel durch die, zum mindesten dem Anschein nach, *relativierende* Wirkung solcher Diskussionen eher erschwert wird. Damit ist natürlich nun wieder nicht gesagt: dass man um deswillen sie vermeiden solle. Im geraden Gegenteil. Denn eine *ethische* Ueberzeugung, welche durch psychologisches *Verstehen* abweichender Wertungen sich aus dem Sattel heben lässt, ist nur ebenso viel *wert* gewesen wie religiöse Meinungen, welche durch wissenschaftliche Erkenntnis zerstört werden, wie dies ja ebenfalls vorkommt. Wenn schließlich Schmoller annimmt, dass die Verfechter der *Wertfreiheit* der empirischen

Disziplinen nur *formale* ethische Wahrheiten (gemeint ist offenbar: im Sinn der Kritik der praktischen Vernunft) anerkennen könnten, so möge darauf – obwohl das Problem nicht unbedingt zur Sache gehört – mit einigen Erörterungen eingegangen sein.

Zunächst ist die in Schmollers Auffassung liegende Identifikation von ethischen Imperativen mit *Kulturwerten*, auch den höchsten, abzulehnen. Denn es kann einen Standpunkt geben, für den Kulturwerte *aufgegeben* sind, auch soweit sie mit jeglicher Ethik in unvermeidlichem, unaustragbarem Konflikt liegen. Und umgekehrt ist eine Ethik, die alle Kulturwerte ablehnt, ohne inneren Widerspruch möglich. Jedenfalls aber sind beide Wertsphären nicht identisch. Ebenso ist es ein schweres (freilich weitverbreitetes) Missverständnis, wenn geglaubt wird: *formale* Sätze wie etwa die der Kantischen Ethik enthielten keine *inhaltlichen* Weisungen. Die Möglichkeit einer normativen Ethik wird allerdings dadurch nicht in Frage gestellt, dass es Probleme *praktischer* Art gibt, für welche sie aus sich selbst heraus keine eindeutigen Weisungen geben kann (und dahin gehören, wie ich glaube, in ganz spezifischer Art bestimmte institutionelle, daher gerade *sozialpolitische* Probleme) und dass ferner die Ethik nicht das Einzige ist, was auf der Welt *gilt*, sondern dass neben ihr andere Wertsphären bestehen, deren Werte unter Umständen nur der realisieren kann, welcher ethische *Schuld* auf sich nimmt. Dahin gehört speziell die Sphäre politischen Handelns. Es wäre m. E. schwächlich, die Spannungen gegen das Ethische, welche gerade sie enthält, leugnen zu wollen. Aber es ist dies keineswegs, wie die übliche Entgegensetzung *privater* und *politischer* Moral glauben macht, nur ihr eigentümlich. – Gehen wir einige der vorstehend bezeichneten *Grenzen* der Ethik durch.

Zu den von *keiner* Ethik eindeutig entscheidbaren Fragen gehören die Konsequenzen des Postulates der *Gerechtigkeit*. Ob man zum Beispiel – wie dies wohl Schmollers seinerzeit geäußerten Anschauungen am ehesten entsprechen würde – dem, der viel leistet, auch viel schuldet, oder umgekehrt von dem, der viel leisten kann, auch viel fordert, ob man also zum Beispiel im Namen der Gerechtigkeit (denn andere Gesichtspunkte – etwa der des nötigen *Ansporns* – haben dann auszuscheiden) dem großen Talent auch große Chancen gönnen solle, oder ob man umgekehrt (wie Babeuf) die Ungerechtigkeit der ungleichen Verteilung der geistigen

Gaben auszugleichen habe durch strenge Vorsorge dafür, dass das Talent, dessen bloßer Besitz ja schon ein beglückendes Prestigegefühl geben könne, nicht auch noch seine besseren Chancen in der Welt für sich ausnützen könne: dies dürfte aus *ethischen* Prämissen unaustragbar sein. Diesem Typus entspricht aber die *ethische* Problematik der meisten sozial-politischen Fragen.

Aber auch auf dem Gebiet des persönlichen Handelns gibt es ganz spezifisch ethische Grundprobleme, welche die Ethik aus eigenen Voraussetzungen nicht austragen kann. Dahin gehört vor allem die Grundfrage: ob der Eigenwert des ethischen Handelns – der *reine Wille* oder die *Gesinnung*, pflegt man das auszudrücken – allein zu seiner Rechtfertigung genügen soll, nach der Maxime: »der Christ handelt recht und stellt den Erfolg Gott anheim«, wie christliche Ethiker sie formuliert haben. Oder ob die Verantwortung für die als möglich oder wahrscheinlich vorauszusehenden *Folgen* des Handelns, wie sie dessen Verflochtenheit in die ethisch irrationale Welt bedingt, mit in Betracht zu ziehen ist. Auf sozialem Gebiet geht alle radikal revolutionäre politische Haltung, der sog. *Syndikalismus* vor allem, von dem ersten, alle *Realpolitik* von dem letzten Postulat aus. Beide berufen sich auf ethische Maximen. Aber diese Maximen liegen untereinander in ewigem Zwist, der mit den Mitteln einer rein sich selbst beruhenden Ethik schlechthin unaustragbar ist.

Diese beiden ethischen Maximen sind solche von streng *formalem* Charakter, darin ähnlich den bekannten Axiomen der *Kritik der praktischen Vernunft*. Von letzteren wird um dieses Charakters willen vielfach geglaubt, sie enthielten inhaltliche Weisungen zur Bewertung des Handelns überhaupt nicht. Das trifft, wie gesagt, keineswegs zu. Nehmen wir absichtlich ein möglichst weit von aller *Politik* abliegendes Beispiel, welches vielleicht verdeutlichen kann, welchen Sinn dieser vielberedete *nur formale* Charakter jener Ethik eigentlich hat. Angenommen, ein Mann sagt mit Bezug auf seine erotische Beziehung zu einer Frau: »Anfänglich war unser beider Verhältnis nur eine Leidenschaft, jetzt ist es ein Wert«, – so würde die kühl temperierte Sachlichkeit der Kantischen Ethik die erste Hälfte dieses Satzes so ausdrücken: »Anfänglich waren wir beide einander *nur Mittel*« – und damit den ganzen Satz als einen Sonderfall jenes bekannten Prinzips in Anspruch nehmen, welches man seltsamerweise gern als einen rein zeitgeschichtlich bedingten Ausdruck des *Individualismus* hingestellt hat, während es in Wahrheit eine überaus geniale Formulierung einer unermesslichen Vielheit ethischer Sachverhalte bedeutet, die man nur eben richtig verstehen muss. In ihrer negativen Fassung und in der Ausschaltung jeglicher Aussage darüber: was denn das positive Gegenteil der ethisch abzulehnenden Behandlung des anderen *nur als Mittel* sei, enthält sie offensichtlich 1. die Anerkennung außerethischer selbständiger Wertsphären, 2. die Begrenzung der ethischen Sphäre diesen gegenüber, endlich 3. die Feststellung, dass und in welchem Sinn dem Handeln im Dienst außerethischer Werte dennoch Unterschiede der ethischen Dignität anzuhaften vermögen. Tatsächlich sind jene Sphären von Werten, welche die Behandlung des andern *nur als Mittel* gestatten oder vorschreiben, der Ethik gegenüber heterogen. Es kann das hier nicht weiter verfolgt werden: jedenfalls aber zeigt sich, dass der *formale* Charakter selbst jenes höchst abstrakten ethischen Satzes gegen den *Inhalt* des Handelns nicht etwa indifferent bleibt. – Nun aber kompliziert sich das Problem weiter. Jenes negative Prädikat selbst, welches mit den Worten *nur eine Leidenschaft* ausgesprochen wurde, kann von einem bestimmten Standpunkt aus als eine Lästerung des innerlich Echtesten und Eigentlichsten des Lebens hingestellt werden, des einzigen oder doch des königlichen Weges hinaus aus den unpersönlichen oder überpersönlichen und daher lebensfeindlichen *Wert*-Mechanismen, aus dem Angeschmiedetsein an das leblose Gestein des Alltagsdaseins und aus den Prätensionen *aufgegebener* Unwirklichkeiten. Es lässt sich jedenfalls eine Konzeption dieser Auffassung denken, welche – obwohl sie es für das von ihr gemeinte Konkretissimum des Erlebens den Ausdruck *Wert* wohl verschmähen würde – eben doch eine Sphäre konstituieren würde, welche, jeder Heiligkeit oder Güte, jeder ethischen oder ästhetischen Gesetzlichkeit, jeder Kulturbedeutsamkeit oder Persönlichkeitswertung gleich fremd und feindlich gegenüberstehend, dennoch und eben deshalb ihre eigene, in einem alleräußersten Sinn des Wortes *immanente* Dignität in Anspruch nähme. Welches immer nun unsere Stellungnahme zu diesem Anspruch sein mag, jedenfalls ist sie mit den Mitteln keiner *Wissenschaft* beweisbar oder *widerlegbar*.

Jede empirische Betrachtung dieser Sachverhalte würde, wie der alte Mill bemerkt hat, zur Anerkennung des absoluten Polytheismus als der einzigen ihnen entsprechenden Metaphysik führen. Eine nicht empirische, sondern sinndeutende Betrachtung: eine echte Wertphilosophie also, würde ferner, darüber hinausgehend, nicht verkennen dürfen, dass ein noch so wohlgeordnetes Begriffsschema der *Werte* gerade dem entscheidendsten Punkt des Tatbestandes nicht gerecht würde. Es handelt sich nämlich zwischen den Werten letztlich überall und immer wieder nicht nur um Alternativen, sondern um unüberbrückbar tödlichen Kampf, so wie zwischen *Gott* und *Teufel*. Zwischen diesen gibt es keine Relativierungen und Kompromisse. Wohlgemerkt: dem *Sinn* nach nicht. Denn es gibt sie, wie jedermann im Leben erfährt, der Tatsache und folglich dem äußeren Schein nach, und zwar auf Schritt und Tritt. In fast jeder einzelnen wichtigen Stellungnahme realer Menschen kreuzen und verschlingen sich ja die Wertsphären. Das Verflachende des *Alltags* in diesem eigentlichsten Sinn des Wortes besteht ja gerade darin: dass der in ihm dahinlebende Mensch sich dieser teils psychologisch, teils pragmatisch bedingten Vermengung todfeindlicher Werte nicht bewusst wird und vor allem: auch gar nicht bewusst werden *will*, dass er sich vielmehr der Wahl zwischen *Gott* und *Teufel* und der eigenen letzten Entscheidung darüber: welcher der kollidierenden Werte von dem Einen und welcher von dem Andern regiert werde, entzieht. Die aller menschlichen Bequemlichkeit unwillkommene, aber unvermeidliche Frucht vom Baum der Erkenntnis ist gar keine andere als eben die: um jene Gegensätze wissen und also sehen zu müssen, dass jede einzelne wichtige Handlung und dass vollends das Leben als Ganzes, wenn es nicht wie ein Naturereignis dahingleiten, sondern bewusst geführt werden soll, eine Kette letzter Entscheidungen bedeutet, durch welche die Seele, wie bei Platon, ihr eigenes Schicksal: – den Sinn ihres Tuns und Seins heißt das – *wählt*. Wohl das gröblichste Missverständnis, welches den Absichten der Vertreter der Wertkollision gelegentlich immer wieder zuteil geworden ist, enthält daher die Deutung dieses Standpunkts als *Relativismus*, – als einer Lebensanschauung also, die gerade auf der radikal entgegengesetzten Ansicht vom Verhältnis der Wertsphären zueinander beruht und (in konsequenter Form) nur auf dem Boden einer sehr besonders gearteten (*organischen*) Metaphysik sinnvoll durchführbar ist.

Kehren wir zu unserem Spezialfall zurück, so scheint mir ohne die Möglichkeit eines Zweifels feststellbar: dass auf dem Gebiet der praktisch-politischen (speziell also auch der wirtschafts- und sozial-politischen) Wertungen, sobald daraus Direktiven für ein wertvolles Handeln abgeleitet werden sollen: 1. die unvermeidlichen Mittel und 2. die unvermeidlichen Nebenerfolge, 3. die dadurch bedingte Konkurrenz mehrerer *möglicher* Wertungen miteinander in ihren *praktischen* Konsequenzen das einzige sind, was eine *empirische* Disziplin mit ihren Mitteln aufzeigen kann. *Philosophische* Disziplinen können darüber hinaus mit ihren Denkmitteln den *Sinn* der Wertungen, also ihre letzte sinnhafte Struktur und ihre *sinnhaften* Konsequenzen ermitteln, ihnen also den *Ort* innerhalb der Gesamtheit der überhaupt möglichen *letzten* Werte anweisen und ihre sinnhaften Geltungssphären abgrenzen. Schon so einfache Fragen aber, wie die: inwieweit ein Zweck die unvermeidlichen Mittel heiligen solle, wie auch die andere: inwieweit die nicht gewollten Nebenerfolge in Kauf genommen werden sollen, wie vollends die dritte, wie Konflikte zwischen mehreren in concreto kollidierenden, gewollten oder gesollten Zwecken zu schlichten seien, sind ganz und gar Sache der Wahl oder des Kompromisses. Es gibt keinerlei (rationales oder empirisches) wissenschaftliches Verfahren irgendwelcher Art, welches hier eine Entscheidung geben könnte. Am allerwenigsten kann diese Wahl *unsere* streng empirische Wissenschaft dem Einzelnen zu ersparen sich anmaßen, und sie sollte daher auch nicht den Anschein erwecken, es zu können.

Ausdrücklich sei schließlich aber noch bemerkt: dass die Anerkennung *dieses* Sachverhalts *für unsere Disziplinen* von der Stellungnahme zu den vorstehend in größter Kürze angedeuteten werttheoretischen Ausführungen vollständig unabhängig ist. Denn es gibt eben überhaupt keinen logisch haltbaren Standpunkt, von dem aus man ihn ablehnen könnte, außer dem einer durch *kirchliche* Dogmen eindeutig vorgeschriebenen Rangfolge der Werte. Ich muss abwarten, ob sich wirklich Leute finden, welche behaupten, dass die Fragen: ob eine konkrete Tatsache sich so oder anders verhält?, warum der betreffende konkrete Sachverhalt so und nicht anders geworden ist?, ob auf einen gegebenen Sachverhalt nach einer Regel des faktischen Geschehens ein anderer Sachverhalt, und mit welchem Grade von Wahrscheinlichkeit, zu folgen pflegt? – dem Sinn nach *nicht* grundverschieden seien von den Fragen: was man in einer konkreten Situation praktisch *tun* solle?, unter welchen Gesichtspunkten jene Situation praktisch erfreulich oder unerfreulich erscheinen könne?, ob es – wie immer geartete – allgemein formulierbare Sätze (Axiome) gebe, auf welche sich diese Gesichtspunkte reduzieren lassen?; – ferner: dass einerseits die Frage: in welcher Richtung sich eine konkret gegebene tatsächliche Situation (oder generell: eine Situation eines bestimmten, irgendwie hinlänglich bestimmten Typus) mit Wahrscheinlichkeit, und mit wie großer Wahrscheinlichkeit sie sich in jener Richtung entwickeln *werde* (beziehungsweise typisch zu entwickeln *pflege*)?, und die andere Frage: ob man dazu *beitragen* solle, dass eine bestimmte Situation sich in einer bestimmten Richtung – sei es der an sich wahrscheinlichen, sei es der gerade entgegengesetzten oder irgendeiner anderen – entwickelt?; – endlich, dass einerseits die Frage: welche Ansicht sich bestimmte Personen unter konkreten, oder eine unbestimmte Vielheit von Personen sich unter gleichen, Umständen über ein Problem welcher Art immer mit Wahrscheinlichkeit (oder selbst mit Sicherheit) bilden *werden*?, und andererseits die Frage: ob diese mit Wahrscheinlichkeit oder Sicherheit entstehende Ansicht *richtig* sei?, – dass die Fragen jedes dieser Gegensatzpaare miteinander dem Sinn nach auch nur das mindeste zu tun haben?, dass sie wirklich, wie immer einmal wieder behauptet wird, *voneinander nicht zu trennen* seien?, dass diese letztere Behauptung *nicht* mit den Anforderungen des wissenschaftlichen Denkens im Widerspruche stehe? Ob dagegen jemand, der die absolute Heterogenität beider Arten von Fragen zugibt, dennoch für sich in Anspruch nimmt: in einem und demselben Buch, auf einer und derselben Seite, ja in einem Haupt- und Nebensatz einer und derselben syntaktischen Einheit sich einerseits über das eine und andererseits über das andere der beiden heterogenen Probleme zu äußern, – das ist seine Sache. Was von ihm zu verlangen ist, ist lediglich: dass er seine Leser über die absolute Heterogenität der Probleme nicht unabsichtlich (oder auch aus absichtsvoller Pikanterie) *täusche*. Persönlich bin ich der Ansicht, dass kein Mittel der Welt zu *pedantisch* ist, um nicht zur Vermeidung von Konfusionen am Platze zu sein.

Der Sinn von Diskussionen über *praktische Wertungen* (der an der Diskussion *Beteiligten* selbst) kann also nur sein:

a) Die Herausarbeitung der letzten, innerlich *konsequenten* Wertaxiome, von denen die einander entgegengesetzten Meinungen ausgehen. Nicht nur über die der Gegner, sondern auch über die eigenen täuscht man sich oft genug. Diese Prozedur ist dem Wesen nach eine von der Einzelwertung und ihrer sinnhaften Analyse ausgehende, immer höher zu immer prinzipielleren wertenden Stellungnahmen aufsteigende Operation. Sie operiert nicht mit den Mitteln einer empirischen Disziplin und zeitigt keine Tatsachenerkenntnis. Sie *gilt* in gleicher Art wie die Logik.

b) Die Deduktion der *Konsequenzen* für die *wertende* Stellungnahme, welche aus bestimmten letzten Wertaxiomen folgen würden, wenn man sie, und nur sie, der praktischen Bewertung von faktischen Sachverhalten zugrunde legte. Sie ist rein sinnhaft in Bezug auf die Argumentation, dagegen an empirische Feststellungen gebunden für die möglichst erschöpfende Kasuistik derjenigen empirischen Sachverhalte, welche für eine praktische Bewertung überhaupt in Betracht kommen *können*.

c) Die Feststellung der *faktischen* Folgen, welche die praktische Durchführung einer bestimmten praktisch wertenden Stellungnahme zu einem Problem haben müsste: 1. infolge der Gebundenheit an bestimmte unvermeidliche *Mittel*, 2. infolge der Unvermeidlichkeit bestimmter, nicht direkt gewollter Nebenerfolge. Diese rein empirische Feststellung kann u. a. als Ergebnis haben: 1. die absolute Unmöglichkeit irgendeiner auch noch so entfernt annäherungsweisen Durchführung des Wertpostulates, weil keinerlei Wege seiner Durchführung zu ermitteln sind; 2. die mehr oder minder große *Unwahrscheinlichkeit* seiner vollen oder auch nur annäherungsweisen Durchführung, entweder aus dem gleichen Grunde oder weil die Wahrscheinlichkeit des Eintretens ungewollter Nebenerfolge besteht, welche direkt oder indirekt die Durchführung illusorisch zu machen geeignet sind; 3. die Notwendigkeit, solche Mittel oder solche Nebenerfolge mit in Kauf zu nehmen, welche der Vertreter des betreffenden praktischen Postulats nicht in Betracht gezogen hatte, so, dass seine Wertentscheidung zwischen Zweck, Mittel und Nebenerfolg ihm selbst zu einem neuen Problem wird und an zwingender Gewalt auf andere einbüßt. – Endlich können dabei

d) *neue* Wertaxiome und daraus zu folgernde Postulate vertreten werden, welche der Vertreter eines praktischen Postulats nicht beachtet und zu denen er infolgedessen nicht Stellung genommen hatte, obwohl die Durchführung seines eignen Postulats mit jenen anderen entweder 1. prinzipiell oder 2. infolge der praktischen

Konsequenzen, also: sinnhaft oder praktisch, kollidiert. Im Fall 1 handelt es sich bei der weiteren Erörterung um Probleme des Typus a, im Falle 2 des Typus c.

Sehr weit entfernt davon also, *sinnlos* zu sein, haben Wertungsdiskussionen dieses Typus, gerade wenn sie in ihren Zwecken richtig verstanden werden, und m. E. nur dann, ihren sehr erheblichen Sinn.

Der *Nutzen* einer Diskussion praktischer Wertungen, an der richtigen Stelle und im richtigen Sinne, ist aber mit solchen direkten *Ergebnissen*, die sie zeitigen kann, keineswegs erschöpft. Sie befruchtet vielmehr, wenn richtig geführt, die empirische Arbeit auf das Nachhaltigste, indem sie ihr die *Fragestellungen* für ihre Arbeit liefert.

Die Problemstellungen der empirischen Disziplinen sind zwar ihrerseits *wertfrei* zu beantworten. Sie sind keine *Wertprobleme*. Aber sie stehen im Bereich unserer Disziplinen unter dem Einfluss der Beziehung von Realitäten *auf* Werte. Über die Bedeutung des Ausdruckes *Wertbeziehung* muss ich mich auf eigene frühere Äußerungen und vor allem auf die bekannten Arbeiten von H. Rickert beziehen. Es wäre unmöglich, das hier nochmals vorzutragen. Es sei daher nur daran erinnert, dass der Ausdruck *Wertbeziehung* lediglich die philosophische Deutung desjenigen spezifisch wissenschaftlichen *Interesses* meint, welches die Auslese und Formung des Objektes einer empirischen Untersuchung beherrscht.

Innerhalb der empirischen Untersuchung werden durch diesen rein logischen Sachverhalt jedenfalls keinerlei *praktische Wertungen* legitimiert. Wohl aber ergibt jener Sachverhalt in Übereinstimmung mit der geschichtlichen Erfahrung, dass Kultur- und das heißt: *Wert*interessen es sind, welche auch der rein empirisch-wissenschaftlichen Arbeit die *Richtung* weisen. Es ist nun klar, dass diese Wertinteressen durch Wertdiskussionen in ihrer Kasuistik sich entfalten können. Diese können dem wissenschaftlich, insbesondere dem historisch arbeitenden, Forscher vor allem die Aufgabe der *Wertinterpretation*: für ihn eine höchst wichtige Vorarbeit seiner eigentlich empirischen Arbeit, weitgehend abnehmen oder doch erleichtern. Da die Unterscheidung nicht nur von Wertung und Wertbeziehung, sondern auch von Wertung und Wertinterpretation (das heißt: Entwicklung *möglicher* sinnhafter Stellungnahmen gegenüber einer gegebenen Erscheinung) vielfach nicht klar vollzogen wird und namentlich für die Würdigung des logischen Wesens der Geschichte dadurch Unklarheiten entstehen, so verweise ich in dieser Hinsicht auf die Bemerkungen auf S. 245 ff. dieser Sammlung[6] (ohne diese übrigens für irgendwie abschließend auszugeben).[7]

6 [Anm. d. Hg.: Weber, »Kritische Studien auf dem Gebiet der kulturwissenschaftlichen Logik«, in: Max Weber u. a. (Hg.), *Archiv für Sozialwissenschaften und Sozialpolitik*, Bd. XXII, S. 168 f. Weber verweist hier auf den ursprünglichen Publikationsort.]
7 [Anm. d. Hg.: Webers Abhandlung fährt mit den Worten fort: »Statt einer nochmaligen Erörterung dieser methodologischen Grundprobleme möchte ich einige für unsere Disziplinen praktisch wichtige Einzelpunkte näher besprechen.« Im überwiegenden Teil der folgenden 28 Seiten kritisiert Weber den Versuch, aus evolutionären Entwicklungstendenzen moralische Werturteile oder einen objektiven Fortschrittsbegriff abzuleiten, sei es auf dem Gebiet der Natur-, Sozial-, Kunst- oder Wirtschaftsgeschichte.]

Jürgen Habermas
Erkenntnis und Interesse

I.

Während des Sommersemesters 1802 hält Schelling in Jena seine Vorlesungen über die Methode des akademischen Studiums. In der Sprache des deutschen Idealismus erneuert er emphatisch jenen Begriff von Theorie, der die Tradition der großen Philosophie seit ihren Anfängen bestimmt hat.

> Die Scheu vor der Spekulation, das angebliche Forteilen vom theoretischen zum bloß Praktischen, bewirkt im Handeln notwendig die gleiche Flachheit wie im Wissen. Das Studium einer streng theoretischen Philosophie macht uns am unmittelbarsten mit Ideen vertraut, und nur Ideen geben dem Handeln Nachdruck und sittliche Bedeutung.[1]

Nur *die* Erkenntnis vermag wahrhaft im Handeln zu orientieren, die sich von bloßen Interessen gelöst und auf Ideen eingestellt, eben: eine theoretische Einstellung gefunden hat.

Das Wort Theorie geht auf religiöse Ursprünge zurück: Theoros hieß der Vertreter, den griechische Städte zu den öffentlichen Festspielen entsandten.[2] In der *Theoria*, nämlich zuschauend, entäußert er sich ans sakrale Geschehen. Im philosophischen Sprachgebrauch wird *Theoria* auf den Anblick des Kosmos übertragen. Als Anschauung des Kosmos setzt Theorie die Grenzziehung zwischen Sein und Zeit schon voraus, die, mit dem Gedicht des Parmenides, Ontologie begründet und in Platons *Timaios* wiederkehrt: sie reserviert ein vom Unsteten und Ungewissen gereinigtes Seiendes dem *Logos* und überlässt das Reich des Vergänglichen der *Doxa*. Wenn nun der Philosoph die unsterbliche Ordnung anschaut, kann er nicht umhin, sich selber dem Maß des Kosmos anzugleichen, ihn in sich nachzubilden. Er bringt die Proportionen, die er in den Bewegungen der Natur wie in der harmonischen Folge der Musik anschaut,

1 Friedrich Schelling, *Schellings Werke*, Edition Schröter, Bd. III, S. 299.
2 Bruno Snell, »Theorie und Praxis«, in: ders., *Die Entdeckung des Geistes*, Hamburg 1955, S. 401 ff.; Georg Picht, »Der Sinn der Unterscheidung von Theorie und Praxis in der griechischen Philosophie«, in: *Evangelische Ethik*, 8. Jg. 1964, S. 321 ff.

in sich zur Darstellung; er bildet sich durch Mimesis. Die Theorie geht auf dem Wege über die Angleichung der Seele an die geordnete Bewegung des Kosmos in die Lebenspraxis ein – Theorie prägt dem Leben ihre Form auf, sie reflektiert sich in der Haltung dessen, der sich ihrer Zucht unterwirft, im *Ethos*.

Dieser Begriff der Theorie und eines Lebens in der Theorie hat Philosophie seit ihren Anfängen bestimmt. Der Scheidung zwischen Theorie im Sinne dieser Tradition und Theorie im Sinne der Kritik hat Max Horkheimer eine seiner bedeutendsten Untersuchungen gewidmet.[3] Dieses Thema nehme ich heute, nach fast einem Menschenalter, wieder auf.[4] Ich knüpfe an eine Abhandlung Husserls an, die etwa zur gleichen Zeit erschienen ist.[5] Husserl ließ sich damals von eben dem Theoriebegriff leiten, dem Horkheimer einen kritischen entgegenhielt. Husserl handelt nicht von Krisen in den Wissenschaften, sondern von ihrer Krise als Wissenschaft, denn: »in unserer Lebensnot hat diese Wissenschaft uns nichts zu sagen«. Unbedenklich, wie fast alle Philosophen vor ihm, nimmt Husserl zum Maßstab seiner Kritik eine Idee von Erkenntnis, die jenen platonischen Zusammenhang der reinen Theorie mit der Lebenspraxis wahrt. Nicht der Informationsgehalt der Theorien, sondern die Formierung eines besonnenen und aufgeklärten Habitus unter den Theoretikern selbst erzeugt am Ende eine wissenschaftliche Kultur. Der Gang des europäischen Geistes schien auf die Entstehung einer solchen Wissenschaftskultur abzuzielen. Diese geschichtliche Tendenz sieht Husserl jedoch nach 1933 gefährdet. Er ist überzeugt, dass die Gefahr nicht eigentlich von außen droht, sondern von innen. Er führt die Krise darauf zurück, dass die fortgeschrittensten Disziplinen, allen voran die Physik, von dem, was in Wahrheit Theorie heißen darf, abgefallen sind.

3 Max Horkheimer, »Traditionelle und kritische Theorie«, in: *Zeitschrift für Sozialforschung*, Bd. VI, 1937, S. 245 ff.
4 Dieser Text lag meiner Antrittsvorlesung an der Universität Frankfurt vom 28.6.1965 zugrunde. Die Literaturangaben beschränken sich auf wenige Hinweise.
5 Edmund Husserl, *Die Krisis der europäischen Wissenschaften und die transzendentale Phänomenologie, Gesammelte Werke*, Bd. VI, Den Haag 1954.

Wie verhält es sich damit wirklich? Zwischen dem positivistischen Selbstverständnis der Wissenschaften und der alten Ontologie besteht sehr wohl ein Zusammenhang. Die *empirisch-analytischen* Wissenschaften entwickeln ihre Theorien in einem Selbstverständnis, das zwanglos eine Kontinuität mit den Anfängen philosophischen Denkens herstellt: beide verpflichten sich auf eine theoretische Einstellung, die vom dogmatischen Zusammenhang und dem irritierenden Einfluss der natürlichen Lebensinteressen befreit; und beide finden sich in der kosmologischen Absicht, das Weltall in seiner gesetzmäßigen Ordnung theoretisch so zu beschreiben, wie es ist. Demgegenüber ließen sich die *historisch-hermeneutischen* Wissenschaften, die es mit der Sphäre der vergänglichen Dinge und des bloßen Meinens zu tun haben, nicht ebenso zwanglos auf diese Tradition zurückzuführen – mit Kosmologie haben sie nichts zu tun. Aber nach dem Modell der Naturwissenschaften bilden auch sie ein *szientistisches Bewusstsein.* Auch die tradierten Sinngehalte scheinen sich in idealer Gleichzeitigkeit zu einem Kosmos von Tatsachen versammeln zu lassen. Mögen auch die Geisteswissenschaften ihre Tatsachen durch Verstehen erfassen, und mag ihnen auch wenig daran liegen, generelle Gesetze aufzufinden, so teilen sie doch mit den empirisch-analytischen Wissenschaften das Methodenbewusstsein: eine strukturierte Wirklichkeit in theoretischer Einstellung zu beschreiben. Der Historismus ist zum Positivismus der Geisteswissenschaften geworden.

Der Positivismus hat sich auch in den *Sozialwissenschaften* durchgesetzt, gleichviel ob sie den methodischen Forderungen einer empirisch-analytischen Verhaltenswissenschaft folgen oder ob sie sich am Muster normativ-analytischer Wissenschaften, die Handlungsmaximen voraussetzen, orientieren.[6] Unter dem Titel der Werturteilsfreiheit ist auf diesem praxisnahen Feld der Forschung der Kodex nur noch einmal bestätigt worden, den die moderne Wissenschaft den Anfängen theoretischen Denkens in der griechischen Philosophie verdanken möchte: psychologisch die unbedingte Verpflichtung zur Theorie und epistemologisch die Abtrennung der Erkenntnis von Interesse. Dem entspricht auf lo-

---

6 Vgl. Gerard Gäfgen, *Theorie der wirtschaftlichen Entscheidung*, Tübingen 1963.

gischer Ebene die Unterscheidung zwischen deskriptiven und normativen Aussagen: sie machen die Abfilterung der bloß emotiven von den kognitiven Gehalten grammatisch verbindlich.

Indessen erinnert uns schon der Terminus »Wertfreiheit« daran, dass die mit ihr verknüpften Postulate den klassischen Sinn von Theorie nicht mehr treffen. Werte von Tatsachen abspalten heißt, dem puren Sein ein abstraktes Sollen gegenüberstellen. Sie sind das nominalistische Spaltprodukt einer Jahrhunderte währenden Kritik an jenem emphatischen Begriff des Seienden, auf das einst Theorie ausschließlich gerichtet war. Schon der vom Neukantianismus philosophisch in Umlauf gesetzte Name der *Werte*, denen gegenüber Wissenschaft Neutralität wahren soll, verleugnet den von Theorie einmal intendierten Zusammenhang.

Obwohl also die positiven Wissenschaften mit der Tradition der großen Philosophie den Begriff der Theorie teilen, zerstören sie doch deren klassischen Anspruch. Zwei Momente entlehnen sie dem philosophischen Erbe: erstens den methodischen Sinn der theoretischen Einstellung und zweitens die ontologische Grundannahme einer vom Erkennenden unabhängigen Struktur der Welt. Andererseits geht aber der von Plato bis Husserl unterstellte Zusammenhang von *theoria* und *kosmos*, von *mimesis* und *bios theoretikos* verloren. Was einst die praktische Wirksamkeit der Theorie ausmachen sollte, verfällt jetzt den methodologischen Verboten. Die Auffassung von Theorie als einem Bildungsvorgang ist apokryph geworden. Jene mimetische Angleichung der Seele an scheinbar angeschaute Proportionen des Weltalls hatte die theoretische Erkenntnis nur einer Verinnerlichung von Normen dienstbar gemacht und so ihrer legitimen Aufgabe entfremdet – so erscheint es uns heute.

3.

Tatsächlich mussten die Wissenschaften die spezifische Lebensbedeutsamkeit einbüßen, die Husserl durch die Erneuerung reiner Theorie wieder herstellen möchte. Ich rekonstruiere seine Kritik in drei Schritten. Sie richtet sich *zunächst* gegen den Objektivismus der Wissenschaften. Diesen erscheint die Welt gegenständlich als ein Universum von Tatsachen, dessen gesetzmäßiger Zusammenhang deskriptiv erfasst werden kann. In Wahrheit ist aber das

Wissen über die scheinbar objektive Welt der Tatsachen transzendental in der vorwissenschaftlichen Welt gegründet. Die möglichen Gegenstände der wissenschaftlichen Analyse konstituieren sich vorgängig in den Selbstverständlichkeiten unserer primären Lebenswelt. In dieser Schicht legt die Phänomenologie die Leistungen einer sinnstiftenden Subjektivität bloß. *Sodann* möchte Husserl zeigen, dass diese leistende Subjektivität unter der Decke eines objektivistischen Selbstverständnisses verschwindet, weil sich die Wissenschaften von den Interessenlagen der primären Lebenswelt nicht radikal gelöst haben. Erst die Phänomenologie bricht mit der naiven Einstellung zugunsten einer streng kontemplativen und löst endgültig Erkenntnis von Interesse. *Schließlich* setzt Husserl die transzendentale Selbstreflexion, der er den Namen einer phänomenologischen Beschreibung gibt, mit reiner Theorie, mit Theorie im traditionellen Sinne, gleich. Die theoretische Einstellung verdankt der Philosoph einer Umstellung, die ihn aus dem Netz der Lebensinteressen befreit. Theorie ist in dieser Hinsicht »unpraktisch«. Das schnürt sie aber nicht vom praktischen Leben ab. Gerade die konsequente Enthaltsamkeit der Theorie erzeugt ja, ihrem traditionellen Begriff zufolge, eine handlungsorientierende Bildung. Die theoretische Einstellung lässt sich, wenn sie erst einmal eingeübt ist, mit der praktischen wiederum vermitteln:

Das geschieht in Form einer neuartigen Praxis [...], die darauf aus ist, durch die universale wissenschaftliche Vernunft die Menschheit nach Wahrheitsnormen aller Formen zu erhöhen, sie zu einem von Grund aus neuen Menschentum zu wandeln – befähigt zu einer absoluten Selbstverantwortung aufgrund absoluter theoretischer Einsichten.[7]

Wer sich die Situation vor dreißig Jahren, den Anblick der heraufziehenden Barbarei vergegenwärtigt, wird die Beschwörung der therapeutischen Kraft phänomenologischer Beschreibung respektieren; begründen lässt sie sich nicht. Die Phänomenologie erfasst allenfalls Normen, nach denen das Bewusstsein transzendental notwendig arbeitet; sie beschreibt, kantisch gesprochen, Gesetze reiner Vernunft, aber nicht Normen einer allgemeinen Gesetzgebung aus praktischer Vernunft, nach denen ein freier Wille sich richten könnte. Warum glaubt Husserl gleichwohl, Anspruch auf die prak-

---

7 [Anm. d. Hg.: Husserl, *Die Krisis der europäischen Wissenschaften und die transzendentale Phänomenologie*, S. 329.]

tische Wirksamkeit der Phänomenologie als reiner Theorie erheben zu dürfen? Er erliegt einem Irrtum, weil er den Zusammenhang des Positivismus, den er zu Recht kritisiert, mit jener Ontologie, der er unbewusst den traditionellen Begriff von Theorie entlehnt, nicht durchschaut.

Zu Recht kritisiert Husserl den objektivistischen Schein, der den Wissenschaften ein An-sich von gesetzmäßig strukturierten Tatsachen vorspiegelt, die Konstitution dieser Tatsachen verdeckt und dadurch die Verflechtung der Erkenntnis mit Interessen der Lebenswelt nicht zu Bewusstsein kommen lässt. Weil die Phänomenologie das zu Bewusstsein bringt, ist sie selber, so scheint es, solchen Interessen enthoben; der Titel der reinen Theorie, den die Wissenschaften zu Unrecht reklamieren, gebührt mithin ihr. An dieses eine Moment, die Entbindung der Erkenntnis von Interesse, knüpft Husserl die Erwartung praktischer Wirksamkeit. Der Irrtum liegt auf der Hand: Theorie im Sinne der großen Tradition ging darum ins Leben über, weil sie in der kosmischen Ordnung einen idealen Zusammenhang der Welt, und das hieß: auch den Prototyp für die Ordnung der Menschenwelt, zu entdecken vermeinte. Nur als Kosmologie war *Theoria* zugleich der Orientierung des Handelns mächtig. Bildungsprozesse darf Husserl deshalb gerade nicht von einer Phänomenologie erwarten, die die alte Theorie von ihren kosmologischen Inhalten transzendental gereinigt hat und nur noch abstrakt so etwas wie theoretische Einstellung festhält. Theorie war nicht deshalb auf Bildung angelegt, weil sie Erkenntnis von Interesse freigesetzt hätte, sondern umgekehrt, weil sie der Verschleierung ihres eigentlichen Interesses eine *pseudonormative Kraft* verdankte. Indem Husserl das objektivistische Selbstverständnis der Wissenschaften kritisiert, verfällt er einem anderen Objektivismus, der dem traditionellen Begriff von Theorie immer schon angehaftet hat.

4.

In der griechischen Tradition erscheinen dieselben Kräfte, die in der Philosophie zu Kräften der Seele herabgesetzt sind, noch als Götter und übermenschliche Gewalten. Die Philosophie hat sie domestiziert und als verinnerlichte Dämonen in den Bezirk der Seele gebannt. Wenn wir aber Triebe und Affekte, die den Menschen in die Interessenzusammenhänge einer unsteten und zufälligen Praxis verstricken, unter diesem Gesichtspunkt auffassen, dann gewinnt auch die Einstellung reiner Theorie, die *Reinigung* eben von diesen Affekten verspricht, einen neuen Sinn: interesselose Anschauung meint dann offensichtlich Emanzipation. Die Entbindung der Erkenntnis von Interesse sollte nicht etwa die Theorie von den Trübungen der Subjektivität reinigen, sondern umgekehrt das Subjekt einer ekstatischen Reinigung von den Leidenschaften unterziehen. Dass Katharsis jetzt nicht mehr auf den Wegen des Mysterienkults erreicht, sondern durch Theorie im Willen der Individuen selber festgemacht wird, zeigt die neue Stufe der Emanzipation an: im Kommunikationszusammenhang der Polis ist die Individuierung der Einzelnen so weit fortgeschritten, dass sich die Identität des vereinzelten Ich als eine fixe Größe nur noch durch die Identifizierung mit abstrakten Gesetzen der kosmischen Ordnung ausbilden kann. An der Einheit eines in sich ruhenden Kosmos und an der Identität des unwandelbaren Seins findet das von den Ursprungsmächten emanzipierte Bewusstsein jetzt seinen Halt. Einst bestätigte mithin Theorie eine freigewordene, von Dämonen gesäuberte Welt nur kraft der ontologischen Unterscheidungen. Zugleich schützte der Schein reiner Theorie vor dem Rückfall auf eine überwundene Stufe. Wäre die Identität des reinen Seins als ein objektivistischer Schein durchschaut worden, hätte sich die Identität des Ich an ihr nicht formieren können. Dass das Interesse verdrängt wird, gehört noch zu diesem Interesse selber.

Wenn es sich aber so verhält, dann sind die beiden wirksamsten Momente der griechischen Tradition, die theoretische Einstellung und die ontologische Grundannahme einer strukturierten Welt an sich, in den Zusammenhang eingelassen, den sie doch verbieten: in einen Zusammenhang der Erkenntnis mit Interesse. Wir kehren daher zu Husserls Kritik am Objektivismus der Wissenschaften zurück. Nur das Motiv wendet sich jetzt *gegen* Husserl. Einen uneingestandenen Zusammenhang von Erkenntnis und Interesse vermuten wir nicht, weil sich die Wissenschaften vom klassischen Begriff der Theorie gelöst, sondern weil sie sich nicht vollends von ihm freigemacht haben. Der Verdacht des Objektivismus besteht wegen des *ontologischen Scheins reiner Theorie*, den die Wissenschaften *nach Abzug der Bildungselemente* immer noch mit der philosophischen Tradition trügerisch teilen.

Mit Husserl nennen wir eine Einstellung, die theoretische Aussagen naiv auf Sachverhalte bezieht, objektivistisch. Sie unterstellt die Beziehungen zwischen empirischen Größen, die in theoretischen Aussagen dargestellt werden, als ein Ansichseiendes; zugleich unterschlägt sie den transzendentalen Rahmen, innerhalb dessen sich der Sinn solcher Aussagen erst bildet. Sobald die Aussagen relativ zu dem vorgängig mitgesetzten Bezugssystem verstanden werden, zerfällt der objektivistische Schein und gibt den Blick auf ein erkenntnisleitendes Interesse frei.

Für drei Kategorien von Forschungsprozessen lässt sich ein spezifischer Zusammenhang von logisch-methodischen Regeln und erkenntnisleitenden Interessen nachweisen. Das ist die Aufgabe einer kritischen Wissenschaftstheorie, die den Fallstricken des Positivismus entgeht.[8] In den Ansatz der empirisch-analytischen Wissenschaften geht ein *technisches*, in den Ansatz der historisch-hermeneutischen Wissenschaften ein *praktisches* und in den Ansatz kritisch orientierter Wissenschaften jenes *emanzipatorische* Erkenntnisinteresse ein, das schon den traditionellen Theorien uneingestanden, wie wir sahen, zugrunde lag. Ich möchte diese These durch wenige exemplarische Hinweise erläutern.

5.

In den *empirisch-analytischen Wissenschaften* legt das Bezugssystem, das den Sinn möglicher erfahrungswissenschaftlicher Aussagen präjudiziert, Regeln sowohl für den Aufbau der Theorien als auch für deren kritische Überprüfung fest.[9] Zu Theorien eignen sich hypothetisch-deduktive Zusammenhänge von Sätzen, die die Ableitung von empirisch gehaltvollen Gesetzeshypothesen gestatten. Diese lassen sich als Aussagen über die Kovarianz beobachtbarer Größen interpretieren; sie erlauben bei gegebenen Anfangsbedingungen Prognosen. Empirisch-analytisches Wissen ist mithin mög-

8 Diesen Weg markiert die Untersuchung von Karl Otto Apel, »Die Entfaltung der sprachanalytischen Philosophie und das Problem der Geisteswissenschaften«, in: *Philosophisches Jahrbuch* 72. Jg., 1965, S. 239 ff.

9 Vgl. Karl Popper, *The Logic of Scientific Discovery*, London 1959; und meine Abhandlung »Analytische Wissenschaftstheorie und Dialektik«, in: *Zeugnisse*, Frankfurt am Main 1963, S. 473 ff.

liches prognostisches Wissen. Freilich ergibt sich der *Sinn* solcher Prognosen, nämlich ihre technische Verwertbarkeit, erst aus den Regeln, nach denen wir Theorien auf die Wirklichkeit anwenden.

In der kontrollierten Beobachtung, die oft die Form des Experiments annimmt, erzeugen wir Anfangsbedingungen und messen den Erfolg der dabei ausgeführten Operationen. Nun möchte der Empirismus den objektivistischen Schein an den in Basissätzen ausgedrückten Beobachtungen festmachen: darin soll nämlich ein evident Unmittelbares ohne subjektive Zutat verlässlich gegeben sein. In Wahrheit sind die Basissätze keine Abbildungen von Tatsachen an sich, sie bringen vielmehr Erfolge oder Misserfolge unserer Operationen zum Ausdruck. Wir können sagen, dass Tatsachen und die Relationen zwischen ihnen deskriptiv erfasst werden; aber diese Redeweise darf nicht verschleiern, dass sich die erfahrungswissenschaftlich relevanten Tatsachen als solche durch eine vorgängige Organisation unserer Erfahrung im Funktionskreis instrumentalen Handelns erst konstituieren. Beide Momente zusammengenommen, der logische Aufbau der zulässigen Aussagensysteme und der Typus der Prüfungsbedingungen, legen die Deutung nahe: dass erfahrungswissenschaftliche Theorien die Wirklichkeit unter dem leitenden Interesse an der möglichen informativen Sicherung und Erweiterung erfolgskontrollierten Handelns erschließen. Dies ist das Erkenntnisinteresse an der technischen Verfügung über vergegenständlichte Prozesse.

Die *historisch-hermeneutischen Wissenschaften* gewinnen ihre Erkenntnisse in einem anderen methodologischen Rahmen. Hier konstituiert sich der Sinn der Geltung von Aussagen nicht im Bezugssystem technischer Verfügung. Die Ebenen von formalisierter Sprache und objektivierter Erfahrung sind noch nicht auseinandergetreten; denn weder sind die Theorien deduktiv aufgebaut, noch werden die Erfahrungen organisiert im Hinblick auf den Erfolg von Operationen. Sinnverstehen bahnt anstelle der Beobachtung den Zugang zu den Tatsachen. Der systematischen Überprüfung von Gesetzesannahmen dort entspricht hier die Auslegung von Texten. Die Regeln der Hermeneutik bestimmen daher den möglichen Sinn geisteswissenschaftlicher Aussagen?[10]

An jenes Sinnverstehen, dem die Tatsachen des Geistes evident

---

10 Ich schließe mich den Untersuchungen von Hans-Georg Gadamer, *Wahrheit und Methode*, Tübingen ²1965, Teil II an.

gegeben sein sollen, hat der Historismus den objektivistischen Schein reiner Theorie geknüpft. Es sieht so aus, als ob sich der Interpret in den Horizont der Welt oder der Sprache hineinversetzte, aus der ein überlieferter Text jeweils seinen Sinn bezieht. Aber auch hier konstituieren sich die Tatsachen erst im Verhältnis zu den Standards ihrer Feststellung. Wie das positivistische Selbstverständnis den Zusammenhang von Messoperationen und Erfolgskontrollen nicht ausdrücklich in sich aufnimmt, so unterschlägt es auch jenes an der Ausgangssituation haftende Vorverständnis des Interpreten, durch das hermeneutisches Wissen stets vermittelt ist. Die Welt des tradierten Sinnes erschließt sich dem Interpreten nur in dem Maße, als sich dabei zugleich dessen eigene Welt aufklärt. Der Verstehende stellt eine Kommunikation zwischen beiden Welten her; er erfasst den sachlichen Gehalt des Tradierten, indem er die Tradition auf sich und seine Situation *anwendet*.

Wenn aber die methodischen Regeln in dieser Weise Auslegung mit Applikation vereinigen, dann liegt die Deutung nahe: dass die hermeneutische Forschung die Wirklichkeit unter dem leitenden Interesse an der Erhaltung und der Erweiterung der Intersubjektivität möglicher handlungsorientierender Verständigung erschließt. Sinnverstehen richtet sich seiner Struktur nach auf möglichen Konsensus von Handelnden im Rahmen eines tradierten Selbstverständnisses. Dies nennen wir, im Unterschied zum technischen, das praktische Erkenntnisinteresse.

Die systematischen *Handlungswissenschaften*, nämlich Ökonomie, Soziologie und Politik, haben, wie die empirisch-analytischen Naturwissenschaften, das Ziel, nomologisches Wissen hervorzubringen.[11] Eine kritische Sozialwissenschaft wird sich freilich dabei nicht bescheiden. Sie bemüht sich darüber hinaus, zu prüfen, wann die theoretischen Aussagen invariante Gesetzmäßigkeiten des sozialen Handelns überhaupt und wann sie ideologisch festgefrorene, im Prinzip aber veränderliche Abhängigkeitsverhältnisse erfassen. Soweit das der Fall ist, rechnet die *Ideologiekritik*, ebenso übrigens wie die *Psychoanalyse*, damit, dass die Information über Gesetzeszusammenhänge im Bewusstsein des Betroffenen selber einen Vorgang der Reflexion auslöst; dadurch kann die Stufe unreflektierten Bewusstseins, die zu den Ausgangsbedingungen solcher Gesetze

---

11 Ernst Topitsch (Hg.), *Logik der Sozialwissenschaften*, Köln 1965.

gehört, verändert werden. Ein kritisch vermitteltes Gesetzeswissen kann auf diesem Wege das Gesetz selbst durch Reflexion zwar nicht außer Geltung, aber außer Anwendung setzen.

Der methodologische Rahmen, der den Sinn der Geltung dieser Kategorie von kritischen Aussagen festlegt, bemisst sich am Begriff der Selbstreflexion. Diese löst das Subjekt aus der Abhängigkeit von hypostasierten Gewalten. *Selbstreflexion* ist von einem emanzipatorischen Erkenntnisinteresse bestimmt. Die kritisch orientierten Wissenschaften teilen es mit der Philosophie.

Solange freilich Philosophie noch der Ontologie verhaftet bleibt, erliegt sie selber einem Objektivismus, der den Zusammenhang ihrer Erkenntnis mit dem Interesse an Mündigkeit verstellt. Erst wenn sie die Kritik, die sie gegen den Objektivismus der Wissenschaften wendet, auch gegen den Schein reiner Theorie in sich selber kehrt, gewinnt sie aus der eingestandenen Abhängigkeit die Kraft, die sie sich als scheinbar voraussetzungsloser Philosophie vergeblich vindiziert.[12]

6.

Im Begriff des erkenntnisleitenden Interesses sind die beiden Momente schon zusammengenommen, deren Verhältnis erst geklärt werden soll: Erkenntnis und Interesse. Aus Alltagserfahrungen wissen wir, dass Ideen oft genug dazu dienen, unseren Handlungen rechtfertigende Motive anstelle der wirklichen zu unterschieben. Was auf dieser Ebene Rationalisierung heißt, nennen wir auf der Ebene kollektiven Handelns Ideologie. In beiden Fällen ist der manifeste Gehalt von Aussagen durch die unreflektierte Bindung eines nur zum Scheine autonomen Bewusstseins an Interessen verfälscht. Mit Recht zielt deshalb die Disziplin des geschulten Denkens auf die Ausschaltung solcher Interessen. In allen Wissenschaften sind Routinen ausgebildet worden, die der Subjektivität des Meinens vorbeugen; und gegen den unkontrollierten Einfluss der tiefer liegenden Interessen, die weniger am Individuum als an der objektiven Lage gesellschaftlicher Gruppen hängen, ist sogar eine neue Disziplin, die Wissenssoziologie, auf den Plan getreten. Das ist aber

---

12 Theodor W. Adorno, *Zur Metakritik der Erkenntnistheorie*, Stuttgart 1956.

nur die eine Seite. Weil sich die Wissenschaft die Objektivität ihrer Aussagen gegen den Druck und die Verführung partikularer Interessen erst erringen muss, täuscht sie sich andererseits über die fundamentalen Interessen hinweg, denen sie nicht nur ihren Antrieb, sondern *die Bedingungen möglicher Objektivität* selber verdankt.

Die Einstellung auf technische Verfügung, auf lebenspraktische Verständigung und auf Emanzipation von naturwüchsigem Zwang legt nämlich die spezifischen Gesichtspunkte fest, unter denen wir die Realität als solche erst auffassen können. Indem wir der Unüberschreitbarkeit dieser transzendentalen Grenzen möglicher Weltauffassung innewerden, erwirbt sich durch uns ein Stück Natur Autonomie in der Natur. Wenn Erkenntnis je ihr eingeborenes Interesse überlisten könnte, dann in dieser Einsicht, dass die Vermittlung von Subjekt und Objekt, die das philosophische Bewusstsein ausschließlich *seiner* Synthesis zurechnet, anfänglich durch Interessen hergestellt ist. Reflexiv kann der Geist dieser Naturbasis innewerden. Deren Gewalt reicht aber bis in die Logik der Forschung.

Abbildungen oder Beschreibungen sind niemals unabhängig von Standards. Und die Wahl solcher Standards beruht auf Einstellungen, die der kritischen Abwägung durch Argumente bedürfen, weil sie weder logisch abgeleitet noch empirisch nachgewiesen werden können. Methodische Grundsatzentscheidungen, etwa so fundamentale Unterscheidungen wie die zwischen kategorialem und nichtkategorialem Sein, zwischen analytischen und synthetischen Aussagen, zwischen deskriptivem und emotivem Gehalt, haben diesen eigentümlichen Charakter, weder willkürlich noch zwingend zu sein.[13] Sie erweisen sich als angemessen oder verfehlt. Denn sie bemessen sich an der metalogischen Notwendigkeit von Interessen, die wir weder festlegen noch abbilden können, sondern treffen müssen. Meine *erste These* heißt deshalb: *Die Leistungen des transzendentalen Subjekts haben ihre Basis in der Naturgeschichte der Menschengattung.*

Für sich genommen könnte diese These zu dem Missverständnis führen, als sei die Vernunft der Menschen, wie die Klauen und Zähne der Tiere, ein Organ der Anpassung. Das ist sie gewiss auch. Aber die naturgeschichtlichen Interessen, auf die wir die erkennt-

---

13 Morton White, *Toward Reunion in Philosophy*, Cambridge 1956.

nisleitenden zurückführen, gehen zugleich aus Natur und *aus dem kulturellen Bruch* mit Natur hervor. Zusammen mit dem Moment der Durchsetzung des Naturtriebs haben sie das Moment der Lösung von Naturzwang in sich aufgenommen. Schon dem Interesse der Selbsterhaltung, so natürlich es zu sein scheint, entspricht ein gesellschaftliches System, das die Mängel der organischen Ausstattung des Menschen kompensiert und seine geschichtliche Existenz *gegen* eine von außen drohende Natur sichert. Aber Gesellschaft ist nicht nur System der Selbsterhaltung. Eine lockende Natur, die als Libido im Einzelnen präsent ist, hat sich aus dem Funktionskreis der Selbsterhaltung gelöst und drängt nach utopischer Erfüllung. Auch diese individuellen Ansprüche, die mit dem Erfordernis kollektiver Selbsterhaltung nicht von vornherein harmonieren, nimmt das gesellschaftliche System in sich auf. Deshalb können die Erkenntnisprozesse, an die Vergesellschaftung unabdingbar gebunden ist, nicht nur als Mittel der Reproduktion des Lebens fungieren: in gleichem Maße bestimmen sie selbst die Definitionen dieses Lebens. Das scheinbar nackte Überleben ist immer schon eine historische Größe; denn es bemisst sich an dem, was eine Gesellschaft als ihr *gutes Leben* intendiert. Meine *zweite These* lautet deshalb: *Erkennen ist im gleichen Maße Instrument der Selbsterhaltung, wie es bloße Selbsterhaltung transzendiert.* Die spezifischen Gesichtspunkte, unter denen wir die Wirklichkeit transzendental notwendig auffassen, legen drei Kategorien möglichen Wissens fest: Informationen, die unsere technische Verfügungsgewalt erweitern; Interpretationen, die eine Orientierung des Handelns unter gemeinsamen Traditionen ermöglichen; und Analysen, die das Bewusstsein aus der Abhängigkeit von hypostasierten Gewalten lösen. Jene Gesichtspunkte entspringen dem Interessenzusammenhang einer Gattung, die von Haus aus an bestimmte Medien der Vergesellschaftung gebunden ist: an Arbeit, Sprache und Herrschaft. Die Menschengattung sichert ihre Existenz in Systemen gesellschaftlicher Arbeit und gewaltsamer Selbstbehauptung; durch ein traditionsvermitteltes Zusammenleben in umgangssprachlicher Kommunikation; und schließlich mit Hilfe von Ich-Identitäten, die das Bewusstsein des Einzelnen im Verhältnis zu den Normen der Gruppe auf jeder Stufe der Individuierung von neuem befestigen. So haften die erkenntnisleitenden Interessen an den Funktionen eines Ich, das sich in Lernprozessen an seine externen Lebensbedingungen anpasst;

das sich durch Bildungsprozesse in den Kommunikationszusammenhang einer sozialen Lebenswelt einübt; und das im Konflikt zwischen Triebansprüchen und gesellschaftlichen Zwängen eine Identität aufbaut. Diese Leistungen gehen wiederum ein in die produktiven Kräfte, die eine Gesellschaft akkumuliert; in die kulturelle Überlieferung, aus der sich eine Gesellschaft interpretiert; und in die Legitimationen, die eine Gesellschaft annimmt oder kritisiert. Meine *dritte These* lautet daher: *Die erkenntnisleitenden Interessen bilden sich im Medium von Arbeit, Sprache und Herrschaft.*

Freilich ist die Konstellation von Erkenntnis und Interesse nicht gleich in allen Kategorien. Gewiss ist jene voraussetzungslose Autonomie, in der Erkenntnis die Wirklichkeit erst theoretisch erfasst, um hernach von erkenntnisfremden Interessen in Dienst genommen zu werden, auf dieser Ebene immer ein Schein. Aber der Geist kann sich auf den Interessenzusammenhang, der vorgängig Subjekt und Objekt verknüpft hat, zurückbeugen – und dies ist allein der Selbstreflexion vorbehalten. Sie kann das Interesse gewissermaßen einholen, wenn auch nicht aufheben.

Nicht zufällig sind die Maßstäbe der Selbstreflexion jener eigentümlichen Schwebe enthoben, in der die Standards aller übrigen Erkenntnisprozesse einer kritischen Abwägung bedürfen. Sie sind theoretisch gewiss. Das Interesse an Mündigkeit schwebt nicht bloß vor, es kann a priori eingesehen werden. Das, was uns aus Natur heraushebt, ist nämlich der einzige Sachverhalt, den wir seiner Natur nach kennen können: *die Sprache.* Mit ihrer Struktur ist Mündigkeit *für uns* gesetzt. Mit dem ersten Satz ist die Intention eines allgemeinen und ungezwungenen Konsensus unmissverständlich ausgesprochen. Mündigkeit ist die einzige Idee, deren wir im Sinne der philosophischen Tradition mächtig sind. Vielleicht ist deshalb der Sprachgebrauch des Deutschen Idealismus, dem zufolge »Vernunft« beide Momente: Willen *und* Bewusstsein enthält, doch nicht ganz obsolet. Vernunft meinte zugleich den Willen zur Vernunft. In der Selbstreflexion gelangt eine Erkenntnis um der Erkenntnis willen mit dem Interesse an Mündigkeit zur Deckung. Das emanzipatorische Erkenntnisinteresse zielt auf den Vollzug der Reflexion als solchen. Meine *vierte These* heißt daher: *In der Kraft der Selbstreflexion sind Erkenntnis und Interesse eins.*

Freilich würde sich erst in einer emanzipierten Gesellschaft, die die Mündigkeit ihrer Glieder realisiert hätte, die Kommunikation zu dem herrschaftsfreien Dialog aller mit allen entfaltet haben, dem wir das Muster einer wechselseitig gebildeten Identität des Ich ebenso wie die Idee der wahren Übereinstimmung immer schon entlehnen. Insofern gründet die Wahrheit von Aussagen in der Antizipation des gelungenen Lebens. Der ontologische Schein reiner Theorie, hinter dem die erkenntnisleitenden Interessen verschwinden, festigt die Fiktion, als sei der sokratische Dialog allgemein und jederzeit möglich. Philosophie hat von Anbeginn unterstellt, die mit der Struktur der Sprache gesetzte Mündigkeit sei nicht nur antizipiert, sondern wirklich. Gerade die reine Theorie, die alles aus sich selber haben will, fällt dem verdrängten Äußeren anheim und wird ideologisch. Erst wenn Philosophie im dialektischen Gang der Geschichte die Spuren der Gewalt entdeckt, die den immer wieder angestrengten Dialog verzerrt, und aus den Bahnen zwangloser Kommunikation immer wieder heraus gedrängt hat, treibt sie den Prozess, dessen Stillstellung sie sonst legitimiert, voran: den Fortgang der Menschengattung zur Mündigkeit. Als *fünfte These* möchte ich deshalb den Satz vertreten: *Die Einheit von Erkenntnis und Interesse bewährt sich in einer Dialektik, die aus den geschichtlichen Spuren des unterdrückten Dialogs das Unterdrückte rekonstruiert.*

7.

Die Wissenschaften haben von Philosophie eines zurückbehalten: den Schein reiner Theorie. Er bestimmt nicht ihre Forschungspraxis, bloß ihr Selbstverständnis. Und soweit dieses Selbstverständnis auf ihre Praxis zurückwirkt, hat es sogar einen guten Sinn.

Es macht ja die Ehre der Wissenschaften aus, ihre Methoden unbeirrt, ohne Reflexion auf das erkenntnisleitende Interesse anzuwenden. Indem die Wissenschaften methodologisch nicht wissen, was sie tun, sind sie ihrer Disziplin umso gewisser, das heißt: des methodischen Fortschritts innerhalb eines nichtproblematisierten Rahmens. Das falsche Bewusstsein hat eine schützende Funktion. Denn auf der Ebene der Selbstreflexion fehlen den Wissenschaften die Mittel, den Risiken eines einmal durchschauten Zusammenhangs von Erkenntnis und Interesse zu begegnen. Der Faschismus hat den Wechselbalg einer nationalen Physik, der Stalinismus den einer gewiss ernster zu nehmenden sowjetmarxistischen Genetik nur ausbrüten können, weil der Schein des Objektivismus fehlte – er hätte gegen die gefährlicheren Verzauberungen einer fehlgeleiteten Reflexion immunisieren können.

Das Lob des Objektivismus hat freilich seine Grenze; an ihr setzte Husserls Kritik zu Recht, wenn auch nicht mit den rechten Mitteln ein. Sobald der objektivistische Schein ins weltanschaulich Affirmative gewendet wird, verkehrt sich die Not des methodologisch Unbewussten in die zweifelhafte Tugend eines szientistischen Glaubensbekenntnisses. Der Objektivismus hindert die Wissenschaften keineswegs, wie Husserl glaubte, in die Lebenspraxis einzugreifen. Ihr sind sie so oder so integriert. Aber praktische Wirksamkeit entfalten sie nicht eo ipso im Sinne einer wachsenden Rationalität des Handelns.

Ein positivistisches Selbstverständnis der *nomologischen Wissenschaften* leistet vielmehr dem Ersatz aufgeklärten Handelns durch Technik Vorschub. Es steuert die Verwertung der erfahrungswissenschaftlichen Information unter dem illusionären Gesichtspunkt, als ließe sich die praktische Beherrschung der Geschichte auf die technische Verfügung über vergegenständlichte Prozesse zurückführen. Nicht minder folgenreich ist das objektivistische Selbstverständnis der *hermeneutischen Wissenschaften*. Es entzieht ein sterilisiertes Wissen der reflektierten Aneignung wirkender Tradition und sperrt stattdessen Geschichte ins Museum. Geleitet von der objektivistischen Einstellung tatsachenbildender Theorie, ergänzen sich die nomologischen und die hermeneutischen Wissenschaften in Ansehung ihrer praktischen Folgen. Während diese den Traditionszusammenhang ins Unverbindliche entrücken, bannen ihn jene auf dem blankgefegten Fundament einer verdrängten Geschichte der Lebenspraxis ausschließlich in den Funktionskreis instrumentellen Handelns. Die Dimension, in der die handelnden Subjekte über Ziele und Zwecke sich rational verständigen könnten, wird so der Finsternis der bloßen Dezision zwischen verdinglichten Wertordnungen und uneinsichtigen Glaubensmächten überantwortet.[14] Wenn sich dieser von allen guten Geistern verlassenen Dimension dann noch eine Reflexion bemächtigt, die sich wie die alte Philosophie gegenüber der Geschichte objektivistisch verhält, siegt der Positivismus auf höchster Stufe – wie einst bei Comte. Das ist der

14 Vgl. meine Abhandlung, »Dogmatismus, Vernunft und Entscheidung«, in: Jürgen Habermas, *Theorie und Praxis*, Neuwied 1967, S. 231.

Fall, wenn Kritik unkritisch ihren eigenen Zusammenhang mit dem emanzipatorischen Erkenntnisinteresse zugunsten reiner Theorie verleugnet. Eine solche überschwängliche Kritik projiziert den unterschiedenen Prozess des Fortgangs der Menschengattung auf die Ebene einer Geschichtsphilosophie, die Handlungsanweisungen dogmatisch erteilt. *Eine verblendende Philosophie der Geschichte ist aber nur die Kehrseite des erblindeten Dezisionismus – mit einer kontemplativ missverstandenen Wertneutralität verträgt sich die bürokratisch verordnete Parteilichkeit nur zu gut.*

Diesen praktischen Folgen eines beschränkten szientistischen Bewusstseins der Wissenschaften[15] kann eine Kritik entgegenwirken, die den objektivistischen Schein zerstört. Freilich wird der Objektivismus nicht, wie Husserl noch wähnte, durch die Kraft einer erneuerten *Theoria* gebrochen, sondern allein durch den Nachweis dessen, was er verdeckt: des Zusammenhangs von Erkenntnis und Interesse. Die Philosophie bleibt ihrer großen Tradition treu, indem sie ihr entsagt. Die Einsicht, dass die Wahrheit von Aussagen in letzter Instanz an die Intention des wahren Lebens gebunden ist, lässt sich heute nur mehr auf den Trümmern der Ontologie bewahren. Freilich bleibt auch diese Philosophie so lange neben den Wissenschaften und außerhalb des öffentlichen Bewusstseins eine Spezialität, als das Erbe der Tradition, das *sie* kritisch losgelassen hat, im positivistischen Selbstverständnis der Wissenschaften fortlebt.

15 Herbert Marcuse hat die Gefahren einer Reduktion der Vernunft auf technische Rationalität und einer Reduktion der Gesellschaft auf die Dimension technischer Verfügung in seinem Buch *Der eindimensionale Mensch* [Herbert Marcuse, *Der eindimensionale Mensch*, Neuwied 1967] analysiert. In einem anderen Zusammenhang stellt Helmut Schelsky die gleiche Diagnose: »Mit der wissenschaftlichen Zivilisation, die der Mensch selbst planmäßig schafft, ist eine neue Gefährdung in die Welt getreten: die Gefahr, dass der Mensch sich nur in äußere, umweltverändernde Handlungen auslegt und alles, den anderen Menschen und sich selbst, in dieser Gegenstandsebene der konstruktiven Handlung festhält und behandelt. Diese neue Selbstentfremdung des Menschen, die ihm die Identität seiner selbst und des anderen rauben kann […], ist die Gefahr, dass der Schöpfer sich in sein Werk, der Konstrukteur in seine Konstruktion verliert. Der Mensch schaudert zwar davor zurück, sich restlos in die selbstproduzierte Objektivität, in ein konstruiertes Sein zu transzendieren, und arbeitet doch unaufhörlich am Fortgang dieses Prozesses der wissenschaftlichen Selbstobjektivierung.« (Helmuth Schelsky, *Einsamkeit und Freiheit*, Hamburg 1963, S. 299)

Hans-Joachim Dahms
Bemerkungen zur Geschichte des Werturteilsstreits[*]

1. Einleitung

Als Richard Rudner 1953 – also knapp 50 Jahre nach dem Ausbruch des Werturteilsstreits in der deutschen Nationalökonomie und Soziologie – seinen berühmt gewordenen Aufsatz »The Scientist *qua* Scientist Makes Value Judgements« publizierte, räumte er gleich im ersten Satz ein, dass die Frage der Rolle von Werturteilen in der Wissenschaft schon bis zum »mystical moment of dullness« diskutiert worden sei.[1] Er konnte sich dafür, nun einen weiteren Beitrag zum Thema zu publizieren, wenigstens damit entschuldigen, dass er der Debatte ein neues Argument anzubieten habe. Wenn ich nun, erneut mehr als 50 Jahre später, wiederum den Werturteilsstreit behandle, habe ich weniger Hoffnung auf solch mildernde Umstände, da meine Absichten bescheidener sind und insofern Gefahr laufen, jenen »moment of dullness« zu verlängern. Mein Ziel ist es zunächst einmal, die Geschichte des ersten Werturteilsstreits in der deutschen Nationalökonomie und Soziologie (von ca. 1909 bis ca. 1913) sowie die auf die Werturteilsproblematik bezogenen Teile des gelegentlich »zweiter Werturteilsstreit« genannten Positivismusstreits in der deutschen Soziologie der 1960er Jahre in ihren Grundzügen zu beschreiben. Um die beiden Diskussionen historisch und inhaltlich aneinander anschließen und miteinander verzahnen zu können, habe ich Abschnitte über die Behandlung der Werturteilsfrage im logischen Positivismus des Wiener Kreises sowie im kritischen Rationalismus Karl Poppers eingeschaltet.[2]

Bei aller nötigen Konzentration auf Beschreibung und Interpre-

* Ich danke Gerhard Schurz (Düsseldorf) für Anregungen und Korrekturen zum Entwurf dieses Artikels.

1 Richard Rudner »The Scientist *qua* Scientist Makes Value Jugdments«, in: *Philosophy of Science* 20 (1953), S. 1-6, S. 1; übersetzt in diesem Band, S. 108-117.

2 Popper wurde zwar erst kurz vor dem ersten Werturteilsstreit geboren, war aber später Hauptreferent in der ersten Runde des Positivismusstreits, obwohl er sich von Anfang an, während und nach dem Streit der 1960er Jahre, vom Positivismus distanziert hat.

tation will ich allerdings nicht auf Bewertung verzichten. Dabei verwende ich ein spezielles Verfahren. In einigen Phasen der genannten Streite sind zur Veranschaulichung der jeweiligen Standpunkte Beispiele verwandt worden beziehungsweise haben sich die Standpunkte erst aus der Diskussion dieser Beispiele entwickelt. Weil es sich oft um sozusagen lebensgroße Exempel handelte, haben diese ein über ihre Zeitumstände hinausweisendes Eigenleben entwickelt. Die Frage, die ich mir dann gestellt habe, war die, was man aus der späteren realen Entwicklung der Beispiele für die Triftigkeit der jeweiligen Positionen in der Werturteilsfrage lernen kann. Bei den Antworten auf diese Frage handelt es sich insofern nicht um Bestätigungen oder Widerlegungen im strikten Sinne, sondern um Plausibilitätsüberlegungen im Lichte der Historie. Ich schließe mit einigen Bemerkungen zur Frage, warum ein scheinbar so gründlich diskutiertes Thema wie der Werturteilsstreit auch nach 100 Jahren immer wieder aufkommt (und vermutlich auch in Zukunft weiter diskutiert werden wird).

2. Der erste Werturteilsstreit und Max Weber

Der erste der hier zu behandelnden Werturteilsstreite spielte sich vor allem kurz vor dem Ersten Weltkrieg ab. Eigentlich könnte man sagen, dass es sich dabei weniger um eine Serie von wissenschaftstheoretischen Auseinandersetzungen (wie beim späteren Positivismusstreit der 1960er Jahre) gehandelt hat als vielmehr um eine Art von Kampagne, die von Max Weber zusammen mit Gesinnungsgenossen wie Werner Sombart und Ferdinand Tönnies gegen wechselnde Gegner in Gang gehalten wurde.[3] Höhepunkte dieser Streitigkeiten waren die Tagung des Vereins für Socialpolitik 1909 in Wien und die im Folgejahr in Frankfurt stattfindende Gründungstagung der Deutschen Gesellschaft für Soziologie. Es scheint mir wichtig, diesen institutionellen Kontext zu beachten: die Abspaltung der Soziologie *als akademisches Fach* von der Nationalökonomie.[4] Der Positivismusstreit, also der »zweite Werturteilsstreit«,

---

3 Einen Überblick über Webers Veröffentlichungen zur Werturteilsfreiheit sowie zu den Stellungnahmen seiner Kritiker gibt Herbert Keuth, *Wissenschaft und Werturteil*, Tübingen 1989, S. 6-54.

4 Siehe zum Gründungskontext der deutschen Soziologie als akademisches Fach

lief ebenfalls parallel zu einer – allerdings viel zu wenig bekannten – Entwicklung in der Etablierung der Soziologie an den deutschen Universitäten: der Vorbereitungen zur Einführung des *Soziologie-Diploms*, das den zukünftigen Absolventen des Fachs Praxisfelder auch außerhalb der Hochschulen eröffnen sollte.[5]

Nach Ende des Ersten Weltkriegs ist Max Weber noch einmal in seiner berühmten Schrift *Wissenschaft als Beruf* und auch in der Schrift *Politik als Beruf* auf den Werturteilsstreit zurückgekommen, die beide vor Versammlungen des nicht korporierten freistudentischen Bundes in München als Vorträge gehalten wurden. Sie können als sein wissenschaftstheoretisches Vermächtnis gedeutet werden, weil er kurz danach gestorben ist.

Ich werde im Folgenden

1.) Webers Position in den Kontroversen und Schriften aus dieser Zeit beschreiben und dabei Streitpunkte nennen, denen er sich dabei jeweils gegenübersah, sowie

2.) seine Haltung im Lichte der realen politischen Entwicklung der Jahrzehnte danach bewerten.

Zu 1.): Bei Webers Haltung in der Werturteilsfrage handelt es sich zunächst um zwei Problemkomplexe, die miteinander zwar zusammenhängen, nichtsdestoweniger aber auseinandergehalten werden müssen, nämlich einerseits die Frage der *Kathederwertung* und andererseits die Frage, ob Werturteile zum *Bestand* der Sozialwissenschaften gehören (beziehungsweise gehören sollten) oder nicht. Der Zusammenhang dieser beiden Probleme ergibt sich daraus, dass es gerechtfertigt erscheinen würde, wenn Wissenschaftler vom Katheder herab in ihren Lehrveranstaltungen Werturteile fällen wollten, wenn diese zum Bestand ihrer Wissenschaft gehören würden.

Zur Frage der Kathederwertung fasse ich mich hier kurz,[6] da sie in der weiteren Entwicklung der Kontroverse keine hervorgehobe-

---

ausführlich Dirk Kaesler, *Die frühe deutsche Soziologie 1909 bis 1934 und ihre Entstehungs-Milieus. Eine wissenschaftssoziologische Untersuchung*, Opladen 1989. Es ist allerdings übertrieben, Webers Position im Werturteilsstreit hauptsächlich dadurch erklären zu wollen, dass er nur die Reputierlichkeit der neuen Disziplin habe sichern wollen.

5 Die Diskussionen um diesen wichtigen Professionalisierungsschritt bildeten neben der *Logik der Sozialwissenschaften* den zweiten Diskussionsschwerpunkt der Tübinger Tagung der Deutschen Gesellschaft für Soziologie im Herbst 1961.

6 Siehe dazu ausführlicher Keuth, *Wissenschaft und Werturteil*.

ne Rolle mehr gespielt hat und, wie gesagt, von der übergeordneten Frage der Werturteile im Objektbereich der Wissenschaft abhängt. Weber kritisierte hier die Angewohnheit der deutschen Professoren, in ihren Vorlesungen zwanglos politische Wertungen einfließen zu lassen, obwohl, wie er meinte, diese Werturteile nicht durch die Wissenschaft gedeckt seien und auch gar nicht gedeckt werden könnten. Das sei umso bedenklicher, weil die ihnen zu Füßen sitzenden Studenten diesen scheinbar autoritativen Stellungnahmen sozusagen schutzlos ausgeliefert seien. Anfänger seien zu jung und unerfahren, um eine Gegenposition einnehmen und spontan formulieren zu können. Zudem durfte in Vorlesungen nicht debattiert werden. Weber formuliert seine Position zur Kathederwertung in *Wissenschaft als Beruf* abschließend so:

Der Professor, der sich zum Berater der Jugend berufen fühlt und ihr Vertrauen genießt, möge im persönlichen Verkehr von Mensch zu Mensch mit ihr seinen Mann stehen. Und fühlt er sich zum Eingreifen in die Kämpfe der Weltanschauungen und Parteimeinungen berufen, so möge er das draußen auf dem Markt des Lebens tun: in der Presse, in Versammlungen, in Vereinen, wo immer er will. Aber es ist doch etwas allzu bequem, seinen Bekennermut da zu zeigen, wo die Anwesenden und vielleicht Andersdenkenden zum Schweigen verurteilt sind.[7]

Offenbar machten konservative Ordinarien schon im Wilhelminischen Kaiserreich zahlreich und offensiv von Kathederwertungen Gebrauch. Während der Weimarer Republik wurde dieser Habitus geradezu zur Mode, als sich die sich selbst als »unpolitisch« deklarierenden Mandarine sowohl zur Einführung der neuen Staatsform der Republik als auch zu einer Vielzahl von politischen Tagesfragen äußerten. Nun hätte man dem Usus der Kathederwertung relativ einfach begegnen können, nämlich durch Einführung regelmäßiger Frage- und Diskussionsmöglichkeiten in den großen Vorlesungen oder gar durch deren gänzliche Abschaffung. Diese Lockerungen des autoritativen Frontalunterrichts an Hochschulen wurden Ende der 1960er Jahre zeitweise durchaus eingeführt (beziehungsweise zumindest von studentischer Seite gefordert). Dadurch wurden (oder wären) solche selbstherrlichen Kathederwertungen, die zum Teil nicht in Zusammenhang mit dem Fach des Professors standen,

7 Max Weber, *Wissenschaft als Beruf*, Stuttgart 1995 (München/Leipzig 1919), S. 36 f.

möglicherweise durch Diskussion entschärft. Wie dem auch sei: Ersichtlich ist die Frage der Kathederwertung dem Problem der Werturteilsfreiheit im Bestand der wissenschaftlich vertretbaren Sätze nachgeordnet, dem wir uns nun zuwenden müssen.

Max Weber gestand hier seinen Opponenten viel zu und »schenkte« ihnen Diskussionen um Dinge, die ihm selbstverständlich schienen. Weil seine Kontrahenten in nachfolgenden Debatten diese Konzessionen oft nicht verstanden, ist es am Platz, sie hier noch einmal kurz zu wiederholen. Zu Webers Zugeständnissen gehörten die folgenden:

— Welche der Forschung vorausgehenden *Probleme und Fragestellungen* untersucht werden sollten, hänge selbstverständlich von Werturteilen (etwa über die Relevanz und Dringlichkeit etc. der Themen) ab.[8]

— Sozusagen am anderen Ende der Theorienbildung, nämlich dort, wo es nach ihrer Fertigstellung um ihre *Anwendung* (zum Beispiel in der Politik) gehe, kämen natürlich ebenfalls Werturteile ins Spiel.[9]

— Schließlich könnten auch in der Objektebene der wissenschaftlichen Theorien Werturteile eine Rolle spielen, nämlich dort, wo solche Urteile zu *Gegenständen* wissenschaftlicher Untersuchungen gemacht werden. Das verpflichte die Wissenschaft beziehungsweise die Wissenschaftler keineswegs, positiv oder negativ zu *diesen* Werturteilen Stellung zu nehmen.[10]

Nach allen diesen Zugeständnissen mag man sich fragen, worin denn nun Webers Werturteilsfreiheitspostulat überhaupt besteht. Es besteht darin, dass Weber *Werturteile aus wissenschaftlichen Theorien* ausgeschlossen haben wollte. Dies hat für ihn einen einzigen Grund, nämlich den, dass die Sozialwissenschaften (wie selbstverständlich auch die Naturwissenschaften) empirische Wissenschaften seien und die Empirie wohl darüber belehren könnten, was der Fall ist oder gewesen ist, aber nicht darüber, was wir wertschätzen oder was wir tun sollen. Weber glaubte nicht, dass die Sozialwis-

---

8 Max Weber, »Gutachten zur Werturteilsdiskussion im Ausschuß des Vereins für Socialpolitik« (1913), in: Eduard Baumgarten, *Max Weber. Werk und Person (ausgewählte und kommentierte Dokumente)*, Tübingen 1964, S. 102-139; S. 113.

9 Weber, »Gutachten zur Werturteilsdiskussion im Ausschuß des Vereins für Socialpolitik«, S. 120.

10 Ebd., S. 113

senschaften bereits wertfrei wären (sonst hätte er sich den Werturteilsstreit ersparen können), sondern sah die Wertfreiheit als Postulat an, dem die Wissenschaftler als Ideal nacheifern sollten. Zweifellos sei es »schwierig«, diesem Postulat gerecht zu werden, wie es eben auch schwer sei, anderen wichtigen Geboten zu folgen: auch das »Sittengesetz« sei kaum erfüllbar, dennoch aber gelte es als »aufgegeben«.[11]

Wenn auch die Sozialwissenschaften nicht Führer im Leben sein könnten, seien sie nichtsdestotrotz, als empirische Wissenschaften verstanden, in verschiedener Weise für lebenspraktische (einschließlich politischer) Entscheidungen und Belange von Nutzen.[12] Das ist zum einen dann der Fall, wenn sie zeigen können, dass bestimmte praktische Ziele auseinander folgen oder nicht miteinander vereinbar sind. Das ist zum anderen der Fall, wenn die Wissenschaft aufweisen kann, welche Mittel zu welchen Zielen führen oder nicht führen können[13] sowie mit welchen (möglicherweise unbeabsichtigten) Nebenfolgen der Einsatz bestimmter Mittel verbunden ist.[14] Und das ist schließlich der Fall, wenn wissenschaftliche Aussagen größere Klarheit darüber verschaffen, was man überhaupt eigentlich will beziehungsweise wollen kann.[15]

Zu 2.): Webers Insistieren auf dem Werturteilspostulat könnte man als merkwürdige Marotte verstehen, wenn sie nicht in bestimmte wichtige Problemlagen eingebettet gewesen wäre. In welchen Zusammenhängen war die Frage der Werturteilsfreiheit also im Laufe des Werturteilsstreits umstritten?

1909 handelte es sich um die Frage der so genannten »Produktivität«, ein damals neu eingeführtes Kunstwort, das die Änderung des Volkswohlstands bezeichnen sollte. Es ging darum, ob das Bruttosozialprodukt ein brauchbarer Indikator für diesen Wohlstand sei, eine Zunahme desselben also ein Zeichen für größeren Volkswohlstand und eine Abnahme ein Zeichen für zurückgehenden sei. Diese Ansicht wurde von den damals so genannten »Katheder-

11 Ebd., S.111.
12 Weber, *Wissenschaft als Beruf*, S.37.
13 Siehe dazu das nützliche Schema bei Gerhard Schurz, *Einführung in die Wissenschaftstheorie*, Darmstadt ³2011, S.41.
14 Weber, »Gutachten zur Werturteilsdiskussion im Ausschuß des Vereins für Socialpolitik«, S.120.
15 Weber, *Wissenschaft als Beruf*, S.39

sozialisten« wie namentlich Gustav Schmoller bejaht, von Weber aber verneint. Er benannte eine Reihe von Beispielen, die zeigen sollten, dass eine Zunahme der Produktivität keineswegs notwendigerweise mit zunehmendem Wohlstand einhergehen müsse, sondern sogar mit zurückgehendem vereinbar sei. Außerdem sei bei einem so undifferenzierten Indikator die Frage der Verteilung des Sozialprodukts nicht tangiert. Im Extremfall könnte die Produktivität steigen, obwohl sich die materielle Lage eines Großteils der Bevölkerung verschlechtere. Was aber eine gerechte Verteilung des gesellschaftlichen Reichtums sei, könne die positive Wissenschaft nicht »austragen«, wie er formulierte.

Diese Debatte ist heute mindestens so virulent wie damals. Geändert hat sich aber eines, nämlich die Zuversicht, dass man Theorien der Gerechtigkeit in der philosophischen Ethik (also außerhalb der empirischen Wissenschaften) aufstellen könne und mit ihrer Hilfe vielleicht sogar praktische Probleme der Gerechtigkeit angehen könne. Weber hatte noch geschrieben:

Zu den von *keiner* Ethik eindeutig entscheidbaren Fragen gehören u. a. schon die Konsequenzen des Postulates der ›Gerechtigkeit‹. Ob man [...] dem, der viel leistet, auch viel schuldet, oder umgekehrt von dem, der viel leisten kann, auch viel fordert, ob man etwa weiter zum Beispiel im Namen der Gerechtigkeit [...]dem großen Talent auch große Chancen gönnen solle oder ob man umgekehrt [...] die Ungerechtigkeit der ungleichen Verteilung der geistigen Gaben auszugleichen habe durch strenge Vorsorge dafür, dass das Talent, dessen bloßer Besitz ja schon ein beglückendes Prestigegefühl geben könne, nicht auch noch seine besseren Chancen in der Welt für sich ausnützen möge – dies dürfte aus ›ethischen‹ Prämissen unaustragbar sein.[16]

Als Gegenbeispiel zu dieser letzten These sei etwa die Theorie der Gerechtigkeit von John Rawls[17] genannt, die nach einem komplizierten Entscheidungsverfahren zwischen verschiedenen Kandidaten für die richtigen Theorien der Gerechtigkeit zu dem Ergebnis kommt, dass solche Ungleichheiten zugelassen werden können, die geeignet erscheinen, indirekt das Los der »least favoured« zu verbessern. Man könnte auch überlegen, andere Kriterien einzuführen,

---

16 Weber, »Gutachten zur Werturteilsdiskussion im Ausschuß des Vereins für Socialpolitik«, S. 117 f.

17 John Rawls, *A Theory of Justice*, Cambridge/MA 1971; deutsch: *Eine Theorie der Gerechtigkeit*, Frankfurt/M. 1979.

wie etwa die Minimalforderung, allen Mitgliedern der Gesellschaft wenigstens das Existenzminimum zu sichern.

Wenn man die Entwicklung in der Philosophie der letzten Jahrzehnte betrachtet, ist es vielleicht auch denkbar, sich eine ökonomische Theorie vorzustellen, die Werturteile (wie zum Beispiel über Verteilungsgerechtigkeit, Nachhaltigkeit etc.) inkorporiert. Zweifellos würde es sich dann nicht mehr um eine nur empirische Theorie handeln. Die Konzeption von Amartya Sen ist ein solches Beispiel.[18]

Der andere Streitfall, an dem sich Weber gerieben hat, war die Frage der Eugenik, die 1910 auf dem ersten Deutschen Soziologentag von dem bekanntesten Proponenten dieser neuen Disziplin behandelt und propagiert wurde. Alfred Ploetz, vom früheren Sozialisten zu einem vehementen Vertreter der so genannten »Rassenhygiene« gewandelt, propagierte in seinem Referat die Führungsrolle dieser jungen humanwissenschaftlichen Disziplin. In deren Aufbau spielten nun Werturteile eine zentrale Rolle, wie die über den unterschiedlichen Wert verschiedener Menschenrassen oder auch über den unterschiedlichen Wert einzelner Teile der Bevölkerung bei bestimmten Völkern. Darauf sollten sich dann positive rassenhygienische Maßnahmen zur Förderung der wertvolleren Bestandteile und negative zur »Ausmerze« der unwillkommenen gründen. Max Weber nahm sich auf der genannten Veranstaltung das Referat von Ploetz gründlich zur Brust. Unterschiedliche Ansichten zur Bewertung der »Neger« in den USA, denen beide während ihrer Aufenthalte dort begegnet waren, prallten ebenso aufeinander wie die Triftigkeit der rassenhygienischen Theoriebestandteile selber. Weber war der Ansicht, dass sich bisher kein einziger Satz dieser als Wissenschaft propagierten Ideologie habe erweisen lassen. Und solange dies so bleibe, möge man erst recht von praktischen Anwendungen Abstand nehmen.

Im Grunde hatte man es bei der Programmatik von Ploetz mit einem kompletten Programm dessen zu tun, was dann im Nationalsozialismus Staatsräson wurde und rabiat etwa mit den massenhaften Zwangssterilisierungen durchgeführt wurde. Die Debatte zwischen Ploetz und Weber ähnelt übrigens den Auseinanderset-

18 Siehe dazu Hilary Putnam, *The Collapse of the Fact/Value Dichotomy, and other Essays, including the Rosenthal Lectures*, Cambridge/MA 2002, Teil II und insbesondere S. 67-78; die Diskussion dieses Ansatzes würde eine eigene Abhandlung erfordern und muss deshalb hier entfallen.

zungen, die sich im Vorfeld des »Gesetzes zur Verhinderung erbkranken Nachwuchses« abspielten. Dort wiesen die Gegner und Kritiker des Gesetzes auf den nach wie vor gänzlich unausgewiesenen Wissenschaftscharakter von Eugenik und Rassenhygiene hin.[19] Und so überrascht es nicht, dass Historiker im Wissen um die spätere Entwicklung des nationalsozialistischen Rassismus und seiner Verbrechen heutzutage die Werturteilsabstinenz Max Webers hinsichtlich der Eugenik als Verdienst gegenüber den Selbstermächtigungen vermeintlicher wissenschaftlicher Experten hervorheben. Detlev Peukert schrieb in diesem Sinne:

Seine oft als methodologische Verbissenheit erscheinende Fixierung auf die Werturteilsfreiheit wissenschaftlicher Sätze entfaltet jedoch gegenüber den zeitgenössischen Trends zu einer Selbstüberhebung der Wissenschaft auch ein besonderes humanes Potenzial.[20]

Weber hat sich in seinem 1913 erstellten Gutachten zur Werturteilsfrage noch mit einer ganzen Reihe von relevanten Beispielen von (möglicherweise) werthaltigen Begriffen in den Sozialwissenschaften befasst. Davon seien hier nur die vermeintlichen »Entwicklungstendenzen« der Geschichte (wie sie von Marx und seinen Nachfolgern propagiert wurden) oder der Begriff »Fortschritt« ausdrücklich erwähnt.[21] Mit den gänzlich anders gelagerten Geschichtsgesetzen Oswald Spenglers hat er sich übrigens in einem seiner letzten öffentlichen Auftritte ebenfalls auseinandergesetzt.[22] Insgesamt kann man sagen, dass Webers Eingriff in die Werturteilsdebatte im Hinblick auf die gesellschaftlichen Erfahrungen der nachfolgenden Jahrzehnte *in positivem Licht* zu sehen ist.

19 Ulrich Beushausen u. a., »Die medizinische Fakultät im Dritten Reich«, in: Heinrich Becker u. a. (Hg.), *Die Universität Göttingen unter dem Nationalsozialismus*, München ²1989, S. 183-286.

20 Detlev J. K. Peukert, »Weber contra Ploetz: Der historische Ort des Werturteilsstreits in der Vorgeschichte der deutschen Barbarei«, in: ders., *Max Webers Diagnose der Moderne*, Göttingen 1989, S. 92-101, S. 92 f.

21 Weber, »Gutachten zur Werturteilsdiskussion im Ausschuß des Vereins für Socialpolitik«, *S.* 122 ff. und 127 ff.

22 Hans-Joachim Dahms und Michael Neumann, »Sozialwissenschaftler und Philosophen in der Münchener Räterepublik«, in: Carsten Klingemann u. a. (Hg.), *Jahrbuch für Soziologiegeschichte* 1994, S. 115-146, S. 133.

3. Werte im Positivismus

In der heutigen Debatte über das Postulat der Werturteilsfreiheit in der Philosophie in den USA ist die Vorstellung anzutreffen, dieses Postulat sowie die ihm zugrunde liegende Ansicht, man könne Tatsachen und Werte beziehungsweise Tatsachenbehauptungen und Werturteile säuberlich voneinander trennen, habe sich im logischen Empirismus des Wiener Kreises herausgebildet.[23] Das ist, wie der vorhergehende Abschnitt erwiesen haben dürfte, ganz falsch. Aber es ist trotzdem wichtig, hier auch die Entwicklung der Werturteilsfrage im logischen Empirismus zu behandeln, weil sich nämlich zeigen lässt, dass sie zum Teil an die Position Max Webers anknüpft, diese jedoch in der späteren Entwicklung erheblich verschärft. Gleichzeitig liefert diese Betrachtung sozusagen einen Übergang zum Positivismusstreit der 1960er Jahre. Es wird dort nämlich zu prüfen sein, ob dieser irgendetwas mit den Positivisten des Wiener Kreises gemein hat.

Es fällt generell schwer, die Ansichten des Wiener Kreises unter einen gemeinsamen Nenner zu bringen. Das ist auch kein Wunder, da es sich bei dieser Gruppierung um Personen mit ganz verschiedenem wissenschaftlichen und philosophischen Herkommen und Werdegang, verschiedenen Lebensaltern und akademischen Stellungen gehandelt hat. Zudem entwickelten sich die Lehren des Kreises dynamisch im Zeitverlauf. Ich werde mich deswegen zunächst in meiner Schilderung der Haltung des Wiener Kreises bezüglich der Frage von Werturteilen auf drei Exponenten konzentrieren, auf den Gründer und späteren Anführer des so genannten rechten Flügels Moritz Schlick einerseits und den Organisator des Kreises und Sprecher seines linken Flügels Otto Neurath andererseits und schließlich auf Rudolf Carnap, der sich immer stärker zum radikalen Kritiker jeder Wertlehre entwickelte.

Moritz Schlick kommt eigentlich ursprünglich aus der Physik und hat sich in der Philosophie zunächst als Interpret der Relativitätstheorien Einsteins einen Namen gemacht. Daneben hat er sich aber zeitlebens für Fragen der Ethik interessiert und zu diesem Thema häufiger publiziert. Das fängt mit seinem – vielleicht etwas frühreifen – Buch *Lebensweisheit* an, das er im Alter von gerade

---

23 Siehe in diesem Sinne Putnam, *The Collapse of the Fact/Value Dichotomy, and other Essays, including the Rosenthal Lectures*.

einmal 26 Jahren veröffentlichte, und setzt sich über Zwischenstufen bis hin zu seinem Buch *Fragen der Ethik* von 1930 fort.[24] Diese Beschäftigung endete schließlich in seinem aufgrund seiner Ermordung im Juni 1936 nicht mehr von ihm selbst gehaltenen, aber doch von der Tagungsleitung des Internationalen Philosophenkongresses in Paris 1937 verlesenen Vortragstext »L'ecole de Vienne et la philosophie traditionelle«, und zwar mit der Aufforderung an die mittlerweile international gewordene Strömung des logischen Empirismus, der Ethik eine größere Aufmerksamkeit zu widmen, als dies bisher geschehen sei.[25] Dabei ist Schlicks eigene Ethik durchweg von der Idee durchzogen, eine empirische Theorie dieser Disziplin zu sein, ganz im Sinne der Max Weberschen Intention einer Untersuchung tatsächlich in der Gesellschaft vorhandener Wertungen. Schlicks Untersuchungen gehen allerdings erheblich über eine bloße Bestandsaufnahme in Richtung Systematisierung hinaus und lehnen sich auch an eudaimonistische Konzeptionen an.

Bei Otto Neurath ist eine frühe Abstinenz von ethischen Fragestellungen zu konstatieren. Sie verschärft sich bei ihm im Laufe der 30er Jahre so weit, dass er schon das Wort »Wert« auf seinen »index verborum prohibitorum« setzte. Seine Korrespondenz mit John Dewey über dessen »Theory of Valuation«, die in der von Neurath herausgegebenen *International Encyclopedia of Unified Science* erschien, lässt erkennen, worum es Neurath hauptsächlich ging: Er wollte mit seinem Vorschlag einer »empirical axiology« Dewey auf eine Bestandsaufnahme von tatsächlich stattfindenden Wertungen im Sinne Max Webers verpflichten und ließ sich dann wohl oder übel auf die Titelformulierung »Valuation« (statt »Value«) ein.[26] Merkwürdig erscheint dabei, dass er dann immerhin Deweys Attacke auf die »Ejaculatory Theory of Valuation« im Sinne Alfred J. Ayers passieren ließ.

Neurath war sicher derjenige unter den logischen Positivisten,

24 Moritz Schlick, *Fragen der Ethik*, Frankfurt/M. 1984 (Wien 1930).

25 Moritz Schlick, »L'ecole de Vienne et la philosophie traditionelle«, in: Raymond Bayer (Hg.), *Travaux du IXe Congrès International de Philosophie. Congrès Descartes* (12 Bände), Paris 1937, Band IV, S. 99-107, S. 107.

26 Siehe dazu Hans-Joachim Dahms, »Pragmatism and Pragmatists in Otto Neuraths ›International Encyclopedia of Unified Science‹«, Cambridge/MA 2002 (unveröffentlichter Konferenzbeitrag).

der am meisten Kontakt mit Max Weber hatte:[27] Er hat ihn spätestens auf der Wiener Tagung des Vereins für Socialpolitik erlebt, als beide zur Streitfrage der »Produktivität« Stellung nahmen. Neuraths Habilitation in Heidelberg im Kriegsjahr 1916 stand unter der Ägide Max Webers, der Neuraths Schrift zur antiken Wirtschaftsgeschichte geschätzt zu haben scheint. Die beiden begegneten sich dann auf jener legendären Tagung auf der thüringischen Burg Lauenstein, auf der über die Zukunft Deutschlands nach dem Krieg debattiert wurde und wo Weber dem chauvinistischen Theologen Max Maurenbrecher und dessen Ansicht in die Parade fuhr, der Krieg sei »eine Schickung des deutschen Gottes«. Weber trat auch im Sommer als Zeuge im Hochverratsprozess gegen Neurath nach dessen Engagement als Sozialisierungsbeauftragter während der zwei Münchener Räterepubliken auf. Posthum wurde noch seine Kritik dieser Sozialisierungsvorstellungen publiziert. Umgekehrt ging auch Neurath öfters auf Webers soziologische Theorien ein. Dabei kritisierte er vor allem – völlig zu Unrecht, wie ich meine – dessen intentionalistische Handlungstheorie einerseits[28] und Webers Erklärung der Entstehung des Kapitalismus aus dem Geist der calvinistischen Ethik andererseits.[29] Dagegen hat Neurath, soweit ich sehe, nie zur Werturteilsdebatte Stellung genommen. Die Abneigung gegen Werturteile in der Wissenschaft hatte Neurath offenbar so weit verinnerlicht, dass er sie für ganz selbstverständlich hielt. Außerhalb der Wissenschaft scheint er Debatten über kontroverse Wertvorstellungen zwischen Angehörigen politisch unterschiedlicher Lager für ganz hoffnungslos und überflüssig gehalten zu haben.

Putnam hat Rudolf Carnap als den maßgeblichen Gestalter der Wertabstinenz und Inspirator nichtkognitivistischer Theorien der Ethik eingeschätzt. Das ist im Ergebnis auch richtig. Allerdings

---

27 Siehe zum Folgenden Dahms und Neumann, »Sozialwissenschaftler und Philosophen in der Münchener Räterepublik«.

28 Handlungen sind eben nicht identisch mit gewissen Körperbewegungen von Menschen, wie Neurath das haben wollte, weil man so nicht unterscheiden kann, was ein Mensch tut und was ihm lediglich widerfährt, und weil einige Handlungen (wie zum Beispiel die Unterlassungen) überhaupt nicht mit äußerlichen Körperbewegungen verbunden sein müssen.

29 Otto Neurath, »Empirische Soziologie. Der wissenschaftliche Gehalt der Geschichte und Nationalökonomie« (1931), in: Rudolf Haller und Heiner Rutte (Hg.), *Otto Neurath – Gesammelte philosophische und methodologische Schriften* (2 Bände), Wien 1981, S. 423-527.

muss man dazu sagen, dass Carnap ganz anders angefangen hat.[30] In einem Rundbrief an seine Freunde aus der Freistudentenschaft hat er sich über die Gründe des Ersten Weltkriegs geäußert und sich gefragt, wie es mit Deutschland denn in der Zukunft weitergehen solle. Darin werden eine Menge interessanter moralischer Fragen auf der Grundlage einer objektiven Wertlehre diskutiert. Umso überraschender muss es dann erscheinen, dass er nur etwas mehr als zehn Jahre später in verschiedenen Veröffentlichungen jeder Wertlehre ihren kognitiven Wert abspricht. Ja, er geht so weit, solche Lehren geradezu als »sinnlos« zu bezeichnen, wenn er etwa schreibt: »Auf dem Gebiet der Metaphysik (einschließlich aller Wertphilosophie und Normwissenschaft) führt die logische Analyse zu dem negativen Ergebnis, dass die vorgeblichen Sätze dieses Gebietes gänzlich sinnlos sind.«[31]

Eine solche Kritik wäre Weber niemals eingefallen, da er keine allgemeine Kritik an Werturteilen anstrebte, sondern sie »nur« aus der Wissenschaft verbannen wollte. Als einziges Verständnis für ethische Äußerungen schwebte Carnap ein nichtkognitivistischer Emotivismus vor, dem zufolge Werturteile verkleidete Gefühlsäußerungen seien. Diese Ansicht hat Alfred J. Ayer in seinem 1937 erschienenen Buch *Language, Truth and Logic* dann weiter systematisiert.[32] Im selben Jahr erschien übrigens auch ein Aufsatz von Walter Dubislav, in dem dieser eine alternative nichtkognitivistische Metaethik propagierte, die dann von Hans Reichenbach in seinem populären philosophischen Bestseller *Rise of Scientific Philosophy* zu einer präskriptivistischen Metaethik ausgebaut wurde. Beide Ansätze werden der Spezifik moralischer Äußerungen in keiner Weise gerecht.[33]

30 Siehe Thomas Mormann, »Germany's Defeat as a Programme: Carnap's Political and Philosophical Beginnings«, HOPOS-Conference, Budapest 2010 (unveröffentlichter Vortrag).

31 Rudolf Carnap, »Überwindung der Metaphysik durch logische Analyse der Sprache«, in: *Erkenntnis* 2 (1931), S. 219-241, abgedruckt in: Eric Hilgendorf (Hg.), *Wissenschaftlicher Humanismus. Texte zur Moral- und Rechtsphilosophie des frühen logischen Empirismus*, München 1998, S. 219 f.

32 Alfred J. Ayer, *Language, Truth and Logic*, London 1936.

33 Siehe zu einer ausführlichen Kritik der Reichenbachschen Version Hans-Joachim Dahms, *Positivismusstreit. Die Auseinandersetzungen der Frankfurter Schule mit dem logischen Positivismus, dem amerikanischen Pragmatismus und dem kritischen Rationalismus*, Frankfurt/M. 1994, S. 342-348.

Wie ist nun die Radikalisierung zur wertskeptischen Haltung bei Carnap zu erklären?[34] Während eine wertkritische Haltung bei Reichenbach bis zu dessen zusammen mit Walter Benjamin verfasster Philippika gegen die Befürworter des Ersten Weltkriegs in der Jugendbewegung vom Sommer 1914 zurückreicht,[35] kommt die entsprechende Position bei Carnap wesentlich später über mehrere Zwischenschritte zustande. So hat Thomas Mormann einen unveröffentlichten Rundbrief Carnaps vom Oktober 1919 unter dem Titel »Deutschlands Niederlage – sinnloses Schicksal oder Schuld?« ausgegraben.[36] Darin werden die Existenz und Erkennbarkeit objektiver Werte (wie die Menschenrechte oder das Recht auf nationale Selbstbestimmung) ausdrücklich hervorgehoben. Noch in einem Brief an Heinrich Scholz aus dem Jahre 1923 sagt Carnap, dass er die Ethik und die politische Philosophie für legitime und wichtige Gebiete der Disziplin hält. Er sehe sich nur außerstande, auf diesen Feldern etwas zu leisten.[37] Dessen ungeachtet hat er in einem Abschnitt über die Werte in seinem *Logischen Aufbau der Welt* eine objektive Theorie der Werte propagiert und in diesem Sinne erklärt: »[…] der Wert ist nicht selbst erlebnishaft oder psychisch, sondern besteht unabhängig vom Erlebtwerden und wird in dem Erlebnis […] nur erkannt«.[38] Auf den Spuren des energetischen Ansatzes von Wilhelm Ostwald fasste er auch eine Fundierung der Werte für die physikalistische Variante seines Systems ins Auge.[39]

Eine tendenzielle Wendung zeigt nun ein Vortrag, den Carnap am 15. Oktober 1929 unter dem Titel »Wissenschaft und Leben« am Bauhaus in Dessau gehalten hat. Dort bewegt er sich nämlich weitgehend – ohne allerdings in den Aufzeichnungen zu seinem Vortrag dessen Namen zu nennen – in den Spuren Max Webers aus *Wissenschaft als Beruf*: die Wissenschaft könne nicht Führerin im Leben sein, aber doch lebenswichtige Hinweise hinsichtlich der

---

34 Siehe zu dieser Frage Thomas Mormann, »Wertphilosophische Abschweifungen eines Logischen Empiristen: der Fall Carnap«, in: *Veröffentlichungen des Instituts Wiener Kreis* 15 (2010), S. 81-102.

35 Dahms, *Positivismusstreit*, S. 335.

36 Mormann, »*Germany's Defeat* as a Programme: Carnap's Political and Philosophical Beginnings«.

37 Carnap an Scholz, 11.10.1922 (siehe Andrew W. Carus, *Carnap and Twentieth-Century Thought. Explication as Enlightenment*, Cambridge/GB 2007).

38 Rudolf Carnap, *Der logische Aufbau der Welt*, Berlin 1928, S. 152.

39 Carnap, *Der logische Aufbau der Welt*, S. 81.

Kompatibilität von Zielen oder der korrekten Ziel-Mittel-Wahl geben.[40] Es könnte also durchaus sein, dass neben dem inzwischen im Wiener Kreis propagierten *Verifikationismus* und dem daraus folgenden Metaphysikverdacht gegen jede objektive Wertlehre und Ethik bei Carnap auch eine Beschäftigung mit Max Weber ein Auslöser für seine Wende zum Nonkognitivismus gewesen ist. Als Beispiel für Ziel-Konflikte, die durch empirische Wissenschaft aufgedeckt und für die praktische Politik relevant werden können, nennt Carnap in seinem Vortrag (der unmittelbar vor dem »Schwarzen Freitag« an der New Yorker Börse gehalten wurde, der die damalige Weltwirtschaftskrise einläutete) einen Konflikt, der heute einen hohen Wiedererkennungswert hat: ein kapitalistisches Wirtschaften einerseits und die Vermeidung von periodisch auftretender Massenarbeitslosigkeit andererseits seien miteinander unvereinbar.

Aus der Beschäftigung der logischen Positivisten mit Fragen der Werturteile und Ethik kann man generell zwei Befunde ableiten: Zum einen haben sie Webers Postulat der Werturteilsfreiheit für die Wissenschaften als mehr oder weniger selbstverständlich übernommen, ohne seinen Gedanken auf diesem Gebiet irgendetwas Neues hinzugefügt zu haben. Auf dem Gebiet der Philosophie haben sie jedoch zum anderen die Kritik der Werte auf eine Spitze getrieben, die Weber nie akzeptiert hätte. Die Mode der von ihnen propagierten nonkognitivistischen Metaethik (sei es nun emotivistischer oder präskriptivistischer Observanz) ist wohl nur mit der Existenz von extrem verfeindeten weltanschaulichen Lagern in der ersten Hälfte des 20. Jahrhunderts in Mitteleuropa zu erklären, die Diskurse über ethische Fragen aussichtslos erscheinen ließ. Diese Wertabstinenz hat allerdings ihren Preis gehabt: Fälschlicherweise hat sie im logischen Positivismus den Eindruck aufkommen lassen, es habe sich bei seinen Anhängern um unpolitische oder konserva-

---

40 Zu Carnaps Vortragsreihe am Bauhaus sowie zu seinem in Thema und Gehalt an Weber erinnernden unveröffentlichten Vortrag »Wissenschaft und Leben« vom 19.10.1929 siehe Hans-Joachim Dahms, »*Neue Sachlichkeit* in the Architecture and Philosophy of the 1920s«, in: Steve Awodey und Carsten Klein (Hg.), *Carnap Brought Home. The View from Jena*, Chicago/La Salle/Ill. 2004, S. 357-375, S. 365 und S. 368 f.; Weber, *Wissenschaft als Beruf*, S. 37 hatte einen entscheidenden Abschnitt mit der Frage begonnen: »[…] was leistet denn nun eigentlich die Wissenschaft Positives für das praktische und persönliche ›Leben‹?«

tive Gestalten gehandelt,[41] ein Eindruck, der nach den historischen Forschungen der letzten 30 Jahre als widerlegt gelten muss.[42] Tatsächlich ist auch der von den »Positivisten« propagierte Nonkognitivismus in der Metaethik in jenen 1960er Jahren allmählich wieder abgeklungen,[43] denen wir uns nun zuwenden müssen.

4. Der Positivismusstreit der 1960er Jahre

Der Positivismusstreit der 1960er Jahre in der deutschen Soziologie und Philosophie wird in der Rückschau verschiedentlich als »zweiter Werturteilsstreit« bezeichnet. Das ist historisch richtig und falsch zugleich. Falsch daran ist, dass im Positivismusstreit überwiegend andere Themen zur Sprache kamen: etwa das Verhältnis und die Unterschiede der Sozialwissenschaften zu den Naturwissenschaften, die Problematik der Wissenssoziologie und das Verhältnis von Logik und Dialektik.[44] Richtig ist allerdings, dass *auch* die Frage des Weberschen Ideals der Werturteilsfreiheit in den Sozialwissenschaften thematisiert wurde. Dies geschah allerdings in einem Umfang und, wie wir sehen werden, wohl auch in einer Weise, die sowohl den Organisator jener Veranstaltung, die die *erste Runde des Positivismusstreits* bildete, nämlich Ralf Dahrendorf, als auch die Teilnehmer jener internen Tagung der Deutschen Gesellschaft für Soziologie in Tübingen im Herbst 1961 offenbar enttäuschte. Es ist insofern kein Wunder, dass die Werturteilsproblematik in den *weiteren Runden des Positivismusstreits* zwischen Jürgen Habermas und Hans Albert bis zur Mitte der 60er Jahre erneut aufgegriffen wurde. Dabei trat allerdings die Diskussion von Beispielen aus der sozialwissenschaftlichen Forschung ganz zugunsten sprachphilosophi-

---

41 Diese Fehleinschätzung beklagt etwa Hegselmann (Rainer Hegselmann, *Normativität und Rationalität. Zum Problem praktischer Vernunft in der Analytischen Wissenschaftstheorie*, Frankfurt/M./New York 1979, S. 39 ff.).

42 Dahms, *Positivismusstreit*, S. 37 ff. und Friedrich Stadler, *Studien zum Wiener Kreis. Ursprung, Entwicklung und Wirkung des Logischen Empirismus im Kontext*, Frankfurt/M. 1997.

43 Siehe in diesem Sinn auch die in diesem Band übersetzte Arbeit von Hempel, einem späten Vertreter des logischen Empirismus, in der von einem Nonkognitivismus kaum mehr etwas zu spüren ist, S. 118-190.

44 Siehe dazu Dahms, *Positivismusstreit*, S. 337 ff.

scher und allgemeiner wissenschaftstheoretischer Gesichtspunkte zurück. Über die Themen und Diskussionen des Positivismusstreits ist inzwischen die Geschichte (der Soziologie und Philosophie zumindest) hinweggegangen. Das lag nicht zuletzt daran, dass die Teilnehmer des Streits erheblich aneinander vorbeigeredet haben.

Um den Kern der Kontroverse historisch zu vergegenwärtigen, schlage ich vor,

1.) die Ausgangssituation noch einmal näher unter die Lupe zu nehmen und insbesondere zu prüfen, inwiefern der erste Referent der Veranstaltung, Karl Popper, als »Positivist« zu bezeichnen wäre und sich als ein Proponent der Werturteilsfreiheit Max Webers präsentierte,

2.) zu sehen, wie Adorno als Korreferent auf die nuancierten Ausführungen Poppers zur Werturteilsfreiheit einging, und

3.) einen Blick darauf zu werfen, wie sich unter den Händen Habermas' und Alberts die Kontroverse wieder in traditionellere Bahnen, nämlich in die einer nur leicht modernisierten Auseinandersetzung über die Position Max Webers zurückbewegte.

Beginnen wir also mit Karl Popper: Er hat sich in zahlreichen Beiträgen, besonders nach dem Positivismusstreit, gegen die »Popper-Legende« gewandt, der zufolge er wegen seiner Herkunft aus Wien, seinen Kontakten zum Wiener Kreis und insbesondere wegen des Umstands, dass sein 1935 erschienenes erstes wissenschaftstheoretisches Buch *Logik der Forschung* in der von Moritz Schlick und Philipp Frank herausgegebenen Reihe *Schriften zur wissenschaftlichen Weltauffassung* erschienen war, als Positivist angesehen werden müsse.[45] Nun hat Popper gewiss in seiner Selbstdarstellung[46] gelegentlich wegen Gedächtnisfehlern oder auch aus kosmetischen Gründen seinen Werdegang anders dargestellt, als er sich tatsächlich zugetragen hat. Hinsichtlich der »Popper-Legende« ist das aber nicht der Fall. Denn er hatte zunächst versucht, die *Logik der Forschung* anderweitig, vor allem in der Schriftenreihe der

---

45 Siehe zum Beispiel Karl Popper, »Replies to my Critics«, in: Paul A. Schilpp (Hg.), *The Philosophy of Karl Popper*, 2 Bde., La Salle/Ill. 1974, S. 961-976; siehe dazu die Kommentierung von Malachi Hacohen (Malachi Haim Hacohen, *Karl Popper. The Formative Years 1902-1945. Politics and Philosophy in Interwar Vienna*, Cambridge 2000, S. 208 ff. und besonders S. 211).

46 Karl Popper, »Intellectual Autobiography«, in: Paul A. Schilpp (Hg.), *The Philosophy of Karl Popper*, 2 Bde., La Salle/Ill. 1974, S. 3-181.

Nelsonschen Schule zu publizieren, und, als sich das als unmöglich erwies, schon in Briefen an Julius Kraft die Befürchtung ausgesprochen, er könne bei einer Publikation in der Reihe von Schlick und Frank dann fälschlicherweise mit einer positivistischen Position identifiziert werden, mit der er nichts zu tun haben wolle.[47] Dabei ist natürlich sein Fallibilismus, sein Bestehen auf dem Primat der Theorie vor der Erfahrung und seine Zurückweisung jeder Form von Induktion eine deutliche Gegenposition zur Philosophie des Wiener Kreises und dessen Vorstellung vom Primat der Erfahrung, also der Idee, man könne von der Beobachtungsbasis mit Hilfe induktiver Verfahren zu naturgesetzlichen Verallgemeinerungen aufsteigen (oder den Naturgesetzen mittels einer induktiven Logik zumindest einen Bewährungsgrad zuordnen).

Aber wenn in der neueren Popper-Forschung die Abgrenzung zum Positivismus immer wieder hervorgehoben wird,[48] in welche Traditionslinie lässt sich Popper dann stattdessen am besten einordnen? Er selbst hat in seiner »Intellektuellen Autobiographie« darauf schon teilweise eine Antwort gegeben, als er auf zwei Philosophen hingewiesen hat, die ihn prägten, noch ehe er Kontakte zu Mitgliedern des Wiener Kreises bekam. Der eine war der Wiener Heinrich Gomperz, der ihm eine lebenslange Beschäftigung mit der griechischen Philosophie einimpfte. Der andere und für seine Entwicklung wesentlich wichtigere war der 1927 verstorbene Göttinger Leonard Nelson, über dessen Philosophie und auch praktische Politik Popper durch seinen Verwandten Julius Kraft unterrichtet wurde.[49] Popper schreibt, dass die Diskussion mit Kraft zwei Themen gehabt habe, nämlich einerseits die theoretische Philosophie Kants und die von Nelson aufgebrachte These der Unmöglichkeit einer Erkenntnistheorie sowie andererseits *seine*, das heißt Poppers, Kritik an Marxens Geschichtsphilosophie.[50] Es

---

47 Siehe dazu Hans-Joachim Dahms, »Politisierung der Wissenschaft: Die drei Positivismusstreite«, in: Reinhard Neck (Hg.), *Was bleibt vom Positivismusstreit?*, Frankfurt/M. 2008, S. 19-40.

48 Siehe das heutige Standardwerk zu Leben und Werk Poppers bis zum Ende des Zweiten Weltkriegs: Hacohen, *Karl Popper. The Formative Years 1902-1945. Politics and Philosophy in Interwar Vienna.*

49 Siehe zum Einfluss Nelsons auf Popper ausführlich ebd., S. 120 ff.

50 Popper, »Intellectual Autobiography«, S. 59; diese Formulierung Poppers finde ich merkwürdig, weil die Kritik an Marxens Geschichtsphilosophie nicht von Popper erfunden wurde, sondern Allgemeingut des revisionistischen Flügels der

gibt noch weitere Einflüsse Nelsons auf Popper: Denn auch die Kritik an einer induktivistischen Wissenschaftsphilosophie und der mit ihr einhergehenden Schwierigkeit, der Allgemeinheit von Naturgesetzen gerecht zu werden, wurde schon in Nelsons Rezension von Ernst Machs *Erkenntnis und Irrtum* prononciert vertreten. Weiterhin weist Poppers »Falsifizierbarkeit« als Abgrenzungskriterium von Wissenschaft und Pseudowissenschaft eine deutliche Nähe zu Nelsons Kritik an Oswald Spengler auf (die mit dem Vorwurf der »Unwiderlegbarkeit« operiert).[51] In unserem Zusammenhang ist aber am wichtigsten, dass Popper – anders als die Autoren des Wiener Kreises – auch eine *kognitivistische* (jedoch natürlich nicht wissenschaftliche) praktische Philosophie vertreten hat. Einige der zentralen Gesichtspunkte sind hier ebenfalls der Philosophie Nelsons entnommen. Ich meine, was die politische Philosophie betrifft, namentlich Nelsons so genannte Paradoxien der Souveränität und insbesondere der Demokratie, die, obwohl schon Mitte der 1920er Jahre mit Julius Kraft diskutiert, dann erst 20 Jahre später in Poppers sozialphilosophisches Hauptwerk *The Open Society and its Enemies* eingegangen sind.[52] Allerdings muss man sagen, dass Popper hier zwar die genannten Paradoxien von Nelson übernommen, aber eine andere Lösung als dieser vorgeschlagen hat (Nelson träumte nämlich von einer platonischen Herrschaft des Weisesten). Diese besteht bei Popper aus einer erheblich gemäßigteren Erwartungshaltung gegenüber der Demokratie, die nun nicht etwa den aggregierten Volkswillen wiedergibt, sondern nur ein probates Mittel bereitstellt, in Misskredit geratene Regierungen ohne Blutvergießen wieder loszuwerden.

In *The Open Society and its Enemies* hat Popper nun nicht nur eine *politische* Philosophie vorgelegt, sondern auch eine rudimentäre Ethik. Ihr Kern findet sich dort allerdings in zwei längeren Fußnoten versteckt.[53] In ihnen formuliert er, was er für die »most im-

deutschen Sozialdemokratie unter der Führung Eduard Bernsteins sowie der damaligen deutschen Linksliberalen gewesen ist (zu denen vor dem Ersten Weltkrieg auch Nelson noch gehört hatte).

51 Siehe Dahms, »*Neue Sachlichkeit* in the Architecture and Philosophy of the 1920s«, S. 84, (Anm. 2).

52 Karl Popper, *The Open Society and its Enemies*, 2 Bde., London 1945, Bd. I, Kapitel 7.

53 Ebd., Fußnote 6 zu Kapitel 5 und Fußnote 2 zu Kapitel 9. In Fußnote 5 zu Kapitel 5 setzt er sich darüber hinaus kritisch mit positivistischen Verkürzungen der

portant principles of humanitarian and equalitarian ethics« hält.[54] Danach sollte das Kriterium moralischen Handelns nicht, wie etwa im klassischen Utilitarismus gefordert, das größte Glück der größten Zahl bilden, sondern die Verhinderung vermeidbaren Unglücks bei einer größtmöglichen Zahl, eine Position, die als »negativer Utilitarismus« in die Literatur eingegangen ist.[55] Offenbar ist diese Lehre vor allem von der ganz und gar negativen Erfahrung der Totalitarismen des 20. Jahrhunderts inspiriert, die jeweils maximale Heilsversprechungen gemacht, in Wahrheit aber die Welt in die größten Katastrophen der Menschheitsgeschichte gestürzt hatten. Der negative Utilitarismus hat sich in der Folge zum Beispiel mit der Frage auseinandersetzen müssen, wie er sich mit dem Problem des Erhalts der Menschheit verträgt[56] oder wie er Fragen der Bevölkerungsentwicklung behandeln würde. Es würde zu weit führen, diese speziellen Grundprobleme des negativen Utilitarismus hier zu diskutieren. Popper hält jedenfalls die Vermeidung von Unglück für ein Ziel, dem sich vor allem staatliches Handeln zu widmen habe (man denke etwa an die Einführung von Alters-, Kranken- und Arbeitslosenversicherung zur Vermeidung der größten Lebensrisiken), während er die Erzielung von Glück der privaten Initiative überlassen will. Man mag sich hier fragen, ob diese Unterscheidung von Staats- und Gesellschaftsaufgaben tatsächlich überzeugend ist. Wohin gehören dann etwa Aufgaben wie Erziehung und Unterricht oder der gesamte Bereich der Kultur? Schließlich weist Popper darauf hin, dass der negative Utilitarismus perfekt zu seiner sonsti-

---

Rationalität hinsichtlich moralischer Normen auseinander. Offenbar handelt es sich bei diesen und weiteren Stellen in Poppers *The Open Society and its Enemies* um Erkenntnisse, die er vor allem im Laufe seiner Ethikvorlesungen in Neuseeland gesammelt hatte; siehe dazu Hacohen, *Karl Popper. The Formative Years 1902-1945. Politics and Philosophy in Interwar Vienna*, S. 384 ff.

54 Popper, *The Open Society and its Enemies*, S. 235.

55 Interessant ist, dass Popper in diesem Zusammenhang ebenso als Beispiel für Leiden den Hunger diskutiert (Popper, *The Open Society and its Enemies*, S. 285), wie das Adorno getan hat (Theodor W. Adorno, *Der Positivismusstreit in der deutschen Soziologie*, Neuwied/Berlin 1969, S. 74). Allerdings sind ihre Ideen zur Bekämpfung des Hungers deutlich verschieden.

56 Man könnte etwa daran denken, dass die Kurzform des Gebots »minimize suffering« am effektivsten und umfassendsten durch die Auslöschung der Menschheit realisiert würde. Aber das trifft meines Erachtens für die ausführlichere Formulierung »the least amount of avoidable suffering for all« nicht zu.

gen Philosophie passe, in der ja auch negative Elemente eine hervorgehobene Rolle spielen wie etwa die Falsifizierbarkeit in seiner theoretischen Philosophie:

Es trägt zur Klarheit auf dem Gebiet der Ethik wesentlich bei, wenn wir unsere Forderungen negativ formulieren, das heißt, wenn wir die Beseitigung des Leides, nicht aber die Förderung des Glücks verlangen. In ähnlicher Weise ist es von Vorteil, die Aufgabe der wissenschaftlichen Methode so zu formulieren, dass ihr Ziel die Elimination der falschen Theorien ist [...], nicht aber die Aufstellung voll begründeter Wahrheiten.[57]

Man könnte als weitere Parallele dieser negativistischen Philosophie auch an die Möglichkeit der Abwahl von Regierungen in seiner politischen Philosophie denken. Es ist wichtig, diese Parallelen zur Kenntnis zu nehmen. Ob ihre Existenz für die Poppersche Philosophie im Ganzen spricht oder eher einen Einwand gegen sie darstellt, kann hier nicht diskutiert werden.[58]

Angesichts dieses Hintergrunds der Popperschen Philosophie – insbesondere ihrer großen Unterschiede zur Philosophie des Wiener Kreises, für den praktische Philosophie keinen systematischen Anspruch auf Rationalität machen konnte – war schon von vorneherein damit zu rechnen, dass Popper auch im Positivismusstreit mit Thesen aufwarten würde, die sich von denen des »Positivismus« absetzen würden. Das trifft in der Tat schon auf die theoretische Philosophie zu, der sich Popper im ersten Teil seiner Thesen zur »Logik der Sozialwissenschaften« widmete. Dabei betonte er wiederum den Primat der Theorie gegenüber der Beobachtung und kritisierte den Induktivismus vehement. Das gilt nun aber insbesondere auch für die Werturteilsproblematik, der sich Popper in den Thesen 13 und besonders 14 (von 27) zuwandte.

Dort bemerkte er, um mit dem Quasi-Logischen zu beginnen, dass die Forderung nach unbedingter Werturteilsfreiheit paradox sei, und zwar deshalb, weil Werturteilsfreiheit ja selbst ein Wert

57 Karl Popper, *Die offene Gesellschaft und ihre Feinde*, 2 Bde., Tübingen 1957, S. 362 f.
58 Siehe dazu einige Bemerkungen bei Hans-Joachim Dahms, »Die Philosophen und die Demokratie in den 20er Jahren des 20. Jahrhunderts: Hans Kelsen, Leonard Nelson und Karl Popper«, in: Clemens Jabloner und Friedrich Stadler (Hg.), *Logischer Empirismus und reine Rechtslehre. Beziehungen zwischen dem Wiener Kreis und der Hans Kelsen-Schule*, Wien 2001, S. 226 f.

sei.[59] Des Weiteren verkündete Popper die Unmöglichkeit, dem Forscher die Abstinenz von Werturteilen verordnen zu können. Das würde dessen Kreativität als Wissenschaftler und sogar seine gesamte Persönlichkeit als Mensch ebenso zerstören, wie wenn man ihm seine Parteilichkeit rauben wollte. Man kann wohl davon ausgehen, dass Popper das Problem der Werturteilsfreiheit, statt es durch seines Erachtens utopische Vorschriften für forschende Individuen beseitigen zu wollen, genauso als ein soziales ansehen wollte wie das der wissenschaftlichen Objektivität, das er in der 12. These behandelt hatte:

[…] die Objektivität der Wissenschaft ist nicht eine individuelle Angelegenheit der verschiedenen Wissenschaftler, sondern eine soziale Angelegenheit ihrer gegenseitigen Kritik, der freundlich-feindlichen Arbeitsteilung der Wissenschaftler, ihres Zusammenarbeitens und ihres Gegeneinanderarbeitens.[60]

Ein Teil des Popperschen Eintretens für eine offene Gesellschaft hat genau diesen Hintergrund: dass nämlich eine solche Gesellschaft es ermöglicht, eine Pluralität von wissenschaftlichen Theorien mit unterschiedlichen Werthaltungen zu vertreten, während geschlossene Gesellschaften die Forscher drängt, nur eine Wertbasis zuzulassen und alle Abweichungen davon zu unterdrücken. Aber das Vorhandensein einer offenen Gesellschaft ist ersichtlich nur eine notwendige, keineswegs jedoch eine hinreichende Bedingung für eine Pluralität wissenschaftlicher Grundpositionen. Die Dominanz des Neoliberalismus in der Politik der westlichen Demokratien vor der Weltwirtschaftskrise von 2008 hat ihre genaue Parallele in der Dominanz der entsprechenden Lehren in der Wissenschaft gehabt.

Es ist nun interessant zu sehen, wie Poppers Korreferent auf diese Thesen eingegangen ist. Schon hinsichtlich anderer Themen hatte sich eine weitgehende Konvergenz ergeben, wie etwa bei der Kritik am Positivismus, aber auch an der Wissenssoziologie Mannheimschen Typus. Bei letzterem Punkt hatte Popper offenbar geglaubt, dass sich hier eine Kontroverse ergebe, hatte sich dabei aber – angesichts der seit den frühen 1930er Jahren geübten Kritik

59 Karl Popper, »Die Logik der Sozialwissenschaften« (1962), in: Theodor W. Adorno (Hg.), *Der Positivismusstreit in der deutschen Soziologie*, Neuwied 1969, S. 145-154, S. 114 f.
60 Popper, »Die Logik der Sozialwissenschaften«, S. 112.

der Frankfurter Schule an dieser Wissenssoziologie, die dann nach dem Ende des Zweiten Weltkriegs noch einmal von Adorno aufgebracht und verschärft worden war – gründlich verrechnet.

Wie ging Adorno nun auf Poppers Bemerkungen zur Werturteilsfreiheit ein? Adorno, immer begierig, einen Widerspruch, eine Paradoxie oder gar eine Antinomie in der materiellen Welt oder auch der Wissenschaft vorzufinden, zeigte sich zunächst einmal sehr angetan von Poppers Idee, die Forderung nach Werturteilsfreiheit sei ja selbst ein Wert und deswegen paradox. Des Weiteren fügte er den Popperschen Bemerkungen die – schon von vielen Kritikern der Werturteilsfreiheit vorgebrachte – Ideen hinzu, man könne nicht so strikt zwischen Tatsachenbehauptungen und Werturteilen unterscheiden, wie es das Postulat fordere. Auffällig an Adornos Statement ist fernerhin, dass er – anders als Popper ja ein praktizierender empirischer Sozialforscher – es in der Diskussion vermied, einmal die Dringlichkeit seiner Thesen auch an einem lebensgroßen Beispiel zu demonstrieren. Das hat er dann erst in seiner langen Einleitung zum *Positivismusstreit* versucht. Dort hat er die Meinung vertreten, dass die Kunstsoziologie ohne Wertungen nicht auskommen könne, da sonst nicht »zwischen dem Rang eines integren und bedeutenden Werkes und dem eines nach Wirkungszusammenhängen kalkulierten Kitschproduktes«[61] unterschieden werden könne. Es scheint mir fraglich, ob solche Bewertungen in der Tat Aufgaben der Kunstsoziologie sind. Sie gehören meines Erachtens eher in den Bereich der philosophischen Ästhetik. Adorno hat jedenfalls in seiner »Einleitung« unfreiwillig an anderer Stelle vorgeführt, wohin so rigorose Wertungen, wie er sie im Sinne hatte, führen können. In einem Abschnitt, der sich nicht mit der Wertfreiheit, sondern mit dem positivistischen Begriff der Erfahrung und insbesondere der Verifikation durch Erfahrung befasst, hat Adorno sein aus den 1930er Jahren stammendes Thema des »Jazzsubjekts« hervorgeholt und seine eigene Theorie dazu so referiert:

Jazz sei durchweg ein symbolischer Vollzug, in dem dies Jazzsubjekt vor kollektiven, vom Grundrhythmus repräsentierten Anforderungen versagt, stolpert, ›herausfällt‹, als herausfallendes jedoch in einem Ritual als allen

---

61 Theodor W. Adorno, »Einleitung«, in: Theodor W. Adorno (Hg.), *Der Positivismusstreit in der deutschen Soziologie*, S. 7-79, S. 72.

anderen Ohnmächtigen Gleiches sich enthüllt und, um den Preis seiner Selbstdurchstreichung, dem Kollektiv integriert wird.[62]

Die seltsame Theorie des Jazzsubjekts, die etwa die Verwendung der Synkope im Jazz erklären soll, geht bei Adorno durchweg mit einer völligen Abwertung dieser Art von Musik einher, die nur durch großbürgerliche Vorurteile erklärt werden kann.[63] Dass die Musikwissenschaft sich erst spät auf die Thematisierung von Jazz, populärer westlicher und südamerikanischer Musik eingelassen hat, ist auf derartige (Ab-)Wertungen zurückzuführen. Dabei sind diese Forschungen dann übrigens keineswegs auf die *Rezeption* solcher Musik durch die Konsumenten und deren ganz subjektive »likes« und »dislikes« beschränkt geblieben, wie Adorno es offenbar befürchtet hat.[64]

5. Die zweite Runde des Positivismusstreits

Wie Ralf Dahrendorf in seinem Nachwort zur Tübinger Tagung bemerkt hat, waren er selbst und auch einige Teilnehmer der Diskussion unzufrieden. Das betraf besonders die Diskussion der Werturteilsthematik:

Die Referenten bezogen sich in ihren Schlussbemerkungen kaum auf diese Forderung [das Wertproblem erneut zu überdenken, H.-J.D.]. Man konnte den Eindruck gewinnen, dass das Werturteilsproblem weder *Popper* noch *Adorno* so dringlich erschien wie einigen Diskussionsrednern. Insofern dies der Fall war, verfehlten beide Referenten eine für die übrigen Tagungsteilnehmer offenkundig sehr dringliche Frage.[65]

Es wäre insofern begrüßenswert gewesen, wenn in der zweiten Runde des Streits zwischen Jürgen Habermas und Hans Albert dieser Teil der Debatte vertieft fortgesetzt worden wäre. Das war

---

62 Adorno, »Einleitung«, S. 59.
63 Siehe dazu Heinz Steinert, *Die Entdeckung der Kulturindustrie. Oder: Warum Professor Adorno Jazz-Musik nicht ausstehen konnte*, Wien 1992 und Dahms, *Positivismusstreit*.
64 Adorno, »Einleitung«, S. 72.
65 Ralf Dahrendorf, »Anmerkungen zu den Referaten von Karl R. Popper und Theodor W. Adorno« (1962), abgedruckt in: Theodor W. Adorno (Hg.), *Der Positivismusstreit in der deutschen Soziologie*, S. 145-154, S. 150.

aber meines Erachtens nicht der Fall. Wenn man aus dem Abstand von fast 50 Jahren, die seitdem vergangen sind, die Beiträge wieder liest, wie man etwa Bauwerke oder Landschaften aus einiger Entfernung betrachtet, fällt vielmehr auf, dass beide ihre Äußerungen hauptsächlich dazu nutzten, einerseits ihre in die 1960er Jahre fallenden Aneignungen angelsächsischer Philosophie mitzuteilen und andererseits Vorformen eigener wegweisender Werke zu präsentieren. Die Aneignungen betrafen dabei verschiedene Traditionen der angelsächsischen Philosophie: während Habermas sich (zusammen mit Karl-Otto Apel) in den amerikanischen Pragmatismus, insbesondere die Philosophie von dessen Gründervater Charles S. Peirce einarbeitete und diese dann für eine instrumentalistische Deutung der Naturwissenschaften im Rahmen einer trichotomischen Theorie »erkenntnisleitender Interessen« fruchtbar zu machen suchte, wandte sich Albert immer mehr dem kritischen Rationalismus Karl Poppers zu und formulierte dann als dessen sozusagen (west-)deutsches Manifest seinen *Traktat über kritische Vernunft*. Die Äußerungen zum Werturteilsstreit blieben dagegen spärlich und leiteten in die Bahnen zurück, in denen sie sich schon seit Max Weber verlaufen hatten.

Es ist zunächst einmal Habermas' Verdienst, durch sein Diktum von der »positivistisch halbierten Rationalität« auf ein in der Tat bestehendes Defizit im logischen Positivismus hinsichtlich der praktischen Philosophie hingewiesen zu haben, ein Defizit freilich, das eben nicht (wie oben gezeigt) auch dem kritischen Rationalismus vorzuwerfen ist. Ein derartiges Defizit kritisiert man natürlich am effektivsten, indem man eine Alternative anbietet. Das hat Habermas dann in seiner späteren praktischen Philosophie einzulösen versucht.

Im Positivismusstreit dagegen ging es ihm zunächst darum, den »positivistischen Schein« durch immanente Kritik zu überwinden. Dabei hat er unter anderem das Poppersche Basisproblem (also die Frage der Akzeptanz beziehungsweise Verwerfung von Basissätzen) bemüht und dann das angebliche technische Erkenntnisinteresse der Naturwissenschaften, um den Dualismus von Naturgesetzen und Normen als scheinhaft zu überwinden. Selbst wenn das gelungen wäre, wäre das nicht in jedem Fall ein Beitrag zur Werturteilsfrage gewesen. Denn Normen sind (ebenso wie Naturgesetze) stets generell, Werturteile können auch partikulär sein. Außerdem beziehen sich Normen stets auf Handlungen, Werturteile dagegen auch auf eine Menge anderer Entitäten wie etwa Handlungsdispositionen (zum Beispiel Charaktereigenschaften) oder Artefakte. In seinen Stellungnahmen im Positivismusstreit nahm Habermas zwar das Thema der Werturteilsproblematik auf. Er versuchte dabei, den Naturwissenschaften ein instrumentelles erkenntnisleitendes Interesse zuzuweisen. Selbst wenn sich diese Interpretation zweifelsfrei erweisen lassen würde, wäre doch fraglich, was damit für eine Kritik am Werturteilsfreiheitspostulat gewonnen wäre. Offenbar ist es dabei Habermas' Idee gewesen, zwar der naturwissenschaftlichen Forschung ein gewisses Maß an Werturteilsfreiheit zuzugestehen, aber die beiden anderen Wissenschaftsbereiche, nämlich einerseits die historischen Wissenschaften (die vom praktischen erkenntnisleitenden Interesse beherrscht werden) und andererseits eine philosophisch inspirierte Ideologiekritik (die ein »emanzipatorisches erkenntnisleitendes Interesse« verfolgen soll) von der Forderung nach Werturteilsfreiheit auszunehmen.

Immerhin hat Habermas dann später ein Verfahren der Normbegründung nachgeliefert. Allerdings haben seine Ausführungen im Positivismusstreit keinerlei Beispiele aus der sozialwissenschaftlichen Praxis diskutiert. Dabei ist es dann auch später geblieben, als er sich immer weiter von seinen sozialwissenschaftlichen Anfängen entfernte und immer mehr der reinen Philosophie zuwandte.

Wir müssen also registrieren, dass die Diskussion lebensgroßer Beispiele während des Positivismusstreits der 1960er Jahre ausgeblieben ist.[66] Deswegen muss man auf der Suche nach Exempeln nach Texten Ausschau halten, die vor und nach den 1960er Jahren publiziert wurden. Leo Strauss hatte schon in den frühen 1950er Jahren eine Polemik gegen Max Weber verfasst, in der er diesem moralischen »Nihilismus« vorwarf. Ein Auszug daraus wurde dann in den von Hans Albert und Ernst Topitsch herausgegebenen Band über den Werturteilsstreit von 1971 aufgenommen[67] und stellt dort wohl den später meistdiskutierten Beitrag dar. Im Laufe seiner Ar-

---

66 So schreibt Dahrendorf, »Anmerkungen zu den Referaten von Karl R. Popper und Theodor W. Adorno«, S. 153: »Überhaupt blieb durchgängig der Bezug auf spezifisch soziologische Probleme und vielleicht auch auf die brennenden Fragen der anwesenden Praktiker der Sozialforschung locker, was die intensive Teilnahme an der Diskussion nicht erleichterte.«

67 Hans Albert und Ernst Topitsch (Hg.), *Werturteilsstreit*, Darmstadt 1971.

gumentation verwendet Strauss eine Reihe von Beispielen, die die Unbrauchbarkeit des Werturteilspostulats für die Praxis sowohl des Historikers als auch des Sozialwissenschaftlers zeigen sollten. Dabei geht es jeweils um die angebliche Untrennbarkeit von beschreibenden und wertenden Bestandteilen bestimmter Begriffe. Für den Historiker stelle sich vor allem folgendes Problem:

Das Verbot von Werturteilen in der Sozialwissenschaft würde in der Folge für uns die Erlaubnis mit sich bringen, eine streng faktische Beschreibung sichtbarer Handlungen, wie sie in Konzentrationslagern beobachtet werden können, und eine vielleicht ebenso faktische Analyse der Motive der betreffenden Täter zu geben, aber es würde uns nicht gestatten, von Grausamkeit zu sprechen. Jeder nicht völlig stumpfsinnige Leser einer solchen Beschreibung würde selbstverständlich bemerken, dass die beschriebenen Handlungen grausam sind. Die faktische Beschreibung wäre in Wirklichkeit eine bittere Satire. Was ein schlichter Bericht zu sein beanspruchte, wäre ein ungewöhnlich verklausulierter Bericht. Der Autor würde absichtlich sein besseres Wissen unterdrücken oder, um Webers Lieblingsausdruck zu benutzen, er würde sich der intellektuellen Unredlichkeit schuldig machen.[68]

Wenn wir nun einen auch nur oberflächlichen Blick in die Literatur zum Holocaust werfen, stellen wir fest, dass gerade das, was Strauss verhindern wollte, der maßgebliche Weg der Forschung geworden ist. In Raul Hilbergs epochemachender Studie über den Holocaust wird ein ganz und gar deskriptiver Weg gewählt, und Werturteile werden weitgehend vermieden.[69] Das ist auch erklärlich, weil die damaligen und späteren Leugner des Holocaust mit ihrer Rede von der »Auschwitz-Lüge« nicht etwa andere Werturteile über die nationalsozialistischen Massenmorde abgeben wollen, sondern deren Faktizität in Abrede stellen. Ähnlich steht es mit anderen unangenehmen historischen Wahrheiten, von denen die deutsche Zeitgeschichtsschreibung eine große Menge bereithält.[70]

68 Leo Strauss, »Die Unterscheidung zwischen Tatsachen und Werten«, in: Hans Albert und Ernst Topitsch (Hg.), *Werturteilsstreit*, Darmstadt 1971, S. 73-91, hier S. 86 ff.
69 Raul Hilberg, *The Destruction of the European Jews*, Chicago 1961.
70 Man denke etwa an die große öffentliche Erregung, die von der Wanderausstellung über die Verbrechen der Wehrmacht im Zweiten Weltkrieg ausgelöst wurde, oder an den Skandal im Auswärtigen Amt, als der damalige Minister Joschka Fischer sich weigerte, weiterhin Nachrufe auf NSDAP-Mitglieder im Mitteilungsblatt zu veröffentlichen, und wegen des dadurch von Betroffenen

Hilbergs Studie erschien übrigens 1961, also zur Zeit des Positivismusstreits. Es ist traurig genug, dass sie damals als Beispiel nirgends eine Rolle spielte und 21 Jahre auf ihre Übersetzung ins Deutsche warten musste. Im neuesten Buch über den Holocaust, das ich kenne, finden wir zwar auch am Anfang ein Werturteil.[71] Danach beschreitet der Autor Robert Ericksen aber ausdrücklich den von Ranke vorgezeichneten Weg faktischer Historiographie.

Nehmen wir als zweites Beispiel aus Strauss' Diskussion eines, das nicht der Geschichtsschreibung, sondern der Soziologie zuzuordnen ist. Er schreibt im Anschluss an das obige Beispiel:

Die Prostitution ist ein anerkannter Gegenstand der Soziologie. Man kann diesen Gegenstand nicht sehen, wenn man nicht zur gleichen Zeit das Erniedrigende an der Prostitution sieht. Wenn man die Tatsache ›Prostitution‹ im Unterschied zu einer willkürlichen Abstraktion erkennt, dann hat man schon ein Werturteil gefällt.[72]

Eben dies ist nicht der Fall.[73] Einerseits gibt es in verschiedenen Ländern und Populationen ganz unterschiedliche Einstellungen zur Prostitution, etwa in Deutschland und Schweden. Und andererseits können sich, wie die historische Entwicklung gezeigt hat, solche Einstellungen auch innerhalb relativ kurzer Zeiträume ändern. Dafür ist die strafrechtliche Behandlung des Phänomens in der Bundesrepublik ein gutes Beispiel. Insofern ist die negative Beurteilung der Prostitution keineswegs ein universales Phänomen.

Strauss hat noch weitere Beispiele für die angebliche Verquickung von deskriptiven und evaluativen Momenten von Begriffen angegeben.[74] Statt diese hier weiter zu diskutieren, halte ich es für

ausgelösten Skandals eine historische Untersuchung über die Geschichte des Außenministeriums in der fraglichen Zeit in Auftrag gab.

71 Ericksen schreibt dort: »In this book, I start with the moral judgement that murdering Jews and other innocent men, women and children was wrong.« (Robert P. Ericksen, *Complicity in the Holocaust. Churches and Universities in Nazi Germany*, Cambridge/GB 2011, S. XIV) Angesichts des unmittelbar folgenden Satzes »Few would disagree, I am sure« fragt man sich, wozu das moralische Werturteil in diesem Kontext erforderlich sein soll.

72 Ebd., S. 87.

73 Siehe zu diesem Beispiel die ausführliche Diskussion bei Keuth, *Wissenschaft und Werturteil*, S. 63 ff.

74 Dazu gehören in der Politikwissenschaft Sachverhalte wie enger Parteigeist, Funktionärsherrschaft, Lobbyismus, staatsmännische Kunst, Korruption und

hilfreich, den Bereich der Beispiele wieder zu verlassen und auf die allgemeinere philosophische Ebene überzugehen. Dort ist schon seit Jahrzehnten eine zunehmende Debatte über die Werturteilsfreiheit im Gange, bei der sich insbesondere Vertreter der Gender-Diskussion und von gesellschaftlichen Minderheiten für die Aufnahme von Werturteilen in den Theorienbestand der Wissenschaften ausgesprochen haben. Innerhalb dieser neuen Welle kommt den Wortmeldungen von Hilary Putnam eine besondere Bedeutung zu, weil er selbst als Doktorand von Hans Reichenbach zunächst einmal mit der besonders radikalen Version des Werturteilsfreiheitspostulats aufgewachsen war, die weiter oben geschildert wurde, und weil er von dieser Position nun – auch unter dem Eindruck eines Revivals des amerikanischen Pragmatismus – immer weiter abrückt. Man könnte ihn wegen seines nun schon Jahrzehnte dauernden Kampfes gegen die Trennung von Tatsachen und Werten geradezu als umgekehrten Max Weber bezeichnen. Es ist hier allerdings nicht möglich, seine Argumentationen im Detail zu untersuchen. Insbesondere seine These, gewisse »thick concepts« enthielten eine derartige Verflochtenheit von beschreibenden und wertenden Ingredienzien, dass es aussichtslos wäre, diese Komponenten wieder säuberlich zu trennen, kann hier nicht im Einzelnen diskutiert werden. Wie seine Beispiele für derartige Begriffe zeigen, hat er dabei aber meist Eigenschaften im Sinn, die wohl für den alltäglichen Gebrauch, aber nicht unbedingt für die Arbeit des Historikers von Belang sind.[75] Nur der bereits oben diskutierte Begriff der Grausamkeit scheint mir hier eine Ausnahme zu sein.[76] Ich beschränke ich mich deshalb hier darauf, die meines Erachtens bei Putnam zugrunde liegende Intuition für seine Haltung zu kritisieren. Er schreibt:

Es ist ganz in Ordnung, hypothetische Fälle zu beschreiben, bei denen zwei Personen hinsichtlich der Tatsachen übereinstimmen und hinsichtlich der

   auch sittliche Verderbtheit, »Phänomene, die erst durch Werturteile gleichsam konstituiert werden« (Keuth, *Wissenschaft und Werturteil*, S. 63 ff.).

75 Man nehme etwa in Putnam, *The Collapse of the Fact/Value Dichotomy, and other Essays, including the Rosenthal Lectures*, S. 118 die Reihe »kind, sensitive, cruel, humiliated, impertinent«.

76 Er wird dort (ebd., S. 24 ff.) als einziger im Hinblick auf die Frage untersucht, ob er eine Chance hätte, in Carnaps Sinn als theoretischer Term anerkannt werden zu können. Das ist für seine Eignung als Begriff der Geschichtswissenschaft aber ganz irrelevant.

Werte nicht übereinstimmen, aber in der Welt, in der ich aufgewachsen bin, sind solche Fälle nicht real. Wann und wo stimmten ein Nazi und ein Anti-Nazi, ein Kommunist und ein Sozialdemokrat, ein Fundamentalist und ein Liberaler hinsichtlich der Tatsachen überein? Selbst dann, wenn es um eine spezielle politische Frage geht, wie zum Beispiel, was man gegen den Niedergang des Bildungssystems in den USA tun sollte oder gegen die Arbeitslosigkeit oder gegen den Drogenmissbrauch: Jede Auseinandersetzung darüber, von der ich jemals gehört habe, hat die Verwicklung von Ethischem und Faktischem exemplifiziert. Es gibt eine sonderbare Diskrepanz zwischen der Art und Weise, wie Philosophen ethische Diskussionen klingen lassen, die eine scharfe Unterscheidung von Tatsache und Wert unterschreiben, und der Art und Weise, wie ethische Diskussionen tatsächlich klingen.[77]

Ich halte diese Beschreibung von »Putnams world« für gänzlich falsch. Selbstverständlich gibt es die von ihm verlangten Fälle. In der deutschen Geschichte waren die wirtschaftlichen Daten der Weltwirtschaftskrise von 1929 mit ihren enormen staatlichen Haushaltsdefiziten und dem Millionenheer von Arbeitslosen ja kaum zu übersehen. Was strittig war, waren die Wege zu ihrer Überwindung: Sparen oder staatliche Investitionsprogramme. Das gilt auch für die USA und die gegenwärtige Weltwirtschaftskrise: Wie schon viele vorherige amerikanische Präsidentschaftswahlkämpfe drehte sich auch der letzte hauptsächlich um wirtschaftliche Probleme, nun insbesondere wieder um die Frage, was angesichts stagnierender Wirtschaftsentwicklung und hoher Arbeitslosenrate zu tun sei. Diese Fakten werden auch von keiner der konkurrierenden Parteien bestritten, weil sie auf amtlichen Ziffern beruhen. Hinsichtlich der Fakten geht der Disput allenfalls um ihre kausale Erklärung, ob also etwa die Regierung Bush mit ihren Steuergeschenken für Reiche und schrankenlosem Schuldenmachen oder die Regierung Obama für den wirtschaftlichen Niedergang verantwortlich zu machen sei, die diese Erscheinungen, zumal angesichts der Finanzkrise seit 2008, nicht schnell genug habe ausbügeln können. Von solchen wirtschaftlichen Fakten und ihren kausalen Erklärungen abgesehen geht die Debatte aber eben genau um Werturteile und darum, was zu tun sei: weitere Steuerermäßigungen, die angeblich Wachstumsimpulse für die Wirtschaft und auch wachsende Steuer-

77 Hilary Putnam, »Objectivity and the Science/Ethics Distinction«, in: James Conant (Hg.), *Realism with a Human Face*, Cambridge/MA 1990, S. 163-178, S. 167.

einnahmen bewirken sollen, oder Haushaltssanierung (auch durch Steuererhöhungen für Reiche) und gezielte staatliche Investitionen in Infrastruktur und erneuerbare Energien.

Zudem kann ich mir nicht vorstellen, dass in »Putnams world« nicht Institutionen existieren (auch *außerhalb* der Wissenschaft, denn *nicht nur diese* ist für die Feststellung von Wahrheit und Falschheit zuständig), für die ebenfalls die Unterscheidung von Tatsachen und Werten/Normen konstitutiv ist. Ich meine die Presse und die Gerichtsbarkeit.[78] In den Medien handelt es sich um die Unterscheidung von Nachricht einerseits und Kommentar/Leitartikel andererseits, in der Justiz um die Unterscheidung von Beweisaufnahme einerseits und Beweiswürdigung/Urteil andererseits. Gerade diese Unterscheidungen machen einen Teil der Differenz zwischen unabhängiger Presse und Propaganda beziehungsweise von unabhängiger und staatlich gelenkter, diktatorischer Justiz aus. Im Bereich der Presse ist es zusätzlich geradezu so, dass die Unterscheidung von Nachricht und Wertung (»Trennungsregel«) nach 1945 aus den USA nach (West-)Deutschland importiert wurde. Mag sein, dass sie dort inzwischen infolge von »imbedded journalism« und anderen fragwürdigen Erscheinungen wie politisch-kämpferisch auftretenden Boulevardmedien (etwa die im Besitz von Rupert Murdoch) in Frage gestellt ist. Umso notwendiger ist es, sie zu verteidigen.

6. Ausblick

Es ist erstaunlich, dass der Werturteilsstreit auch nach 100 Jahren noch die Gemüter erhitzt und sogar erneute Aktualität zu gewinnen scheint. Dass über ihn immer noch historisch geforscht wird, braucht dabei nicht zu verwundern: Ein wiedererwachtes historisches Interesse ist auch hinsichtlich vieler anderer philosophischer Themen zu registrieren. Das andauernde Interesse an diesem spe-

---

78 Hierbei handelt es sich nicht nur um eine Parallele, sondern gelegentlich auch um Interaktionen, weil investigativer Journalismus und die Aufarbeitung von staatlich angeordneten oder geduldeten Verbrechen durch die Justiz vielfach der historischen Forschung vorangehen. Man denke nur an die Nürnberger Prozesse oder die neueren Verfahren bezüglich Ruanda oder Jugoslawien vor dem Internationalen Strafgerichtshof in Den Haag.

ziellen Thema leitet sich meines Erachtens aber hauptsächlich von anderen Faktoren her, über die einige Bemerkungen am Platze sind. Max Weber hatte sich den Dualismus von Tatsachenbehauptungen und Werturteilen noch als vor allem auf zwei soziale Trägerschichten verteilt gedacht: Wissenschaftlern kommt es zu, die empirische Realität zu erforschen und Tatsachenbehauptungen aufzustellen; Sache der Politiker sei es dann, diese Tatsachen zu bewerten und gegebenenfalls in politische Aktionen umzusetzen. Von dieser Zweiteilung künden noch die beiden späten Vorträge *Wissenschaft als Beruf* und *Politik als Beruf*. An diesem Dualismus ändert bei Weber auch der Umstand nichts, dass es vorkommen kann, dass Wissenschaftler gelegentlich »die Fronten wechseln« und sich entweder sporadisch als Staatsbürger politisch in Debatten und Aktionen einbringen oder ganz und gar den Beruf des Politikers ergreifen.

Schon zur Zeit des Positivismusstreits, seitdem aber immer mehr registrieren wir aber eine zunehmende Vielfalt von zwischen Wissenschaft und Politik geschalteten Instanzen: staatliche Forschungsämter, mit Wissenschaftlern versehene Sachverständigenräte, zur Klärung bestimmter Sachverhalte zusammengestellte Enquetekommissionen und Beratungsstellen aller Art arbeiten der Politik zu, die in ihrer Administration bereits über große wissenschaftliche Stäbe verfügt. Daneben hat sich die Zahl der Think-Tanks, die ohne Regierungs- oder Parlamentsauftrag tätig werden, explosionsartig vermehrt. Von ihnen sind häufig bestimmte, genau umschriebene Interessen verfolgende Lobbyistengruppen mit ihren wissenschaftlichen Beratern kaum noch zu unterscheiden. Diese vielfältige soziale Ausdifferenzierung verschiedener Berufsrollen zwischen Wissenschaft und Politik bräuchte die Wissenschaftstheorie nicht zu kümmern, wenn nicht auch die Texte, die von all diesen Individuen und Institutionen produziert werden, ebenfalls ein Feld bestellen würden, das zwischen Tatsachen und Wertungen changiert. Die genannten Gruppen geben nämlich regelmäßig oder zu bestimmten Gelegenheiten Gutachten ab oder sprechen Empfehlungen aus, in denen nicht nur Entwicklungen beschrieben und eventuell prognostiziert werden, sondern auch angegeben wird, welche Maßnahmen die Politik ergreifen sollte. Vordergründig könnte es scheinen, als habe sich der Werturteilsstreit insofern erledigt, als eben die Lücke zwischen reinen Tatsachenfestellungen und reinen Werturteilen inzwischen durch Textsorten aufgefüllt wäre, in denen sich diese beiden Ingredienzen vielfältig miteinander verbinden und überlagern. Ich meine aber, dass dies nur so scheint. Denn selbst komplizierte Szenarien und Simulationsrechnungen zum zukünftigen Klima, zur Bevölkerungsentwicklung, zur Zukunft bei Verkehr und Energie verwenden meist unterschiedliche Annahmen und Wachstumspfade, die beschreiben, wie die Welt auf dem beschriebenen Sektor unter der Annahme beschaffen sein würde, dass bestimmte Maßnahmen ergriffen werden beziehungsweise unterbleiben. Deshalb kehren auch unter diesen neuen Bedingungen Elemente der Werturteilsdiskussion wieder: die Wissenschaft bietet der Politik sozusagen an, welche Zukunft sie herbeiführen *könnte*. Die Entscheidung selbst müssen dann nach wie vor der Souverän beziehungsweise seine Vertreter treffen.

Zusätzlich gab es in den letzten fünfzig Jahren eine weitere Entwicklung, die für die Diskussion von Werturteilen in der Wissenschaft wichtig ist: Es stehen sich nämlich nicht mehr nur Wissenschaft und Politik gegenüber, sondern als weiterer Abnehmer (beziehungsweise »Klient«, wie sich Hans Albert in seinen Publikationen der 1960er Jahre ausdrückt) wissenschaftlicher Expertise tritt ein zunehmend nicht nur interessiertes, sondern auch informiertes Laienpublikum in Erscheinung. Dies geschieht zum Teil zu Lasten derjenigen Wissenschaftler, die bisher als einschlägige Experten gehandelt wurden. Das gilt gegenwärtig gerade für die Megathemen der Energieerzeugung und der Wirtschaftsentwicklung. Die Diskussion um die Kernkraft ist hier ein eindrückliches Beispiel. Wenn man auf die Diskussionen zu deren Etablierung in der BRD der 1950er Jahre zurückblickt, wird man einer zum Teil völlig unverantwortlichen Propaganda für diese Energieform seitens führender Wissenschaftler gewahr, die durch Werturteile wie »unerschöpfliche Energiequellen«, »sichere Versorgung« und »Kostengünstigkeit« die Diskussion vorantrieben. Werner Heisenberg etwa glaubte, Mitte der 1950er Jahre des Problems der Entsorgung von Atommüll durch ein Verstreuen in die Meere und ein Vergraben zwei Meter unter dem Boden Herr werden zu können. Solche Fehlurteile setzten sich in den folgenden Jahrzehnten fort, wenngleich nicht in derartig extremer Form. Andererseits wurde schon unmittelbar nach der Katastrophe von Tschernobyl 1986 ein Jahre zuvor in Auftrag gegebenes Gutachten veröffentlicht, das die beiden Szenarien »Atomkraft« und »Sonnenenergie« gegenüberstellte und zu dem Schluss kam, dass die zweite Option durchführbar und unter ökonomischen und ökologischen Gesichtspunkten günstiger sei. Die Autoren schrieben in ihrer Einleitung:

Wo die Grenzen der Atomwirtschaft sichtbar werden, sind zugleich die Grenzen des blinden Vertrauens in die jeweiligen Fachleute erreicht. Es gibt keine Experten dafür, wie wir in Zukunft leben möchten [...]. Die politische Bewertung [der Erkenntnisse der Studie, H.-J.D.] [...] können auch wir der Öffentlichkeit nicht abnehmen.

Gegenwärtig stehen jene Wissenschaftler und sonstigen Experten besonders am Pranger, die die Weltwirtschaftskrise nicht vorausgesehen haben und in den Augen vieler Kommentatoren durch eine Propaganda für staatliche Deregulierung den Nährboden für dieses Desaster mitgeschaffen haben.[79] Statt mitzuhelfen, den von ihnen versprochenen Wohlstand aller zu vermehren, haben sie Not und Elend vieler mitverursacht. Deshalb ist es kein Wunder, wenn Rufe nach Beschränkung des Einflusses dieser »Experten« immer lauter werden.[80]

Was wir insofern brauchen, ist zweierlei: wissenschaftliche Expertise, die sich selbst beschränkt und nicht quasi-diktatorisch der Politik Vorschriften machen will, und eine Öffentlichkeit, die informiert und urteilsfähig genug ist, diese Expertise zumindest in ihren Grundzügen zu verstehen und zu diskutieren, und damit auch in der Lage ist, entsprechend ihre politischen Präferenzen zu gestalten. Diese Konstellationen ändern sich im Laufe der Zeit immer wieder. Wegen solcher Änderungen ist damit zu rechnen, dass die Materie des Werturteilsstreits auch in der Zukunft weiter Diskussionsstoff bieten wird.

79 Siehe dazu die Beiträge (mit vielen weiterführenden Literaturangaben) in *Merkur. Deutsche Zeitschrift für Europäisches Denken: Macht und Ohnmacht der Experten* (Heft 760/761, Sonderheft September/Oktober 2012), hg. v. Christian Demand.

80 Wolfgang Streeck bringt eindrucksvolle Beispiele für die Rotation dieser Eliten zwischen Wissenschaft, (Finanz-)Wirtschaft und Politik (Wolfgang Streeck, »Wissen als Macht, Macht als Wissen. Kapitalversteher im Krisenkapitalismus«, in: *Merkur*, September/Oktober (2012), S. 776-787.

Richard Rudner
Der Wissenschaftler *qua* Wissenschaftler
fällt Werturteile[1]

Die Frage nach der Beziehung zwischen der Fällung ethischer
Werturteile und den Methoden und Verfahren der Wissenschaft
wurde in der Literatur bis zu einem Punkt diskutiert, den e. e. cummings[2] an einer Stelle als »mystical moment of dullness« bezeichnete. Dennoch, obgleich mit einiger Beklommenheit, meine ich,
dass zu diesem Thema noch etwas Neues beigetragen werden kann.

Insbesondere kam das Problem auf eine interessante und scharfe Art erneut in der jüngst veröffentlichten Diskussion zwischen
Carnap[3] und Quine[4] auf, in Bezug auf die Frage nach den ontologischen Verpflichtungen, welche jemand mit der Wahl eines bestimmten Sprachsystems eingeht.

Ich werde auf diese Diskussion im Folgenden detailliert eingehen; fürs Erste wollen wir den gegenwärtigen Stand dessen untersuchen, was grob gesprochen die »Tatsachen-Werte-Dichotomie«
genannt wird.

Einerseits finde ich die üblichen Argumente von jenen, die
glauben, dass Wissenschaftler essenziell Werturteile fällen, nicht
zufriedenstellend. Andererseits scheinen die Widerlegungsversuche
von anderen mit gegenteiligen Ansichten zumindest prima facie
Stichhaltigkeit zu besitzen, obwohl auch diese sich letztendlich als
auf subtile Weise pervers herausstellen könnten.

1 Die hier vertretenen Meinungen oder Behauptungen sind die privaten Ansichten des Verfassers und sollten weder als offiziell ausgelegt werden, noch drücken
sie die Ansichten des Marineministeriums oder der Marineniederlassungen aus.
[Anm. d. Hg.: Während er diesen Artikel schrieb, war Rudner am Tufts College
Systems Coordination Project des Naval Research Laboratory in Washington,
D.C., angestellt.]
2 [Anm. d. Hg: Rudner schreibt »E. E. Cummings« vermutlich deshalb klein, weil
der amerikanische Dichter für seinen eigenen Namen die Einführung der Klein-
schrift forderte.]
3 Rudolf Carnap, »Empiricism, Semantics, and Ontology«, in: *Revue Internationale
de Philosophie*, XI (1950), S. 20-40.
4 Willard Van Orman Quine, »On Carnap's Views on Ontology«, in: *Philosophical
Studies*, II, Nr. 5, (1951), S. 65-72.

Jene, die behaupten, dass Wissenschaftler essenziell Werturteile fällen würden, stützen ihre Behauptungen üblicherweise entweder

A. durch den Hinweis auf die Tatsache, dass die Existenz von Wissenschaft überhaupt schon gewisse Werturteile »involviert«, oder

B. durch den Hinweis, dass der Wissenschaftler zwecks Selektion von Problemen (aus eine Menge alternativer Problemstellungen) Werturteile fällen muss, oder aber (und vielleicht am häufigsten)

C. durch den Hinweis auf die Tatsache, dass der Wissenschaftler seinem menschlichen Selbst nicht entkommen kann – er besteht aus einer »Masse von Vorlieben«, und diese Vorlieben beeinflussen zwangsläufig alle seine Aktivitäten einschließlich seiner wissenschaftlichen Tätigkeit.

Gegenüber diesen Argumenten haben viele empirisch orientierte Philosophen und Wissenschaftler erwidert, dass die Werturteile, die unseren Entscheidungen zugrunde liegen, eine Wissenschaft zu verfolgen oder ein Problem A gegenüber einem Problem B vorzuziehen, *natürlich* außer-wissenschaftlich sind. Sie sagen, wenn es notwendig ist, eine Entscheidung für eine Wissenschaft zu treffen, bevor wir eine solche verfolgen, dann ist diese Entscheidung im buchstäblichen Sinn vor-wissenschaftlich, und der Akt der Entscheidung erweist sich daher nicht als Teil der *Verfahren* der Wissenschaft. Analog ist die Entscheidung, die Aufmerksamkeit auf ein Problem anstatt auf ein anderes zu lenken, selbst außer-problematisch und daher kein Teil der Verfahren, mit dem *ausgewählten* Problem umzugehen. Da es ebendiese Verfahren sind, welche die Methode der Wissenschaft konstituieren, wurde gemäß dieser Gegenargumentation noch nicht gezeigt, dass Werturteile in der wissenschaftlichen Methode als solche involviert sind. Bezüglich der unvermeidlichen Vorlieben, die auch im Laboratorium anwesend sind, stimmen die meisten empirisch orientierten Philosophen und Wissenschaftler zu, dass dies »unglücklicherweise« der Fall sei; aber sie beeilen sich hinzuzufügen, falls sich die Wissenschaft in Richtung der Objektivität entwickeln soll, muss der Einfluss unserer persönlichen Gefühle und Einseitigkeiten (»Bias«) in der Interpretation experimenteller Ergebnisse minimiert werden. Wir müssen versuchen zu verhindern, dass unsere persönlichen Eigenheiten unsere wissenschaftliche Arbeit beeinflussen. Der perfekte Wissenschaftler – der Wissenschaftler *qua* Wissenschaftler – lässt nicht zu, dass diese Art von Werturteilen seine Arbeit beeinflusst. Wie sehr er solches auch unvermeidlich zulässt *qua* Vater, *qua* Liebhaber, *qua* Mitglied der Gesellschaft oder *qua* Nörgler, *wenn* er dies zulässt, dann verhält er sich nicht *qua* Wissenschaftler.

Wie zu Beginn angedeutet, erscheinen mir die Argumente von keiner der Diskussionsparteien in dieser Sache zufriedenstellend. Die empiristischen Einwände sind letztendlich nicht überzeugend, auch wenn es auf den ersten Blick anders zu sein scheint; aber noch wichtiger ist, dass auch die ursprünglichen Argumente, die die empiristischen Einwände hervorgerufen haben, überaus schwach wirken.

Ich glaube, dass ein viel stärkeres Argument für die Thesen vorgebracht werden kann, dass Werturteile wesentlich in den Verfahren der Wissenschaft involviert sind. Und was ich nun zu zeigen versuche, ist, dass Wissenschaftler als Wissenschaftler Werturteile fällen.

Dabei nehme ich an, dass keine Analyse der wissenschaftlichen Methode befriedigend wäre, solange sie nicht davon ausgeht, dass der Wissenschaftler als Wissenschaftler Hypothesen akzeptiert oder zurückweist.

Aber wenn dies so ist, dann fällt der Wissenschaftler als Wissenschaftler offenbar Werturteile. Denn weil keine wissenschaftliche Hypothese jemals vollständig verifiziert ist, muss der Wissenschaftler bei der Annahme einer Hypothese die Entscheidung treffen, dass die Evidenzen hinreichend stark sind oder die Wahrscheinlichkeit hinreichend hoch ist, um die Akzeptanz der Hypothese zu rechtfertigen. Offensichtlich hängt unsere Entscheidung bezüglich der Evidenzen und hinsichtlich der Frage, wie stark »stark genug« ist, davon ab, wie schwerwiegend es im werthaft-ethischen Sinne wäre, bei der Akzeptanz oder der Zurückweisung der Hypothese einen Fehler zu machen. Um ein grobes, aber einfach zu handhabendes Beispiel zu geben: Wenn zum Beispiel die zu prüfende Hypothese aussagt, dass ein toxischer Bestandteil einer Droge in keiner tödlichen Dosis vorliegt, würden wir einen relativ hohen Grad an Bestätigung oder Sicherheit verlangen, bevor wir diese Hypothese akzeptieren – weil nämlich die Konsequenzen eines Fehlers vor dem Hintergrund unserer moralischen Standards sehr gravierend wären. Wenn andererseits unsere Hypothese sagen würde, dass auf der Grundlage einer Stichprobe eine bestimmte Menge von ausgestanzten Gürtelschnallen nicht beschädigt ist, würde der von uns geforderte Bestätigungsgrad nicht so hoch sein. *Wie sicher wir sein müssen um eine Hypothese anzunehmen, hängt davon ab, wie schwerwiegend ein Irrtum wäre.*

Die von mir gewählten Beispiele entstammen dem Bereich des wissenschaftlichen Schließens in der industriellen Qualitätskontrolle. Aber derselbe Punkt lässt sich allgemein anbringen. Es wäre beispielsweise interessant und erhellend zu wissen, welchen Grad an Wahrscheinlichkeit die Wissenschaftler des Manhattan-Projekts für die Hypothese ansetzten, dass keine unkontrollierbare Kettenreaktion entstehen würde, bevor sie damit fortfuhren, die erste Atombombe zu zünden oder den Chicago Pile 1 über die kritische Schwelle hochzufahren.[5] Es wäre gleichermaßen interessant und erhellend zu wissen, warum sie sich dafür entschieden, dass *dieser bestimmte* Wahrscheinlichkeitswert (falls einer vereinbart wurde) hoch genug war, anstatt eines höheren Werts; und vielleicht am interessantesten wäre es zu erfahren, ob Probleme dieser Art überhaupt bedacht wurden.

Generell also muss, bevor wir irgendeine Hypothese annehmen können, eine Wertentscheidung im Lichte der zu erwartenden Fehlerrisiken getroffen werden, dass die Wahrscheinlichkeit *hoch genug* oder die Evidenzen *stark genug* sind, um die Annahme der Hypothese zu rechtfertigen.

Bevor wir fortfahren, wird es vielleicht gut sein, zwei weitere Punkte zu klären, die sich andernfalls später als problematisch erweisen könnten. Erstens habe ich den Terminus »Wahrscheinlichkeit« bis jetzt offensichtlich in einem lockeren vor-analytischen Sinn verwendet. Aber mein Punkt kann in Form einer Beschreibung des statistischen Schlussprozesses und der Akzeptanz oder Zurückweisung von Hypothesen in der Statistik präziser formuliert werden. Bekanntlich setzt die Annahme oder Zurückweisung einer solchen Hypothese voraus, dass ein bestimmtes Signifikanzniveau oder Konfidenzniveau oder ein kritischer Bereich ausgewählt wurde.[6]

5 [Anm. d. Hg.: Gemeint ist hier der Kernreaktor, in dem 1942 die erste kontrollierte kritische Kernspaltungskettenreaktion eingeleitet wurde.]

6 »In der Praxis werden üblicherweise drei Niveaus verwendet: 1 %, 5 % und 0,3 %. Diese Werte sind nicht sakrosankt; sie wurden in der Praxis *ohne eine rigorose theoretische Rechtfertigung*« festgelegt (meine Hervorhebung) (Arlyn Custer Rosander,

Aufgrund der *notwendigen* Auswahl eines Konfidenzniveaus oder Konfidenzintervalls treten in der Forschung notwendigerweise Werturteile auf. »Die Wahl der kritischen Region hängt von dem Risiko ab, welches man beim Test einer statistischen Hypothese einzugehen bereit ist.«[7]

Und sicher hängt das gerade noch annehmbare Risiko, eine Hypothese fälschlicherweise anzunehmen oder zurückzuweisen, davon ab, als wie schwerwiegend – in einem typisch ethisch-werthaften Sinne – die möglichen Konsequenzen eines solchen Fehlers beurteilt werden.

Natürlich glaube ich, dass eine adäquate rationale Rekonstruktion wissenschaftlicher Verfahren zeigen würde, dass jeder wissenschaftliche Schluss richtigerweise als ein statistischer Schluss aufgefasst werden kann (nämlich als ein Schluss von einer Reihe von Merkmalen einer Stichprobe aus einer Grundgesamtheit auf die Merkmalsverteilung in der Grundgesamtheit) und dass ein solcher Schluss nur wissenschaftlich fundiert ist, soweit er statistisch fundiert ist. Es ist jedoch nicht notwendig, dieser Sichtweise zu folgen, denn selbst wenn jemand glauben sollte, dass das Wesen wissenschaftlicher Schlüsse nicht statistische Wahrscheinlichkeit, sondern eher ein Konzept wie die Stärke der Evidenz oder der Grad der Bestätigung ist, so wäre diese Person dennoch mit der Entscheidung befasst, wann die Evidenz stark genug oder die Bestätigung hoch genug ist, um die Annahme einer Hypothese zu rechtfertigen. Nun stimmen viele Empiristen, die sich mit den vorangegangenen Überlegungen befassen, der These zu, dass die Akzeptanz oder die Zurückweisung einer Hypothese essenziell Werturteile voraussetzt, aber scheuen sich dennoch, die Schlussfolgerungen zu akzeptieren.

Elementary Principles of Statistics, New York 1951, S. 435 [soweit nicht anders angegeben, stammen alle Übersetzungen von den Hg.]). Signifikanz auf dem 5-%-Niveau zu etablieren bedeutet, dass man das Risiko einzugehen bereit ist, in einem von zwanzig Fällen eine Hypothese fälschlicherweise als wahr anzunehmen. Oder mit anderen Worten, dass man (auf lange Sicht) bei Anwendung eines 5-%-Signifikanzniveaus in einem von zwanzig Fällen falschliegen wird. Siehe auch Jerzy Neyman, *First Course in Probability and Statistics*, New York 1950 (Kapitel 5) für Aussagen wie »[…] welcher von zwei Fehlern eher zu verhindern ist (gegeben die Notwendigkeit, diese Entscheidung zu treffen, um eine gegebene Hypothese anzunehmen oder zurückzuweisen), ist eine *subjektive Angelegenheit* […]«. Neyman, *First Course in Probability and Statistics*, S. 262 (meine Hervorhebung).

7 Neyman, *First Course in Probability and Statistics*, S. 435.

Und ein Einwand gegen meine Argumentationslinie von jenen, die gegenüber dem Eindringen von Wertfragen in das »objektive Reich der Wissenschaft« misstrauisch sind, besagt, dass die tatsächliche Aufgabe des Wissenschaftlers lediglich darin besteht, den Grad der Bestätigung oder die Stärke der Evidenz für eine Hypothese zu bestimmen. Kurz gesagt wenden sie ein, dass zwar die Funktion eines Wissenschaftlers qua Mitglied unserer Gesellschaft in der Entscheidung bestehen mag, ob ein bestimmter Grad an Wahrscheinlichkeit einer Hypothese hoch genug sei, um ihre Annahme zu rechtfertigen, *jedoch* ist es die Aufgabe des Wissenschaftlers qua seiner Funktion als Wissenschaftler, nur den Grad an Wahrscheinlichkeit oder die Stärke der Evidenzen für eine Hypothese zu bestimmen und nicht die Akzeptanz oder Zurückweisung der Hypothese selbst.

Doch ein wenig Nachdenken zeigt, dass die Plausibilität dieses Einwands nur scheinbar besteht. Denn die Feststellung, dass der Bestätigungsgrad von – sagen wir – p vorliegt oder dass die Stärke der Evidenz so und so hoch ist – was dieser Ansicht nach unabdingbar in den Aufgabenbereich der Wissenschaftler *qua* Wissenschaftler gehört –, ist klarerweise nichts anderes als die Annahme der Hypothese durch die Wissenschaftler, dass der Grad an Bestätigung p sei oder die Stärke der Evidenz so und so stark; und wie diese Personen eingestanden haben, hängt die Akzeptanz einer Hypothese somit von Wertentscheidungen ab. Der zweite Punkt, den wir vor der Hinwendung zur Quine-Carnap-Diskussion bedenken sollten, hat mit der Natur der bisherigen Bemerkungen zu tun. Es ist wichtig, darauf hinzuweisen, dass die vorangegangenen Bemerkungen nicht bedeuten, dass die empirische Beschreibung jedes gegenwärtigen Wissenschaftlers und seiner Tätigkeit die Behauptung beinhalten würde, dass er an diesem und jenem Punkt seiner Tätigkeit ein Werturteil fällt. Dies ist zweifellos der Fall; aber es handelt sich dabei um eine Hypothese, die nicht im philosophischen Lehnstuhl entschieden, sondern nur durch Disziplinen bestätigt werden kann, die sich bisher nicht sehr weit entwickelt haben, nämlich der Wissenschaftssoziologie und Wissenschaftspsychologie.

Meine Bemerkungen laufen eher darauf hinaus: Jede adäquate Analyse oder (wenn ich diesen Begriff verwenden darf) rationale Rekonstruktion der wissenschaftlichen Methode muss die Behauptung beinhalten, dass der Wissenschaftler qua Wissenschaftler Hypothesen akzeptiert oder zurückweist; und ferner, dass die Analyse dieser Behauptung ergibt, dass der Wissenschaftler qua Wissenschaftler Werturteile fällt.

Ich denke, dass im Lichte der vorangegangenen Argumente, auf die in den vergangenen Jahren in der einen oder anderen Form von einer Vielzahl von Denkern hingewiesen wurde (zu nennen sind hier C. W. Churchman, R. L. Ackoff und A. Wald), die Quine-Carnap-Diskussion von höchstem Interesse ist. Denn wenn ich die Diskussion und ihr Ergebnis richtig verstehe, ist es doch so: Obwohl der Beginn der Debatte scheinbar weit entfernt ist von einer Diskussion der Tatsachen-Werte-Dichotomie und obwohl sich im Diskussionsverlauf beide Partner mit dieser Frage auf eine Weise beschäftigen, die nahelegt, dass sie diese Frage hinsichtlich ihres Hauptanliegens allenfalls als nebensächlich ansehen, kommt dennoch Quine mit einem unabhängigen Argument zu der gleichen Schlussfolgerung wie der hier vertretenen. Und ebenso scheint sich Carnap zur Annahme dieser Schlussfolgerung gezwungen zu sehen. (Es ist jedoch zu erwarten, dass Carnap auf den Artikel von Quine reagieren wird, und vielleicht bin ich an dieser Stelle zu hoffnungsvoll.)

Das Thema der ontologischen Verpflichtungen wird schon länger zwischen Carnap und Quine diskutiert. In seinem jüngst publizierten Artikel[8] behauptet Carnap, dass wir es relativ zu einem gegebenen Sprachsystem mit zwei Arten von Existenzfragen zu tun haben. Eine Frage ist es, welche *Art* von Entitäten als existierend angesehen werden dürfen, wenn wir ein bestimmtes Sprachsystem verwenden; das heißt, welche *Art* von Rahmensystem für Existenzbehauptungen unsere Sprache enthalten sollte. Diese Frage ist nach Carnap eine externe Frage. Dabei handelt es sich um die *praktische* Frage, welche Art von linguistischem System wir wählen wollen. Fragen wie »Gibt es abstrakte Entitäten?« oder »Gibt es physikalische Entitäten?« werden deshalb in die Kategorie der externen Fragen eingeordnet. Auf der anderen Seite können wir, wenn wir einmal die Entscheidung für ein linguistisches Rahmensystem getroffen haben, Fragen aufwerfen wie »Gibt es schwarze Schwäne?«, »Was sind die ganzzahligen Teiler von 544?« usw. Solche Fragen sind interne Fragen.

Für den gegenwärtigen Zweck ist nur die Einsicht wichtig,

---

8 Carnap, »Empiricism, Semantics, and Ontology«.

dass für Carnap interne Fragen theoretische Fragen sind, das heißt Fragen, deren Antworten einen kognitiven Gehalt ausdrücken, wohingegen externe Fragen nicht theoretisch sind. Sie sind *praktische Fragen* – sie betreffen unsere Entscheidung, diese oder jene Sprachstruktur zu verwenden. Mit Fragen dieser Art sind wir konfrontiert, wenn wir uns beispielsweise dafür entscheiden müssen, ob wir eine demokratische oder republikanische Regierung in den nächsten vier Jahren haben sollten. Kurz gesagt – obwohl weder Carnap noch Quine dieses Wort verwenden – handelt es sich um Wertfragen.

Selbst wenn diese Dichotomie von Existenzfragen angenommen wird, kann Carnap dennoch das wesentliche Vorkommen von Werturteilen in den Verfahren der Wissenschaft bestreiten, wenn er nämlich darauf besteht, dass externe Fragen, die zugegebenermaßen sowohl notwendig wie auch zielbestimmend sind, dennoch in einem gewissen Sinne vor-wissenschaftlicher Natur sind. Aber dass Interessanteste daran ist, dass Quine daraufhin zeigt, dass die von Carnap vertretene Dichotomie unhaltbar ist. Hier ist nicht der Ort, um die Argumente Quines zu wiederholen, die im angeführten Artikel brillant entwickelt werden. Sie liegen auf gleicher Linie wie Quines Ansichten in »Two Dogmas of Empiricism« und insbesondere in der Einleitung zu seinem jüngsten Buch *Methods of Logic*. Dennoch fasst der letzte Paragraph von Quines Artikel, auf den ich mich hier beziehe, seine Ergebnisse elegant zusammen:

In den Naturwissenschaften gibt es ein Kontinuum von Abstufungen, von Aussagen, die von Beobachtungen berichten, bis hin zu solchen Aussagen, welche zum Beispiel die grundlegenden Eigenschaften der Quantentheorie oder der Relativitätstheorie ausdrücken. Die Ansicht, zu der ich im letztgenannten Artikel gelange, ist, dass auch ontologische Aussagen oder selbst die mathematischen und logischen Aussagen eine Fortsetzung dieses Kontinuums bilden, eine Fortsetzung die vielleicht noch entfernter von der Beobachtung ist als die zentralen Prinzipien der Quantentheorie oder der Relativitätstheorie. Die Unterschiede sind hier aus meiner Sicht nur gradueller und nicht kategorialer Natur. Wissenschaft ist eine vereinheitlichte Struktur, und grundsätzlich ist es die Struktur als Ganzes, und nicht ihre einzelnen Aussagen für sich genommen, die durch die Erfahrung bestätigt oder als inadäquat erwiesen wird. Carnap behauptet, dass ontologische Fragen und ebenso Fragen nach logischen oder mathematischen Prinzipien keine Sachfragen seien, sondern die Wahl eines passenden konzeptuellen

Schemas oder linguistischen Rahmensystems der Wissenschaft betreffen; und dieser Ansicht stimme ich nur zu, wenn sie ebenso für jede andere wissenschaftliche Hypothese gilt.[9]

Im Lichte von all dem denke ich, dass die Behauptung, dass Wissenschaftler qua Wissenschaftler Werturteile fällen, ebenso eine Konsequenz von Quines Position ist.

Nun, falls der zentrale Punkt, den ich hier machen wollte, korrekt ist, dann sind wir klarerweise mit einer Krise ersten Ranges von Wissenschaft und Methodologie konfrontiert. Und das Grauen, welches die meisten Wissenschaftler und Wissenschaftstheoretiker vor dem Eindringen von Wertüberlegungen in die Wissenschaft haben, ist vollkommen verständlich. Die Erinnerungen an den (mittlerweile verminderten, aber in einem gewissen Maß noch anhaltenden) Konflikt zwischen der Wissenschaft und beispielsweise der vorherrschenden Religion über die Einmischung von religiösen Wertüberlegungen in die Domäne der wissenschaftlichen Untersuchungen sind noch bei vielen Wissenschaftlern präsent. Die traditionelle Suche nach Objektivität exemplifiziert eines der höchsten Ideale der Wissenschaften. Doch wenn der Wissenschaftler vor der Tatsache die Augen verschließt, dass die wissenschaftliche Methode das Fällen von Werturteilen intrinsisch voraussetzt, um diese Tatsache aus seinem Bewusstsein zu verdrängen, dann bringt ihn dies keinen Schritt näher an dieses Ideal der Objektivität heran. Die Weigerung, jenen Wertentscheidungen, die gefällt werden müssen, Aufmerksamkeit zu schenken, sie stattdessen intuitiv, unbewusst oder willkürlich zu fällen, bedeutet letztendlich, einen wesentlichen Aspekt der wissenschaftlichen Methode der wissenschaftlichen Kontrolle zu entziehen.

Was scheinbar nötig ist (und hier kann nicht mehr als eine Skizze des Problems gegeben werden), ist nichts weniger als eine radikale Revision des Ideals wissenschaftlicher Objektivität. Die etwas kindliche Konzeption eines kaltblütigen, emotionslosen, unpersönlichen und passiven Wissenschaftlers, der die Welt in den stahlumrahmten Linsen seiner hochpolierten Brillengläser perfekt widerspiegelt – dieser Stereotyp ist nicht länger angemessen, falls er es überhaupt jemals war.

Stattdessen wird hier vorgeschlagen, dass die Objektivität der

9 Quine, »On Carnap's Views on Ontology«, S. 71f.

Wissenschaft zumindest darin liegt, genau zu sagen, welche Werturteile in einer gegebenen Untersuchung getroffen wurden oder hätten getroffen werden können – ja sogar, um die anspruchsvollste Forderung zu nennen, welche Werturteile gefällt werden sollten; kurz gesagt ist eine wissenschaftliche Ethik nötig, wenn der wissenschaftliche Fortschritt in Richtung Objektivität voranschreiten soll.

Natürlich ist die Etablierung einer solchen Wissenschaft der Ethik eine Aufgabe von gewaltiger Größe, und sie wird wahrscheinlich noch nicht einmal in vielen Generationen abgeschlossen sein. Aber ein erster Schritt dazu ist das reflektierte Selbstbewusstsein des Wissenschaftlers hinsichtlich der Werturteile, die er fällen muss.

Carl G. Hempel
Wissenschaft und menschliche Werte

1. Das Problem

Unser Zeitalter wird oft ein Zeitalter der Wissenschaft und der wissenschaftlichen Technologie genannt, und das mit gutem Grund: Die Fortschritte der Naturwissenschaften in den letzten Jahrhunderten und in jüngerer Zeit insbesondere die der psychologischen und soziologischen Disziplinen haben unseren Wissensstand enorm erweitert und unser Verständnis der Welt, in der wir leben, sowie das von unseren Mitmenschen vertieft; darüber hinaus gibt uns die praktische Anwendung wissenschaftlicher Einsichten ein ständig steigendes Maß an Kontrolle über die Naturgewalten und über die menschliche Psyche. Als Folge dessen haben wir uns nicht nur an die Idee einer physikalisch-chemischen und biologischen Technologie, basierend auf den Resultaten der Naturwissenschaften, sondern auch an das Konzept und damit auch an die Anwendung einer psychologischen und soziologischen Technologie gewöhnt, welche sich die von der Verhaltensforschung entwickelten Theorien und Methoden zunutze macht.

Die Zunahme an wissenschaftlichen Erkenntnissen und deren Anwendung hat die Bedrohung durch einige der ältesten und am meisten gefürchteten Plagen der Menschheit, unter anderem die Hungersnot und die Pest, erheblich reduziert; sie hat den materiellen Lebensstandard der Menschen gehoben und die Realisierung von Visionen, die noch vor einigen Jahrzehnten als bloße Fiktion erschienen wären, wie etwa die direkte Erforschung des interplanetaren Raumes, in greifbare Nähe gerückt.

Im Zuge des Erreichens dieser Erfolge warf die wissenschaftliche Technologie allerdings auch eine ganze Reihe neuer und hochgradig beunruhigender Probleme auf: Die Kontrolle über die Atomspaltung hat uns nicht nur die komfortable Aussicht auf einen gewaltigen Vorrat an Energie eingebracht, sondern auch die ständige Bedrohung durch die Atombombe und durch einen möglichen gravierenden Schaden für gegenwärtige und zukünftige Generationen aufgrund der radioaktiven Nebenprodukte des Kernfusionsprozesses, auch in seiner friedlichen Anwendung. Gerade der Fortschritt der biologischen und medizinischen Erkenntnis und Technologie, der die Säuglingssterblichkeit so auffallend reduziert und die Lebenserwartung in weiten Regionen unseres Globus erhöht hat, trägt maßgeblich zur Bedrohung durch die »Wachstumsexplosion« bei, das rapide Wachstum der Weltbevölkerung, dem wir uns heute gegenübersehen und das Anlass größter Beunruhigung für all diejenigen geworden ist, denen das Wohlergehen zukünftiger Generationen am Herzen liegt.

Die Vorteile der wissenschaftlichen Technologie, deren wir uns rühmen und die jeden Aspekt dieses »Zeitalters der Wissenschaft« geprägt haben, brachten offenkundig viele neue und gravierende Probleme mit sich, die einer dringenden Lösung bedürfen. Es ist nur natürlich, dass sich der Mensch in seinem Verlangen, diese Probleme zu bewältigen, hilfesuchend an die Wissenschaft und die wissenschaftlichen Technologien wenden sollte. Aber schon ein kurzer Moment der Reflexion zeigt uns, dass die Probleme, die es hier zu bewältigen gilt, nicht einfach technische Fragen sind, sondern vielmehr verwickelte Komplexe technischer und moralischer Angelegenheiten. Nehmen wir den Fall der Bevölkerungsexplosion als ein Beispiel. Dieser wirft eindeutig bestimmte technische Probleme auf. Eines dieser Probleme besteht in der Aufgabe, anhand beschränkter Ressourcen zumindest den grundlegenden materiellen Bedarf für eine rapide wachsende Population abzudecken; ein anderes besteht in der Frage nach den Mitteln, um das Populationswachstum selbst in den Griff zu bekommen. Dennoch erschöpft sich das Problem nicht in diesen technischen Fragen, denn schließlich haben wir auch jetzt schon verschiedene Möglichkeiten zur Verfügung, dem Populationswachstum entgegenzuwirken. Doch einige dieser Möglichkeiten, insbesondere Methoden zur Empfängnisverhütung, waren und sind auch weiterhin Gegenstand intensiver moralischer und religiöser Debatten. Das zeigt, dass eine adäquate Lösung der vorliegenden Probleme nicht nur Kenntnis der technischen Mittel zur Kontrolle, sondern auch Normen zur Bewertung der alternativen Mittel, die uns zur Verfügung stehen, erfordert; und dieses zweite Erfordernis wirft offenkundig moralische Fragen auf.

Es ist nicht nötig, die Liste der Beispiele zu erweitern: Alle Mittel technischer Kontrolle, die uns die Wissenschaft zur Verfügung stellt, können auf viele unterschiedliche Arten eingesetzt werden, und eine Entscheidung darüber, wie diese eingesetzt werden sollten, verwickelt uns in Fragen moralischer Wertung. Hier ergibt sich ein fundamentales Problem, dem ich mich nun zuwenden möchte: Können derartige Fragen der Wertung mittels der objektiven Methoden der empirischen Wissenschaft beantwortet werden, die so erfolgreich darin war, uns verlässliches und praktisch anwendbares Wissen über unsere Welt zu vermitteln? Können diese Methoden dazu dienen, objektive Kriterien für Richtig und Falsch und damit gültige moralische Normen für korrektes Verhalten in unseren individuellen und sozialen Angelegenheiten zu entwickeln?

2. Wissenschaftliches Überprüfen

Wir wollen uns dieser Frage nähern, indem wir uns, wenn auch nur in knapper und skizzenhafter Darstellung, zuerst ansehen, auf welchem Wege objektive wissenschaftliche Erkenntnis erlangt wird. Wir können hierbei die Frage nach *Wegen der Entdeckung* beiseitelassen, das heißt das Problem, wie eine neue wissenschaftliche Idee entsteht, wie eine neuartige Hypothese oder Theorie erstmalig erdacht wird; für unsere Zwecke wird es genügen, die wissenschaftlichen *Wege der Begründung* in Betracht zu ziehen, das heißt die Art und Weise, nach der die empirische Wissenschaft bei der Prüfung einer vorgeschlagenen neuen Hypothese verfährt und entscheidet, ob diese akzeptiert oder zurückgewiesen werden soll. Mit dem Wort *Hypothese* beziehe ich mich hier relativ breit auf beliebige Sätze und Mengen von Sätzen in der empirischen Wissenschaft, unabhängig davon, ob sich diese auf ein bestimmtes Ereignis beziehen oder ein allgemeines Gesetz oder auch eine mehr oder weniger komplexe Theorie beinhalten.

Bekanntlich entscheidet die empirische Wissenschaft über die Annehmbarkeit einer vorgeschlagenen Hypothese anhand geeigneter Tests. Manchmal beinhaltet ein solcher Test nicht mehr als das, was eine direkte Beobachtung relevanter Tatsachen genannt werden kann. Dieses Verfahren kann zum Beispiel verwendet werden, um Sätze zu überprüfen wie etwa »Draußen regnet es«, »Alle Murmeln in dieser Urne sind blau« oder »Die Nadel dieses Amperemeters wird auf dem Skalastrich 6 stehen bleiben« etc. Einige direkte Beobachtungen werden hier für gewöhnlich genügen, um zu entscheiden, ob die jeweiligen Hypothesen als wahr zu akzeptieren oder als falsch zurückzuweisen sind.

Die meisten wichtigen Hypothesen in der empirischen Wissenschaft können jedoch nicht auf diese einfache Weise überprüft werden. Direkte Beobachtung ist nicht hinreichend, um zum Beispiel zu entscheiden, ob die Hypothesen, dass die Erde eine Kugel ist, dass Erbmerkmale durch Gene übertragen werden, dass sich alle indoeuropäischen Sprachen aus einer gemeinsamen Ursprache heraus entwickelt haben oder dass Licht ein elektromagnetischer Wellenprozess ist (etc.), zu akzeptieren oder zurückzuweisen sind. Bei derartigen Hypothesen greift die Wissenschaft auf indirekte Methoden der Überprüfung und Bewertung zurück. Während diese Methoden verfahrenstechnisch stark voneinander abweichen, haben sie alle dieselbe zugrunde liegende Struktur und Begründung. Zuerst werden von der zu überprüfenden Hypothese passende Sätze abgeleitet, die gewisse direkt beobachtbare Phänomene beschreiben, die unter bestimmbaren Bedingungen auftreten sollten, sofern die Hypothese wahr ist; dann werden diese abgeleiteten Sätze direkt überprüft, indem geprüft wird, ob die beschriebenen Phänomene tatsächlich auftreten; zuletzt wird die vorgeschlagene Hypothese im Lichte der Ergebnisse dieser Tests akzeptiert oder zurückgewiesen. Die Hypothese, dass die Erde kugelförmig ist, kann zum Beispiel nicht direkt mittels Beobachtung überprüft werden, ermöglicht es uns aber abzuleiten, dass ein Schiff, das sich vom Beobachter weg bewegt, allmählich unter dem Horizont verschwinden müsste; dass die Umschiffung der Erde möglich sein sollte, indem man einen geraden Kurs beibehält; dass Fotografien aus großer Höhe die Krümmung der Erdoberfläche zeigen sollten; dass gewisse geodätische und astronomische Messungen bestimmte Ergebnisse liefern sollten und so weiter. Abgeleitete Sätze wie diese können mehr oder weniger direkt überprüft werden; und indem sich eine zunehmende Anzahl und Vielfalt dieser Sätze tatsächlich bewahrheitet, wird die Hypothese immer mehr bestätigt. Irgendwann einmal mag eine Hypothese so gut durch verfügbare Evidenz bestätigt sein, dass sie als über alle vernünftigen Zweifel hinaus begründet akzeptiert wird. Dennoch ist keine wissenschaftliche Hypothese jemals vollständig und definitiv bewiesen; es gibt immer zumindest die theoretische Möglichkeit, dass neue Evidenzen entdeckt werden, die mit einigen der von der Hypothese abgeleiteten Beobachtungssätzen im Konflikt stehen und deshalb zur Verwerfung der Hypothese führen. Die Geschichte der Wissenschaft enthält viele Fälle, bei denen eine vormals akzeptierte Hypothese im Nachhinein und im Lichte gegenteiliger Evidenz verworfen wurde.

3. Instrumentelle Werturteile

Wir wollen uns nun der Frage zuwenden, ob diese Methode der Überprüfung und Bewertung zur Begründung von moralischen Werturteilen benutzt werden kann, insbesondere von Urteilen dahingehend, dass eine bestimmte Vorgehensweise gut, recht oder richtig ist oder dass eine gewisse Vorgehensweise besser als gewisse alternative Vorgehensweisen ist oder dass wir in bestimmter Weise handeln – oder nicht handeln – sollten.

Man betrachte zur Veranschaulichung die Ansicht, dass es gut sei, Kinder tolerant zu erziehen, und schlecht, sie auf restriktive Weise großzuziehen. Es mag den Anschein haben, dass diese Ansicht zumindest prinzipiell mittels angemessener empirischer Untersuchungen wissenschaftlich bestätigt werden könnte. Nehmen wir zum Beispiel an, sorgfältige Untersuchungen ergaben, dass (1) restriktive Erziehung tendenziell zu Abneigung und Aggression gegenüber den Eltern und anderen erzieherischen Autoritäten führt und dass dies wiederum zu Schuld und Angst beim Kind sowie möglicherweise zur Unterentwicklung des Potenzials zur Eigeninitiative und Kreativität des Kindes führt; wohingegen (2) tolerante Erziehung diese Konsequenzen vermeidet, zu glücklicheren zwischenmenschlichen Beziehungen beiträgt, den Einfallsreichtum und die Selbstständigkeit fördert und es dem Kind ermöglicht, sein Potenzial zu entwickeln und zu genießen. Diese Sätze, insbesondere wenn angemessen detailliert ausgeführt, fallen in den Bereich wissenschaftlicher Untersuchungen; und obwohl unser Wissen in diesen Angelegenheiten sehr beschränkt ist, wollen wir um des Argumentes willen annehmen, dass sie durch sorgfältige Tests tatsächlich gut bestätigt wurden. Würde dann die wissenschaftliche Forschung nicht objektiv gezeigt haben, dass es in der Tat besser ist, Kinder auf tolerante als auf restriktive Weise zu erziehen?

Ein wenig Reflexion zeigt, dass dem nicht so ist. Was gezeigt worden wäre, ist vielmehr ein Konditionalsatz, nämlich, dass es *dann* besser ist, unsere Kinder auf tolerante als auf restriktive Art und Weise zu erziehen, *wenn* sie glückliche, emotional sichere und kreative Individuen anstatt von Schuld geplagte Seelen werden sollen. Ein Satz wie dieser repräsentiert ein *relatives* oder *instrumentelles Werturteil*. Im Allgemeinen besagt ein relatives Werturteil, dass eine bestimmte Art zu handeln M gut (oder besser als eine gegebene Alternative M_1) ist, *wenn* ein gewisses Ziel G erreicht werden soll; oder genauer, dass M gut oder angemessen für das Erreichen des Zieles G ist. Aber das zu sagen kommt der Behauptung gleich, dass entweder Handlungsoption M unter den gegebenen Umständen definitiv (oder wahrscheinlich) zur Erreichung von Ziel G führt oder dass Nichteinschlagen der Strategie M definitiv (oder wahrscheinlich) zum Nichterreichen des Zieles G führt. In anderen Worten: das instrumentelle Werturteil behauptet entweder, dass M ein (definitiv oder probabilistisch) hinreichendes Mittel zur Erreichung des Zweckes oder Zieles G ist oder dass es ein (definitiv oder probabilistisch) notwendiges Mittel ist, dieses zu erreichen. Demnach kann ein relatives oder instrumentelles Werturteil als ein Satz formuliert werden, der eine strikt generelle oder zumindest wahrscheinliche Mittel-Zweck-Beziehung ausdrückt und überhaupt keine Ausdrücke des moralischen Diskurses – wie etwa ›gut‹, ›besser‹ oder ›gesollt‹ – enthält. Ein Satz dieser Art ist zweifellos eine empirische Behauptung, die wissenschaftlich überprüfbar ist.

4. Kategorische Werturteile

Unglücklicherweise ist unser Problem damit nicht vollständig gelöst; denn nachdem ein relatives Werturteil bezüglich eines bestimmten Zieles G überprüft und, so wollen wir annehmen, gut bestätigt wurde, bleibt noch immer die Frage, ob das Ziel G verfolgt werden sollte oder ob es nicht besser wäre, stattdessen ein alternatives Ziel anzustreben. Die empirische Wissenschaft kann zum Beispiel den Nachweis für den Konditionalsatz erbringen, dass eine hohe Dosis Morphium gute Dienste leistet, wenn wir eine unheilbar kranke Person von nicht tolerierbaren Leiden befreien möchten; aber sie mag auch Wege aufzeigen, das Leben des Patienten, und damit auch sein Leiden, zu verlängern. Damit stellt sich uns die Frage, ob wir dem Ziel, auswegloses menschliches Leiden zu vermeiden, gegenüber dem Ziel, menschliches Leben zu erhalten, den Vorrang geben sollen oder nicht. Und diese Frage verlangt nicht nach einem relativen, sondern nach einem *absoluten oder kategorischen Werturteil*, welches besagt, dass ein gewisser Sachverhalt (der als Ziel oder Zweck vorgeschlagen wurde) gut oder besser als eine bestimmte Alternative ist. Sind solche kategorischen Werturteile empirisch überprüfbar und bestätigbar?

Nehmen wir zum Beispiel den Satz »Töten ist schlecht«. Dieser drückt ein kategorisches Werturteil aus, welches aufgrund logischer Schlussfolgerung auch Euthanasie als kategorisch schlecht bestimmen würde. Offensichtlich drückt dieser Satz keine Behauptung aus, die direkt mittels Beobachtung überprüft werden kann; er gibt nicht vor, eine direkt beobachtbare Tatsache zu beschreiben. Kann er dann indirekt überprüft werden, indem aus ihm Sätze abgeleitet werden können, denen zufolge unter bestimmten Testbedingungen diese und jene beobachtbaren Phänomene auftreten werden? Erneut ist die Antwort eindeutig negativ. Tatsächlich hat der Satz »Töten ist schlecht« nicht die Funktion, eine Behauptung auszudrücken, die als wahr oder falsch bestimmt werden kann; er drückt stattdessen einen Standard der moralischen Bewertung oder eine Norm des rechten Verhaltens aus. Ein kategorisches Werturteil mag noch andere Funktionen haben; es könnte zum Beispiel dazu dienen, die Zustimmung oder Ablehnung des Sprechers hinsichtlich einer bestimmten Handlungsweise oder sein Bekenntnis zu den durch ein Werturteil ausgedrückten Verhaltensrichtlinien mitzuteilen. Wie auch immer, es fehlt jedenfalls die deskriptive empirische Bedeutung; in dieser Hinsicht unterscheidet sich ein Satz wie »Töten ist schlecht« drastisch von Sätzen wie »Töten wird von vielen Religionen als schlecht verurteilt«, die eine sachliche Behauptung ausdrücken, die empirisch überprüft werden kann.

Kategorische Werturteile sind somit der wissenschaftlichen Überprüfung und Bestätigung oder Widerlegung nicht zugänglich, denn sie drücken keine Behauptungen, sondern vielmehr Verhaltensstandards oder -richtlinien aus. Ich glaube, es war Max Weber, der im Grunde dieselbe Idee ausdrückte, als er bemerkte, dass die Wissenschaft wie eine Karte sei: Sie kann uns sagen, wie wir einen bestimmten Ort erreichen, aber nicht, wohin wir gehen sollen.

Gunnar Myrdal betont in seinem Buch *An American Dilemma*[1] in ähnlicher Weise, dass »faktische oder theoretische Studien allein nicht logisch zu einer praktischen Empfehlung führen können. Eine praktische oder werthafte Schlussfolgerung ist nur ableitbar wenn sich unter den Prämissen zumindest eine Wertung befindet.«[2]

Dennoch gab es viele Versuche, Moralsysteme auf den Ergebnissen der empirischen Wissenschaft zu errichten; und es wäre interessant, die zugrunde liegenden Überlegungen im Detail zu untersuchen. Im gegenwärtigen Kontext ist allerdings nur Platz für einige kurze Anmerkungen zu diesem Thema.

Es mag zum Beispiel vielversprechend erscheinen, Werturteile aus den Resultaten einer objektiven Studie über menschliche Bedürfnisse abzuleiten. Aber keine überzeugende Herleitung dieser Art ist möglich. Denn dieses Vorgehen würde voraussetzen, dass es richtig oder gut ist, menschliche Bedürfnisse zu befriedigen – und diese Voraussetzung ist selbst ein kategorisches Werturteil: Sie würde die Rolle einer wertenden Prämisse im Sinne Myrdals spielen. Da es ferner eine große Anzahl verschiedener und teilweise miteinander in Konflikt stehender Bedürfnisse von Individuen und Gruppen gibt, würden wir nicht bloß die generelle Maxime benötigen, dass menschliche Bedürfnisse befriedigt werden sollten, sondern eine Menge detaillierter Regeln in Bezug darauf, in welcher präferenziellen Reihenfolge und in welchem Grad die verschiedenen Bedürfnisse befriedigt werden sollten und wie Konflikte zwischen Ansprüchen bereinigt werden können; somit müsste die für dieses Unterfangen benötigte werthafte Prämisse eigentlich ein komplexes System von Normen sein; daher ist eine Ableitung von Werturteilen und Wertstandards aus einer bloßen empirischen Studie über Bedürfnisse ausgeschlossen.

Mehrere ethische Systeme haben die Evolutionstheorie zu ihrer Ausgangsbasis erklärt; sie stehen jedoch hinsichtlich ihrer fundamentalsten Grundsätze in ernsthaftem Konflikt miteinander. Einige der Hauptvarianten sind in einem Kapitel in G. G. Simpsons Buch *The Meaning of Evolution*[3] aufschlussreich untersucht. Eine Variante, welche Simpson die »Zahn-und-Klauen-Ethik« nennt, verherrlicht den Überlebenskampf, der zum Überleben des Tüch-

1 Gunnar Myrdal und Sisell Bok, *The American Dilemma*, New Jersey 1944.
2 Myrdal und Bok, *The American Dilemma*, S. 1052.
3 George Gaylord Simpson, *The Meaning of Evolution*, New Haven [2]1967.

tigsten führen soll. Eine zweite Variante fordert dagegen die harmonische Anpassung von Gruppen oder Individuen aneinander, um die Wahrscheinlichkeit des Überlebens zu erhöhen, während noch andere Systeme die fortschreitende Aggregation organischer Einheiten zu höheren Ebenen der Organisation als obersten Wert ansehen, manchmal mit der Implikation, dass die Wohlfahrt des Staates über der der ihm angehörenden Individuen anzusiedeln ist. Es ist offensichtlich, dass diese miteinander in Konflikt stehenden Prinzipien nicht mittels eines gültigen Schlusses aus der Evolutionstheorie abgeleitet werden können – es sei denn, diese Theorie wäre selbstwidersprüchlich, was jedoch nicht sehr wahrscheinlich ist.

Wenn uns die Wissenschaft keine kategorischen Werturteile liefern kann, was kann dann als Quelle unbedingter Wertungen dienen? Diese Frage kann entweder in einem pragmatischen Sinne verstanden werden, abzielend auf die Quellen, aus denen menschliche Wesen de facto ihre grundlegenden Werte gewinnen. Oder sie kann auf einen systematischen Aspekt der Wertung abzielen; nämlich auf die Frage, wie ein geeignetes System von grundlegenden Werten gefunden werden kann, auf das alle anderen Wertungen zurückgeführt werden können.

Die pragmatische Frage fällt in den Bereich der empirischen Wissenschaften. Ohne ins Detail zu gehen, können wir hier sagen, dass die Werte einer Person – sowohl diejenigen, zu denen sich die Person bekennt, als auch jene, die sie tatsächlich befolgt – größtenteils von der Gesellschaft, in der sie lebt, übernommen sind, insbesondere von einflussreichen Untergruppen, denen die Person angehört, wie ihre Familie, ihre Schulkameraden, ihre Arbeitskollegen, ihre Religionsgemeinschaft, Klubs, Vereine und andere Gruppen. Natürlich können ihre Werte von Fall zu Fall variieren, abhängig davon, welche dieser Gruppen in der jeweiligen Situation, in der sich die Person befindet, dominieren. Im Allgemeinen sind daher die grundlegenden Werte einer Person nicht in höherem Grade die Resultate sorgfältiger Überprüfung und kritischer Beurteilung möglicher Alternativen als ihre religiöse Zugehörigkeit. Übereinstimmung mit den Normen bestimmter Gruppen spielt hier eine sehr wichtige Rolle, und nur selten werden grundlegende Werte in Frage gestellt. In vielen Situationen entscheiden und handeln wir sogar in einem noch stärkeren Maße unreflektiert; nämlich überhaupt ohne jeden Versuch, unsere Entscheidungen auf eine Menge expliziter, bewusst angenommener moralischer Normen zu stützen.

Nun könnte man glauben, dass diese Antwort auf die pragmatische Version unserer Frage eine bedauerliche menschliche Neigung zur intellektuellen und moralischen Trägheit widerspiegele und dass der wirklich wichtige Aspekt unserer Frage der systematische sei: Wenn wir unsere Entscheidungen rechtfertigen wollen, brauchen wir moralische Verhaltensstandards unbedingter Art – aber wie können wir solche aufstellen? Wenn die Wissenschaft keine kategorischen Werturteile liefern kann, gibt es dann irgendwelche anderen Quellen, aus denen solche gewonnen werden können? Könnten wir nicht zum Beispiel ein System kategorischer Werturteile für gültig erklären, indem wir darauf hinweisen, dass es die von der Bibel, vom Koran, von einem inspirierenden Denker oder gesellschaftlichen Führer hochgehaltene Moral repräsentiert? Offenkundig muss dieses Vorgehen scheitern, da die hier erbrachte Information nur dann dazu dienen kann, die fraglichen Werturteile zu begründen, wenn wir zusätzlich eine wertende Voraussetzung hinzunehmen würden, die besagt, dass die moralischen Anweisungen aus den angeführten Quellen erfüllt werden *sollen*. Ebenso wie der Beweis eines Theorems in der Geometrie voraussetzt, dass gewisse Propositionen ohne Beweis als Postulate akzeptiert sind, müssen demnach bestimmte Werturteile ohne weitere Begründung akzeptiert werden, wenn der Prozess der Begründung einer gegebenen Entscheidung oder eines Werturteils irgendwann abgeschlossen sein soll. Das Streben nach einer Rechtfertigung für *all* unsere Werturteile übersieht diese grundlegende Tatsache der Logik der Begründung und Rechtfertigung. Allerdings müssen die in einem gegebenen Kontext ohne weitere Rechtfertigung akzeptierten Werturteile nicht ein für alle Mal mit der Verpflichtung, sie niemals in Frage zu stellen, akzeptiert werden. Dieser Punkt wird im letzten Abschnitt dieses Aufsatzes weiter ausgeführt werden.

Es ist wohl kaum nötig, zum Abschluss dieses Abschnittes unserer Diskussion besonders hervorzuheben, dass die auf den vorangehenden Seiten dargelegten Ideen weder eine moralische Anarchie implizieren noch befürworten; insbesondere implizieren sie nicht, dass jedes Wertesystem bloß genauso gut oder gültig sei wie jedes andere oder dass jeder die moralischen Prinzipien übernehmen sollte, die seiner Bequemlichkeit am förderlichsten wären. Denn auch diese Maximen haben den Charakter kategorischer Werturteile und können daher nicht von den vorhergehenden Überlegungen impliziert werden, welche gewisse logische, psychologische und soziale Aspekte moralischer Wertung rein deskriptiv beschreiben.

5. Rationale Wahl:
Empirische und wertende Komponenten

Um weitere Einsicht in die Relevanz wissenschaftlicher Untersuchung für kategorische Wertungen zu erhalten, fragen wir uns, welche Hilfe wir bei der Lösung moralischer Probleme von einer Wissenschaft erhalten könnten, die sich in einem Idealzustand befindet, wie etwa dem Zustand in Laplace' Vorstellung eines überlegenen wissenschaftlichen Intellekts, manchmal Laplacescher Dämon genannt. Diese Fiktion wurde früh im neunzehnten Jahrhundert von Laplace benutzt, um die Idee des universellen kausalen Determinismus anschaulich zu charakterisieren. Der Dämon ist als ein perfekter Beobachter konzipiert, fähig, mit unendlicher Geschwindigkeit und Genauigkeit alles, was im Universum zu einem bestimmten Zeitpunkt geschieht, wahrzunehmen; er ist außerdem ein idealer Theoretiker, der alle Naturgesetze kennt und zu einer universellen Formel kombiniert hat; letztlich ist er ein perfekter Mathematiker, der aus dem beobachteten gegenwärtigen Zustand des Universums den Gesamtzustand des Universums zu jedem anderen Zeitpunkt mittels dieser universellen Formel ableiten kann. Auf diese Weise sind ihm Vergangenheit und Zukunft unmittelbar zugänglich. Sicherlich ist es schwer vorstellbar, dass die Wissenschaft jemals einen höheren Grad der Perfektion erreichen könnte!

Nehmen wir nun an, dass wir, konfrontiert mit einer moralischen Entscheidung, in der Lage sind, den Laplaceschen Dämon als einen Berater heranzuziehen. Welche Hilfe könnten wir von ihm bekommen? Nehmen wir an, dass wir eine von mehreren verfügbaren alternativen Handlungsmöglichkeiten wählen müssen und dass wir wissen möchten, welcher von diesen wir folgen *sollen*. Der Dämon wäre dann in der Lage, uns für jede der genannten Auswahlmöglichkeiten bis ins kleinste Detail, ungeachtet wie weit in Raum und Zeit entfernt, zu sagen, was die jeweiligen Konsequenzen für den zukünftigen Verlauf des Universums wären. Aber nachdem er dies für jede der alternativen Handlungsmöglichkeiten getan hätte, hätte der Dämon seine Aufgabe erledigt: Er hätte uns all die Information gegeben, die eine ideale Wissenschaft unter den gegebenen Umständen geben kann. Und dennoch hätte er unser moralisches Problem nicht gelöst, denn dies bedarf einer Entscheidung darüber, welche der verschiedenen alternativen Konsequenzenmengen, die dem Dämon nach für uns erreichbar sind, die beste ist; welche von diesen wir herbeiführen sollen. Und die Last dieser Entscheidung würde immer noch auf unseren Schultern ruhen. Wir sind es, die sich auf ein unbedingtes Werturteil festlegen müssen, indem wir eine der Mengen von Konsequenzen herausgreifen und gegenüber ihren Alternativen vorziehen. Sogar der Laplacesche Dämon oder die ideale Wissenschaft, für die er steht, können uns nicht von dieser Verantwortung befreien.

Beim Entwurf des Bildes des Laplaceschen Dämons als Ratgeber für die Entscheidungsfindung habe ich ein wenig geschummelt; denn wäre die Welt strikt deterministisch, wie Laplace' Fiktion annimmt, dann würde der Dämon im Voraus wissen, welche Entscheidung wir fällen würden, und das würde die Vorstellung beseitigen, dass es mehrere Handlungsmöglichkeiten für uns gäbe. Wie dem auch sei, die gegenwärtige physikalische Theorie hat ernstzunehmende Zweifel an der klassischen Konzeption des Universums als strikt deterministisches System aufkommen lassen: Man nimmt nun an, dass die fundamentalen Naturgesetze eher von statistischem oder probabilistischem als von strikt universellem deterministischen Charakter sind.

Doch was auch immer die Form und der Geltungsbereich der Gesetze unseres Universums sein mögen, so werden wir doch offensichtlich niemals perfektes Wissen über sie erlangen; werden wir mit einer Entscheidung konfrontiert, so haben wir niemals mehr als eine sehr unvollständige Kenntnis der Naturgesetze und des Zustands der Welt zu der Zeit, in der wir handeln müssen. Unsere Entscheidungen müssen daher stets auf der Grundlage unvollständiger Informationen, in einem Zustand, der uns die Konsequenzen alternativer Entscheidungen bestenfalls mit Wahrscheinlichkeit voraussagen lässt, getroffen werden. Die Wissenschaft kann unverzichtbare Dienste leisten, indem sie uns mit immer umfassenderen und verlässlicheren Informationen versorgt, die für unsere Zwecke relevant sind; aber wieder bleibt es bei uns, die verschiedenen möglichen Konsequenzenmengen der zur Verfügung stehenden Wahlmöglichkeiten zu beurteilen. Und dies erfordert die Einführung geeigneter Bewertungsstandards, die nicht durch die empirischen Fakten objektiv determiniert sind.

Dieser grundlegende Punkt findet auch in den gegenwärtigen mathematischen Theorien der Entscheidungsfindung eine Entsprechung. Eines der Ziele dieser Theorien ist die Formulierung von Entscheidungsregeln, die in Situationen, in denen mehrere Handlungsmöglichkeiten gegeben sind, eine optimale Wahl bestimmen. Zur Formulierung von Entscheidungsregeln erfordern diese Theorien, dass zumindest zwei Bedingungen erfüllt sind: (1) Es müssen Informationen zur Verfügung stehen, die die Handlungsmöglichkeiten bestimmen und die entsprechenden Ergebnisse angeben – sowie wenn möglich, die Wahrscheinlichkeiten des Eintretens dieser Ergebnisse; (2) es bedarf einer Spezifizierung der Werte – oft prosaisch auch der Nutzwerte –, die den verschiedenen möglichen Ergebnissen zugeordnet werden. Nur wenn diese faktischen und wertenden Angaben vorliegen, macht es Sinn zu fragen, welche der zur Verfügung stehenden Auswahlmöglichkeiten hinsichtlich der den möglichen Resultaten zugeschriebenen Bewertungen die beste ist.

In der mathematischen Entscheidungstheorie wurden verschiedene Kriterien für die optimale Wahl vorgeschlagen. Für den Fall, dass die Wahrscheinlichkeiten für die verschiedenen Ergebnisse einer jeden Handlung gegeben sind, zeichnet ein Standardkriterium eine Wahl als optimal aus, wenn der probabilistisch zu erwartende Nutzen ihres Ergebnisses mindestens so groß ist wie der jeder alternativen Wahl. Andere Regeln, wie etwa das Maximin- und das Maximax-Prinzip, liefern Kriterien, die sogar dann anwendbar sind, wenn die Wahrscheinlichkeiten der Ergebnisse nicht verfügbar sind. Interessanterweise aber stehen diese verschiedenen Kriterien miteinander im Konflikt, in dem Sinne, dass sie für ein und dieselbe Situation oftmals verschiedene Wahlmöglichkeiten als optimal auszeichnen.

Die Handlungsweisen, die von den miteinander konfligierenden Kriterien gefordert werden, können unterschiedliche Einstellungen gegenüber der Welt, unterschiedliche Grade von Optimismus und Pessimismus oder auch von Risiko und Vorsicht widerspiegeln. Man kann daher sagen, dass die von den gegenwärtigen mathematischen Modellen angebotene Analyse zwei Punkte aufzeigt, in denen Entscheidungsfindung nicht nur faktische Informationen, sondern auch kategorische Wertung erfordert, nämlich bei der Zuschreibung des Nutzens zu den verschiedenen möglichen Ergebnissen und bei der Übernahme einer aus vielen konkurrierenden Entscheidungsregeln oder Kriterien der optimalen Wahl.

6. Wertende »Voraussetzungen« der Wissenschaft

Die vorangegangenen drei Abschnitte beschäftigten sich hauptsächlich mit der Frage, ob und in welchem Maße Wertung und Entscheidung wissenschaftliche Untersuchungen und Erkenntnisse voraussetzen. Dieses Problem hat ein Gegenstück, das in einer Diskussion von Wissenschaft und Wertung seine Aufmerksamkeit verdient; nämlich die Frage, ob wissenschaftliche Erkenntnis und Methode eine Art von Wertung voraussetzen.

Das Wort »Voraussetzung« kann auf vielerlei Weisen verstanden werden, die eine gesonderte Betrachtung erfordern. Zuallererst wird die Entscheidung einer Person, wenn sie sich der wissenschaftlichen Arbeit anstatt einer alternativen Karriere widmet, sowie die eines Wissenschaftlers, wenn er ein bestimmtes Forschungsthema wählt, vermutlich zu großen Teilen von seinen Vorlieben bestimmt sein, also davon, wie hoch er wissenschaftliche Forschung im Vergleich zu den anderen ihm offenstehenden Alternativen schätzt, sowie von der Wichtigkeit, die er den Problemen beimisst, welche er untersuchen will. In diesem explanatorischen, quasi-kausalen Sinne kann man sicherlich sagen, dass die wissenschaftlichen Tätigkeiten menschlicher Wesen Wertungen voraussetzen.

Interessantere Probleme entstehen, wenn wir danach fragen, ob Werturteile von einem Bestand wissenschaftlicher Erkenntnisse vorausgesetzt werden, welcher von einem System von in Übereinstimmung mit den Regeln wissenschaftlicher Untersuchung akzeptierten Sätzen repräsentiert werden kann. ›Voraussetzen‹ muss hier in einem logisch-systematischen Sinne verstanden werden. Ein solcher Sinn liegt zum Beispiel vor, wenn wir sagen, der Satz »Henrys Schwager ist ein Ingenieur« setze voraus, dass Henry eine Ehefrau oder eine Schwester hat: In diesem Sinne setzt ein Satz voraus, was auch immer von ihm logisch abgeleitet werden kann. Wie bereits früher angemerkt, impliziert jedoch keine Menge wissenschaftlicher Sätze logisch ein unbedingtes Werturteil; demnach setzt wissenschaftliche Erkenntnis in diesem Sinne keine Wertung voraus.

Es gibt jedoch noch einen anderen logischen Sinn von ›voraussetzen‹. Wir können zum Beispiel sagen, dass das Winkelsummentheorem für Dreiecke in der euklidischen Geometrie das Parallelenpostulat in dem Sinne voraussetzt, dass dieses Postulat ein wesentlicher Teil der Grundannahmen ist, aus denen das Theorem logisch abgeleitet wird. Nun werden die Hypothesen und Theorien der empirischen Wissenschaft normalerweise nicht durch logische Ableitung aus stützender Evidenz begründet (obwohl es vorkommen kann, dass ein wissenschaftlicher Satz, zum Beispiel eine Vorhersage, mittels Ableitung aus einer vorher sichergestellten umfassenderen Menge von Sätzen gewonnen wird); vielmehr werden sie, wie in Abschnitt 2 bemerkt, gewöhnlich auf der Grundlage von Evidenz akzeptiert, die sie nur teilweise oder »induktiv« stützt. Aber in jedem Fall kann man sich fragen, ob diejenigen Sätze, die wissenschaftliche Erkenntnis repräsentieren, Wertung in dem Sinne voraussetzen, dass die Gründe, aus denen sie akzeptiert werden, manchmal oder immer bestimmte unbedingte Werturteile beinhalten. Die Antwort ist abermals negativ. Die Gründe, aus welchen empirische Hypothesen akzeptiert oder zurückgewiesen werden, liefert die empirische Evidenz, welche sowohl Beobachtungsdaten als auch bereits zuvor bestätigte Gesetze und Theorien enthalten kann, aber sicherlich keine Werturteile. Nehmen wir etwa an, dass ein Wissenschaftler zur Stützung der Hypothese, dass ein Strahlungsgürtel bestimmter Art die Erde umgibt, zunächst gewisse, zum Beispiel durch raketengestützte Instrumente gewonnene Beobachtungsdaten anführt; zweitens bestimmte bereits zuvor akzeptierte und zur Interpretation dieser Daten benutzte Theorien; und schließlich gewisse Werturteile wie etwa »es ist gut, die Wahrheit herauszufinden«. Dann würden diese Werturteile offenbar als ohne jegliche logische Relevanz für die vorgeschlagene Hypothese fallengelassen werden, da sie weder zu ihrer Stützung noch zu ihrer Widerlegung beitragen können.

Aber die Frage, ob die Wissenschaft Wertung in einem logischen Sinne voraussetzt, kann – und wurde es kürzlich auch – noch in anderer Weise aufgeworfen werden, wesentlich spezifischer bezogen auf wertende Voraussetzungen der wissenschaftlichen *Methode*. In den vorherigen Überlegungen wurde wissenschaftliche Erkenntnis durch ein System von Sätzen repräsentiert, die durch die verfügbare Evidenz hinreichend gestützt sind, um in Übereinstimmung mit den Prinzipien wissenschaftlicher Überprüfung und Bestätigung akzeptiert zu werden. Wir bemerkten, dass die Beobachtungsdaten, aufgrund deren eine wissenschaftliche Hypothese akzeptiert wird, in der Regel weit davon entfernt sind, diese Hypothese mit logischer Gewissheit zu begründen. Galileos Gesetz des freien Falles bezieht sich zum Beispiel nicht nur auf vergangene Fälle von freiem Fall nahe der Erde, sondern auch auf alle zukünftigen Fälle; und letztere werden sicherlich nicht von unseren gegenwärtigen Beobachtungen abgedeckt. Demnach wird Galileos Gesetz des freien Falles, und gleichfalls jedes andere Gesetz der empirischen Wissenschaft, auf der Grundlage von unvollständiger Evidenz akzeptiert. Solche Akzeptanzkriterien bringt das »induktive Risiko« mit sich, dass das vermeintliche Gesetz möglicherweise nicht in völliger Allgemeinheit gilt und dass zukünftige Evidenz Wissenschaftler dazu führen könnte, es abzuändern oder aufzugeben.

Eine präzise Formulierung dieser Konzeption wissenschaftlicher Erkenntnis würde unter anderem die Formulierung von Regeln von zweierlei Art erfordern: Erstens *Regeln der Bestätigung*, welche angeben würden, welche Art von Evidenz eine gegebene Hypothese bestätigt und welche gegen sie spricht. Möglicherweise würden diese Regeln auch einen numerischen *Grad* der Stützung (oder Bestätigung oder induktiver Wahrscheinlichkeit) bestimmen, den eine gegebene Gesamtheit an Evidenz einer vorgeschlagenen Hypothese sozusagen verleiht. Zweitens müsste es *Regeln der Akzeptanz* geben: Diese würden festlegen, wie stark die Stützung einer gegebenen Hypothese sein muss, wenn die Hypothese innerhalb des Systems der wissenschaftlichen Erkenntnis akzeptiert werden soll; oder allgemeiner, unter welchen Bedingungen eine vorgeschlagene Hypothese auf der Grundlage gegebener Evidenz von der Wissenschaft akzeptiert und unter welchen Bedingungen sie zurückgewiesen werden soll.

Neueste Studien zum induktiven Schließen und statistischen Überprüfen haben sich mit großem Aufwand der Formulierung von adäquaten Regeln für beide Typen gewidmet. Insbesondere wurden Regeln der Akzeptanz in vielen dieser Untersuchungen als spezielle Fälle von Entscheidungsregeln der im vorangehenden

Abschnitt erwähnten Art behandelt. Zur Diskussion steht hierbei, ob die vorgeschlagene Hypothese auf der Grundlage gegebener Evidenz akzeptiert oder zurückgewiesen werden soll. Die Formulierung »adäquate« Entscheidungsregeln erfordert, wie früher bemerkt, jedenfalls die vorherige Spezifizierung von Wertungen, die dann als Standards für Angemessenheit dienen können. Die erforderlichen Wertungen betreffen, wie man sich erinnern wird, die verschiedenen möglichen Ergebnisse der Entscheidungen, welche mittels der Entscheidungsregeln zu bestimmen sind. Wenn nun eine wissenschaftliche Regel der Akzeptanz auf der Grundlage gegebener Evidenz auf eine bestimmte Hypothese angewandt wird, können die möglichen »Ergebnisse« der resultierenden Entscheidung in vier verschiedene Typen unterteilt werden: (1) Die Hypothese wird gemäß der Regel als (vermutlich wahr) akzeptiert und ist tatsächlich wahr; (2) die Hypothese wird gemäß der Regel (als vermutlich falsch) zurückgewiesen und ist tatsächlich falsch; (3) die Hypothese wird gemäß der Regel akzeptiert, ist tatsächlich aber falsch; (4) die Hypothese wird gemäß der Regel zurückgewiesen, ist tatsächlich aber wahr. Auf die ersten beiden Fälle zielt die Wissenschaft ab; die Möglichkeit der letzten beiden Fälle repräsentiert das induktive Risiko, das jede Regel der Akzeptanz mit sich bringen muss. Das Problem der Formulierung adäquater Regeln des Akzeptierens und Zurückweisens hat keine klare Bedeutung, solange nicht durch Zuschreibung genauer Werte oder Unwerte zu diesen möglichen »Ergebnissen« der Akzeptanz oder Zurückweisung genaue Adäquatheitsstandards bestimmt wurden. In diesem Sinne wird Wertung von der Methode der Etablierung wissenschaftlicher Hypothesen in der Tat »vorausgesetzt«: Die Rechtfertigung von Regeln der Akzeptanz und Zurückweisung von Hypothesen benötigt die Bezugnahme auf Werturteile.

In den Fällen, in denen die zu überprüfende Hypothese, wenn akzeptiert, zur Grundlage einer bestimmten Handlungsweise gemacht wird, können die möglichen Ergebnisse zum Erfolg oder Scheitern der beabsichtigten praktischen Anwendung führen; in diesen Fällen kann man die auf dem Spiel stehenden Werte und Unwerte auch als finanzielle Gewinne oder Verluste ausdrücken; für Situationen wie diese hat die Theorie der Entscheidungen diverse Entscheidungsregeln zur Anwendung in praktischen Kontexten entwickelt, wie etwa die der industriellen Qualitätskontrolle.

Aber wenn es um Entscheidungsregeln für die Akzeptanz von Hypothesen in der rein wissenschaftlichen Forschung geht, wo keine praktischen Anwendungen in Betracht gezogen werden, dann wird die Frage, wie den vier zuvor genannten möglichen Ergebnissen Werte zugeordnet werden sollen, um einiges problematischer. Aber im Allgemeinen scheint es relativ klar zu sein, dass die Standards, welche den induktiven Verfahren der reinen Wissenschaft zugrunde liegen, die Aufgabe widerspiegeln, ein bestimmtes Ziel zu erreichen, das etwas vage als das Erreichen einer immer zuverlässigeren, umfassenderen und besseren theoretisch systematisierten Menge an Informationen über die Welt beschrieben werden kann. Wenn uns stattdessen daran gelegen wäre, ein System von Überzeugungen oder eine Weltanschauung zu bilden, die emotional beruhigend oder ästhetisch befriedigend für uns ist, dann wäre es überhaupt nicht vernünftig, auf einer möglichst hohen Übereinstimmung zwischen den von uns akzeptierten Überzeugungen und unserer empirischen Evidenz zu bestehen, wie es die Wissenschaft macht; und die Standards der objektiven Überprüfung und Bestätigung mithilfe einer öffentlich zugänglichen Evidenz müssten durch Akzeptanzstandards von völlig anderer Art ersetzt werden. Die Standards des Akzeptanzverfahrens müssen in jedem Falle unter Bezugnahme auf die zu erreichenden Ziele formuliert werden; ihre Rechtfertigung muss relativ zu diesen Zielen sein und muss sie in diesem Sinne voraussetzen.

7. Abschließende Vergleiche

Wenn, wie in Abschnitt 4 argumentiert, die Wissenschaft keine Validierung von kategorischen Werturteilen liefern kann, können dann wissenschaftliche Methode und Erkenntnis überhaupt eine Rolle bei der Klärung und Lösung von Problemen der moralischen Wertung und Entscheidung spielen? Die Antwort ist nachdrücklich positiv. Ich werde versuchen, dies in einer kurzen Untersuchung der grundlegenden Beiträge, welche die Wissenschaft in diesem Kontext zu bieten hat, zu demonstrieren.

Zuallererst kann die Wissenschaft faktische Informationen, die zur Beantwortung moralischer Fragestellungen benötigt werden, zur Verfügung stellen. Solche Informationen werden immer benötigt werden, unabhängig davon, für welches System moralischer Werte wir eintreten mögen – ob nun egoistisch oder altruistisch, hedonistisch oder utilitaristisch oder von irgendeiner anderen Art. Sicherlich wird die jeweilige Handlungsweise, die uns ein solches System in einer gegebenen Situation vorschreibt, von den Fakten über diese Situation abhängig sein; und es sind wissenschaftliche Erkenntnisse und Untersuchungen, welche die faktischen Informationen zur Verfügung stellen müssen, die für die Anwendung unserer moralischen Normen benötigt werden.

Insbesondere wird faktische Information benötigt, um zum Beispiel festzustellen, (a) ob ein in Erwägung gezogenes Ziel in einer gegebenen Situation erreicht werden kann; (b) mittels welcher alternativen Mittel und mit welchen Wahrscheinlichkeiten es erreicht werden kann; (c) welche Nebeneffekte und verborgenen Konsequenzen die Wahl eines gegebenen Mittels außer dem wahrscheinlichen Eintreten des erwünschten Resultats haben kann; (d) ob mehrere beabsichtigte Resultate gemeinsam realisierbar sind oder ob sie in dem Sinne inkompatibel sind, dass die Realisierung einiger von ihnen sicher oder wahrscheinlich die Realisierung anderer verhindern wird.

Indem uns die wissenschaftliche Forschung Informationen gibt, die als faktische Grundlage für rationales und verantwortliches Entscheiden unverzichtbar sind, kann sie uns auch dazu motivieren, einige unserer Wertungen zu verändern. Würden wir zum Beispiel entdecken, dass eine bestimmte Art von Ziel, das wir bisher sehr hoch gewertet haben, nur zum Preis ernsthaft unerwünschter Nebeneffekte und versteckter Konsequenzen erreicht werden kann, so kann das dazu führen, dass wir dieses Ziel nun weniger hoch bewerten. Auf diese Weise können umfangreichere wissenschaftliche Informationen zu einem Wechsel in unseren grundlegenden Werten führen – natürlich nicht, indem sie diese widerlegen, sondern vielmehr, indem sie eine Veränderung in unserer Gesamtbeurteilung des in Frage stehenden Problems motivieren.

Zweitens und auf ganz andere Art kann die Wissenschaft gewisse Probleme von Wertungen durch eine objektive, psychologische und soziologische Studie der Faktoren beleuchten, welche die Werte, für die ein Individuum oder eine Gruppe eintritt, beeinflussen; oder der Wege, auf denen sich solche Bindungen an Werte verändern; sowie eventuell der Art und Weise, wie das Eintreten für ein gegebenes Wertesystem zur emotionalen Sicherheit eines Individuums oder zur funktionalen Stabilität einer Gruppe beitragen kann.

Psychologische, anthropologische und soziologische Studien über wertendes Verhalten können natürlich kein Moralsystem »für gültig erklären«. Aber ihre Ergebnisse können psychologische Veränderungen unserer Sicht auf moralische Probleme herbeiführen, indem sie unseren Horizont erweitern, uns bisher nicht ins Auge gefasste Alternativen bewusst machen und damit einen Schutz gegen moralischen Dogmatismus oder Engstirnigkeit liefern.

Letztlich kann ein Vergleich mit gewissen fundamentalen Aspekten wissenschaftlicher Erkenntnis auch helfen, einige weitere Werturteile betreffende Fragen zu klären.

Wenn wir zugestehen, dass wissenschaftliche Hypothesen und Theorien immer im Lichte neuer empirischer Evidenz revidiert werden können, müssen wir dann nicht annehmen, dass es eine andere Klasse wissenschaftlicher Sätze gibt, die selbst unbezweifelbar und unüberprüfbar sind, nämlich die Beobachtungssätze, die experimentelle Befunde beschreiben, welche dazu dienen, wissenschaftliche Theorien zu überprüfen? Diese simplen Berichte beispielsweise über das, was im Labor oder in einer wissenschaftlichen Feldstudie direkt beobachtet wurde – müssen sie nicht als immun gegenüber jeglicher denkbaren Revision betrachtet werden, als unwiderruflich, sobald sie einmal durch direkte Beobachtung festgestellt worden sind? Berichte über direkt beobachtete Phänomene wurden in der Tat oft als unerschütterliches, unumstößliches Fundament für alle wissenschaftlichen Hypothesen und Theorien betrachtet. Dennoch ist diese Konzeption unhaltbar; sogar hier finden wir keine definitive, unbezweifelbare Sicherheit.

Denn zuerst einmal sind Berichte darüber, was direkt beobachtet wurde, verschiedenen Irrtumsmöglichkeiten unterworfen, die unterschiedliche physiologische und psychologische Ursachen haben können. In der Tat ist es oft möglich, die Genauigkeit eines gegebenen Beobachtungsberichts durch seinen Vergleich mit den Berichten anderer Beobachter oder durch den Vergleich mittels relevanter, durch ein indirektes Verfahren gewonnener Daten wie etwa das Zielfoto eines Pferderennens zu überprüfen; und ein solcher Vergleich kann zur Zurückweisung dessen führen, was vormals als korrekte Beschreibung eines direkt beobachteten Phänomens betrachtet wurde. Wir haben sogar Theorien, die es uns ermöglichen, verschiedene Arten von Beobachtungsfehlern zu erklären und vorauszusagen; und in solchen Fällen zögern wir nicht, Behauptungen in Frage zu stellen und zurückzuweisen, die angeblich nur das berichten, was direkt beobachtet wurde.

Manchmal können relativ isolierte experimentelle Ergebnisse mit einer Theorie in Konflikt stehen, die von einer großen Anzahl und Vielfalt anderer Daten stark gestützt wird; in diesem Falle kann es geschehen, dass anstelle der Theorie einem Teil der konfligierenden Daten die Aufnahme in das System der akzeptierten wissenschaftlichen Sätze verweigert wird – sogar dann, wenn keine zufriedenstellende Erklärung des mutmaßlichen Beobachtungsfehlers verfügbar ist. In solchen Fällen ist es nicht das isolierte Beobachtungsergebnis, das darüber entscheidet, ob die Theorie weiterhin gut angesehen ist, sondern es ist die zuvor gut fundierte Theorie, die darüber bestimmt, ob ein mutmaßlicher Beobachtungsbericht als eine tatsächliche empirische Begebenheit beschreibend betrachtet wird. Ein Bericht darüber, dass während einer spiritistischen Sitzung ein Möbelstück frei über den Flur schwebte, würde zum Beispiel normalerweise aufgrund seiner Unverträglichkeit mit extrem gut bestätigten physikalischen Prinzipien zurückgewiesen werden, sogar in Abwesenheit einer genauen Erklärung des Berichtes, etwa durch vorsätzliche Täuschung seitens des Mediums oder hohe Beeinflussbarkeit seitens des Beobachters. Die vom Physiker Ehrenhaft berichteten experimentellen Ergebnisse, die angeblich das Prinzip widerlegt hätten, dass alle elektrischen Ladungen ganzzahlige Vielfache der Ladung eines Elektrons sind, führte ebenso wenig zum Umsturz, ja nicht einmal zu einer kleinen Veränderung dieses Prinzips, das ein wesentlicher Bestandteil einer experimentell sehr stark und vielseitig gestützten Theorie ist. Es ist wohl unnötig anzumerken, dass eine solche Zurückweisung angeblicher Beobachtungsberichte aufgrund ihrer Unverträglichkeit mit gängigen Theorien beträchtliche Vorsicht erfordert; andernfalls könnte eine Theorie, wenn sie einmal akzeptiert wurde, dazu verwendet werden, alle ihr zuwiderlaufenden Evidenzen zurückzuweisen, die im Nachhinein gefunden werden könnten – ein mit Zielen und Geist der wissenschaftlichen Forschung vollkommen unvereinbares dogmatisches Vorgehen.

Aus diesen Gründen sind nicht einmal direkte Beobachtungsberichte unwiderruflich; sie bilden kein unumstößliches Fundament für das System wissenschaftlicher Erkenntnis. Doch dies schließt keinesfalls die Möglichkeit aus, wissenschaftliche Theorien durch Bezug auf direkte Beobachtungsdaten zu überprüfen. Wie wir festgestellt haben, können die durch so eine direkte Prüfung gewonnenen Ergebnisse nicht als absolut unbezweifelbar und unumstößlich angesehen werden; sie sind selbst der weiteren Überprüfung zugänglich, die ausgeführt werden kann, wann immer begründeter Zweifel besteht. Aber um jemals irgendwelche Überzeugungen über die Welt bilden zu können, um überhaupt irgendwelche Hypothesen oder Theorien akzeptieren oder zurückweisen zu können, wenn auch nur vorübergehend, müssen wir offensichtlich den Überprüfungsprozess irgendwo abbrechen; wir müssen einige evidenziellen Sätze als hinreichend vertrauenswürdig akzeptieren, um vorerst keine weiteren Untersuchungen erforderlich zu machen. Und auf der Basis solcher Evidenz können wir dann entscheiden, welchen Vertrauensgrad wir einer zu testenden Hypothese zuschreiben und ob diese zu akzeptieren oder zurückzuweisen ist.

Dieser Aspekt wissenschaftlicher Forschung scheint mir eine Entsprechung im Fall fundierter Wertungen und rationaler Entscheidung zu besitzen. Um eine rationale Entscheidung zwischen verschiedenen Handlungsoptionen zu fällen, müssen wir zuerst einmal feststellen, welche Konsequenzen jede der alternativen Entscheidungsmöglichkeiten wahrscheinlich hat. Das liefert die Grundlage für die relativen Werturteile, die für unser Problem relevant sind. Wenn *diese* Menge von Ergebnissen erreicht werden soll, dann sollte diese Vorgehensweise gewählt werden; wenn *jene andere* Menge von Ergebnissen realisiert werden soll, dann sollten wir jene andere Vorgehensweise wählen; und so fort. Um jedoch zu einer Entscheidung zu gelangen, müssen wir uns über die relativen Werte der möglichen, durch uns realisierbaren Konsequenzen entscheiden; und das erfordert, wie schon zuvor bemerkt, die Akzeptanz eines unbedingten Werturteils, das dann unsere Wahl bestimmt. Jedoch muss diese Akzeptanz nicht als definitiv und unwiderruflich, als für immer verbindlich für all unsere künftigen Entscheidungen betrachtet werden: Ein unbedingtes Werturteil bleibt, auch wenn einmal akzeptiert, für erneute Prüfung und Veränderung offen. Nehmen wir zum Beispiel an, dass wir als Wähler oder Mitglieder einer Stadtverwaltung zwischen mehreren alternativen sozialpolitischen Maßnahmen wählen müssen. Einige davon sollen dazu beitragen, gewisse materielle Lebensbedingungen zu verbessern, wohingegen andere darauf abzielen, verschiedenartige kulturelle Bedürfnisse zu befriedigen. Um überhaupt zu einer Entscheidung zu kommen, müssen wir uns darauf einlassen, dem einen oder anderen dieser Ziele einen höheren Wert zuzuschreiben. Aber während das so akzeptierte Urteil als ein unbedingtes und grundlegendes Werturteil für die bevorstehende Entscheidung dient, sind wir ihm deshalb noch lange nicht für immer verpflichtet – wir können unsere Standards sehr wohl überdenken und unser Urteil später rückgängig machen; und obwohl dies die frühere Entscheidung nicht rückgängig machen kann, wird es in der Zukunft zu anderen Entscheidungen führen. Zusammengefasst: wir müssen einige unbedingte Werturteile akzeptieren, um zu einer moralischen Entscheidung gelangen zu können; aber diese müssen nicht als ultimativ im Sinne von »für immer bindend« betrachtet werden, ebenso wenig wie die Beobachtungssätze, auf die man sich bei der Überprüfung einer wissenschaftlichen Hypothese verlässt, als für immer unumstößlich betrachtet werden müssen. Alles, was man in beiden Kontexten benötigt, sind sozusagen *relative* oberste Ziele: eine Menge von – moralischen oder deskriptiven – Urteilen, die als derzeit keiner weiteren Überprüfung bedürftig akzeptiert werden. Diese relativen obersten Ziele erlauben es uns, in Bezug auf mögliche Veränderungen in unseren bisher unhinterfragten Verpflichtungen und Überzeugungen aufgeschlossen zu bleiben; und sicherlich empfiehlt die Erfahrung der Vergangenheit, dass wir mehr denn je eine undogmatische, kritische und offene Geisteshaltung benötigen, um die Herausforderungen der Gegenwart und der Zukunft zu bewältigen.

2. Zur Rolle von nicht-epistemischen Werten im wissenschaftlichen Begründungsprozess

Heather Douglas
Induktives Risiko und Werte in den Wissenschaften

1. Einleitung

Trotz ihrer zentralen Bedeutung für die Wissenschaftstheorie wurde die Frage, ob, wie und welche Werte in den Wissenschaften eine Rolle spielen, in den letzten fünfzig Jahren wenig behandelt. Bis auf einige Ausnahmen (siehe unten) lief die übliche Lehrmeinung der Wissenschaftstheoretiker darauf hinaus, dass einzig epistemische Werte eine rechtmäßige Rolle in den Wissenschaften zu spielen haben. Wenngleich viele behauptet haben, dass nicht-epistemische Werte (zum Beispiel soziale, ethische, politische) de facto durchaus eine Rolle in den Wissenschaften spielen, blieb der normative Standard einer »wertfreien« (im Sinne einer von »nicht-epistemischen Werten freien«) Wissenschaft bestehen.

In diesem Aufsatz werde ich diesen normativen Standard im Hinblick auf große Bereiche der Wissenschaft in Frage stellen. Ich werde dafür argumentieren, dass nicht-epistemische Werte einen notwendigen Teil der internen Aspekte wissenschaftlichen Argumentierens in all jenen Fällen ausmachen, in denen das induktive Risiko ein Risiko von nicht-epistemischen Konsequenzen umfasst. In diesen Fällen ist wertfreie Wissenschaft eine unzulängliche Wissenschaft; ihre Argumentation ist fehlerhaft und unvollständig. Infolgedessen muss der normative Standard erneut überdacht werden. Für eine Wissenschaft, die eindeutige nicht-epistemische Auswirkungen hat, stellt Wertfreiheit kein lobenswertes Ziel dar. Wie ich am Ende meines Aufsatzes hervorheben werde, bedeutet das nicht, dass es sich bei jedwedem Argument um ein gutes Argument handelt. Die Rolle der Werte in den Wissenschaften anzuerkennen beseitigt nicht die Forderung nach guten Argumenten. Es modifiziert nur die Auffassung dessen, was als gutes Argument gelten kann.

Es muss angemerkt werden, dass es sich bei dieser Infragestellung des normativen Standards freilich nicht um die einzige handelt, die in jüngster Zeit vorgetragen wurde. In den letzten zehn

Jahren haben feministische Wissenschaftstheoretikerinnen den normativen Standard in erster Linie dadurch hinterfragt, dass sie die Epistemisch-/Nicht-Epistemisch-Unterscheidung angefochten haben, auf der dieser Standard beruht.[1] Ich finde ihre Argumente größtenteils überzeugend und habe mich andernorts zur Durchlässigkeit dieser Unterscheidung geäußert.[2] Wenngleich die Unterscheidung nicht die Abgrenzungsaufgaben leisten kann, die viele Philosophen von ihr erwarten (zum Beispiel die Aufrechterhaltung der Grenze zwischen dem rechtmäßigen Gebrauch von Werten und ihrem unrechtmäßigen Gebrauch, der die Objektivität der Wissenschaft gefährden würde), so kann uns die Unterscheidung doch darauf hinweisen, welchen Zielen diese Werte innerhalb eines bestimmten Kontextes dienen. In dieser Weise werde ich diese Unterscheidung auch im Rest dieser Arbeit verwenden.

Mein Fokus bezüglich der Rolle von Werten in den Wissenschaften liegt auf Hempels Begriff des »induktiven Risikos«. Hempels Rede vom induktiven Risiko fasst die Hauptargumente zur Frage von Werten in den Wissenschaften zusammen, die aus Debatten zu diesem Thema zwischen 1945 bis 1965 stammen. Nachdem ich mithilfe von Hempels Arbeit den nötigen Hintergrund zum Begriff des induktiven Risikos bereitgestellt habe, werde ich zeigen, wie dieser Begriff mit anderen Arbeiten über den zulässigen Gebrauch nicht-epistemischer Werte in den Wissenschaften zusammenpasst. Um zu veranschaulichen, wie die Berücksichtigung des induktiven Risikos den Bezug auf nicht-epistemische Werte erforderlich machen kann, werde ich Beispiele kürzlich durchgeführter Tierversuche zur krebserzeugenden Wirkung von Dioxin erörtern.[34] Es

---

1 Phyllis Rooney, »On Values in Science: Is the Epistemic/Non-Epistemic Distinction Useful?«, in: David Hull u. a. (Hg.), *Proceedings of the 1992 Biennial Meeting of the Philosophy of Science Association*, Volume 2, East Lansing 1992, S. 13-22; Hellen E. Longino, »Cognitive and Non-Cognitive Values in Science: Rethinking the Dichotomy«, in: Lynn Hankinson Nelson und Jack Nelson (Hg.), *Feminism, Science, and the Philosophy of Science*, Dordrecht 1996, S. 39-58.

2 Peter Machamer und Heather Douglas, »Cognitive and Social Values«, in: *Science and Education* 8 (1999), S. 45-54.

3 Mit »Dioxin« beziehe ich mich auf den toxischsten Artgenossen der Klasse von Chemikalien, die als Dioxine bekannt sind, und zwar auf 2,3,7,8-Tetrachlorodibenzo-p-Dioxin (oder 2,3,7,8-TCDD), die zugleich am meisten untersuchte Dioxinart.

4 Die Dioxin-Fallbeispiele habe ich meiner Dissertation, *The Use of Science in Policy-*

sind genau diese kontroversen Bereiche, welche öffentliche Infrage-
stellungen der Wissenschaften verursacht und die Gemüter erhitzt
haben, jedoch die fraglichen Werte in den Wissenschaften damit
wenig erhellten. Anhand dieser Beispiele hoffe ich den Leser davon zu überzeugen, dass eine Entscheidung der Wissenschaftler in
diesen Fällen ohne die Berücksichtigung nicht-epistemischer Werte
aufgrund des induktiven Risikos unvollständig wäre.

2. Das induktive Risiko

Von 1948 bis 1965 wurde in einer Reihe von Aufsätzen[5] die Frage
aufgeworfen, ob Werte ein rechtmäßiger Teil wissenschaftlichen
Argumentierens sein könnten. All jene, die für den rechtmäßigen
Gebrauch der Werte in den Wissenschaften argumentiert haben,
taten dies auf der Basis des Begriffs des induktiven Risikos. Unter
dem induktivem Risiko, ein Begriff der zuerst von Hempel[6] verwendet wurde,[7] wird die Wahrscheinlichkeit verstanden, dass man
beim Akzeptieren (oder Zurückweisen) einer wissenschaftlichen
Hypothese falschliegt. Während Aufsätze wie die von Churchman
und Rudner behaupten,[8] dass das Risiko des induktiven Irrtums
bedeutet, Werte müssten eine allgemeine Rolle in den Wissenschaften spielen, waren andere Aufsätze wie die von Jeffrey und Levy
bestrebt,[9] den Einfluss nicht-epistemischer Werte in den Wissenschaften zu begrenzen. Weil Hempels Auffassung Erwägungen bei-

Making: a Study of Values in Dioxin Science, Pittsburgh 1998, entnommen. Ich
danke Donald Mattison, der mir geholfen hat, die Dioxin-Untersuchungen zu
verstehen.

5 Ich danke John Beatty, der mich auf diese Arbeiten hingewiesen hat.

6 [Anm. d. Hg.: Siehe die Übersetzung in diesem Band, S. 118-190.]

7 Mein Dank an Erik Angner, der mich auf diesen Artikel aufmerksam gemacht hat.
   [Anm. d. Hg.: Gemeint ist Carl G. Hempel, »Science and Human Values«, in:
   ders., Aspects of Scientific Explanation and other Essays in the Philosophy of Science,
   New York 1965.]

8 [Anm. d. Hg.: C. West Churchman, »Statistics, Pragmatics, and Induction«, in:
   Philosophy of Science 15 (1984), S. 249-268 und Richard Rudner, »The Scientist qua
   Scientist Makes Value Judgements«, in: Philosophy of Science 20 (1953), S. 1-6. Siehe
   die Übersetzung in diesem Band, S. 108-117.]

9 [Anm. d. Hg.: Richard C. Jeffrey, »Valuation and Acceptance of Scientific Hypotheses«, in: Philosophy of Science 22 (1956), S. 237-246 und Isaac Levi, »On the
   Seriousness of Mistakes«, in: Philosophy of Science 29 (1962), S. 47-65.]

der Seiten dieser Debatte umfasst, werde ich mich zur Einführung des Begriffs des induktiven Risikos auf Hempel konzentrieren. Eine ausführlichere historische Untersuchung dieser Materie muss zukünftigen Arbeiten vorbehalten bleiben.

In seinem Aufsatz »Science and Human Values« von 1965 [Original 1960; Anm. d. Hg.] artikuliert Hempel die herkömmliche Auffassung von Philosophen bezüglich der Möglichkeit, dass Werte Voraussetzungen für wissenschaftliche Argumente darstellen könnten. Hempel zufolge spielen Wertaussagen keine logische Rolle bei dem Versuch, eine wissenschaftliche Aussage zu stützen. Werturteilen fehlt es an »jegliche[r] logische[n] Relevanz für die vorgeschlagene Hypothese [...], da sie weder zu ihrer Stützung, noch zu ihrer Widerlegung beitragen können«.[10] Diese herkömmliche Auffassung enthält jedoch noch nicht alles, was Hempel über die Wissenschaft und die Werte zu sagen hat. Hempel meint, dass Werte als Voraussetzungen für das dienen können, was er eine wissenschaftliche *Methode* nennt. Da keine Evidenzen beziehungsweise empirischen Belege eine Hypothese mit Sicherheit beweisen können, »[bringen] Akzeptanzkriterien [einer Hypothese, ...] das ›induktive Risiko‹ mit sich«, dass sich die Hypothese als falsch herausstellen könnte.[11] Das induktive Risiko ist das Irrtumsrisiko, das beim Akzeptieren oder Zurückweisen einer Hypothese besteht.

Im Anschluss daran untersucht Hempel, welche Regeln ein Wissenschaftler beim Akzeptieren oder Verwerfen einer Hypothese verwenden soll, und argumentiert, dass Werte bei den Akzeptanzregeln eine wichtige Rolle spielen.[12] Hempel betrachtet Akzeptanzregeln als »besondere Arten von Entscheidungsregeln« (wie zum Beispiel die Regel der Maximierung des erwarteten Nutzens), die sowohl die Möglichkeit berücksichtigen müssen, dass sich die Entscheidung, eine Hypothese zu akzeptieren (oder sie abzulehnen), als richtig herausstellt, als auch die Möglichkeit, dass sie sich als falsch herausstellt. Wie Hempel ausführt:

Wenn nun eine wissenschaftliche Regel der Akzeptanz auf der Grundlage gegebener Evidenz auf eine bestimmte Hypothese angewandt wird, können die möglichen »Ergebnisse« der resultierenden Entscheidung in vier verschiedene Typen unterteilt werden: (1) Die Hypothese wird gemäß der

10 Carl G. Hempel, »Science and Human Values«, S. 91 [in diesem Band S. 132].
11 Ebd., S. 92 [in diesem Band S. 133].
12 Ebd.

Regel als (vermutlich wahr) akzeptiert und ist tatsächlich wahr; (2) die Hypothese wird gemäß der Regel (als vermutlich falsch) zurückgewiesen und ist tatsächlich falsch; (3) die Hypothese wird gemäß der Regel akzeptiert, ist tatsächlich aber falsch; (4) die Hypothese wird gemäß der Regel zurückgewiesen, ist tatsächlich aber wahr. Auf die ersten beiden Fälle zielt die Wissenschaft ab; die Möglichkeit der letzten beiden Fälle repräsentiert das induktive Risiko, das jede Regel der Akzeptanz mit sich bringen muss.[13]

Um die Akzeptanzregeln sachgemäß auszuformulieren, muss man Hempel zufolge entscheiden, wie man die unterschiedlichen Resultate bewertet:

Das Problem der Formulierung adäquater Regeln des Akzeptierens und Zurückweisens hat keine klare Bedeutung, solange nicht durch Zuschreibung genauer positiver oder negativer Werte zu den möglichen »Ergebnissen« der Akzeptanz oder Zurückweisung klare Adäquatheitstandards bereitgestellt wurden.[14]

Dies ist die Art und Weise, in der Wertaussagen als rechtmäßige Prämissen dafür fungieren, ob eine wissenschaftliche Hypothese zu akzeptieren oder zurückzuweisen ist. Es werden Werte für die Abwägung der beiden möglichen Irrtümer benötigt, die man bei der Akzeptanz oder der Zurückweisung einer Hypothese begehen kann, mit anderen Worten der möglichen Konsequenzen, die sich aus dem induktiven Risiko ergeben.

Abhängig von den Konsequenzen werden verschiedene Arten von Werten für die Rechtfertigung einer Akzeptanzregel benötigt. In einigen Fällen führt die Akzeptanz (oder Ablehnung) einer Hypothese zu einer bestimmten Handlungsweise mit Resultaten, die nicht-epistemische Auswirkungen besitzen. In diesen Fällen müssen die Resultate der möglichen Handlungsoptionen mithilfe nicht-epistemischer Werte bewertet werden, um geeignete Akzeptanzregeln zu formulieren. In anderen Fällen, in denen die Akzeptanz einer Hypothese nicht eindeutig zu einer bestimmten Handlungsweise führt, ist es Hempel zufolge erheblich schwieriger, den möglichen Resultaten Werte zuzuschreiben.[15] Anstatt die praktischen Resultate zu bewerten, sollte man die Resultate stattdessen

13 Ebd.
14 Ebd.
15 Dieses Argument geht auf Jeffrey, »Valuation and Acceptance of Scientific Hypotheses«, S. 242 zurück.

in Bezug auf die Ziele der Wissenschaften bewerten, die Hempel als »das Erreichen einer immer zuverlässigeren, umfassenderen und besseren theoretisch systematisierten Menge an Informationen über die Welt«[16] beschreibt. In zeitgenössischen Begriffen führt Hempel eine Menge von möglichen epistemischen Werten an, die bestimmen, wie unsere Akzeptanzregeln beschaffen sein sollten: Zuverlässigkeit, Umfassendheit und Systematisierung.[17]

Obzwar das induktive Risiko bei den Entscheidungen von Wissenschaftlern, eine Theorie zu akzeptieren, immer präsent ist, ist es nicht ausgemacht, ob Wissenschaftler tatsächlich alle Folgen berücksichtigen sollten, die sich aus dem induktiven Risiko ergeben. Man könnte wie Richard Jeffrey und Ernan McMullin argumentieren, dass wir nicht von Wissenschaftlern erwarten oder verlangen sollten, die sich aus der irrtümlichen Akzeptanz einer Theorie ergebenden Konsequenzen zu berücksichtigen.[18] Wie McMullin in seiner Präsidentschaftsansprache vor der Philosophy of Science Association 1982 argumentierte, sollten solche Überlegungen vielmehr von denjenigen angestellt werden, die Wissenschaften gebrauchen oder anwenden. Gemäß dieser Auffassung sind Werturteile über verschiedene Resultate oder Nutzwerte keine Sache der Wissenschaftler. So stellt McMullin fest: »Solche Nutzwerte sind irrelevant für die theoretische Wissenschaft, und die Wissenschaftler sind nicht dazu aufgerufen, als Teil ihrer wissenschaftlichen Arbeit sich darauf beziehende Werturteile zu fällen.«[19]

Dieses Argument übersieht jedoch den Einfluss, den die Wissenschaften, Wissenschaftlerinnen und Wissenschaftler in unserer Kultur haben, und die wichtige Rolle, die sie bei praktischen Entscheidungsfindungen einnehmen. Überall wo Wissenschaft »nützlich« ist, wird sie Auswirkungen über die Entwicklung eines Wissensbestandes hinaus haben. In vielen Kontexten, in denen ein Wissenschaftler etwas als wahr behauptet oder eine bestimmte The-

16 Carl G. Hempel, »Science and Human Values«, S. 93 [in diesem Band S. 135].
17 Levi betonte die ausschließliche Verwendung epistemischer Werte [Anm. d. Hg.: Isaac Levi, »On the Seriousness of Mistakes«, in: *Philosophy of Science* 29 (1962), S. 47-65].
18 Jeffrey, »Valuation and Acceptance of Scientific Hypotheses« und Ernan McMullin, »Values in Science«, in: Peter D. Asquith und Thomas Nickles (Hg.), *Proceedings of the 1982 Biennial Meeting of the Philosophy of Science Association.* Volume I, East Lansing 1983, S. 3-28.
19 McMullin, »Values in Science«, S. 8.

orie akzeptiert, wird diese Aussage als autoritativ verstanden und daher praktische und möglicherweise schädliche Auswirkungen haben, wenn der Wissenschaftler falschliegt. Wie ich weiter unten ausführen werde, nehmen Wissenschaftler in Wissenschaftsphasen, die vor der Akzeptanz oder Ablehnung von Theorien stattfinden, ebenfalls ein induktives Risiko auf sich und setzen sich hier mit Risiken auseinander, die nie Teil öffentlicher Entscheidungsfindungen sein werden. Öffentliche Entscheidungsträger sind insofern nicht in der Lage, McMullins Nutzwerte zu berücksichtigen; sie überlassen diese Aufgabe den Wissenschaftlern. Zu fordern, dass Wissenschaftler die vorhersagbaren Folgen eines möglichen Irrtums (oder das induktive Risikos) nicht berücksichtigen sollten, bedeutet zu behaupten, dass Wissenschaftler auf irgendeine Weise für ihre Handlungen als Wissenschaftler moralisch gar nicht verantwortlich seien. Eine vollständig »wertfreie« Wissenschaft zu verteidigen würde eine solche Sichtweise erfordern, die weitaus gefährlicher scheint, als sich offen mit der Rolle der Werte in den Wissenschaften auseinanderzusetzen. Eine Begründung dafür zu liefern, warum Wissenschaftler dieselbe moralische Verantwortung besitzen wie der Rest unserer Gesellschaft, überschreitet allerdings den Rahmen dieses Aufsatzes.

3. Die Struktur der Werte in den Wissenschaften

Das induktive Risiko stellt nur eine Art und Weise dar, in der Werte eine Rolle in der Wissenschaft spielen können. Ich glaube jedoch, es handelt sich um eine entscheidende Art und Weise, sowohl für den Abbau eines wertfreien normativen Standards der Wissenschaften als auch für ein klareres Verständnis davon, wie und warum wissenschaftliche Streitfragen auftreten. In diesem Abschnitt stelle ich das induktive Risiko in Zusammenhang mit anderen Auffassungen von Wissenschaft und Werten, um im allgemeinen Zusammenhang aufzuzeigen, wie und wo Werte eine Rolle in den Wissenschaften spielen. Dabei werde ich näher auf Hempels restriktive Auffassung des induktiven Risikos bei der Akzeptanz von Hypothesen eingehen und Gründe dafür anführen, dass das induktive Risiko für den gesamten wissenschaftlichen Prozess relevant ist.[20]

20 Churchman macht die vielen Stellen ausfindig, an denen Wissenschaftler Entscheidungen fällen [Anm. d. Hg.: C. West Churchman, »Science and Decision-

Um das Problem des induktiven Risikos in einen größeren Kontext zu stellen, halten wir uns vor Augen, dass es innerhalb des wissenschaftlichen Prozesses drei Entscheidungspunkte gibt, an denen nicht-epistemische Werte anerkanntermaßen eine berechtigte Rolle einnehmen.[21] Zunächst spielen Werte (epistemische und nicht-epistemische) eine wichtige Rolle bei der Auswahl der zu untersuchenden Problemstellungen. Zweitens basiert die direkte Anwendung wissenschaftlichen Wissens durch die Gesellschaft auf der Berücksichtigung nicht-epistemischer Werte. Wenn die Wissenschaften zum Beispiel die Entwicklung einer neuen Technologie ermöglichen, werden Werte zur Feststellung dafür zurate gezogen werden, ob eine solche Technologie überhaupt erstrebenswert ist – oder zumindest sollte es so sein. Drittens schränken nicht-epistemische Werte unsere methodischen Möglichkeiten ein, zum Beispiel durch Beschränkungen der Möglichkeiten, wie Menschen im Rahmen von Experimenten eingesetzt werden dürfen.

In all diesen Fällen, in denen nicht-epistemische Werte als rechtmäßig anerkannt werden, spielen diese Werte eine direkte Rolle bei der Entscheidungsfindung. Man berücksichtigt nicht die Folgen des Irrtums wie beim induktiven Risiko, sondern betrachtet die direkten Folgen einer bestimmten Handlungsweise. Die Durchführung von Experimenten an Menschen ohne ihre Zustimmung ist nicht deshalb unethisch, weil das Risiko besteht, dass diese Methodenwahl zu unrichtigen oder falsch verwendeten Resultaten führt, sondern wegen der direkten Folgen, die die Methodenwahl auf die Menschen hat. In ähnlicher Weise ist die wissenschaftliche Entwicklung einer unerwünschten Technologie nicht wegen ihrer möglichen unbeabsichtigten Folgen unethisch (obwohl diese auch ein Problem sein könnten), sondern wegen der *beabsichtigten* Folgen dieser Technologie. In diesen Fällen heben moralische Bedenken hinsichtlich der direkten Folgen der wissenschaftlichen Handlungen jegliche möglichen epistemischen Vorteile auf und schränken damit die Auswahlmöglichkeiten ein. Wie Longino hervorvorhebt, sind diese drei Rollen von Werten in den Wissenschaften

Making«, in: *Philosophy of Science* 22 (1956), S. 247-249, S. 247]. Meine Arbeit kann als Präzisierung und Weiterentwicklung seiner Auffassung gesehen werden.
21 Hier schließe ich mich Longino an. [Anm. d. Hg.: Hellen C. Longino, *Science as Social Knowledge: Values and Objectivity in Scientific Inquiry*, Princeton 1996, S. 83-85. Siehe die Übersetzung in diesem Band S. 209-232.]

mit einem »Externalitäts«-Bild von Werten in den Wissenschaften vereinbar.[22] Denn nach diesem Modell kann der »interne« Prozess des wissenschaftlichen Argumentierens ohne die notwendige Einbeziehung nicht-epistemischer Werte voranschreiten. Nicht-epistemische Werte dienen als Beschränkungen für bestimmte wissenschaftliche Wahlmöglichkeiten, beeinträchtigen aber nicht die wissenschaftlichen Argumentationsvorgänge.

Die Berücksichtigung von Werten durch das induktive Risiko passt dagegen nicht mit dem »Externalitäts«-Modell zusammen. Zunächst einmal ist die Rolle der Werte indirekt und nicht direkt. Wie Hempel richtig aufgezeigt hat, nehmen Werturteile keinen direkten Platz innerhalb des Arguments ein, das für wahr gehalten werden sollte. Da jedoch ein Irrtum immer möglich ist, sind wir aufgefordert, die Folgen des Irrtums zusammen mit den Argumenten zu berücksichtigen, die sich auf Evidenzen stützen. Und die Berücksichtigung der Irrtumsfolgen *erfordert* die Berücksichtigung von Werten, von epistemischen wie von nicht-epistemischen. Die Rolle der Werte ist also vorhanden, wenn auch nicht auf direkte Weise.

Zweitens sind beim induktiven Risiko die Orte im Wissenschaftsprozess, an denen Werte eine Rolle spielen, nicht auf die Randgebiete beschränkt.[23] Im Externalitätsmodell bleiben die internen Phasen der Wissenschaften frei von Werten. Die Problematik des induktiven Risikos tritt dagegen während des gesamten wissenschaftlichen Prozesses auf. Obwohl Hempel sich vollständig auf das induktive Risiko im Moment der Theorieakzeptanz konzentriert hat, gibt es mehrere andere Stellen im wissenschaftlichen Gesamtprozess, an denen das induktive Risiko relevant wird. Wenn man dem allgemeinen Methodenaufbau eines wissenschaftlichen Forschungsartikels folgt, ist ein beträchtliches induktives Risiko in

22 Longino, *Science as Social Knowledge*, S. 85-86.

23 Auch Longino setzt sich mit der Rolle der Werte in den internen Prozessen der Wissenschaften auseinander, aber sie behauptet nicht, dass nicht-epistemische Werte von diesen internen Wissenschaftsprozessen *gefordert* werden [Anm. d. Hg.: Longino, *Science as Social Knowledge*, S. 86 und S. 128-132]. Stattdessen behauptet sie, dass Werte die Wissenschaften mittels Hintergrundannahmen beeinflussen können, wobei es sich um ein nicht-normatives Argument handelt. Ihre Darstellung macht auch nicht klar, wie Hintergrundannahmen, augenscheinliche epistemische Aussagen, ethische oder gesellschaftliche Werte mit sich bringen. Diese argumentative Lücke hat mich zu einer tieferen Betrachtung des Problems angespornt.

allen drei »internen« Phasen der Wissenschaft präsent: bei der Wahl der Methodik, der Sammlung und Beschreibung von Daten und der Interpretation von Daten. An jedem Punkt kann man eine falsche Entscheidung treffen (zum Beispiel eine epistemisch falsche), mitsamt den Folgen, die mit dieser Entscheidung einhergehen. Eine gewählte Methodik, die für zuverlässig gehalten wurde, mag sich als unzuverlässig herausstellen. Ein empirisches Datum, das als fehlerfrei angenommen wurde, könnte sich als das Produkt eines Irrtums erweisen. Eine Interpretation könnte auf einer Hintergrundannahme beruhen, die fehlerhaft ist. So wie das induktive Risiko bei der Akzeptanz von Theorien besteht, besteht es daher auch bei der Akzeptanz von Methoden, Daten und Interpretationen.

Durch Erweiterung des Bereichs, in dem das induktive Risiko eine relevante Rolle spielt, erweitert sich auch die potenzielle Rolle nicht-epistemischer Werte. Hempel hatte mit seiner Behauptung recht, dass es sich bei der Frage, ob ein Beweisstück eine Hypothese bestätigt oder nicht, gegeben eine Menge von Hintergrundannahmen, um eine Beziehung handelt, in der Werturteile keine Rolle spielen. Welche Evidenzen jedoch überhaupt zur Verfügung stehen, um eine Theorie zu stützen, oder für welche Hintergrundannahmen wir uns entscheiden, ist mit Werturteilen verbunden, die wiederum mit der Berücksichtigung des induktiven Risikos verbunden sind. In Fällen, wo die Folgen einer Entscheidung und der Möglichkeit ihres Irrtums klar sind, sollte das induktive Risiko der Entscheidung von den Wissenschaftlern berücksichtigt werden, die die fragliche Entscheidung treffen. In den im Folgenden behandelten Fällen beinhalten die Konsequenzen der Entscheidungen eindeutige nicht-epistemische Folgen, die nicht-epistemische Werte involvieren. Somit spielen nicht-epistemische Werte in den internen Phasen der Wissenschaften überall dort eine rechtmäßige Rolle, wo die Abwägung des induktiven Risikos die Berücksichtigung nicht-epistemischer Folgen erfordert. Das Externalitäts-Modell wird durch die normative Forderung umgeworfen, nicht-epistemische Werte zu berücksichtigen; nicht-epistemische Werte sind für gutes Argumentieren erforderlich.

In den Fällen, die induktives Risiko involvieren, sind nicht-epistemische Werte nicht der einzig bestimmende Faktor, für oder gegen eine gegebene Option zu stimmen. Der Wissenschaftler wird sowohl die Menge an Evidenzen beziehungsweise den Bestäti-

gungsgrad berücksichtigen müssen, um das Ausmaß des induktiven Risikos abzuschätzen, als auch die sich aus dem Irrtumsrisiko
ergebenden möglichen Folgen, um abzuschätzen, wie gefährlich
oder erstrebenswert diese Folgen sind. Die Abwägung dieser Folgen und das Ausmaß des induktiven Risikos (also die Irrtumswahrscheinlichkeit) bestimmen zusammen, welche Entscheidung die
bessere ist. Wo sich aus einem Irrtum nicht-epistemische Folgen
ergeben, sind nicht-epistemische Werte maßgeblich für die Entscheidung, welches induktive Risiko wir hinnehmen und welche
Entscheidung wir treffen sollten.

4. Induktives Risiko in der Wahl der Methodik:
Statistische Signifikanz

Wie im letzten Abschnitt angemerkt, wird kaum darüber gestritten,
dass nicht-epistemische Werte für methodologische Entscheidungen eine Rolle spielen. Wenn eine Methodenwahl direkte Folgen
hat, die ethisch inakzeptabel sind, wird die Methode nicht als akzeptable Option angesehen. Dies ist insbesondere bei Untersuchungen mit Menschen der Fall, die mit ständiger Rücksicht auf eine
angemessene Behandlung der Probanden durchgeführt werden
müssen. Die Bewertung der direkten Konsequenzen ist aber nicht
die einzige Art, in der die nicht-epistemischen Werte eine Rolle bei
der Wahl einer Methode spielen. In diesem Abschnitt zeige ich, inwiefern induktive Risiken im Zuge der methodischen Wahl eines
angemessenen statistischen Signifikanzniveaus eingegangen werden
und inwiefern diese Risiken nicht-epistemische Folgen mit sich
bringen. Meistens wird die Wahl eines statistischen Signifikanzniveaus nicht durch die explizite Betrachtung von Argumenten für
verschiedene statistische Alternativoptionen getroffen, sondern aufgrund der Tradition eines Forschungsbereichs oder der Wahl eines
computergestützten Statistikprogramms. Ich will nicht behaupten,
dass diese statistischen Konventionen nicht ziemlich gut funktioniert hätten.[24] Stattdessen will ich die Überlegungen untersuchen,

24 In *Regulating Toxic Substances* behauptet Carl Cranor, die Standardkonventionen
hätten uns keine guten Dienste geleistet, weil sie uns im Vergleich zu falschen
Positivbefunden zu viele falsche Negativbefunde beschert hätten. Er nimmt an,
dass falsche Negativbefunde kostspieliger für die Gesellschaft sind als falsche Po

die dafür erforderlich sind, eine wohlüberlegte und explizite Wahl eines statistischen Signifikanzniveaus zur Durchführung toxikologischer Untersuchungen zu treffen, und werde zeigen, inwiefern nicht-epistemische Werte bei dieser Wahl eine Rolle spielen.

Die wohlüberlegte Wahl eines statistischen Signifikanzniveaus erfordert die Betrachtung der Irrtumsarten, die man zuzulassen bereit ist. In jedem statistischen Test muss ein angemessenes Gleichgewicht zwischen zwei Irrtumsarten gefunden werden: falsche Positivbefunde und falsche Negativbefunde. Ein falscher Positivbefund liegt vor, wenn man eine experimentelle Hypothese für wahr hält, sie aber falsch ist; ein falscher Negativbefund, wenn man eine experimentelle Hypothese als falsch verwirft, sie aber wahr ist. Eine Änderung des statistischen Signifikanzniveaus verändert das Abwägungsgleichgewicht zwischen falschen Positiv- und falschen Negativbefunden. Wenn man eher falsche Negativbefunde vermeiden möchte und bereit ist, eher falsche Positivbefunde zu akzeptieren, dann sollte man die Standards für statistische Signifikanz niedriger ansetzen. Wenn man andererseits eher falsche Positivbefunde zu vermeiden sucht, sollte man die Standards für statistische Signifikanz erhöhen. In keiner experimentellen Untersuchung ist es möglich, beide Arten des Irrtums zu reduzieren; man kann nur den einen Irrtum auf Kosten des anderen reduzieren. Um beide Arten des Irrtums zu verringern, muss man eine neue und genauere Untersuchung entwickeln (wie zum Beispiel die Erhöhung der untersuchten Stichprobe oder die Entwicklung neuer Techniken der Datenerhebung).

In Tierversuchsstudien werden statistische Signifikanztests angewandt, um herauszufinden, ob und wann sich die Reaktion der einer Substanzdosis oder Behandlung ausgesetzten Tiere von der jener Tiere signifikant unterscheidet, die keiner solchen Behandlung ausgesetzt waren und dem kontrollierenden Vergleich dienen. Wenn es einen Effekt gibt, bei dem sich die exponierten Tiere und die Tiere der Kontrollgruppe (die »Kontrolltiere«) signifikant unterscheiden, dann kann dies aufgrund der im Labor vorhandenen Versuchskontrolle im Allgemeinen der Dosis zugeschrieben werden, die den exponierten Tieren verabreicht wurde. Der statistische

sitivbefunde (siehe Carl F. Cranor, *Regulating Toxic Substances: A Philosophy of Science and the Law*, New York (1993), S. 71-78, S. 122-129 und S. 135-157).

Vergleich zwischen den exponierten Tieren und der Kontrolltiergruppe ist insbesondere für diejenigen Krebsstudien von besonderer Bedeutung, bei denen sowohl die Kontrolltiere wie die exponierten Tiere in der Regel irgendeine Art von Krebs bekommen werden. Dann muss festgestellt werden, ob die exponierten Tiere bedeutend häufiger Krebs bekommen als die Kontrolltiere. Nur wenn sich ihre Krebsrate wesentlich von der Krebsrate der Kontrolltiere unterscheidet, wird der Unterschied als echtes Ergebnis der Dosierung betrachtet. Insofern wirkt sich die Festsetzung eines Standards für statistische Signifikanz darauf aus, welches Ergebnis als eine Reaktion interpretiert wird, die durch die Dosierung verursacht wurde. Je strenger die Standards der statistischen Signifikanz, desto größer müssen die Unterschiede zwischen den einer Dosis exponierten Tieren und den Kontrolltieren sein, damit die Reaktion als signifikant gilt. Striktere Standards führen zu einer Reduzierung der Häufigkeit falscher Positivbefunde und zu einer Erhöhung des Vorkommens falscher Negativbefunde. Wenn man andererseits einen laxeren Standard für statistische Signifikanz wählt, wird ein geringerer Unterschied zwischen den Krebsraten der exponierten Gruppe und der Kontrollgruppe als signifikant erachtet und dem Effekt der Dosierung zugeschrieben werden. Dies erhöht die Wahrscheinlichkeit falscher Positivbefunde, vermindert jedoch die Wahrscheinlichkeit falscher Negativbefunde.

Wenn man einen statistischen Signifikanzstandard festlegt, muss man entscheiden, welcher Ausgleich zwischen den falschen Positivbefunden und den falschen Negativbefunden optimal ist. Für diese Entscheidung muss man die Folgen der falschen Positivbefunde und der falschen Negativbefunde berücksichtigen, und zwar sowohl die epistemischen als auch die nicht-epistemischen. Ich werde mich hier auf die nicht-epistemischen Folgen konzentrieren. In Tierversuchen, in denen die potenziellen Schäden von in der Umwelt weit verbreiteten Chemikalien (wie etwa Dioxinen) untersucht werden, werden die Ergebnisse sowohl dazu verwendet, um festzustellen, ob die Chemikalie eine bestimmte Auswirkung hat, als auch um die Dosis-Wirkungs-Beziehung der Chemikalie herauszufinden. Die Ergebnisse werden dann auf den Menschen übertragen (ein umstrittenes Thema, das ich hier nicht behandle) und dazu verwendet, regulative Normen für die Chemikalie festzulegen.

Bei der Überprüfung, ob Dioxine eine bestimmte Auswirkung haben oder nicht, würde ein Übermaß an falschen Positivbefunden bedeuten, dass Dioxine mehr Schaden zu verursachen scheinen, als sie es tatsächlich tun, und so zu einer Überregulation der Chemikalien führen. Ein Übermaß an falschen Negativbefunden wird zum gegenteiligen Ergebnis führen, was Dioxine weniger schädlich erscheinen lässt, als sie es tatsächlich sind, und eine Unterregulierung der Chemikalien bewirkt. Allgemein gesprochen führen falsche Positivbefunde generell eher zu stärkeren Regulierungen als gerechtfertigt (beziehungsweise zu Überregulierung) und falsche Negativbefunde eher zu schwächeren Regulierungen als gerechtfertigt (beziehungsweise zu Unterregulierung). Überregulationen bringen Zusatzkosten für jene Industrien mit sich, die die Kosten der Regulationen zu tragen hätten. Unterregulierungen würden andererseits Kosten für das öffentliche Gesundheitswesen und für andere Bereiche nach sich ziehen, auf welche sich ein Schaden der allgemeinen Gesundheit auswirkt. Je nachdem, wie man diese möglichen Konsequenzen bewertet – eine Bewertung, die die Berücksichtigung nicht-epistemischer Werte erfordert –, werden verschiedene Gleichgewichte zwischen den falschen Positivbefunden und den falschen Negativbefunden zu bevorzugen sein.

Über die Frage hinaus, ob eine Substanz eine bestimmte Wirkung hat, werden Labortierstudien auch dazu verwendet, die Dosis-Wirkungs-Beziehung für die Wirkung zu bestimmen. Zwei verschiedene Modelle werden zur Auswertung von Dosis-Wirkungs-Daten verwendet: das Schwellenwertmodell und das lineare Extrapolationsmodell (die Modellwahl wird weiter unten besprochen). Das Schwellenwertmodell geht davon aus, dass es unterhalb einer bestimmten Dosis keine von der untersuchten Chemikalie verursachte Wirkung mehr gibt; diese Dosis, unterhalb deren keine Wirkung entsteht, wird die Schwelle genannt. Das lineare Extrapolationsmodell geht andererseits davon aus, dass die untersuchte Chemikalie biologische Wirkungen erzeugt, deren Eintrittshäufigkeit bei kontinuierlich sinkender Dosierung kontinuierlich abnimmt. Demzufolge muss man die Kurve der Abhängigkeit von den untersuchten Dosen zurück extrapolieren [zu kleineren Dosen; Anm. d. Hg.], was normalerweise mithilfe einer linearen Extrapolation durch den Nullpunkt geschieht.

Die Entscheidung, ob die Reaktion einer Versuchsgruppe sich

signifikant von der Reaktion der Kontrollgruppe unterscheidet, ist in beiden Dosis-Wirkungs-Modellen für die Bestimmung der Details wesentlich. Der statistische Signifikanztest zeigt uns an, ob der Unterschied in den Reaktionen wesentlich und auf die Dosis zurückzuführen ist. Daher wird der statistische Signifikanzstandard sowohl darauf Auswirkungen haben, was als Reaktion angesehen wird, als auch auf die Form der Dosis-Reaktions-Kurve. Für das Schwellenwertmodell wird das Niveau, unter dem keine Reaktion zu verzeichnen ist, durch die Dosishöhe bestimmt, unter der es keine *statistisch signifikante* Reaktionen mehr gibt, das heißt, der Schwellenwert wird durch beobachtbare Reaktionen und Beobachtbarkeit durch statistische Signifikanz bestimmt. Daher bedeutet ein falscher Negativbefund im Allgemeinen, dass die »sichere« Dosis höher angesetzt wird, als sie es sollte, und so der öffentlichen Gesundheit weniger Schutz bietet. Da die Dosisstufen bei Tierstudien normalerweise eine Größenordnung weit auseinanderliegen, wird eine »sichere Dosis«, die durch einen falschen Negativbefund zustande kommt, zumindest eine Größenordnung weniger Schutz bieten, als sie es sollte. Für eine Dosis-Wirkungs-Extrapolationskurve wird ein falscher Negativbefund je nach Form der Kurve verschiedene Ergebnisse haben, aber im Allgemeinen eine weniger gefährlich aussehende Kurve hervorbringen, was zu lockereren Regulierungen führt. Falsche Positivbefunde werden andererseits übertriebenen Schutz bietende sichere Dosierungen (in dem Schwellenwertmodell) oder gefährlicher aussehende Dosis-Wirkungs-Kurven (in dem Extrapolationsmodell) produzieren, die zu strengeren Regulierungen führen, als es notwendig ist.

Um einen angemessenen Ausgleich zwischen den Irrtümern falscher Positivbefunde und falscher Negativbefunde zu finden, müssen wir uns entscheiden, worin der angemessene Ausgleich der Konsequenzen dieser Irrtümer liegt: Überregulationen und Unterregulationen. Den angemessenen Ausgleich auszuwählen hängt davon ab, wie wir die Auswirkungen dieser beiden Folgen bewerten, das heißt, ob es uns eher darum geht, die Gesundheit der Öffentlichkeit vor Dioxinverschmutzung zu schützen oder die Industrie, die Dioxine herstellt, vor stärkeren Regulierungen zu schützen. Es ist wohl keine überzeugende Position, die eine Zielvorstellung hochzuschätzen und die andere überhaupt nicht; wir würden uns nicht dafür entscheiden wollen, nur falsche Positivbefunde oder nur falsche Negativbefunde zu haben. Den richtigen Ausgleich zu finden macht es unter anderem erforderlich, die nicht-epistemischen Bewertungen der potenziellen Folgen abzuwägen.

Die Reduktion der Irrtumswahrscheinlichkeit durch eine Erhöhung der Teststärke der Studie würde das Dilemma an dieser Stelle zwar zu entschärfen helfen, doch dies zu tun ist äußerst schwierig. Eine Möglichkeit, das Risiko sowohl falscher Positivbefunde wie falscher Negativbefunde zu reduzieren, besteht zum Beispiel darin, die zu untersuchenden Tierbestände zu erhöhen. Derzeit werden in den meisten Studien 50 bis 100 Tiere in jeder Dosisgruppe verwendet. Diese Zahlen zu erhöhen würde die Wahrscheinlichkeit falscher Positivbefunde und falscher Negativbefunde verringern. Größere Studien durchzuführen ist jedoch äußerst teuer und schwierig. Eine einzige zweijährige Krebs-Studie, in der 200 Ratten verwendet werden (50 für je drei Dosisstufen sowie 50 Kontrolltiere), kostet ungefähr drei Millionen US-Dollar.[25] Die Kosten und die Logistik aufgestockter Dosisgruppen können über alle Maßen ansteigen. Möglicherweise werden einmal andere Lösungen zur Erhöhung der Stärke von Studien gefunden, doch zwischenzeitlich muss ein Kompromiss gefunden werden. Wo dieser Kompromiss für Dioxinstudien liegen sollte, ist derzeit nicht klar. Unabhängig davon erfordert jedenfalls die Festlegung des Ausgleichs ein ethisches Werturteil in den internen Phasen einer wissenschaftlichen Studie.

5. Induktives Risiko in der Beschreibung von Evidenzen: Lebertumore bei Ratten

Hat man die für eine Studie gewählte Methode implementiert, müssen Daten gesammelt und beschrieben werden. Die Beschreibung der Evidenzen findet in den von mir untersuchten Studien zu einem relativ späten Zeitpunkt statt, nämlich erst nachdem die Versuchstiere mehrere Monate lang Medikamentendosen erhalten haben. Man kann auf Schwierigkeiten in der Evidenzbeschreibung stoßen, die bei der Wahl der methodischen Herangehensweise noch

25 John D. Graham und Lorenz Rohmbert, »How Risks Are Identified and Assessed«, in: *The Annals of the American Academy of Political and Social Science* 545 (1996), S. 15-24, S. 18.

nicht absehbar sind. In diesem Abschnitt behandle ich die Frage, wie man mit unerwarteten Mehrdeutigkeiten von Datenquellen umgehen sollte. Ich werde zeigen, inwiefern auch hier, ebenso wie in den anderen Phasen der Wissenschaften, ein induktives Risiko bei der Wahl von Optionen besteht und man entscheiden muss, welche Grade (oder Stufen) und welche Arten von induktiven Risiken annehmbar sind. Einige der sich aus den Risiken ergebenden Konsequenzen sind nicht-epistemisch, weshalb nicht-epistemische Werte benötigt werden, um die Folgen abzuwägen und eine Entscheidung zu treffen.

In Studien über die Zusammenhänge von Dioxin und Krebs werden Nagetieren (die wegen ihrer relativ kurzen Lebenszeit und ihres schnellen Fortpflanzungszyklus gewählt werden) zwei Jahre lang Medikamente verabreicht, was ihrer natürlichen Lebensdauer nahekommt. Am Ende dieser zwei Jahre werden vollständige Körperautopsien der Tiere zur Erfassung der Enddaten durchgeführt. Weil Dioxine mehr als eine Organstelle zu schädigen scheinen, werden alle potenziellen Bereiche für Krebswachstum überprüft. In den Studien, auf die sich die Regulierungsbehörden für Dioxinfragen stützen, wurden Objektträger mit Gewebe- und Organproben, so genannte Schnitte, zur Bewertung durch Toxikologen bestückt. Für die Regulierungsbehörde war eine spezielle Studie, die 1978 von Richard Kociba und anderen Toxikologen der Dow Chemical Company veröffentlicht wurde, für die Festsetzung vertretbarer Dioxinkonzentrationen in der Umwelt von zentraler Bedeutung.[26] Als erste Langzeit-Krebsstudie, die für Dioxine durchgeführt wurde, konzentrierte sich die Kociba-Studie auf Leberkrebs bei weiblichen Ratten.[27] Pathologen haben mindestens drei Auswertungen der Schnitte von weiblichen Rattenlebern durchgeführt, die zu unterschiedlichen Ergebnissen geführt haben.

---

26 William F. Greenlee u. a., »A Perspective on Biologically-Based Approaches to Dioxin Risk Assessment«, in: *Risk Analysis* 11 (1991), S. 565-568, S. 567 und James Huff u. a., »Long-Term Carcinogenesis Studies on 2,3,7,8-Tetrachlordibenzo-p-dioxin and Hexachlorodibenzo-p-dioxins«, in: *Cell Biology and Toxicology* 7 (1991), S. 67-94, S. 72.

27 Richard Kociba u. a. (1978), »Results of a Two-Year Chronic Toxicity and Oncogenicity Study of 2,3,7,8-Tetrachlordibenzo-p-dioxin Rats«, in: *Toxicology and Applied Pharmacology* 46 (1978), S. 3-12.

Dosisstufe[28]		1978	1980	1990	Akute Toxizität bei Ratten
0	G	8/86		2/86	es wurde keine akute Leber-
ng/kg/Tag	B	1/86		0/86	Toxizität beobachtet
(Kontroll-	A	9/86	16/86	2/86	keine akute Toxizität in den
gruppe)					Tieren
	G	3/50		1/50	es wurde keine akute Leber-
1	B	0/50		0/50	Toxizität beobachtet
ng/kg/Tag	A	3/50	8/50	1/50	keine akute Toxizität in den
					Tieren
	G	18/50		9/50	In 8/9 Lebern mit Tumoren
10	B	2/50		0/50	Anzeichen von Toxizität
ng/kg/Tag	A	20/50	27/50	9/50	Geringe akute Toxizität in den
		P<0.001	P<0.001	P<0.01	Tieren
	G	23/50		14/50	In 18/18 Lebern mit Tumoren
100	B	11/50		4/50	Anzeichen von Toxizität
ng/kg/Tag	A	34/50	33/47	18/50	Eindeutige akute Toxizität in
		P<0.001	P<0.001	P<0.001	den Tieren

Tab. 1: Bewertung der Leberschnitte weiblicher Sprague-Dawley Ratten.[29]

Legende: G = Ratten mit gutartigen Tumoren
              B = Ratten mit bösartigen Tumoren
              A = alle Ratten mit Tumoren

In Tabelle 1 sind drei Auswertungen von Rattenleberschnitten aus der Kociba-Studie angeführt. Die erste Auswertung von 1978 wurde ursprünglich in der Kociba-Studie wiedergegeben. Die zweite Auswertung wurde 1980 im Auftrag der EPA von Dr. Robert Squire durchgeführt. Die dritte Auswertung wurde 1990 auf Wunsch der Papierindustrie von einer siebenköpfigen Pathologengruppe durchgeführt, die von einem privaten Vertragsunternehmen PATHCO Inc. zusammengesetzt wurde.[30] In der Tabelle wird für alle drei Dosisstufen sowie für die Kontrollgruppe die Anzahl der gutartigen (G), bösartigen (B) und der gesamten (A) Lebertumore als Bruch-

---

28 [Anm. d. Hg.: »x ng/kg/Tag« bedeutet, dass einer Ratte pro kg Körpergewicht und Tag x Nanogramm Dioxin verabreicht wurden.]

29 Nach Environmental Protection Agency, »Health Assessment Document for 2,3,7,8-tetrachlorodibenzo-p-dioxin (TCDD) and Related Compounds«, U.S. Environmental Protection Agency, Washington/D.C. 1994, S. 5-6.

30 Ebd., S. 5 f.

teil aller untersuchten Lebern weiblicher Ratten aufgeführt. Man beachte die unterschiedliche Anzahl der Ratten, bei denen für die jeweiligen Dosisstufen Lebertumore in den verschiedenen Auswertungen erkannt wurden. Dabei wurden jeweils genau die gleichen Schnitte ausgewertet; das gesamte Experiment wurde nicht wiederholt. Lediglich die Klassifizierung der Rattenleberschnitte wurde neu vorgenommen.

Die dritte Auswertung der Schnitte von 1990 wurde durch neue Überlegungen zum Verständnis und zur Auswertung von Rattenleberschnitten ausgelöst. Mitte der 1980er Jahre wurden die grundlegenden Kategorien für Rattenleber-Anomalien in Frage gestellt und ein neues System eingeführt, das für größere Klarheit bei den Bewertungen von Rattenleberanomalien sorgen sollte.[31] Doch als diese neuen Standards von den sieben Pathologen bei der Neubewertung von 1990 verwendet wurden, war es nicht leicht für sie, sich über die Klassifizierung der unterschiedlichen Abnormalitäten zu einigen. Die sieben Experten haben auf eine Mehrheitsabstimmung zurückgegriffen, um zu einer gemeinsamen Ansicht über die Beurteilung der Leberschnitte zu gelangen. (In dem Artikel, in dem diese Abstimmung beschrieben wird, wird behauptet, dass ein »Konsensus erreicht war, als zumindest vier der sieben Pathologen zustimmten«.[32] Das ist kein Konsensus im gewöhnlichen Wortsinn, sondern lediglich eine einfache Mehrheit.) Dass die Pathologen auf ein Abstimmungsverfahren per einfacher Mehrheit zurückgegriffen haben, zeigt uns, dass ein erhebliches Maß an Interpretation bei der Auswertung von Rattenleberschnitten erforderlich ist. Auch bei den neuen Standards waren Experten unterschiedlicher Auffassungen darüber, wie die Standards anzuwenden sind.

Wie das Fehlen einer Übereinstimmung unter den Fachpathologen zeigt, stellt sich die Beurteilung, ob eine Gewebeprobe eine krebsartige Läsion hat oder nicht, als viel subtiler heraus, als man zunächst annehmen würde. Insofern besteht für die Auswertung

31 Robert R. Maronpot u. a., »National Toxicology Program Nomenclature for Hepatoproliferative Lesions of Rats«, in: *Toxicologic Pathology* 14 (1986), S. 263-273.

32 Dawn G. Goodman und Robert M. Sauer, »Hepatoxicity and Carcinogenicity in Female Sprangue-Dawley Rats Treated with 2,3,7,8-tetrachlorodibenzo-p-dioxin (TCDD): A Pathology Working Group Reevaluation«, in: *Regulating Toxicology and Pharmacology* 15 (1992), S. 245-252.

eine wesentliche Unsicherheit darüber, ob das erzielte Urteil richtig ist. Diese Unsicherheit involviert ein signifikantes induktives Risiko und macht es daher nötig, die Folgen potenzieller Irrtümer zu bewerten. Wenn auch nicht auf so formale Weise wie bei der Festlegung des statistischen Signifikanzniveaus, müssen sich die Pathologen ebenso mit falschen Positivbefunden und falschen Negativbefunden auseinandersetzen. Angenommen, ein Pathologe entscheidet sich dafür, alle Grenzfälle so zu klassifizieren, dass es sich bei ihnen nicht um krebsartige Läsionen handelt. Eine solche Herangehensweise stellt zwar sicher, dass es wenige falsche Positivbefunde gibt, führt aber wahrscheinlich zu etlichen falschen Negativbefunden. Die Folgen eines solchen Ansatzes bestehen in einer Unterbewertung der bösartigen Fälle und damit in einer Unterbewertung des Risikos. Da die Kociba-Studien so wichtig für die Regulierungsbehörden waren, wird eine niedrigere Risikoeinschätzung, die aus der Neuinterpretation der Studien entsteht, zu gelockerten Regulierungen führen (so wie dies bei der Neubewertung im US-Staat Maine von 1990 der Fall war).[33] Wenn die Regulierung aufgrund fehlerhafter Urteile (falscher Negativbefunde) verringert wird, kann dies einen erhöhten Schaden für die Gesellschaft darstellen. Wenn sich der Pathologe dafür entscheidet, alle Grenzfälle als nicht krebsartig einzustufen, muss er dies für ein annehmbares Risiko halten.

Ein weiterer Pathologe mag eine gegensätzliche Herangehensweise wählen, indem er alle Grenzfälle als bösartig beurteilt. Seine Herangehensweise wird die falschen Negativbefunde reduzieren, aber voraussichtlich etliche falsche Positivbefunde erzeugen. Falsche Positivbefunde werden die augenscheinliche Rate böswilliger Tumore bei Ratten und somit das scheinbare Risiko erhöhen. Für einen Datensatz, der so wichtig ist wie die Kociba-Studie, würde ein derartiges (falsches) Erscheinungsbild zu einer weitaus strengeren Regulierung führen (als notwendig wäre). Auch wenn durch die Entscheidung, Grenzfälle als bösartig zu bewerten, die öffentliche Gesundheit umfänglicher geschützt ist, geschieht dies unter Inkaufnahme von potenziell unnötigen Regulierungen. Wann immer

---

33 W. Ray Brown, »Implication of the Reexamination of the Liver Sections from the TCDD Chronic Rat Bioassay«, in: Michael Gallo, u. a. (Hg.), *Biological Basis for Risk Assessment of Dioxins and Related Compounds*, New York (1991), S. 13-26, S. 17.

Pathologen Schnitte betrachten, werden Grenzfälle auftreten (wie das Fehlen einer Übereinstimmung zwischen den Pathologen belegt). Irgendwelche Urteile über die Klassifikation der Leberschnitte müssen jedoch von den Pathologen gefällt werden. Je nachdem, wie man die Folgen der falschen Positivbefunde und der falschen Negativbefunde wertet, wird man fragwürdige Urteile zugunsten der einen oder anderen Richtung fällen.

Man könnte vorbringen, dass sich die Notwendigkeit der Berücksichtigung von Folgen fehlerhaften Urteilens verringern könnte, wenn man die Pathologen Blinduntersuchungen durchführen ließe, sie also nicht wissen ließe, zu welcher Dosisgruppe die jeweiligen Schnitte gehören. Wenn Pathologen die Tendenz haben, falsche Positivbefunde zu vermeiden und somit mehr falsche Negativbefunde hervorzubringen (oder andersherum), diese Tendenz jedoch gleichmäßig auf die Kontroll- und die Dosisschnitte aufteilen, dann wird die *Abweichung* zwischen den Kontroll- und den Dosisstufen ungefähr die gleiche bleiben (vorausgesetzt, dass die Zahl der Grenzfälle in jeder Gruppe etwa gleich ist). Außerdem können die Folgen von Fehlurteilen in Bezug auf spezifische Schnitte nicht bestimmt werden, wenn man nicht weiß, welcher Dosisgruppe der Schnitt angehört, wodurch individuelle Urteile von diesen Folgen abgeschirmt werden. Derartige Blindungstechniken sind besonders nützlich, um zu vermeiden, dass nicht-epistemische Werte einen unzulässigen *direkten* Einfluss auf die Datenbeschreibung ausüben, man also etwas sieht, weil man es sehen *möchte*. Das Argument, dass man die Folgen eines Irrtums bei der Urteilsfindung berücksichtigen sollte, darf nicht als ein Argument gegen Blindungstechniken ausgelegt werden, die dazu verwendet werden, offensichtliche Irrtümer zu *vermeiden*. Bevor jedoch derartige Blindungstechniken verwendet werden, sollte man jedenfalls erwägen, wie erfolgreich diese im gegebenen Fall sein werden (ob es andere Hinweise gibt, die die Blindung unterlaufen) und ob die potenziellen Irrtümer gleichmäßig unter den Versuchsgruppen verteilt sind. Sind die Irrtumsmöglichkeiten unter den Versuchsgruppen nicht gleich verteilt, ist man dennoch aufgefordert, das induktive Risiko zu berücksichtigen, weil man die Irrtumsfolgen voraussagen kann. Wenn zum Beispiel Grenzfälle wahrscheinlich nur in Dosisgruppen vorkommen, dann werden falsche Positivbefunde oder falsche Negativbefunde vorhersehbare Folgen haben.

Im Fall der Dioxinuntersuchungen in Rattenlebern ist eine vollständige Blindung in Bezug auf die Schnitte nicht möglich. Denn in den beiden höheren Dosisstufen waren Anzeichen akuter Lebertoxizität in den Schnitten sichtbar – Anzeichen, mit denen die Pathologen vertraut sind. Somit sind die beiden höheren Dosisstufen mit dem Mikroskop erkennbar, mit dem der Pathologe die Schnitte für krebsartige Läsionen untersucht. Und es sind diese höheren Dosisstufen (10 ng/kg/Tag und 100 ng/kg/Tag), in denen die meisten krebsartigen Wucherungen gefunden und die meisten Grenzfälle beobachtet und ausgewertet wurden. Demnach waren sich die Pathologen der nicht-epistemischen Folgen ihrer Entscheidungen, die Schnitte zu kategorisieren, bewusst. Sie sind insofern aufgefordert, diese Folgen unter der Verwendung nicht-epistemischer Werte zu berücksichtigen, wenn sie ihr Urteil in Bezug auf die Kategorisierung der Schnitte fällen.

Der Fall zeigt, dass ein induktives Risiko in der Anwendung von Kategorien zur Datenbeschreibung besteht und dieses mit nicht-epistemischen Folgen verbunden sein kann. Eine Tendenz, die Anzahl von krebsartigen Wucherungen in diesen Schnitten über- oder unterzubewerten, wird sich darauf auswirken, wie gefährlich Dioxine erscheinen. Die Folgen von Irrtümern sind feststellbar und müssen abgewogen werden, um zu bestimmen, welche Irrtümer annehmbarer sind. In anderen Fällen kann ein induktives Risiko bei der Auswahl der zu verwendenden Kategorien ebenso präsent sein wie bei ihrer Anwendung zur Datenbeschreibung. Darüber hinaus werden in den Wissenschaften Urteile darüber gefällt, ob Daten behalten oder als unzuverlässig aussortiert werden sollen. An all diesen Entscheidungspunkten besteht ein Fehlerrisiko und damit die Notwendigkeit, sowohl die epistemischen wie die nicht-epistemischen Irrtumsfolgen zu berücksichtigen.

6. Werte bei der Ergebnisinterpretation: Gibt es Schwellenwerte?

In den vorangegangenen Abschnitten habe ich beschrieben, inwiefern nicht-epistemische Werte eine berechtigte Funktion bei der Entscheidungsfindung im Hinblick auf die Wahl der Methodik und die Beschreibung der Evidenzen einnehmen. Sobald eine Methodik eingeführt und die Daten erfasst und beschrieben wurden, muss entschlüsselt werden, was die Daten bedeuten. Zahlreiche Debatten und Kontroversen drehten sich um die richtige Interpretation von Dioxinstudien. Insbesondere haben anhaltende Debatten die Frage behandelt, ob Labortierstudien zeigen, dass es einen Schwellenwert für krebserregende Wirkungen von Dioxin gibt. Argumente für und gegen die Annahme eines Schwellenwertes können vorgebracht werden. Je nachdem, welche Aspekte der Evidenzen man hervorhebt oder, allgemeiner, welche Hintergrundannahmen man akzeptiert, sind verschiedene Interpretationen plausibel. Ich werde die Hintergrundannahmen und Argumente für die von den Wissenschaftlern vertretenen Hauptpositionen vorstellen. Beide von mir vorgestellten Interpretationen sind plausibel, und es besteht eine erhebliche Unsicherheit in Bezug darauf, welche der Interpretationen man annehmen soll. Diese Unsicherheit und die unterschiedlichen Konsequenzen der Annahme einer von beiden Interpretationen erzeugen einen Entscheidungszusammenhang mit beachtlichem induktiven Risiko. Da einige der relevanten Folgen nicht-epistemisch sind, werden nicht-epistemische Werte benötigt, um die Risiken einzuschätzen, die mit der einen sowie der anderen Position und deren zugehörigen Hintergrundannahmen verbunden sind.

Wie bereits bemerkt, sind Tierstudien für die Risikoregulierung besonders wichtig, weil sie die Dosis-Wirkungs-Kurve von Chemikalien zu bestimmen helfen. Am Menschen durchgeführte epidemiologische Studien, die aus ethischen Gründen nicht unter kontrollierten Bedingungen durchgeführt werden können, weisen in den seltensten Fällen eine eindeutige Dosis-Wirkungs-Beziehung im Bezug auf umwelt- oder berufsbedingte Exponiertheiten auf. Daher wurden Tierstudien anstelle von Studien am Menschen dazu verwendet, den Kurvenverlauf für Regulierungszwecke abzuschätzen. Insbesondere wurde erörtert, ob bestimmte Auswirkungen, insbesondere Krebs, einen Schwellenwert beziehungsweise Wirkungsendpunkt besitzen. Der Krebsendpunkt hat eine historische Bedeutung für Regulierungszwecke, weil Krebs in den 1970er und im größten Teil der 1980er Jahre für den sensibelsten Endpunkt aller Chemikalien gehalten wurde.[34] Wenn das krebserregende Potenzial von Dioxinen einen Schwellenwert hat und Krebs der empfindlichste Endpunkt ist, dann gibt es eine absolut sichere Dosis, die man festlegen kann, unterhalb deren es keine schädlichen Wirkungen gibt. Leider konnte kaum Einigung darüber erzielt werden, ob ein solcher Schwellenwert existiert.

Zwei gegensätzliche allgemeine Hintergrundannahmen bilden die Basis für die Auseinandersetzungen darüber, ob es einen Schwellenwert für krebserregende Wirkungen von Dioxinen gibt. Für den Endpunkt von Krebs sind zwei konkurrierende Grundannahmen in der Toxikologie plausibel: dass es immer einen Schwellenwert für toxische Wirkungen gibt und, andererseits, dass es keine sichere Dosis beziehungsweise keinen Schwellenwert für krebserregende Wirkungen gibt. Einerseits kann argumentiert werden, dass ein Schwellenwert für toxische Wirkungen grundlegend angenommen werden sollte. Denn eine der obersten Maximen von Toxikologen ist »die Dosis bestimmt das Gift«. Oder wie Paracelsus es wortgewandter ausgedrückt hat: »Alle Dinge sind Gift, und nichts ist ohne Gift. Allein die Dosis unterscheidet ein Gift von einem Heilmittel.«[35] Aufgrund dieser Maxime wird allgemein angenommen, dass jedes Gift irgendeinen Schwellenwert für seine toxischen Wirkungen hat; es gibt nichts, was bei jeder Dosis biologisch wirksam ist.

Die entgegengesetzte Grundannahme, der zufolge es keinen Schwellenwert gibt, entstand aus Arbeiten über Krebsbildung, insbesondere von strahlungsverursachtem Krebs. In den 1960er Jahren haben Wissenschaftler erkannt, dass ein Tumor aus einer einzigen mutierten Zelle und eine mutierte Zelle durch eine einzelne Strahleneinwirkung entstehen kann (zum Beispiel ein Beta- oder

---

34 Der »sensibelste Endpunkt« bedeutet: Wenn man das mit diesem Endpunkt (zum Beispiel Krebs) einhergehende Risiko durch Regulationen vermeidet oder hinreichend reduziert, dann werden damit alle anderen toxischen Auswirkungen ebenfalls vermieden. Ob es sich bei Krebs tatsächlich um den sensibelsten Endpunkt für Dioxine handelt, ist Gegenstand von Diskussionen.

35 Zitiert nach John A. Timbrell, *Introduction to Toxicology*, New York (1989), S. 9.

Alphateilchen). Bei durch Strahlung verursachtem Krebs bestimmt daher die Dosis nicht das Gift. Jede Strahleneinwirkung, egal wie gering, besitzt die Fähigkeit, Krebs zu erzeugen. Es ist nur nicht sehr wahrscheinlich. Stattdessen ist es wahrscheinlicher, dass eine durch Strahlung beschädigte Zelle sich selbst zerstört oder durch das Immunsystem zerstört wird, sobald sie unkontrolliert zu wuchern droht. Aber es gibt keinen Schwellenwert für die Fähigkeit von Strahlung, Krebs zu erzeugen. Man benötigt eine Wahrscheinlichkeitskurve für Krebs, die in Abhängigkeit von der Dosis aufgetragen wird. Eine zulässige Dosis wird nicht durch einen Schwellenwert bestimmt, sondern durch das Risiko, das man einzugehen bereit ist. Dieses Anti-Schwellenwert-Modell für die krebserregenden Wirkungen von Strahlungen wurde von der US-Regulierungsbehörde für mutagene Chemikalien übernommen, wie der Gebrauch von linearen Extrapolationsmodellen ohne Schwellenwerte von Regulationsbehörden bei der Risikoeinschätzung von mutagenen Chemikalien belegt. Eine mutagene Chemikalie ist eine, die die DNA so schädigen kann, dass krebsartige Zellen entstehen. Man glaubt, dass mutagene Chemikalien etwa genauso wie Strahlungen wirken; und daher wird davon ausgegangen, dass ebenso wie bei der Strahlung keine Dosis eines Mutagens »sicher« ist. Man befindet sich entweder über- oder unterhalb eines zulässigen Risikoniveaus, das derzeit auf ein Krebsrisiko von 1 zu einer Million, bezogen auf ein Lebensalter, festgesetzt wurde.

Diese beiden entgegengesetzten Intuitionen zur Existenz eines Schwellenwertes in der Dosis-Wirkungs-Kurve von krebsverursachenden Chemikalien werden durch die Tatsache verkompliziert, dass nicht alle krebserregenden Chemikalien Mutagene sind. Einige Chemikalien schädigen oder verändern die DNA nicht, sondern fördern stattdessen das Wachstum krebsartiger Zellen, wenn Mutationen bereits vorhanden sind. In Laboruntersuchungen bewirken diese Chemikalien nicht schon aus sich heraus die Entstehung von Krebs. Man muss zunächst ein Mutagen in die Zellkultur einfügen. Anschließend erhöht die Hinzufügung des so genannten »Promotors« die Häufigkeit des Auftretens von Krebs drastisch im Vergleich mit dem Mutagen allein. Dioxin scheint ein sehr wirksamer Krebs-Promotor in diesem Sinne zu sein, ohne dabei mutagen zu wirken. Für den Rest dieser Erörterung nehme ich an, dass Dioxin ein Promotor und kein Mutagen ist. Es ist unklar, ob man davon ausgehen sollte, dass Promotoren Schwellenwerte besitzen, die anderen toxischen Wirkungen ähnlich sind, oder ob sie eher anderen Mutagenen gleichen, die keine Schwellenwerte für ihre schädigende Wirkung besitzen, sondern nur eine abnehmende Schadenswahrscheinlichkeit bei abnehmender Dosis. Welche allgemeinen Hintergrundannahmen im Falle von Dioxinen übernommen werden sollten – dass Dioxine qua Toxine immer Schwellenwerte oder dass Dioxine qua Krebserreger nie welche besitzen – ist eine offene Debatte.

Interpretationen von spezifischen Dioxinbefunden müssen vor dem Hintergrund dieser zwei konkurrierenden allgemeinen Annahmen gemacht werden. Die im vorangegangenen Abschnitt erörterten Leberwerte weiblicher Ratten der Kociba-Studie standen im Mittelpunkt von Debatten über einen Schwellenwert in der krebserregenden Wirkung von Dioxin. Man erinnere sich, dass drei unabhängige Auswertungen weiblicher Rattenleberschnitte der Kociba-Studie vorgenommen wurden. Unabhängig davon, welche Auswertung man als zuverlässig erachtet, gab es eine signifikante Erhöhung der Tumorraten unter Ratten, die eine Dosis von 10-100 ng/kg/Tag verabreicht bekamen, wogegen Tiere bei einer Dosis von 1 ng/kg/Tag keine Reaktion zeigten, die sich von den Kontrolltieren signifikant unterschied (siehe Tabelle 1). Sind diese Daten ein Beleg dafür, dass es einen Schwellenwert in der krebserregenden Wirkung von Dioxinen bei Ratten gibt? Je nachdem, welche Aspekte der Daten man hervorhebt und welche Annahmen man übernimmt, ergeben sich unterschiedliche Interpretationen.

Für diejenigen, die gegenüber der Schwellenwert-Interpretation kritisch eingestellt sind, ist die Frage der statistischen Teststärke der Studien entscheidend. Der Stichprobenumfang für die Kociba Rattenleberschnitte liegt bei 50 weiblichen Ratten pro Dosisstufe. Wenn die Dosisstufe von 1 ng/kg/Tag bei den exponierten Tieren in 1% mehr Fällen Krebs erzeugt als bei den Kontrolltieren, kann die Studie diese Wirkung nicht mehr feststellen. Eine Wirkung, die in einem von 100 Fällen auftritt, lässt sich bei einem Stichprobenumfang von 50 Ratten statistisch nicht nachweisen. Und ob eine Wirkung »beobachtet« wird, hängt davon ab, ob eine Wirkung statistisch signifikant ist.[36] Folglich ist eine 1%ige Erhöhung der

36 Die Wahl eines statistischen Signifikanzniveaus wurde weiter oben erörtert. Innerhalb dieser Studien mussten »signifikante« Ergebnisse am 95%-Niveau signi-

Krebsrate innerhalb der Kociba-Studie nicht beobachtbar. Angenommen, die Dosierung von 1 ng/kg/Tag verursacht eine Erhöhung der Krebsrate in diesem geringen Ausmaß. Dann verdankt sich der »Schwellenwert« lediglich unserem Beobachtungsvermögen unter beschränkten Ressourcen (nur 50 weibliche Ratten); er repräsentiert eine Nachweisgrenze, nicht eine Grenze der Wirkung von Dioxinen. Es ist kein Schwellenwert, auf den sich die Regulierungsbehörden verlassen können, die sich mit diesem einen Prozent und sogar mit noch niedrigeren möglichen Wirkungen auseinandersetzen müssen, wenn diese auf eine Bevölkerung von Millionen von Menschen Anwendung finden. Zusammengefasst, wenn es einen Schwellenwert gibt und dieser Schwellenwert bei einer Dosierung liegt, die eine einigermaßen hohe Wirkungsrate hervorbringt, dann sollte der Schwellenwert leicht feststellbar sein. Wenn es zum Beispiel einen Schwellenwert gibt, bei dem 10 % oder mehr Tiere betroffen sind, sollten wir diesen in einer kocibaartigen Studie entdecken können. Wenn es sich andererseits beim Schwellenwert um eine niedrige Wahrscheinlichkeitsschwelle handelt, können wir diesen Wert in einer solchen Studie nicht entdecken. Wenn es keinen Schwellenwert gibt, werden wir dies in einer solchen Studie ebenfalls nicht ausfindig machen können.

Während die relativ geringe statistische Stärke der Tierstudien die Keine-Schwellenwert-Interpretation stützt, stärken andere Aspekte der Studie das Schwellenwertmodell. Ein entscheidendes Argument stützt sich auf die Möglichkeit, dass Rattenlebertumore nicht direkt durch die Dioxinwirkung, sondern indirekt durch akute toxische Wirkungen des Dioxins auf die Leber verursacht werden. Wie kürzlich in der Rattenleberschnitte-Debatte behauptet wurde, könnten die erhöhten Leberkrebsraten bei den weiblichen Ratten auf die vom Dioxin verursachte erhöhte Lebertoxizität zurückzuführen sein, welche zum Zelltod in der Leber führt und diese zu einer schnellen Zellregeneration zwingt.[37] Auf der höchsten Dosisstufe zeigen alle krebsbefallenen Lebern Zeichen

fikant sein, das heißt, die Menge der falschen Positivbefunde lag bei 5 % oder weniger.

37 Brown, »Implication of the Reexamination of the Liver Sections from the TCDD Chronic Rat Bioassay« sowie Goodman und Sauer, »Hepatoxicity and Carcinogenicity in Female Sprangue-Dawley Rats Treated with 2,3,7,8-tetrachlorodibenzo-p-dioxin (TCDD): A Pathology Working Group Reevaluation«.

von akuter Toxizität. Auf der mittleren Dosisstufe wiesen acht von neun Lebern mit nachgewiesenem Krebsbefall akute Toxizität auf. In der niedrigsten Dosisstufe und in der Kontrollgruppe, in der eine respektive zwei Ratten Krebs hatten, zeigten die Lebern keine Toxizitätsanzeichen (siehe Tabelle 1, Spalte rechts außen).

Im Allgemeinen geht man davon aus, dass Lebertoxizität eine Schwellenwertwirkung ist, womit man der klassischen toxikologischen Intuition folgt, dass die Dosis die akute Giftwirkung bestimmt. Wenn man die Lebertoxizität als Schwellenwertwirkung betrachtet und wenn es sich beim Krebs in den Rattenlebern nur um ein Nebenprodukt dieser Toxizität handelt, wäre die Annahme plausibel, dass es einen Schwellenwert für die krebserregende Wirkung von Dioxin in Rattenlebern gibt. Gemäß diesem Gedankengang könnte man argumentieren, dass der Schwellenwert für Krebs direkt über der Schwelle anzusiedeln ist, bei der die Lebertoxizität aufhört, das heißt, dass keine erhöhte Krebsgefahr bei einer Dosis von ≤ 1 ng/kg/Tag auftritt. Wenn die Lebertoxizität den Krebs verursacht und nicht bloß gleichzeitig auftritt, dann handelt es sich bei der Krebsentwicklung in der Leber wahrscheinlich um einen Schwellenwerteffekt. Andererseits könnte man behaupten, dass akute Lebertoxizität nicht die Ursache von Krebs ist, obwohl sie möglicherweise die krebserregende Wirkung von Dioxin unterstützt. Stattdessen könnte man argumentieren, dass die krebserregende Wirkung von Dioxin von der akuten Leberschädigung unabhängig ist, und darauf verweisen, dass die krebserregende Wirkung von Dioxin auch in anderen Tierorganen nachgewiesen werden konnte.

Zusammenfassend kann man zwei gegensätzliche und plausible Interpretationen der Rattenleberdaten aus der Kociba-Studie geben, abhängig von verwendeten Hintergrundannahmen und Relevanzgesichtspunkten. Die zur Schwellenwertposition führenden Hintergrundannahmen besagen, dass die in Lebern beobachtete Toxizität die wahrscheinliche Ursache des Krebses ist und dass es sich bei dieser krebserregenden Wirkung wahrscheinlich um ein Schwellenwertphänomen handelt, was es plausibler macht, dass der scheinbare Schwellenwert in den Daten ein tatsächlicher Schwellenwert ist. Die zur entgegengesetzten Auffassung führenden Hintergrundannahmen beinhalten, dass die statistische Sensitivität der Studien nicht ausreicht, um einen Schwellenwert nachzuweisen,

und dass die Beziehung zwischen Toxizität und Krebsentstehungs-
rate die einer Korrelation, aber nicht zwangsläufig eine Kausalbeziehung ist.

Bei der Entscheidung zwischen diesen Positionen müssen Wissenschaftler die Folgen ihrer Wahl berücksichtigen, besonders
wenn sie falschliegen (das induktive Risiko). Die unterschiedliche Wahl der Hintergrundannahmen und Interpretationen der
Dioxindaten haben eine wesentliche Auswirkung auf die Strenge
von Dioxinregulationen gehabt. Länder, die von einem Schwellenwertmodell ausgegangen sind, haben etwa 100 Mal höhere für
die Umwelt zulässige Dioxinkonzentrationen festgesetzt als Länder
wie etwa die USA, die sich auf Extrapolationsmodelle ohne Schwellenwert gestützt haben.[38] Wenn man ein Schwellenwertmodell
übernimmt und dabei falschliegt, werden die Regulierungen wahrscheinlich unzureichenden Schutz für die öffentliche Gesundheit
bieten. Übernimmt man ein Modell ohne Schwellenwert und liegt
dabei falsch, werden die Regulierungen wahrscheinlich zu streng
sein. Wie man diese beiden möglichen Irrtümer bewertet, sollte
eine wichtige Rolle bei der Festlegung spielen, welches induktive
Risiko man eher einzugehen und somit welche Annahmen man
eher zu übernehmen bereit ist.

7. Fazit

Die drei Beispiele aus den vorangegangenen Abschnitten veranschaulichen die Weise, in der nicht-epistemische Werte durch die
Berücksichtigung des induktiven Risikos eine Rolle in den internen
Phasen der Dioxinwissenschaft spielen. Die berechtigte und erfor-
derliche Rolle nicht-epistemischer Werte ist nicht von direkter Art,
so wie die durch ethische und gesellschaftliche Werte auferlegten
Beschränkungen der externen Aspekte von Wissenschaft. Stattdessen wirken sie durch die Abwägung der Folgen von Irrtümern. Das
bedeutet, dass nicht bei allen wissenschaftlichen Entscheidungen
in den internen Wissenschaftsphasen nicht-epistemische Werte
hinzugezogen werden müssen. Wenn kaum eine Unsicherheit be-

---

38 Adam M. Finkel, »Dioxin: Are We Safer Now Than Before?«, in: *Risk Analysis* 8
(1988), S. 161-165; William F. Greenlee u. a., »A Perspective on Biologically-Based
Approaches to Dioxin Risk Assessment«, S. 565-568.

steht, sodass ein Wissenschaftler davon überzeugt ist, dass so gut wie keine Irrtumsmöglichkeit besteht, dann ist durch die Berücksichtigung der Folgen von Irrtümern wenig gewonnen – die Irrtumsmöglichkeit ist so gering, dass die Irrtumsfolgen unbedeutend werden. Dies entspricht unserer Alltagsintuition, der zufolge zum Beispiel die Möglichkeit, von einem Meteorit erschlagen zu werden, so gering ist, dass es sich nicht lohnt, sich über die Folgen eines solchen Ereignisses Gedanken zu machen. Das Verständnis der Bedeutung des induktiven Risikos impliziert auch nicht, dass Wissenschaftler ihre Bemühungen einstellen sollten, die Irrtumsmöglichkeiten zu reduzieren. Wenn überhaupt, sollte dieses Verständnis dazu führen, diese Bemühungen zu verstärken.

Darüber hinaus gibt es einige Wissenschaftsbereiche, in denen eine falsche Entscheidung keine Auswirkung auf irgendetwas außerhalb dieses Wissenschaftsbereichs hat. Man denke zum Beispiel an Forschungen über die Kohärenzeigenschaften von Atomstrahlen.[39] Man kann sich nur schwer vorstellen, dass Irrtümer innerhalb solcher Forschungen nicht-epistemische Folgen haben sollten. Deshalb müssen Wissenschaftler in diesen Forschungsbereichen keine nicht-epistemischen Werte in Betracht ziehen. Doch ist diese Art von Forschung gegenwärtig auf schnellem Wege dabei, eine Minderheit in den modernen Wissenschaften zu werden, da die meisten Forschungsgelder in die »angewandte« Forschung fließen und finanzielle Unterstützung der »Grundlagen«-Forschung sich zunehmend durch Bezug auf irgendeine mögliche Anwendbarkeit oder Nützlichkeit rechtfertigen muss.

Schließlich gibt es Fälle, in denen Wissenschaft wahrscheinlich von Nutzen sein wird, die potenziellen Folgen der Irrtümer jedoch schwer vorherzusehen sind. Diese Grauzone muss von Fall zu Fall erörtert werden, aber die Existenz einer solchen Grauzone hebt das Hauptargument nicht auf: Wenn nicht-epistemische Folgen eines Irrtums vorhergesehen werden können, dann *sind* nicht-epistemische Werte ein notwendiger Teil wissenschaftlicher Argumentation. Was dies für die »Objektivität« der Wissenschaft bedeutet, hängt von zukünftiger Arbeit ab. Als abschließender Kommentar muss jedoch festgehalten werden, dass, wie Hempel hervorgehoben hat,

---

39 Für dieses Beispiel danke ich meinem Kollegen Greg Elliott von der Universität Puget Sound.

das Argument »Ich möchte, dass X wahr ist, und daher ist X wahr«
nach wie vor ein schlechtes Argument bleibt, sowohl innerhalb wie
außerhalb der Wissenschaft.

Torsten Wilholt
Einseitigkeiten und Werte in der naturwissenschaftlichen Forschung[1]

1. Einleitung

Einseitigkeit und Befangenheit – beides deckt das englische Wort »*bias*« ab – werden auf vielen Gebieten naturwissenschaftlicher Forschung mehr und mehr als Problem erkannt. Besonders bedenklich sind solche Fälle, in denen die Forschungsergebnisse direkt die Präferenzen und Interessen bestimmter im Forschungsprozess involvierter Akteure widerzuspiegeln scheinen. Besorgniserregende Beispiele hierfür sind besonders in privat finanzierter Forschung und auf politikrelevanten Feldern offengelegt worden.

Intuitiv (und nach herkömmlicher Betrachtungsweise) scheint es klar, dass Einseitigkeiten der angedeuteten Art eindeutige Fälle epistemischen Versagens darstellen. Allerdings wird Wissenschaftstheoretikerinnen und -theoretikern mehr und mehr deutlich, dass das Ideal der wertfreien Wissenschaft eben genau das ist – ein Ideal nämlich – und dass alle naturwissenschaftlichen Praktiken alle möglichen Arten von Werturteilen beinhalten. Manche Philosophen haben zwar versucht, akzeptable Arten von Werteinflüssen auf die Wissenschaft von nicht akzeptablen zu unterscheiden, doch hat sich gezeigt, dass alle Bemühungen, diese Unterscheidung auf eine prinzipiengeleitete Art und Weise zu treffen, mit immensen Schwierigkeiten behaftet sind (siehe unten Abschnitt 6). Warum sollte dann nicht unter den Werten, die die Forschung beeinflussen, auch beispielsweise der *shareholder value* sein dürfen?

Mein Hauptziel in dieser Abhandlung ist es, die angedeutete Art von Einseitigkeit auf eine Weise zu beschreiben und zu definieren, welche es erlaubt, sie als eine erkenntnistheoretische Unzulänglichkeit der betreffenden Forschung zu charakterisieren. Letztlich wer-

1 Danksagungen: Ich möchte Justin Biddle, Jim Brown, Martin Carrier, Cornelis Menke, Birgitte Wandall, Ken Westphal, Eric Winsberg, Alison Wylie und einer/einem anonymen Gutachter/in für die Zeitschrift *Studies in History and Philosophy of Science* für ihre hilfreichen Bemerkungen zu früheren Fassungen dieser Arbeit danken.

de ich dafürhalten, dass man die unvermeidliche Wertbeladenheit aller Wissenschaft nicht in Abrede zu stellen braucht, um manche Fälle von Einseitigkeit als wissenschaftlich inakzeptabel auszuweisen.

Mein Ziel ist es wohlgemerkt nicht, *Begriffe* wie Einseitigkeit oder *bias* zu analysieren. Das Wort »*bias*« etwa besitzt in Philosophie und Wissenschaft so viele weit voneinander abweichende Verwendungsweisen, dass man es als polysemisch ansehen darf.[2] Mir kommt es dagegen auf ein bestimmtes *Phänomen* an, das ich im folgenden Abschnitt anhand von Beispielen einführen und vorläufig zu charakterisieren versuchen werde.

2. Präferenzinduzierte Einseitigkeit

Im Kontext von Wissenschaft und Werten ist ein Phänomen, das ich als *präferenzinduzierte Einseitigkeit* bezeichnen werde, von besonderem Interesse. Es tritt auf, wenn sich in einem Forschungsergebnis in unangemessener Weise die Tatsache widerspiegelt, dass die Forscher dieses Ergebnis gegenüber anderen Ergebnissen präferieren.[3] Es ist wichtig, darauf hinzuweisen, dass präferenzinduzierte Einseitigkeit zu unterscheiden ist von der direkten Manipulation oder Fälschung von Ergebnissen. Mit präferenzinduzierter Einseitigkeit ist ein Phänomen gemeint, welches auf subtilere Weise wirkt, indem es nämlich nur die Wahrscheinlichkeit erhöht, dass das gewünschte Ergebnis herauskommt.

Bevor ich mich der Aufgabe zuwende, eine genauere und befriedigendere Charakterisierung von präferenzinduzierter Einseitigkeit anzugeben, möchte ich einige Beispiele dieses Phänomens

2 Vgl. Lise Lotte Gluud, »Bias in Clinical Intervention Research«, in: *American Journal of Epidemiology* 163 (6) (2006), S. 493-501; Alvin I. Goldman, *Knowledge in a Social World*, Oxford (1999), § 8.3; David Resnik, »Financial Interest and Research Bias«, in: *Perspectives on Science* 8 (3) (2000), S. 255-285.

3 Dies ist wohlgemerkt eine besondere Art von Einseitigkeit; häufig werden mit »Einseitigkeit« oder »*bias*« auch systematische Fehler bezeichnet, die mit den Präferenzen der Forscher zugunsten bestimmter Ergebnisse nichts zu tun haben. Ein Beispiel ist die Art von *bias*, welche bei klinischen Studien infolge unzureichender Randomisierung auftreten kann und die dazu neigt, wenn überhaupt etwas, dann eher die vorgefassten Überzeugungen der Forscher widerzuspiegeln als ihre Präferenzen. (Vgl. Gluud, »Bias in Clinical Intervention Research«, S. 494 f.)

vorstellen, die in jüngerer Zeit in der biomedizinischen Literatur mit Sorge aufgenommen wurden. Sie illustrieren die Vielseitigkeit der Mechanismen, durch welche es dazu kommen kann, dass die Präferenzen von Forschern eine problematische Art von Einfluss auf ihre Ergebnisse erlangen. Einzelne Fälle von Einseitigkeit in der Forschung sind beinahe immer umstritten. Für die Zwecke dieser Abhandlung kommt es nicht darauf an, ob die Kontroversen um die folgenden Beispielfälle als gänzlich abgeschlossen angesehen werden können. Was uns hier interessiert, ist allein schon der *Vorwurf*, dass die Ergebnisse durch präferenzinduzierte Einseitigkeit beeinträchtigt seien, und das philosophische Problem, die Art von Unzulänglichkeit zu bestimmen, die mit einem solchen Vorwurf gemeint sein kann.

Bisphenol A wird als Monomer bei der Herstellung von Polycarbonaten verwendet und ist mit Krebs und anderen Gesundheitsschäden in Verbindung gebracht worden. Die Toxizität des Stoffes hängt mit seiner Ähnlichkeit zu menschlichem Östrogen zusammen. Eine kontroverse Frage ist, inwiefern auch von geringen Dosen eine Gesundheitsgefährdung ausgeht. Den Biomedizinern Frederick vom Saal und Claude Hughes fiel auf, dass 90 Prozent der aus öffentlichen Quellen finanzierten experimentellen Studien über Belastungen durch geringe Dosen von Bisphenol A über signifikante Effekte berichteten, während keine einzige der industriefinanzierten Studien dies tat.[4] Mehr noch, sie stellten fest, dass einige Industriestudien einen Stamm von Laborratten verwendeten, den so genannten CD(SD)-Stamm, der als besonders unempfindlich gegenüber östrogenen Substanzen bekannt ist. Zwei Industriestudien hatten ursprünglich auch positive Kontrollgruppen eingesetzt, in denen Ratten dem gut charakterisierten östrogenen Medikament DES ausgesetzt wurden. Dass es zwischen den positiven und negativen Kontrollgruppen keine signifikanten Unterschiede in den Ergebnissen gab, hätte die Forscher auf eine mangelnde Eignung ihrer Versuchstiere aufmerksam machen können. Stattdessen entschieden sie sich in beiden Fällen, dies zu ignorieren und in ihren Veröffentlichungen die positiven Kontrollgruppen nicht zu erwähnen. Spätere industriefinanzierte Studien ließen die Positivkon-

---

4 Frederick vom Saal und Claude Hughes, »An Extensive New Literature Concerning Low-Dose Effects of Bisphenol A Shows the Need for a New Risk Assessment«, in: *Environmental Health Perspectives* 113 (2005), S. 926-933.

trolle einfach weg.[5] Wenn man diese Beschreibungen der Vorgänge als richtig und angemessen unterstellt, dann kann man sagen, dass die betreffenden industriefinanzierten Studien zu Bisphenol A vom Problem *einseitigen experimentellen Designs* betroffen sind. Das Design der Studie machte die Entdeckung von Auswirkungen der Substanz von Anfang an unwahrscheinlich.

Einseitiges experimentelles Design betrifft möglicherweise auch bestimmte randomisierte Medikamententests. Zumindest ist dies eine Erklärung für das schon häufig festgestellte Phänomen, dass Ergebnisse solcher Studien für die getesteten neuartigen Interventionen signifikant günstiger ausfallen, wenn sie durch gewinnorientierte Organisationen finanziert werden (dies ist der so genannte *»funding effect«*).[6] Ein Faktor, der zu diesem Effekt beiträgt, könnte die Wahl der Kontrollintervention sein. Helle Johansen und Peter Gøtzsche haben industriefinanzierte Studien des Antimykotikums Fluconazol dafür kritisiert, dass sie die intravenös gegebene Arznei in unfairer Weise mit einer Kontrollintervention verglichen, die aus einer oral verabreichten Substanz (Nystatin) bestand, die folglich vergleichsweise schlecht absorbiert wurde.[7] Eine Gruppe um Benjamin Djulbegovic untersuchte 136 veröffentlichte randomisierte Studien an Patienten mit multiplen Myelomen und stellte fest, dass die meisten industriefinanzierten Studien (die insgesamt deutlich stärker dazu neigten, jeweils die experimentelle Behandlungsweise im Ergebnis zu stützen) die experimentelle Intervention mit einem Placebo oder gar keiner Behandlung verglichen, während die meis-

5 Ebd., S. 928 f.; Frederick S. vom Saal und Wade V. Welshons, »Large Effects from Small Exposures. II. The Importance of Positive Controls in Low-Dose Research on Bisphenol A«, in: *Environmental Research* 100 (1) (2005), S. 50-76, hier S. 52.

6 Siehe zum Beispiel Lise L. Kjaergard und Bodil Als-Nielsen, »Association between Competing Interests and Authors' Conclusions: Epidemiological Study of Randomized Clinical Trials Published in the BMJ«, in: *British Medical Journal* 325 (2002), S. 249-252, und für systematische Überblicksdarstellungen Justin E. Bekelman u. a., »Scope and Impact of Financial Conflicts of Interest in Biomedical Research: A Systematic Review«, in: *Journal of the American Medical Association* 289 (2003), S. 454-465, und Joel Lexchin u. a., »Pharmaceutical Industry Sponsorship and Research Outcome and Quality: Systematic Review«, in: *British Medical Journal* 326 (2003), S. 1167-1170.

7 Helle Krogh Johansen und Peter C. Gøtzsche, »Problems in the Design and Reporting of Trials of Antifungal Agents Encountered During Meta-Analysis«, in: *Journal of the American Medical Association* 282 (1999), S. 1752-1759.

ten öffentlich finanzierten Studien als Vergleichsintervention eine Standardtherapie verwendeten.[8] So könnte der *funding effect* zum Teil durch eine bestimmte Art von einseitigem experimentellen Design verursacht sein, nämlich die Anwendung von Substandard-Vergleichen.

Präferenzinduzierte Einseitigkeit kann auch erst entstehen, *nachdem* Experimente, Tests oder Studien ihrem jeweiligen Design entsprechend durchgeführt worden sind. Eine weitere toxische Substanz, die zur Polymerisation verwendet wird, ist Vinylchlorid. Ihre Toxizität ist in vielen Hinsichten gut belegt, einschließlich ihrer krebserregenden Wirkung im Hinblick auf Leberkrebs. Die Frage einer kausalen Verknüpfung mit anderen Krebsarten wurde jedoch zum Gegenstand einer ausgedehnten Kontroverse, trotz sich ansammelnder empirischer Belege, die unter anderem auf einen Zusammenhang mit Hirntumoren hinwiesen.[9] Im Jahr 1988 stellte eine systematische Übersichtsarbeit zu epidemiologischen Daten aus verschiedenen europäischen und nordamerikanischen Studien zu Männern, die Vinylchlorid berufsmäßig ausgesetzt gewesen waren, ein erhöhtes Auftreten von Hirntumoren fest; die standardisierte Mortalitätsrate (SMR, das heißt das Verhältnis der beobachteten Todesfälle zu den statistisch normalerweise erwartbaren mal 100) betrug 148. Bei seiner Interpretation dieses Ergebnisses nahm jedoch Richard Doll, der Autor der Übersichtsarbeit, eine kleine Einzelstudie wieder heraus und subtrahierte die vier von ihr berichteten Todesfälle von der Gesamtzahl in seiner Darstellung, mit der Begründung, dass diese Studie selbst der Ursprung der Hypothese von der Verbindung zwischen Vinylchlorid und Gehirntumoren sei und dass nämliche Hypothese daher an den übrigen Daten getestet werden müsse; im Übrigen sei die Studie »keine Kohortenstudie«.[10] Wohlgemerkt nahm er bei keinem anderen der

8 Benjamin Djulbegovic u. a., »The Uncertainty Principle and Industry-Sponsored Research«, in: *The Lancet* 356 (2000), S. 635-638.

9 Vgl. Jennifer Beth Sass u. a., »Vinyl Chloride: A Case Study of Data Suppression and Misrepresentation«, in: *Environmental Health Perspectives* 113 (2005), S. 809-812; Gerald Markowitz und David Rosner, *Deceit and Denial: The Deadly Politics of Industrial Pollution*, Berkeley 2002, Kap. 7.

10 Richard Doll, »Effects of Exposure to Vinyl Chloride: An Assessment of the Evidence«, in: *Scandinavian Journal of Work, Environment & Health* 14 (2) (1988), S. 61-78, hier S. 70.

vielen Einzelergebnisse seiner Übersichtsarbeit in der Interpretation eine vergleichbare Operation vor. Nach diesem Schritt gibt es noch immer eine erhöhte Zahl von Todesfällen infolge Hirntumoren (SMR = 131), die Gesamtzahlen genügen jedoch nicht mehr, um eine statistische Signifikanz zu begründen. Doll schließt: »Es wurden keine positiven Belege für eine Gefährdung durch […] irgendeine Art von Krebs außer Leber-Angiosarkomen gefunden.«[11] Drei Jahre später fand eine weitere Studie erhöhte Todesraten infolge von Krebsarten des Gehirns und des zentralen Nervensystems »bestätigt« und berichtete eine SMR von 180.[12] Doch schon bald widerriefen zwei der Autoren und reinterpretierten ihre Ergebnisse als mögliche Folge von *diagnostic sensitivity bias*, verursacht durch eine angeblich vollständigere Diagnose und/oder Erfassung von Hirntumorfällen bei Beschäftigten großer Unternehmen als in der Normalbevölkerung.[13] Fast ein Jahrzehnt später berichtete eine dritte Studie erneut von erhöhten Todeszahlen durch Hirntumore bei Arbeitern, die Vinylchlorid ausgesetzt waren (SMR = 142; bei den Personen mit den längsten Beschäftigungszeiten SMR = 177). Doch bei der Interpretation ihrer Befunde zur Mortalität durch Hirntumore meinen die Autoren, deren »Beziehung zur Belastung durch Vinylchlorid bleibt unklar«.[14] Eine Gruppe um Jennifer Sass kommt zum Ergebnis, dass die Belege für die Verbindungen zwischen Vinylchlorid und Hirntumoren konsequent heruntergespielt worden seien.[15] Sie weist auch darauf hin, dass alle drei Studien von der chemischen Industrie in Auftrag gegeben wurden. Es gibt Hinweise darauf, dass der bemerkenswerte Widerruf von Wong und Whorton nach Aufforderung durch Mitglieder des Vinyl

11 Ebd., S. 61, meine Übers.

12 Otto Wong u. a., »An Industry-wide Epidemiologic Study of Vinyl Chloride Workers, 1942-1982«, in: *American Journal of Industrial Medicine* 20 (3) (1991), S. 317-334.

13 Otto Wong und M. Donald Whorton, »Diagnostic Bias in Occupational Epidemiologic Studies: An Example Based on the Vinyl Chloride Literature«, in: *American Journal of Industrial Medicine* 24 (2) (1993), S. 251-256, hier S. 251, vgl. S. 253.

14 Kenneth A. Mundt u. a., »Historical Cohort Study of 10109 Men in the North American Vinyl Chloride Industry, 1942-72: Update of Cancer Mortality to 31 December 1995«, in: *Occupational and Environmental Medicine* 57 (11) (2000), S. 774-781, hier S. 774, meine Übers.

15 Sass u. a., »Vinyl Chloride«.

Chloride Panel der amerikanischen Chemical Manufacturers Association geschah.[16] Wenn die Geschichte so richtig beschrieben ist, bietet dieses Beispiel reichlich Illustrationsmaterial dafür, wie eine *einseitige Interpretation von Ergebnissen* möglich ist: Man kann sie für irrelevant erklären, einer spekulativen alternativen Ursache zuordnen oder behaupten, sie seien unzureichend für eine eindeutige Schlussfolgerung.

Eine weitere Art von Einseitigkeit, die hier angesprochen werden muss, ist die *einseitige Mitteilung und Verbreitung von Ergebnissen*. Das bekannteste Phänomen in diesem Bereich, *»publication bias«*, kommt dadurch zustande, dass nur ein Teil aller Forschungsergebnisse überhaupt veröffentlicht wird. Experimente oder Studien mit signifikanten positiven Ergebnissen haben eine größere Wahrscheinlichkeit, veröffentlicht zu werden, als negative oder schwache Ergebnisse; im Ergebnis ist dadurch das Gesamtbild der wissenschaftlichen Literatur (wie es zum Beispiel in Übersichtsarbeiten oder Metaanalysen erfasst wird) ein verzerrtes.[17] Man geht davon aus, dass die Gepflogenheiten von Herausgebern und die Entscheidungen von Zeitschriftengutachtern teilweise für den *publication bias* verantwortlich sind.[18] Doch auch das Widerstreben von Forschern oder ihren Finanziers dagegen, unwillkommene Ergebnisse veröffentlicht zu sehen, trägt bekanntermaßen zu dem Effekt bei;[19] in solchen Fällen haben wir es mit Fällen präferenzinduzierter Einseitigkeit zu tun. Daten legen nahe, dass in der biomedizinischen Forschung subtile und weniger subtile Mechanismen regelmäßig die Verbreitung von Ergebnissen verhindern oder verzögern, wenn diese den Interessen der Sponsoren zuwiderlaufen.[20] Kürzlich erhärteten sich Belege dafür, dass selektive Veröffentlichung nicht nur ganze Studien betrifft, sondern dass auch innerhalb von Studien (die typischerweise eine große Zahl von Ergebnissen umfassen) Ergebnisse oft selektiv mitgeteilt werden, je nach Ausfall jedes

16 Markowitz und Rosner, *Deceit and Denial*, S. 229 f.
17 Siehe für eine Übersicht und umfassende Analyse Fujian Song u. a., »Publication and Related Biases«, in: *Health Technology Assessment* 4 (10) (2000), S. 1-115.
18 Ebd., S. 28-30.
19 Ebd., S. 30-32.
20 David Blumenthal u. a., »Withholding Research Results in Academic Life Science: Evidence from a National Survey of Faculty«, in: *Journal of the American Medical Association* 277 (1997), S. 1224-1228.

einzelnen Resultats. Sehr vorsichtig formulieren die Autoren der betreffenden Untersuchung, dass infolgedessen die veröffentlichte Literatur leicht »die Vorteile einer Intervention überschätzen« könne.[21]

Diese Fälle bilden nur einen kleinen Ausschnitt der vielen Arten und Weisen ab, auf die Urteile und Entscheidungen von Wissenschaftlern von Einseitigkeit betroffen sein können, und sie können die weitreichenden Folgen für die Wissenschaft nur andeuten.[22] Dennoch genügen sie, um zu zeigen, wie die Präferenzen von Forschern (und indirekt diejenigen ihrer Sponsoren) bei jedem der hauptsächlichen Schritte des Forschungsprozesses einen Einfluss auf die Ergebnisse ausüben können. Im folgenden Abschnitt werde ich eine vorläufige und anschauliche Art und Weise betrachten, wie man solche Einflüsse als Einseitigkeiten analysieren kann. Obgleich diese Analyse sich bei genauerer Prüfung als problematisch erweisen wird, ist sie hilfreich dabei, die gemeinsamen Züge der in Rede stehenden Fälle und die zugrunde liegenden erkenntnistheoretischen Probleme zu identifizieren.

3. Präferenzinduzierte Einseitigkeit und induktives Risiko

Bei jeder empirischen Untersuchung, die angelegt ist, um eine Hypothese H zu überprüfen, kann man zwei Arten von Risiko identifizieren: das Risiko, dass die Untersuchung zur Annahme von H führen könnte, wobei H in Wirklichkeit falsch ist, und das Risiko, H zurückzuweisen, obwohl H tatsächlich wahr ist. Carl Hempel hat als Oberbegriff für beide Arten den Ausdruck »induktives Risiko« geprägt.[23] Bereits früh in der Entwicklung der Statistik fiel

---

21 An-Wen Chan u. a., »Empirical Evidence for Selective Reporting of Outcomes in Randomized Trials: Comparison of Protocols to Published Articles«, in: *Journal of the American Medical Association* 291 (2004), S. 2457-2465, hier S. 2457, meine Übers.

22 Siehe Sheldon Krimsky, *Science in the Private Interest: Has the Lure of Profits Corrupted Biomedical Research?*, Lanham 2002 und David Resnik, *The Price of Truth: How Money Affects the Norms of Science*, Oxford 2007 für eine Fülle von Beispielen.

23 Carl G. Hempel, »Science and Human Values«, in: Carl G. Hempel: *Aspects of Scientifc Explanation*, New York 1965, S. 81-96, hier S. 91 f. [Siehe in diesem Band, S. 118-140.]

auf, dass in Kontexten praktischer Anwendungen die negativen Konsequenzen der beiden Arten von Fehlern typischerweise von unterschiedlichen Parteien getragen werden. Von der Terminologie der Qualitätskontrolle angeregt, eines wichtigen frühen Anwendungsbereiches der Statistik, bürgerte es sich ein, eine der beiden Risikoarten (ursprünglich das Risiko, fälschlicherweise ein gutes Produkt auszumustern) als »Produzentenrisiko« und die andere als »Verbraucherrisiko« zu bezeichnen.[24]

Ein gutes Experiment oder eine gute Studie ist zwar immer so gestaltet, dass das Risiko, zu einem falschen Ergebnis zu führen, insgesamt so gering wie möglich ist, aber dieses Risiko lässt sich nicht unter ein gewisses Limit drücken, ohne den empirischen Input zu vergrößern. Die in unserem Kontext entscheidende Einsicht ist jedoch, dass sich eine der zwei Arten induktiven Risikos gewöhnlich im Austausch gegen die jeweils andere verändern lässt, ohne die empirische Basis zu vergrößern – durch Modifikationen des experimentellen Designs, der Datenanalyse oder gar der Mitteilung der Ergebnisse. So verminderten beispielsweise diejenigen Wissenschaftler, die mit der Erforschung von Auswirkungen geringer Dosen von Bisphenol A befasst waren und dabei auf Ratten des CD(SD)-Stamms setzten, mit dieser Entscheidung das Risiko, fälschlicherweise einen Effekt zu beschreiben, wo es in Wirklichkeit keinen gab – wobei sie im gleichen Zug das Risiko erhöhten, einen Effekt abzustreiten, der wirklich existiert.

In all unseren Beispielen kann man davon sprechen, dass in die Forschung involvierte Akteure von ihrer Präferenz für bestimmte Ergebnisse dazu verleitet wurden, ein reduziertes Produzentenrisiko gegen ein erhöhtes Verbraucherrisiko einzutauschen. (Bei den Fällen, die den *publication bias* betreffen, setzt dies voraus, dass die Akzeptanz einer Hypothese als Akzeptanz innerhalb derjenigen Gemeinschaft verstanden wird, welche die veröffentlichte Forschungsliteratur rezipiert.) Motiviert durch diese Gemeinsamkeit, möchte ich folgende Charakterisierung präferenzinduzierter Einseitigkeit versuchsweise in Erwägung ziehen: Sie ist das, was herauskommt, wenn man sich am Gleichgewicht der induktiven Risiken zu schaffen macht. Gemäß dieser Vorstellung würde präferenzinduzierte

---

24 Siehe zum Beispiel Egon S. Pearson, »A Survey of the Uses of Statistical Method in the Control and Standardization of the Quality of Manufactured Products«, in: *Journal of the Royal Statistical Society* 96 (1) (1933), S. 21-75.

Einseitigkeit darin bestehen, dass ein Forscher nicht unparteiisch im Hinblick auf die beiden Typen induktiven Risikos ist und es zulässt, dass seine ungleichen Haltungen ihnen gegenüber die Einrichtung eines Tests oder gar des gesamten Forschungsprojekts so beeinflusst, dass es zu einer Verringerung des einen Typs induktiven Risikos auf Kosten einer Vergrößerung des anderen kommt. Diese Analyse könnte sowohl absichtliche Handlungen eines Forschers abdecken, die dem Ziel dienen sollen, das erwünschte Ergebnis wahrscheinlicher zu machen, als auch unbewusste Einflüsse seiner Präferenzen auf seine methodologischen Entscheidungen.

4. Induktives Risiko und die Bewertung von Ergebnissen

Dieser Ansatz, präferenzinduzierte Einseitigkeit mit Bezug auf induktive Risiken zu analysieren, scheint allerdings von einer ernsten Schwierigkeit betroffen. Die in Rede stehende Analyse setzt implizit voraus, dass es ein bestimmtes richtiges oder neutrales Gleichgewicht zwischen den zwei Arten induktiver Risiken gibt, das unabhängig von den Präferenzen der Forscher besteht, und dass präferenzinduzierte Einseitigkeit in einer Abweichung von diesem Gleichgewicht besteht. Seit langem wird jedoch bereits dafür argumentiert, dass es in Fällen, in denen es darum geht, eine Hypothese auf der Grundlage empirischer Belege zu akzeptieren oder zurückzuweisen, keine nicht-willkürliche überzeugende Art und Weise gibt, ein korrektes Gleichgewicht induktiver Risiken unabhängig von bestimmten Werturteilen festzulegen. Ausdrücklich haben zuerst Statistiker wie Abraham Wald und C. West Churchman auf diesen Punkt hingewiesen,[25] aber besondere Aufmerksamkeit hat er durch einen kurzen Aufsatz von Richard Rudner erfahren.[26] Es handelt sich noch immer um eines der stärksten Argumente für die Unvermeidbarkeit von Werturteilen im Forschungsprozess.

Das Argument selbst ist recht einfach und direkt. Keine empi-

25 Siehe Abraham Wald, *On the Principles of Statistical Inference* (= *Notre Dame Mathematical Lectures* 1), Notre Dame/IN 1942, S. 40 f. und C. West Churchman, *Theory of Experimental Inference*, New York 1948, Kap. 15.

26 Richard Rudner, »The Scientist *qua* Scientist Makes Value Judgements«, in: *Philosophy of Science* 20 (1) (1953), S. 1-6 [siehe die Übersetzung in diesem Band, S. 108-117].

rische Hypothese kann durch Daten jemals vollständig verifiziert werden. Um eine Hypothese zu akzeptieren, muss ein Wissenschaftler entscheiden, welches Niveau induktiver Bestätigung er als hinreichend für die Akzeptanz ansieht. Im Hinblick auf Analyse und Interpretation der Daten liegt eine solche Entscheidung in der klassischen Statistik am offensichtlichsten bei der Wahl des Signifikanzniveaus vor; doch wie wir sahen, haben alle möglichen Arten von Entscheidungen im Verlauf der Gestaltung und Durchführung einer empirischen Untersuchung darauf Einfluss, wie stark die empirischen Belege sein müssen, um tatsächlich zur Akzeptanz der Hypothese zu führen. Die Angemessenheit dieser Entscheidungen hängt deshalb davon ab, welchen Mindestwahrscheinlichkeitsgrad der Forscher als hinreichend für die Akzeptanz der Hypothese wählt; diese Wahl wird durch die Wissenschaft der Statistik oder die induktive Logik nicht festgelegt. Stattdessen, so argumentieren Churchman und Rudner, kann nur eine wertende Beurteilung der möglichen Endzustände der Untersuchung durch die Forscher diese Wahl festlegen. Insbesondere die Bewertung der zwei verschiedenen Arten von Fehlern sollte für den minimalen Bestätigungsgrad, bei dem eine Hypothese akzeptierbar wird, bedeutsam sein. »Wie sicher wir sein müssen, bevor wir eine Hypothese akzeptieren, wird davon abhängen, wie schwerwiegend ein Fehler wäre.«[27] Daher »ist der Wert jedes Testverfahrens abhängig von einer gewissen Funktion sowohl der Wahrscheinlichkeit eines Irrtums als auch des jeweiligen damit verbundenen Schadens«.[28] Das heißt, wie gut oder schlecht eine gegebene empirische Untersuchung ihrem Zweck dient, ist *immer* abhängig von Werturteilen über den möglichen Schaden oder Verlust, den jede der beiden Arten von Fehler mit sich bringen würde. Solche Urteile gehören daher zur Aufgabe des Forschers, Testverfahren für Hypothesen zu gestalten und auszuwählen. (Alles, was in diesem Argument über das Akzeptieren von Hypothesen gesagt wird, gilt natürlich *mutatis mutandis* auch für ihr Zurückweisen.)

Eine unmittelbare Erwiderung auf dieses Argument wurde von Richard Jeffrey formuliert.[29] Er hielt dafür, dass die richtig

27 Ebd., S. 2 [in diesem Band, S. 110].

28 Churchman, *Theory of Experimental Inference*, S. 256, meine Übers.

29 Richard C. Jeffrey, »Valuation and Acceptance of Scientific Hypotheses«, in: *Philosophy of Science* 23 (3) (1956), S. 237-246.

verstandene Aufgabe des Wissenschaftlers nicht darin bestehe, Hypothesen zu akzeptieren oder zurückzuweisen, sondern ihren Bestätigungsgrad im Lichte der verfügbaren empirischen Belege zu bestimmen. Nur bei Entscheidungen, in denen es darum geht, auf der Grundlage einer gegebenen Hypothese zu *handeln*, kämen Werturteile über die möglichen Folgen von Fehlern ins Spiel. Wenn solche Entscheidungen getroffen würden, so Jeffrey weiter, sollten die von den Wissenschaftlern festgestellten Wahrscheinlichkeiten der jeweils relevanten Hypothesen auf alle Fälle berücksichtigt werden, aber das Fällen der Entscheidung selbst liege typischerweise außerhalb des Tätigkeitsfeldes der Wissenschaftler.

Ein ziemlich offensichtlicher Mangel von Jeffreys Reaktion ist ihre Diskrepanz mit der Wirklichkeit, insbesondere was die Behauptung angeht, Wissenschaftler würden oder sollten jedenfalls keine Hypothesen akzeptieren oder ablehnen, sondern nur Wahrscheinlichkeiten zuweisen. Auf einen weiteren, strengeren Kritikpunkt hat Heather Douglas hingewiesen, deren Arbeiten entscheidend dazu beigetragen haben, das zunächst von Rudner und anderen formulierte Argument in der gegenwärtigen Debatte über Wissenschaft und Werte wieder aufleben zu lassen.[30] Jeffrey geht bei seiner Replik davon aus, dass das Erfordernis, mögliche Folgen zu bewerten, nur ganz am Ende des Forschungsprozesses entstünde, wenn Wissenschaftler versuchen würden, ihre Ergebnisse in Form einer akzeptierten oder zurückgewiesenen Hypothese zusammenzufassen. Tatsächlich aber, so Douglas, »gehen Wissenschaftler auch in früheren Forschungsstadien, die der Akzeptanz oder Zurückweisung von Theorien vorausgehen, induktive Risiken ein und erwägen so Risiken, die nie das Licht öffentlicher Entscheidungsfindungsvorgänge erblicken«.[31] Douglas hat gezeigt, wie induktive Risiken bei methodologischen Entscheidungen, bei der Charakterisierung und Klassifizierung empirischer Belege und der Interpretation von Resultaten involviert sind und somit bei allen möglichen Arten von Entscheidungen, die klarerweise zum Tätigkeitsfeld des Wissenschaftlers gehören. Zum Zeitpunkt, da die Hypothese endlich im Lichte der Ergebnisse der Untersuchung erwogen und geprüft wird, hat der Wissenschaftler bereits einige Male

---

30 Heather Douglas, »Inductive Risk and Values in Science«, in: *Philosophy of Science* 67 (2000), S. 559-579 [siehe die Übersetzung in diesem Band, S. 143-173].
31 Ebd., S. 563 [in diesem Band, S. 149].

im Verlaufe des Forschungsprozesses eine bestimmte Abwägung zwischen den beiden Typen induktiver Risiken vorgenommen – und musste, so das Argument, die Folgen möglicher Irrtümer bewerten, um dies tun zu können.

Was bedeutet all dies im Hinblick auf unsere vorläufige Charakterisierung präferenzinduzierter Einseitigkeit? Solange es keinen Weg gibt, die Präferenzen zwischen verschiedenen möglichen Ergebnissen, auf die unsere Definition präferenzinduzierter Einseitigkeit Bezug nimmt, nach Grundsätzen zu unterscheiden von den Bewertungen von möglichen Endzuständen, die nach Douglas, Rudner und anderen unvermeidbarerweise zum Forschungsprozess gehören – und ich kann keinen solchen Weg sehen –, scheint das, was wir »präferenzinduzierte Einseitigkeit« genannt haben, einfach ein Bestandteil der Grundbedingungen von Wissenschaft zu sein. Es scheint, in anderen Worten, auf den ersten Blick nicht möglich, Fälle voneinander abweichender Urteile über die Bewertung möglicher Endzustände von Fällen unterschiedlich gearteter präferenzinduzierter Einseitigkeit (gemäß der in Rede stehenden Definition) zu unterscheiden. Diese Schlussfolgerung so stehen zu lassen hätte für die Kritik einseitiger Forschung weitreichende Konsequenzen. Die kontroversen Aspekte präferenzinduzierter Einseitigkeit könnten dann nur auf der Ebene der Werturteile angesiedelt sein. Die Forscher, die einen bestimmten, für Östrogen besonders unempfindlichen Rattenstamm für die Untersuchung der Effekte niedriger Dosen von Bisphenol A wählten, taten dies als Ergebnis ihrer spezifischen Werturteile über die möglichen Endzustände ihrer Studien. Vermutlich ging ihre Bewertung dahin, dass eine mögliche (Über-)Regulierung, die infolge eines falschpositiven Ergebnisses ihrer Studien hätte auftreten können, ein ganz besonders schreckliches Ergebnis gewesen wäre. Es scheint zu folgen, dass wir ihnen den Vorwurf, einen Fehler gemacht oder ein unangemessenes Testverfahren angewandt zu haben, nur in dem Sinn machen könnten, in dem wir auch bereit wären zu sagen, dass jemand einen Fehler macht oder sich unangemessen verhält, indem er nicht dieselben Werte hat wie wir.[32] So würde sich offenbaren, dass die Rede

32 Diese Sichtweise ähnelt übrigens sehr einer Verteidigungslinie, die manchmal von denjenigen eingenommen wird, die mit dem Vorwurf der Einseitigkeit konfrontiert sind. Zum Beispiel bestehen zwei Industrieforscher in einem Aufsatz, der zur Verteidigung der Industrieforschung gegen den Vorwurf fortgesetzter

von Einseitigkeit in erster Linie den Vorwurf einer *moralischen* Unzulänglichkeit beinhaltet. Dieses Ergebnis wird alle überraschen, die mit mir die Intuition teilen, dass die Frage, ob die in Abschnitt 2 beschriebenen Fälle epistemische Unzulänglichkeiten aufweisen, *nicht* relativ zu persönlichen Werturteilen ist. Natürlich wissen wir alle, dass Intuitionen uns täuschen können. Sollten wir einfach lernen, mit der kontraintuitiven moralischen Analyse von Einseitigkeit zu leben?

5. Das Ideal der Reinheit

Jeder würde vermutlich zustimmen, dass die Unzulänglichkeiten in Fällen von Einseitigkeit in folgendem Sinn relativ zu einem Wert sind: Sie sind zumindest relativ zu demjenigen Wert, den wir einem Übergang von Unwissenheit zu wahrer Überzeugung beimessen. Vielleicht besteht deshalb eine Möglichkeit, der am Ende des vorigen Abschnitts angesprochenen Intuition gerecht zu werden, darin, den Umgang mit induktiven Risiken als relativ zu diesem und *nur* diesem Wert zu beschreiben. In einer Reihe von Aufsätzen hat Isaac Levi an einer diesem Grundgedanken entsprechenden Reaktion auf Rudners und Churchmans Herausforderung gearbeitet.[33] Wenn man eine seiner Ideen ein wenig anpasst, kann man die folgende Bayesianische Überlegung entwickeln.[34] Ein Forscher, der versucht, ein Testverfahren für die Hypothese *H* auszuarbeiten, und das alleinige Ziel verfolgt, sein Nichtwissen in Bezug auf *H*s Wahrheitsgehalt durch eine wahre Überzeugung zu ersetzen, sollte idealerweise das Verfahren genau so gestalten, dass es zu jener Aus-

Einseitigkeit im Fall Vinylchlorid geschrieben wurde, darauf, dass es Einseitigkeit oder Voreingenommenheit selbstverständlich bei allen Wissenschaftlern gebe (»Of course, all scientists have biases«), und berufen sich auf einen offenen Brief, in dem 15 frühere Vorsitzende der amerikanischen Society of Toxicology diese Behauptung aufstellen (Craig S. Barrow und James W. Conrad, »Assessing the Reliability and Credibility of Industry Science and Scientists«, in: *Environmental Health Perspectives* 114 (2) (2006), S. 153-155, hier S. 154).

33 Isaac Levi, »Must the Scientist Make Value Judgements?«, in: *The Journal of Philosophy* 57 (11) (1960), S. 345-357; Isaac Levi, »Decision Theory and Confirmation«, in: *The Journal of Philosophy* 58 (21) (1961), S. 614-625 und Isaac Levi, »On the Seriousness of Mistakes«, in: *Philosophy of Science* 29 (1) (1962), S. 47-65.

34 Levi, »On the Seriousness of Mistakes«, S. 55 f.

wahl aus den theoretischen Optionen führt, die auch ein rationaler Akteur treffen würde, der im Einklang mit der folgenden Nutzenmatrix handelt:

	H ist wahr	H ist falsch
H akzeptieren	I	0
H zurückweisen	0	I
Sich des Urteils enthalten	k	k

Abb. 1: Epistemische Nutzenmatrix.

Die Tatsache, dass die Nutzenwerte für die beiden korrekten Endzustände (H akzeptieren, gegeben, dass H wahr ist, und H zurückweisen, gegeben, dass H falsch ist) identisch und positiv sind, spiegelt die Annahme wider, dass die Untersuchung darauf ausgerichtet ist, die Wahrheit zu finden, und auf nichts anderes. Aus demselben Grund wird beiden Arten von Irrtum jeweils der Nutzenwert null zugewiesen. Es wird vorausgesetzt, dass $0 \leq k \leq 1$, denn in einer solchen Untersuchung darf Nichtwissen nicht gegenüber wahrer Überzeugung vorgezogen werden und Irrtum nicht gegenüber Nichtwissen. Unter der Voraussetzung, dass es darum geht, den Erwartungsnutzen zu maximieren, legen die Werte der Matrix einen eindeutig bestimmten Mindestgrad der Bestätigung $L = \max\{k, \frac{1}{2}\}$ fest, und wenn »Pr(H)« für die Wahrscheinlichkeit von H steht, dann ist es rational,[35]

H zu akzeptieren, wenn Pr(H) > L,

H zurückzuweisen, wenn Pr($\neg H$) > L

und andernfalls sich des Urteils zu enthalten.

Wie sicher wir uns sein müssen, um H akzeptieren zu können, und wie sicher wir uns sein müssen, um H zurückweisen zu können, stimmt hier exakt überein.

Der unbestimmte Wert k mag als Schwachpunkt dieser Entscheidungsmatrix erscheinen. Levi interpretiert k als den »Grad der Vorsicht«, den ein jeweiliger Forscher in Anschlag bringt.[36] In realistischen Fällen wird k wohlgemerkt größer als $\frac{1}{2}$ sein, denn

---

35 Hier und im Folgenden übergehe ich in der Diskussion uneindeutige Fälle, in denen für zwei verschiedene Optionen der Erwartungsnutzen jeweils gleich groß ist, weil sie für die in Rede stehenden Fragen von keinem besonderen Interesse sind.

36 Levi, »On the Seriousness of Mistakes«, S. 56 f.

$k \leq \frac{1}{2}$ würde bedeuten, dass die Akzeptanz einer Hypothese sogleich zur rational angemessenen Option wird, sobald sie sich auch nur ein klein wenig wahrscheinlicher darstellt als ihre Negation. Angesichts der oft immensen Konsequenzen, die das Akzeptieren einer Hypothese für die weitere Suche nach Wahrheiten nach sich zieht, darf man sicher annehmen, dass realistische Werte für k deutlich über $\frac{1}{2}$ liegen werden, selbst wenn man ausschließlich die in unserer Modellsituation vorausgesetzten rein epistemischen Motive berücksichtigt. Levi gesteht zu, dass die Wahl von k bedeutet, dass ein Wissenschaftler die Ernsthaftigkeit möglicher Fehler in Betracht ziehen muss, allerdings »nur in dem Sinn, dass der von ihm eingenommene Grad der Vorsicht wiedergibt, für wie schwerwiegend er das Begehen *irgendeines* Fehlers im Verhältnis zum Verbleib im Zweifelszustand hält«.[37] In unserem Kontext ist Folgendes besonders relevant: Wo auch immer k angesetzt wird (und wie auch immer wir die Werte verstehen, die bei dieser Festlegung ohne Zweifel eine Rolle spielen), es wird dadurch ein bestimmtes Niveau $(1 - L)$ hinnehmbarer Irrtumswahrscheinlichkeit festgelegt; mehr noch, dasselbe Niveau gilt für beide Fehlertypen. Eine Verschiebung der induktiven Risiken durch Austausch von Verbraucher- gegen Produzentenrisiko wäre nicht vereinbar mit einem Testverfahren mit rein epistemischen Zielen im Sinne von Levis Matrix. So weit scheint es, dass der eingangs dieses Abschnitts beschriebene Gedanke funktionieren könnte: Zwar sind verschiedene Niveaus hinnehmbarer induktiver Risiken vereinbar mit der Gestaltung eines Testverfahrens, das einzig darauf ausgerichtet ist, Nichtwissen durch wahre Überzeugung zu ersetzen und Irrtümer zu vermeiden, aber das Gleichgewicht der beiden Typen induktiver Risiken ist in einer solchen Situation fixiert – die hinnehmbare Irrtumswahrscheinlichkeit muss für beide Fehlertypen dieselbe sein. Jede Abweichung von diesem Gleichgewicht stellt sich aus dieser Perspektive als Ausdruck des Eindringens anderer Werte als des einzigen im Modell zugelassenen epistemischen Wertes dar und kann in diesem Sinn als Einseitigkeit oder Voreingenommenheit gelten. Diesen Begriff der Einseitigkeit werde ich als »L-Einseitigkeit« bezeichnen.

---

37 Ebd., S. 57, meine Übers.

6. Gelockerte Reinheit

Ich fürchte jedoch, dass es viel zu einfach gedacht wäre, reale Fälle von präferenzinduzierter Einseitigkeit als L-Einseitigkeit analysieren zu wollen. Diese Analyse würde einen übertriebenen und unrealistischen Standard der Reinheit epistemischer Aktivitäten voraussetzen. Zunächst einmal ist längst erkannt worden, dass die Wissenschaft, selbst wenn man sie als ein wesentlich nach Wahrheit strebendes Unterfangen ansieht, nicht jede Wahrheit mit dem gleichen Nachdruck verfolgt. In der von Philip Kitcher eingeführten Terminologie strebt die Wissenschaft danach, *signifikante* Wahrheiten zu finden, wobei Propositionen Signifikanz sowohl vermöge ihres Werts für die systematische Organisation unserer Überzeugungen zuwächst als auch durch unser Interesse an ihrer Anwendung.[38] Heute wird selbst bei der Grundlagenforschung weithin davon ausgegangen, dass sich in ihr die Wertschätzung einer ganzen Reihe von Eigenschaften (neben bloßer Wahrheit) ausdrückt: Einfachheit, Vereinheitlichungskraft und Fruchtbarkeit für die weitere Wissenschaftsentwicklung sind Beispiele für solche breit akzeptierten »epistemischen Werte«.[39] Es gibt keinen Grund, davon auszugehen, dass H und $\neg H$ normalerweise nach Maßgabe aller epistemischen Werte gleich hoch einzuschätzen sind; somit scheint die Annahme, dass den beiden »korrekten« Endzuständen derselbe Nutzenwert zugeschrieben werden muss, selbst nach plausiblen Standards einer »reinen Wissenschaft« verfehlt.[40] Zudem hat die Entscheidung eines Wissenschaftlers, H zu akzeptieren oder zurückzuweisen, nicht nur Folgen für dieses eine Stückchen Wis-

---

38 Philip Kitcher, *The Advancement of Science*, Oxford 1993, Kap. 4 und Philip Kitcher, *Science, Truth and Democracy*, Oxford 2001, Kap. 6.

39 Thomas S. Kuhn, »Objectivity, Value Judgement, and Theory Choice«, in: ders., *The Essential Tension*, Chicago 1977, S. 320-339; Ernan McMullin, »Values in Science«, in: Peter D. Asquith und Thomas Nickles (Hg.), *PSA 1982*, Bd. 2, East Lansing 1983, S. 3-28.

40 Maher versucht, die Annahme zu verteidigen, indem er behauptet, Einfachheit sei nur ein instrumentelles Ziel der Wissenschaft, das lediglich wegen seiner vermuteten Eigenschaft, die Wahrheit einer Hypothese anzuzeigen, verfolgt würde (Patrick Maher, *Betting on Theories*, Cambridge 1993, S. 214-216). Ich kann mir nicht vorstellen, wie diese Argumentation auf andere epistemische Werte wie Fruchtbarkeit zu übertragen ist (und finde sie selbst für den Fall der Einfachheit schwer zu verteidigen).

sen, sondern wird typischerweise auch auf die weitere Entwicklung eines Forschungsprogramms Auswirkungen haben. Unterschiedliche Entscheidungen können verschiedene Gelegenheiten, weitere Wahrheiten zu entdecken, eröffnen oder verschließen. Das gilt sogar für unterschiedliche Arten von Fehlern. Es können deshalb auch allein im Hinblick auf das Ziel, Nichtwissen durch wahre Überzeugung zu ersetzen, zwischen den verschiedenen Arten von Fehlern Unterschiede in den Nutzenwerten bestehen – sogar zwischen dem Endzustand der Urteilsenthaltung, gegeben dass H wahr ist, und der Urteilsenthaltung, gegeben dass H falsch ist. Wenn man all dies berücksichtigt und die Nutzenwerte der korrekten Endzustände (repräsentiert auf einer Intervallskala) mit c und c' bezeichnet, die der Irrtumszustände mit e und e' und die der Urteilsenthaltung in den verschiedenen Weltzuständen mit k und k', bleibt da noch irgendetwas über die folgende Entscheidungssituation zu sagen, das ein realistisches Ideal für ein echtes epistemisches oder wissenschaftliches Unterfangen abgeben könnte?

	H ist wahr	H ist falsch
H akzeptieren	c	e'
H zurückweisen	e	c'
Sich des Urteils enthalten	k	k'

Abb. 2: Erweiterte epistemische Nutzenmatrix.

Ich denke, wir können noch ein gelockertes Ideal der Reinheit einer Untersuchung vertreten, indem wir die folgenden Annahmen zur Auflage machen: Die Werte, die sich in der Gestaltung einer echten wissenschaftlichen Untersuchung ausdrücken, sollten dergestalt sein, dass, falls H wahr ist, das Akzeptieren von H gegenüber der Urteilsenthaltung und dies wiederum gegenüber dem Zurückweisen präferiert wird; dagegen soll, gegeben dass H falsch ist, das Zurückweisen gegenüber der Urteilsenthaltung und dies gegenüber dem Akzeptieren präferiert werden. Anders gesagt, können wir plausiblerweise die folgenden Ordnungsrelationen unter den Nutzenwerten vorschreiben: $c > k > e$ und $c' > k' > e'$. Unter diesen Bedingungen folgt das folgende Resultat unmittelbar aus einem Vergleich der Erwartungsnutzenwerte: Ein idealer Bayesianischer Akteur würde

H akzeptieren, wenn $\Pr(H) > M_1$,

H zurückzuweisen, wenn $\Pr(\neg H) > M_2$,

und sich andernfalls des Urteils enthalten,

$$\text{wobei } M_1 = \max\left\{\frac{1}{1+\frac{c-k}{k'-e'}}, \frac{1}{1+\frac{c-e}{c'-e'}}\right\}$$

$$\text{und } M_2 = \max\left\{\frac{1}{1+\frac{c'-k'}{k-e}}, \frac{1}{1+\frac{c'-e'}{c-e}}\right\}.$$

Um sich im Einklang mit einer wie angegeben geordneten Menge von Nutzenwerten zu verhalten, sollten Wissenschaftler idealerweise ihre Untersuchung so einrichten, dass darin das Verhalten dieses Bayesianischen Akteurs nachgebildet wird.

Dieses Ergebnis zeigt, dass eine Nutzenstruktur wie die angegebene eine Antwort auf die Rudnersche Frage bereithält, wie sicher wir sein müssen, bevor wir H akzeptieren – nämlich in Form des Mindestbestätigungsgrades M_1.[41] Die genauen Niveaus akzeptabler Irrtumswahrscheinlichkeiten für beide Fehlertypen sind durch $(1-M_1)$ beziehungsweise $(1-M_2)$ gegeben. Wir sehen, dass das Gleichgewicht induktiver Risiken nicht in einer Identität der Größen für beide Typen von Irrtumswahrscheinlichkeit bestehen muss – selbst wenn die Nutzenwerte so interpretiert werden, dass sie ein rein epistemisches Interesse an der Untersuchung ausdrücken. Wir können erkennen, wie das Gleichgewicht (oder Ungleichgewicht) der Risiken legitimerweise variiert, in Abhängigkeit von den Intervallen zwischen c, k und e und denen zwischen c', k' und e'.

Erlaubt dieses Ergebnis uns, die Werte M_1 und M_2 als das *korrekte* Arrangement der induktiven Risiken anzusehen und jede Abweichung davon als einen Fall präferenzinduzierter Einseitigkeit? Eine solche Sichtweise müsste behaupten, dass es für jede Art empirischer Untersuchung objektiv bestimmte rein epistemische

41 Es sei angemerkt, dass, analog zur Situation in Levis ursprünglicher Matrix, die Werte für k und k' in realistischen Fällen jeweils näher bei c beziehungsweise c' als bei e beziehungsweise e' liegen werden, da andere Konstellationen die Tendenz zur Folge haben würden, selbst angesichts vergleichsweise schwacher Belege sofort Akzeptanz oder Zurückweisung als angezeigte Option auszuweisen. Wenn man dies und eine ungefähre Ähnlichkeit zwischen den Intervallen $c-e$ und $c'-e'$ voraussetzt, ergibt sich, dass für realistische Situationen $M_1 = \frac{1}{1+\frac{c-k}{k'-e'}}$ und $M_2 = \frac{1}{1+\frac{c'-k'}{k-e}}$ gelten wird.

Nutzenwerte c, c', e, e', k und k' für ihre möglichen Endzustände gebe. Dann wäre eine Abweichung der effektiven Schwellenwerte für Hypothesenakzeptanz und -zurückweisung von M_1 und M_2 entweder irrational oder würde das Eindringen anderer, »unreiner« Nutzenwerte (subjektiver Präferenzen) in das Entscheidungsproblem anzeigen.

Die lang anhaltende Debatte über Wissenschaft und Werte hat jedoch gezeigt, dass es zutiefst problematisch ist zu versuchen, epistemische von nicht-epistemischen und kognitive von nicht-kognitiven Werten abzusondern. Die gängige Art und Weise, eine solche Abtrennung anzugehen, ist es, zu erklären, dass die epistemischen Werte genau diejenigen seien, von denen wir annehmen, sie seien Indikatoren für die Wahrheit der Hypothesen und Theorien, die sie aufweisen.[42] Doch die Wahrheitsförderlichkeit von Einfachheit, Fruchtbarkeit und dergleichen kann kaum als erwiesen bezeichnet werden, sodass »unser« Glaube an ihre Brauchbarkeit als Wahrheitsanzeiger sehr wohl von Person zu Person unterschiedlich ausfallen kann.[43] So haben feministische Wissenschaftlerinnen und Wissenschaftler den weithin anerkannten »epistemischen Wert« der externen Konsistenz (das heißt der möglichst guten Übereinstimmung neuer Theorien und Hypothesen mit alten, etablierten) dafür kritisiert, eher ein Ausdruck der Zufriedenheit der Vertreter dieses Wertes mit dem Status quo zu sein als ein Indikator für Wahrheit.[44]

Selbst wenn es eine definitive Menge epistemischer *Werte* gäbe, wäre es noch immer unplausibel anzunehmen, dass durch diese Menge auf objektive Weise ein bestimmter, rein epistemischer *Nutzenwert* für jeden möglichen Endzustand jeder beliebigen Untersuchung festgelegt würde. Denn alle epistemischen Werte, die wir ausmachen können, sind für sich genommen unpräzise und können miteinander in Konflikt geraten, wie schon oft beobachtet

---

42 McMullin, »Values in Science«, S. 18.

43 Vgl. Janet A. Kourany, »A Philosophy of Science for the Twenty-First Century«, in: *Philosophy of Science* 70 (1) (2003), S. 1-14, hier S. 9.

44 Vgl. Helen E. Longino, »Cognitive and Non-Cognitive Values in Science: Rethinking the Dichotomy«, in: Lynn Henkinson Nelson und Jack Nelson (Hg.), *Feminism, Science, and the Philosophy of Science*, Dordrecht 1996, S. 39-58, hier S. 51 f.

wurde.[45] (Fälle miteinander in Konflikt geratender epistemischer Werte können wohlgemerkt nicht als unwahrscheinliche Sonderfälle abgetan werden. Einige epistemische Werte wie etwa Einfachheit und große Reichweite stehen in einem systematischen Spannungsverhältnis zueinander.[46] Die Anwendung auf jeden Einzelfall muss deshalb durch ein individuelles Urteil bewerkstelligt werden.

Es mag immer noch scheinen, dass wir für alle *praktischen* Erfordernisse gut genug zwischen akzeptablen und inakzeptablen Werteinflüssen unterscheiden können. Schließlich haben Forschungsethiker wie David Resnik genau das Problem von Interessenkonflikten und Einseitigkeiten im Sinn, wenn sie ethische und epistemologische Normen artikulieren, die eine akzeptable wissenschaftliche Forschung anleiten und definieren sollen.[47] Prinzipien wie die von Resnik vorgeschlagenen werden sicher breite Unterstützung finden und können verwendet werden, um viele wichtige Fälle von Fehlverhalten auszuschließen. Sie können jedoch nicht alle Probleme mit den in diesem Aufsatz angeführten Beispielen lösen. Doll zum Beispiel rechtfertigt seinen Schritt, bestimmte Hirntumorfälle aus seiner Rechnung herauszunehmen, ausdrücklich durch Verweis auf die methodologische Qualität der diese berichtenden Studie und auf die (mutmaßliche) Tatsache, dass sie selbst der Ursprung der zu testenden Hypothese sei. Er beruft sich also implizit auf die Prinzipien der Testbarkeit und der empirischen Stützung (um Resniks Terminologie zu verwenden).[48] Das Gleiche tun Wong und Whorton in ihrem bemerkenswerten Widerruf, wenn sie erklären, wegen einer möglichen diagnostischen Einseitigkeit in ihren Daten besorgt zu sein. Die vielfältigen akzeptierten Prinzipien wissenschaftlicher Forschung lassen der individuellen Entscheidung, in einer bestimmten Situation eine bestimmte Norm anzuwenden, eine Menge Spielraum. (Sie *müssen* diesen Spielraum lassen, da sie häufig in entgegengesetzten Richtungen wirken.) Wird dieser Spielraum konsequent zum Vorteil eines bestimmten Ergebnisses ausgenutzt, entsteht Einseitigkeit. Die in diesem Abschnitt diskutierten Schwierigkeiten sind deshalb keine

---

45 Vgl. zum Beispiel Kuhn, »Objectivity, Value Judgement, and Theory Choice«, S. 322; Larry Laudan, *Science and Values*, Berkeley 1984, S. 37 f.

46 Vgl. Longino, »Cognitive and Non-Cognitive Values in Science«, S. 44.

47 Resnik, *The Price of Truth*, insb. Kap. 7.

48 Ebd., S. 48.

rein philosophischen, und Bemühungen, zwischen epistemischen und nicht-epistemischen Werten oder zwischen akzeptablen und inakzeptablen Prinzipien zu unterscheiden, können nicht alle Probleme lösen – weder in der Theorie noch in der Praxis.

Zusammengenommen zeigen die obigen Überlegungen, dass man nicht für eine gegebene empirische Untersuchung einen bestimmten Satz von Nutzenwerten als denjenigen auszeichnen kann, der durch die objektiven, rein epistemischen Ziele oder Werte vorgegeben ist; man kann noch nicht einmal Einschränkungen auferlegen, wie eine Nutzenwertstruktur unter solchen Zielen und Werten aussehen darf – abgesehen von den von uns bereits festgelegten Ordnungsrelationen. In Abwesenheit weiterer prinzipiengeleiteter Beschränkungen für die Nutzenwerte c, c', e, e', k und k' bleibt aus der Perspektive individueller Rationalität erstaunlich wenig über legitime Testverfahren zu sagen. Was wir sagen *können*, ist, dass es Schwellenwerte geben muss (die echt kleiner als 1 und echt größer als 0 sind), sodass, wenn Hs Bestätigungsgrad den Schwellenwert M_1 überschreitet (beziehungsweise unter $1 - M_2$ fällt), die Hypothese akzeptiert (beziehungsweise zurückgewiesen) werden muss. Doch diese Schwellenwerte könnten sehr nahe bei 1 (beziehungsweise bei 0) liegen. Gegen diese Bedingung scheinen die in Abschnitt 2 diskutierten Beispiele nicht zu verstoßen, da sie es nicht von Anfang an *absolut unmöglich* machen, dass das unerwünschte Ergebnis als Resultat der Untersuchung akzeptiert werden könnte.[49]

Von unseren Bayesianischen Überlegungen zur individuellen Rationalität der Forscher bleibt uns also nur ein sehr schwaches Instrument der Kritik. Nur wenn die Gestaltung einer Untersuchung es völlig ausschließt, dass die Akzeptanz (oder Zurückweisung)

---

49 Beispielsweise erkannten alle oben erwähnten epidemiologischen Studien zu Vinylchlorid abschließend eine kausale Verbindung zwischen Vinylchlorid-Belastung und Angiosarkomen der Leber an (wo die empirischen Belege so stark sind, dass die Strategien der Reinterpretation der Daten, die auf die Hirntumorfälle angewandt wurden, unmöglich hätten funktionieren können). Selbst im Fall der unzulänglichen Experimente mit Bisphenol A war die Wahrscheinlichkeit, einen Effekt zu registrieren, dem Anschein nach nicht gleich null, da der verwendete Rattenstamm offenbar nicht vollkommen unempfindlich gegenüber Östrogen ist (vgl. vom Saal und Hughes, »An Extensive New Literature Concerning Low-Dose Effects of Bisphenol A Shows the Need for a New Risk Assessment«, S. 929).

von H als Ergebnis daraus hervorgehen könnte, kann die Diagnose gestellt werden, dass eine Verletzung der Bedingungen $c > k > e$, $c' > k' > e'$ und in diesem Sinne eine Entwertung des epistemischen Charakters der Untersuchung vorliegt. In realistischen Fällen präferenzinduzierter Einseitigkeit ist es eher plausibel anzunehmen, dass die wirksamen Werteinflüsse zu Nutzenwertverteilungen geführt haben, bei denen c, k und e nahe beieinander, c', k' und e' aber sehr weit voneinander entfernt liegen (wenn etwa H die Hypothese ist, dass eine bestimmte Substanz schädliche Auswirkungen auf die Gesundheit hat), was zu einer viel geringeren Toleranz für das Risiko führt, H fälschlicherweise zu akzeptieren, als für das Risiko, H fälschlicherweise zurückzuweisen. Solche ungleichen Abstände bei den Nutzenwerten aber gleich als Einseitigkeit zu bezeichnen würde bedeuten, in großem Umfang Forschungen, die wir typischerweise wertschätzen und ohne zu zögern als rein epistemisch ansehen, zu disqualifizieren (man denke an die Nutzenstruktur, die der meisten Grundlagenforschung in der Physik im Hinblick auf diejenige Hypothese zugrunde liegt, die besagt: »Es gibt eine einheitliche Repräsentation der Naturgesetze«).

7. Vertrauen und Einseitigkeit: Die Perspektive der sozialen Erkenntnistheorie

Vom Blickwinkel individualistischer Erkenntnistheorie aus und unter dem Eindruck der Einsicht, dass sich puristische Bestimmungen wertfreier Wissenschaft im Allgemeinen nicht aufrechterhalten lassen, scheint es daher immer noch so, dass die eingangs beschriebenen Fälle einfach die Variabilität wissenschaftlicher Verfahren unter verschiedenen zulässigen Werturteilen widerspiegeln. Bemerkenswerterweise scheint die biomedizinische Forschergemeinschaft dies aber nicht so zu sehen. Stattdessen wendet sie eine ganze Reihe sozialer Mechanismen an, um konventionelle Standards einzurichten, die dazu dienen, genau die Art von Phänomenen zu verhindern, die durch die Fälle aus Abschnitt 2 repräsentiert werden.

Erst jüngst wurde dies in markanter Weise beim Fall des *publication bias* sichtbar. Um (unter anderem) die Praxis zu verhindern, nur vorteilhafte Ergebnisse öffentlich bekannt werden zu lassen, haben verschiedene Organisationen Bemühungen angestoßen, alle klinischen Studien schon zu ihrem Beginn registrieren zu lassen. Besonders beachtenswert ist, dass das International Committee of Medical Journal Editors die Registrierung zur Vorbedingung dafür gemacht hat, dass eine Studie zur Veröffentlichung in einer seiner Mitgliederzeitschriften in Frage kommt.[50] Zusätzlich haben verschiedene Organisationen der biomedizinischen Gemeinschaft die Empfehlung an akademische Forscher ausgegeben, sicherzustellen, dass nach Maßgabe der Forschungsverträge, die sie unterschreiben, die Veröffentlichung von Ergebnissen nicht unterdrückt werden kann.[51]

Auch auf Aspekte des experimentellen Designs zielen häufig konventionelle Standards ab, die innerhalb der biomedizinischen Forschergemeinschaft vorgeschlagen und diskutiert werden. Zum Beispiel machte ein *peer review panel* über das Studium geringer Dosen endokrin aktiver Stoffe (zu denen Bisphenol A zählt), das 2001 von amerikanischen National Toxicology Program organisiert wurde, mehrere Empfehlungen zum Design von Studien, darunter die folgende: »Wegen klarer Unterschiede zwischen Spezies und

50 ICMJE, »Uniform Requirements for Manuscripts Submitted to Biomedical Journals: Writing and Editing for Biomedical Publication«, updated April 2010, International Committee of Medical Journal Editors, ⟨http://www.icmje.org/urm_full.pdf⟩, letzter Zugriff 1.9.2012., S. 11. Die Registrierung aller klinischen Studien wird beispielsweise auch von der World Association of Medical Editors und der Association of American Medical Colleges (AAMC) unterstützt (WAME, »Policy Statements, Prepared by the WAME Editorial Policy Committee«, World Association of Medical Editors 2012 ⟨http://www.wame.org/resources/policies⟩, letzter Zugriff 1.9.2012; David Korn und Susan Ehringhaus, »Principles for Strengthening the Integrity of Clinical Research«, in: *PLoS Clinical Trials* 1 (1) (2006), e1, S. 2). [Nachtrag zur deutschen Fassung: Seit 2008 ist dies als Abschnitt 19 auch Teil der Erklärung von Helsinki (WMA, »World Medical Association Declaration of Helsinki«, WMA General Assembly 2008, ⟨http://www.wma.net/en/30publications/10policies/b3/17c.pdf⟩, letzter Zugriff 1.9.2012, S. 3).]

51 Dazu gehören das American College of Physicians – American Society of Internal Medicine (Susan L. Coyle, »Physician – Industry Relations. Part 1: Individual Physicians«, in: *Annals of Internal Medicine* 136 (5) (2002), S. 396-402, hier S. 400) und abermals die AAMC (Korn und Ehringhaus, »Principles for Strengthening the Integrity of Clinical Research«, S. 2). Das ICMJE (»Uniform Requirements for Manuscripts«, S. 5) schlägt vor, dass Herausgeber »sich entscheiden können, einen Artikel nicht zur Veröffentlichung in Betracht zu ziehen, wenn ein Sponsor die Kontrolle über die Rechte der Autoren auf Veröffentlichung ausübt« (meine Übers.).

Stämmen hinsichtlich der Empfindlichkeit sollte sich die Auswahl des Tiermodells auf sein Ansprechen auf relevante endokrin aktive Stoffe (das heißt auf sein Ansprechen auf Positivkontrollen) stützen und nicht auf Bequemlichkeit und Vertrautheit.«[52] Offenkundig würde diese methodologische Regel die CD(SD)-Ratte von der Verwendung für Studien zu Bisphenol A ausschließen. Im Falle des zweiten Beispiels für einseitiges experimentelles Design, der Substandard-Vergleiche bei Medikamentenstudien (wie im Fall von Fluconazol), lässt sich ein entsprechender konventioneller Standard der biomedizinischen Gemeinschaft in Abschnitt 32 der Erklärung von Helsinki finden: »Nutzen, Risiken, Belastungen und die Wirksamkeit einer neuen Maßnahme müssen gegen diejenigen der gegenwärtig besten nachgewiesenen Maßnahme getestet werden [...].«[53]

Fragen der Ergebnisinterpretation mögen am wenigsten durch explizite Standards erfassbar scheinen. Angesichts der wiederholten ungewöhnlichen Interpretationen epidemiologischer Daten zu Vinylchlorid und Hirntumor-Todesfällen ist es eine interessante Entwicklung, dass mehr und mehr Herausgeber medizinischer

---

52 NTP, *National Toxicology Program's Report of the Endocrine Disruptors Low-Dose Peer Review*, National Toxicology Program, U. S. Department of Health and Human Services, Triangle Park/NC 2001, ⟨http://ntp-server.niehs.nih.gov/ntp/htdocs/liason/LowDosePeerFinalRpt.pdf⟩, letzter Zugriff am 1. 9. 2012, S. vii, meine Übers. Diese sehr spezifische Empfehlung wiederholt den gebräuchlicheren und generelleren Rat, bei Tierversuchen besondere Umsicht bei der Einrichtung angemessener Kontrollgruppen walten zu lassen und zu berücksichtigen, dass »häufig mehr als eine Kontrolle nötig ist« (Paula D. Johnson und David G. Besselsen, »Practical Aspects of Experimental Design in Animal Research«, in: *ILAR Journal* 43 (4) (2002), S. 203-206, hier S. 206, meine Übers.). Vgl. auch Michael F. W. Festing und Douglas G. Altman, »Guidelines for the Design and Statistical Analysis of Experiments Using Laboratory Animals«, in: *ILAR Journal* 43 (4) (2002), S. 244-258, hier S. 248.

53 WMA, »World Medical Association Declaration of Helsinki«, S. 5, meine Übers. Dieses Prinzip (manchmal »equipoise« oder »uncertainty principle« genannt) wurde zwar ursprünglich als ein ethisches aufgenommen, um Studienteilnehmer zu schützen, doch seine methodologische Relevanz wird inzwischen in der biomedizinischen Forschergemeinschaft weithin anerkannt (vgl. Hans Peter Dietz, »Bias in research and conflict of interest: Why should we care?«, in: *International Urogynecology Journal* 18 (2007), S. 241-243, Benjamin Djulbegovic u. a., »The Uncertainty Principle and Industry-Sponsored Research«, in: *The Lancet* 356 (2000), S. 635-638).

Zeitschriften inzwischen die Erklärung und Veröffentlichung aller relevanten finanziellen Interessen von Autoren verlangen.[54] In starkem Kontrast hierzu wurde der Umstand, dass Richard Dolls Übersichtsarbeit von der chemischen Industrie bestellt und bezahlt wurde, erst zwölf Jahre später im Zuge eines Gerichtsverfahrens offengelegt;[55] zusätzliche gewichtige persönliche Verflechtungen finanzieller Art mit der chemischen Industrie kamen erst nach Dolls Tod ans Tageslicht.[56] Doch lassen sich sogar auf einer spezifisch methodologischen Ebene einschlägige Bemühungen entdecken, Standards vorzuschlagen, die Einseitigkeit verhindern sollen. In einer methodologischen Arbeit zu Überblicksdarstellungen und Metaanalysen empfiehlt eine Gruppe internationaler Epidemiologen, dass jede epidemiologische Übersichtsarbeit im Studienprotokoll eine ausdrückliche Beschreibung brauche, wie Einzelstudien für die Aufnahme in die Übersicht ausgewählt werden sollen, und dass die Analyse daraufhin auf »alle Studien, die nach den ausdrücklichen Aufnahmekriterien relevant sind«, zurückgreifen müsse.[57] Die konsequente Anwendung dieses Vorschlags würde die Art von Ad-hoc-Reinterpretation der Datengrundlage für einen einzelnen Analyseaspekt verhindern, die es Doll erlaubte, die Mortalität durch Hirntumore in seiner Übersichtsarbeit zu Vinylchlorid herunterzuspielen.

Es scheint, dass es zu jedem der Fälle von Einseitigkeit, die wir betrachtet haben, Standards gibt, die als Konventionen in der biomedizinischen Forschergemeinschaft vorgeschlagen und diskutiert wurden und die, wären sie befolgt worden, den jeweiligen Problemen entgegengewirkt hätten. Die konventionellen Standards sind methodologischer Art, wenn auch in einem weiten Sinn (da sie auch Empfehlungen zu Veröffentlichung und Verbreitung der Ergebnisse enthalten), und sie treten in unterschiedlichen Graden

---

54 ICMJE, »Uniform Requirements for Manuscripts«, S. 8-9; WAME, »Conflict of Interest in Peer-Reviewed Medical Journals«, World Association of Medical Editors 2009, ⟨http://www.wame.org/conflict-of-interest-in-peer-reviewed-medical-journals⟩, letzter Zugriff am 1. 9. 2012.

55 Sass u. a., »Vinyl Chloride«, S. 810.

56 Sarah Boseley, »Renowned Cancer Scientist Was Paid by Chemical Firm for 20 Years«, in: *The Guardian*, 8. Dezember 2006, S. 1.

57 Maria Blettner u. a., »Traditional Reviews, Meta-analyses and Pooled Analyses in Epidemiology«, in: *International Journal of Epidemiology* 28 (1999), S. 1-9, hier S. 3, meine Übers.

der Allgemeinheit, der Verbindlichkeit und der Explizitheit auf. Sie haben nicht immer den Status strikter, kodifizierter und allgemein akzeptierter methodologischer Regeln; einige von ihnen werden möglicherweise kaum jemals ausdrücklich formuliert, außer wenn es einen Verstoß gegen sie zu kritisieren gilt.

Dennoch lassen sich die konventionellen Standards einer Forschungsgemeinschaft ausmachen, und der Umstand, dass sich ihre Mitglieder auf sie berufen, wenn sie die Arbeit anderer kritisieren, bezeugt ihre Relevanz. Im gegenwärtigen Kontext wirft die Existenz solcher Standards zwei wichtige Fragen auf. Erstens scheint das Vorhandensein konventioneller Standards bei den von uns betrachteten Fällen, in denen gegen solche Standards verstoßen wurde, das intuitive Gefühl zu verstärken, dass es sich bei ihnen um Fälle *erkenntnistheoretischer* Unzulänglichkeit handelt. Warum? Zweitens legen sämtliche Standards den Möglichkeiten, wie die freie Ausübung von Werturteilen Einfluss auf das (in Abschnitt 6 diskutierte) Gleichgewicht induktiver Risiken haben kann, implizite Beschränkungen auf. Wenn, wie nahegelegt, Werturteile bei praktisch jedem Schritt ein integraler Bestandteil des Forschungsprozesses sind, wie können dann solche Beschränkungen gerechtfertigt sein?

Auf den verbleibenden Seiten dieser Arbeit möchte ich eine Analyse der konventionellen Standards einer Forschergemeinschaft vorschlagen, die sie zu einem Schlüsselelement für das Verständnis präferenzinduzierter Einseitigkeit macht und zugleich die zwei Fragen des vorigen Absatzes zu beantworten hilft. Für diese Analyse müssen wir die Perspektive individueller Rationalität aufgeben und stattdessen den Blickwinkel der sozialen Erkenntnistheorie einnehmen. Ich schlage vor, dass ein konventioneller Standard eine Bemühung der Mitglieder einer Forschergemeinschaft darstellt, ihre Praktiken zu koordinieren, um Vertrauen in ihre Forschungsergebnisse zu ermöglichen und zu bewahren.

Aus mindestens zwei (miteinander verknüpften) Gründen spielt Vertrauen für die soziale Erkenntnistheorie der Wissenschaften eine entscheidende Rolle: Erstens erfordert es die kognitive Arbeitsteilung innerhalb der Wissenschaften, dass jeder Forscher auf zuverlässige Weise Abschätzungen der Verlässlichkeit der Ergebnisse der jeweils anderen vornimmt. Überdies spielt die Wissenschaft auch für die Gesellschaft als Ganzes eine besondere epistemische Rolle – eine Rolle, die für die Erkenntnissituation jedes einzelnen

Mitglieds der Gesellschaft zentral ist, der Art nach (wenn auch nicht in den Details) ähnlich der besonderen Rolle des Journalismus. Grob gesagt, gruppieren sich die zu dieser Rolle gehörigen Funktionen um die Erzeugung einer bestimmten Art von sehr verlässlichen Informationen. Wir brauchen nicht näher ins Detail zu gehen, um feststellen zu können, dass die Ausfüllung derartiger Funktionen ein verbreitetes epistemisches Vertrauen in die Ergebnisse der Wissenschaft voraussetzt. In einem Hintergrundbericht zu einem der ausdrücklich normativen Dokumente, auf die ich mich bei der Identifikation konventioneller Standards gestützt habe (siehe oben Fußnoten 50 und 51), beschreiben die Autoren, die eine Arbeitsgruppe der Association of American Medical Colleges (AAMC) repräsentieren, als ihr erklärtes Ziel, »das öffentliche Vertrauen in die klinische Forschung unter Bewahrung des medizinischen Fortschritts zu erhalten«.[58] Die Öffentlichkeit, so erklären sie, »besteht darauf, dass Universitäten […] weiterhin der Gesellschaft als vertrauenswürdige und unparteiische Schiedsrichter des Wissens dienen«.[59]

Epistemisches Vertrauen in Forschungsergebnisse kann sich nur entwickeln und stabilisieren, wenn es möglich ist, *realistische* Abschätzungen ihrer Verlässlichkeit vorzunehmen. Die soziale Epistemologie der Wissenschaften setzt somit voraus, dass alle möglichen Akteure innerhalb und außerhalb der Wissenschaft differenzierte Haltungen des Sich-Verlassens auf verschiedene Arten institutionell abgesicherter wissenschaftlicher »Ergebnisse« ausbilden. Typischerweise können sie jedoch nicht die Werturteile abschätzen, die bei der jeweiligen Forschung wirksam waren. Dies droht, den Versuch, die Verlässlichkeit eines Ergebnisses zu beurteilen, zu vereiteln, denn wie wir gesehen haben, haben Werturteile aus individualistischer Perspektive einen großen Einfluss auf die zulässigen Irrtumswahrscheinlichkeiten. In dieser Situation nehmen Forschergemeinschaften konventionelle Standards an, die den zulässigen Irrtumswahrscheinlichkeiten implizite Beschränkungen

58 AAMC, »Protecting Subjects, Preserving Trust, Promoting Progress – Policy and Guidelines for the Oversight of Individual Financial Interests in Human Subjects Research«, AAMC Task Force on Financial Conflicts of Interest in Clinical Research 2001, ⟨https://www.aamc.org/download/75302/data/firstreport.pdf⟩, letzter Zugriff 1.9.2012. S. 1, meine Übers.

59 Ebd., S. 24.

auferlegen. Idealerweise ermöglicht dies den einzelnen epistemischen Akteuren, einen verlässlichen Sinn für die Zuverlässigkeit bestimmter Arten wissenschaftlicher Ergebnisse (wie zum Beispiel der Schlussfolgerungen epidemiologischer Metaanalysen) zu entwickeln – und zwar auf der Basis ihrer Erfahrungen und ihrer Kenntnisse der jeweiligen Verfahren, ohne aber in jedem Fall wissen zu müssen, welches Ergebnis die jeweiligen Forscher in welchem Maß gewünscht hätten. Die konventionellen Standards sind Lösungen für Koordinationsprobleme (wie es nach David Lewis alle Konventionen sind).[60] Es spielt nicht so sehr eine Rolle, welche spezifische Verteilung der induktiven Risiken ein jeweiliger Standard zur Folge hat, sondern eher dass es überhaupt einen Standard gibt, der in verlässlicher Weise von allen in der Gemeinschaft befolgt wird. Mit Hilfe solcher gängigen Standards können Anwender lernen, die Verlässlichkeit verschiedener Arten von Ergebnissen einzuordnen. Offenkundigerweise erfordert dies trotzdem Geschick und Kenntnisse, da die Standards für verschiedene Verfahren und bei verschiedenen Forschergemeinschaften variieren können. Der entscheidende Vorteil ist jedoch, dass die Anwender keine Vermutungen über die Werturteile der Forscher anstellen müssen. Die Standards sind in dem Sinne willkürlich, dass es für dasselbe Koordinationsproblem auch eine andere Lösung hätte geben können, aber sobald eine bestimmte Lösung von der Gemeinschaft angenommen wird, wird sie dadurch in einem bestimmten Sinn verbindlich. Wie schwerwiegend beispielsweise der epistemische Fehler ist, Positivkontrollen zu ignorieren, ist determiniert durch eine epistemische Umwelt, in der die Beachtung aller relevanter Kontrollen für selbstverständlich genommen wird (und in der man sich daher darauf verlässt) – ebenso wie es relativ zu einer sich strikt an die Regel des Rechtsfahrgebotes haltenden sozialen Umwelt ist, wie schwerwiegend die Verkehrsgefährdung ist, wenn jemand links fährt. Ich behaupte nicht, dass alle konventionellen methodologischen Standards, die tatsächlich in Gebrauch sind, *optimale* Lösungen für das Koordinationsproblem sind, epistemisches Vertrauen zu ermöglichen und zu erhalten – offensichtlich ergänzen und verändern Forschergemeinschaften manchmal ihre Standards. Aber solange ein konventioneller methodologischer Standard gut etabliert ist und

60 David K. Lewis, *Convention: A Philosophical Study*, Cambridge/MA 1969, Kap. 1.

nicht offen in Frage gestellt wird, gewinnt diese Tatsache schon von sich aus eine sozialepistemologische Bedeutung. Es ist die Missachtung von wichtigen und gängigen kollektiven vertrauensermöglichenden Maßnahmen, die wir in Fällen, bei denen Konventionen übertreten werden, als epistemisches Versagen empfinden.

Man könnte versucht sein zu spekulieren, dass konventionelle Standards typischerweise ein symmetrisches Gleichgewicht der induktiven Risiken veranschlagen sollten, dass sie also dazu neigen sollten, L-Einseitigkeit zu vermeiden und somit epistemische Reinheit (im Sinne von Abschnitt 4) als regulatives Ideal anzuwenden.[61] In der Praxis dagegen können viele gängige Verfahren nicht so verstanden werden. So ist zum Beispiel das gängige statistische Verfahren des Signifikanztests nur in dem einen Sinn darauf ausgerichtet, »strenge Tests« zu gewährleisten, dass eine anspruchsvolle evidenzielle Hürde überwunden werden muss, bevor die Behauptung, dass tatsächlich ein Effekt vorliegt, *akzeptiert* werden darf. Zwischen der Urteilsenthaltung und dem Zurückweisen des Bestehens eines Effekts unterscheiden solche Tests im Normalfall noch nicht einmal (auf eine wohldefinierte Weise). Die Methode ist klarerweise daraufhin ausgerichtet, den so genannten »Typ I-Fehler« zu vermeiden, fälschlicherweise das Bestehen eines Effekts zuzuerkennen, der in Wirklichkeit nicht besteht, und setzt daher implizit voraus, dass dies der schwerwiegendere der beiden Fehlertypen ist.[62] In ihrer Normalform sind klassische Signifikanztests daher ungeeignet zur Vermeidung von L-Einseitigkeit. Das ist bemerkenswert, da Signifikanztests selbst ein wichtiges standardisiertes Verfahren darstellen und viele Konventionen des Testens von Hypothesen in ihre Methodologie eingebettet sind, wie zum Beispiel die verbreitete Konvention, 0,05 als höchstes noch vertretbares Signifikanzniveau anzusehen. Klarerweise bedingen auch die zu statistischen Tests gehörigen konventionellen Standards Einschränkungen der zuläs-

---

61 Dies mag in den Dokumenten, die konventionelle Standards vorschlagen, oft mit den Beschreibungen der erklärten Ziele gemeint sein, bei denen häufig dargelegt wird, es gehe um das Problem von »bias« und seiner Vermeidung. Vgl. ICMJE, »Uniform Requirements for Manuscripts«, Korn und Ehringhaus, »Principles for Strengthening the Integrity of Clinical Research«, S. 1, AAMC, »Protecting Subjects, Preserving Trust, Promoting Progress«, S. 1; Coyle, »Physician-Industry Relations. Part 1«, S. 400 und WAME, »Conflict of Interest in Peer-Reviewed Medical Journals«.

62 Vgl. Levi, »On the Seriousness of Mistakes«, S. 58-63.

sigen Irrtumswahrscheinlichkeiten. Die in ihnen implizit vorausgesetzten Präferenzstrukturen sind nicht symmetrisch; dennoch ist ihre spezifische Asymmetrie in der wissenschaftlichen Praxis gängig und etabliert und dadurch vertrauensermöglichend.[63]

Wie gesehen, verletzt jeder der in Abschnitt 2 diskutierten Fälle die eine oder andere Konvention von der Art, wie Forschergemeinschaften sie aufstellen, um ihre sozialepistemologischen Rollen ausfüllen zu können. Diese Einsicht kann endlich zu einer verbesserten Definition präferenzinduzierter Einseitigkeit führen: Präferenzinduzierte Einseitigkeit ist die Verletzung eines expliziten oder impliziten konventionellen Standards der betreffenden Forschergemeinschaft mit dem Ziel, die Wahrscheinlichkeit zu erhöhen, ein präferiertes Ergebnis zu erzielen. Die Intuition, dass präferenzinduzierte Einseitigkeit eine erkenntnistheoretische Unzulänglichkeit bedeutet (und nicht nur eine Frage abweichender Wertvorstellungen), kann daher schließlich innerhalb des Rahmens der sozialen Erkenntnistheorie eingefangen werden. Es ist darauf hinzuweisen, dass der manchmal vage und oft nur implizite Charakter konventioneller Standards eine beträchtliche Grauzone bei der Identifikation präferenzinduzierter Einseitigkeit mit sich bringt.

Die so definierte präferenzinduzierte Einseitigkeit zeigt, dass tatsächlich *Fälle existieren*, bei denen die Verschiebung der Verteilung zwischen den beiden Typen induktiver Risiken berechtigterweise als eindeutig epistemischer Fehler angesehen wird, ganz gleich, welche Werte wir vertreten mögen. Ich beanspruche nicht, dass dieser Begriff präferenzinduzierter Einseitigkeit alle erkenntnistheoretischen Probleme erfasst, die durch den ungebührlichen Einfluss von Präferenzen verursacht werden. Zum Beispiel könnte man dafürhalten, dass manchmal die konventionellen Standards einer Forschergemeinschaft selbst durch Interessen und Präferenzen auf eine erkenntnistheoretisch problematische Weise verzerrt sind.[64] Es

---

63 Ich danke Birgitte Wandall für eine hilfreiche Diskussion über eine irrige Vorläuferversion dieses Absatzes.

64 Eine Illustration dieser Möglichkeit bietet die Argumentation Kristin Shrader-Frechettes für die These, dass unzulängliche Empfehlungen der Internationalen Strahlenschutzkommission auf problematische methodologische Annahmen bei den ihnen zugrunde liegenden Forschungen zurückgeführt werden könnten (Kristin Shrader-Frechette, »Using Metascience to Improve Dose-Response Curves in Biology: Better Policy through Better Science«, in: *Philosophy of Science* 71 (5) (2004), S. 1026-1037).

ist offensichtlich, dass diese Art von These auf eine andere Art und Weise expliziert werden muss als durch die von mir vorgeschlagene Analyse präferenzinduzierter Einseitigkeit.

Mein Argument ist wohlgemerkt nicht, dass (gute) Wissenschaft am Ende doch frei von individuellen Werturteilen ist, und auch nicht, dass die Art und Weise, wie Wertannahmen auf die Verteilung induktiver Risiken einwirken können, immer konventionell eingeschränkt ist. Ich nehme nicht an, dass kritische Entscheidungen im Forschungsprozess immer auf ähnliche Weise durch Regeln und Standards erfasst sind wie mehr oder weniger standardisierte Verfahren. Ich gehe zum Beispiel nicht davon aus, dass es Entscheidungen über die Annahme einer ganzen Theorie oder die Akzeptanz oder Ablehnung einer neuartigen Methode geben kann, die frei von individuell wertenden Einschätzungen sind. Akzeptable Irrtumswahrscheinlichkeiten in solchen Situationen sind allenfalls durch die Bedingungen »gelockerter Reinheit« aus Abschnitt 5 eingeschränkt. Dennoch gibt es viele Verfahren und Aspekte der Forschung, die engeren Einschränkungen unterliegen, bedingt durch die etablierten Konventionen der Gemeinschaft.

Ein Punkt, der noch anzusprechen bleibt, ist das mögliche Bedenken, die vorliegende Analyse könnte für eine Analyse aus dem Blickwinkel der sozialen Erkenntnistheorie in gewisser Weise »nicht sozial genug« sein. Schließlich baut sie auf konventionellen Standards auf, die zwar sozial konstituiert sind, aber im Prinzip von Individuen befolgt werden können. Im Gegensatz dazu haben andere soziale Erkenntnistheoretikerinnen und -theoretiker argumentiert, dass die Wissenschaft ihre Objektivität durch Normen und Verfahren behauptet oder behaupten sollte, die selbst auf der sozialen Ebene operieren, indem sie soziale Prinzipien wie die Gleichheit epistemischer Autorität und das Vorhandensein anerkannter Kanäle der wechselseitigen Kritik in einer pluralistischen wissenschaftlichen Gemeinschaft garantieren.[65] Sicher kann und wird jedoch eine Forschergemeinschaft *verschiedene* Maßnahmen ergreifen, um

---

65 Helen E. Longino, *Science as Social Knowledge: Values and Objectivity in Scientific Inquiry*, Princeton 1990, Kap. 4. In ähnlicher Weise findet Miriam Solomon (*Social Empiricism*, Cambridge/MA 2001, insb. Kap. 8) an individuellen Einseitigkeiten nichts verkehrt (außer dass sie den Ausdruck »bias« ablehnt) und hält sie sogar für produktiv, solange sie nicht in der Gemeinschaft auf schlechte Weise verteilt sind.

das Vertrauen, das die Grundlage ihrer Existenz bildet, zu erhalten. Diese werden plausiblerweise sowohl methodologische Standards einschließen als auch Normen, welche die soziale Organisation und Interaktion betreffen.[66] Mein Anliegen in diesem Aufsatz war es, die Probleme bei bestimmten Fällen von Forschung zu identifizieren, die den Anschein epistemischer Unzulänglichkeit erwecken – selbst wenn man sie individuell betrachtet. (Man scheint nicht berücksichtigen zu müssen, wie viele andere, öffentliche Studien über Bisphenol A es außerdem gegeben hat, um an den problematischen industriefinanzierten Studien etwas falsch zu finden.) Meine These ist, dass *in diesen Fällen* das Problem in der Verletzung konventioneller Standards liegt und dass Letztere als Bemühungen um die Koordination zulässiger Irrtumswahrscheinlichkeiten innerhalb einer epistemischen Gemeinschaft betrachtet werden müssen. Die Analyse *ist* deshalb in wesentlicher Weise eine soziale.

Es ist gut, sich das parallele Vorhandensein eher »methodologischer« und anderer, in offensichtlicherer Weise »sozialer« Absicherungen von Vertrauen und Objektivität vor Augen zu halten, wenn es um die Erwägung praktischer Konsequenzen geht. Die Tatsache, dass die ursprüngliche Verfehlung in bestimmten Fällen von Einseitigkeit in der Verletzung eines Standards der Gemeinschaft besteht, bedeutet nicht, dass die effektivste Gegenmaßnahme gegen das Phänomen präferenzinduzierter Einseitigkeit nicht auf sozialer Ebene operieren könnte. Solche sozialen Maßnahmen könnten zum Beispiel in Anstrengungen bestehen, auf bestimmten Gebieten der wachsenden Menge von Forschungsarbeiten, die von Akteuren mit starken Interessen finanziert wurden, als Ausgleich öffentlich finanzierte Forschungen entgegenzusetzen oder auf andere Weise die Durchführung von beispielsweise klinischen Studien institutionell so zu organisieren, dass ein Einfluss der Finanziers auf die Forschungsergebnisse verhindert wird.[67]

---

66 Nach Longinos eigener Ansicht spielen öffentliche Standards der Forschung eine wesentliche Rolle dabei, eine kognitive Gemeinschaft zu formen und zu definieren (Helen E. Longino, *The Fate of Knowledge*, Princeton 2002, S. 130 f. und S. 145 f.).

67 Vgl. Justin Biddle, »Lessons from the Vioxx Debacle: What the Privatization of Science Can Teach Us about Social Epistemology«, *Social Epistemology* 21 (1) (2007), S. 21-39.

8. Schluss

Ich habe argumentiert, dass präferenzinduzierte Einseitigkeit in der Verletzung konventioneller Standards der jeweiligen Forschergemeinschaft besteht, um das Eintreten eines erwünschten Ergebnisses wahrscheinlicher zu machen. Diese Analyse wird der Intuition gerecht, dass präferenzinduzierte Einseitigkeit eine epistemische Unzulänglichkeit bedeutet, da die konventionellen Standards selbst von der Gemeinschaft in dem Bemühen angenommen werden, epistemisches Vertrauen möglich zu machen und zu bewahren und die Fähigkeit der Gemeinschaft sicherzustellen, ihre epistemischen Rollen auszufüllen. Sie erklärt auch, warum die Diagnose präferenzinduzierter Einseitigkeit oft keine festumrissene Angelegenheit ist, denn die fraglichen konventionellen Standards treten in unterschiedlichen Graden von Explizitheit und Allgemeinheit auf.

Als zweite Schlussfolgerung ist zu bemerken, dass eine Analyse präferenzinduzierter Einseitigkeit als epistemische Unzulänglichkeit nur möglich war, indem wir sie aus der Perspektive der sozialen Erkenntnistheorie betrachteten. Die verschiedenen Bezugssysteme individueller Rationalität, die wir betrachtet haben, haben über den Zusammenhang zwischen induktiven Risiken und bestimmten Verständnisweisen von Einseitigkeit Aufschluss gegeben, aber sie boten uns keine hinreichend bestimmten und zugleich realistischen Beschränkungen, um zwischen Fällen unvermeidbarer Wertbeladenheit und inakzeptabler präferenzinduzierter Einseitigkeit eine klare Linie zu ziehen. Nach dem Bild, das sich aus unserer Untersuchung ergibt, wird diese Linie erst sozial konstituiert – durch die Ausbildung konventioneller vertrauensbewahrender Standards.

Die dritte und letzte Schlussfolgerung, die ich hervorheben möchte, ist, dass sich im Lichte dieser Standards die aus erkenntnistheoretischer Sicht zulässige Kontrolle der individuellen Werturteile von Forschern über die Verteilung induktiver Risiken als begrenzt erweist. Die Reichweite der Standards beschränkt sich zwar auf gewisse Verfahren und Aspekte des Forschungsprozesses, die der Reglementierung durch explizite und implizite Regeln gut zugänglich sind. Doch wie die diskutierten Beispiele zeigen, können diese begrenzten Aspekte von großer Bedeutung sein. Auch wenn die Kritik der hergebrachten Vorstellungen von wertfreier Wissenschaft uns wichtige Einsichten gebracht hat, wäre daher ein

Bild der Wissenschaft, das sie als offenes Spielfeld für individuelle Werturteile darstellte, stark übertrieben.

Helen E. Longino
Werte, Heuristiken und die Politik des Wissens

1. Einleitung

Viele Philosophen haben behauptet, dass die Wahl einer wissenschaftlichen Theorie von so genannten »superempirischen« Werten wie Einfachheit, Reichhaltigkeit oder Vereinheitlichung angeleitet wird. Wenngleich diese zur Akzeptanz von Hypothesen beitragen, die über eine reine Summierung oder Generalisierung von Daten hinausgehen, gelten sie dennoch als epistemische Werte, weil sie entweder als wahrheitsindikativ oder als Grundlage wissenschaftlichen Verstehens angesehen werden. Unterschiedlich positionierte Wissenschaftskritiker diskutieren über den Anspruch moderner westlicher Wissenschaften, wertfrei und wahrheitsgesteuert zu sein. In den USA wurde die nachdrücklichste Kritik daran von feministischen Wissenschaftlerinnen, Historikerinnen und Wissenschaftstheoretikerinnen geäußert. In den folgenden Überlegungen werde ich an diese feministischen Arbeiten anknüpfen. Ich bin jedoch der Ansicht, dass die allgemeinen Punkte einen breiteren Anwendungsbereich haben und uns helfen können, über eine kritische Auseinandersetzung mit den Wissenschaften aus anderen Perspektiven nachzudenken.

Ein Großteil der feministischen Literatur über die Inhalte und Methoden der Wissenschaften hebt zwei gängige Themen hervor: einen grundlegenden Anti-Reduktionismus und die Betonung der praktischen Dimension der Forschung beziehungsweise die Erweiterung der Wissenschaften in die soziale und materielle Welt hinein. Diese Themen stehen im Einklang mit einer Rubrik, die in der Wissenschaftstheorie bereits verwendet wird: der Rubrik der superempirischen – kognitiven, erkenntnistheoretischen, wissenschaftlichen oder theoretischen – Werte (welche Bezeichnung man verwendet, hängt vom Anspruch ab, den man an diese Werte stellt). Feministische Themen können nicht nur als Kritik gelesen werden, sondern auch als Versionen positiv ausgedrückter Werte, die zu den traditionell zitierten Wissenschaftswerten im Gegensatz stehen. Die Bezeichnung »Tugenden« mag geeigneter sein, da sie darauf hinweist, dass wir hier über Eigenschaften und Qualitäten von Theorien, Modellen oder Hypothesen sprechen. Weiter unten werde ich nahelegen, dass die Bezeichnung »Heuristik« sogar noch besser passt.

Vorläufig werde ich bei Tugenden oder Werten bleiben. Theoretische Tugenden oder Werte sind jene Qualitäten oder Eigenschaften einer Theorie, eines Modells oder einer Hypothese, deren Anwesenheit sie zumindest lobenswert macht, aber auch plausibel und schließlich wert, akzeptiert zu werden, beziehungsweise deren Abwesenheit dazu führt, dass die Theorie in Verruf gerät und schließlich zurückgewiesen wird. Ich werde zunächst über diese Tugenden sprechen und erläutern, was sie nahelegen und wodurch sie sich von den orthodoxen etablierten Tugenden unterscheiden. Dann möchte ich die Frage aufwerfen, was an diesen Tugenden sie für spezifisch feministische Untersuchungen auszeichnen würde? Überraschenderweise ist es gerade die Antwort auf diese Frage, die Stoff für allgemeinere Überlegungen liefert. Ich gelange zu diesen Überlegungen, indem ich die Antwort in Bezug auf die feministischen Untersuchungen mit meinen Ansichten über Wissenschaft und Forschung verbinde. Dies wird den Weg für einige abschließende Überlegungen über die Politik des Wissens bereiten.

Die Tugenden, die ich in feministischen Wissenschaftsstudien befürwortet und verteidigt gefunden habe, umfassen empirische Adäquatheit, Neuartigkeit, ontologische Heterogenität, Komplexität oder Gegenseitigkeit der Interaktion, Anwendbarkeit auf menschliche Bedürfnisse und Dezentralisierung der Macht beziehungsweise Gleichverteilung der Macht. Während empirische Adäquatheit sowohl von feministischen wie nicht-feministischen Forscherinnen befürwortet wird, stehen die übrigen fünf Tugenden in spannendem Gegensatz zu den für gewöhnlich gepriesenen Werten der Konsistenz mit Theorien aus anderen Bereichen, der Einfachheit, der erklärenden Kraft und der Allgemeinheit, sowie der Fruchtbarkeit und der Widerlegbarkeit. Viele Wissenschaftstheoretiker haben sich auf diese eher traditionellen oder orthodoxen Tugenden berufen, auch wenn sie nicht frei von Kritiken durch Mainstream-Vertreter waren.[1]

1 Zu Verteidigern dieser Werte siehe Thomas Kuhn, »Values, Objectivity and Theory Choice«, in: ders., *The Essential Tension*, Chicago 1977, S. 120-139, und Ernan McMullin, »Values in Science«, in: Peter D. Asquith und Thomas Nickles

2. Die feministischen Alternativen

Empirische Adäquatheit bedeutet die Übereinstimmung der beobachtbaren Behauptungen einer Theorie mit dem Datenmaterial. Dieses Merkmal wird von Feministinnen geschätzt, die der falschen Darstellung von Geschlechterrollen und Geschlechterverhältnissen in traditionellen Theorien oder Modellen kritisch gegenüberstehen. Es wird sowohl von feministischen als auch dem Mainstream verschriebenen Wissenschaftlern gleichermaßen wertgeschätzt. Empirische Adäquatheit (selbst wenn sie durch die Forderung ergänzt wird, dass es tatsächlich auch beobachtbare Konsequenzen geben muss, die mit den Daten verglichen werden können) ist allerdings aufgrund eines philosophischen Problems, das als die Unterbestimmtheit von Theorien durch Daten bekannt ist, kein hinreichendes Kriterium für die Theorienwahl.

Die Unterbestimmtheit, mit der ich mich befasse, entsteht durch eine semantische Lücke zwischen den meisten Hypothesen und den beobachtbaren Daten, die als Belege für sie angeführt werden. Zum Beispiel werden die Daten für Hypothesen über die Wechselwirkung, Kollisionen und den Zerfall von Elementarteilchen in einer Sprache beschrieben, die sich von jener unterscheidet, in der die vermeintlichen Wechselwirkungen dargestellt werden – wir beobachten nicht direkt Pionen, Myonen und Neutronen; wir beobachten, was wir für deren Spuren oder Effekte in Detektoren halten (ob es sich dabei um Blasenspuren in komprimierten Gasen, Zahlensequenzen auf Datenbändern oder um kurze Stromstöße in abgeschirmten dichten Flüssigkeiten handelt). Es kann keine formale Ableitbarkeitsbeziehung oder a priori bestimmbare, evidentielle Relevanzbeziehung zwischen Hypothesen und Datenbeschreibungen geben. Die Lücke wird durch eine Vielzahl an Theorien gefüllt – durch Theorie über Teilchen, über Detektoren und eventuell weitere –, auf die sich Physiker verlassen, wenn sie evidentielle Relevanz ihrer Beobachtungen für bestimmte Hypothesen über bestimmte Wechselwirkung geltend machen. Auf sich allein gestellt, könnten die Daten mit vielen sehr verschiedenen Hypothesen kompatibel sein – den Daten steht ihre evidentielle Relevanz sozusagen nicht ins Gesicht geschrieben. Ob es sich bei ihnen um

(Hg.), *PSA 1982, vol. 2*, Philosophy of Science Association, East Lansing/MA 1983, S. 3-28; zu Kritikern siehe Bas van Fraassen, *The Scientific Image*, Oxford 1980.

Belege für eine bestimmte Hypothese oder ein bestimmtes Modell handelt, ist eine empirische Frage, die vor einem Hintergrund von Annahmen über Messinstrumente, über die Beschaffenheit der Welt und darüber, wie wir zu Kenntnissen über sie gelangen, beurteilt wird.

Die schlichte formale Tatsache der Unterbestimmtheit wird von verschiedenen Philosophen verschieden behandelt (und auch anders beschrieben, als ich es hier tue). Ein Lösungsvorschlag beruft sich auf die zusätzlichen Eigenschaften einer Theorie – die theoretischen, kognitiven oder superempirischen Tugenden, die die Theorie besitzt.[2]

Feministinnen befürworten die Tugend der Neuartigkeit von theoretischen oder erklärenden Prinzipien, als Schutz vor unbewusster Aufrechterhaltung des Sexismus und Androzentrismus in traditioneller Theoriebildung oder der Theoriebildung, die vom Streben nach Konsistenz mit traditionellen Erklärungsmodellen beschränkt wird. Mit Neuartigkeit ist dabei nicht die Neuartigkeit der Entdeckung von neuen theoretisch vorhergesagten Entitäten (wie die des Top-Quarks) gemeint, sondern eher die Neuartigkeit des konzeptuellen Rahmens. Zum Beispiel haben feministische Forscherinnen[3] die Formulierung frauenzentrierter Evolutionsmodelle durch feministische Primatenforscherinnen[4] dafür kritisiert, dass sie zu sehr im Rahmen der Soziobiologie verharren und damit andere (ihrer Ansicht nach) schädliche Tugenden dieses theoretischen Ansatzes perpetuieren. Eine auf diese Art und Weise verstandene Neuartigkeit steht im Gegensatz zum Wert der Konsistenz mit Theorien aus anderen Bereichen, wie er von Kuhn beschrieben[5]

---

2 Die folgenden Absätze basieren auf zuvor veröffentlichtem Material; siehe Helen E. Longino, »Cognitive and Non-cognitive Values in Science«, in: Lynn Nelson und Jack Nelson (Hg.), *Feminism, Science, and the Philosophy of Science*, London 1996, S. 39-58.

3 Donna Haraway, »Primatology is Politics by other Means«, in: Ruth Bleier (Hg.), *Feminist Approaches to Science*, Elmsford/NY 1986, S. 77-118.; Susan Sperling, »Baboons with Briefcases: Feminism, Functionalism and Sociobiology in the Evolution of Primate Gender«, in: *Signs: Journal of Woman in Culture and Society* 4 (1) (1991), S. 4-20.

4 Adrienne Zihlmann, »Woman in Evolution, Pt. II«, in: *Signs: Journal of Woman in Culture and Society* 4 (1) (1987), S. 4-201; Sarah Blaffer Hrdy, *The Woman that Never Evolved*, Cambridge/MA 1981.

5 Kuhn, »Values, Objectivity and Theory Choice«.

oder in einer Variante als Konservatismus von Quine und Ullian dargelegt wird[6] (dem zufolge man so viel als möglich von seinen bisherigen Überzeugungen bewahren sollte).

Neuartigkeit und empirische Adäquatheit sind ziemlich formale Kriterien. Die nächsten beiden betreffen substanziellere Aspekte von Theorien beziehungsweise Modellen und verschiedene Aspekte der Anti-Reduktionismus-Thematik. Jede Theorie legt eine Ontologie fest, das heißt, sie bestimmt, was als kausal wirksame Entität in ihrem Bereich gelten soll. Ein ontologisch heterogener Bereich beinhaltet unterschiedliche Arten von Entitäten. Ein ontologisch homogener Bereich beinhaltet nur Entitäten von einer Art. Ein solcher Bereich ist insofern einfacher als ein heterogener Bereich, weil nur Eigenschaften und Verhaltensmuster von einer Art durch die Modelle dieses Bereichs erfasst werden müssen. Jedes Element kann jedes andere repräsentieren (zumindest in wesentlichen Hinsichten). Feministinnen, die Heterogenität als Tugend befürworten, signalisieren eine Bevorzugung von Theorien und Modellen, die die Heterogenität in dem untersuchten Bereich bewahren oder zumindest nicht grundsätzlich ausschließen. Eine Herangehensweise an Untersuchungen, die einheitliche Proben, also ontologische Homogenität, fordert, kann Verallgemeinerungen erleichtern, doch läuft sie Gefahr, wichtige Unterschiede zu übersehen, zum Beispiel wenn das Männchen einer Art als paradigmatisch für seine ganze Art aufgefasst wird (wie in »Gorillas sind einzelgängerische Tiere; ein typisches Individuum zieht nur mit einem Weibchen und ihrem Nachwuchs herum«) oder aufgrund der Konzeption männlicher Dominanz Männchen als die einzig kausal wirksamen Akteure einer Population betrachtet werden. Feministische Wissenschaftler haben stattdessen darauf bestanden, Unterschiede in den untersuchten Populationen zu beobachten, aufzuzeichnen und analytisch zu bewahren.[7] Ihre Betonung von Heterogenität nicht nur in Bezug auf das Verhalten von Menschen und Tieren greift auch im Zusammenhang mit genetischen und biochemischen Prozessen. Feministische Forscherinnen haben unikausalen Entwicklungsdarstellungen zugunsten von Darstellungen entgegengewirkt, in denen ganz andere Faktoren eine kausale Rolle spielen. Sie betonen

6 Willard V. O. Quine und Joseph Ullian, *The Web of Belief*, New York 1978.
7 Jeanne Altmann, »Observational Study of Behavior: Sampling Methods«, in: *Behavior* 49 (1974), S. 227-267.

die Vielfältigkeit der Faktoren auf allen Entwicklungsstufen, vom Zellinneren hin bis zum Gesamtorganismus.[8] Im Gegensatz zur Homogenität oder Uniformität steht Heterogenität somit der ontologischen Einfachheit und der dazugehörigen Erklärungstugend der Vereinheitlichung gegenüber. Unter der Führung dieser letzten Tugenden würden eher die Gemeinsamkeiten als die Unterschiede unter den Phänomenen betont werden.

Die Gegenseitigkeit oder Wechselseitigkeit von Interaktionen, oder allgemeiner: die Komplexität der Interaktionen, ist ein prozesshaftes Korrelat zur Tugend der ontologischen Heterogenität. Während die Heterogenität der Ontologie die Existenz verschiedener Arten von Dingen betrifft, charakterisieren Komplexität, Gegenseitigkeit und Wechselseitigkeit deren Interaktionen. Feministinnen, die diese Tugend befürworten, drücken damit eine Präferenz für Theorien aus, die komplexe Interaktionen darstellen, die nicht nur gemeinsame, sondern auch gegenseitige und reziproke Beziehungen zwischen den Faktoren eines Prozesses involvieren. Sie lehnen Theorien oder Erklärungsmodelle explizit ab, die versuchen, einen kausalen Hauptfaktor eines Prozesses zu identifizieren, ob es sich dabei um ein dominantes Tier oder um ein »Hauptmolekül« wie die DNA handelt. Die Arbeiten der Genetikerin Barbara McClintock, von Evelyn Keller bekannt gemacht,[9] wird von Feministinnen häufig als Modell für Heterogenität und Komplexität angeführt. In ihrer Untersuchung von Maisproben hat McClintock die individuellen Unterschiede ins Auge gefasst und kausale Beziehungen als mit komplexen Interaktionen einhergehend repräsentiert. Viele Feministinnen fühlen sich aufgrund ähnlicher Tugenden zur genetischen Systemtheorie (Developmental Systems Theory) hingezogen.[10]

Schließlich befürworten viele Feministinnen den Anspruch, dass die Wissenschaften »für die Menschen« da sein sollten, dass Forschungen, die die Erfüllung menschlicher Bedürfnisse zu erleichtern versprechen – insbesondere solche, um die sich traditionellerweise Frauen kümmern, wie die Sorge um den Nachwuchs, die Schwachen und Kranken oder die Nahrungsbeschaffung für

8 Evelyn Keller, *A Feeling for the Organism*, San Francisco 1983; Evelyn Keller, *Refiguring Life*, New York 1995.
9 Keller, *A Feeling for the Organism*.
10 Susan Oyama, *The Ontogeny of Information*, Durham/NC 2000.

Hungrige –, gegenüber solchen Forschungen bevorzugt werden sollten, die zu militärischen Zwecken oder nur um des Wissens willen durchgeführt werden. Auch wenn sie Neugier als angemessenes Motiv von Forschungen nicht vollständig ablehnen, legen diese Feministinnen mehr Gewicht auf die pragmatische Dimension des Wissens, jedoch nur in Verbindung mit der abschließenden Tugend in ihrer Sammlung, nämlich der Dezentralisierung der Macht. Formen des Wissens und technologische Anwendungen, die den Betroffenen mehr Macht verschaffen, werden daher bevorzugt gegenüber Formen, die Abhängigkeitsbeziehungen produzieren oder reproduzieren. Folglich werden medizinische Forschungen, die auf vorbeugende Maßnahmen, auf günstige oder leicht (oder selbst) ausführbare Medikationen abzielen, jenen Forschungen vorgezogen, die hochtechnologische oder wartungsintensive Maßnahmen entwickeln. Und Agrarforschungen, die kleine Bauern zu stärken helfen, werden Forschungen vorgezogen, die die kapitalintensive Agrarindustrie unterstützen.[11] Sowohl die feministischen pragmatischen Tugenden als auch ihre traditionellen Gegentugenden, Fruchtbarkeit und Widerlegbarkeit, haben mit der Erweiterung eines theoretischen Ansatzes in empirischer Richtung zu tun. Doch die Relevanz des Empirischen ist in der traditionellen Auffassung auf einen in sich geschlossenen Forschungszusammenhang beschränkt. Im Gegensatz dazu richtet sich Anwendbarkeit und Machtdezentralisierung auf das soziale und praktische Umfeld außerhalb des Forschungszusammenhangs.

3. Feministische und traditionelle kognitive Werte

Man kann fragen, warum die soeben von mir skizzierten Tugenden den gleichen Status erhalten sollten wie die traditionelleren epistemischen Werte, zu denen sie im Gegensatz stehen. Doch diese Frage verweist auf eine weitere Frage: Welchen Status besitzen diese traditionellen epistemischen Tugenden?[12] Während diese

11 Siehe Gita Sen und Caren Grown, *Development, Crises and Alternative Visions: Third World Women's Perspectives*, New York 1978.
12 Die folgenden Absätze beziehen sich auf zuvor veröffentlichtes Material; siehe Helen E. Longino, »Feminist Epistemology as a Local Epistemology«, in: *Proceedings of the Aristotelian Society,* Suppl. 71 (1997), S. 19-35.

Tugenden häufig als Kriterien zur Schließung der vom Unterdeterminiertheitsargument freigelegten Lücke zwischen Evidenzen und Hypothesen benutzt werden, ist es keinesfalls offensichtlich, dass sie auch dazu in der Lage sind, zwischen mehr oder weniger Wahrscheinlichem, geschweige denn zwischen Wahrem und Falschem zu unterscheiden. Die Konsistenz mit Theorien aus anderen Bereichen hat beispielsweise nur dann einen epistemischen Wert, wenn wir annehmen, dass diese anderen Theorien auch wahr sind. Zwar sind sie vermutlich empirisch adäquat, doch müssen zusätzliche Überlegungen zugunsten ihrer Wahrheit angestellt werden, die andere theoretische Tugenden beinhalten. Die Beweiskraft der Tugend der Konsistenz ist damit relativ zur Wahrheit jener Theorien, mit denen Konsistenz hergestellt werden soll.

Einfachheit und Erklärungskraft schneiden keineswegs besser ab. Obzwar einfache Theorien aus verständlichen Gründen Theorien oder Modellen vorgezogen werden, die mit Entitäten, Prozessen und Beziehungen überladen sind, die der Voraussagekraft der Theorie nichts hinzufügen, ist es nicht ausgemacht, dass Einfachheit an sich ein epistemisches Gewicht haben kann. Bekanntlich kann Einfachheit unterschiedlich interpretiert werden. Jene Interpretation, die im Gegensatz zur alternativen Tugend der Heterogenität steht, ist eine ontologische – je weniger Arten von Entitäten, desto besser beziehungsweise nur so viele Entitäten, wie zur Erklärung der Phänomene notwendig sind. Als kluge Vorsicht ist diese Tugend durchaus zu empfehlen, und sie mag in einigen Kontexten eine nützliche Heuristik sein. Doch sieht sich die Betrachtung von Einfachheit als epistemischem Standard mindestens drei Problemen gegenüber:

1. Diese Formulierung verweist auf die Frage, was als eine adäquate Erklärung gilt. Ist eine adäquate Erklärung ein Ansatz, der hinreicht, um Vorhersagen zu generieren, oder handelt es sich dabei um eine Darstellung von zugrunde liegenden Prozessen? Und selbst wenn es sich bei der Erklärung nur um eine retrospektive Vorhersage handelt, muss sie dann auf der Ebene von Individuen oder von Populationen erfolgreich sein? Entweder ist Einfachheit relativ zum vorausgesetzten Erklärungsbegriff, was Einfachheit als unabhängigen epistemischen Wert unterminiert, oder aber die Insistenz auf Einfachheit schreibt vor, was und wie es erklärt wird. Feministinnen haben die Konzeption von Ökonomie als einen Ansatz, in dem Phänomene als Resultate von Entscheidungen eigen-

nütziger und ihren erwarteten Nutzen maximierender Individuen behandelt werden, kritisiert, und zwar teilweise deshalb, weil dieser Ansatz das beschränkt, was die Ökonomie ihrer Ansicht nach zu erklären hat (und weil damit natürlich auch die Art der Erklärungen eingeschränkt ist, die von Ökonomen gegeben werden.)

2. Es gibt keinen apriorischen Grund, anzunehmen, dass das Universum einfach ist, also aus wenigen Arten von Dingen (zum Beispiel wenigen Arten von Elementarteilchen) anstatt aus vielen verschiedenen Arten von Dingen besteht. Wir können – wie Kant uns gelehrt hat – apriorische Argumente für beide Thesen anführen und so die Beweiskraft beider aufheben. Für eine solche Auffassung gibt es keine empirischen Belege; sie sind auch gar nicht möglich.

3. Der Grad der Einfachheit oder Vielfalt der von jemandem akzeptierten theoretischen Ontologie kann vom Grad der Vielfältigkeit abhängen, den diese Person in der Beschreibung der Phänomene zulässt. Wenn man den Daten, durch den Ausschluss von Anomalien oder Unterschieden, Einheitlichkeit aufstülpt, dann entscheidet man sich schon für einen bestimmten Ansatz. Wenn die Auffassung richtig ist, dass die Grenzen unserer deskriptiven Kategorien konventioneller Natur sind, dann liegt dabei zwar kein epistemischer Fehler vor, aber ebenso wenig liegt eine Tugend vor.

Zudem verlieren erklärende Kraft und die Allgemeinheit bei genauerer Betrachtung ihren erkenntnistheoretischen Reiz. Denn je größer die Erklärungskraft und Allgemeinheit einer Theorie ist, je größer somit die Vielfalt der Phänomene ist, die unter ihren Erklärungsschirm gebracht wird, desto unwahrscheinlicher ist ihre buchstäbliche Wahrheit. Ihre erklärende Kraft wird auf Kosten der Wahrheit erworben, die in den Details liegt und durch eine unendliche Sequenz von Ceteris-paribus-Klauseln erfasst werden muss.[13] Hohe Erklärungskraft und Allgemeinheit mögen gute Gründe dafür sein, ein Modell oder eine Theorie zu akzeptieren, wenn vereinheitlichende theoretische Systeme als Wert geschätzt werden, doch dies ist ein anderer Wert als Wahrheit und muss aus anderen Gründen verteidigt werden. Wechselseitigkeit und Reziprozität von Einflüssen in einem Erklärungsmodell sind wahrscheinlich weniger verallgemeinerbar als ein lineares oder unikausales Modell, das es erlaubt, die Erklärung einer Wirkung an die Erklärung einer

13 Nancy Cartwright, *How the Laws of Physics Lie*, Oxford 1983.

Ursache anzubinden. Die Erklärungen vielfacher, aufeinander wirkender Kausalfaktoren verzweigen sich eher, als dass sie zusammenwachsen. Wissenschaftliches Wissen würde dann eher aus einem horizontal angeordneten Netzwerk von Modellen bestehen als aus einer vertikal angeordnete Hierarchie, die in einer Haupttheorie oder Hauptwissenschaft gipfelt.

Die feministischen und die traditionellen Tugenden sind erkenntnistheoretisch gesehen gleichwertig. Beide besitzen heuristischen Wert, aber keine Beweiskraft. Als Heuristiken helfen sie einem Forscher, ein Muster oder eine Ordnung in der empirischen Welt ausfindig zu machen. Sie werden häufig in der Ausbildung des Forschers vermittelt, als Teil des üblichen, für selbstverständlich gehaltenen Hintergrunds. Wenn wir akzeptieren, dass es mehrere in verschiedene Richtungen weisende Heuristiken geben kann, dann müssen wir einen Grund dafür angeben können, warum wir uns für die eine und nicht für die andere Heuristik entschieden haben. Ich habe soeben argumentiert, dass die wahrscheinlichere Wahrheit nicht als Rechtfertigungsgrund für die Berufung auf die traditionellen Tugenden dienen kann oder auf das, was man Forschungsheuristiken nennen kann. Daher muss diese Begründung durch das Streben nach anderen Zielen konstituiert werden. Einige Beispiele mögen dies verdeutlichen.

In bestimmten Forschungszusammenhängen bevorzugen die konkurrierenden Heuristiken unterschiedliche Theorien, und in einigen Fällen haben diese unterschiedlichen Bevorzugungen unterschiedliche politische Folgen. Denken Sie an die medizinische Forschung. Die Vereinheitlichung der Versuchspersonen ermöglicht eine einfache Bestimmung der Wirksamkeit von Medikamenten, doch sie ermöglicht kein Wissen über die Wirksamkeit der Medikamente bei jenen, die sich vom Typ der ausgewählten Versuchspersonen unterscheiden. In den USA bedeutete das, dass, bevor die Forschung vom Direktor des National Institute of Health und einem Kongressgesetz aus den frühen 1990er Jahren reguliert wurde, fast nichts über Wirkungen oder angemessenen Dosen von Medikamente für Frauen beliebiger Rasse und für nicht-weiße Männer bekannt war. In dem Maß, in dem man sich auf die Heuristik der Einfachheit zur Rechtfertigung der bisherigen Praktiken beruft, hat Einfachheit politisches Gewicht. Man könnte behaupten, dass es sich bei der beschriebenen Situation um ein empirisches Versagen handelt, aber so erscheint dies nur in einem Kontext, in dem das Leben und Wohlergehen von Frauen aller Rassen und von nicht-weißen Männern für genauso wichtig erachtet wird wie das von weißen Männern. Empirische Adäquatheit verlangt nach einer Übereinstimmung mit den Daten, legt aber nicht fest, mit welchen Daten und was als die gesamte Datenmenge gilt. Einfachheit kann dazu führen, Ähnlichkeiten gegenüber Unterschieden zu bevorzugen und Anomalien oder gar systematische Unterschiede als insignifikant zu behandeln.

Feministische Haushaltstheorien wie die der Wirtschaftswissenschaftlerinnen Nancy Folbre oder Bina Agarwal betrachten den Haushalt als aus Individuen mit konkurrierenden und konfligierenden Interessen zusammengesetzt, die miteinander ausgehandelt werden müssen.[14] Haushaltsverbrauchsstrukturen werden als das Ergebnis der Interaktion zwischen heterogenen Akteuren verstanden. Dieses Modell macht die unabhängigen und häufig konfligierenden Interessen der unterschiedlichen Mitglieder eines Haushalts – Ehegatten ebenso wie Kinder und Großeltern – eher sichtbar als die Annahme, dass Haushaltsentscheidungen die gemeinsamen Interessen ihrer Mitglieder widerspiegeln. Die »neue Familienökonomie« hingegen, die zum Beispiel von Gary Becker verfochten wird, betrachtet Haushaltsinteressen als homogen und durch die Wahl des »wohlwollenden Patriarchen« repräsentiert, jenes Akteurs, dessen Entscheidungen die Haushaltsverbrauchsstruktur bestimmen. Das letztgenannte Modell weist natürlich die traditionelle Tugend der Einfachheit auf, insofern es einen einzelnen, einheitlich charakterisierten ökonomischen Akteur annimmt – den rationalen Nutzenmaximierer –, aber es streicht Geschlechterverhältnisse im Haushalts aus dem analytischen Blickfeld. Diese Modelle haben ganz offenbar unterschiedliche politische und soziale Implikationen; das eine entspricht der traditionellen und vielleicht auch mythischen Kernfamilienstruktur, die von der öffentlichen Politik weiterhin bevorzugt wird; das andere Modell dagegen nicht.

Ein weiteres berüchtigtes Beispiel stammt aus der Reproduktionsbiologie. Die traditionelle Auffassung des Prozesses, den man

14 Michael Bittman u. a., »When Does Gender Trump Money? Bargaining and Time in Household Work«, in: *American Journal of Sociology* 109 (1) (2003), S. 186-214; Bina Agarwal, »›Bargaining‹ and the Gender Relations: Within and Beyond the Household«, in: *Feminist Economics* 3 (1) (1997), S. 1-51.

als Befruchtung bei sich geschlechtlich fortpflanzenden Organismen bezeichnet, ging davon aus, dass von den beiden bei der Befruchtung beteiligten Zellen, dem Ei und dem Sperma, das Ei passiv und das Sperma aktiv ist. Spermien werden hier immer wieder so dargestellt, als müssten sie darum kämpfen, die Eizelle zu erreichen und zu durchdringen. Eine andere Darstellung dieses Prozesses betont die aktive Rolle des Eis sowohl durch Stabilisierung der äußerst beweglichen Spermien wie durch Freisetzung einer Chemikalie, die das Durchdringen der Schutzhaut (Zona Pellucida) ermöglicht. Dieses Modell, welches die alternativen Tugenden der Heterogenität und Komplexität kausaler Interaktion aufweist, gibt es in der einen oder anderen Form spätestens seit den 1930er Jahren, doch wurde es von den meisten mit sexueller Fortpflanzung befassten Biologen abgelehnt. Einige Quellen haben mir berichtet, dass niemand, der sich heute ernsthaft mit der Erforschung geschlechtlicher Fortpflanzung beschäftigt, wirklich an die erstere (traditionelle) Auffassung glaubt. Um dies zu bestätigen, muss ich jedoch eine Studie der entsprechenden Forschungsartikel durchführen. Umfragen meiner Studenten deuten darauf hin, dass die erstere Auffassung immer noch in vielen biologischen Lehrbüchern und in der Lehre vorkommt. Das Ernstnehmen dieser Auffassung in der Forschung würde nichts daran ändern, dass weiterhin eine Auffassung bevorzugt werden würde, die die sozialen Stereotypen männlicher Aktivität und weiblicher Passivität wiederholt und indirekt als gültig erklärt; doch die Verbannung dieser Auffassung in die Lehrbücher ist nicht weniger hinterlistig. Denn dies trägt dazu bei, dass sich diejenigen für das biologische Studium entscheiden, die von dem Drama des heroischen Spermas bezaubert sind, während jene eher draußen bleiben, die demgegenüber gleichgültig oder von ihrer Nebenrolle in Natur und Gesellschaft überzeugt sind.[15]

Was Kuhn schließlich Fruchtbarkeit genannt hat,[16] steht hinsichtlich seiner epistemischen Relevanz nicht wirklich im Gegensatz zu den feministischen pragmatischen Tugenden, denn letztendlich fordern beide empirische Konsequenzen; doch haben sie unterschiedliche pragmatische Wertigkeiten. Die Fruchtbarkeit einer Theorie liegt in ihrer Fähigkeit, Forschungsprobleme zu gene-

15 Emily Martin, »The Egg and the Sperm«, in: *Signs: Journal of Woman in Culture and Society* 16 (3) (1991), S. 485-501.
16 Kuhn, »Values, Objectivity and Theory Choice«.

rieren; dies spricht nicht für ihre Wahrheit, sondern für ihre Handhabbarkeit, das heißt für ihr Vermögen, empirische Daten für oder gegen sie sprechen zu lassen. Wird Fruchtbarkeit auf diese Weise verstanden, dann handelt es sich womöglich weniger um ein intrinsisches Merkmal einer Theorie oder eines Modells als vielmehr um eine Angelegenheit der verfügbaren materiellen und intellektuellen Mittel, um relevante Daten zu produzieren, sowie anderer theoretischer und empirischer Entwicklungen, die die Ausformulierung von Theorien in den zugehörigen Bereichen ermöglichen. Dieselbe Theorie, dasselbe Modell oder derselbe Begriff kann in einem Jahrhundert fruchtlos und in einem anderen fruchtbar sein. (Man denke an den Heliozentrismus für Aristarch und Kopernikus oder an die Relativität für Leibniz und Einstein.) Die feministischen pragmatischen Tugenden suchen dagegen nach den wichtigen empirischen Konsequenzen in ganz bestimmten Gebieten: in der menschlichen Lebenswelt wie auch im Labor. Und wie erwähnt, fordert die politischste unter den feministischen Tugenden zusätzlich, dass ihre Wissenschaftsanwendungen eher zur Machtaufteilung unter vielen als zur Ermächtigung von wenigen führen sollen.

Einige Theoretiker der Wissenschaften haben die Unterscheidung zwischen der reinen und der angewandten Wissenschaft zurückgewiesen, die hinter der Standardauffassung von Widerlegbarkeit und Fruchtbarkeit als Tugenden steht, das heißt als Kriterien der Theoriebewertung und Theorienwahl. Die gegenwärtige Wissenschaft sollte ihrer Auffassung zufolge besser als Technowissenschaft verstanden werden, als eine Erforschung der Natur, die mit ihren technologischen Infrastrukturen und Resultaten untrennbar verbunden ist.[17] Innerhalb dieses Rahmens kann man die feministischen pragmatischen Tugenden nicht als Ablehnung der »reinen Wissenschaften« verstehen, wohl aber als Anerkennung des technologiegesteuerten Wesens der Wissenschaften und als Ruf nach Bevorzugung bestimmter technologischer Infrastrukturen und Resultate vor anderen. Die Ablehnung der konventionellen Unterscheidung zwischen reiner und angewandter Wissenschaft befördert die Ablehnung der Vorstellung, dass Wissenschaftler keine Verantwortung für die Verwendung ihrer Arbeiten tragen. Unabhängig davon, ob man der Rein-/Angewandt-Unterscheidung

17 Bruno Latour, *Science in Action*, Cambridge/MA 1987.

zustimmt oder nicht, können die feministischen pragmatischen Tugenden ein Mittel dazu sein, soziale Verantwortungszusammenhänge wieder ins Zentrum wissenschaftlicher Untersuchungen zu rücken.

Wenn auch alle diese Punkte noch weiter entwickelt werden könnten, habe ich für jeden epistemischen Mainstream-Wert gezeigt, warum sein epistemischer Status nicht höher anzusiedeln ist als der seiner Alternativen, die von den feministischen Forscherinnen und Philosophinnen befürwortet werden. Keiner der alternativen Werte dient der Wahrheit mehr als der andere. Stattdessen kann man sie als Heuristiken dafür ansehen, um Untersuchungen so zu steuern, dass sie das in einem bestimmten Untersuchungszusammenhang geforderte Wissen liefern. In bestimmten Anwendungszusammenhängen besitzen beide Heuristiken eine politische Wertigkeit (die Beispiele aus Medizin, Wirtschaft und Zellbiologie könnten vervielfacht werden). Im Allgemeinen wird jedoch nur die Forschungsgemeinschaft der Neulinge oder der Oppositionellen die Beziehung ihrer Forschungsheuristiken zu sozialen und politischen Werten und Zielen anerkennen.

Man kann wohl fragen, was die von mir beschriebenen alternativen Tugenden und Heuristiken feministisch macht. Viele Antworten wurden darauf gegeben, aber ich meine, dass es sich um die falsche Frage handelt. Schließlich werden diese Tugenden ja nicht ausschließlich von Feministinnen vertreten, sondern auch von anderen oppositionellen Wissenschaftlern wie zum Beispiel von dem von Richard Levins und Richard Lewontin beschriebenen dialektischen Biologen.[18] Diese Tugenden treffen auf Arbeiten von Wissenschaftlern zu, welche das Etikett »oppositionell« ablehnen würden, und dienen als Alternative für eine Wissenschaftsgemeinschaft, die größer (oder anders) ist als die feministische.

Stattdessen sollten wir fragen, warum die alternative Heuristik für Feministinnen geeignet ist. Wie von mir an anderer Stelle dargelegt, sind diese Heuristiken für Feministinnen empfehlenswert, weil sie feministischen kognitiven Zielen dienen oder dienen könnten. Was Feministinnen feministisch macht, ist ihr Bedürfnis, die Unterdrückung und Unterordnung der Frau abzubauen und zu beenden. Dies erfordert die Identifizierung von Mechanismen und

18 Richard Levins und Richard Lewontin, *The Dialectical Biologist*, Cambridge/MA 1985.

Institutionen der Unterdrückung und Unterordnung von Frauen, das heißt die gender-spezifischer Mechanismen und Institutionen. Das kognitive Ziel der feministischen Forscherinnen besteht daher darin, die Wirksamkeit von Geschlechtsspezifität (*gender*) dadurch offenzulegen, dass die Aktivitäten von gender-betroffenen Frauen sichtbar gemacht werden wie auch die Prozesse, durch die diese verschleiert werden, um auf diese Weise die symbolischen und institutionellen Mechanismen zu identifizieren, durch welche die als weiblich kategorisierten Akteure marginalisiert werden. Was diese Tugenden demnach für Feministinnen besonders empfiehlt, ist, dass von auf ihnen basierenden Theorien und Heuristiken angeleitete Forschungen eher dazu führen werden, Gender-Probleme freizulegen, als Untersuchungen, die von Mainstream-Tugenden gesteuert werden. Die zuvor umrissenen Beispiele illustrieren die Beziehung zwischen dem Vorliegen dieser Tugenden und dem Freilegen oder dem Verdecken von Gender-Problemen. Feministinnen halten Forschungen für problematisch, die Dominanzbeziehungen naturalisieren oder verschleiern. Die feministische Analyse zeigt auf, dass es sich bei einigen Beziehungen um Dominanzbeziehungen handelt. Der Widerstand gegen die Verdeckung von Dominanz ist die feministische Grundlage des Widerstands gegen Reduktionismus. Hier lässt sich zweifellos noch mehr sagen, zum Beispiel über andere mögliche theoretische Tugenden, andere kognitive Ziele und die Beziehung dieser Tugenden zu anderen von Feministen befürworteten (nichtkognitiven) Werten sowie zu Werten, die von anderen Gemeinschaften befürwortet werden. Was ich bisher gemacht habe, ist, eine Art pragmatischen oder teleologischen Rahmen vorzuschlagen. Worin bestehen nun die Konsequenzen, wenn man diesen Rahmen ernst nimmt?

4. Erkenntnistheoretische Reflexionen

Was können uns diese Tugenden und deren Beziehungen über die Aussichten auf eine auf ihnen beruhende feministische, nichtreduktionistische oder alternative Wissenschaft sagen? Zuerst einmal: Auch wenn diese Tugenden von den Feministinnen gutgeheißen werden (wenn auch nicht von allen Feministinnen) und in feministischen Einschätzungen eine wichtige Rolle spielen, bedeutet ihre

Unterordnung unter ein breiteres kognitives Ziel, dass es sich nicht um feministische Tugenden an sich handelt, oder um es anders auszudrücken: dass diese alternativen Tugenden nicht notwendigerweise ein Teil der feministischen kognitiven Ausstattung sind. Sie besitzen keinen intrinsischen Status als feministische theoretische Tugenden oder als Tugenden für Feministinnen, sondern nur einen vorläufigen. Denn solange wie und soweit ihre regulative oder heuristische Rolle dem Ziel der Offenlegung von Gender-Problemen förderlich ist und solange die Freilegung von Gender-Problemen das Hauptziel der feministischen Untersuchungen bleibt, können sie als Normen, Standards oder Wegweiser in der feministischen Forschung dienen. Es ist jedoch möglich, dass sie in anderen Kontexten die feministischen Ziele nicht fördern würden oder dass sich die Ziele selbst in einer Weise verändern, die andere kognitiv regulative Normen erforderlich machen würde. In dem Maß, in dem Feministinnen nicht mit diesen Tugenden übereinstimmen, können sie entweder auf eine Änderung der feministischen kognitiven Ziele drängen oder behaupten, dass den Zielen durch die hier besprochenen Tugenden nicht gedient ist. Es könnte eine Vielzahl feministischer kognitiver Tugenden geben, die unterschiedlichen Konzeptionen dessen entsprechen, was feministische kognitive Ziele sind oder sein sollten. Der Begriff Gender hat sich selbst aufgrund feministischer Untersuchungen einem Wandel unterzogen. Die Erkenntnis der Uneinheitlichkeit sowohl von Gender als auch von Formen der Gender-Unterordnung könnte einen Wandel im kognitiven Ziel oder in den Tugenden erfordern. Nicht nur das, Mainstream-Wissenschaften könnten Themen von Außenseiterwissenschaften vereinnahmen oder kooptieren: viele Wissenschaften machen sich heute Heterogenität und Komplexität zu eigen (zum Beispiel bei Netzwerkansätzen in der Soziologie oder in jüngeren Arbeiten zur RNA-Transkription in der Molekularbiologie). Sie könnten sie jedoch in einer Art und Weise übernehmen, die Gender abermals nicht sichtbar macht. Wenn dies der Fall ist, dann benötigen Feministinnen andere Heuristiken als die, die sie in der Blütezeit reduktionistischer Wissenschaften verfochten haben. Dies legt das Bild eines Vorrats von an sich neutralen Heuristiken nahe, die unterschiedlichen sozialen Werten in unterschiedlichen intellektuellen und sozialen Situationen dienen können.

Zweitens ist der normative Anspruch dieser Werte/Tugenden/ Heuristiken auf die Gemeinschaft jener beschränkt, die das zugrunde liegende Hauptziel teilen. Der Anspruch besteht nicht für jene, die das Ziel nicht teilen. Um diesen Punkt weiter auszubauen: die alternativen Werte sind für solche Gemeinschaften bindend, die das kognitive Ziel verfolgen, das von diesen Werten befördert wird. Ihre normative Reichweite ist daher nur lokal. Durch seine Betonung der Vorläufigkeit und Lokalität alternativer Tugenden steht dieser Ansatz in starkem Kontrast zu den Ansätzen von Vertretern traditioneller Werte, die – ob als (rein) epistemisch oder, wie bei Kuhn, als wissenschaftskonstitutiv aufgefasst – jedenfalls als universal bindend dargestellt werden. Wie gesagt, die Argumente für alternative Tugenden müssen sich auf die kognitiven Ziele stützen, denen sie dienen sollen. Was zeigt die Anwendung dieser pragmatisch-teleologischen Struktur auf die traditionellen Tugenden? Was in den meisten Fällen ihrer Befürwortung fehlt, ist die Ausformulierung eines kognitiven Ziels, das sie begründet oder dem sie dienen würden. Wenn es eine Vielzahl möglicher Systeme von Heuristiken oder Tugenden gibt, dann ist keines davon selbstverständlich, und ihre Rechtfertigung muss die gleiche sein wie die des Systems alternativer Heuristiken, das ich erörtert habe. Das kognitive Ziel, das durch Berufung auf das traditionelle System erreicht wird, muss noch bestimmt werden. (Aus Gründen, die weiter unten deutlicher werden, reicht Wahrheit nicht aus.) Alle Tugendsysteme sind somit nur vorläufig und lokal bindend.

Es folgt noch etwas daraus, sie als Heuristiken zu betrachten.[19] Typischerweise ging es in den Diskussionen über Werte und Tugenden um Betrachtungen angesichts zweier gleichermaßen gut entwickelter und empirisch adäquater Theorien. Heuristiken treten in der Forschung früher auf den Plan, und zwar wenn man Modelle zu formulieren versucht oder sich für eine von mehreren möglichen Forschungsrichtungen entscheidet. Die Annahme, dass es nur ein System von wissenschaftlichen Werten gebe, gestattete es den traditionellen Werten, eine führende Rolle bei der Modellentwicklung sowie bei der Theoriewahl zu spielen. Untersuchungen von Alternativen deshalb abzuschneiden, weil es sich bei ihnen nicht um Bei-

---

19 Ich bin den Teilnehmern der Notre-Dame-Bielefeld-Konferenz über Wissenschaften und Werte dankbar dafür, mich auf diesen Punkt hingewiesen zu haben.

spiele traditioneller Tugenden handelt, mag wohl ihre schädlichste Auswirkung sein. Ich habe argumentiert, dass die traditionellen und alternativen Tugendsysteme epistemisch gleichwertig sind. Im Lichte der vorangegangenen Bemerkungen bedeutet das, dass ich appelliere, die Elemente beider Tugendsysteme als Heuristiken zu betrachten, die im Zusammenhang mit der Theorie- und Modellentwicklung verwendet werden, anstatt ihnen eine Beweiskraft am Ende der Untersuchung zuzuschreiben. Sie fungieren nicht als Schiedsrichter, die angesichts einer Unterbestimmtheitssituation angewendet werden können. Wie viele Philosophen bemerkt haben, sind Wissenschaftler selten selbst mit Entscheidungen in idealisierten Unterbestimmtheitssituationen konfrontiert. Dies liegt, wie ich meine, daran, dass Heuristiken ebenso wie andere Annahmen, die die Unterbestimmtheitslücke schließen, die ganze Zeit über eine Rolle spielen: Sie haben die Fragestellungen geprägt, die Auswahl und Repräsentation der Daten sowie die Methodenwahl gelenkt und bestimmten Modellen und Hypothesen eine höhere Prima-facie-Plausibilität als anderen verliehen.

Um diese Gedanken mit der Politik des Wissens zusammenzubringen, möchte ich all dies in den Rahmen des von mir vertretenen kritischen kontextuellen Empirismus stellen.[20] Daten (Messungen, Beobachtungen, Untersuchungsergebnisse) erlangen evidenzielle Relevanz für Hypothesen nur im Zusammenhang mit Hintergrundannahmen. Ihre Stabilität und Legitimität erlangen diese Hintergrundannahmen wiederum nur, indem sie kontinuierlicher Kritik standhalten. Rechtfertigungspraktiken dürfen sich daher nicht nur auf die Überprüfung von Hypothesen anhand von Daten beschränken, sondern müssen zugleich Hintergrundannahmen (sowie Argumentationen und Daten) der Kritik aus verschiedenen Perspektiven aussetzen. Somit werden intersubjektive diskursive Interaktionen den Interaktionen mit der untersuchten materiellen Welt als Bestandteil der Methodologie hinzugefügt. Von einem normativen Standpunkt aus heißt das, Bedingungen für eine wirkungsvolle Kritik zu formulieren, typischerweise durch Bestimmung von strukturellen Merkmalen einer diskursiven Gemeinschaft, welche die Effektivität des in ihr stattfindenden kritischen Diskurses sicherstellen. Ich habe vier solcher Bedingungen

20 Die jüngste Formulierung dieser Position findet sich in Helen E. Longino, *The Fate of Knowledge*, Princeton 2002.

vorgeschlagen: die Bereitstellung von Verhandlungsorten, die der Artikulation von Kritik einen Raum geben; die Aufnahme von Kritik (anstelle des bloßen Tolerierens); öffentliche Standards, auf die sich die diskursiven Interaktionen beziehen; und die Gleichheit (oder wohlüberlegte Gleichheit) der intellektuellen Autorität aller Mitglieder der Gemeinschaft.

Die öffentlichen Standards, die die diskursiven und materiellen Interaktionen einer Gemeinschaft regulieren, sind sowohl vorläufig wie auch dem allgemeinen Forschungsziel einer Gemeinschaft untergeordnet. Die Wahrheit an sich kann nicht als ein solches Ziel dienen, da sie für die Anleitung der Forschung nicht ausreicht. Stattdessen streben Gemeinschaften nach speziellen Arten von Wahrheiten. Sie suchen Repräsentationen, Erklärungen, technische Rezepte usw. Forscher aus biologischen Gemeinschaften suchen nach Wahrheiten über die Entwicklung individueller Organismen, über die Geschichte von Abstammungslinien, über die physiologische Funktionsweise von Organismen, über die Funktionsweise von Teilen von Organismen, über molekulare Interaktionen usw. Die Forschung in anderen Bereichen ist ähnlich um bestimmte Fragen herum organisiert. Welche Arten von Wahrheiten in speziellen Forschungsprojekten gesucht werden, wird sowohl durch die Art der von den Forschern gestellten Fragen als auch durch die Zwecke dieser Fragen bestimmt, das heißt durch den Gebrauch, der von ihren Antworten gemacht wird. Unterschiedliche Heuristiken (die aus Regeln für die Datensammlung, Relevanz- sowie Präzisionsstandards, Inferenzprinzipien und epistemischen oder kognitiven Werten bestehen) erfüllen unterschiedliche kognitive Ziele. Wahrheit steht sozialen Werten nicht entgegen, sondern *ist* selbst ein sozialer Wert in dem Sinne, dass die Forderung, wissenschaftliche Untersuchungen sollten eher Wahrheiten als Falschheiten liefern, eine soziale Forderung ist; doch die regulative Funktion von Wahrheit wird durch andere im Forschungskontext wirksame soziale Werte gelenkt oder vermittelt.[21]

Eine Konsequenz dieses erkenntnistheoretischen Standpunktes ist der Pluralismus. Andere Philosophen haben den Pluralismus als eine Auffassung von der Welt vertreten, das heißt als Folge einer natürlichen Komplexität, die so tief ist, dass keine einzelne The-

---

21 Für eine ausführlichere Erörterung der Wahrheit (oder des semantischen Erfolgs) theoretischer Behauptungen siehe Longino, *The Fate of Knowledge*.

orie oder kein einzelnes Modell all die kausalen Interaktionen in einem untersuchten Prozess vollständig erfassen kann. Auch wenn dies der Fall sein könnte, so ist die von mir vertretene erkenntnistheoretische Position dem Pluralismus lediglich deshalb zugeneigt, weil sie keinerlei Monismus annimmt. Es kann auch dann angemessen sein, von Wissen zu sprechen, wenn es andere Arten des Wissens von Phänomenen gibt, die nicht gleichzeitig vertreten werden können. Ob dies im gegebenen Einzelfall angemessen ist, hängt von der Erfüllung der oben genannten sozialen Bedingungen des Wissens ab. Wenn diese erfüllt sind, muss das Vertrauen auf ein bestimmtes Annahmesystem im Hinblick auf die kognitiven Forschungsziele verteidigt werden. Diese sind nicht nur eine Angelegenheit der individuellen Motive der Forscher, sondern der Ziele und Interessen der Gemeinschaften, die die Forschung unterstützen und aufrechterhalten. Gemäß der sozialen Sichtweise werden diese Ziele aufgrund anhaltender kritischer Überprüfung öffentlich aufrechterhalten. So kommt es dazu, dass soziale Werte eine unverzichtbare Rolle in bestimmten Zusammenhängen wissenschaftlicher Urteilsbildung spielen.

Ich habe darauf hingewiesen, warum feministische Tugenden oder alternative theoretische Tugenden nicht durch die traditionellen Tugenden ersetzt werden können. Zwei weitere Einwände müssen an dieser Stelle behandelt werden. Erstens könnte man fragen, ob es nicht ein System kognitiver Werte gibt, das sich von den so genannten traditionellen wie auch von den alternativen Heuristiken unterscheidet und das universelle Normen begründen könnte. Vielleicht ist unsere Diagnose der Vorläufigkeit und der Unvollständigkeit die Folge davon, dass wir die falschen Werte betrachtet haben. Dieser Einwand müsste jedoch Beispiele von Werten liefern, die universal bindend sein könnten. Die einzigen Merkmale von Theorien oder Hypothesen, die dafür in Frage kommen, sind Wahrheit oder empirische Adäquatheit. Doch Wahrheit im Zusammenhang mit der Theorienbeurteilung reduziert sich auf empirische Adäquatheit – auf die Wahrheit der Beobachtungsaussagen einer Theorie. Und empirische Adäquatheit reicht nicht aus, um aus einer Menge von miteinander konkurrierenden Theorien alle bis auf eine auszuschließen. Dass die oben diskutierten Heuristiken ins Spiel kommen, liegt daran, dass die rein epistemische Komponente nicht reichhaltig genug ist, um die Forschung und Theorienbewertung anzuleiten.[22] Alternativ könnte man Eigenschaften von Forschern als Tugenden festlegen, zum Beispiel Unvoreingenommenheit, Sinnesschärfe und logischen Scharfsinn, aber dies sind nicht theoretische, sondern persönliche Tugenden, nicht öffentliche Standards des kritischen Diskurses, sondern notwendige Qualitäten, um an einem solchen Diskurs konstruktiv teilzunehmen.

Zweitens könnte man der Identifikation von konkurrierenden Tugendsystemen widerstehen und deren Integration vorschlagen. Mit diesem Vorschlag gehen jedoch zwei Schwierigkeiten einher. In bestimmten Untersuchungszusammenhängen kommt es vor, dass durch die beiden Tugendsysteme miteinander unvereinbare Theorien empfohlen werden.[23] Ferner kann die Integration auf mindestens zwei Weisen verstanden werden, die sehr unterschiedliche Voraussetzungen mit sich bringen. Einerseits kann Integration als Erfüllung einer Verpflichtung gegenüber dem Ziel einheitlicher Wissenschaft vorgeschlagen werden, doch dieses Ziel ist begründungsbedürftig. Andererseits kann Integration auch als eine Möglichkeit der Umsetzung eines theoretischen Pluralismus innerhalb ein und derselben Gemeinschaft verstanden werden. Dies setzt die Wertschätzung einer (spezifischen) Modellvielfalt voraus, welche die Einbindung beider Wertesysteme in die Standards der Gemeinschaft mit sich bringen könnte. Wenn dies der Fall wäre, dann ist nicht die Integration der Werte einer Forschungsgemeinschaft gefragt, sondern die Toleranz von und Interaktion mit durch verschiedene theoretische Tugenden angeleiteten Forschungen, die Bildung größerer Meta-Gemeinschaften, mithin der Pluralismus.[24]

---

22 Für Argumente über das Ungenügen von Wahrheit an sich siehe Elizabeth Anderson, »Knowledge, Human Interests, and Objectivity in Feminist Epistemology«, in: *Philosophical Topics* 23 (1995), S. 59-94 und Richard Grandy, »Information Based Epistemology, Ecological Epistemology, and Epistemology Naturalized«, in: *Synthese* 70 (1) (1978), S. 191-203.

23 Siehe oben Longino, »Cognitive and Non-cognitive Values in Science«.

24 Natürlich könnte man einwenden, dass das, was sich in diesem Fall ergibt, recht verstanden keine Wissenschaft ist, sondern ein gescheiterter Wissenschaftsversuch. Wenn man mit »Wissenschaft« eine idealisierte rationale Praktik meint, dann ist das vielleicht sogar so. Doch meint man mit »Wissenschaft« den Versuch, die natürlichen und sozialen Welten durch kognitiv beschränkte Akteure, wie es wir Menschen sind, zu beschreiben und zu verstehen, dann ist ein solcher Pluralismus unvermeidbar.

5. Wissenspolitik

Gemäß dem entwickelten Schema konstituieren die traditionellen und die alternativen Heuristiken beziehungsweise Tugenden teilweise überlappende, jedoch distinkte Mengen öffentlicher Standards der Gemeinschaft. Das bedeutet, dass sie sowohl die Entwicklung von Modellen und Hypothesen lenken, die für empirische Untersuchungen relevant sind, als auch den Diskurs in den entsprechenden Gemeinschaften regulieren, vorausgesetzt, dass sie allgemein akzeptiert sind. Sie stehen nicht fest, sondern können zum einen auf der Basis der kognitiven Ziele, denen sie dienen, oder aufgrund von noch höher stehenden Werten kritisiert oder in Frage gestellt werden. Umgekehrt können sie selbst jedoch als Kritikgründe dienen. Auch ist die Kritik nicht auf den internen gemeinschaftlichen Diskurs beschränkt. Kreuzungs- und Überlappungsbereiche machen kritische Interaktion nicht nur innerhalb von Gemeinschaften, sondern auch zwischen ihnen möglich. Meine obigen Argumente verallgemeinernd, lässt sich sagen, dass die öffentlichen Standards, die, wie ich behaupte, einen Bestandteil einer objektiven oder zuverlässigen Wissenschaftsgemeinschaft bilden müssen, nur für diejenigen bindend sein werden, die die zugrunde liegenden allgemeinen kognitiven Ziele teilen und der Ansicht zustimmen, dass die Standards diese kognitiven Ziele tatsächlich näherbringen. Diese Zustimmung muss selbst das Ergebnis einer kritischen diskursiven Interaktion sein, innerhalb eines Kontextes, der effektive Kritik ermöglicht. Weil die als öffentliche Standards verstandenen Tugenden der Förderung eines kognitiven Zieles dienen, das sich verändern kann, müssen sie als vorläufig verstanden werden. Weil sie nur für diejenigen bindend sind, die dieses Ziel teilen, müssen sie als unvollständig begriffen werden.

Diese Art, über Wissenschaft und Forschung nachzudenken, verlagert die Aufmerksamkeit weg von den Ergebnissen oder Produkten der Forschung – ob es sich dabei um Theorien oder Überzeugungen handelt – hin zu den Prozessen oder Dynamiken der Wissensproduktion. Von einem epistemischen Standpunkt aus besteht der ideale Zustand nicht im Besitz eines einzigen besten Ansatzes, sondern in der Existenz einer Pluralität theoretischer Orientierungen, die sowohl die Ausarbeitung einzelner Modelle der phänomenalen Welt ermöglicht als auch als Mittel der wechselseitigen Kritik dient.

Aus pragmatischen Gründen müssen wir natürlich ein Modell auswählen, das unsere Handlungen leitet, doch wenn wir die miteinander im Wettstreit stehenden Modelle durch Ausschluss alternativer Heuristiken willkürlich einschränken, dann riskieren wir unter- oder schlechtinformierte Handlungen oder Politik.

Um jedoch ein Modell oder eine Hypothese hinreichend zu entwickeln, damit sie zur kritischen Interaktion beitragen kann und auf empirische Probleme anwendbar ist, sind Ressourcen nötig – Zeit, geistiger Raum und materielle Ressourcen.

Das ist die Stelle, an der die Politik mit ins Boot kommt. Wenn wir vorschlagen, dass die Modelle natürlicher Prozesse, die im Rahmen eines gewisse Tugenden hochhaltenden Ansatzes entwickelt werden, ein Teil einer Pluralität von adäquaten Repräsentationen sind, die verschiedenen kognitiven Zielen dienen, dann befreien wir die Feministinnen oder in der Tat jeden Wissenschaftler von der Last der Vollständigkeit oder Endgültigkeit. Wir verstehen dann Wissen als dynamisch und unvollständig. Diese Pluralität besteht nicht bloß aus der Existenz alternativer Modelle oder unterschiedlicher wissenschaftlicher Gemeinschaften. Wenn religiöse Minderheiten für einen Pluralismus gekämpft haben, kämpften sie für Toleranz. Der Pluralismus, den ich für die Wissenschaftstheorie und noch weiter für die Wissenschaften befürworte, erfordert nicht nur Toleranz. Wissenschaftlicher Pluralismus geht mit der Interaktion unterschiedlicher Ansätze einher – das wechselseitige Sich-ernst-Nehmen oder »Aufgreifen«. Nicht jeder Schnapsidee muss die gleiche Ernsthaftigkeit zuteilwerden, doch erfordert die Anerkennung von Pluralität eine erhöhte Vorsicht bei der Ablehnung alternativer Perspektiven. Die Bedingung der Gleichheit intellektueller Autorität macht uns auf die gegenwärtige ungleiche Verteilung derselben aufmerksam. Die Gleichheit intellektueller Autorität entsteht nicht dadurch, dass sie von einem philosophischen Argument als notwendige Bedingung genuiner oder vollständig zuverlässiger Wissensproduktion geltend gemacht wird. Diese Gleichheit muss vielmehr auf folgende Weisen verfochten werden:
– Dadurch, dass die Praktiken der Marginalisierung angefochten
  werden, die die Mitglieder bestimmter sozialer Kategorien –
  Frauen oder Mitglieder ethnischer Minoritäten – selbst dann
  unsichtbar machen, wenn sie zu einem bestimmten Unterfangen genauso viel oder sogar mehr beitragen als ihre männlichen

oder weißen Kollegen. (Jene, die der Meinung sind, dass solche Marginalisierungen kein Problem mehr sind, kann man zum Beispiel auf Zitationsmuster hinweisen oder darauf, wem in Veranstaltung aufkommende Ideen zugeschrieben werden.)[25]

— Dadurch, dass man sich mit den materiellen Bedingungen befasst, die einigen Stimmen und Perspektiven mehr Autorität zuschreiben als anderen, und daran arbeitet, dies zu verändern.

— Dadurch, dass man sich mit den materiellen und sozialen Folgen befasst, ein bestimmtes Darstellungsmodell eines gegebenen Prozesses anzunehmen, und aktiv nach Alternativen sucht (sowie nach Mitteln, um sie zu realisieren), wenn dies nötig ist.

— Dadurch, dass man gegenüber Möglichkeiten der Vereinnahmung wachsam ist (zum Beispiel können die Tugenden der Heterogenität und Komplexität, nach ihrer Ablösung vom kognitiven Interesse der Offenlegung von Dominanzbeziehungen, in einer Art verwendet werden, die die Ungleichheit verstärkt).

All diese verschiedenen Vorgehensweisen sind von Bedeutung. Die Kritiker der Wissenschaften mögen in Bezug auf Inhalt und Methoden gegenwärtiger Wissenschaften Recht haben; aber nur recht zu haben reicht nicht aus. Um gegenwärtige unfaire Voraussetzungen wirksamen anzufechten, müssen sich feministische Forscherinnen mit anderen zusammentun, die durch die gegenwärtigen Strukturen der Macht und der Interessen marginalisiert werden, damit wir unseren eigenen Raum für die Produktion wissenschaftlichen Wissens beanspruchen und kreieren können – Wissen, das Dominanzbeziehungen nicht naturalisiert, sondern uns alternative Möglichkeiten der Interaktion mit der natürlichen Welt und mit uns selbst bietet. Wir müssen zudem Wege finden, diese Alternativen zu vermitteln, damit sie von der wissenschaftlichen Öffentlichkeit und vom wissenschaftlichen Establishment ernst genommen werden. Besseres Wissen allein wird die soziale Welt nicht verändern, was teilweise daran liegt, dass sich die soziale Welt selbst verändern muss, damit alternatives Wissen entstehen kann. In einer Welt, die derart abhängig von Wissen und den Wissenschaften ist wie die unsere, können wir es uns jedoch nicht leisten, nur die Wissenschaften oder nur die Welt zu verändern, stattdessen müssen wir kontinuierlich daran arbeiten, beide zu verändern.

25 Siehe Miranda Fricker, »Epistemic Injustice and a Role for Virtue in the Politics of Knowing«, in: *Metaphilosophy* 34 (2003), S. 154-73.

Noretta Koertge
Wissenschaft, Werte und die Werte der Wissenschaft

> Warum können wir nicht einfach alle miteinander auskommen? *Rodney King*

> Denn sie heilten die Wunde der Tochter meines Volkes ein wenig und sprachen: Friede, Friede, während es keinen Frieden gibt. Schämten sie sich, als sie die grausame Tat begingen? Nein. *Jeremia*

1. Einleitung[1]

Teilnehmer der so genannten Wissenschaftskriege unterscheiden sich nachdrücklich in ihren Ansichten über die Rolle der Werte in den Wissenschaften und darüber, was die Wissenschaften wertvoll macht. Traditionellerweise haben Wissenschaftler und Wissenschaftstheoretiker Erklärung und deren Anwendung als die wesentlichen Ziele der Wissenschaften betrachtet. Ausschließlich kognitive Werte sollten das beeinflussen, was für erklärend gehalten wird. Soziale und politische Werte beeinflussen die Vorrangigkeit von unterschiedlichen wissenschaftlichen Problemen und die Art, in der wissenschaftliche Ergebnisse angewandt werden. Ethische Erwägungen können bei der Behandlung von Menschen und Tieren sowie in Bezug auf die Art und Weise, in der wissenschaftliche Ergebnisse kommuniziert werden, zum Tragen kommen.

Jüngere Kritiken an der Wissenschaft behaupten, dass der Inhalt wissenschaftlicher Erklärungen die vorherrschende Ideologie und Interessen der Wissenschaftler sowie ihrer Anhänger wiedergibt. Anstatt mehr Wertneutralität zu fordern, drängen manche darauf, dass sich die Wissenschaft die Emanzipation unterdrückter Subkulturen als wichtigstes Ziel setzt. Fortschrittliche politische Werte sollten nicht nur die anzugehenden Probleme bestimmen können, sie sollten auch dazu verwendet werden, die Arten der Antworten

---

1 [Anm. der Hg.: Abschnitt 1 der Übersetzung ist im Originaltext das Abstract und Abschnitt 2 im Originaltext die Einleitung.]

einzuschränken, die erreicht werden sollen. Da wissenschaftliches Wissen von uns konstruiert wird, sollten wir Verantwortung für seinen Inhalt übernehmen.

In diesem Aufsatz werde ich argumentieren, dass das Projekt der emanzipatorischen Wissenschaften unpraktikabel und selbstwidersprüchlich ist. Es gibt guten Grund anzunehmen, dass es unlösbare politische Debatten darüber geben würde, welche Arten wissenschaftlicher Theorien wirklich emanzipatorisch sind. In dem gleichen Sinn, in dem Placebos nicht mehr funktionieren, wenn sie als solche erkannt werden, würde eine Wissenschaft, von der man wüsste, dass sie durch politische Erwägungen eingeschränkt wird, ihre besondere epistemische Berechtigung verlieren.

2. Wissenschaftskriege

Für diejenigen, die keine Kenntnis über den Sokal-Scherz[2] und die damit einhergehenden Ereignisse besitzen, ist es schwierig, die philosophischen Probleme der Debatten zu erkennen, die gemeinhin als »Wissenschaftskriege« bekannt sind, doch eine kurze historische Einleitung mag der Kontroverse etwas Farbe geben. Seine erste bedeutende Rolle spielte dieser Begriff in dem im Herbst 1995 erschienenen Heft von *The Cultural Studies Times*. Dabei handelt es sich um eine kleine Zeitschrift, die von Routledge herausgegeben wird und die sich im Impressum als »eine post-disziplinäre Intervention« beschreibt. Diese Ausgabe enthielt eine Titelgeschichte von Andrew Ross, einem Professor der Amerikanistik, in der er die Wissenschaftskriege als »eine zweite Front, die von den Konservativen eröffnet wurde, die durch die Erfolge ihrer Legionen in

2 [Anm. der Hg.: Der Physiker Alan Sokal schrieb den Text »Transgressing the Boundaries: Toward a Transformative Hermeneutics of Quantum Gravity« als Parodie und Imitation von postmoderner Phraseologie und reichte die Arbeit bei der Zeitschrift *Social Text* ein, welche ihn tatsächlich annahm.] Eine retrospektive Darstellung befindet sich in Alan J. Sokal und Jean Bricmont, *Fashionable Nonsense. Postmodern Intellectuals' Abuse of Science*, New York 1998. Reaktionen der damaligen Zeitschriften und Magazine können auf Sokals Website eingesehen werden (⟨http://www.physics.nyu.edu/faculty/sokal/⟩, letzter Zugriff am 5.12.2012). Mittlerweile gibt es auch eine »Wissenschaftskriege«-Homepage, nämlich ⟨http://members.tripod.com/ScienceWars/⟩, letzter Zugriff am 5.12.2012.

den heiligen Kulturkriegen ermutigt wurden«, beschrieb.[3] Ferner gibt es einen Austausch über die »Wissenschaftskriege« zwischen dem Soziologen Stanley Aronowitz, einem bekannten Mitglied des *Social-Text*-Kollektivs, und dem Mathematiker Norman Levitt, der gemeinsam mit dem Biologen Paul Gross das Buch *Higher Superstition* geschrieben hat.[4] Doch was sich in diesem kurzlebigen journalistischen Unterfangen als von bleibendem Interesse herausstellte, war die Ankündigung einer Sonderausgabe von *Social Text*, die ausschließlich den Wissenschaftskriegen gewidmet sein sollte. Unter den aufgelisteten Beiträgen ist der faszinierende Titel »Towards a Transformative Hermeneutics of Quantum Physics« aufgeführt, bei dem es sich um den Aufsatz[5] des Physikers Alan Sokal handelt, mit dem er auf ernsthafte Fragen bezüglich der Stichhaltigkeit und akademischen Seriosität bestimmter jüngster Wissenschaftskritiken aufmerksam machen wollte.

Doch auch wenn es recht einfach ist, die Namen der bekanntesten Akteure in den Wissenschaftskriegen anzuführen, ist es schwierig, eine Beschreibung der Bündel entgegengesetzter Auffassungen anzufertigen, die für alle Teilnehmer befriedigend ist. Diejenigen, die sich früher als soziale Konstruktivisten bezeichnet haben, bekräftigen nun ihre Überzeugung von einer von menschlichen Konzepten unabhängigen Wirklichkeit, während diejenigen, die als naive Realisten etikettiert worden sind, die Bedeutung sozialer Faktoren in der historischen Entwicklung der Wissenschaften nun sofort anerkennen. In einem jüngsten Buch über die Soziologie wissenschaftlichen Wissens, das von drei bekannten Mitgliedern der Edinburgh School verfasst wurde, erscheint der Begriff »starkes Programm« (*strong programme*) nicht einmal im Register.[6] Bruce Robbins, der wie Andrew Ross – sein Koautor des bekann-

---

3 Andrew Ross, »Science Backlash on Technoskeptics«, in: *Cultural Studies Times* 1 (3) (1995), S. 346-350.
4 Paul R. Gross und Norman Levitt, *Higher Superstition: The Academic Left and its Quarrels with Science*, Baltimore 1994.
5 Die Ausgabe der Zeitschrift ist mittlerweile ein Sammlerstück. Alle originalen Aufsätze, *außer* dem Beitrag, der die Ausgabe interessant gemacht hat, sind in einem Buch wiederabgedruckt, das von Ross herausgegeben wird! [Anm. d. Hg. Andrew Ross (Hg.), *Science Wars*, Durham 1996] Der Originalaufsatz und eine Erklärung der Gründe dafür, ihn einzureichen, steht in Sokal und Bricmont, *Fashionable Nonsense. Postmodern Intellectuals' Abuse of Science* zur Verfügung.
6 Barry Barnes u. a., *Scientific Knowledge: A Sociological Analysis*, Chicago 1996.

ten Heftes von *Social Text* – Literaturprofessor ist, fordert nun eine freundschaftliche Arbeitsteilung zwischen den Geistes- und den Naturwissenschaften.[7] Hinzu kommt, dass sich viele unbeteiligte Beobachter einer regelrechten Massenflucht zu einer »moderaten Mitte« anschließen, wie die Tatsache belegt, dass *Physics Today* einen Aufsatz mit dem Titel »The Sokal Hoax: At Whom Are We Laughing?« veröffentlicht hat, in dem Mara Beller behauptet, dass die Physiker zu einem früheren Zeitpunkt unseres Jahrhunderts auch einige ziemlich sonderbare Dinge über die Wissenschaften, die Welt und unsere Fähigkeit, etwas über sie zu wissen, sagten.[8]

Ist es nicht an der Zeit, die Wissenschaftskriege hinter sich zu lassen? Meine Symposionskollegen[9] haben uns sowohl bei dieser Tagung als auch in ihren früheren Schriften wunderbare Musterbeispiele dafür gegeben, wie Historiker und Wissenschaftstheoretiker eine Darstellung der Wissenschaften liefern können, die reichhaltiger als die kargen empiristischen Darstellungen der Positivisten, aber ausgewogener als die sozialen Verhandlungsberichte ist, die die Vertreter der Postmoderne zu bieten haben. Ich sympathisiere mit diesem Streben nach Synthese und hoffe, in Zukunft zu der Formulierung eines »Dritten Weges« beizutragen. Doch meine momentane Aufgabe besteht darin, die Rolle von Jeremia einzunehmen und vor einer allzu einfachen Versöhnung zu warnen. Ich denke, dass es immer noch wesentliche ungeklärte Unterschiede gibt und dass diese mit sehr fundamentalen Auseinandersetzungen darüber zu tun haben, worin der Wert der Wissenschaften liegt. Sollte das vorrangige Ziel der Wissenschaften in der Erklärung oder

---

7 Bruce Robbins, »Love, Sex, and Disciplinary Imperialism«, in: *Chronicle of Higher Education*, 18. September (1998), S. 265-267.

8 Mara Beller, »The Sokal Hoax: At Whom Are We Laughing?«, in: *Physics Today* September (1998), S. 29-34.

9 Kitchers Aufsatz »A Plea for Science Studies« war eine Inspiration für dieses Symposion (Philip Kitcher, »A Plea for Science Studies«, in: Noretta Koertge (Hg.), *Nature and Causes of Homosexuality: A Philosophical and Scientific Inquiry*, New York 1998, S. 32-56). Sargents Analyse von Boyles Methode, in der der Ansatz von Shapin und Shaffer (Steven Shapin und Simon Schaffer, *Leviathan and the Air-Pump. Hobbes, Boyle, and the Experimental Life*, Princeton 1985) revidiert wird, veranschaulicht die Fruchtbarkeit der Verbindung dessen, was Kitcher »realistisch-rationale« Faktoren mit »soziohistorischen« Überlegungen nennt [Anm. d. Hg.: Rose-Mary Sargent, *The Diffident Naturalist. Robert Boyle and the Philosophy of Experiment*, Chicago 1995].

in der Emanzipation liegen? Und was sind wir bereit zu opfern, wenn wir nicht beides gleichzeitig haben können?

3. Die traditionelle Auffassung: Wissenschaft als Erklärung

Seit Bacons Zeiten haben Wissenschaftler behauptet, dass ihre Forschungsmethoden sowohl Nützliches als auch Erhellendes hervorbringen würden. Nach empirisch adäquaten Theorien zu suchen würde es uns nicht nur ermöglichen, die Welt um uns herum zu verstehen, sondern sie auch so zu verändern, dass Leiden und schwere Arbeit erleichtert würden. Auch wenn es schon immer unlösbare Debatten darüber gegeben hat, wie die Ressourcen zwischen der reinen und der angewandten Forschung aufgeteilt werden sollten, so wurde es doch für selbstverständlich gehalten, dass die erklärende Wissenschaft aus sich selbst heraus wertvoll ist. Ob die Wissenschaften emanzipatorisch waren oder nicht, war eine Frage der Anwendung. Wissenschaftler konnten nicht für die unbeabsichtigten schädlichen Folgen technischer Neuerungen verantwortlich gemacht werden.

Wissenschaftstheoretiker haben die Menge der Werte ziemlich detailliert erforscht, die mit den erklärenden Wissenschaften in Verbindung gebracht wird,[10] und gezeigt, wie die verschiedenen kognitiven Werte, die innerhalb der Wissenschaften eine Rolle spielen, manchmal in verschiedene Richtungen ziehen können. Lassen Sie mich einige dieser Spannungen zusammenzufassen: Zur Bewertung der erklärenden Kraft eines theoretischen Programms müssen Wissenschaftler nicht nur seine empirische Adäquatheit, sondern auch seine Genauigkeit, Allgemeinheit und Tiefe der Darstellung beurteilen. Beschreibt das theoretische Programm kausale Prozesse? Vereint es bislang ungleichartige erklärende Darstellungen? Wenn Wissenschaftler Forschungsprobleme wählen, müssen sie die experimentelle Durchführbarkeit der Forschung in dem gegebenen Gebiet abschätzen. Sind die vorhandenen Theorien in

---

10 Rolin liefert eine nützliche neue Einleitung zu der Literatur über die Werte in den Wissenschaften [Anm. der Hg.: Kristina Rolin, »What Should a Normative Theory of Values in Science Accomplish?«, Konferenzbeitrag zum Meeting of the Philosophy of Science Association 1998. Beitrag zugänglich unter: ⟨http://scistud.umkc.edu/psa98/papers/⟩, letzter Zugriff 5.12.2012].

ihrer Rechenkomplexität praktisch beherrschbar? Gibt es gute heuristische Orientierungshilfen für die Lösung des Problems?

In einem häufig zitierten Aufsatz mit dem Titel »Objectivity, Value Judgement, and Theory Choice« hat Kuhn behauptet, dass es keine allgemeine Formel dafür gibt, wie die obigen Desiderata auszugleichen sind.[11] Zudem könnten wohlwollende Wissenschaftler in ihren Urteilen über die relative Einfachheit von miteinander konkurrierenden Begriffsrahmen leicht anderer Meinung sein. Auch die meisten Philosophen haben keine Lösung für das alte Rätsel angeboten, wie Äpfel und Birnen miteinander zu vergleichen sind. Wohl aber haben sie versucht, die verschiedenen Dimensionen von Erklärungskraft zu verdeutlichen. Ferner konnte aufgrund von Fallstudien behauptet werden, dass sich bisweilen, nachdem hinreichend lange geforscht wurde, eine Theorie ergeben kann, die auf mehr oder weniger allen Werteskalen überlegen ist. In solchen glücklichen Fällen ist das Äpfel-Birnen-Problem irrelevant.

In jüngerer Zeit haben sich Wissenschaftstheoretiker wie David Hull[12] und Philip Kitcher[13] mit dem Problem der Beziehung zwischen den oben erwähnten epistemischen/kognitiven/konstitutiven Werten und dem professionellen Belohnungssystem in den organisierten Wissenschaften auseinandergesetzt. Beeinträchtigt oder erhöht das Streben nach Vorrangstellung, so wie es von Merton als hervorstechendes Merkmal wissenschaftlicher Gemeinschaften seit dem 17. Jahrhundert beschrieben wurde, die Leistungsfähigkeit des wissenschaftlichen Prozesses? Besitzt die Wissenschaft einen eigenen, internen Schutz gegen Betrug, oder sind externe Überwachungen erforderlich, wenn der Konkurrenzkampf um öffentliche Gelder so stark ist? Das Ziel solcher Studien besteht in der Suche nach einer möglichst guten Übereinstimmung zwischen den verschiedenen Arten von sozialen Übereinkommen und den kognitiven Zielen der Wissenschaft. Auch hier scheint die Gefahr unüberbrückbarer Konflikte innerhalb der Wissenschaften nicht groß zu sein.

Es ist vielleicht nicht unerheblich, dass die meisten Wissen-

---

11 Thomas S. Kuhn, *The Essential Tension: Selected Studies in Scientific Tradition and Change*, Chicago 1977, S. 320-339.

12 David L. Hull, *Science as a Process: An Evolutionary Account of the Social and Conceptual Development of Science*, Chicago 1988.

13 Philip Kitcher, *The Advancement of Science*, New York 1993.

schaftstheoretiker bei der Formulierung der Leitlinien für die ethische Verwendung von Versuchspersonen nicht aktiv beteiligt waren. Debatten über Einwilligungserklärungen, Zuweisungen zu Kontrollgruppen oder experimentellen Gruppen im Rahmen medizinischer Untersuchungen und darüber, wann Studien zu beenden sind, wägen humanistische Bedenken bezüglich Wohlergehen und Würde der beteiligten Personen und den erwarteten wissenschaftlichen Wert der Forschung ab. Hier gibt es oft keine glückliche Übereinstimmung der disparaten Werte. Doch die Auferlegung ethischer Beschränkungen begrenzt nur die Methoden, mit denen Theorien überprüft werden können. Wie bei finanziellen Beschränkungen ergibt sich aus ihnen kein prinzipieller Einwand dagegen, die erklärende Kraft als obersten Wert im wissenschaftlichen Buch der Tugenden anzusehen.

Das Modell von Wissenschaft-als-Erklärung ist daher durchaus vereinbar mit der Forderung nach einem hohen Grad an sozialer Verantwortung seitens der Wissenschaftler. In einem Aufsatz von 1968 mit dem Titel »The Moral Responsibility of the Scientist«[14] hat Popper die Doktrin eingeführt, dass *Wissen verpflichtet* (*sagesse oblige*), der zufolge Wissenschaftlern aus Berufsgründen spezielle Verpflichtungen zukommen:

Bislang musste der reine Wissenschaftler nur einer Verantwortung nachkommen, die über diejenigen hinausging, die alle haben – und die bestand darin, nach der Wahrheit zu suchen.[15]

[Doch nun,] da der Naturwissenschaftler untrennbar mit der Anwendung der Wissenschaft verbunden worden ist, sollte er es als eine seiner besonderen Verpflichtungen auffassen, die unbeabsichtigten Folgen seiner Arbeit so weit wie möglich vorauszusehen und von Anfang an auf jene Folgen aufmerksam machen, die wir vermeiden sollten.[16]

Wir könnten die Doktrin, dass *Wissen verpflichtet*, so ausweiten, dass sie auch die besonderen Verantwortlichkeiten jener beinhaltet, welche Wissenschaft in der Gesellschaft verbreiten, wie Wissenschaftsjournalisten und Lehrer. Die spezifische Wertschätzung

---

14 Karl R. Popper, »The Moral Responsibility of the Scientist«, in: *Security Dialogue* 2 (1971), S. 279-283. Wiederabgedruckt in: Karl R. Popper, *The Myth of the Framework. In Defence of Science and Rationality*, New York 1994, S. 121-129.
15 Popper, »The Moral Responsibility of the Scientist«, S. 121.
16 Ebd., S. 129.

des kognitiven Gehalts von Wissenschaften muss einen nicht blind gegenüber anderen Zielen und Pflichten machen. Um diese erweiterte Vorstellung von den Zielen der Wissenschaften deutlich zu machen, können wir durchaus auch von einem Erklärung-plus-Ethik-Modell der Wissenschaften sprechen. Als normatives Modell strebt es nach der bestmöglichen Erklärung empirischer Phänomene als Daseinsberechtigung der Wissenschaften, während es zugleich den Wert solchen Wissens für die Gesellschaft im Allgemeinen hervorhebt. Nach diesem Modell könnten die Experimente, die Wissenschaftler durchführen, sowohl durch technologische als auch ethische Faktoren eingeschränkt werden, dabei ist jedoch weder der intellektuelle Gehalt der Probleme, die die Wissenschaftler behandeln, einzuschränken noch die Antworten, die sie in Erfahrung bringen. Im nächsten Abschnitt wenden wir uns nun einem ganz anderen normativen Modell zu.

4. Ein Gegenvorschlag: Wissenschaft als Emanzipation

Was ist wichtiger: das Streben nach Wahrheit, die Suche nach dem Guten oder die Suche nach dem Schönen? Können diese Bestrebungen miteinander in Konflikt geraten? Und wenn ja, welche davon müssen zurückgesteckt werden? Ich vermute, man könnte die Denker aller Zeiten danach unterteilen, ob sie den Aussichten, alle drei gleichzeitig maximieren zu können, optimistisch oder pessimistisch gegenüberstehen. In jüngster Zeit haben Vertreter der Postmoderne dafür zu argumentieren versucht, dass die wissenschaftliche Suche nach erklärendem Verstehen nicht nur lebensfremd, sondern auch unmoralisch ist. Durch Ausnutzung bekannter Argumente über die Unterbestimmtheit von Theorien durch Evidenzen und die Theoriegeladenheit von Beobachtungen haben sie sich davon überzeugt, dass die Wissenschaft keine epistemische Autorität verdient. Sie berufen sich sodann auf historische Fallstudien, die angeblich zeigen, dass der Gehalt wissenschaftlicher Resultate permanent mit den ideologischen Vorurteilen von Wissenschaftlern und Machthabern belastet ist. Die Wissenschaften werden so zu einem weiteren Mittel zur Legitimation der Unterdrückung von Menschen, die sich von den Machthabern hinsichtlich ihres Geschlechts, ihrer Rasse, ihrer Religion oder ihrer ethnischen Zugehörigkeit unterscheiden.

Viele dieser Fallstudien werden durch gravierende historiographische Fehler entkräftet;[17] gleichwohl lassen die meisten gegenwärtigen philosophischen Wissenschaftsdarstellungen die *Möglichkeit* des ideologischen Einflusses auf die Wissenschaften zu, insbesondere in so genannten unreifen Wissenschaften oder in Wissenschaften, die sich mit komplexen und schwer lösbaren Phänomenen beschäftigen. Jedenfalls haben einige an der Interaktion zwischen der Wissenschaft und Gesellschaft im Allgemeinen interessierte Gelehrte entschieden, dass der beste Weg, um Wissenschaften politisch fortschrittlicher werden zu lassen, nicht darin besteht, den ideologischen Einfluss zu beseitigen und Wissenschaften *weniger* wertegeladen zu gestalten. Stattdessen besteht ihre Strategie darin, die Wissenschaften mit *mehr* Ideologie zu bestücken, dabei jedoch darauf zu achten, dass die in die Wissenschaft inkorporierten kontextbezogenen oder nicht-epistemischen Werte politisch fortschrittlich sind. Eine typische Argumentation dieser Art lässt sich in der feministischen Wissenschaftskritik finden: Um den Inhalt der Wissenschaften weniger voreingenommen gegenüber Frauen zu machen, müsse der Kontext, in dem Wissenschaften betrieben werden, weniger frauenfeindlich sein; der beste Weg, um das Vorhandensein zusätzlicher Genderperspektiven sicherzustellen, bestehe darin, mehr weibliche Wissenschaftler zu rekrutieren; doch um die Wissenschaften »frauenfreundlicher« zu gestalten, müssten wir angeblich nicht nur den Ethos des wissenschaftlichen Arbeitens, sondern auch die bevorzugte Wissenschaftsmethode verändern. Jeder Schritt in diesem Argument kann angefochten werden. Wir wollen unser Urteil jedoch zunächst zurückhalten und stattdessen fragen, wie kompatibel eine solche Herangehensweise mit einschlägigen Werten des traditionellen Wissenschaftsmodells ist.

Wie offen ist das Modell von Wissenschaft-als-Erklärung hinsichtlich der Einführung »fortschrittlicher« politischer Werte? (Dabei verschiebe ich die Erörterung darüber, welche Werte tatsächlich fortschrittlich sind.) Wie emanzipatorisch kann eine Untersuchung werden, ohne ihren erklärenden Wert aufs Spiel zu setzen? Lassen Sie uns zur Durchführung dieses Gedankenexperiments auf ein einfaches Ablaufdiagramm des wissenschaftlichen Prozesses Bezug nehmen, das auf Vorstellungen von Popper und Reichenbach

17 Siehe zum Beispiel die Kritiken in Noretta Koertge (Hg.), *A House Built on Sand: Exposing Postmodernist Myths About Science*, New York 1998.

beruht. Für jede Phase dieses Prozesses werde ich zuerst die *Möglichkeiten* für die Einbindung emanzipatorischer Werte betrachten und dann kurz Beispiele aus der Literatur erörtern, in der solche Schritte befürwortet werden.

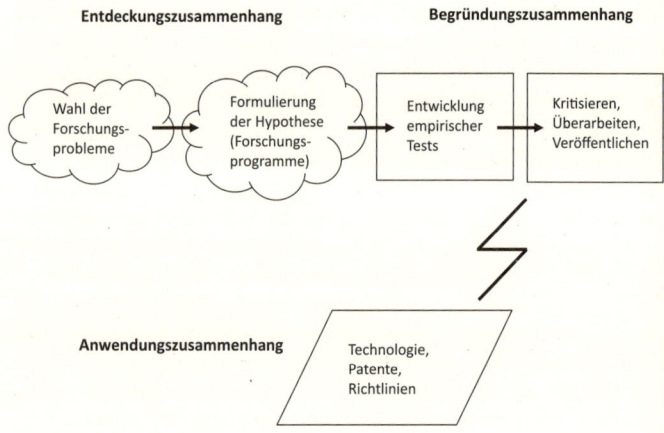

Abb. 1: Die Phasen der wissenschaftlichen Forschung.[18]

Lassen Sie uns mit dem beginnen, was ich den Anwendungszusammenhang nenne. Man muss sich nicht den Details des Bayesianischen Ansatzes zur Entscheidungsfindung verschreiben, um anzuerkennen, dass in Fragen der Anwendung wissenschaftlicher Ergebnisse soziale Werte eine Rolle spielen müssen. Man muss hierbei abschätzen, wie wahrscheinlich es ist, dass ein neues wissenschaftliches Ergebnis falsch ist und wie viel Schaden aus seiner Anwendung entstehen würde, wenn es ernstlich falsch wäre. Jene, die an einer rationalen Verwendung von Technologien interessiert sind, beharren zu Recht darauf, dass Wissenschaftler nicht nur ihre Untersuchungsergebnisse, sondern auch den Grad der Zuverlässigkeit dieser Ergebnisse veröffentlichen. Dieses Vorgehen fördert zugleich den Erklärungsauftrag der Wissenschaft und ist somit eine doppelt willkommene Anordnung. Dass Wissenschaftler in Zeiten

18 [Anm. der Hg.: Die Abbildung wurde neu erstellt.]

eines nationalen Notstands es manchmal unterlassen müssen, Ergebnisse zu veröffentlichen, die dem Feind Hilfe leisten könnten, beeinträchtigt allerdings das Erklärungsprojekt der Wissenschaften. Unsere Vertreter der emanzipatorischen Position könnten hier einen Schritt weitergehen und Wissenschaftler dazu anhalten, Forschungen, die zu sozial oder politisch gefährlichen Untersuchungsergebnissen führen könnten, gar nicht erst durchzuführen, selbst dann nicht, wenn sie wahr wären. Beschränkungen von Experimenten zum Klonen von Menschen werden auf diese Weise begründet.

Diese Überlegung führt uns auf natürliche Weise zum Entdeckungszusammenhang, bei dem der erste Schritt laut dem wissenschaftlichen Ablaufdiagramm in der Wahl eines Forschungsproblems besteht. Das Erklärungsmodell würde betonen, dass es erwünscht ist, Fragen zu stellen, die intellektuell interessant sind und uns dabei helfen, die Welt, in der wir leben, zu verstehen. Doch schon immer wurde gefordert, dass Wissenschaftler Probleme wählen, die sozial von Bedeutung sind, ob es sich nun um für das Militär nützliche Projekte handelt oder um Maßnahmen zur Ausmerzung von Krankheiten. Vertreter der emanzipatorischen Position werden uns hier sicher dazu anhalten, die Prioritäten bei der Auswahl von Forschungsproblemen so zu setzen, dass damit den sozial am schwächsten Gestellten geholfen wird, doch sie werden, wie oben angemerkt, auch dafür argumentieren, dass bestimmte Arten der Forschung, etwa über die Unterschiede zwischen den Rassen oder den Geschlechtern, erst gar nicht durchgeführt werden.[19]

Eine weitaus gravierendere Einmischung in das Erklärungsmodell der wissenschaftlichen Forschung kann im nächsten Schritt des Ablaufdiagramms auftreten. Wenn Vertreter der emanzipatorischen Position keinen Erfolg dabei haben, die Untersuchung eines politisch sensiblen Themas aufzuhalten, können sie in einem noch schwerwiegenderen Schritt versuchen, der Art der verwendeten und empirisch zu überprüfenden Hypothesen Beschränkungen aufzuerlegen. So berichtet zum Beispiel Paul Ekman,[20] dass er im

19 Für eine umsichtige, aber provokante Analyse eines solchen Argumentes siehe Philip Kitcher, »An Argument about Free Inquiry«, in: *Nous* 31 (1997), S. 279-306.
20 Paul Ekman, »Afterword: Universality of Emotional Expression? A Personal His-

Anfangsstadium seiner Untersuchungen über die Ausdrucksweisen menschlicher Gefühle von Margaret Mead und Gregory Bateson entmutigt wurde, nach Gesichtsausdrücken und Gesten zu suchen, die in allen Kulturen angetroffen werden, weil sie Angst hatten, dass jegliche Art biologischer Erklärung Eugenikern eine große Freude bereiten würde![21]

Longino scheint eine Beschränkung des Hypothesenraums zu befürworten, wenn sie schreibt: »Ich behaupte, dass eine feministische wissenschaftliche Vorgehensweise politische Erwägungen als relevante Beschränkungen von Argumentationen gelten lässt.«[22] Und: »Im Falle eines Konfliktes zwischen diesen [politischen] Verpflichtungen und einem bestimmten Modell der Gehirn-Verhaltens-Beziehungen halten wir es für legitim, dass die politischen Verpflichtungen die Entscheidung lenken.«[23] Die letzte Bemerkung deutet an, dass der Vertreter der emanzipatorischen Position politisch fortschrittliche Werte auch in den Begründungszusammenhang importieren möchte.

Wir haben bereits gesehen, dass es unumgänglich ist, Probanden menschenwürdig zu behandeln, auch wenn es keinen Konsens darüber gibt, insbesondere nicht bei Tieren, was das genau bedeutet. Vertreter der emanzipatorischen Position werden sich darum bemühen, dass die am wenigsten begünstigten Mitglieder unserer Gesellschaft mit besonderer Vorsicht behandelt werden, und sie könnten auch fordern, dass die Schichtenbildung menschlicher Personen sowohl politische Kategorien als auch medizinische Variablen wie Alter oder gesundheitsbedingte Faktoren widerspiegelt. In vielen Fällen ist Forderung nach einem ausgewogenen Geschlechterverhältnis medizinisch sinnvoll, weil die physiologischen Unterschiede zwischen den Geschlechtern die Reaktionen auf die Medikamente beeinflussen können. Nun gibt es jedoch auch Forderungen, dass experimentelle Protokolle alle diskriminierungsrelevanten Kategorien widerspiegeln, auch an Stellen des Forschungsprozesses, wo es keinen wissenschaftlichen Grund für die Annahme gibt, dass

tory of the Dispute«, in: Charles Darwin, *The Expression of the Emotions in Man and Animals, annotated by Paul Ekman*, Oxford ³1998, S. 363-393.

21 Siehe auch Donald E. Brown, *Human Universals*, Philadelphia 1991.

22 Helen E. Longino, *Science as Social Knowledge: Values and Objectivity in Scientific Inquiry*, Princeton 1990, S. 193.

23 Ebd., S. 191.

Ethnizität etc. relevant ist; diese Forderung würde die Anzahl der zulässigen Experimente ernsthaft einschränken.[24]

Eine sogar noch schwerwiegendere Herausforderung an das Modell der Wissenschaft-als-Erklärung besteht in dem Plädoyer, ideologische Kritik in die empirische Prüfung einzubeziehen, wenn die Wissenschaftler Untersuchungsergebnisse auswerten. Wenn Elizabeth Anderson mit der Behauptung recht hat, dass »die epistemische Bewertung von Theorien […] nicht scharf von den Interessen getrennt werden kann, die ihrer Anwendung dienen«,[25] warum sollte man dann nicht explizit (fortschrittliche) politische Werte in den Begründungszusammenhang einführen? Ein Beispiel dafür, wie die Verflechtung ideologischer und empirischer Erwägungen funktionieren könnte, findet sich in Anne Fausto-Sterlings Aufsatz über den so genannten Mythos der zwei Geschlechter von 1993. Zunächst schlägt sie eine ideologische Erklärung für die Beständigkeit des Mythos der zwei Geschlechter vor: »Der Staat und das Rechtssystem haben ein Interesse daran, das Zweigeschlechtssystem beizubehalten, [jedoch] unter Missachtung der Natur.«[26] Dann behauptet sie, dass das menschliche biologische Geschlecht ein »weitläufiges, unendlich dehnbares Kontinuum«[27] ist, und führt als Beleg sowohl die Häufigkeit von Intersexualität bei Neugeborenen als auch den Prozess der embryonalen Entwicklung an. Fausto-Sterling erörtert nicht die wissenschaftlichen Gründe, aufgrund deren Wissenschaftler die Klassifizierung in männlich und weiblich beibehalten möchten. Sie erwähnt auch nicht, dass viele biologische Kategorien Clusterbegriffe sind. Stattdessen spricht sie sich für die Vermehrung geschlechtlicher Kategorien mit der Begründung aus, dass dies den politischen Fortschritt begünstigen würde:

Stellen Sie sich eine Welt vor, in der das gleiche Wissen, das die Medizin befähigt hat, in die Behandlung intersexueller Patienten einzugreifen, in den Dienst der multiplen Sexualität gestellt worden wäre. Stellen Sie sich

---

24 Sally L. Satel, »Science By Quota«, in: *The New Republic* 27. February (1995), S. 14-15.

25 Elizabeth Anderson, »Feminist Epistemology: An Interpretation and a Defense«, in: *Hypatia* (1995), S. 77.

26 Anne Fausto-Sterling, »The Five Sexes: Why Male and Female Are Not Enough«, in: *The Sciences* März/April (1993), S. 20-25, S. 21.

27 Ebd., S. 21.

vor, dass sich die Geschlechter über derzeit vorstellbare Grenzen hinaus vervielfacht hätten. *Es müsste eine Welt vereinter Kräfte sein.*[28]

Ein derartiges Beispiel legt natürlich die Auffassung nahe, dass es legitim ist, wenn Ideologie eine starke Rolle bei der Akzeptanz wissenschaftlicher Theorien spielt – solange es sich um eine politisch fortschrittliche Ideologie handelt. Einige Leser werden sich hier sofort an den Lysenko-Fall erinnern. Steve Fuller, ein ausdrücklicher Vertreter der emanzipatorischen Position, fordert bewusst zu so einer Assoziation auf, wenn er eine proletarische Wissenschaft (*prolescience*) fordert.[29] Auf einem Review-Symposion über Fullers Buch hat Baigrie[30] den Kern seines Vorschlags wie folgt zusammengefasst:

[W]ir geben die Auffassung preis, die wissenschaftliche Expertise ernst nimmt, und ersetzen sie durch eine andere, welche Wissenschaften als eine Art rhetorische Tätigkeit auffasst [...]. [W]ir sollten nach einer proletarischen Wissenschaft streben, nach einer, die für alle Menschen, ungeachtet ihrer Expertise und häufig trotz ihres Mangels an wissenschaftlicher Ausbildung, offen ist [...].[31]

Hier sind wir bei einer extremen Version des emanzipatorischen Modells angelangt, die sich selbst im Sinne »der Auflösung von disziplinären Grenzen und der Demokratisierung von Wissenschaft« versteht.

5. Emanzipation ... oder Kraftlosigkeit?

Es ist verlockend, nach einer Art Mitte zwischen dem erklärenden und dem emanzipatorischen Modell zu suchen. Niemand möchte erklärende Wissenschaften haben, die frei von sozialer Verantwortung sind (rufen Sie sich Ärzte des nationalsozialistischen Regimes vor Augen); niemand möchte emanzipatorische Wissenschaften haben, die frei von empirischer Adäquatheit sind (erinnern Sie

28 Ebd., S. 24, meine Hervorhebung.
29 Steve Fuller, *Philosophy, Rhetoric, and the End of Knowledge: The Coming of Science and Technology Studies*, Madison 1993, S. xviii.
30 Brian S. Baigrie, »Fuller's Civic Republicanism and the Question of Scientific Expertise«, in: *Philosophy of the Social Sciences* 25 (1995), S. 502-511.
31 Ebd., S. 503.

sich an Lysenko). Lässt sich daher nicht irgendein »Dritter Weg« finden? Ich bin von ganzem Herzen für eine Erklärung+Ethik-Hybridform von der Art, wie sie von Popper diskutiert und in unseren Untersuchungsausschüssen für Menschenversuche institutionalisiert wurde. Außerdem befürworte ich energischere Debatten über die Wissenschaftspolitik und die öffentliche Finanzierung von Wissenschaften (auch wenn ich hoffe, dass der Auftrag der National Science Foundation niemals so beeinträchtigt werden wird wie jener des National Endowment for the Arts). Es ist jedoch eine Sache, dem Super Collider die Finanzierung zu entziehen oder Experimente zu verbieten, in denen Menschen geklont werden, etwas ganz anderes aber, die Erforschung bestimmter Arten von Hypothesen, zum Beispiel über die Funktionsweise des Gehirns, aus politischen Gründen zu verbieten oder zu verhindern. Ich habe mich dafür ausgesprochen, dass es keinen Kompromiss geben sollte, wenn es um den Vorschlag geht, ideologische Faktoren in den Begründungszusammenhang einzuführen.[32] Wir sollten jeden Versuch unternehmen, Politik und Religion aus dem Labor herauszuhalten. Es mag sein, dass wir dabei nicht immer erfolgreich sind, aber das bedeutet nur, dass wir uns mehr anstrengen sollten, nicht dass wir den Versuch aufgeben sollten.

Lassen Sie uns nun einen Blick auf die Vielzahl der Argumente gegen den Vorschlag werfen, fortschrittliche politische Werte in alle Aspekte des wissenschaftlichen Prozesses einfließen zu lassen, was sogar denjenigen zu denken geben sollte, die keinen Wert auf erklärende Wissenschaften legen. Zunächst einmal liegt die schwerwiegende Frage vor, *wessen* Werte tatsächlich in das emanzipatorische Programm eingefügt werden würden. Wenn sich eine unterdrückte Gruppe in der politischen Arena nicht durchsetzen kann, warum sollte man dann annehmen, dass sie sich in der wissenschaftlichen Arena durchsetzen kann? Der Vertreter der emanzipatorischen Position könnte antworten, dass fortschrittliche soziale Veränderungen einen Vorreiter brauchen, und da es sich bei Wissenschaftlern um eine kleine, einflussreiche, gut ausgebildete Gruppe handelt, wären diese sehr wirkungsvoll, wenn sie überzeugt werden könnten.

32 Noretta Koertge, »Ideology, Heuristics and Rationality in the Context of Discovery«, in: Steven French and Harmke Kamminga (Hg.), *Correspondence, Invariance and Heuristics*, Dordrecht 1993, S. 125-136.

Doch würde es nicht anhaltende, erbitterte Debatten darüber geben, *welche* Arten von Hypothesen tatsächlich politisch fortschrittlich sind? Vor ein paar Jahren haben zwei meiner Kollegen aus dem Kinsey-Institut eine umfassende Studie über Homosexualität veröffentlicht, in der sie Hypothesen über deren Ätiologie untersucht haben.[33] Da sie kaum empirische Untermauerungen für irgendeine der psychologischen oder soziologischen Erklärungen gefunden haben, die bisher im Angebot waren, zogen sie den Schluss, dass gegenwärtig die biologischen Hypothesen die brauchbarsten sind. Einer der Autoren hat mir berichtet, dass sich die Reaktionen homosexueller Aktivisten auf ihr Buch auf den beiden Seiten des Atlantiks dramatisch voneinander unterschieden haben. In Deutschland, wo die Erinnerung an nationalsozialistische eugenische Maßnahmen gegen Homosexuelle noch lebhaft vorhanden war, hat ihn die homosexuelle Leserschaft dafür verurteilt, eine solche Möglichkeit überhaupt in Betracht zu ziehen. In Amerika dagegen, wo zu dieser Zeit die Hoffnung bestand, dass der Oberste Gerichtshof die sexuelle Orientierung zu einer geschützten Kategorie erklärt, so wie das Geschlecht und die nationale Herkunft, haben Aktivisten die Möglichkeit begrüßt, dass Homosexualität in gewissem Sinn angeboren sein könnte.[34] Der folgende generelle Punkt wurde von den Gründern der Royal Society erkannt: Da es im Allgemeinen schwieriger ist, Auseinandersetzungen über politische oder religiöse Angelegenheiten beizulegen, als die wohl kompliziertesten wissenschaftlichen Fragen zu klären, würde es zu äußerst gravierenden Einschränkungen im Anwendungsbereich der wissenschaftlichen Untersuchungen führen, wenn diese von der Bildung eines politischen Konsens abhängig wären.

Es entbehrt nicht einer gewissen Ironie, dass die Vertreter der emanzipatorischen Position dafür eintreten, die Inhalte der Wissenschaften ideologisch zu beschränken. Denn ihre eigenen sozialkundlichen Untersuchungen zur Geschichte der Wissenschaften ermahnen uns stets, dass die politischen Umstände eine äußerst regionale Angelegenheit sind. Da jedoch wissenschaftliche Unter-

33 Alan P. Bell und Martin. S. Weinberg, *Homosexualities: A Study of Diversity Among Men and Women*, New York 1978; für einen philosophischen Kommentar zu diesem Thema siehe Noretta Koertge (Hg.), *Nature and Causes of Homosexuality: A Philosophic and Scientific Inquiry*, New York 1982.
34 Michael Ruse, *Homosexuality – A Philosophical Inquiry*, New York 1988.

suchungsergebnisse weltweit im Umlauf sind, könnte es durchaus unmöglich sein, Wissenschaften überall an die lokale Politik anzupassen, wie dies die unterschiedlichen Reaktionen in Deutschland und den USA veranschaulichen. Diese Schwierigkeit des Konzeptes von politisch fortschrittlicher Wissenschaft wird noch durch die Tatsache verstärkt, dass wissenschaftliche Ergebnisse über die Zeit hinweg bestehen. Auch wenn Mead und Bateson ein gutes Argument gehabt hätten, um die Erforschung von kulturell invarianten Aspekten menschlicher Ausdrücke von Gefühlen zu einem früheren Zeitpunkt in diesem Jahrhundert zu verhindern, könnte es in anderen Epochen nicht dennoch nützlich sein, die gemeinsamen Elemente der menschlichen Erfahrung hervorzuheben und die Art, in der Menschen Schmerz, Angst und Glück ausdrücken – so wie dies zum Beispiel Sojourner Truth mit den Worten »Und bin ich denn keine Frau?« elegant ausgedrückt hat?

Bisher habe ich argumentiert, dass die emanzipatorische Strategie unpraktikabel und unklug ist. Sie ist aber außerdem noch selbstzerstörend; denn wäre sie erfolgreich, würden die Wissenschaften als ideologiegesteuert aufgefasst werden, und das hätte zur Folge, dass sie nicht nur ihre erkenntnistheoretische Berechtigung, sondern auch ihre rhetorische und politische Nützlichkeit verlieren würden! Doch vielleicht stellt sich der Vertreter der emanzipatorischen Position eine weniger sichtbare und unmerklichere Form des ideologischen Einflusses vor, eine die den Inhalt der Wissenschaft sanft in eine fortschrittliche Richtung stößt, ohne dabei das Bild der Wissenschaften dramatisch zu verändern. Könnte eine solche Wissenschaft nicht als politisches Placebo dienen? Wie Anne Harrington in einem Interview zu einem Buch über medizinische Placebos hinweist, *gibt* es »Lügen, die heilen«.[35] Warum sollten wir politisch motivierte Forschungen über altertümliche Matriarchate oder ägyptische Gleitflugzeuge nicht als vergleichbar mit homöopathischen Heilmitteln betrachten? Wenn sie dazu führen, dass es einigen Menschen besser geht, worin besteht dann der Schaden?[36]

---

35 [Anm. d. Hg.: Siehe Anne Harrington, *The Placebo Effect: An Interdisciplinary Exploration*, Cambridge 1999. Das Interview findet sich in *New York Times* 13, October 1998, S. F1.]

36 Eine faszinierende Studie von Davis (Philip G. Davis, *Goddess Unmasked: The Rise of Neopagan Feminist Spirituality*, Dallas 1998) verbindet die pseudohistorische Forschung über die Göttinnenverehrung mit feministischer Gutgläubigkeit

Doch das Modell der Wissenschaft-als-politisches-Placebo führt ebenso zu Instabilitäten. Zunächst einmal heilen Placebos *keine* ernsthaften Gesundheitsprobleme, und ebenso werden wissenschaftliche Hypothesen ohne empirische Basis nur sehr eingeschränkt brauchbar sein. Darüber hinaus hören Placebos auf zu wirken, sobald Menschen nicht mehr an sie glauben. Der Schlüssel zum empirischen Erfolg der Wissenschaften ist aber ihr Ethos des institutionalisierten Skeptizismus und der Kritik. Eine Ausnahme für diejenigen Hypothesen zu machen, die momentan für politisch fortschrittlich gehalten werden, heißt, Platons Experiment zu wiederholen, »edle Lüge« zu schützen.

6. Fazit

In seinem Gedicht »Choose Something Like a Star [Wähle so etwas wie einen Stern]« hält uns Robert Frost an, ruhig zu bleiben, »when at times the mob is swayed to carry praise or blame too far [in Zeiten, wo der Mob Lob oder Tadel zu weit treibt]«. In Reaktion auf den polemischen Ton, der sich in den Schriften auf beiden oder allen Seiten der Wissenschaftskriege findet, gibt es nun ein Drängen hin zu dem, was man als »die marginalisierte Mitte« erachtet hat. Nun bin ich der Meinung, dass die Suche nach einem Mittelweg im Hinblick auf Fragen über Realismus versus Antirealismus oder auf Untersuchungen über die Interaktion zwischen einzelnen Wissenschaftlern, Wissenschaftsgemeinschaften und der ganzen Gesellschaft sehr sinnvoll ist. Es besteht ein Bedarf nach besser entwickelten Modellen der Struktur einer wissenschaftlichen Theorie beziehungsweise eines Forschungsprogramms, welche die Beziehungen aufzeigen zwischen dem mathematischen Formalismus, der technisch-wissenschaftlichen Terminologie und den Metaphern und Analogien, die wissenschaftliche Kreativität anleiten und wissenschaftliche Ergebnisse der Öffentlichkeit mitteilen. Für viele Themen ist es sinnvoll, den Appell »Einfach Freunde sein« zu beherzigen.

gegenüber Parapsychologie und alternativer Medizin. Auf die Gefahren afrozentrierter Pseudogeschichte wird in Bernard R. Ortiz de Montellano, »Afrocentric Pseudoscience: The Miseducation of African Americans«, in: Paul R. Gross u. a. (Hg.), *The Flight from Science and Reason*, New York 1996, S. 561-572 hingewiesen.

Doch die Vehemenz der Debatte spricht dafür, dass die Kluft tiefer ist. In diesem Aufsatz vertrete ich die Auffassung, dass die fundamentalste Auseinandersetzung eine Abweichung in grundlegenden Werthaltungen widerspiegelt. Ich habe versucht, den fundamentalen Unterschied zu rekonstruieren, indem ich zwei antithetische normative Modelle wissenschaftlicher Forschung gegenübergestellt habe. Der eine Ansatz sieht das Telos der Wissenschaften in der Erklärung; für den anderen Ansatz ist die Emanzipation die oberste Richtlinie. Und ich habe dafür argumentiert, dass in Bezug auf diese Entscheidung kein Mittelweg möglich ist. Da es keinen Algorithmus gibt, um die erklärende Kraft wissenschaftlicher Theorien zu bewerten, ist es verlockend, soziale Werte in die Grabbelkiste der Desiderata zu werfen, die alle Aspekte der wissenschaftlichen Entscheidungsfindung anleiten. Doch damit bringt man eben die Merkmale der Wissenschaften ernsthaft in Gefahr, die sie überhaupt erst so wertvoll machen. Wir streben nach wissenschaftlichen Ergebnissen, die den höchsten Standards empirischer Kritik und theoretischer Prüfung standgehalten haben. Wenn politische Erwägungen dazu verwendet werden, Fragen einzuschränken, die gestellt, Hypothesen einzuschränken, die überprüft, oder alternative Erklärungen, die vorgebracht werden können, dann hört dieser Untersuchungsbereich auf, einen wissenschaftlichen Wert zu haben, und zwar unabhängig davon, ob die politischen Beweggründe positiv oder negativ sind. Wissenschaftliche Normen sind nicht verhandelbar und wissenschaftliche Werte nicht beliebig austauschbar.

3. Zum Zusammenspiel von Wertneutralität und Wertbezogenheit in der Wissenschaft

John Dupré
Tatsachen und Werte

Es gibt eine Sicht der Wissenschaft, die klischeehaft in den Worten ihrer Kritiker sowie Anhänger wie folgt lautet: Wissenschaft beschäftigt sich nur mit Tatsachen. Werte treten nur auf, wenn man sich entscheidet, wie man die Tatsachen aus der Wissenschaft anwenden soll. Oft wird noch hinzugefügt, dass dieser zweite Schritt nicht der speziellen Aufmerksamkeit von Wissenschaftlern bedarf, obwohl das nur eine optionale Ergänzung ist. Mein Hauptanliegen in diesem Kapitel ist es herauszufinden, wie viel Sinn man aus dem ersten Teil dieser Geschichte gewinnen kann, nämlich dass sich Wissenschaft nur mit Tatsachen beschäftigt.[1]

Der Ausdruck »beschäftigen« ist intentional vage. Zwei Arten von Beschäftigen muss man offensichtlich unterscheiden. Zum einen gibt es die Frage nach der Natur der Ergebnisse von Wissenschaft, die in jedem Fall Tatsachen sein müssen. Es kann aber eine zweite Frage nach der Natur der Inputs formuliert werden. Um eine Tatsache zu generieren – zum Beispiel, dass die Dinosaurier ausgestorben sind –, muss man auch einige Tatsachen einspeisen. (Dies sind die Dinosaurierknochen. Unsere besten Tests legen nahe, dass sie 80 Millionen Jahre alt sind. Keine Dinosaurier wurden in jüngster Zeit beobachtet. Und so weiter.) Diese Inputs sollten daher auch Tatsachen sein.

Es gibt zunächst einige unmittelbare Bedenken. Man könnte dem Vorschlag, die einzigen Ergebnisse von Wissenschaft seien Tatsachen, den vernünftigen Einwand entgegenhalten, dass die Wissenschaft auch Objekte hervorbringt. Impfmittel gegen Kinderlähmung, Handys, lasergesteuerte Raketen und ähnliche Dinge werden oft als typisch für Wissenschaft im Zustand des Produzierens angesehen. Gemäß der oben angeführten klischeehaften Ansicht kann man erwidern, dass Wissenschaft Gesetze und dergleichen produziert, auf deren Basis es dann möglich ist, Impfungen

1 Ich danke Francesco Guala und Harold Kincaid für wertvolle Kommentare zu einer früheren Fassung dieses Buchkapitels. Der Beitrag wurde als Teil des Economic and Social Research Council (ESRC), Centre for Genomics in Society (Egenis) erstellt. Der Unterstützung durch ESRC sei hier gedankt.

gegen Kinderlähmung, Handys und so weiter herzustellen. Das Problem dieser Sichtweise ist, dass sie die Art, wie Wissenschaft wirklich funktioniert, schwer zu verzerren scheint. Eine Gruppe von Wissenschaftlern, die versucht ein Impfmittel herzustellen, versucht nicht, zuerst generelle Regeln der Impfmittelentwicklung zu formulieren und diese dann den Technikern zu übergeben, damit sie konkrete Impfmittel produzieren. Zweifellos werden die Wissenschaftler von den Erfahrungen vorausgehender Impfmittelhersteller profitieren, die in Texten verschiedener Art wiedergegeben sind. Und wenn sie erfolgreich sind, werden sie vielleicht zum Korpus an Hinweisen für zukünftige Impfmittelhersteller beitragen. Es scheint aber unbezweifelbar, dass das wissenschaftliche Hauptziel hier ein wirkungsvolles Impfmittel und nicht irgendein Stück Tatsache oder Theorie ist.

Doch ignorieren wir diese Bedenken und konzentrieren uns auf die Frage, ob – insoweit die Wissenschaft das produziert, was wir als Teile eines Diskurses ansehen können – diese Teile des Diskurses streng faktisch und niemals evaluativ sind. Wir müssen also danach fragen, was das Kriterium dafür ist, einen Teil eines Diskurses als rein faktisch einzustufen.

Es ist nicht schwer, einige paradigmatische Fälle zu finden. »Elektronen haben negative Ladung« ist klar faktisch, während »Kinder zu foltern ist eine schlechte Handlung« klar evaluativ ist (obwohl, am Rande bemerkt, die Klarheit dieser Aussage die Vermutung stark nahelegt, dass es sich hier auch um eine Tatsache handelt). Die Existenz dieser und vieler anderer möglicher Paradigmen mag dazu verleiten, das Kriterium zu verwenden, das der Richter des Obersten Gerichtshofs der Vereinigten Staaten, Stewart Potter, bekanntlich auf Pornographie angewendet hat: »Ich erkenne es, wenn ich es sehe«. Aber es lassen sich ebenso leicht Fälle finden, die weniger klar sind. Betrachte zum Beispiel »Die Vereinigten Staaten sind ein gewalttätiges Land«. Zum einen können wir uns vorstellen, dass ein Soziologe ein objektives Maß für soziale Gewalt entwickelt hat – Anzahl der Morde pro Kopf, Anzahl gemeldeter Fälle häuslicher Gewalt und so weiter – und dass dieser Soziologe angibt, dass die Vereinigten Staaten höher in Bezug auf dieses Maß rangieren als die meisten vergleichbaren Länder. Zum anderen können wir uns vorstellen, dass jemand diese Schlussfolgerung als negatives Werturteil beschreibt.

Es gibt hier freilich eine bekannte Entgegnung. Wir verfügen zuerst über die Tatsache und fällen dann das Werturteil. Die Tatsache ist, dass es bestimmte Statistiken über Gewalttaten gibt. Das Werturteil ist, dass diese Statistiken etwas Schlechtes über den Gegenstandsbereich sagen, bezüglich dessen sie erhoben wurden. Zugunsten dieser Unterscheidung können wir darauf hinweisen, dass es immer möglich ist, die Tatsache zu akzeptieren und das Werturteil zurückzuweisen. Einige Leute befürworten gewalttätige Länder (zum Beispiel weil sie die schroffe Unabhängigkeit des Volkes zeigen), und vielleicht gibt es sogar Menschen, die glauben, dass das Foltern von Kindern eine gute Sache ist. Aber diese Verteidigung trifft den Punkt hier nicht. Der Punkt war nämlich nur, dass die Aussage »Die Vereinigten Staaten sind ein gewalttätiges Land« in keiner der beiden Kategorien, der faktischen oder bewertenden, eindeutig eingeordnet werden kann. Wenn dies noch nicht klar ist, vergleiche man sie mit der Aussage »Sam ist ein gewalttätiger kleiner Junge«. In jeder normalen Ausdrucksweise bedeutet das nicht nur, dass Sam die Disposition zu gelegentlichen gewalttätigen Handlungen hat – dies trifft letztlich auf nahezu alle kleinen Jungen zu –, und noch weniger bedeutet es, dass seine Häufigkeit an gewalttätigen Handlungen einen bestimmten Grad auf einer von der American Psychological Association gutgeheißenen Standardskala erreicht. Es ist vielmehr eine Kritik an Sam und wahrscheinlich auch an seinen Eltern. Jeder, der das bezweifelt, sollte seine nächste Kinderkrippe aufsuchen und diesen Kommentar an den Eltern ausprobieren, wenn sie ihre wertvollen Kleinen wieder einsammeln.

Nehmen wir an, so wie ich mir dies beim Fall sozialer Gewalt gerade vorstellte, dass es tatsächlich ein Standardmaß von Gewalt für kleine Jungen gibt. Auf dieser Skala wird ein gewalttätiges Kind als eines definiert, das mehr als fünf Gewaltakte pro Stunde verübt. Wenn ich nun als Experte und Kinderpsychologe verkünde, dass Sam ein gewalttätiges Kind ist, ist meine Äußerung rein faktisch. Sollten seine Eltern diese Bemerkung als unzulässig empfinden, werde ich darauf hinweisen, dass es sich dabei lediglich um Faktenbeobachtung handelt und dass es eine gänzlich subjektive Meinungsfrage sei, deren ich mich als Wissenschaftler natürlich enthalte, ob ein gewalttätiger Junge zu sein eine schlechte Sache sei. Eine mögliche Schlussfolgerung an diesem Punkt wäre etwa diese: »Die Vereinigten Staaten sind ein gewalttätiges Land« und »Sam ist ein gewalttätiger kleiner Junge« sind potenziell mehrdeutig. Obwohl beide oft bewertend benutzt werden, vor allem im allgemeinen Sprachgebrauch, benutzen Wissenschaftler solche Aussagen nur nach einer sorgfältigen Definition (beziehungsweise Operationalisierung) ihrer Bedeutung. Diese Aussagen werden sich also, wenn sie von verantwortungsvollen Wissenschaftlern benutzt werden, als rein und vollständig faktisch herausstellen. Die betrachteten Aussagen sind daher ernsthaft mehrdeutig.

Wissenschaftler würden also vielleicht besser daran tun, diese normativ geladenen Ausdrücke zu vermeiden und sich an eine explizit technische Sprache zu halten. Zu sagen, dass Sam einen Wert von 84 auf der von Smith-Jones erstellten Skala physischer Durchsetzungsfähigkeit bekommen hat, ist viel weniger erschreckend (obwohl dies ein schon fast außerhalb der Skala liegender Wert ist, der nur von extrem gewalttätigen Kindern erreicht wird). Und es ist natürlich wahr, dass die Psychologen und Psychiater, um das gegenwärtige Beispiel weiterzuverfolgen, oft mehr dazu neigen, eine technische Diagnosesprache zu verwenden, die durch detaillierte technische Definitionen in Standard-Nosologie-Handbüchern gestützt wird, als zum Beispiel zu sagen, dass jemand verrückt ist.

Es gibt aber einen überragenden Vorteil der gewöhnlichen bewertenden Sprache: Sie liefert uns Handlungsgründe. Zu sagen, dass die USA ein gewalttätiges Land sind, ist ein Grund für Politiker, so zu handeln, dass die Gewalt vermindert wird oder ihre Auswirkungen verringert werden (zum Beispiel durch die Kontrolle der Verfügbarkeit gefährlicher Waffen). Ceteris paribus ist es auch ein Grund, nicht in den USA zu leben. Und so weiter. Es interessiert nicht, nur eine Nummer zu erhalten und mitgeteilt zu bekommen, dass diese der Gewaltindex eines Landes oder einer Stadt ist. Wir wollen wissen, ob dies hoch oder niedrig ist, und in der Tat auch, ob es gut oder schlecht ist. Es kann ähnlich – obwohl wir uns hier auf wackligerem Boden befinden – gut sein zu wissen, ob jemand verrückt ist. Es kann nützlich sein, so jemanden in Schranken zu halten oder ihm zumindest nicht die Verantwortung für die Sicherheit des lokalen Atomkraftwerks zu übertragen.

Es geht hier um einen allgemeinen Punkt. Sobald wir uns von den fern gelegenen Umgebungen der Kosmologie oder Partikelphysik wegbewegen, sind wir an wissenschaftlichen Untersuchungen interessiert, die Auswirkungen auf das Handeln haben, und das ist unzweifelhaft der Grund, warum die Wissenschaftssprache – während sie ein Lippenbekenntnis für operationalisierte und technische Konzepte abgibt – oft in der bewertenden Alltagssprache ausgedrückt wird.

Die Situation soweit scheint also folgende zu sein: Viele Ausdrücke der natürlichen Sprache sind beides, deskriptiv und evaluativ. Der Grund dafür ist offensichtlich: Eine bewertende Sprache drückt unsere Interessen aus, und wenig überraschend haben wir auch das Interesse, diese Interessen auszudrücken. Wenn wir Dinge beschreiben, verwenden wir oft oder sogar normalerweise Ausdrücke, die auf die Relevanz dieser Dinge für unser Interesse Bezug nehmen. Manchmal versuchen wir, recht präzise Kriterien für eine interessenrelative Terminologie für Dinge festzulegen. Diese reichen von so etwas Banalem wie den Standards, um als Klasse-I-Kartoffel klassifiziert zu werden – bis zu etwas so Ominösem wie den Standards, die eine Handlung erfüllen muss, um als Mord zu gelten. In solchen Fällen können wir versucht sein zu sagen, dass die Präzision der Kriterien einen bewertenden Ausdruck in einen deskriptiven verwandelt. Es ist aber wichtig zu beachten, dass die Präzision ihre Bedeutung durch das Interesse an einer Bewertung erhält. Dasselbe ist oft der Fall für operationalisierte Ausdrücke in der Wissenschaft. Im alltäglichen Leben sind die Ausdrücke dagegen öfter eine sehr unbestimmte Mischung aus bewertend und deskriptiv, wie etwa knackig, durchnässt, frisch, alt, verrottet, lebendig, träge, untätig, dumm oder intelligent – oder, wenn wir uns an Austins einprägsamen Vorschlag zur Wiederbelebung der Ästhetik erinnern, elegant und plump.

Ich denke, das ist die Sprache, die wir benutzen, um über die Dinge zu sprechen, die für uns wichtig sind, und eine solche Sprache zu verstehen setzt voraus, dass wir beides verstehen, deskriptive Kriterien und den normativen Stellenwert der daran beteiligten Konzepte. Es scheint daraus zu folgen, dass es keine Möglichkeit gibt, eine scharfe Unterscheidung zwischen Tatsachen und Werten zu ziehen. Die Wissenschaft mag vernünftigerweise einige dieser bekannten Ausdrücke vermeiden; weil sie vage und unpräzise sind, versucht man, sie durch präziser definierte Alternativausdrücke zu ersetzen. Aber erstens wird die Übernahme dieser Alternativausdrücke letztendlich davon abhängen, ob sie die bewertende Kraft der vageren Ausdrücke einfangen können, die sie ersetzen. Zweitens verzichtet die Wissenschaft nicht auf die hybride Sprache von Beschreibung und Bewertung und kann das höchstwahrscheinlich auch nicht vollständig tun. Diese Tatsache macht die Annahme einer strengen Unterscheidung von Tatsache und Wert nicht nur nicht haltbar, sondern oft schädlich.

So viel zu dem generellen Hintergrund des Skeptizismus bezüglich der Unterscheidung zwischen Tatsache und Wert. Für den Rest des Kapitels werde ich mich mit spezifischen Beispielen beschäftigen. Zwei solcher Beispiele werden konkreter aufzeigen, wie Normativität ihren Weg in die wissenschaftliche Arbeit findet und ihre Leugnung potenziell gefährlich sein kann.

Bevor ich fortfahre, sei eine weitere Bemerkung eingeschoben. Die im Folgenden diskutierten zwei Beispiele stammen aus Bereichen der Wissenschaft, die direkt mit menschlichen Anliegen verbunden sind. Ich bin oft der Sichtweise begegnet, der zufolge es zwar interessant und wichtig ist, dass die Humanwissenschaften mit Werten durchsetzt sind, dies jedoch insgesamt nicht sonderlich überraschend sei. Was einen Vertreter der Wertneutralitätsthese, mit dem dieses Kapitel begann, dagegen wirklich beunruhigen würde, wäre ein Hinweis darauf, dass die Physik, Chemie oder Mathematik wertgeladen sind. Nach dieser Ansicht drücke ich mich also vor der wirklich wichtigen Aufgabe.

Lassen Sie mich darauf zunächst erwidern, dass ich nicht verneinen will, dass viele der Resultate dieser Wissenschaften durchaus wertfrei sein können. Der Sinn, in dem ich die Legitimität der Unterscheidung zwischen Tatsache und Wert hinterfrage, impliziert nicht, dass es keine Bereiche gibt, in die menschliche Werte nicht eindringen. Vielmehr gibt es große Bereiche, auch große Bereiche der Wissenschaften, in denen der Versuch, Tatsachen von Werten zu trennen, zum Scheitern verurteilt ist. Was die Physik betrifft, meine ich: Wenn tatsächlich das meiste oder alles in der Physik wertfrei ist, dann ist dies nicht der Fall, weil die Physik eine Wissenschaft ist, sondern weil der Großteil der Physik für uns einfach nicht wichtig ist. Ob Elektronen eine positive oder eine negative Ladung haben und ob es ein schwarzes Loch in der Mitte unserer Galaxie gibt, sind Fragen ohne jegliche unmittelbare Bedeutung für uns. Die einzigen menschlichen Interessen, die sie berühren (und diese mögen sie wirklich tief berühren), sind kognitive, und die einzigen Werte, die diese implizieren, sind kognitive Werte. Die Aussage, dass Elektronen negative Ladung haben, ist daher in einem recht banalen Sinne wertfrei: Es hat keine Auswirkung auf irgendetwas, das uns wichtig ist.

Wenn ich sagte, dass diese Angelegenheiten von keiner unmittelbaren Bedeutung sind, dann ist das Wort *unmittelbar* entscheidend. Es wird oft darauf hingewiesen, dass die Physik uns auch sagt, wie man Atomanlagen und Wasserstoffbomben baut. Hier zumindest sind wir im Reich der Werte. Es gibt keine eindeutig bestimmte Atomanlage, für die uns die Physik die Bauanleitungen gibt, noch kann es eine generelle Theorie über den Bau jeder möglichen Atomanlage geben. Die Physik hilft uns dabei, verschiedene Arten von Kraftwerken zu bauen, und verschiedene Arten von Kernkraftwerken sind mehr oder weniger sicher, effizient, hässlich und so weiter. Wer annimmt, dass es eine wertfreie Theorie für den Bau von Atomanlagen – geschweige denn für die Konstruktion von Wasserstoffbomben – gibt, scheint mir ein Tor oder Lügner zu sein. Das Argument, dass die Physik über die zuvor erwähnten rein kognitiven Werte hinaus wertgeladen ist, scheint mir plausiblerweise von der Annahme abzuhängen, dass Physik, entgegen dem Anschein oder der Propaganda, in Wirklichkeit die Wissenschaft des Bombenbaus ist. Ich fälle kein Urteil in dieser Angelegenheit. Mein Punkt ist hier nur der, dass die Wertfreiheit der Physik, wenn es sie denn gibt, nicht zu zeigen vermag, dass die Wissenschaft allgemein wertfrei ist.

1. Vergewaltigung

Mein erstes Beispiel ist kein angenehmes. Es handelt sich dabei um die evolutionspsychologische Hypothese zu Vergewaltigung.[2] Die Grundidee lautet ungefähr so: In der Steinzeit, als sich die zen-

---

2 Eine Standardquelle ist Randy Thornhill und Nancy Wilmsen Thornhill, »The Evolutionary Psychology of Men's Coercive Sexuality«, in: *Behavioral and Brain Sciences* 15 (1992), S. 363-421. Die Ideen wurden durch Thornhill und Palmer populär gemacht (Randy Thornhill und Craig Palmer, *A Natural History of Rape: Biological Bases of Sexual Coercion*, Cambridge/MA 2000). Für detaillierte Gegenargumente siehe die verschiedenen Aufsätze in Charyl Brown Travis (Hg.), *Evolution, Gender, and Rape*, Cambridge/MA 2003.

tralen Eigenschaften der menschlichen Natur angeblich entwickelt haben, fühlten sich Frauen zu Partnern mit den nötigen Ressourcen für die Kindererziehung hingezogen. Vielleicht fühlten sie sich auch zu Männern mit guten Genen hingezogen – und vielleicht waren dies einfach nur Gene, um in dem für sexuelle Selektion charakteristischen »Teufelskreis« attraktiv zu sein. Vielleicht waren diese Urfrauen klug genug, die ressourcenreichen Männchen etwas zu täuschen, um ihre Ressourcen von den »Vätern« zu bekommen und ihre Gene von den attraktiveren »Lümmeln«. Jedenfalls gab es höchstwahrscheinlich bald Männer, die weder wettbewerbsstarke Gene noch Ressourcen hatten, und auch sie suchten, wie jeder andere Mann, nach einer sexuellen Strategie. Da keine Chance bestand, irgendwelche Frauen zu einvernehmlichem Geschlechtsverkehr zu überreden, konnte diese Strategie nur Vergewaltigung sein. Wie in der evolutionären Psychologie üblich, wird, sobald man eine Verhaltensweise als eine in der Steinzeit erfolgreiche Strategie ansieht, darauf geschlossen, dass sich ein kognitives Modul für diese Verhaltensweise entwickelt hat. Demnach scheint es so, dass Männer ein Vergewaltigungsmodul besitzen, das aktiviert wird, wenn ihre Fähigkeit, Frauen durch irgendein akzeptables Mittel anzuziehen, auf ein hinreichend niedriges Niveau fällt.

Evolutionspsychologen, die solche Theorien präsentieren, bestehen generell auch auf einer recht naiven Version der Fakten-Werte-Unterscheidung. Ihre beanspruchten Entdeckungen über Vergewaltigung betreffen nur Fakten über das menschliche Verhalten, doch keine Fakten mit irgendwelchen wertenden Konsequenzen. Wir können ihnen zumindest dahingehend zustimmen – entgegen dem, was die Evolutionspsychologen manchmal ihren Kritikern vorwerfen –, dass die These, dass Vergewaltigung im beschriebenen Sinn natürlich ist, nicht bedeutet, dass sie auch gut ist. Erdbeben und der AIDS-Virus sind, wenn man von paranoiden Spekulationen absieht, auch natürlich, aber deshalb nicht gut. Jedoch haben solche Theorien sicherlich Konsequenzen dafür, was eine geeignete politische Maßnahme gegen Vergewaltigungsvorfälle wäre. Allein diese unbestreitbare Tatsache reicht aus, um die gelegentliche Behauptung, solche Theorien hätten keine wertenden Konsequenzen, zu widerlegen. Sie haben zumindest die Konsequenz, dass bestimmte Maßnahmen gut oder schlecht wären. Die offensichtlichste praktische Maßnahme als Konsequenz dieser Theorie wäre die

Beseitigung von Armut, da ihre Hypothese besagt, dass vornehmlich arme Männer Vergewaltiger sind (weil sie keine Ressourcen haben, um für Frauen attraktiv zu sein). Obwohl das eine gute Idee ist, hat sich dieses Ziel als nur schwer realisierbar herausgestellt. Auf Basis von einigen plausiblen marxistischen Analysen ist dieses Ziel ohne die Elimination des Kapitalismus – ein gleichermaßen kniffliger Vorschlag – nicht zu erreichen, da diesen Analysen zufolge Armut keine intrinsische Eigenschaft von Personen, sondern eine Relation zwischen Personen ist – wohlgemerkt eine für den Kapitalismus fundamentale Relation. Interessanterweise ist diese Analyse auch für die soziobiologische Betrachtungsweise relevant: Es ist nicht die intrinsische Minderwertigkeit eines gescheiterten Höhlenmenschen, die ihn zu sexueller Sterilität oder sexueller Gewalt verdammt, sondern sein relativer Mangel verglichen zu seinen glücklicheren Rivalen.

Das alles trifft freilich nicht den Punkt. Wer ernsthaft genug über die gegenwärtige sexuelle Gewalt im Gegensatz zu hypothetischen Fortpflanzungsstrategien unserer imaginären Vorfahren nachgedacht hat, beobachtet, dass Vergewaltigungen weder ausschließlich noch überwiegend ein Verbrechen ressourcenarmer und in dunklen Hintergassen lauernder »Raubtiere« ist, sondern dass es mehr mit Frauenhass und mehr mit Gewalt als mit Sex, geschweige denn mit Fortpflanzung, zu tun hat. Ihre Ursachen liegen daher eher auf der ideologischen als auf der ökonomischen Ebene.

Diese Überlegungen machen deutlich, dass es beim Theoretisieren über dieses Thema um viel geht, doch das trifft noch nicht den Kern des hier vorgebrachten Arguments. Bislang habe ich so gesprochen, als ob es bei der Entscheidung, worüber wir im Zusammenhang dieser theoretischen Untersuchung sprechen, kein Problem gebe. In der Tat beginnen Soziobiologen, um die Forschung einfacher zu machen, ihre Erforschung von Vergewaltigung mit Beobachtungen an Fliegen oder Enten. Wenn wir ein gutes Verständnis davon haben, warum sexuell frustrierte Wildenteriche hinter Büschen hervorspringen und sich in glücklicher Partnerschaft lebende vorbeilaufende Enten gegen deren Willen zu Willen machen, dann ist die essenzielle Natur von Vergewaltigung enthüllt, und wir können dazu übergehen, diese Einsichten auf Menschen anzuwenden. Dieses Vorgehen ignoriert natürlich eklatant die Tatsache, dass Vergewaltigung von Menschen zu den gründlichst normativ geladenen Konzepten gehört, die man finden kann (ich bezweifle, dass es etwas Vergleichbares gibt). Wer meint, dass er die Ursachen von Vergewaltigung untersucht, aber, um ein guter Wissenschaftler zu sein, dies ohne Vorurteil darüber tut, ob Vergewaltigung etwas Gutes oder Schlechtes sei, unterliegt einer schweren Konfusion: Er versteht gar nicht, was er angeblich untersucht.

All dies ist offensichtlich, wenn man auf die wirklichen Probleme sieht statt auf die Pseudowissenschaft. Eine ernsthaftere Perspektive auf Vergewaltigung ist, dass sie eine tiefgehende Verletzung der Rechte der Opfer beinhaltet. Als es vor nicht allzu langer Zeit für einen verheirateten Mann aus begrifflichen Gründen unmöglich war, seine eigene Frau zu vergewaltigen, spiegelte dies die weitverbreitete moralische Annahme wider, dass eine Frau gegenüber ihrem Ehemann keine Rechte hat. Tatsächlich wurde dem Ehemann das Recht zugesprochen, vielleicht auch göttlich garantiert, auf die von ihm erwünschte sexuelle Beziehung zu seiner Frau, welcher Art auch immer. Heutzutage kreisen komplexere Debatten um das Thema einer Vergewaltigung nach einer Verabredung – der exakte Tonfall, in welchem ein »Nein« ein »Ja« bedeutet usw. Weniger strittig und seit langem klar ist, dass sexuelle Beziehungen mit kleinen Kindern eine Art von Vergewaltigung sind, da in Beziehungen zwischen Erwachsenen und kleinen Kindern nicht sinnvoll von Einwilligung gesprochen werden kann. Aber das Alter des Kindes, ab dem eine Einwilligung möglich wird, variiert von Kultur zu Kultur stark und wird oft neu verhandelt.

Ich will damit nicht sagen, dass es keinen Platz für die Wissenschaft in Bezug auf dieses Thema gibt. Es gibt im Gegenteil quantitative und qualitative soziologische Fragen, psychologische, kriminologische und sicher noch andere wissenschaftliche Fragen, die von offensichtlicher Bedeutung sind. Mein Punkt ist lediglich: Wenn man annimmt, man untersuche dabei eine natürliche Art mit zeitloser Essenz – eine Essenz, die in Enten und Fliegen genauso wie in Menschen entdeckt werden kann –, dann ist es unwahrscheinlich, dass man irgendwelche bedeutsamen Resultate erhält. Obwohl dies ein extremes Beispiel ist, da die Wertgeladenheit dabei so völlig offensichtlich ist, dass nur extremer Szientismus sie verbergen kann, denke ich, dass es lediglich aufgrund seiner Offensichtlichkeit so untypisch ist. Wie eingangs argumentiert, sind Tatsache nd Wert in Angelegenheiten, die uns betreffen, typischerweise untrennbar verbunden, und wir sind die meiste Zeit mit Angelegenheiten beschäftigt, die uns betreffen.

2. Ökonomie

Mein zweites Beispiel ist sehr verschieden. Nirgendwo ist die Tradition der Trennung des Faktischen vom Evaluativen tiefer verwurzelt als in der Ökonomie. In Anerkennung der Tatsache, dass die Produktion und die Verteilung von Gütern, von denen das menschliche Leben abhängt, eine normative Komponente haben, gibt es in der Tat einen Zweig der Ökonomie, der normative Ökonomie oder Wohlfahrtsökonomie genannt wird. Doch dieser ist scharf abgegrenzt von den faktischen Untersuchungen der so genannten positiven Ökonomie, und es ist kaum kontrovers, dass der letztere Bereich der prestigeträchtigere in der Ökonomie ist. Gemeinsam mit dem traditionellen Positivismus und dem gegenwärtigen Szientismus ist die zugrunde liegende Annahme dieser Unterscheidung, dass es eine Menge von ökonomischen Fakten und Gesetzen gibt, die die Ökonomen herausfinden sollen, wogegen die Entscheidung, was man daraus macht, vorwiegend bei den Politikern und Wählern liegt.[3]

In der Tat hat die normative Ökonomie selbst dazu tendiert, diese Perspektive zu verstärken, und deshalb versucht, sich auf die Frage zu beschränken, ob es ökonomische Handlungen gibt, die unstrittig positiv zu bewerten sind. Diese Orientierung wird durch den Fokus der Aufmerksamkeit auf das Kriterium der Pareto-Optimalität deutlich. Eine ökonomische Güterverteilung heißt paretooptimal, wenn es keinen möglichen Gütertransfer gibt, der einige Akteure besserstellen und zugleich keinem anderen Akteur schaden würde. Es mag zutreffen, dass das Fehlen von Pareto-Optimalität wenn möglich behoben werden sollte (obwohl selbst das in einigen Ansätzen der Verteilungsgerechtigkeit fraglich ist). Aber die »Optimalität« in der »Pareto-Optimalität« ist zweifelhaft. Wenn ich zum Beispiel alle Güter der Welt besitze und an dem Wissen darum Vergnügen empfinde, dann ist auch diese Verteilung von Gütern

---

3 Ein klassischer Artikel von Friedman enthält eine bekannte Beschreibung dieser Position (Milton Friedman, »The Methodology of Positive Economics«, in: Milton Friedman, *Essays in Positive Economics*, Chicago 1953, S. 3-43).

ein Pareto-Optimum. Denn wenn etwas Brotrinde an verhungernde Kinder abgezweigt würde, hätte ich nicht mehr das Vergnügen, alles in der Welt zu besitzen – und analog verhält es sich bei jedem anderen möglichen Gütertransfer. Mithin wäre zumindest eine Person, nämlich ich selbst, schlechter gestellt. Aber das wäre kein überzeugendes Argument dafür, dass diese Verteilung optimal oder sogar gut wäre. Es gibt zahllose Pareto-Optima dieser Art, was eine gewisse semantische Abnormalität des Wortes »Optimum« in diesem Zusammenhang nahelegt.

Das Problem ist offensichtlich. Obwohl alle zustimmen, dass Pareto-Optimalität eine gute Sache ist, wenn wir sie haben können, liegt das interessante Problem vielmehr darin, welches der vielen Pareto-Optima wir denn vorziehen sollten. Bei Pareto-Optimalität geht es in Wahrheit um Effizienz, während wir in der genuin normativen Ökonomie an Fragen wie Gerechtigkeit interessiert sind. Erinnern wir uns an die generelle Annahme, dass Wissenschaft im Allgemeinen und die Ökonomie im Speziellen nur darauf abzielen soll, die Mechanismen von ökonomischen Handlungsweisen zu beschreiben, und die Entscheidung, was damit zu tun ist, anderen überlassen sollte. Diese Annahme ist nicht nur in der positiven Ökonomie sondern teilweise sogar noch stärker in der normativen Ökonomie sichtbar, die sich mit Effizienz beschäftigt und nicht damit, wie die Ökonomie sein sollte.

Ich denke, dies ist eine wenig wünschenswerte und wahrscheinlich sogar inkohärente Auffassung von der Aufgabenstellung der Ökonomen. Warum es nicht wünschenswert ist, versteht man, wenn man sich vor Augen hält, dass wir vermutliche Experten in der Ökonomie befragen, was gute ökonomische Maßnahmen seien, und naiv annehmen, dass sie uns tatsächlich einen guten Rat geben würden. Aber gemäß der erläuterten Auffassung von Ökonomie haben sie keine relevante Expertise für unsere Frage, abgesehen von Hinweisen auf gelegentliche Abweichungen von Pareto-Optimalität. Sie sind Experten in Effizienz, nicht in praktischen Maßnahmen. Aber weil Ökonomen oft willig sind, solchen Rat zu geben, erscheint es unaufrichtig, wenn sie leugnen, dass die normativen Fragen ein Teil ihrer Disziplin sind. Und wenn sie auf dieser Leugnung bestehen, sind sie vermutlich von weitaus weniger Nutzen für uns, als wir dachten, und wir können mit weniger von ihnen auskommen.

Noch besorgniserregender ist, dass offensichtlich für den Großteil des ökonomischen Denkens eine implizite normative Agenda existiert. Weil Ökonomen glauben, dass sie etwas über ökonomische Effizienz zu sagen haben, sind sie natürlich zu glauben geneigt, dass dies auch eine gute Sache ist. Und nachdem der klarste Gradmesser der Effizienz die Fähigkeit ist, mehr Güter mit denselben Ressourcen zu produzieren, neigen Ökonomen zur Ansicht, es sei das Ziel ökonomischer Handlungen, so viele Güter wie möglich zu produzieren. Auch wenn die vorgeschlagene Ätiologie dieses Ziels strittig ist, ist kaum zu bestreiten, dass viele Ökonomen genau dieses Ziel annehmen, und diese Annahme ist eine bequeme Art, die intellektuelle Arbeit an der essenziellen Frage zu vermeiden, welchen Zielen ökonomische Aktivität denn dienen sollte. Was die Ökonomen betrifft, die Rat bezüglich politischer Maßnahmen erteilen, so nehmen sie sehr häufig an, dass von ihnen Ratschläge für Maßnahmen erwartet werden, die ihrer Ansicht nach (ob richtig oder falsch) die Produktion von so vielen Gütern wie möglich befördern.

Auch wenn wir zustimmen, dass durch ökonomische Handlungen etwas maximiert werden soll, besteht die enorm schwierige Frage doch darin, was dieses Etwas denn sein soll. Die positive Ökonomie nimmt nicht selten an, dass es um die Maximierung von Wohlstand geht, gemessen in monetären Größen, und tragischerweise sind viele Politiker willens, diese einfache Sichtweise zu akzeptieren. Ein offensichtlich besseres Ziel wäre so etwas wie der Lebensstandard, auch wenn das nicht viel mehr als ein Marker für die schwierige Frage ist, was den Lebensstandard konstituiert. Vor allem die Arbeit von Amartya Sen[4] hat deutlich gemacht, dass jede zufriedenstellende Analyse dieses Konzeptes nur marginal mit Nützlichkeitskriterien oder Wohlstandsakkumulation in Verbindung steht. Darüber hinaus ist klar, dass wir, selbst wenn wir wüssten, was den Lebensstandard ausmacht, immer noch der Frage gegenüberstehen, wie dieser zu verteilen ist. Sicherlich nimmt die Nützlichkeit der Steigerung des Lebensstandards ab, je höher dieser wird, weshalb höherer Nutzen durch eine gleichmäßigere Verteilung erreicht werden könnte. Und schließlich besteht auch die Frage, wer die Empfänger einer Verteilung sein sollen. Sollen wir

4 Eine Reihe von aufschlussreichen Erörterungen dieses Problems findet sich in Martha Nussbaum und Amartya Sen (Hg.), *The Quality of Life*, Oxford 1993.

uns zum Beispiel um den Lebensstandard von Ausländern kümmern? Haben die noch Ungeborenen einen Anspruch auf einen anständigen Lebensstandard? Müssen wir das Wohlergehen von nicht-menschlichen Tieren oder die Auswirkungen der Ökonomie auf die Umwelt beachten?

Wiederum ist das Problem, das ich hier betonen möchte, die unausweichlich wertgeladene Natur der Ausdrücke, mit denen wir über uns und unsere soziale Existenz sprechen. Betrachten wir ein zentrales Konzept in der Makroökonomie, dessen Messung tiefgreifende Auswirkung auf ökonomische Richtlinien in der ganzen Welt hat: Inflation. Wie Erdbeben oder Aids wird Inflation generell als etwas Schlechtes angesehen. Aber wie Erdbeben und Aids wird sie als etwas aufgefasst, das man beschreiben und erklären kann, ohne seine Güte oder Schlechtigkeit zu betrachten.

Das Problem stellt sich hier etwas anders als bei Vergewaltigung. Das normative Urteil ist fundamental für die Bedeutung von Vergewaltigung und deshalb fundamental für die Dispute darüber, was und was nicht als Vergewaltigung zählen soll. Bei der Inflation tritt die Normativität etwas später zutage. Das Kernproblem – den Ökonomen seit langem bekannt und dennoch für andere oft überraschend – ist, dass es keine eindeutige Art der Messung für diese ökonomische Eigenschaft gibt. Die Messung wäre einfach, wenn sich alle Preise im gleichen Prozentsatz ändern, aber dies ist natürlich nicht der Fall. Wie sollten wir den Preisanstieg von Grundnahrungsmitteln, sagen wir, gegenüber einem Preisrückgang von Flügen abgleichen? Die prima facie offensichtliche Antwort ist, dass wir unterschiedliche Produkte in Bezug auf den Betrag gewichten, der für sie ausgegeben wurde. Das Problem dabei ist, dass nicht alle Güter im gleichen Ausmaß von allen Menschen konsumiert werden und auch nicht von allen Gruppen von Leuten. Es ist nicht ungewöhnlich, dass Luxusgüter im Preis fallen, während elementar nötige Güter im Preis steigen. Beide Effekte könnten sich bei der vorgeschlagenen Gewichtung gegenseitig aufheben, sodass keine Inflation gemessen wird. Doch für jene, die zu arm sind, um sich Luxusgüter zu leisten, gab es einen manifesten Anstieg des Preisniveaus.

Wie entscheidet man, wie so ein Index konstruiert werden sollte? Die unvermeidbare Antwort darauf ist anscheinend, dass es davon abhängt, für welchen Zweck man ihn aufstellt. Es gibt viele solcher Zwecke, die zugleich eminent praktischer Natur sind. Zum Beispiel könnte das Einkommen von Leuten in der Rente der Inflationsrate angepasst werden. Für diesen Zweck sollte der Wert der Rente konstant gehalten werden, und es wäre danach zu streben, dass sich der typische Rentner weiter die Güter leisten kann, die er bisher konsumiert hat. Natürlich ist kein Rentner absolut typisch, aber man kann sich dabei auf jene Rentner beziehen, die ausschließlich von ihrer Rente abhängen. Für Zwecke dieser Art ist es also wünschenswert, über spezifische Indizes für spezifische Gruppen zu verfügen. Aber die Ziele können auch andere sein und andere Maßeinheiten fordern. Ein mögliches und vielleicht plausibleres Ziel könnte sein, Steuern einzusparen.

Vielleicht ist es das zentrale Ziel heutiger Inflationsmessung, als Informationsgrundlage für Entscheidungsprozesse von Zentralbanken über den Zinssatz zu dienen. In Großbritannien führt das zu der seltsamen Gewohnheit, regelmäßig so etwas wie die »zugrunde liegende Inflationsrate« zu verkünden (mir ist nicht bekannt, wie weit verbreitet diese Vorgehensweise ist). Das ist ein Inflationsmaß, welches die Veränderung von Hypothekenzahlungen ignoriert, die auf die Zinsänderung folgen. Der Grund scheint in einem Glaubensgrundsatz zu liegen, auf dem ein Großteil der makroökonomischen Richtlinien basiert, dass nämlich die Inflationsrate indirekt proportional zu dem Zinsniveau ist. Da ein ansteigendes Zinsniveau einen direkten Effekt auf den Preisanstieg hat, mit dem Konsumenten konfrontiert werden, würde dieses zentrale Dogma widerlegt werden, wenn die gestiegenen Hypothekenkosten in das Inflationsmaß integriert würden. Die zugrunde liegende Inflationsrate ist ein wichtiges Mittel zur Aufrechterhaltung der Theorie (wobei ich vermute, dass dieser Aspekt für die Befassung mit Theoriegeladenheit wichtiger ist als für die mit Wertgeladenheit).

Ein weiterer Aspekt ist, dass die These, Inflation sei objektiv schlecht, keineswegs einfach zu beurteilen ist. Wie die meisten Mittelschicht-Amerikaner habe ich mir einen beträchtlichen Teil meines Lebens größere Mengen an Geld mit einem fixen Zinssatz geliehen. Aus meiner persönlichen Sicht war Inflation deshalb immer herzlich willkommen. Der Schrecken, mit dem Inflation derzeit wahrgenommen wird, stützt die These, dass die Welt hauptsächlich von Bankern kontrolliert wird.

Andere Aspekte von Wertgeladenheit können eingeführt werden, indem man einen anderen zentralen makroökonomischen Begriff betrachtet, nämlich den der Beschäftigung. Arbeit zu haben wird in vielen gegenwärtigen Kulturen als notwendige Bedingung für sozialen Status und sogar Selbstachtung angesehen. Was aber als Arbeit zählt, ist ein kompliziertes und umstrittenes Problem, das profunde Auswirkung auf alle Arten ökonomischer Richtlinien hat. So ist es zum Beispiel immer noch häufig der Fall, dass die Arbeit mit dem Erhalt finanziellen Lohns gleichgesetzt wird, mit der Konsequenz, dass Hausarbeit, von Kindererziehung bis zur Essensbeschaffung, aus ökonomischer Sicht als eine Art der Erwerbslosigkeit zählt. Eine ganz andere Auffassung findet man bei Adam Smith (und einem früheren Adam, der seinen Lebensunterhalt »im Schweiße seines Angesichts« verdienen musste), der zufolge Arbeit generell etwas Unangenehmes ist – Plagerei und Mühe, im Gegensatz zu Muße und Behaglichkeit.[5] Wiederum anders ist die Vorstellung – am deutlichsten bei Karl Marx entwickelt –, dass Arbeit die Möglichkeit menschlicher Selbstverwirklichung bereitstellt. Beide Auffassungen sind offensichtlich wertgeladen, und die Ansicht, dass ein gereinigter ökonomischer Begriff von Arbeit existiert, abgetrennt von diesen normativen Konnotationen, scheint sowohl fehlgeleitet als auch potenziell gefährlich.[6] Zusammenfassend gibt es viele Arten, in denen Werte in der Konstruktion und im Gebrauch von vielen unserer Begriffe eine Rolle spielen, und wissenschaftliche Begriffe bilden dabei keine Ausnahme. Für einen großen Teil der Sprache ist es generell nicht möglich, das eine vom anderen zu trennen.[7]

---

5 Adam Smith, *The Wealth of Nations*, New York 1776, S. 33.

6 Diese verschiedenen Bedeutungen von Arbeit werden detaillierter in John Dupré, *Human Nature and the Limits of Science*, Oxford 2001, S. 138-146 und Reginia Gagnier und John Dupré, »On Work and Idleness«, in: *Feminist Economics* 1 (1995), S. 1-14 untersucht.

7 Für detailliertere Ansätze zu wichtigen Aspekten der Wertgeladenheit in der Ökonomie siehe Chris Starmer, »Developments in Non-Expected Utility: The Hunt for a Descriptive Theory of Choice under Risk«, in: *Journal of Economic Literature* 38 (2000), S. 332-382 und Francesco Guala, »The Logic of Normative Falsification: Rationality and Experiments in Decision Theory«, in: *Journal of Economic Methodology* 7 (2000), S. 59-93.

3. Schlussfolgerung

Wie zuvor bemerkt, behaupte ich nicht, dass es keine Unterscheidung zwischen dem Faktischen und dem Normativen gibt. Was ich nur behaupte ist, dass man diese Unterscheidung nicht schon an den Wörtern eines Satzes ablesen kann und dass nicht alle Begriffe eindeutig der einen oder anderen Seite dieser Unterscheidung zugerechnet werden können. Für große Bereiche unserer Sprache – insbesondere jene, die wir benutzen, um uns selbst und unsere Gesellschaften zu beschreiben – sind das Faktische und das Normative eng miteinander verbunden. Wo es um lebenswichtige Angelegenheiten geht, hat die von uns benutzte Sprache schwerwiegende Konsequenzen, und unsere Bewertung dieser Konsequenzen ist tief in die Konstruktion unserer Begriffe eingebettet. Die grundlegende relevante Unterscheidung dabei ist die zwischen dem, was für uns wichtig, und dem, was für uns nicht wichtig ist. Es gibt sehr viele mehr oder weniger vollkommen wertfreie Behauptungen, aber sie erreichen diesen Status nur, indem sie sich auf Sachverhalte beschränken, die für uns von rein akademischem Interesse sind. Das ist einer der Gründe, warum die Physik gelegentlich ein missglücktes Modell für den Rest der Wissenschaft war. Wir wollen Wissenschaften wohl kaum auf die Untersuchung von Dingen beschränken, die für uns unwichtig sind. Die Übertragung von Annahmen, die nur für praktisch unwichtige Dinge angemessen sind, auf praktisch bedeutungsvolle ist potenziell schädlich.

Gerald Doppelt
Die Wertgeladenheit wissenschaftlicher Erkenntnis[1]

1. Einleitung: Worum geht es bei wertfreier Wissenschaft?

Wenige philosophische Unterscheidungen sind so zentral für das Denken des zwanzigsten Jahrhunderts wie die Unterscheidung zwischen Tatsache und Wert. In der Tat hat diese Unterscheidung ihren Nutzen für Aufklärung und Emanzipation unter Beweis gestellt, indem sie als mächtiges Werkzeug zur Aufdeckung von ideologischer Verzerrung und politischer Manipulation diente. Wenn Individuen oder Gruppen Tatsachen mit Werten oder Werte mit Tatsachen verwechseln, wenn sie Werte aufgrund von Verzerrungen von Tatsachen akzeptieren oder Tatsachen aufgrund von Verzerrungen von Werten und wenn sie sich der irrationalen Mechanismen am Werke nicht bewusst sind, kann die Unterscheidung zwischen Tatsache und Wert als mächtiges Mittel der Kritik und Aufklärung eingesetzt werden. Dieser logische Zusammenhang spielte sicherlich eine Schlüsselrolle in dem Prozess, durch welchen viele Menschen dazu gelangten, den Wert der Rassentrennung oder Geschlechterhierarchie aufgrund einer empirisch-wissenschaftlichen Kritik von Pseudo-Wissenschaft(en) und Tatsachenverzerrungen in Frage zu stellen, die dem Glauben an essenzielle Unterschiede oder Unterlegenheit zugrunde liegen.

In den letzten Jahrzehnten des zwanzigsten Jahrhunderts ist jedoch die Behauptung in Mode gekommen, sowohl Tatsachen als auch Werte seien sozial konstruiert und hingen in ihrer Glaubwürdigkeit von den subjektiven Interessen oder Bedürfnissen spezifischer Gruppen ab – und es sei dies, was Werte und Tatsachen ausdrücken oder verkörpern, und nicht eine subjektunabhängige Welt der Natur oder der Moral.

In dieser Arbeit hoffe ich, diese Fragestellungen durch Fokussie-

1 Danksagung: Ich danke John Dupré, Harold Kincaid und Alison Wylie für ihre hilfreichen Kommentare und ihre großzügige Ermutigung. Ich danke außerdem Paul Churchland für seine wertvollen Anmerkungen und die vielen wissenschaftstheoretischen Einsichten, zu denen er mir in den Jahren unserer Freundschaft verholfen hat.

rung auf post-kuhnsche Einsichten und Debatten zur Relativität wissenschaftlicher Erkenntnis sowie deren Einfluss auf Rationalität, Objektivität und Realismus klären zu können. Aus meiner Sicht wird uns diese Fokussierung auf wissenschaftliche Erkenntnis zum Kern der Frage danach führen, ob Wissenschaft »wertfrei« ist oder sein kann. Die Behauptung, dass die Wissenschaft, wie wir sie kennen, nicht wertfrei ist und auch nicht sein kann – obwohl sie für viele heutige Gelehrte einen beinahe theologischen Glaubensstatus besitzt –, verschleiert unterschiedliche Dimensionen von Wissenschaft und die unterschiedlichen Rollen von Werten in diesen Dimensionen.

Wir können und sollten zugestehen, dass die Interessen und Werthaltungen von Menschen die Praxis der Wissenschaft(en) in vielerlei Hinsicht beeinflussen und prägen. Doch die meisten oder vielleicht alle dieser Einflussarten implizieren nicht die Wertgeladenheit der wissenschaftlichen Erkenntnis selbst. Wir können zugestehen, dass Werthaltungen und praktische Interessen typischerweise die Gründe beeinflussen, warum Wissenschaftler Wissenschaft betreiben; die Fragen und Probleme, die sie angehen; die Konzepte, Methoden und Theorien, die sie akzeptieren; und die Zwecke, für die sie wissenschaftliche Erkenntnisse verwenden, einschließlich der Fragen, wer die Verwendungen bestimmt, zu wessen Vorteil und zu wessen Lasten. Wir können auch feststellen, dass Wertvorstellungen die Richtung der Finanzierung oder Unterstützung von Wissenschaft beeinflussen, die Verteilung von Gratifikationen, die wissenschaftliche Arbeitsteilung, die wissenschaftlichen Institutionen, das wissenschaftliche Ausbildungssystem und die klassenmäßige, ethnische, geschlechtsmäßige und religiöse Zusammensetzung wissenschaftlicher Gemeinschaften.

Wenn und sofern wir alle diese Arten des Einflusses von Interessen und Werten auf die Wissenschaftspraxis anerkennen, dann scheint für viele Gelehrte das Spiel vorbei zu sein: Wertfreie Wissenschaft ist eine Illusion, Ende der Geschichte! Doch keine dieser Arten normativen Einflusses impliziert notwendigerweise, für sich alleine oder zusammengenommen, dass wissenschaftliche Erkenntnis selbst durch die Interessen oder Werthaltungen sozialer Gruppen definiert ist. Unabhängig von diesen Wertedimensionen der Wissenschaft kann die Frage, ob eine Gruppe erfolgreich wissenschaftliche Erkenntnis produziert, dennoch einfach vorrangig davon abhängen, ob ihre Theorien mit den relevanten Bereichen empirischer Evidenz angemessen übereinstimmen. Vermögen sie erfolgreich bekannte Muster von Phänomenen zu erklären, vorauszusagen oder zu vereinheitlichen? Wenn sie darin erfolgreich sind, dann kann es alleine dieser empirische Erfolg sein, der das Kriterium für wissenschaftliche Erkenntnis und Realität liefert. Wertvorstellungen können die Erkenntnis, nach der wir suchen, zwar beeinflussen, die Konzepte, Methoden, Hypothesen, unsere Motive und die Zusammensetzung der Forschergruppe, aber es ist dennoch möglich, dass nichts davon maßgeblich dafür ist, ob wir in unserem Forschungsresultat eine echte wissenschaftliche Erkenntnis erlangt haben.

Viele Wissenschaftler, Philosophen und Laien akzeptieren dieses Bild der »reinen« wissenschaftlichen Erkenntnis in irgendeiner Version. Für sie stellt einzig der empirische Erfolg den Maßstab für wissenschaftliche Erkenntnis und den wahren Spiegel der Natur dar. In diesem Sinn ist Wissenschaft in den Momenten ihres Erfolges wertfrei. Entscheidend für die Verteidigung oder Ablehnung der Wertfreiheit von Wissenschaft ist daher die immer noch aktuelle, uralte Frage nach dem Kriterium oder der Natur der (wissenschaftlichen) Erkenntnis. Ist Erkenntnis selbst wertfrei? Muss sie wertfrei sein, um die Objektivität, Rationalität und Rechtfertigung zu besitzen, die Erkenntnis zu erfordern scheint? Wenn wissenschaftliche Erkenntnis andererseits wertgeladen ist, kann die Unterscheidung zwischen Tatsache und Wert dennoch in revidierter Form erhalten werden?

2. Wissenschaftliche Erkenntnis und epistemische Werte

Ich möchte die Auffassung verteidigen, dass wissenschaftliche Erkenntnis essenziell wertgeladen ist, dass aber die Werthaltungen oder Interessen, um die es in der Wissenschaft geht, letztlich kognitive oder epistemische Werte sind. Ich meine damit drei Arten von Werten: (1) ein Bekenntnis zum Wert von bestimmten Arten von Phänomenen beziehungsweise Zusammenhängen im Gegensatz zu anderen, die von wissenschaftlichen Theorien erklärt oder vorausgesagt werden sollten, um Erkenntnis über den Gegenstandsbereich dieser Disziplin zu konstituieren (zum Beispiel die

Physik der Bewegung); (2) ein Bekenntnis zu (oder Interesse an) dem Wert bestimmter Arten von Theorien im Gegensatz zu anderen, wie etwa deterministischen oder indeterministischen, solchen, die diese oder jene mathematische Struktur besitzen, erklärenden und/oder voraussagenden, ein Bekenntnis zu dem, wie Theorien sein müssen oder sollen, um wissenschaftliche Erkenntnis über den Gegenstandsbereich (oder in der Disziplin) zu konstituieren; und (3) ein Bekenntnis zum Wert bestimmter Arten des Schließens, Argumentierens oder Beweisens im Gegensatz zu anderen (Deduktion, empiristische Induktion, die hypothetische Methode, die Übereinstimmung von Induktionen) als Auffassung davon, wie wissenschaftliche Theorien gebildet werden sollten, um Erkenntnisse über bestimmte Phänomene zu konstituieren.

Diese drei Arten von Wertvorstellungen hängen eng mit der historischen Entwicklung der Wissenschaft (oder Naturphilosophie) als einer Tradition zusammen, in der Wissensproduzenten solche Wertvorstellungen bis zu einem gewissen Grad notwendigerweise teilen, bis zu einem gewissen Grad verteidigen und in großen und kleinen wissenschaftlichen Revolutionen verändern. Wissenschaftliche Erkenntnis erfordert daher eine Gemeinschaft von Praktizierenden, die implizit einen gewissen normativen Konsens über Werte – über den Wert bestimmter Arten von Phänomenen, Standards des Argumentierens und Schließens und über Vorzüge von Theorien – teilen, die die Wissenschaftspraxis realisieren muss, wenn genuine Erkenntnis erlangt werden soll. Diese epistemischen Werte umfassen auch Maßstäbe für akzeptable empirische Approximation – ein allgegenwärtiges Merkmal wissenschaftlicher Forschung. Diese Maßstäbe »sagen« den Mitgliedern einer Wissenschaftsgemeinschaft, bis zu welchem Grad die beobachtbaren Implikationen und Voraussagen B einer Theorie T von den Messwerten tatsächlicher Beobachtungen abweichen dürfen, um noch als Bestätigung für T gelten zu können. Da Wissenschaftler selten Theorien besitzen, die eine exakte Übereinstimmung von vorausgesagten und gemessenen Werten von Beobachtungsvariablen generieren, sind es Übereinkünfte über angemessene Approximationsstandards, die zwischen Bestätigung und Widerlegung, zwischen Erfolg und Misserfolg beim Erklären oder Voraussagen beobachteter Phänomene unterscheiden.

Meiner Auffassung nach beeinflusst eine gemeinsame Verpflichtung zu diesen drei epistemischen Werten nicht nur, was Wissenschaftler herausfinden wollen, den Gehalt des Wissens. Ebenso beeinflusst sie die Ziele und die verwendeten Mittel und Methoden. Pragmatisten, Reliabilisten, Naturalisten, Instrumentalisten, Empiristen und Realisten können alle diese Wertgeladenheit der Forschung akzeptieren, während sie die Wertgeladenheit der Erkenntnis selbst ablehnen. Pragmatisten können zulassen, dass sich die Ziele der wissenschaftlichen Forschung und der theoretischen Erkenntnis ändern, ohne dass sich dabei die Maßstäbe und Determinanten der Erkenntnis selber ändern. Beispielsweise können Wissenschaftler die Erklärung neuartiger Phänomene hochschätzen oder das Ziel erklärender Theorien zugunsten von Theorien, die verlässlichere und genauere Voraussagen liefern, aufgeben. Der Pragmatist, Instrumentalist oder Naturalist kann solche Veränderungen der epistemischen Werte zulassen und zugleich darauf bestehen, dass jene Merkmale, die Forschungsresultate zu genuiner Erkenntnis machen, davon unberührt bleiben. Ebenso kann vernünftigerweise gesagt werden, dass theoretische Erkenntnis, ob wir nun erklärende oder voraussagende Theorien schätzen, in beiden Fällen den gleichen einheitlichen Maßstab der Bestätigung oder denselben kognitiven Mechanismus der wahrheitszuträglichen Verlässlichkeit erfordert. Meine These der Wertgeladenheit wissenschaftlicher Erkenntnis steht in scharfem Kontrast zu diesen Auffassungen. Meine Behauptung ist, dass in einigen historischen Fällen ein Wechsel der Ziele, Probleme oder Methoden einer Veränderung der Kriterien für eine gute, gut bestätigte oder wahre Theorie gleichkommt. Wissenschaftliche Debatten über den Wert von Erklärung gegenüber bloßer Voraussage sind daher gelegentlich Debatten darüber, welche positiven Eigenschaften eine Theorie haben muss, damit eine Bestätigungsbeziehung zwischen ihr und einer Menge von Evidenzen bestehen kann.

Die Behauptung, dass es »gelegentlich« in Debatten darum geht, wird der Relevanz meiner Behauptungen über die Wissenschaftstheorie nicht ganz gerecht. Wenn die Wissenschaftsentwicklung normative Verschiebungen in den Kriterien für theoretische Erkenntnis beinhaltet, sollte eine adäquate Wissenschaftstheorie die Möglichkeit von Rationalität, Objektivität und Fortschritt in solchen normativen Veränderungen erklären können. Dies gilt selbst dann, wenn wir de facto ein hohes Maß an normativer Kontinuität feststellen. Um dies zu verdeutlichen, will ich es in Analogie zu dem bekannten Sachverhalt formulieren, dass Wissen immer relativ zur verfügbaren Evidenz ist. Aufbauend auf der klassischen Auffassung von Wissen als wahrer, gerechtfertigter Meinung behandeln Wissenschaftstheoretiker wissenschaftliche Erkenntnis als relativ zu einer gegebenen Menge von Beobachtungen beziehungsweise Evidenzen. Ändert sich die Evidenzmenge, dann ändert sich damit auch das, was Wissenschaftler wissen oder gerechtfertigt glauben. Meine These erweitert diese unkontroverse Auffassung der Relativität der Erkenntnis zur Evidenz um die Relativität der Erkenntnis zu epistemischen Werten und Maßstäben. Dies ist dann und nur dann eine natürliche Erweiterung, wenn Evidenz nicht nur – obzwar natürlich auch – eine Frage empirischer Entdeckungen oder der Akkumulation von Daten ist.

Vielmehr ist auch Evidenz ein sich verändernder normativer Begriff im Leben der Wissenschaft, der Einfluss darauf nimmt, welche Evidenzen oder Entdeckungen den Phänomenbereich konstituieren, für den Theorien eines Forschungsbereichs zuständig sind; welche Art von Beziehung zwischen dieser Evidenz E und einer Theorie T vorliegen muss, damit E als Bestätigung für T angesehen werden kann; und welche Vorzüge ein jeweiliges T haben muss – wie zum Beispiel Einfachheit, kausale Struktur, konzeptuelle Kohärenz, Erklärungswert, Konsistenz mit fundamentaleren Theorien –, damit T durch E genuin als wahr bestätigt werden kann. Wenn Erkenntnis relativ zu Evidenz ist und es richtig ist, dass Evidenz relativ zu diesen drei Arten von Werten ist, dann ist Erkenntnis ebenfalls relativ zu diesen epistemischen Werten. Freilich impliziert diese Relativität keinen radikalen Relativismus und keine Inkommensurabilität, wie ich im letzten Abschnitt argumentieren werde. Solange es gute Gründe für die Akzeptanz (1) neuer Evidenz und (2) neuer epistemischer Werte gibt, welche die Signifikanz von Evidenz für theoretische Wahrheit neu definieren, folgt daraus keine relativistische Zurückweisung von kognitivem Erkenntnisfortschritt.

Andererseits würde meine Wertgeladenheitsthese unsere Auffassung von Erkenntnis und ihrer Entstehung drastisch verändern. Unsere Auffassung könnte nicht länger auf das bekannte Bild einer Abfolge von Theorien beschränkt bleiben, von denen eine jede aufgrund einer stetig anwachsenden Menge empirischer Entde-

ckungen und immer genauerer Beobachtungsdaten sowie in Übereinstimmung mit zeitlosen Maßstäben und Werten jeweils besser
bestätigt ist als ihre Vorgängerin. Vielmehr fließt ein gewisses Maß
von praktischer Rationalität in das Bild ein: ein Modell rationaler
Entscheidungen von Wissenschaftsgemeinschaften für epistemische Werte und Maßstäbe, die sich bis zu einem gewissen Grad
von denen ihrer Rivalen oder Vorgänger unterscheiden. Was bleibt
dann aber noch von der Unterscheidung von Tatsache und Wert
und von den Begriffen von wissenschaftlicher Objektivität, Realismus, Wahrheit, Bestätigung und kognitivem Fortschritt? Solche
Schlüsselbegriffe müssen nicht verworfen werden. Doch muss unser Verständnis dieser Begriffe, wie ich später noch zeigen möchte,
revidiert werden, um der praktischen Rationalität eine Rolle im
Erwerb theoretischer Erkenntnis einzuräumen.

Aber ich greife zu weit voraus. Gibt es gute Gründe für die Auffassung, dass Erkenntnis, so wie sie relativ zu Evidenz ist, auch relativ zu epistemischen Werten oder Maßstäben ist, die festlegen, was
als relevante »Evidenz« zählt?

3. Die Verteidigung der Wertgeladenheitsthese

Was rechtfertigt meine These der Wertgeladenheit wissenschaftlicher Erkenntnis? Es ist nützlich, mein Argument mit dem von Helen Longino zu kontrastieren, die anscheinend eine ähnliche Position vertritt.[2] Longino beginnt mit den klassischen Argumenten zur
Unterbestimmtheit von Theorien durch Evidenz und Beobachtung.
Sie benutzt die Tatsache der Unterbestimmtheit, um zu zeigen, dass
die Verbindung zwischen Theorie und Evidenz nicht allein von
Induktion, Abduktion oder Logik bestimmt wird. Vielmehr wird
diese Verbindung durch das Bekenntnis der Wissenschaftler zu gewissen Hintergrundannahmen hergestellt, von denen einige allgemeine soziale Werte und andere eher interne epistemische Werte
umfassen. Für Longino füllen soziale Interessen die Lücke zwischen
Theorie und Evidenz, die die reine Logik des Schließens offen lässt.
Longinos Ausgangspunkt ist angemessen für die Wissenschaftstheorie, in Anbetracht der Dominanz von logischen Modellen der

---

2 Helen E. Longino, *Science as Social Knowledge*, Princeton 1990.

Bestätigung, Voraussage, Erklärung usw. im angloamerikanischen Positivismus und Empirismus des zwanzigsten Jahrhunderts.

Mein Ausgangspunkt ist nicht die Logik der Unterbestimmtheit, sondern die Relevanz der Wissenschaftsgeschichte für die Natur des wissenschaftlichen Schließens und Wissens. Meine These von der Wertgeladenheit wissenschaftlicher Erkenntnis basiert auf einer Reihe von Aufsätzen, die ich zwischen 1978 und heute schrieb.[3] Die Arbeiten beginnen mit meiner Interpretation und Verteidigung von Kuhns *Die Struktur wissenschaftlicher Revolutionen* im Jahre 1978, einer Zeit, in der Kuhn wenige Freunde unter den Wissenschaftstheoretikern hatte, dafür aber viele Gegner.[4] Einflussreiche Kuhn-Interpreten wie Scheffler und Shapere entwickelten eine »abwertende« Standardlesart von Kuhn, der zufolge der Schlüssel wissenschaftlicher Revolutionen oder »Paradigmenwechsel« in einer großflächigen Veränderung von Sprache, Bedeutung, Ontologie und Weltsicht besteht, die eine radikale Inkommensurabilität zwischen wissenschaftlichen Paradigmen oder Theorien generiert.[5] Nach meiner entgegengesetzten Lesart ist die plausiblere und epistemologisch signifikantere Auffassung von wissenschaftlichen Revolutionen in Kuhns Werk eine normative Verschiebung in den epistemischen Fragestellungen, Daten, Maßstäben und Werten, die Theorien erfüllen müssen, um als genuine wissenschaftliche Erkenntnis zu gelten.[6] Diese Kuhnsche Argumentationslinie impli-

3 Gerald Doppelt, »Kuhn's Epistemological Relativism – An Interpretation and Defense«, in: *Inquiry* 21 (1978), S. 33-86; ders., »A Reply to Siegel on Kuhnian Relativism«, in: *Inquiry* 23 (1980), S. 117-23; ders., »Laudan's Pragmatic Alternative to Positivism and Historicism«, in: *Inquiry* 24 (1981), S. 253-71; ders., »Relativism and the Reticulation Model of Scientific Rationality«, in: *Synthese* 69 (1986), S. 225-252; ders., »The Naturalist Conception of Methodological Standards«, in: *Philosophy of Science* 57 (1990), S. 1-19; ders., »Incommensurability and the Normative Foundations of a Scientific Knowledge«, in: Howard Sankey und Paul Hoyningen-Huene (Hg.), *Incommensurability and Related Matters*, Dordrecht 2001, S. 159-179.

4 Doppelt, »Kuhn's Epistemological Relativism – An Interpretation and Defense«.

5 Israel Scheffler, *Science and Subjectivity*, Indianapolis/IN 1967; ders., »Vision and Revolution: A Postscript on Kuhn«, in: *Philosophy of Science* 29 (1972), S. 366-374; Dudley Shapere, »The Structure of Scientific Revolutions«, in: *Philosophical Review* 73 (1964), S. 383-394; ders., »Meaning and Scientific Change«, in: Robert Colodny (Hg.), *Mind and Cosmos: Essays in Contemporary Science and Philosophy*, Pittsburgh 1966, S. 41-85; Dudley Shapere, »The Paradigm Concept«, in: *Science* 172 (1971), S. 706-709.

6 Doppelt, »Kuhn's Epistemological Relativism – An Interpretation and Defense«.

ziert zwar weder radikale Inkommensurabilität noch großflächigen Wandel, doch solche historischen Verschiebungen in den Maßstäben und Zielen theoretischer Forschung stellen, wie ich argumentiert habe, eine Herausforderung für die philosophischen Standardauffassungen von Rationalität, Erkenntnis und Fortschritt dar.[7] Auf der Grundlage dieses Arguments habe ich die Auffassungen von Rationalität und Fortschritt in den Arbeiten von Post-Kuhnianern wie Laudan und Shapere sowie anderer Philosophen mit naturalistischer, reliabilistischer und empiristischer Überzeugung kritisch bewertet.[8] Von diesem Hintergrund aus möchte ich nun die These der Wertgeladenheit wissenschaftlicher Erkenntnis erläutern und untersuchen, inwiefern sie zu einer erweiterten Konzeption von Rationalität und Fortschritt in der Wissenschaft führen kann.

Ich möchte meine These der Wertgeladenheit als die beste Erklärung für die historische Entwicklung der Wissenschaft und die ihr zukommende Rationalität verteidigen. Das Argument der Unterbestimmtheit ist kein geeigneter Ausgangspunkt für mich, da aus post-kuhnscher Perspektive wenig daraus folgt. Vornehmlich zeigen solche Argumente, dass Maßstäbe der Bestätigung oder Evidenz in der Wissenschaft nicht ausschließlich durch logische Begriffe erfassbar sind. Viele Realisten, Reliabilisten, Naturalisten und Instrumentalisten akzeptieren diesen Punkt heute problemlos, ohne dadurch der von mir vertretenen Wertgeladenheitsthese näher zu rücken. Der Grund dafür ist simpel. Das Argument der Unterbestimmtheit lässt Philosophen viele Möglichkeiten, einen nicht-logischen, aber universell anwendbaren Maßstab oder kognitiven Mechanismus für theoretische Erkenntnis zu vertreten, der frei von irreduzibel kontextgebundener Wertgeladenheit ist. Die Berufung der gegenwärtigen wissenschaftlichen Realisten auf den »Schluss auf die beste Erklärung« und die Berufung normativer Naturalisten auf wahrheitszuträgliche, verlässliche Mechanismen der Meinungs-

7 Ebd.
8 Gerald Doppelt, »Relativism and Recent Pragmatic Conceptions of Scientific Rationality«, in: Nicolas Rescher (Hg.), *Scientific Explanation and Understanding: Essays on Reasoning and Rationality in Science*, London 1983, S. 106-42; Doppelt, »Relativism and the Reticulation Model of Scientific Rationality«; ders., »The Philosophical Requirements for an Adequate Conception of Scientific Rationality«, in: *Philosophy of Science* 55 (1988), S. 104-133; ders., »The Naturalist Conception of Methodological Standards«; ders., »Incommensurability and the Normative Foundations of a Scientific Knowledge«.

bildung liefern zwei Beispiele solcher Möglichkeiten, mit denen ich mich noch befassen werde. Ich denke also nicht, dass die Wertgeladenheitsthese viel Unterstützung von der Unterbestimmtheitsthese erhält. Vielmehr lässt sie sich am besten verteidigen, indem man zeigt, dass sie eine bessere Erklärung der historischen Entwicklung erfolgreicher Wissenschaft und wissenschaftlicher Debatten liefert als ihre wichtigsten heutigen Rivalen. Darüber hinaus kann die These der Wertgeladenheit, wie ich zeigen will, für eine »kritische Theorie wissenschaftlicher Argumentation« eingesetzt werden, die gesellschaftliche Kontroversen über Wissensfragen rationaler zu gestalten verspricht, insbesondere im Kontext von Sozial- und Verhaltenswissenschaft. Die Wertgeladenheitsthese wäre damit auch durch ihre normative Rolle gerechtfertigt, insofern sie ein besseres Erkenntnisbewertungsverfahren in Situationen von politisch aufgeladenen Erkenntniskonflikten liefert.

Die Verteidigung der Wertgeladenheit hängt auch von der Vorstellung ab, wie Werte die Bildung theoretischer Erkenntnis in der Wissenschaft beeinflussen. Einer Ansicht nach üben kontextuelle Werte einen kausalen Einfluss darauf aus, welche Hintergrundannahmen von wissenschaftlichen Gruppen akzeptiert werden, und somit, welche theoretischen Schlussfolgerungen sie aus Evidenzlagen ziehen. Meiner Ansicht nach ist ein solcher kausaler Einfluss weniger zentral. Vielmehr fungieren einige der erkenntnisermöglichenden Hintergrundannahmen als epistemische Werte oder Standards einer Wissenschaftsgruppe, welche die Theorienbewertung steuern. Aus meiner Perspektive ist es unbedeutend, dass allgemeine Werte oder Interessen einen kausalen Einfluss auf diese epistemischen Maßstäbe ausüben wie so viele andere Faktoren auch. Es wäre nur dann bedeutend, wenn wir solche allgemeinen Werte und Interessen benutzen könnten, um herauszufinden, inwiefern sie gute Gründe dafür liefern, um die epistemischen Maßstäbe der wissenschaftlichen Forschung zu erhalten oder zu verändern. Denn die These der Wertgeladenheit von Erkenntnis rückt einen neuen Aspekt wissenschaftlicher Rationalität in den Vordergrund, nämlich die Frage nach der Struktur der praktischen Rationalität, die Erhaltung, Kritik und Transformation der epistemischen Werte im Herzen der wissenschaftlichen Erkenntnis anleitet. Wenn wissenschaftliche Rationalität in meinem Sinne wertgeladen ist, dann besitzt ihre Rechtfertigung zwei Dimensionen: die Rechtfertigung theoretischer Überzeugungen relativ zur gegebenen Evidenz und die Rechtfertigung jener wissenschaftlicher Maßstäbe, aufgrund deren die gegebene Evidenz gute Gründe für die theoretischen Überzeugungen liefert. In dem von mir vorgeschlagenen Modell können allgemeine praktische Werte, aber auch diverse andere kognitive Erwägungen zur Rechtfertigung epistemischer Maßstäbe herangezogen werden.

Meinem Ansatz zufolge fließen epistemische Werte wie gesagt in einige der Hintergrundannahmen ein, die wissenschaftliche Gruppen benutzen, um theoretische Hypothesen auf der Grundlage von Evidenz auszuarbeiten. Wie können wir bestimmen, wann Hintergrundannahmen bloß empirische Überzeugungen sind, wie fundamental auch immer, und wann sie als Werte, Normen oder Maßstäbe fungieren? Es gibt drei Arten von Evidenzen im Verhalten von Wissenschaftsgruppen dafür, dass eine geteilte Überzeugung, Methode, Prozedur oder ein Ziel einen fundamentalen epistemischen Wert konstituiert: (1) ihre Entscheidungen, welche Theorien zu verfolgen, zu glauben, zu berücksichtigen oder zurückzuweisen sind; (2) ihre Begründungen für diese Entscheidung; und (3) die Prinzipien, auf die sie sich in Kontroversen unter den Mitgliedern ihrer Gruppe oder zwischen ihnen und Verfechtern rivalisierender (konzeptueller oder prozeduraler) Ansätze berufen. Die Wertgeladenheitsthese gilt dann und nur dann als bestätigt, wenn die Annahme geteilter epistemischer Standards der Theorienbewertung ein Teil der besten Erklärung von (1), (2) und (3) ist. Betrachten wir zum Beispiel, wie man den langen Übergang von der Alchemie zur neuen Chemie von Lavoisier und später Dalton erklären und bewerten kann. Wie Kuhn und Shapere betonten, wurden viele der von der neuen Chemie erklärten chemischen Effekte von den Alchemisten zuvor entweder gar nicht wahrgenommen oder marginalisiert.[9] Ähnlich versuchten die Alchemisten viele Phänomene (die wahrnehmbaren Qualitäten der Dinge betreffend) zu erklären und zu kontrollieren, die die neue Chemie vernachlässigte, ohne ihre Existenz zu bestreiten. Standardmäßig werden diese Übergänge als Veränderungen in den wissenschaftlichen Konzepten

9 Thomas Kuhn, »Logic of Discovery or Psychology of Research?«, in: Imre Lakatos und Alan Musgrave (Hg.), *Criticism and the Growth of Knowledge*, Cambridge 1970, S. 99-100, S. 107 und S. 133; Dudley Shapere, *Reason and the Search for Knowledge. Boston Studies in the Philosophy of Science* 78, Dordrecht 1984, S. 126-129.

und Überzeugungen repräsentiert, oft unter der Zusatzannahme, dass die späteren Überzeugungen besser durch »die« beobachtbare Evidenz bestätigt wurden als die Überzeugungen, die sie ersetzten. So involviert die Veränderung in der Chemie einen Wechsel der Überzeugungen davon, welche Naturphänomene gesetzesmäßige natürliche Arten verkörpern und die wahren Naturen ihrer gemeinsamen Ursachen offenlegen. Und die neue Chemie ist in Bezug auf »die« Beobachtungsevidenz viel erfolgreicher als ihre Vorgängerinnen.

Die Wertgeladenheitsthese versucht nicht, diese Auffassung zu falsifizieren. Sie stellt vielmehr eine gehaltvollere Erklärung zur Verfügung, die Fragen beantworten kann, welche von der Standardauffassung ignoriert werden oder deren Beantwortung die Standardauffassung schon voraussetzt. Auf der Basis der erläuterten drei Arten von Evidenz können wir feststellen, dass es bei der Veränderung der Verfahrensweisen der Chemie um mehr geht als um gewöhnliche Meinungsänderungen und größeren empirischen Erfolg. Wir können feststellen, dass rivalisierende epistemische Werte in Bezug auf die Definition jener chemischen Phänomene auf dem Spiel standen, welche als essenziell für genuine Naturerkenntnis betrachtet werden, oder rivalisierende Maßstäbe von dem, was eine chemische Theorie erklären, voraussagen oder kontrollieren muss, um ein wahres Verständnis von den Substanzeigenschaften zu liefern.[10] Dieser Ansatz kann sowohl Verluste wie Gewinne an chemisch erklärbaren Phänomenen erklären, zum Beispiel wie und wann eine neue Chemie heranwachsen und Erfolg haben konnte, obwohl sie bekannte Phänomene ignorierte und nicht erklären konnte (zum Beispiel warum allen Metallen metallische Qualitäten gemeinsam sind), die zentral für die vorherige Chemie (Alchemie) waren und noch auf eine Erklärung warteten (die von der Wissenschaft des 20. Jahrhunderts geliefert wird). Auch wenn hierbei neue Überzeugungen und empirischer Erfolg eine Rolle spielen, so ist es doch die normative und präskriptive Dimension der epistemischen Maßstäbe, die eine bessere Erklärung dafür liefert, warum die Chemiker an einem gewissen Punkt aufhörten, den zentralen Problemen und Phänomenen der Alchemie wissenschaftliche Legitimität zuzusprechen. Sie haben nicht bloß die Überzeugungen, Konzepte,

10 Doppelt, »Kuhn's Epistemological Relativism – An Interpretation and Defense«.

Methoden und Ziele der Alchemie abgelegt, sondern auch die gesamte zugrunde liegende »wertgeladene« Auffassung von Chemie. Ohne diese Dynamik von normativem Konsens, Ordnung und Unordnung ist keine adäquate Modellierung von Produktion, Weitergabe, Veränderung und Fortschritt einer Wissenschaft möglich.

Natürlich ist ein normativer Konsens, obzwar notwendig für das Erlangen wissenschaftlicher Erkenntnis, dafür nicht hinreichend. Erfolg oder Misserfolg im Erreichen gemeinsamer Werte ist von vielen Faktoren und Kräften abhängig, unter anderem (1) von der Beschaffenheit der Welt, wie die Realisten betonen, (2) von der Fähigkeit wissenschaftlicher Gruppen, ihre gemeinsamen Werte, Maßstäbe und Ziele neu auszuhandeln, wenn sie konfligieren und in der Forschung nicht gemeinsam umsetzbar sind, wie soziale Konstruktivisten argumentieren, und (3) von der Fähigkeit wissenschaftlicher Gruppen, Theorien, Techniken, Prozeduren und Geräte etc. zu entwickeln, die zu empirischem Erfolg gemäß den akzeptierten Bestätigungsstandards führen, wie die Empiristen hervorheben.

Wenn ich recht habe, sind sozial geteilte und zur Durchsetzung gelangte Wertvorstellungen essenziell für wissenschaftliche Erkenntnis. Fundamentale wissenschaftliche Kontroversen und große Veränderungen der Wissenschaftsproduktion involvieren typischerweise Konflikte zwischen und Veränderungen in den dominierenden Wertvorstellungen.

Um meinen Ansatz noch weiter zu verteidigen, betrachte ich nun am besten einige der wichtigsten Einwände, die man gegen ihn vorbringen kann, sowie einige diesen Ansatz bestätigende Fallbeispiele.

4. Postmodernismus: Politik bis auf den Grund

Zuallererst mögen postmoderne Verfechter der Wissenspolitik einwenden, dass mein Begriff der epistemischen oder kognitiven Werte auf einer falschen Trennung zwischen den epistemischen und allgemeinen sozialen beziehungsweise praktischen Interessen beruht, die die kulturellen Kontexte aller Wissensproduktion bestimmen. Meiner Ansicht nach sind epistemische und kognitive Werte interpersonell geteilte Maßstäbe, die die kulturelle Dimension und Politik der spezifischen Praktiken und Gemeinschaften von Wissensproduktion bestimmen. Ich gestehe zu, dass praktizierende Wissenschaftler Motive für ihr Bekenntnis zu epistemischen Werten haben, die in den Interessen, Zielen oder Werten ihrer Gesellschaft, Epoche und/oder schicht-, geschlechts- oder rassenspezifischen Situation verwurzelt sind. Nichtsdestotrotz sind es die oben charakterisierten epistemischen Werthaltungen, die Existenz und Fortschritt der Wissensproduktion ermöglichen. Anders gesagt, nur wenn solche sozialen oder praktischen Interessen in den Wissensproduzenten in der Form von geteilten epistemischen Werthaltungen zum Ausdruck gelangen, wird wissenschaftliche Erkenntnis möglich.

Zum Beispiel kann nicht geleugnet werden, dass die Entwicklung der neuen Meteorologie durch Vilhelm Bjerkness und seine Mitarbeiter in der ersten Hälfte des zwanzigsten Jahrhunderts zum Teil von dem mächtigen sozialen Interesse angetrieben wurde, verlässlichere Wettervorhersagen für Piloten, Fischer und Bauern zu gewinnen, im Zusammenhang mit kommerziellen, militärischen und politischen Zielen.[11] Das Aufkommen solcher praktischen Interessen – vor allem mit dem Flugzeitalter (Luftschiffe, Aeronautik etc.) – rechtfertigte eine Neudefinition des Bereichs der Wetterphänomene durch Bjerkness, welche atmosphärische Bewegungen und Bedingungen einschloss. Diese Neudefinition des Wetters lieferte einen entscheidenden epistemischen Bewertungsmaßstab des »empirischen Erfolgs« für die neue Meteorologie der Bergen-Schule und ihre Suche nach einer Physik der Atmosphäre. Ein soziales Interesse am Vorhersagen bestimmter »Wetter«-Phänomene lieferte also die Motivation als auch einen guten praktischen Grund für die Akzeptanz der neuen epistemischen Maßstäbe dafür, was eine Wissenschaft »des Wetters« gemäß der Bergen-Schule noch miteinbeziehen, erklären und voraussagen musste. Nur insoweit soziale Werte in solche epistemischen Maßstäbe des kognitiven Erfolgs effektiv integriert werden, kommt wissenschaftliche Erkenntnis zustande.

Darüber hinaus können die epistemischen Werte, die die Wissensproduktion beeinflussen, weitgehend unabhängig von den breiteren sozialen Werten und Praktiken, die ursprünglich die

11 Robert Marc Friedman, *Appropriating the Weather: Vilhelm Bjerkness and the Construction of a Modern Meteorology*, Ithaca/NY 1984.

Glaubwürdigkeit dieser epistemischen Werte motivierten, bestehen bleiben oder rationale Kritik und Modifikation erfahren. Betrachten wir zum Beispiel die praktischen Bestrebungen, welche Astronomen dazu angetrieben haben, Positionen und Bewegungen der Himmelskörper zu identifizieren und zu verstehen. Lange nachdem Astronomen jegliche Hoffnung aufgaben, den Himmel zu lesen, um den Willen Gottes, die Ausgänge menschlicher Schicksale und dergleichen zu bestimmen, blieb der epistemische Wert gewisser astronomischer Phänomene zentral für verschiedenste Bereiche wissenschaftlicher Erkenntnis. Obwohl also die Praktiken der Wissenschaft oftmals durch einen breiteren Kontext praktischer Interessen und Werte geformt werden, kann die Wertgeladenheit des Wissens nicht auf diese breiteren Interessen reduziert werden, auch wenn sie gute Gründe liefern, epistemische Werte anzunehmen oder zu revidieren.

Dies hat wichtige Implikationen für eine effektive normative Kritik von Wissenschaftspraktiken, ob durch Laien oder durch Professionelle. Effektive normative Kritik erfordert eine Anfechtung der Art, wie Experten die Grenzen des von ihnen produzierten Wissens definieren – die in ihrer Praxis verkörperten epistemischen Werte oder Maßstäbe. Kritiker können ihr Bekenntnis zu rivalisierenden epistemischen Werten unter Berufung auf breitere ethische oder politische Anliegen rechtfertigen, aber solche Anliegen sind in die Ebene epistemischer Werte und in Veränderungen von epistemisch maßgeblichen Phänomenen, Methodologien oder Theorien umzusetzen. Darüber hinaus erfordert rationale Kritik Evidenz dafür, dass die rivalisierenden epistemischen Werte mit empirischem Erfolg zusammenpassen und glaubwürdige Erkenntnisansprüche generieren. In Abwesenheit dieser epistemologischen Dimension wird normative Kritik leicht zu einem ideologischen Interessenkonflikt ohne kognitive Substanz. Damit beschließe ich meine Replik auf die postmoderne politische Wissenschaftskritik. Weiter unten werde ich meinen Gedankengang in Bezug auf Rationalität, Objektivität und Relativismus weiter verdeutlichen.

Eine zweite Menge von Einwänden gegen meine Sichtweise wird von Wissenschaftstheoretikern angeregt, die abstreiten, dass wissenschaftliche Erkenntnis letztlich relativ zu lokalen, kontingenten und historisch variablen epistemischen Werten und Maßstäben ist. Ich werde drei solcher Einwände gegen die Wertgeladenheit und

Wertrelativität wissenschaftlicher Erkenntnis (kurz die Wertrelativitätsthese genannt) betrachten:

1. Entgegen der Wertrelativitätsthese gibt es neutrale, externe und universelle epistemische Werte und Maßstäbe in der Wissenschaft, welche unabhängig vom lokalen Kontext Kriterien für wissenschaftliche Erkenntnis liefern.

2. Entgegen der Wertrelativitätsthese können wir einen normativen Naturalismus oder einen externalistischen Reliabilismus vertreten, der empirische Evidenz für die Bewertung der Verlässlichkeit oder Effektivität lokaler Werte und Methoden zur Zielerreichung der Wissenschaft vorschreibt.

3. Die Wertrelativitätsthese ist zu verwerfen, denn sie ist inkompatibel mit der evidenten Rationalität, Objektivität, dem Fortschritt und dem empirischen Erfolg von Wissenschaft.

5. Universelle Werte und Maßstäbe

Lassen Sie mich um der Einfachheit willen die Existenz einer Teilmenge universeller epistemischer Werte aller wissenschaftlichen Forschung zugestehen: empirischen Erfolg, Voraussagegenauigkeit, Erklärungsreichweite und Vereinheitlichung, Einfachheit, Problemlösungseffizienz und theoretische Wahrheit über unbeobachtbare Ursachen – um einige bekannte Kandidaten zu nennen. Auf diesem Abstraktionsgrad könnte man annehmen, solche Werte motivierten zumindest einen Großteil der wissenschaftlichen Forschung. Dies ist wichtig, denn die Übereinstimmung in diesen epistemischen Werten, oder einer Teilmenge davon, gibt ganzen Traditionen wissenschaftlicher Forschung über Jahrhunderte hinweg ihre Einheitlichkeit (oder Kontinuität) und dient dazu, sie voneinander und von anderen Erkenntnis- und Handlungsbereichen zu unterscheiden. Trotzdem können solche Werte nur dann als Kriterien für wissenschaftliche Erkenntnis dienen, wenn sie mit Substanz gefüllt und in der Form der lokalen Werte und Maßstäbe artikuliert werden, zu denen sich die Wissenschaftsgruppe tatsächlich bekennt. Der Wert der Voraussagegenauigkeit kann nicht als Wissensindikator fungieren ohne konkrete Maßstäbe der akzeptablen empirischen Approximation. Erklärungsreichweite und Vereinheitlichung fungieren nicht als Vorzüge einer Theorie ohne

Kriterien dafür, welcher Bereich von Phänomenen oder Gesetzen vereinheitlicht beziehungsweise nicht vereinheitlicht werden soll und ob Vereinheitlichung die Annahme von gemeinsamen bereichsübergreifenden kausal-explanatorischen Mechanismen oder nur gemeinsame formal-mathematische Prinzipien ohne Erklärungskraft erfordert.[12]

Man betrachte den epistemischen Wert des empirischen Erfolgs oder der Fähigkeit von Theorien, »die Phänomene zu sichern« – vermutlich der Wert mit dem stärksten Anspruch auf wissenschaftliche Universalität. Freilich kann diese Norm nicht als Kriterium für Wissen fungieren, bis folgende Fragen geklärt sind: Welche Arten von Phänomenen sollen am dringendsten »gesichert« und welche können vernachlässigt werden? Welche Art von Theorie ist nützlich oder nutzlos, um die Phänomene zu »sichern«? Welche Arten von Argumenten oder Beweisen sind von hohem, niedrigem oder keinem Wert, um Phänomene durch eine Theorie oder ein empirisches Gesetz zu sichern? Wenn eine Theorie »die« Phänomene sichert, ist dies ein guter Grund, sie für wahr zu halten? Muss die Theorie eine gute oder gar die beste Erklärung für die Phänomene liefern, wenn sie diese sichert, und was sind die Kriterien einer guten Erklärung (Einfachheit, Vereinheitlichung, neuartige Voraussagen, indirekte theoretische Bestätigung, kausale Mechanismen beziehungsweise welche Kombinationen davon)? Ähnliche Probleme ergeben sich (wie ich andernorts dargelegt habe) für Laudans kühne Vorschläge für universelle Maßstäbe, wie »Problemlösungseffizienz« oder maximale Konsistenz (und wechselseitige Realisierbarkeit) zwischen Zielen, Methoden und Theorien von Wissenschaftlern.[13]

In der Geschichte der Wissenschaft beantworten Forschergruppen solche Fragen auf sehr unterschiedliche Weise und verbinden die Möglichkeit wissenschaftlicher Erkenntnis mit den von ihnen vertretenen Werten. Im Folgenden gebe ich einige historische Beispiele für solche unterschiedlichen Wertstandpunkte.

Das erste Beispiel bezieht sich auf die Abgrenzung des Bereichs von Phänomenen für eine Wissenschaft; so sind viele Beobachtungsphänomene, die nach den Maßstäben der vormodernen,

12 Doppelt, »Laudan's Pragmatic Alternative to Positivism and Historicism« und ders., »Relativism and the Reticulation Model of Scientific Rationality«.

13 Margaret Morrison, *Unifying Scientific Theories. Physical Concepts and Mathematical Structures*, Cambridge 2000.

neo-aristotelischen Chemie und Alchemie von einer chemischen Theorie vorrangig zu erklären waren, nach den Maßstäben der Daltonschen Chemie aus dem Anwendungsbereich ausgeschlossen und durch andere Arten von Phänomenen ersetzt worden.[14]

Das zweite Beispiel betrifft das relative epistemische Gewicht, die evidenzielle Beweiskraft oder die explanative Wichtigkeit, die eine Evidenz oder empirische Errungenschaft gegenüber einer anderen besitzt. Beispielsweise besitzen nach den Maßstäben von Herschel und Whewell aus einer Theorie ableitbare Phänomene, die überraschend, bislang unbekannt oder von ganz anderer Art sind als jene Phänomene, zu deren Erklärung die Theorie geschaffen wurde, eine besonders hohe evidenzielle Kraft, die ihnen jedoch nach den Maßstäben von Mill und anderen vollständig fehlt.[15]

Das dritte Beispiel betrifft Schlussprozeduren, die zwischen Beobachtungsevidenz und Hypothese vorliegen müssen, damit Letztere durch Erstere glaubwürdig wird; zum Beispiel kann für Newtonianer eine Hypothese nur dann durch Beobachtung begründet werden, wenn es sich dabei um eine strikte induktive Generalisierung dieser Evidenz handelt, während nach der von den Äthertheoretikern dieser Zeit bevorzugten hypothetischen Methode Hypothesen auch indirekt durch solche Evidenzen begründet werden, die impliziert oder erklärt, jedoch nicht induktiv generalisiert werden.[16]

Das vierte Beispiel bezieht sich auf die Arten von Hypothesen und hypothetischen Entitäten, die durch die von ihnen implizierten Evidenzen bestätigbar sind, wie etwa der Meinungsunterschied zwischen den Newtonianern und den Äthertheoretikern des 17. und 18. Jahrhunderts hinsichtlich der Legitimität von unbeobachtbaren Entitäten.[17]

Mein Argument ist, dass die Existenz universeller epistemischer Werte wie empirischer Erfolg, explanatorische Breite, Einfachheit oder Problemlösekraft für sich genommen die These der Wertgeladenheit wissenschaftlicher Erkenntnis nicht widerlegt. Denn ein Kritiker mag einwenden, dass ich die Unmöglichkeit eines

14 Doppelt, »Kuhn's Epistemological Relativism – An Interpretation and Defense«; Shapere, *Reason and the Search for Knowledge*.
15 Larry Laudan, *Science and Hypothesis*, Dordrecht 1981.
16 Ebd.
17 Ebd.

universellen, vom historischen Kontext unabhängigen Maßstabes des empirischen Erfolgs (Erklärung, Voraussagegenauigkeit etc.) nicht nachgewiesen habe. Nur dann können wir ein universelles normatives Kriterium der Erkenntnis gewinnen, das auf einer philosophischen Theorie des Wesens von Wissenschaft und nicht auf einer Beschreibung, was diese oder jene wissenschaftliche Gruppe für Wissen hält, basiert.

Dies ist die traditionelle Methode der apriorischen Epistemologie, die von den historischen, soziologischen und naturalistischen Wenden der Gegenwart in Frage gestellt wurde. Philosophische Apriori-Kriterien für Erklärung, Bekräftigung, Verifikation usw. rufen immer eine Vielzahl von zeitgenössischen oder historischen Gegenbeispielen hervor, also Beispiele von Erklärung oder Argumentation usw., die wir als solche beurteilen, die aber nicht zum in Frage stehenden philosophischen Apriori-Modell passen. Selbst wenn wir einen Maßstab finden würden, der zum Großteil der gegenwärtigen Wissenschaft passt, wie könnten wir diesen als die richtige Grundlage aller Theorienbewertung für alle Zeiten rechtfertigen? Die wichtigen Punkte wären eher andere: Gegenwärtige wissenschaftliche Gemeinschaften bekennen sich zu ihm, er wurde erfolgreich eingesetzt, um Erklärungen und Entdeckungen zu produzieren, die früheren Wissenschaftsgemeinschaften nicht bekannt waren, usw. Ich ziehe daraus nicht den Schluss, dass die Philosophie nichts Wichtiges über die wissenschaftliche Forschung als Ganzes sagen kann. In der Tat denke ich, dass meine Wertrelativitätsthese eine ausgesprochen philosophische Konzeption der wissenschaftlichen Forschung repräsentiert, wenn auch eine, die von Geschichts- und Sozialwissenschaften geprägt ist.

6. Normativer Naturalismus und externalistischer Reliabilismus

Bei den meisten heutigen Philosophen führt die Zurückweisung traditioneller Apriori-Epistemologie nicht zu meiner Wertgeladenheitsthese, sondern zu einer wissenschaftsbasierten naturalistischen Epistemologie. Ihr Plan ist es, die Methoden der Wissenschaft zu gebrauchen, um wissenschaftliche Erkenntnis zu charakterisieren. Normative Naturalisten können die Wertgeladenheit der wissenschaftlichen Praxis anerkennen, ohne die Schlußfolgerung zu ziehen, dass Erkenntnis selbst wertrelativ ist. Sie schlagen vor, dass wir die wertgeladenen Praktiken der Wissenschaft als mehr oder weniger effektive Mittel zur Erreichung der obersten Ziele der Wissenschaft empirisch evaluieren.[18] Ein wissenschaftliches Erkenntnissystem kann neutral als eine Menge von lokal geschätzten Methoden, Maßstäben, Zielen, Theorien usw. charakterisiert werden, die sich für die Erreichung der Wissenschaftsziele als effizienter und verlässlicher herausstellten als ihre Rivalen.

Es gibt verschiedene Versionen des normativen Naturalismus, abhängig davon, wie die Ziele der Wissenschaft charakterisiert werden. Einer Auffassung (der Multiplizitäts-Auffassung) nach können wissenschaftliche Gruppen selbst innerhalb derselben Fachrichtung oder desselben Forschungsgebiets unterschiedliche Letztziele akzeptieren, zum Beispiel Voraussage anstatt Erklärung oder probabilistische anstatt nomologische Erklärung. Die Multiplizitäts-Version des normativen Naturalismus stimmt meiner Ansicht nach der Wertgeladenheitsthese weitgehend zu. Denn wenn diese Auffassung die Wirksamkeit lokaler Werte und Methoden relativ zu gegebenen Zielen bestimmt und zugleich zulässt, dass diese Ziele von einer zur nächsten wissenschaftlichen Gruppe (historisch oder gegenwärtig) variieren, dann ist ihrer Ansicht nach wissenschaftliche Erkenntnis relativ zu epistemischen Werten und zu Zielen, die einige, aber nicht alle wissenschaftlichen Gruppen verfolgen. Dies entspricht meiner Auffassung von Wertgeladenheit.[19]

Einer zweiten Version des Naturalismus zufolge gibt es jedoch nur ein einheitliches Ziel der Wissenschaft, zum Beispiel das Finden von Wahrheiten über die Natur. Richtig rekonstruiert, bestreitet diese Auffassung die Wertgeladenheitsthese. Wir sollten diese Auffassung weiter verfeinern, indem wir instrumentalistische von realistischen Zielen unterscheiden, obwohl schon unklar ist, wie der Naturalist oder Reliabilist den Streit über »das« Ziel der Wissenschaft zwischen Realisten, Instrumentalisten, Pragmatisten, Unifikationisten, Empiristen und anderen entscheiden will. Nehmen wir um des Argumentes willen an, dass wir Realisten sind und das Ziel der Wissenschaft als die Erlangung wahrer Theorien oder

18 Larry Laudan, »Progress and Rationality? The Prospects for Normative Naturalism«, in: *American Philosophical Quarterly* 24 (1987), S. 19-31.
19 Doppelt, »The Naturalist Conception of Methodological Standards«.

als die Erlangung von Theorien, die zuverlässig theoretische Wahrheiten über unbeobachtbare Ursachen beobachteter Phänomene generieren, bestimmen. Dann kann der Naturalist Erkenntnis als jene Menge lokaler epistemischer Werte, Methoden, Theorien usw. charakterisieren, die sich als die effektivsten Mittel zu diesem Zweck herausstellen.[20]

Die Rede des normativen Naturalisten von einheitlichem Ziel, Effizienz und empirischer Evidenz verspricht eine wertneutrale Wissenschaftstheorie. Meiner Meinung nach ist diese Rede irreführend. Sie verbirgt die Tatsache, dass das Erlangen theoretischer (wissenschaftlicher) Wahrheit nicht *mehr* ein wertneutrales einheitliches Ziel ist als empirischer Erfolg oder das Sichern der Phänomene, wie zuvor erläutert. Angenommen, wir versuchen nach Art der Naturalisten herauszufinden, welche der wertgeladenen Wissenschaftspraktiken die effektivsten oder verlässlichsten für die Produktion wahrer Theorien über die Ursachen empirischer Phänomene sind. Doch welche epistemischen Maßstäbe müssen wahre Theorien erfüllen? Sollten sie beispielsweise erklärend oder voraussagend, einfach, vereinheitlichend oder deterministisch sein – was einige wissenschaftliche Gemeinschaften verlangt und andere verneint haben? Schätzen wir eine Theorie schon dann als wahr, wenn sie bereits bekannte Phänomene erfasst beziehungsweise impliziert, wie Mill und andere Wissenschaftler meinten? Oder beschränken wir die wertgeschätzten Theorien auf jene, die erfolgreich unbekannte und überraschende Phänomene vorhersagen, auf andere Weise als jene, zu deren Erklärung die Theorien entwickelt wurden, wie Whewell und andere vorschlugen?[21] Und welche Arten von Phänomenen definieren die bedeutendsten Kernbereiche von Phänomenen, mit denen übereinzustimmen für eine wahre oder verlässliche Theorie am wichtigsten ist? Der normative Naturalist versucht diese Probleme zu umgehen, indem er entweder die darin involvierten Fragen bezüglich epistemischer Werte verschleiert oder die epistemischen Werte gegenwärtiger wissenschaftlicher Gemeinschaften implizit voraussetzt.

Reliabilistische Epistemologen nehmen einen externalistischen Standpunkt ein, der Erkenntnis unabhängig von den internen Gründen, Evidenzen, Maßstäben und epistemischen Werten des

20 Alvin I. Goldman, *Epistemology and Cognition*, Cambridge/MA 1986.
21 Doppelt, »The Naturalist Conception of Methodological Standards«, S. 11-14.

Erkenntnissubjekts macht. Wissen hängt nur davon ab, ob der Erkennende einen verlässlichen oder wahrheitszuträglichen kognitiven Mechanismus der Meinungsbildung benutzt hat. Um zu erkennen, müssen die Erkenntnissubjekte nicht wissen, dass sie einen verlässlichen kognitiven Mechanismus dieser Art benutzt haben. Dasselbe trifft auch für Wissenschaftsgemeinschaften zu, deren Erkenntnis für den Externalisten oder Naturalisten nicht von ihren eigenen internen Maßstäben und Werten abhängt, sondern nur von der Verlässlichkeit der Mechanismen oder Methoden, mittels deren sie ihre Meinungen bilden.

Doch klarerweise muss irgendjemand wissen, welche kognitiven Methoden und Mechanismen verlässlich beziehungsweise wahrheitszuträglich sind, wenn die externalistische Epistemologie zu irgendwelchen Schlussfolgerungen über Erkenntnis führen soll. Vermutlich besitzt der naturalistische Epistemologe wissenschaftliche Kenntnis davon, welche Mechanismen verlässlich und wahrheitszuträglich sind. Doch kann der Naturalist zu einer Erkenntnis über Verlässlichkeit gelangen, ohne sich zu einigen von genau jenen epistemischen Maßstäben zu bekennen, um die es in der Wertgeladenheitsthese geht? Welche kognitiven Mechanismen, wenn überhaupt welche, sind verlässlich für die Genese theoretischer Wahrheiten über Unbeobachtbares? Wie soll der Naturalist den normativen Disput zwischen Realisten und Instrumentalisten oder Empiristen entscheiden? Sie sind sich uneins darüber, ob der Schluss auf die beste Erklärung jemals eine verlässliche Methode oder ein verlässlicher Mechanismus zur Erlangung theoretischer Wahrheiten sein kann und, noch allgemeiner, ob irgendein Mechanismus theoretische Wahrheiten in der Wissenschaft produzieren kann.

Wie kann der Naturalist wissen, wessen Mechanismen verlässlich und wahrheitszuträglich sind, ohne sich zu einer realistischen oder antirealistischen Auffassung zur Frage der theoretischen Wahrheit in der Wissenschaft zu bekennen? Und wenn eine Wissenschaftsgruppe Maßstäbe annimmt, nach denen Theorien nur dann als wahr gelten, wenn sie miteinander übereinstimmen, einfach sind, Erklärungskraft besitzen, neuartige Phänomene voraussagen oder deterministisch sind, warum sollte dann der Erkenntnisgehalt dieser Gruppe von Reliabilisten bestimmt werden, welche niedrigere oder andere Maßstäbe für theoretische Wahrheit verwenden

als die Praktizierenden selbst? Der Reliabilismus ist ebenso wertgeladen wie jene wissenschaftliche Erkenntnis, die er »externalistisch«
und »naturalistisch« auszuwerten hofft. Gegeben den Fall, dass
eine wissenschaftlich prätentiöse Gruppe (die Naturalisten) die
Erkenntnisbehauptungen einer anderen Gruppen bewertet, wessen
epistemische Maßstäbe sollten dann die Kriterien für Wahrheit,
Wahrheitserhaltung und Verlässlichkeit abgeben? Der Externalist
genießt kein epistemologisches Privileg bei der Bestimmung, wessen Maßstäbe die Wahrheit und Verlässlichkeit wissenschaftlicher
Erkenntnis definieren. Die einflussreiche Idee, dass Naturalismus,
Reliabilismus und Externalimus einen Notausstieg aus der Kuhn-
schen Welt der sich verändernden epistemischen Maßstäbe bieten,
ist eine szientistische Illusion: Sie postuliert einen Standpunkt der
empirischen Neutralität – den Mythos der »Reliabilität« als Gold-
standard –, der entweder leer oder genauso wertgeladen wie die
Erkenntnisbehauptungen ist, die er »extern« zu bewerten versucht.

Anders gesagt, der normative Naturalismus benötigt eine Epistemologie, eine Darlegung der Maßstäbe für Verlässlichkeit und
Bestätigung, die der naturalistische Wissenschaftstheoretiker benutzen kann, um herauszufinden, welche Methoden, Ziele und
Theorien am wahrheitszuträglichsten und somit am besten wissenschaftlich ausgewiesen sind. Doch weit entfernt, einen solchen
universellen Maßstab zu liefern und zu begründen, wirft das naturalistische Kriterium dieselben Probleme der Wertrelativität auf,
die auch das Kriterium des »empirischen Erfolgs« mit sich bringt.
Sobald sich andererseits eine wissenschaftliche Gemeinschaft oder
Tradition implizit auf den Wert des Voraussagens und Erklärens
bestimmter Arten von Phänomenen, den Wert bestimmter Argu-
mentationsstandards und bestimmter Vorzüge von Theorien (oder
Modellen) geeinigt hat, können Verlässlichkeit, empirischer Erfolg
und Genauigkeit etc. beurteilt sowie wissenschaftliche Erkenntnis
erreicht werden.

7. Objektivität, Rationalität, Relativismus und Kritik

Sollte meine These der Wertgeladenheit verworfen werden, weil sie
mit Rationalität, Objektivität, Fortschritt oder dem empirischen
Erfolg der Wissenschaft nicht vereinbar ist, so wie dies Kuhns frühe

Kritiker behauptet haben? Die Wertrelativität der wissenschaftlichen Erkenntnis ist nur mit bestimmten fragwürdigen philosophischen Konzeptionen von Rationalität, Objektivität, Fortschritt und empirischem Erfolg unvereinbar. Die Wertgeladenheitsthese zwingt uns dazu, diese Konzeptionen zu überdenken, nicht sie aufzugeben. Vielmehr eröffnet die wertgeladene Konzeption von wissenschaftlicher Erkenntnis den Weg zu einem fruchtbaren Modell für eine kritische Theorie wissenschaftlicher Argumentation und eine verbesserte Forschung.

Offensichtlich impliziert die Wertrelativitätsthese keine »Anything-Goes«-Position oder eine Position, die die »Ansprüche« der Natur verneint. Wissenschaftliche Gemeinschaften werden vom Versuch angetrieben, ihre wertgeladenen Praktiken zu verändern, um sie mit jenen Naturphänomenen in Einklang zu bringen, die sich bis dahin den von ihnen hochgehaltenen Formen von Beschreibung, Erklärung, Voraussage oder Kontrolle entzogen haben.

Die Wertrelativitätsthese lässt auch jede Menge Raum für objektive rationale Kritik und Entscheidungen. Wissenschaftliche Gruppen vertreten verschiedenste epistemische Werte und verwenden Theorien, Methoden, Modelle, Technologien, Berechnungen und andere Dinge, die ihre Werte zum Ausdruck bringen. Offenbar beeinflussen diese Werthaltungen die Forschung und ermöglichen den praktizierenden Wissenschaftlern, einige davon in Frage zu stellen oder zu verändern, um andere besser zu realisieren. Selbstverständlich sind gemeinsame Werthaltungen auch die Grundlage für die Forscher, ihre Resultate wechselseitig kritisch auszuwerten und alternative Forschungsrichtungen zu verfolgen.

Gemäß der von mir vertretenen Auffassung haben wissenschaftliche Gruppen also typischerweise gute Gründe für ihre Entscheidung, epistemische Werte und Maßstäbe zu akzeptieren oder zu revidieren. In einigen Fällen liefern breitere praktische Interessen gute Gründe für epistemische Werthaltungen wie beim zuvor diskutierten Interesse der Bergen-Schule an »dem Wetter«, oder sie liefern umstrittene Gründe für epistemische Werte, wie im Falle des unten behandelten verhaltenswissenschaftlichen Maßstabs der Arbeitsplatzbelastung. Andererseits beeinflussen auch oft epistemische Erwägungen die Gründe für epistemische Maßstäbe und Werte. Manche Maßstäbe werden aufgrund der Konsistenz oder des Grades ihrer Kohärenz mit anderen akzeptierten epistemischen

Maßstäben, Theorien oder Modellen angenommen oder verworfen. Wenn solche Inkonsistenzen in der Wissenschaftspraxis entstehen, mag es keine eindeutige rationale Auswahl epistemischer Maßstäbe geben, die die Inkonsistenz auflöst, vor allem nicht auf kurze Sicht. Dennoch kann mit der Zeit das Gleichgewicht von Gründen unter dem Druck von Kohärenz- oder Konsistenzerwägungen das Bekenntnis zu einem neuen oder revidierten epistemischen Maßstab rechtfertigen.

Ein gutes Beispiel ist die Debatte über epistemische Maßstäbe und die Natur wissenschaftlicher Erkenntnis im 18. und 19. Jahrhundert, in der rivalisierende Verfechter der Methode des induktiven Schließens, »der hypothetischen Methode« (heute hypothetisch-deduktives oder abduktives Schließen genannt) und »der Regel der Designation« (heute auch die Forderung neuartiger Voraussagen genannt) ihre jeweiligen Maßstäbe als »die« gültige Basis aller empirischen Erkenntnis vertraten.[22] Der Triumph der newtonischen Mechanik überzeugte viele Naturphilosophen, dass alle genuin empirische Erkenntnis auf einer rein induktiven, empiristischen Methode des Schließens beruhte, die spekulative Hypothesen über unbeobachtbare Entitäten prinzipiell ausschloss. Sie nahmen an, dass alleine dieser Maßstab die großen Errungenschaften des newtonischen Systems erklärte und sie von anderen Theorien wie den cartesischen Wirbeln unterschied, die als Pseudowissen diskreditiert worden waren – leere Spekulationen ohne eine empirische Basis.

Die anschließende Entwicklung der empirischen Forschung lieferte jedoch gute Gründe dafür, die induktivistische Methodologie als *den* Maßstab genuiner wissenschaftlicher Erkenntnis abzulegen. In der zweiten Hälfte des 18. Jahrhunderts verletzten die erfolgreichsten Theorien über Elektrizität, Magnetismus, Wärme, Licht und andere Phänomene den induktivistischen Maßstab, da sie die Existenz verschiedener ätherischer Medien (oder »Äther«) postulierten, um diese Phänomene zu erklären. George Le Sage entwickelte die »hypothetische Methode«, um Äthertheorien als eine Form von genuiner empirischer Erkenntnis zu rechtfertigen, basierend auf empirischer Evidenz und verlässlichen Schlussmethoden. Gemäß dieser Methode ist eine Theorie empirisch gut fun-

---

22 Doppelt, »The Naturalist Conception of Methodological Standards«, S. 10-18; Laudan, *Science and Hypothesis*, S. 111-114.

diert und zählt als genuine Erkenntnis, wenn aus ihr eine große Vielfalt zutreffender Beobachtungen folgt, auch wenn die Theorie über die Sinneserfahrung hinausgeht und unbeobachtbare Entitäten (wie die ätherischen Medien) postuliert. Le Sage argumentierte geschickt, dass die hypothetisch-deduktive Methode auch eine bessere Erklärung der großen newtonischen Errungenschaften lieferte als die rein induktivistische Methode, deren Maßstab das newtonische System nicht duchgehend entsprach. Weiter argumentierte er, dass die hypothetische Methode stringent ausformuliert werden könne, sodass sie mit der wichtigen Unterscheidung zwischen unberechtigten Hypothesen wie jenen der cartesischen Mechanik und solchen, die genuine Erkenntnis konstituierten, übereinstimmt. Er gestand die Fallibilität der hypothetischen Methode zu und zeigte zugleich, dass die Forderung der Infallibilität unrealisierbar und inkonsistent gegenüber den anerkannten empirischen Erkenntnissen seiner Zeit war.

Nachfolgende Entwicklungen lieferten wissenschaftlichen Gemeinschaften gute Gründe, die hypothetische Methode durch zusätzliche epistemische Kriterien weiter abzuwandeln, die die Arten von Hypothesen, welche als genuine Erkenntnis bestätigt werden konnten, weiter einschränkten, wie zum Beispiel die Regel der »Designation« (das heißt die Anforderung neuartiger Voraussagen), die Übereinstimmung von Induktionen, Einfachheitserwägungen sowie Maßstäbe der mathematischen oder explanatorischen Vereinheitlichung. Weil epistemische Maßstäbe, Theorien, Beobachtungstechniken, beobachtete Phänomene und Problemstellungen gemeinsam evolvieren, liefern die Aufdeckung von Widersprüchen und die Erhaltung der Kohärenz wissenschaftlichen Gruppen gewichtige epistemische Gründe, ihre Bekenntnis zu Erkenntnismaßstäben und epistemischen Werten beizubehalten oder zu revidieren.

Dennoch möchte ich von gemeinsamen Verpflichtungen zu Maßstäben oder Werten sprechen, da spezifische Gruppen immer entscheiden müssen, wie sie die Kohärenz aufrechterhalten – was in ihrem Überzeugungs- und Wertesystem aufgegeben und was beibehalten werden soll –, wenn Erkenntnisgewinn resultieren soll. Wenn solche Entscheidungen einmal durch spezifische epistemische Verpflichtungen und wertgesteuerte Praktiken gefestigt sind, werden die für gesichert gehaltenen Kennzeichen und Abgrenzungen von Erkenntnis für eine gewisse Zeit und an einem gewissen

Ort durch viele soziale Mechanismen aufrechterhalten, die ohne Debatte und Argumentation normative Verpflichtungen implementieren. Dieses Bild unterstützt die praktische Rationalität, die in Bekenntnissen von Wissenschaftlern zu epistemischen Werten involviert ist; doch handelt es sich dabei um keine abstrakte, kontextfreie, formale oder algorithmische Rationalität.

Wissenschaftliche Rationalität, Kontroverse, Kritik und Objektivität involvieren Bewertungen, bei denen sich die praktizierenden Wissenschaftler auf gewisse epistemische Werte oder auf darauf beruhende Resultate berufen, um damit andere Resultate oder epistemische Werte zu kritisieren oder zu modifizieren.

Die These der Wertgeladenheit impliziert nicht das Kuhnsche Bild einer wissenschaftlichen Revolution, in der ein ganzes System epistemischer Werte vollständig durch ein anderes ersetzt wird. Die These ist sowohl mit Kontinuitäten als auch mit Brüchen in den epistemischen Wertvorstellungen wissenschaftlicher Gruppen kompatibel, innerhalb historischer Kontexte und über diese hinweg. Daher lassen sich auffallende Züge von Kontinuität und Überlappung ausmachen, auch wenn epistemische Wertvorstellungen in der Wissenschaftsentwicklung revidiert werden. Deshalb können aktuelle oder spätere Theorien, Methoden oder Werte etc. einen Fortschritt gegenüber früheren oder überholten Theorien, Methoden oder Werten darstellen, insofern sie epistemische Ziele verwirklichen, die in früheren wissenschaftlichen Traditionen bedeutend waren und es in der gegenwärtigen Praxis immer noch sind, von der Wissenschaft der Vergangenheit jedoch nicht verwirklicht wurden. Dies ist ein wertrelativer »Fortschritt«, da frühere wissenschaftliche Gruppen möglicherweise noch andere epistemische Werte akzeptiert und mehr oder weniger verwirklicht haben, die von den späteren Wissenschaftlern aufgegeben wurden. Sofern es jedoch gute Gründe für die Veränderungen der epistemischen Werte gab und diese Veränderungen empirisch erfolgreich waren, rechtfertigt diese »Wertgeladenheit« der Wissenschaft keinen Relativismus oder irgendeine andere Sichtweise, die die Möglichkeit von wissenschaftlichem Erkenntniswachstum und Fortschritt im Verständnis unserer natürlichen und sozialen Welt untergräbt. Die Tatsache, dass sich wissenschaftliche Forschung unvermeidlich auf die praktisch und normativ bedeutsamen Aspekte der Realität, der Theoriekonstruktion und der Argumentation bezieht, unterminiert nicht die Existenz von wissenschaftlicher Erkenntnis, Realität und kognitivem Fortschritt.

Die Wertrelativitätsthese verwirft unilineare, kumulative, eindimensionale und algorithmische Konzepte von wissenschaftlicher Objektivität, Rationalität und wissenschaftlichem Fortschritt. Sie schafft eine Grundlage für eine alternative Konzeption dieser Normen. Abschließend will ich aufzeigen, wie diese These den Weg für eine kritische Theorie des wissenschaftlichen Argumentierens bereitet, die »der Politik der wissenschaftlichen Erkenntnis« Rechnung tragen kann, vor allem in den Geisteswissenschaften, wo rivalisierende Werte und Interessen um wissenschaftliche Legitimität und »objektive« Fundierung in »Tatsachen« kämpfen.

Gemäß meiner These kann es sich bei einigen fundamentalen Auseinandersetzungen über wissenschaftliche Erkenntnis, unter Experten wie Laien, um normative Konflikte bezüglich der richtigen epistemischen Werte handeln. Oberflächlich betrachtet erscheinen diese oft als Auseinandersetzungen über Tatsachen: was gewusst oder nicht gewusst werden kann, mittels dieser oder jener Methode, Theorie oder nach diesem oder jenem Ansatz; wer beanspruchen oder nicht beanspruchen darf, etwas über eine Sachlage zu wissen oder autoritativ darüber zu sprechen. Nach meiner Analyse kann ein Konflikt bezüglich Tatsachen- beziehungsweise Wissensfragen rivalisierende epistemische oder praktische Wertvorstellungen zum Ausdruck bringen. Extremer Relativismus oder Irrationalismus drohen uns nur, wenn wir annehmen, dass epistemische Werte außerhalb des Bereichs der Vernunft stehen. Auf welche Argumentationsweisen kann sich eine kritische Theorie des wissenschaftlichen Argumentierens berufen, die auf der Wertgeladenheitsthese der Erkenntnis fußt? Kann solch eine Theorie die Mittel zu einer rationaleren Forschungspraktik liefern?

Erstens kann eine solche Theorie dazu benutzt werden, rivalisierende epistemische Wertvorstellungen in wissenschaftlichen Kontroversen explizit zu machen, die oberflächlich den Anschein erwecken, als ginge es darin nur um Tatsachen oder Fragen objektiver wissenschaftlicher Erkenntnis. Solche Überlegungen können zeigen, dass die Wurzeln kontroverser Fragen in rivalisierenden epistemischen Maßstäben liegen, die von den beteiligten Parteien gar nicht bemerkt werden.

Zweitens kann eine kritische Theorie dieser Art die breiteren politischen, ökonomischen oder kulturellen Interessen deutlich machen, die von den epistemischen Wertvorstellungen rivalisierender Gruppen betroffen sind. Solche Argumentationen können zur Einsicht führen, dass diese gute oder schlechte praktische Gründe für die Akzeptanz bestimmter epistemischer Werte liefern, die die Grenzen von Wissenschaft und Erkenntnis auf bestimmte Weise definieren. Die Verbindung zwischen einem wohletablierten sozialen Wert und der Rechtfertigung bestimmter epistemischer Werte kann dabei weitaus weniger rigide und einseitig parteinehmend sein, als es unseren Wünschen entspricht.

Drittens wirft eine kritische Argumentationstheorie die Grundfrage auf, wessen politische und soziale Interessen beziehungsweise Werte von einer Wissenschaftspraxis berücksichtigt werden und wie bestimmt werden kann, ob diese gute oder schlechte Gründe für die der Wissenschaftspraxis inhärenten epistemischen Werte liefern. Eine solche Argumentation kann offenlegen, dass diese epistemischen Werte in engstirnigen Gruppeninteressen verwurzelt sind, auf Kosten von umfassenderen und plausibleren humanitären Werten oder politischen Idealen. Solch eine Argumentation könnte gute Gründe dafür liefern, die der Wissenschaftspraxis inhärenten epistemischen Wertvorstellungen zu revidieren und die Grenzen der Wissenschaft im Dienste der humanitären oder politischen Werte, die von einem Forschungsbereich betroffen sind, neu zu bestimmen. Lassen Sie mich die Erkenntnispolitik der Wertgeladenheit abschließend exemplarisch illustrieren.

Als die Fluglotsen während der Regierungszeit von Reagan in den Streik traten, feuerte sie Präsident Reagan und stellte Ersatzkräfte ein, die keine Gewerkschafter waren, damit sie die Arbeit erledigten und den US-Luftverkehr wiederherstellten.[23] Die Forderungen der streikenden Fluglotsen basierten auf der Behauptung, sie seien nicht-tolerierbaren Arbeitsumständen ausgesetzt, die zu bedrückenden Stressmustern in ihrem Leben führten. Da die drastische Maßnahme von Präsident Reagan gegen die Fluglotsen sehr umstritten war, hielt der amerikanische Kongress formelle Anhörungen ab, um diese Vorwürfe und Gegendarstellungen zu untersuchen. Die Lotsen hatten zahlreiche psychologische, subjektive und moralische Beschwerden über ihre Arbeit: erzwungene Über-

23 Sylvia Noble Tesh, *Hidden Arguments: Political Ideology and Disease Prevention Strategy*, Trenton/NJ 1988.

stunden, konfligierende Anforderungen, fehlender Respekt, erhöhte Arbeitsgeschwindigkeit, Mangel an Kontrolle, die Forderung absoluter Präzision, rassen- und geschlechterbedingte Belästigung und mehr. Die Verteidiger der Fluglotsen (Gewerkschaft sowie Arbeitssicherheitsbehörde) entschieden, ihre beste Strategie in den Anhörungen sei es, die Litanei von Beschwerden im wissenschaftlich-medizinisch objektivierten Diskurs über »Stress« zu präsentieren. Medizinische Forscher verbanden Stress mit erhöhtem Risiko für Herzerkrankungen, Schlaganfälle, Magengeschwüre, Diabetes und andere Krankheiten. Mithilfe des Stressbegriffes hofften die Verteidiger, den Beschwerden und Problemen der Fluglotsen wissenschaftliche Legitimität und medizinische Dringlichkeit zu verleihen, um ihre Klagen vor den Kongressermittlern zu rechtfertigen und Reagans repressive Aktion in Frage zu stellen.

Unglücklicherweise ging die Strategie nach hinten los. Die Kongressermittler erbaten Aussagen von wissenschaftlichen Stressexperten, welche die Behauptungen der Fluglotsen diskreditierten und die Position der föderalen Luftfahrtsbehörde (FAA) unterstützten, der zufolge die Beschwerden die individuell-subjektiven Reaktionen auf die Herausforderungen ihrer Arbeit darstellten, aber kein Muster stressiger Arbeitsbedingungen wiedergäben. Die Experten waren Verhaltenswissenschaftler, die ein Stressparadigma vertraten, das Stress mit physiologischen, biochemischen und psychologischen Messwerten identifiziert. Sie nahmen Herzfrequenzen auf, maßen drei mit Stress zusammenhängende Hormone und benutzten psychologische Tests für Ängstlichkeitsgrade. Auf Basis dieser Maßstäbe zur Bestimmung von Stress gelangten die Experten zum Ergebnis, es sei empirisch inkorrekt, die Arbeit der Fluglotsen als ungewöhnlich stressige Beschäftigung zu beschreiben. Die objektiven wissenschaftlichen Tatsachen sprachen gegen die Behauptungen der Fluglotsen und ihrer Verteidiger, und sie wurden durch genau jenes medizinisierte Stresskonzept diskreditiert, auf das sie sich berufen hatten. Die FAA und die Verhaltenswissenschaftler hatten Messungen, Expertise, Objektivität und Tatsachen auf ihrer Seite.

Dennoch gab es in diesem Kontext auch eine andere Auffassung von Stress, die hätte aufkommen können und den Interessen der Fluglotsen, dem Wert ihres Arbeitsschutzes und vielleicht auch der öffentlichen Sicherheit besser hätte dienen können. Für die Lotsen war Stress etwas ganz anderes als die biochemischen Reaktionen des Körpers auf die entkräftenden Gefühle und Erfahrungen dieser Arbeit. Für sie bedeutete Stress eine überhöhte Arbeitsgeschwindigkeit und Präzisionsforderung, die ihnen keine Zeit zum Nachdenken, zur Überprüfung und Selbstkorrektur ließen – wobei Tausende von Leben in sicheren oder gefährlichen Landungen auf dem Spiel standen. Stress bezog sich auf ihre Erfahrung, lange und ohne Erholungspausen auf einen Radarschirm zu starren und unter intensiven Anforderungen sowie unerbittlichem Zeitdruck lebenswichtige Entscheidungen zu treffen.

Solcher Stress war eine häufig empfundene Dimension des Arbeitslebens der Fluglotsen, und viele bemerkten, dass darauf typischerweise Befindlichkeiten folgten wie Schlaflosigkeit, Ablenkbarkeit, Unfähigkeit zur Aufrechterhaltung von Beziehungen zu Freunden und Familie außerhalb der Arbeit sowie eine reduzierte Fähigkeit, Freude und Vergnügen zu empfinden. Diese Erfahrungen der Fluglotsen legten andere Maßstäbe für die Definition von Stress und der Erklärung seiner Ursachen und Folgen nahe als die Maßstäbe der wissenschaftlichen Experten der FAA.

Selbstverständlich machen diese Erfahrungen allein noch keine wissenschaftliche Erkenntnis des Stresses, seiner Ursachen und seiner Folgen aus. In diesem Kampf zwischen Arbeitern und Management wurde das Interesse der Arbeiter – entweder den Stress zu reduzieren oder eine bessere Vergütung dafür zu bekommen – nicht in die rivalisierenden epistemischen Maßstäbe und Forschungspraktiken übersetzt, die womöglich wissenschaftliche Erkenntnisse produziert hätten, die ihre Behauptungen und Interessen gerechtfertigt hätten. Obwohl die Fluglotsen und ihre Verteidiger sich dieser Option der wissenschaftlichen Forschung nicht bewusst waren, können wir die Möglichkeit einer derartigen erfolgreichen Gegenerkenntnis von Stress, die auf einer objektiven Untersuchung der kausalen Verbindungen zwischen Arbeitsbedingungen, subjektiven Befindlichkeiten und negativen Resultaten außerhalb der Arbeitswelt beruht, nicht ausschließen. Eine solche wissenschaftliche Forschung, geprägt von einer Menge epistemischer Maßstäbe und Werte, die nicht mit denen der Verhaltensforscher übereinstimmten (zum Beispiel bezüglich der Definition von Stress), könnte erfolgreich werden und eine wohlfundierte Infragestellung der Tatsachen in Bezug auf den Stress in solch einem Fall liefern.

Im Endeffekt intervenierten die Verhaltenswissenschaftler in den Kongressdebatten zwischen Arbeitern (Fluglotsen) und Management (FAA) – vielleicht sogar absichtlich – zugunsten des Managements. Ihr biologisches Paradigma von Stress als einem messbaren körperlichen Zustand war Ausdruck ihrer spezifischen Maßstäbe für Objektivität, Messung, Genauigkeit und Evidenz. Die Tatsachen, die diese Experten produzierten, diskreditierten die laienpsychologischen, alltagssprachlichen Berichte der Fluglotsen zu deren Nachteil. Für die Beteiligten in diesem Konflikt der Interessen oder Werte triumphierte wissenschaftliche Autorität über Laienmeinung, und Tatsache besiegte bloße Meinung.

In den Kongressanhörungen erschien dies als sachlicher Disput zwischen zwei Parteien über dasselbe Phänomen: Stress bei der Arbeit der Fluglotsen. Die FAA, gestützt durch das Expertenurteil der Verhaltenswissenschaftler, erreichte den Sieg – weil Stress von beiden Seiten für ein wissenschaftliches Konzept gehalten wurde und die Verhaltenswissenschaftler im gegebenen Kontext über das Konzept verfügten. Somit sprachen »die Tatsachen« für die Interessen der FAA und gegen die Interessen der Fluglotsen sowie gegen weitere moralische Werte, die betroffen waren, als Reagan die Lotsen entließ und die Gewerkschaft zerbrach.

Die Wertgeladenheitsthese kann eine Grundlage für eine kritische Theorie wissenschaftlicher Argumente in Fällen wie diesem liefern. Diese Theorie macht die Akteure auf mögliche rivalisierende Interessen und epistemische Werte bei Meinungsverschiedenheiten aufmerksam, bei denen es oberflächlich nur um »die« Tatsachen zu gehen scheint. Die Meinungsverschiedenheit zwischen der FAA und den Fluglotsen war im Kern normativ, abhängig von unterschiedlichen Interessen, rivalisierenden Maßstäben und gegensätzlichen Ansichten von Stress, seiner Natur, seinen Ursachen, Folgen und seiner Heilung. Die Fluglotsen zahlten einen hohen Preis, weil die involvierte Erkenntnispolitik unsichtbar war und ihre Interessen und Stresserfahrungen nicht durch wissenschaftliche Expertise und Wissen zum Ausdruck gebracht wurden. Wäre die Debatte in diesem Licht neu ausgerichtet worden, wäre sie möglicherweise rationaler, objektiver und wahrheitsdienlicher gewesen. Wenn es in Disputen unter Wissenschaftlern oder zwischen ihnen und Laien um rivalisierende praktische und epistemische Werte geht, ist es der Rationalität der Wissenschaft am dienlichsten, wenn diese normativen Differenzen sichtbar gemacht werden und klar wird, dass wir als Erkennende immer schon unauflöslich in Vorstellungen darüber verstrickt sind, was angestrebt werden soll, wie man Wissen erreicht und was man glauben soll. Wenn diese Vorstellungen gut begründet sind und zu einer empirisch erfolgreichen Wissenschaftspraxis führen, dann sind praktische Rationalität, Wissensfortschritt und neue Einsichten in die Natur in der Geschichte des kognitiven menschlichen Fortschritts miteinander verbunden. Angestoßen durch die Erweiterung unserer praktischen und epistemischen Werte, werden neue Tatsachen und Wahrheiten erschlossen.

Die so beschriebene Wertgeladenheitsthese bereitet den Weg zu reichhaltigeren Überlegungen zu Erkenntnispraktiken. Sie regt eine kritische Argumentationstheorie an, die die epistemischen Werte und sozialen oder politischen Interessen aufklärt, die in Wissenschaftspraktiken und Kontroversen über diese involviert sind. Weil epistemische Wertvorstellungen und soziale Interessen oder Werte rationaler Argumentation und Rechtfertigung zugänglich sind, verspricht die Wertrelativitätsthese eine mehr und nicht weniger rationale Wissenschaftspraxis. Darüber hinaus kann sie Wissenschaftstheoretiker dazu anregen, die Standardkonzeptionen von wissenschaftlicher Rationalität, Objektivität, Realismus, Erkenntnis und Fortschritt in einer Weise zu überdenken, die der Normativität im Verständnis der natürlichen und menschlichen Welt Rechnung trägt.

Gerhard Schurz
Wertneutralität und hypothetische Werturteile in den Wissenschaften

1. Einleitung

De facto werden in vielen angewandten Wissenschaftszweigen, insbesondere in den Human- und Rechtswissenschaften, immer wieder Werturteile gefällt. Immer wieder stellen sich damit zwei Fragen: (1.) Können Werturteile legitime Bestandteile einer Wissenschaft bilden? Und (2.) lassen sie sich wissenschaftlich begründen? Die von mir hier verteidigte Antwort auf die zweite Frage lautet: Letztlich nein. Und auf die erste Frage: Ja, doch nur im hypothetischen Sinne. Meine Position ist nicht neu, doch ich hoffe, einige meiner Argumente sind es. Im letzten Abschnitt werde ich die Wertneutralitätsforderung gegenüber einigen in diesem Band zur Sprache kommenden Angriffen verteidigen und aufzuzeigen versuchen, dass Wertneutralität, richtig verstanden, als kritische Forderung mit demokratischem Potenzial zu verstehen ist.

Die Wertfreiheitsforderung wurde von Positivismuskritikern einer so nachhaltigen Kritik unterzogen, dass sie heute nicht mehr selbstverständlich vorausgesetzt werden kann, sondern einer sorgsamen *Umarbeitung* bedarf, um den zahlreichen Einwänden standzuhalten. Während die deutsche Gelehrtengemeinschaft diese Einwände insbesondere in den 1960er und 70er Jahren im Zuge des Positivismus- oder »zweiten Werturteilsstreites«[1] debattiert hatte, wurden weitere und teils neue Einwände in einem »dritten« und jüngsten Werturteilsstreit entwickelt, der im englischen Sprachraum geführt wurde. Doch wenden wir uns zunächst dem Hauptvertreter der Wertneutralität im »ersten Werturteilsstreit« zu: Max Weber.

---

1 Siehe den Aufsatz von Hans-Joachim Dahms in diesem Band, S. 89-104.

2. Das Webersche Wertfreiheitspostulat

Max Weber war in eine Kontroverse mit Gustav Schmoller verwickelt, der die Auffassung vertrat, die Sozialwissenschaft solle sittliche Werturteile über die anzustrebende Gesellschaftsordnung erarbeiten. Gegen die Scheinobjektivität von solchen »Kathederwertungen«, das heißt mit der Autorität des Wissenschaftlers verkündeten Werturteilen, trat Weber energisch an: Objektivität könne in der Wissenschaft nur erreicht werden, wenn der Wissenschaftler sich auf deskriptive Tatsachenaussagen beschränke und sie von seinen Werteinstellungen klar trenne.[2]

Die Gründe für die wissenschaftliche Selbstbeschränkung auf deskriptive Urteile, die Max Weber anführt, lassen sich so zusammenfassen: Werte sind keine Eigenschaften, die den Gegenständen selbst innewohnen, sondern beruhen auf subjektiven *Interpretationen* durch uns Menschen. Ebenso sind Normen keine objektiven Tatsachen, sondern *menschengemachte* Forderungen, die gewissen Werten zur Realisierung verhelfen sollen. Es gibt bei der Frage der Begründung von Wert- und Normsätzen keine Ebene von Beobachtungstatsachen, anhand deren sich diese Urteile überprüfen ließen. Andererseits sind Wert- und Normsätze keine formalen Behauptungen, die rein logisch begründbar wären. Daher gibt es im Bereich der Normen und Werte keine Objektivität im erfahrungswissenschaftlichen Sinne. Es liegt letztlich in der *Freiheit* des Menschen, sich zu gewissen Normen und Werten zu bekennen.

Diese Begründung des Wertfreiheitspostulates ist prima facie nicht nur theoretisch, sondern auch praktisch plausibel. Jedermann weiß aus Erfahrung, dass die Herstellung eines Konsenses in Wertfragen zwischen Angehörigen verschiedener Kulturen viel schwieriger ist als die Herstellung eines Konsenses in Sachfragen. Kaum ein strenggläubiger Moslem nimmt an der westlichen Naturwissenschaft Anstoß, das westliche Wertesystem erscheint ihm dagegen abwegig. Dennoch wurde die Wertfreiheitsforderung aus

2 Siehe Max Weber, »Der Sinn der ›Wertfreiheit‹ in den soziologischen und ökonomischen Wissenschaften«, in: Max Weber, *Gesammelte Aufsätze zur Wissenschaftslehre*, herausgegeben von Johannes Winckelmann, Tübingen 1968, S. 489-512 (abgedruckt in diesem Band, S. 33-56); vgl. auch Wolfgang Stegmüller, »Wertfreiheit, Interessen und Objektivität«, in: ders., *Rationale Rekonstruktion von Wissenschaft und ihrem Wandel*, Stuttgart 1979, S. 177-181.

verschiedenen Richtungen massiv kritisiert, und im erwähnten Positivismusstreit von 1969 und in anschließenden Folgedebatten flammte der Werturteilsstreit erneut auf.[3] Die Vertreter der neomarxistisch orientierten Kritischen Theorie argumentierten, eine empirisch-wertneutrale Sozialwissenschaft würde die bestehenden gesellschaftlichen Verhältnisse nur reproduzieren. Wie in Abschnitt 5.1 ausgeführt wird, beruht diese Kritik auf einer Fehlauffassung von empirischen Wissenschaften, denn diese können durchaus auch Veränderungsmöglichkeiten aufzeigen.

Dennoch wurden in der Folgezeit auch berechtigte Einwände vorgetragen, die einer genaueren Diskussion bedürfen. Nicht nur von kritischen Theoretikern, sondern auch von jüngeren analytischen Philosophen wurde angemahnt, dass Wert- und Normfragen keinesfalls einem *Irrationalismus* überantwortet werden dürften. In der Tat ist eine rationale Behandlung von Wertfragen sowohl möglich als auch gesellschaftlich überaus nötig, und seit den 1970er Jahren hat sich die Disziplin der Analytischen Ethik rasch etabliert.[4] Auch in dieser Hinsicht ist es ratsam, sich Max Weber zuzuwenden, der die Wertfreiheitsforderung angesichts solcher Einwände bereits subtil differenziert hatte.[5] *Erstens*, so Weber, ist es Sozialwissenschaftlern möglich, das faktische Vorliegen von Wert- und Normsystemen *deskriptiv* zu erforschen, *ohne* dabei selbst zu werten. Wer die Vielehe im Islam erforscht, muss weder ein Befürworter noch ein Gegner derselben sein. Die Behauptung, dass eine Person oder Gesellschaft an gewisse Werte *glaubt*, ist selbst keine wertende, sondern eine *deskriptive* Behauptung, zu deren Bestätigung lediglich empirische Daten benötigt werden. *Zweitens* können Wissenschaftler qua Formalwissenschaftler *logische Beziehungen* zwischen Wert- und Normsätzen feststellen. Mittlerweile sind die hierfür relevanten Formaldisziplinen der *deontischen Logik* und der *Ent-*

---

3 Der »Positivismusstreit« ist die Debatte in Theodor W. Adorno u. a., *Der Positivismusstreit in der deutschen Soziologie*, Frankfurt/M ⁴1969; siehe hierzu auch die umfassende Aufarbeitung durch Hans-Joachim Dahms, *Positivismusstreit*, Frankfurt/M. 1994. Eine bedeutende Folgedebatte war der »Werturteilsstreit«, in: Hans Albert und Ernst Topitsch (Hg.), *Werturteilsstreit*, Darmstadt 1971.

4 Siehe zum Beispiel William K. Frankena, *Analytische Ethik*, München ⁵1994 und Dieter Birnbacher, *Analytische Einführung in die Ethik*, Berlin 2003.

5 Der erste der folgenden Punkte findet sich in Weber, »Der Sinn der ›Wertfreiheit‹«, S. 500 f., der zweite und dritte auf S. 510 f., in diesem Band, S. 44 und S. 53 f.

scheidungstheorie weit entwickelt.[6] *Drittens* können Wissenschaftler mithilfe von *Zweck-Mittel-Schlüssen* aus *vorgegebenen* Normen beziehungsweise Werturteilen und deskriptivem Wissen eine Reihe *abgeleiteter* Normen oder Werturteile gewinnen und diese als *Mittelempfehlungen* an die Gesellschaft oder Politik weitergeben.

3. Wertneutralität und Zweck-Mittel-Schlüsse

Das Auffinden geeigneter *Mittel* für gegebene *Zwecke* ist der wichtigste praktische Aufgabenbereich angewandter *deskriptiver* Wissenschaft. Sie gehorcht dem folgenden logischen Schema:

Deskriptive Zweck-Mittel-Hypothese: M ist unter den gegebenen Umständen U ein notwendiges – oder alternativ: ein optimales – Mittel für die Realisierung von Z.

Daher: Gegeben die fundamentale Norm »Zweck Z soll realisiert werden«, dann gilt auch die abgeleitete Norm »Mittel M soll realisiert werden«.

Das Zweck-Mittel-Schema kann statt mit Normen ebenso mit Werturteilen formuliert werden; dann lautet seine Konklusion: Gegeben das fundamentale Werturteil »Zweck Z ist erstrebenswert«, dann gilt auch das abgeleitete Werturteil: »Die Realisierung des Mittels M ist erstrebenswert«. Wir behandeln beide Versionen als gleichwertig.

Der Zweck-Mittel-Schluss wird in den meisten ethischen Theorien als begrifflich beziehungsweise analytisch *gültig* akzeptiert.[7] Dabei wird vorausgesetzt, dass es sich bei M entweder um ein *notwendiges* oder ein *optimales* Mittel für Z handelt. Ist M dagegen ein bloß *hinreichendes* Mittel für einen Zweck Z, dann ist der Zweck-Mittel-Schluss ungültig, denn ein und derselbe Zweck Z besitzt im Allgemeinen verschiedene hinreichende Mittel, und bei vielen dieser Mittel überwiegt der Schaden ihrer Nebenfolgen den Nutzen der Zweckerreichung. Für den Zweck, frische Luft ins Zimmer zu

---

6 Siehe hierzu Lennart Aqvist, »Deontic Logic«, in: Dov Gabbay und Franz Guenthner (Hg.), *Handbook of Philosophical Logic. Vol. II: Extensions of Classical Logic*, Dordrecht 1984 und Howard Raiffa, *Einführung in die Entscheidungstheorie*, München 1973.

7 Zum Beleg dieser Behauptung siehe Gerhard Schurz, *The Is-Ought Problem. An Investigation in Philosophical Logic*, Dordrecht 1997, Kap. 11.4.

lassen, ist beispielsweise auch das Aufbrechen der Wand ein hinreichendes Mittel; ein optimales Mittel hierfür ist dagegen das Öffnen eines Fensters, und ein notwendiges Mittel hierfür ist irgendeine Öffnung ins Freie.

Die fundamentale Norm übernimmt der Wissenschaftler zum Beispiel vom Politiker oder von der Gesellschaft, und die mithilfe seines deskriptiven Wissens daraus abgeleitete Norm gibt er als Mittelempfehlung an diese zurück. Dabei ist wesentlich, dass der Wissenschaftler seine Empfehlung *explizit relativiert* auf die jeweils vorausgesetzte fundamentale Norm. Man spricht hier von einer *hypothetischen* Norm (»Wenn du das willst, sollst du jenes tun«), im Gegensatz zu einer *kategorischen* Norm (»Du sollst jenes tun«). Illustrieren wir dies an einem Beispiel von *Unterrichtstheorien* aus der Erziehungswissenschaft.[8] Angenommen, als anzustrebender Fundamentalwert sei *kognitiver Lernerfolg* (Beherrschung des Lernstoffs) vorgegeben. Aufgrund seiner Lerntheorie gelangt ein Unterrichtstheoretiker zu der deskriptiven Hypothese, dass kognitiver Lernerfolg genau dann maximiert wird, wenn zwischen 70 und 80 % der Unterrichtszeit lehrergesteuert (»gelenkt«) ablaufen. Der Unterrichtstheoretiker gibt diese Konklusion als *abgeleitete* Wert- beziehungsweise Normaussage an die Lehrer weiter. Er befindet sich allerdings nur dann im Einklang mit der Wertneutralitätsthese, wenn er seine Mittelempfehlung *hypothetisch* formuliert: *Wenn ihr maximalen kognitiven Lernerfolg wollt, dann solltet ihr zwischen 70 und 80 % der Unterrichtszeit lehrergesteuert organisieren.*

Wird die Explizitmachung vorausgesetzter Werte unterlassen, dann kann dies ideologisch bedenkliche Folgen haben. Angenommen, in unserem Beispiel hätten die Lehrer andere Fundamentalzwecke als der Wissenschaftler; sie sehen *soziales Lernen als gleichrangiges* Unterrichtsziel neben kognitivem Lernerfolg an. Es sei nun deskriptiv erwiesen, eventuell sogar von demselben Wissenschaftler, dass für eine solche Zwecksetzung lediglich 60 % lehrergesteuerter Unterricht neben 40 % Eigen- und Gruppenaktivität die optimale Unterrichtsform sei. Angenommen aber, in unserem Beispiel gebe unser Wissenschaftler seine Mittelkonklusion nicht hypothetisch, sondern kategorisch weiter: *80 % des Schulunterrichts*

8 Zum Folgenden siehe Jean-Luc Patry, *Transsituationale Konsistenz des Verhaltens und Handelns in der Erziehung*, Bern 1991.

sollen lehrergesteuert sein, und die Lehrer glauben ihm. Dann *manipuliert* der Wissenschaftler die Lehrer, denn er verschweigt, dass seine Mittelaussage nur unter *seiner* Wertannahme gilt, welche die Lehrer *nicht* teilen, die daher, gemessen an ihren Zwecken, vom Wissenschaftler *schlecht* beraten werden. Analoges gilt für viele andere Anwendungsfälle, von der Medizin (ein Arzt berät einen Patienten) über die geographische Raumplanung (Raumplaner beraten Politiker) bis hin zur Rechtswissenschaft (der Rechtsanwalt berät das vor der Scheidung stehende Ehepaar). In allen solchen Fällen ist es höchst bedeutsam, dass der wissenschaftliche »Experte« die in seinen Mittelempfehlungen vorausgesetzten Wertannahmen *explizit* macht, also seine Wertempfehlungen hypothetisch und nicht kategorisch formuliert, denn nur so kann der beratene »Kunde« herausfinden, ob dies auch wirklich seine eigenen Werte sind.

Ich weise mit diesem Beispiel nachdrücklich darauf hin, dass die Wertneutralitätsforderung keine dogmatisch-szientistische, sondern eine *kritisch-emanzipatorische* Funktion besitzt. Dieses kritische Potenzial der Wertneutralität werden wir im 6. und letzten Abschnitt dieses Beitrages weiter herausarbeiten. Zuvor soll jedoch die Wertneutralitätsthese im nächsten Abschnitt weiter verfeinert und im übernächsten Abschnitt metaethisch fundiert werden.

4. Externe versus interne Werte: Präzisierung der Wertneutralitätsforderung

Um zu einer haltbaren Formulierung der Wertneutralitätsforderung zu gelangen, bedarf es zweier weiterer Präzisierungsschritte.

(1.) Eine Reihe von Autoren haben argumentiert, dass Wissenschaft schon deshalb nicht absolut wertfrei sein kann, weil das Unternehmen »Wissenschaft« ja selbst auf gewissen Werten beziehungsweise Zielsetzungen beruht: den *wissenschaftsinternen* oder auch *epistemischen* Werten.[9] Diese wissenschaftsinternen Werte lassen sich jedoch – sofern sie zu Recht diesen Namen tragen – als instrumentelle Werte, also als geeignete Mittel zur Erreichung des

---

9 Siehe hierzu zum Beispiel Paul F. Schmidt, »Ethische Normen in der wissenschaftlichen Methode«, in: Hans Albert und Ernst Topitsch (Hg.), *Werturteilsstreit*, Darmstadt 1971, S. 353-364, S. 359 ff. sowie den Beitrag von Gerald Doppelt in diesem Band, S. 272-304.

obersten epistemischen Wertes von Wissenschaften gewinnen, den ich wie folgt formuliere:

Oberster wissenschaftsinterner Wert: Die Suche nach möglichst *wahren* (wahrheitsnahen) *und gehaltvollen* Erkenntnissen.

Die Einschränkung auf *gehaltvolle* wahre Aussagen ist bedeutsam, denn Wahrscheinlichkeit und Gehalt von Hypothesen sind oft *gegenläufig*. Man kann die Wahrheitschancen von Hypothesen maximieren, indem man nur triviale Tautologien äußert wie etwa »Die Sonne dreht sich um die Erde oder auch nicht«. Andererseits ist es leicht, sehr gehaltvolle und beeindruckende Hypothesen vorzutragen, wenn man auf ihre Wahrheit keine Rücksicht nimmt, wie zum Beispiel »Ich habe ein Perpetuum mobile erfunden«. Die eigentliche Kunst des Wissenschaftlers besteht darin, Hypothesen zu formulieren, die sich *sowohl* empirisch bewahrheiten *als auch* als gehaltvoll und konsequenzenreich erweisen.

Wie andernorts gezeigt,[10] lässt sich aus diesem obersten Wert eine Vielzahl von spezielleren internen Werten der Wissenschaften durch Zweck-Mittel-Argumente gewinnen, wie etwa (i) der Entwurf aufschlussreicher Experimente, (ii) die Gewinnung von Daten, (iii) die intersubjektive Reproduktion derselben, (iv) die Aufstellung empirisch gehaltvoller Hypothesen, insbesondere von Kausalhypothesen, (v) die Generierung von Voraussagen und Erklärungen, damit zusammenhängend (vi) die Überprüfung und Bewertung der Hypothesen, und durch Iteration dieser Schritte schlussendlich (vii) die Generierung von übergreifenden Theorien. Ebenso wie die obersten Werte »Wahrheit« und »Gehalt« in verschiedene Richtung ziehen können, kann dies auch bei den abgeleiteten epistemischen Werten der Fall sein (zum Beispiel »Voraussage« versus »Erklärung«), und hinsichtlich ihrer optimalen Balance gibt es unterschiedliche wissenschaftstheoretische Auffassungen, was aber nicht impliziert, dass diese Auffassungen von außerepistemischen Werten abhängen.

Das Streben nach möglichst wahren und gehaltvollen Erkenntnissen wird in wissenschaftlichen Begründungen implizit vorausgesetzt und kommt insofern in allen Wissenschaften vor. Die Wertneutralitätsforderung muss daher auf fundamentale *wissenschaftsexterne* beziehungsweise *außerepistemische* Wertannahmen

10 Siehe Gerhard Schurz, *Einführung in die Wissenschaftstheorie*, Darmstadt ³2011, Kapitel 2, insbesondere Kapitel 2.5.

bezogen und darauf eingeschränkt werden, wie zum Beispiel das Streben nach Glück, Geld, Macht, die obersten Ziele eines Individuums, einer Partei oder eines Unternehmens usw. Wertneutralität heißt also, dass wissenschaftliche Erkenntnis nicht von solchen außerepistemischen Wertungen abhängt.

(2.) Genügt die Einschränkung auf fundamentale wissenschaftsexterne Wert- beziehungsweise Normsätze für eine haltbare Fassung der Wertneutralitätsforderung? *Nein*, sofern man Wissenschaft nicht lediglich als Begründungsprozess, sondern als *sozialen Prozess* auffasst. Denn obwohl fundamentale Werte nicht wissenschaftlich begründbar sind, so fließen doch an unzähligen Stellen des wissenschaftlichen Erkenntnisprozesses Wertungen notgedrungen mit ein, sodass wir zeigen müssen, in welcher Phase dieses Prozesses die Wertneutralitätsforderung relevant wird. Gehen wir aus von der üblichen Einteilung des wissenschaftlichen Forschungsprozesses in drei *Phasen*: den *Entdeckungszusammenhang* (EZ), in dem die wissenschaftlich relevanten Probleme zuallererst konzipiert werden, den *Begründungszusammenhang* (BZ), in dem Daten erhoben und Hypothesen generiert und überprüft werden, sowie den *Verwertungszusammenhang* (VZ), in dem gut gesicherte Erkenntnisse zu verschiedensten Zwecken verwertet werden. (EZ) und (VZ) werden auch externe Phasen und (BZ) die interne Phase der Wissenschaft genannt. In (EZ) wird unter anderem der Untersuchungsgegenstand festgelegt und nach *Relevanzgesichtspunkten* selektiert. Dieser Prozess ist auch von wissenschaftsexternen Werten abhängig: Welches Problem wichtig ist, entscheiden unter anderem wirtschaftliche oder politische Interessen der Geldgeber oder die subjektiven Interessen der Einzelforscher. In (VZ) kommen wissenschaftsexterne Werte massiv ins Spiel: Ob physikalische Hypothesen zu friedlichen oder zu Kriegszwecken, ob psychologische Erkenntnisse zu gesteigerter Arbeitseffizienz oder zur Förderung der Familienbeziehung eingesetzt werden, hängt davon ab, *wer* sie verwendet beziehungsweise verwenden darf, weil er sie finanziert hat. Was die Wertneutralitätsthese fordert, bezieht sich ausschließlich auf den *Begründungszusammenhang*: In (BZ) dürfen wissenschaftsexterne Werte keine Rolle spielen. Damit können wir die Wertneutralitätsforderung wie folgt formulieren und schematisch darstellen:

Wertneutralitätsforderung: Ein bestimmter Bereich der Wissenschaften, nämlich ihr *Begründungszusammenhang,* soll frei sein von fundamentalen *wissenschaftsexternen* Wertannahmen.

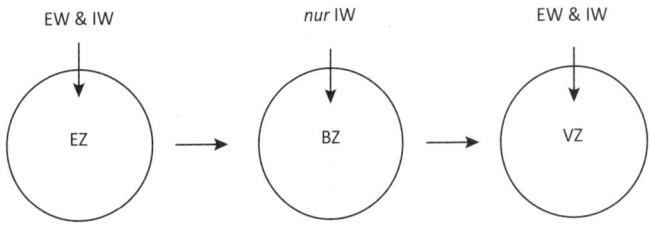

Abb. 1: Schematische Darstellung der Wertneutralitätsforderung.

Legende: BZ – Begründungszusammenhang, EZ – Entdeckungszusammenhang, VZ – Verwertungszusammenhang; EW – wissenschaftsexterne Werte, IW – wissenschaftsinterne Werte.

Eine wichtige Konsequenz dieses Schemas ist die *korrektive Rückbezüglichkeit* des Begründungszusammenhanges auf die Problemselektion im Entdeckungszusammenhang. Die in (EZ) vorgenommene Selektion der untersuchten Merkmale ist keinesfalls *erkenntnisneutral,* sondern wirkt sich auf den Begründungszusammenhang aus, insofern sie das, was sich als Resultat der wissenschaftlichen Analyse ergeben kann, einschränkt. Es kann sich im Verlauf der wissenschaftlichen Forschung herausstellen, dass zur Erfassung der relevanten Ursachen die Berücksichtigung von Parametern nötig ist, von denen in (EZ) bereits abstrahiert wurde. Daher darf die in (EZ) vorgenommene Selektion nur *vorläufig* sein und muss einer späteren Kritik und Korrektur durch Erkenntnisse in (BZ) zugänglich sein, und zwar auch dann, wenn dies den externen Ursprungszielen des Forschungsprojekts zuwiderläuft. Andernfalls könnte man nicht von einer Unabhängigkeit des (BZ) von externen Wertentscheidungen sprechen.

Ich illustriere dies an einem Beispiel: Die klassische Schulmedizin war lange Zeit rein biologisch-physiologisch orientiert; zu einem gewissen Teil ist sie dies auch noch heute. Eine solche Schulmedizin abstrahiert bereits im Entstehungszusammenhang medizinischer Forschung von psychischen Parametern. Mittlerweile kennt man viele organische Krankheiten mit psychischen Ursachen, und die Bedeutung der psychosomatischen Interaktion ist nicht von der Hand zu weisen. Ideologische Kämpfe von Befürwortern und Gegnern psychosomatischer Medizin mögen entbrennen; doch wissenschaftstheoretisch gesehen ist die Frage des psychosomatischen Zusammenhangs keine ideologische, sondern eine Tatsachenfrage: Um sie überhaupt sachlich *untersuchen* zu können, muss die Einschränkung auf biologisch-physiologische Faktoren in medizinischen Modellen aufgegeben und der Bereich psychischer Phänomene eingeschlossen werden. Mit anderen Worten, die extern motivierte Einschränkung im (EZ) muss aufgrund von im (BZ) gewonnenen Erkenntnissen aufgegeben werden.

Die Wertneutralitätsforderung ist keine deskriptive Behauptung über das Mehrheitsverhalten von Forschern, sondern (wie aus ihrer Bezeichnung hervorgeht) eine wissenschaftsinterne Norm. Nicht alle Wissenschaftler stimmen dieser Forderung zu. In den Sozial- und Rechtswissenschaften wurden zahlreiche grundsätzliche Bedenken vorgebracht, die noch besprochen werden. In den Naturwissenschaften tritt der Einfluss externer Werte meist versteckter als in den Sozialwissenschaften zutage und hat oft eher mit ökonomischen als ideologischen Motiven zu tun. Ein Beispiel ist die von pharmazeutischen Firmen gesponserte Erforschung der Effektivität von Pharmaka, welche, wie James Robert Brown in diesem Band berichtet, einen erheblichen Bias zugunsten der finanzierenden Firmen aufweist.[11] Darüber hinaus stehen politische Entscheidungsträger in unserer Gesellschaft unter ständigem Legitimationszwang. Sie benötigen »objektive« Gründe für ihre Entscheidungen, die in Zeiten von Religionsverfall und Wertepluralismus anscheinend nur vom wissenschaftlich-technischen *Experten* geliefert werden können. Somit besteht eine kontinuierliche Nachfrage nach von Wissenschaftlern verkündeten Wertaussagen, und Wissenschaftler unterliegen der beständigen Versuchung, sich durch wissenschaftlich verkleidete kategorische Werturteile beliebt zu machen oder gutes Geld zu verdienen. Langfristig kann dies allerdings die Glaubwürdigkeit von Wissenschaft nur untergraben, weshalb gerade heute die Verteidigung der Wertneutralität von größter Wichtigkeit ist.

11 Siehe den Beitrag von Brown in diesem Band, S. 337-373.

5. Wertneutralität im Kontext
der Metaethik

Die Wertneutralitätsforderung beruht auf der These, dass fundamentale Norm- und Wertsätze keiner erfahrungswissenschaftlichen Begründung fähig sind. In diesem Abschnitt diskutiere ich diese These im Kontext der Metaethik – jener Teildisziplin der Ethik, die sich mit der Bedeutung und Begründbarkeit von moralisch-ethischen Behauptungen beschäftigt. Ich frage, in welchem Maße diese These durch gegenwärtige metaethische Positionen gestützt wird. In Bezug auf die Frage der Begründbarkeit ethischer Behauptungen lassen sich (mindestens) drei metaethische Hauptpositionen unterscheiden:[12]

(1.) Dem ethischen *Reduktionismus* zufolge lassen sich Wert- und Normaussagen auf deskriptive Aussagen zurückführen. Gegenwärtig bedeutend in dieser Positionsfamilie sind *subjektiv*-reduktionistische Positionen wie der *Utilitarismus*, der ethische Aussagen auf Aussagen über die faktischen Interessen der Menschen zurückführt. Die Hauptschwierigkeit reduktionistischer Positionen besteht in dem auf David Hume zurückgehenden *Sein-Sollens-Fehlschluss*, dem zufolge sich aus deskriptiven Sätzen keine Norm- oder Wertsätze logisch folgern lassen.[13] Der Versuch, Humes prima facie plausible Fehlschlussthese mit modernen logischen Mitteln zu beweisen, stieß zunächst auf Schwierigkeiten, zum Beispiel auf die so genannte *Paradoxie* von Prior.[14] Mittlerweile wurden jedoch zufriedenstellende Lösungen dieser Paradoxie gefunden, zum Beispiel von Pigden und Schurz.[15] Im letztgenannten Werk wird gezeigt, dass der Sein-Sollens-Fehlschluss für alle multimodalen Logiken gilt, die keine substanziellen ethischen *Brückenprinzipien* voraus-

---

12 Vollständigere Klassifikationen finden sich bei Frankena, *Analytische Ethik*; Franz von Kutschera, *Grundlagen der Ethik*, Berlin 1982, Abschnitt 2 und Schurz, *The Is-Ought Problem*, Kapitel 11.3.

13 Siehe dazu David Hume, *A Treatise of Human Nature, Vol. II, Book III: Of Morals*, London 1739/1740, S. 177 f. und die Kontroverse in Charles R. Pidgen (Hg.), *Hume on ›Is‹, and ›Ought‹*, Hampshire 2010.

14 Siehe Arthur N. Prior, »The Autonomy of Ethics«, in: *Australasian Journal of Philosophy* 38 (1960), S. 199-206; vgl. dazu auch Wolfgang Stegmüller, »Wertfreiheit, Interessen und Objektivität«, S. 183-186.

15 Siehe Charles R. Pigden, »Logic and the Autonomy of Ethics«, in: *Australasian Journal of Philosophy* 67 (1989), S. 127-151; und Schurz, *The Is-Ought Problem*.

setzen. Diese postulieren einen direkten Zusammenhang zwischen Tatsachen und Normen beziehungsweise Werten wie etwa »Gut ist, was die Menschen mehrheitlich wollen« oder »Geboten ist, was in der Bibel steht«. Da solche Brückenprinzipien ethisch kontrovers sind, können sie nicht als analytisch wahr angesehen werden. Dies zeigt sich am deutlichsten in Moores Argument der offenen Frage.[16] Für jede erdenkliche deskriptive Eigenschaft D kann man immer noch sinnvoll fragen: »Aber ist es auch gut, dass D der Fall ist?« oder »Ist D auch normativ empfehlenswert?« Der Humesche Sein-Sollen-Fehlschluss erweist sich damit als wohlbegründet, und viele gegenwärtige Utilitaristen würden dem zustimmen.

Der ethische Reduktionismus ist daher dahingehend zu revidieren, dass ethische Sätze nur dann empirisch begründet werden können, wenn ethische Brückenprinzipien vorausgesetzt werden. Diese Brückenprinzipien sind erfahrungswissenschaftlich unbegründbar, zugleich aber synthetischer Natur und damit Bestandteile der jeweilig vorausgesetzten ethischen Theorie.

(2.) Dem ethischen *Apriorismus* zufolge können fundamentale Werte oder Normen nur begründet werden, wenn man gewisse ethische Prinzipien »apriori«, also unabhängig von jeglichem Erfahrungswissen, akzeptiert hat. Ein berühmtes Beispiel hierfür ist Kants kategorischer Imperativ. Aufgrund des Humeschen Sein-Sollens-Fehlschlusses können apriorische Prinzipien der Ethik nicht schon logisch oder analytisch wahr sein, sondern besitzen synthetischen Gehalt und sind daher ebenfalls Bestandteile der akzeptierten ethischen Theorie.

Somit steht weder die metaethische Position (2.) noch die revidierte Fassung von (1.) in grundsätzlichem Konflikt zur Wertneutralitätsforderung. Diese Positionen bestätigen vielmehr die These der erfahrungswissenschaftlichen Unbegründbarkeit fundamentaler Norm- oder Wertsätze. Die eigentliche Herausforderung für die Wertneutralitätsforderung liegt vielmehr in folgender metaethischer Position:

(3.) Im so genannten *Wertempirismus* wird eine spezifische Art von »Werterfahrung« als Überprüfungsbasis von Wertsätzen (beziehungsweise allgemeiner von ethischen Sätzen) angenommen.[17]

16 Siehe George E. Moore, *Principia Ethica*, New York 1903, S. 15 f. sowie Richard Hare, *The Language of Morals*, Oxford 1952, S. 85 f.

17 Siehe Uwe Czaniera, *Gibt es moralisches Wissen?*, Paderborn 2001, Kapitel 1-2.

Obwohl diese »Werterfahrung« verschieden ist von gewöhnlicher Sinneserfahrung und für sie kein eigenes Sinnesorgan existiert, wird ihre psychische Existenz dennoch in Analogie zur »gewöhnlichen« Sinneserfahrung postuliert. Teilweise geht diese Position auf David Hume selbst zurück:[18] Nachdem er gezeigt hatte, dass Werte nicht auf gewöhnliche Sinneserfahrungen zurückführbar sind, konstatierte Hume im Menschen einen »sekundären moralischen Sinn« und war sich wohl bewusst, dass dessen Resultate in weitaus geringerem Maße intersubjektiv sind als die der gewöhnlichen Sinne. Im 20. Jahrhundert wurden wertempiristische oder mit diesen verwandte wertintuitionistische Ansätze unter anderem von Moore, Firth oder Weingartner ausgebaut.[19] Weingartner nimmt an, ethische Hypothesen würden analog zu deskriptiven Hypothesen durch empirisch gegebene Basiswertungen gestützt wie etwa »Ich sehe diese Person armen Schluckern Geld geben und empfinde diese Tat spontan als moralisch gut«. Im Rest dieses Abschnitts möchte ich mithilfe von zwei Argumenten – dem Normalbedingungs- und dem Unabhängigkeitsargument – zeigen, dass sich die vom Wertempirismus proklamierten »Werterfahrungen« ganz anders verhalten als echte Sinneserfahrungen.

Das *Normalbedingungsargument* besagt Folgendes: Intersubjektiv voneinander abweichende Wahrnehmungsurteile können nahezu immer auf Defekte in den Normalbedingungen der Beobachtung zurückgeführt werden. Auf intersubjektiv voneinander abweichende Werturteile trifft dies im Allgemeinen nicht zu. Betrachten wir als Beispiel den angenommen wahren Beobachtungssatz »Dort brennt ein Feuer«. Die Intersubjektivität dieses Beobachtungssatzes impliziert, dass ihm jeder oder nahezu jeder Mensch zustimmen würde, sofern einschlägige Normalbedingungen der Beobachtung erfüllt sind (wie zum Beispiel, dass die sich vor Ort befindende Person sehfähig ist und sich in einem normalen Bewusstseinszustand befindet). Würde eine Person in Sichtweite des Feuers hartnäckig und wiederholt behaupten »Ich sehe aber kein Feuer«, so hätten wir allen Grund, einen Defekt in diesen Normal-

18 Siehe Hume, *A Treatise of Human Nature*, S. 177 f.
19 Siehe Moore, *Principia Ethica*; Roderick Firth, »Ethical Absolutism and the Ideal Observer«, in: *Philosophy and Phenomenological Research*, Vol. XII, No. 3 (1952), S. 317-345 und Paul Weingartner, *Wissenschaftstheorie I: Einführung in die Hauptprobleme*, Stuttgart-Bad Cannstatt ²1978, Kapitel 7.15 ff.

bedingungen anzunehmen, und wir würden diesen Defekt durch einen *unabhängigen* Test nachweisen können. Eine solche Person wäre höchstwahrscheinlich blind, hirngeschädigt, oder sie befände sich in einem extremen Halluzinationsstadium. Aus diesem Grund wären wir auch dazu berechtigt, einen solchen Menschen von seinem Beobachtungsdefekt *heilen* zu wollen.

Doch nehmen wir an, unter denselben Normalbedingungen der Beobachtung würde eine erwachsene Person einem Basiswertsatz wie zum Beispiel »Dass diese Person vor dem Sterben bewahrt wird, ist gut« systematisch *nicht* zustimmen, obwohl ihm vermutlich 99 % aller Personen zustimmen würden. Dann wären wir nicht berechtigt anzunehmen, dass ein Defekt in den »moralischen Normalbedingungen« dieser Person vorliegt, das heißt, dass diese Person zum Beispiel moralisch minderwertig sei und davon geheilt werden sollte, genauso wie ein Blinder von seiner Blindheit geheilt werden sollte. Vielmehr müssen wir die Haltung dieser Person als abweichende Werthaltung *prima facie achten* und – sofern dadurch die Interessen anderer Personen nicht geschädigt werden – auch zulassen. Bei den Inuit ist es zum Beispiel üblich, eine Person, die so altersschwach geworden ist, dass sie sich nicht mehr selbst ernähren kann, nicht zu füttern, sondern sterben zu lassen, weil man darin das natürliche Anzeichen dafür sieht, dass ihr Geist die irdische Welt verlassen will: Sollen wir deshalb die Ethik der Inuit als »moralisch defekt« erklären und von ihren Defekten zu »heilen« versuchen? Würden wir mit moralischen Basiswertsätzen genauso verfahren wie mit Beobachtungssätzen, so könnten wir in gefährliche Nähe zu mittelalterlich-religiösen Moralpraktiken geraten.

Ich will nicht leugnen, dass es tatsächlich Fälle von *psychopathologischer* Gewissensblindheit gibt, die einer psychologischen Heilung bedürfen: aber diese Fälle sind nicht der *Regelfall*. So dürfte eine extreme Behauptung wie »Ich liebe es, andere Menschen zu töten« bei jedermann die berechtigte Reaktion auslösen »Dieser Mensch hat einen Defekt« – aber diese Situation trifft nur auf die *wenigsten* abweichenden Wertbasissätze zu, wogegen die analoge Situation im Falle abweichender Wahrnehmungsurteile der Regelfall ist. Ganz in diesem Sinne beschreiben Prim und Tilman ein Experiment zur Objektivität des Beobachtungssatzes »Vor mir liegt ein Stück Kreide«, das sie an ihren Studenten durchführten: Die Studenten reagierten äußerst unwillig und erklärten, ein Dissens in solchen Fragen sei ein Problem für den *Augenarzt* und keines der Philosophie.[20]

Das *Unabhängigkeitsargument* geht auf Toulmin zurück und besagt Folgendes:[21] Die Art und Weise, wie wir unsere Wahrnehmungen emotiv-werthaft empfinden beziehungsweise interpretieren, ist von unseren ethischen Hintergrundannahmen abhängig. Unsere Wahrnehmungseindrücke bleiben dagegen auch dann gleich, wenn sich unsere deskriptiven Hintergrundannahmen radikal verändern. Beispielsweise sehen wir tagtäglich die Sonne über das Himmelsgewölbe wandern. Nehmen wir an, bislang seien wir Geozentriker gewesen (die Sonne dreht sich um die ruhende Erde); doch nun werden wir nach gründlicher Lektüre von Kepler und Newton zu Heliozentrikern (die Erde dreht sich um die ruhende Sonne). Dann haben wir unsere Hintergrundtheorie radikal gewechselt – doch unser Seherlebnis wird dadurch in *keiner* Weise beeinflusst: Nach wie vor sehen wir die Sonne tagtäglich in einem Bogen über den Himmel wandern. Das Seherlebnis ist unabhängig von erworbenen Hintergrundannahmen.

Ganz anders im Falle werthaft-moralischer Empfindungen. Wenn ich einen Menschen sehe, der eine Menge Geld den Armen spendet, dann habe ich spontan die moralische Empfindung »Dies war eine gute Tat«. Wenn ich jedoch erfahre, dass es sich bei dem Spender um einen Politiker kurz vor seiner Wahl handelt, der diese Spende zum Zweck der Gewinnung von Wählerstimmen investierte und sich ansonsten mehr um das Wohl der Reichen als um das der Armen kümmert, so stellt sich bei mir angesichts *desselben* Wahrnehmungserlebnisses eine ganz andere moralische Empfindung ein: Nun empfinde ich den Politiker als *heuchlerisch*.

Das Normalbedingungs- und das Unabhängigkeitsargument bekräftigen unsere These, dass Wert- und Normurteile nicht auf Sinneserfahrungen beruhen, sondern subjektive Interpretationen sind, weswegen eine erfahrungswissenschaftliche Begründung fundamentaler Wert- und Normsätze nicht möglich ist.

---

20 Siehe Rolf Prim und Heribert Tilman, *Grundlagen einer kritisch-rationalen Sozialwissenschaft*, Heidelberg 1979, S. 93.
21 Siehe Stephen Toulmin, *The Place of Reason in Ethics*, Cambridge 1950, S. 127.

6. Wertneutralität im Kontext gegenwärtiger Debatten

Wie in Abschnitt 2 ausgeführt, hindert die Wertneutralität die Wissenschaftler nicht daran, praktisch wertende Konklusionen aus ihren Forschungsergebnissen zu ziehen. Sie tun dies in Form von Zweck-Mittel-Schlüssen, auf deren Grundlage sie abgeleitete hypothetische Wertempfehlungen geben, die relativ sind zu gegebenen fundamentalen beziehungsweise kategorischen Zielsetzungen. Nur die Letzteren können nicht wissenschaftlich begründet werden; sie sind daher von den wissenschaftlichen Urteilen streng zu trennen und dem Anwender wissenschaftlichen Wissens beziehungsweise der demokratischen Entscheidungsfindung zu überlassen. Diese Einsicht liefert uns den zentralen Schlüssel, um den im Folgenden diskutierten Einwänden zu begegnen, die im zweiten und insbesondere im dritten Werturteilsstreit gegen die Wertneutralitätsforderung vorgebracht wurden.

6.1 Wertneutrale Erkenntnis von Veränderungsmöglichkeiten: Kritik an Habermas

In Abschnitt 3 hatten wir das kritisch-emanzipatorische Potenzial einer wertneutralen Wissenschaft betont. Diese Sichtweise steht im Gegensatz zu der einflussreichen Dreiteilung von Wissenschaftstypen nach ihrem jeweiligen *Erkenntnisinteresse*, die auf Habermas zurückgeht. Dieser unterscheidet nämlich wie folgt:[22]

Wissenschaftstyp:	*Zugrunde liegendes Interesse:*
1. empirisch-analytisch	technisch-instrumentelle Verfügbarkeit
2. historisch-hermeneutisch	praktische Konsensfindung
3. kritisch-dialektisch	Befreiung von Gewaltverhältnissen

Wie kommt Habermas dazu, wertneutraler empirischer – von ihm als empirisch-analytisch klassifizierter – Wissenschaft ein Interesse an technischer Verfügbarkeit zu unterstellen? Dies erklärt sich

22 Siehe Jürgen Habermas, »Erkenntnis und Interesse«, in: Jürgen Habermas, *Technik und Wissenschaft als »Ideologie«*, Frankfurt/M. 1968, Abschnitt V (wiederabgedruckt in diesem Band, S. 57-73). Das Habermas-Schema wurde vielfach übernommen; siehe zum Beispiel Norbert Konegen und Klaus Sondergeld, *Wissenschaftstheorie für Sozialwissenschaftler*, Opladen 1985, S. 139 oder Jürgen Kriz u. a., *Wissenschafts- und Erkenntnistheorie*, Opladen 1990, S. 151.

durch die übersteigerte »Positivismuskritik« der Kritischen Theorie. Deren Vertreter warfen einer rein deskriptiv beziehungsweise »positivistisch« vorgehenden Sozialwissenschaft vor, sie würde den Status quo der unterdrückerischen Gesellschaftsverhältnisse nur theoretisch reproduzieren und dadurch implizit sanktionieren, während es einer *kritischen* Wissenschaft um die *Veränderung* der gesellschaftlichen Verhältnisse gehen müsse.[23] Doch dieser Vorwurf beruht auf einem folgenschweren *Missverständnis*: Zur Erforschung der Tatsachen gehört natürlich auch die Erforschung der Gesetzmäßigkeiten und damit die Erforschung des naturgesetzlich, technisch oder praktisch *Möglichen* und *Unmöglichen*. Daher ist es gerade auch die empirische Sozialwissenschaft, die aufzeigen kann, wie gesellschaftliche Verhältnisse *verändert* werden können, und eben dadurch zu der von der Kritischen Theorie geforderten Emanzipation beitragen kann. De facto waren die meisten »Neopositivisten« des Wiener Kreises politisch fortschrittlich orientiert und sahen viele ihrer Arbeiten in engem Zusammenhang mit gesellschaftlichen Veränderungen.[24] Der Unterschied ist nur, dass eine der Wertneutralität verpflichtete Sozialwissenschaft – so wie sie im »Positivismusstreit« von Popper und Albert gegenüber Horkheimer und Adorno verteidigt wurde – es bei dem Aufzeigen gesellschaftlicher Veränderungs*möglichkeiten* belässt und den werthaften Entschluss der *demokratischen Meinungsbildung* überlässt, anstatt auch noch diesen quasi-wissenschaftlich begründen zu wollen.

Die Habermassche Zuordnung von Erkenntnisinteressen scheint mir nicht haltbar zu sein. Eine empirisch-analytische Wissenschaft ist gar keinem bestimmten wissenschaftsexternen Erkenntnisinteresse zugeordnet, sondern dient unmittelbar nur dem wissenschaftsinternen Erkenntnisziel, der Suche nach möglichst allgemeinen und gehaltvollen Wahrheiten. Diese lassen sich ebenso für technische Zwecke wie für praktische Interpretationszwecke oder politische Reformzwecke verwenden. Sich zur Wertneutralität zu bekennen heißt für die Wissenschaftler eben nicht, auf werthaftes Engagement zu verzichten oder sich ihrer gesellschaftlichen

23 Siehe zum Beispiel Habermas in diesem Band, S. 57-73; Herbert Marcuse, *Der eindimensionale Mensch*, Darmstadt 1967, Kapitel 7 und Dahms, *Positivismusstreit*, S. 17 f., Kapitel 3-5.

24 Siehe Dahms, *Positivismusstreit*, S. 125 sowie Friedrich Stadler, *Studien zum Wiener Kreis*, Frankfurt/M 1997.

Verantwortung nicht bewusst zu sein. Wesentlich dafür ist nur, dass Wissenschaftler ihre durch Zweck-Mittel-Schlüsse gewonnenen Wertempfehlungen im erläuterten Sinne hypothetisch relativieren.[25]

In der Tat sind es nicht die unterschiedlichen Erkenntnisinteressen, sondern es ist der unterschiedliche Umgang mit der Wertneutralitätsfrage, worin sich die drei Habermasschen Wissenschaftstypen eigentlich unterscheiden. Um eine klare Trennung von Deskription und Wertung sind (leider) nur die Vertreter des empirisch-analytischen Methodenprogramms bemüht, wogegen in den hermeneutischen Wissenschaften oder den Rechtswissenschaften beschreibende Aussagen und Wertungen oft bewusst nicht unterschieden und in kritisch-dialektischen Ansätzen politisch-emanzipatorische Normen quasi-wissenschaftlich getarnt werden.[26]

6.2 Zur Trennung von Tatsachen und Werturteilen: Kritik an Dupré

Viele Begriffe unserer Alltagssprache besitzen *zugleich* Tatsachen- und Wertgehalt. Beide Gehaltsarten sind oft so eng miteinander verzahnt, dass es nicht leichtfällt, sie begrifflich zu trennen. Dieser schon bei Hare konstatierte Punkt wurde von Hilary Putnam ausgebaut und findet sich auch in John Duprés Beitrag in diesem Band.[27] Während Putnam daraus schloss, dass es oft unmöglich sei, Tatsachen- und Wertgehalt alltagssprachlicher Begriffe zu trennen, argumentierte Hare, dass diese Trennung mehr eine Frage des Wollens als des Könnens sei, da unter Zuhilfenahme geeigneter sprachlicher Mittel eine solche Trennung immer möglich sei. Illustrieren

---

25 Ebenso auch bei Prim und Tilman, *Grundlagen einer kritisch-rationalen Sozialwissenschaft*, S. 139. Für die Rechtsdogmatik siehe Eric Hilgendorf, »Das Problem der Wertfreiheit in der Jurisprudenz«, in: Eric Hilgendorf und Lothar Kuhlen (Hg.), *Die Wertfreiheit in der Jurisprudenz*, Heidelberg 2000, S. 1-32.

26 Für Beispiele siehe Lothar Kulen, »Wertfreiheit in der Jurisprudenz?«, in: Hilgendorf, Kulen (Hg.), *Die Wertfreiheit in der Jurisprudenz*, S. 33-49 und Jürgen Kriz u. a., *Wissenschafts- und Erkenntnistheorie. Eine Einführung für Psychologen und Humanwissenschaftler*, Opladen 1990, Kapitel 3.2.

27 Siehe Richard M. Hare, *Moral Thinking*, Oxford 1981, S. 74 f. sowie Hilary Putnam, *The Collapse of the Fact/Value Dichotomy*, Cambridge/MA 2002, Kapitel 2, insbesondere S. 36 f. Siehe den Beitrag von Dupré in diesem Band, S. 255-271.

wir dies am Putnamschen Beispiel des »grausamen« Verhaltens:[28]
Den deskriptiven Anteil dieses Begriffs kann man – entgegen Putnams Ansicht – näherungsweise charakterisieren als »ein Verhalten, das ohne die Spur eines Mitgefühls anderen starke körperliche oder seelische Schmerzen zufügt«. Oder, um das Duprésche Beispiel der Vergewaltigung von Frauen aufzugreifen: der deskriptive Begriffsanteil ist in erster Näherung gegeben, wenn ein Mann eine Frau gegen ihren Willen dazu nötigt, mit ihm Geschlechtsverkehr oder ähnliche Handlungen auszuüben. Auch wenn der Begriff »Vergewaltigung« mit der Konjunktion aus obiger Umschreibung und dem Werturteil »Und dies ist ein schwerwiegendes Vergehen« nicht semantisch völlig äquivalent ist, so scheint diese Zerlegung doch eine zufriedenstellende Näherung der Bedeutung von »Vergewaltigung« zu sein, welche den deskriptiven und werthaften Bedeutungsanteil separiert, sodass die Einwände der Wertneutralitätskritiker gegen die Zerlegbarkeit ihre Kraft verlieren.

Im Gegensatz zu Putnam bezweifelt Dupré nicht die grundsätzliche Möglichkeit der Abspaltung des Tatsachengehalts vom Wertgehalt von Erkenntnissen. Doch er argumentiert, dass nach einer solchen Abspaltung Wissenschaft keine praktischen Handlungskonsequenzen mehr haben könne, weil die Formulierung praktischer Konsequenzen wertgeladene Ausdrücke benötigt. Dupré übersieht dabei jedoch den entscheidenden Unterschied zwischen kategorischen und hypothetischen Werturteilen. Selbstverständlich kann eine wertneutrale Wissenschaft zu praktischen Handlungskonsequenzen gelangen, und zwar durch hypothetische Werturteile in der Form von Zweck-Mittel-Aussagen. Illustrieren wir dies wieder an Duprés Beispiel der Vergewaltigung. Aufbauend auf den von Dupré kritisierten soziobiologischen Vergewaltigungstheorien könnte jemand zum Beispiel argumentieren, pornographische Unterhaltungsangebote für Männer – sofern darin keine frauendiskriminierenden Szenen enthalten sind – reduzierten die Häufigkeit männlicher sexueller Übergriffe auf Frauen, weshalb ein Pornographieverbot auch im Interesse der Frauen nicht ratsam sei. Dagegen mag man (wie Dupré) einwenden, dass Vergewaltigung mehr mit sexuellen Beziehungsstörungen bei Männern als mit einem Mangel an »Ressourcen« zu tun hat. Doch zweifellos handelt

28 Putnam, *The Collapse of the Fact/Value Dichotomy*, S. 34.

es sich dabei um eine *sachliche* Frage, die nur rational diskutierbar ist, wenn man den deskriptiven Anteil des Vergewaltigungsbegriffs vom Wertanteil methodisch trennt. Zusammenfassend ermöglicht die Trennung von Tatsachen- und Wertfragen objektive empirische Untersuchungen, ohne dadurch die Wissenschaft ihrer praktischen Relevanz zu berauben.

6.3 Induktives Risiko und hypothetische Bewertungen: Kritik an Rudner und Douglas

Seit den 1950er Jahren wurde in der angelsächsischen Debatte wiederholt ein neuartiges Argument gegen die Wertneutralitätsforderung diskutiert, das im deutschen Sprachraum weder im ersten noch im zweiten Werturteilsstreit eine Rolle spielte. Das auf Churchman und Rudner zurückgehende und von Douglas ausgebaute Argument[29] geht davon aus, dass wissenschaftliche Hypothesen H durch die empirischen Evidenzen im Regelfall nur mit einer gewissen Wahrscheinlichkeit gestützt werden. Wenn Wissenschaftler eine Hypothese H als wahr akzeptieren, gehen sie somit ein gewisses »induktives Risiko« ein, dass H falsch ist – mit »induktiv« ist dabei gemeint, dass H aus den Daten nicht logisch folgt, sondern eben nur mit »Wahrscheinlichkeit«. Beträgt beispielsweise Hs Wahrscheinlichkeit 95 %, dann beträgt das damit verbundene (induktive) Risiko 5 %.[30]

Welche Wahrscheinlichkeit ist nun gerade noch groß genug, damit es vernünftig ist, H als wahr zu akzeptieren? Rudner und Douglas argumentieren, dass dies zumindest in vielen Fällen von den externen Konsequenzen und somit von nicht-epistemischen

29 Siehe Charles West Churchman, »Statistics, Pragmatics, and Induction«, in: *Philosophy of Science* 15 (1948), S. 249-268 sowie Richard Rudner, »The Scientist *qua* Scientist makes Value Jugdments«, in: *Philosophy of Science* 20 (1953), S. 1-6 und Heather Douglas, »Inductive Risk and Values in Science«, in: *Philosophy of Science* 67 (2002), S. 559-579 (die letzten beiden Aufsätze sind übersetzt in diesem Band enthalten, S. 108-117 und S. 143-173).

30 In der Statistik wird zwischen zwei Risikoarten unterschieden: (i) eine falsche Hypothese zu akzeptieren und (ii) eine wahre zurückzuweisen. In unseren Beispielen sind beide Risiken gleich, denn wir gehen einfachheitshalber davon aus, dass die Zurückweisung von H der Akzeptanz von Nicht-H gleichkommt, und verstehen das »Risiko« (wie meistens) als Hypothesenwahrscheinlichkeit (und nicht als Likelihood; siehe dazu Fn. 34).

Bewertungen abhängt. Denn eine Hypothese als wahr zu akzeptieren heißt, sich auf sie zu verlassen, also bereit zu sein, auf ihrer Grundlage zu *handeln*. Das Handeln auf der Grundlage einer Hypothese H hat (jedenfalls im Normalfall) einen (positiven) Nutzen, wenn H wahr ist, jedoch (negative) Kosten wenn H falsch ist. Wenn nun die Kosten viel höher sind als der Nutzen, reicht auch eine Hypothesenwahrscheinlichkeit von 95 % nicht aus, um die Akzeptanz von H als wahr und somit das Handeln auf Grundlage von H rational zu rechtfertigen.

Um dies zu illustrieren, nehmen wir als Beispiel die Voraussage der Erdbebensicherheit. Dabei sei H die Hypothese, dass (in einem gegebenen Gebiet in den nächsten Tagen) *kein* Erdbeben von einer Richterskalenstärke größer 6 stattfindet. Selbst wenn die Irrtumswahrscheinlichkeit dieser Hypothese nur 5 % beträgt, werden viele betroffene Menschen schlecht beraten sein, danach zu handeln, zumindest jene, deren Leben im Irrtumsfall ernsthaft bedroht wäre, weil ihre Häuser schlecht gebaut und bei einer Erdbebenstärke von 6-7 einsturzgefährdet sind. In einem solchen Fall überwiegt das Irrtumsrisiko, und es ist besser, H zurückzuweisen als zu akzeptieren, auch wenn Hs Wahrscheinlichkeit 95 % oder mehr beträgt.

Rechnen wir dies der Vollständigkeit halber einmal genau nach, wobei die Wahrscheinlichkeit eines Erdbebens, also das Irrtumsrisiko von H, mit p angesetzt sei. Akzeptieren wir (die Betroffenen) H, dann bleiben wir in unseren Häusern, was, wenn H wahr ist, einen angenommenen Vergleichsnutzen von null bringt (keine zusätzlichen Kosten) und, wenn H falsch ist, sehr hohe Kosten $-K_2$ bringt, die Verletzungen oder Tod bedeuten können. Handeln wir dagegen gemäß Nicht-H, dann verlassen wir unsere Häuser, was sowohl wenn Nicht-H wahr wie wenn Nicht-H falsch ist, mit vergleichsweise geringen Kosten $-K_1$ verbunden ist. Der Erwartungsnutzen von H, abgekürzt E(H), sowie der von Nicht-H, abgekürzt E(Nicht-H), ergibt sich damit als

$$E(H) = (1-p) \times 0 - p \times K_2 = -p \times K_2$$
$$E(\text{Nicht-H}) = -(1-p) \times K_1 - p \times K_1 = -K_1.$$

Somit: H zu akzeptieren ist besser, als H zurückzuweisen, genau dann,

wenn E(H) > E(Nicht-H), d. h., wenn $p < \dfrac{K_1}{K_2}$.

Die Akzeptanz der Hypothese H (kein Erdbeben) ist also nur so lange sinnvoll, solange ihr Irrtumsrisiko kleiner ist als das Verhältnis der Kosten ihrer fälschlichen Akzeptanz zu den Kosten ihrer fälschlichen Verwerfung.

Rudner und Douglas haben daher völlig recht, dass bei der Frage der Akzeptanz einer bloß mit Wahrscheinlichkeit geltenden handlungsrelevanten Hypothese externe Wertungen berücksichtigt werden müssen. Aber bedeutet dies wirklich, dass deshalb Wissenschaftler solche Wertungen stellvertretend für die betroffenen Menschen vornehmen müssen? Dass sie, um zu Behauptungen der Form »H ist wahr« beziehungsweise »Ihr könnt euch auf H verlassen« zu gelangen, externe Kosten-Nutzen-Kalkulationen anstellen sollten, so wie dies Rudner und Douglas fordern? Ich denke, dass dem nicht so ist. Wohl sollen Wissenschaftler *hypothetische* Bewertungen vornehmen, um den Wissensanwendern die Problematik vor Augen zu führen. Doch sie sind gut beraten, entgegen Rudners und Douglas' Empfehlung von kategorischen Bewertungen Abstand zu nehmen. Andernfalls könnten sich schnell unangenehme Folgen einstellen, sowohl für die Wissensanwender wie für die Wissensproduzenten.

Das Erdbebenbeispiel zeigt dies sehr deutlich. Im Oktober 2012 wurden sieben Erdbebenexperten in Italien in erster Instanz zu mehrjährigen Haftstrafen verurteilt, weil sie ein Erdbeben, das 2009 in der in den Abruzzen gelegenen Stadt L'Aquila stattfand und bei dem mehr als 300 Personen umkamen, nicht vorausgesagt, sondern stattdessen Entwarnung gegeben hatten, da sie meinten, die zuvor registrierten Erdstöße seien in diesem generell erdbebengefährdeten Gebiet noch »normal« gewesen.[31] Der Fall erregte weltweites Aufsehen, zumal die Richter an ihrem Urteil trotz Protestschreiben von Wissenschaftsvertretern festhielten. Ich bin über den Wortlaut des damaligen Expertenurteils nicht genügend informiert und weiß nur, dass das Urteil sachlich genug war, um eine so hohe Strafe niemals zu rechtfertigen. *Falls* jedoch die Aussagen der Richter zutreffen, denen zufolge die Erdbebenexperten damals eine *kategorische* Entwarnung gaben, obwohl aufgrund der registrierten Erdstöße ein geringfügig erhöhtes Risiko bestand, dann würden die Erdbebenforscher eine gewisse Teilschuld tragen, weil sie im

---

31 Siehe ⟨www.spiegel.de/wissenschaft/mensch/prozess-zu-l-aquila-erdbeben-verurteilt-wissenschaftler-zu-haftstrafen-a-862762.html⟩, letzter Zugriff 23. 11. 2012.

Sinn der Empfehlung von Rudner und Douglas vorgegangen sind und die Kosten-Nutzen-Bewertung, statt sie den Betroffenen oder den stellvertretenden Behörden zu überlassen, durch die Verkündung einer Entwarnung aus der Hand genommen haben und das Irrtumsrisiko als »vernachlässigbar« unter den Tisch fallen ließen. Selbst wenn ein Erdbeben der Stärke 6-7 nur mit einer von 0,5 auf 1% erhöhten Wahrscheinlichkeit eintritt, kann das für gewisse Personenkreise (zum Beispiel Bewohner schlecht gebauter Häuser) Grund genug sein, die Mühsal des Verlassens des eigenen Hauses auf sich zu nehmen, während andere Personenkreise (zum Beispiel Bewohner von vergleichsweise erdbebensicheren Häusern) das Risiko auf sich zu nehmen bereit sind. Welcher Wissenschaftler möchte in einem solchen Fall den Betroffenen ernsthaft die Entscheidung »mit Expertenautorität« abnehmen und bei Strafandrohung für die Folgen geradestehen?

Die Überlegung zeigt, dass kategorische Bewertungen von Risikofolgen sicherlich nicht zum Geschäft des Wissenschaftlers gehören. Douglas erwähnt selbst in Abschnitt 2 ihres Beitrages ein Gegenargument von Jeffrey und McMullin,[32] dem zufolge die Bewertung des Irrtumsrisikos nicht mehr zum Geschäft der Wissenschaftler gehört. Sie schiebt dieses Gegenargument mit dem Hinweis beiseite, dass sich die Bevölkerung von der »Autorität der Wissenschaftler« immer Aussagen mit eindeutigen Handlungskonsequenzen (wie zum Beispiel »Entwarnung«) erwartet. Doch solchen falschen Erwartungen dürfen Wissenschaftler nicht nachgeben, denn es gehört zu ihrem Auftrag, Menschen über die Grenzen des Wissbaren und den Unterschied zwischen echtem Wissen und illusionärer Allwissenheit aufzuklären. Was im konkreten Fall heißt, dass die Wissenschaftler die Bevölkerung über die grundsätzliche Unsicherheit ihrer Prognosen aufklären und die damit verbundenen Wahrscheinlichkeitsschätzungen nennen müssen.

Wohl aber ist es die Aufgabe der Wissenschaftler in solchen Fällen, *hypothetische* Folgenbewertungen vorzunehmen, um den Wissensanwendern das Verständnis zu erleichtern und vorzuführen, wie mit statistischen Informationen umzugehen ist. Hier bin ich

---

32 Siehe Richard Jeffrey, »Valuation and Acceptance of Scientific Hypotheses«, in: *Philosophy of Science* 22 (1956), S. 337-346 und Ernan McMullin, »Values in Science«, in: Peter D. Asquith und Thomas Nickles (Hg.), *Proceedings of the 1982 Meeting of the Philosophy of Science Association*, East Lansing 1983, S. 3-28.

auf der Seite von Douglas und meine, die Aufgabe der Wissenschaftler beschränkt sich nicht auf die Auflistung der Wahrscheinlichkeiten. Wichtig ist dabei allerdings, dass die Folgenbewertungen hypothetisch bleiben, indem zum Beispiel gesagt wird: »*Wenn du die möglichen negativen Folgen eines Erdbebens während deiner Anwesenheit um mehr als 20-mal so hoch bezifferst wie den Aufwand der vorübergehenden Räumung deines Hauses, dann ist es ratsam, das Letztere zu tun.*«

Ein praktikables Modell für das Umgehen mit Risiken findet man auf Beipackzetteln zu Medikamenten, wo die möglichen Nebenwirkungen angeführt werden. Im Fall des Schmerzmittels Ibuprofen liest man beispielsweise, dass »sehr häufig«, also in 10 % oder mehr Fällen, Magen- und Darmbeschwerden auftreten, »häufig«, also in 1-10 % der Fälle, Kopfschmerzen oder andere zentralnervöse Störungen, »gelegentlich«, also in 0,1-1 % der Fälle, Sehstörungen usw. Die umgangssprachlichen Bezeichnungen von »1-10 %« als »sehr häufig« usw. spiegeln wider, dass sich die Mediziner ihrer Verantwortung bewusst sind, also vor den Risiken warnen; zudem werden diese Risiken auch detailliert beschrieben, sodass sich der Anwender ein genaues Bild machen kann. Doch der Beipackzettel enthält keine kategorische Empfehlung etwa der Form: »Die Medizin rät Erwachsenen ohne gravierende gesundheitliche Probleme, die Nebenwirkungen in Kauf zu nehmen.«

Noch deutlicher wird dies bei Hypothesen mit extrem gravierenden Folgen wie etwa solchen bezüglich der Sicherheit von Atomkraftwerken: Die Festlegung des tolerierbaren Risikos einer Kernschmelze kann nicht von Nuklearwissenschaftlern, sondern muss von der Gesellschaft festgelegt werden. In der Tat hat sich nach der Fukushima-Katastrophe im Jahr 2011 die gesellschaftlich akzeptierte Restrisikoschwelle in vielen europäischen Ländern deutlich nach unten verschoben.

Abschließend seien vier bedeutsame Präzisierungen nachgetragen.

(1.) Das Problem tritt nicht überall auf, sondern nur dort, wo Erkenntnissen sinnvoll abschätzbare Irrtumsrisiken zugeschrieben werden können, die mit nicht-epistemischen Konsequenzen einhergehen. Einige Erkenntnisse wie zum Beispiel logische Wahrheiten oder direkte Beobachtungen gelten als »praktisch sicher«, und die Angabe von Irrtumsrisiken erscheint abwegig: Zum Beispiel würde kein mathematischer Logiker sagen, die Prädikatenlogik 1. Stufe sei mit 99 % Wahrscheinlichkeit vollständig, und kein Mediziner, das menschliche Herz befinde sich mit 99 % Wahrscheinlichkeit links in der Brust. Im Falle allgemeiner Theorien ist es andererseits oft schwer möglich, vernünftige Wahrscheinlichkeitswerte abzuschätzen (wie hoch ist zum Beispiel das Irrtumsrisiko der speziellen Relativitätstheorie?). Wieder in anderen Fällen wie etwa der Urknalltheorie besitzt die Irrtumsmöglichkeit keine praktisch relevanten Konsequenzen. Situationen, in denen das induktive Risiko relevant wird, liegen dann vor, wenn die Hypothesen *empirische Prognosen* oder *Diagnosen* beinhalten; nur in diesen Fällen erfordert die Hypothesenakzeptanz externe Bewertungen, und es kommt zur oben behandelten Problematik.

(2.) Rudner[33] bringt einen grundsätzlichen Einwand gegen meine Schlussfolgerung vor, der wertneutrale Wissenschaftler solle sich mit der Angabe von Irrtumsrisiken begnügen und Empfehlungen zur Hypothesenakzeptanz nicht kategorisch, sondern nur hypothetisch vornehmen. Er argumentiert: Auch wenn Wissenschaftler nur eine Wahrscheinlichkeit behaupten, haben sie bereits eine Hypothese akzeptiert, nämlich eine Wahrscheinlichkeitshypothese, für die sich das ganze Problem erneut stellt. Wenn dies zuträfe, wäre meine Argumentation dem Problem des *unendlichen Regresses* ausgesetzt und bräche zusammen. Doch genaueres Hinsehen zeigt, dass dies nicht der Fall ist. Angenommen, für unsere Risikoangabe besteht ein »Risiko 2. Stufe«, das heißt, wir nehmen eine Wahrscheinlichkeitsbewertung 2. Stufe für Irrtumswahrscheinlichkeiten der fraglichen Hypothese H an, also zum Beispiel »Mit 95 % Wahrscheinlichkeit liegt das Irrtumsrisiko von H zwischen 4 % und 6 %, mit 50 % Wahrscheinlichkeit zwischen 4,8 % und 5,2 % usw.« (Derartiges wird im Bayesianismus tatsächlich gemacht). Die einzige von dieser Bewertung 2. Stufe betroffene Frage ist dann, ob man die Handlungsentscheidung aufgrund des *wahrscheinlichsten* Risikos (welches in unserem Beispiel 5 % beträgt) oder aufgrund der oberen und unteren Risikogrenzen abschätzen soll; Letzteres schwächt die Trennschärfe der Entscheidungsregel ab und erhöht die Möglichkeit von Pattstellungen zwischen Handlungsalternativen. Darüber hinaus entstehen keinerlei praktisch relevante Konse-

---

33 Siehe Rudners Beitrag in diesem Band, S. 108-117.

quenzen, und auf der nächsthöheren, 3. Stufe sind die neuartigen praktischen Konsequenzen gleich null.[34] Der Regress bricht daher spätestens auf der 2. Stufe ab, und das Rudnersche Argument ist abgewehrt.

(3.) Douglas wiederum argumentiert in ihrem Beitrag, der Einfluss externer Bewertungen sei nicht von internen Wahrscheinlichkeitshypothesen abkoppelbar, weil an vielen Punkten des internen Forschungsprozesses ein Irrtumsrisiko auftritt: bei der Wahl der experimentellen Methodik, der Interpretation von Daten, der Akzeptanz von Hilfshypothesen usw. Ich stimme dem zu, doch sehe darin kein grundsätzliches Problem. Denn all diese Irrtumsrisiken addieren sich gemäß den Gesetzen der Wahrscheinlichkeitstheorie zu einem Gesamtrisiko der schlussendlichen Hypothese H. Für die Frage, ob H als wahr akzeptiert beziehungsweise als Handlungsgrundlage verwendet werden soll, ist es sowohl notwendig als auch hinreichend, dieses schlussendliche Gesamtrisiko zu betrachten. Dessen Abschätzung erfordert keine externen Bewertungen von Teilrisiken in Zwischenphasen des internen Forschungsprozesses und ist somit von externen Wertungen frei.

(4.) Rudner und Douglas diskutieren im Kontext des Irrtumsrisikos das Problem der Wahl eines statistischen Signifikanzniveaus. Gehen wir davon aus, dass die Hypothese H einen kausalen Zusammenhang behauptet (zum Beispiel zwischen Dioxin und Krebsrate, wie im Beispiel von Douglas) und die negative Hypothese diesen Zusammenhang bestreitet. Dann besagt die Akzeptanz von H bei einem Signifikanzniveau $p < 0{,}05$, dass die gemessene Krebsratendifferenz zwischen der exponierten und der Kontrollgruppe mit einer Wahrscheinlichkeit von weniger als 5% zu erwarten war, wenn H falsch wäre, also das Messresultat auf eine Zufallsabweichung der beiden verglichenen Stichproben zurückzuführen war.[35] Je ge-

---

34 Allgemein gesprochen erhält man aus einer W-Verteilung n-ter Stufe durch Erwartungswertbildung eine W-Verteilung (n-1)-ter Stufe (»W« für »Wahrscheinlichkeit«). Für W-Intervalle gilt ein analoger, aber komplizierterer Zusammenhang.

35 Man sieht daran, dass der Signifikanzwert »p« eigentlich keine Wahrscheinlichkeit von H, gegeben die Evidenz E, bezeichnet, sondern die inverse Wahrscheinlichkeit von E, gegeben H (die so genannte Likelihood). Innerhalb des Bayesianismus verwendet man diese Likelihoods zur Abschätzung von Wahrscheinlichkeiten, gegeben E, unter der Annahme einer bestimmten »Ausgangswahrscheinlichkeit« der alternativen Hypothesen. Siehe dazu Collin Howson

ringer der Wert p, desto höher der »Signifikanzstandard«. Wieder stellt sich die Frage, wie hoch dieser Standard beziehungsweise wie klein das gerade noch akzeptierbare Irrtumsrisiko sein muss, um H als wahr zu akzeptierten. Glücklicherweise entschärft sich dieses Problem (dies wird bei Rudner und Douglas nicht erwähnt), sobald nicht allzu geringe *Effektstärken* (ausgedrückt in Differenzen zwischen exponierter und Kontrollgruppe) bei nicht allzu kleinen Stichproben vorliegen. Gemäß einem grundlegenden statistischen Zusammenhang werden mit zunehmender Stichprobengröße immer geringere Effektstärken bei gleich bleibendem Signifikanzniveau signifikant. Umgekehrt werden gleiche Effektstärken bei größeren Stichprobenumfängen immer signifikanter (zum Beispiel schon bei $p < 0{,}001$).[36] Wenn man sich also auf den praktisch relevanten Fall von beträchtlichen Effektstärken bei nicht zu geringen Stichprobenumfängen beschränkt, wird das Irrtumsrisiko vernachlässigbar gering.

6.4 Unterbestimmtheit und superempirische Werte: Kritik an Longino

Longino stützt ihre Argumentation für die Wertbeladenheit von Wissenschaften auf das auf Quine und Duhem zurückgehende[37] Argument der *Unterbestimmtheit* von Hypothesen durch empirische Daten. Dabei geht es um den oft auftretenden Fall, dass mehrere alternative Hypothesen oder Theorien empirisch gleich gut bestätigt sind und Wissenschaftler dennoch einer von ihnen den Vorzug geben aufgrund von Auswahlkriterien wie Einfachheit, explanatorische Vereinheitlichungskraft und Konsistenz mit Hintergrundannahmen. Diese werden in der Wissenschaftstheorie auch als *superempirische* Kriterien beziehungsweise Werte bezeichnet. Doch bereits diese Bezeichnung stellt eine Falle: Unter »superempirischen« Werten sollten aus der Sicht der Wertneutralität nicht außerepiste-

und Peter Urbach, *Scientific Reasoning: The Bayesian Approach*, Chicago ²1996, Kapitel 7 sowie Schurz, *Einführung in die Wissenschaftstheorie*, Kapitel 4.5.2.

36 Vgl. die Dosenstärken 10 und 100 in Tabelle 1 des Beitrages von Douglas in diesem Band, S. 160. Siehe auch Schurz, *Einführung in die Wissenschaftstheorie*, S. 140.

37 Siehe Pierre Duhem, *Ziel und Struktur der physikalischen Theorien*, Hamburg 1978 (frz. Orig. 1908) und Willard Van Orman Quine, *Von einem logischen Standpunkt. Neun logisch-philosophische Essays*, Frankfurt/M 1979, S. 47.

mische Werte, sondern epistemische Werte verstanden werden – aber solche, die über bloße empirische Adäquatheit hinausgehen. Longino argumentiert allerdings in Abschnitt 3 ihres Beitrages, dass diese »traditionellen« superempirischen wissenschaftstheoretischen »Tugenden« epistemisch gar nicht zu rechtfertigen sind, da nicht gezeigt werden kann, dass sie zur Findung wahrscheinlich wahrer und gehaltvoller Erkenntnisse beitragen können.[38] Wäre dies wirklich so, dann wären diese Werte externer Natur oder zumindest mit externen Werten untrennbar verwoben, und man müsste sich, wie Longino zu Recht argumentiert, fragen, warum die Auswahl unter empirisch äquivalenten Theorien aufgrund dieser traditionelle Werte und nicht auch aufgrund »alternativer« Werte erfolgen sollte – zum Beispiel aufgrund *feministischer* Werte, wie Longino vorschlägt.

Obzwar ich nicht allen von Longinos Argumenten zustimme, so bestehen doch an der epistemischen Natur von einigen »superempirischen« Werten berechtigte Zweifel, zum Beispiel an Einfachheit als »ästhetischem« Kriterium der Theorienwahl. Doch vom Standpunkt der Wertneutralität aus argumentiert, muss die Konklusion daraus umgekehrt lauten: *Wenn* sich traditionelle Kriterien der Theorienwahl nicht epistemisch rechtfertigen lassen, dann sind diese Kriterien als Rechtfertigungsgründe ungeeignet und als solche zurückzuweisen – anstatt wie Longino in Abschnitt 4 ihres Beitrags daraus den Schluss zu ziehen, dass dann auch eine Pluralität von anderen externen Bewertungskriterien bei der Theorienwahl zugelassen werden sollte.[39]

Überlegen wir uns, welche Folgen sich einstellen würden, wenn man Longinos Vorschlag folgend externe Tugenden als Rechtfertigungsgründe wissenschaftlicher Hypothesenwahl zulassen würde. Sollte man wirklich argumentieren, dass die Hypothese von der aktiven Rolle der weiblichen Eizelle bei der Befruchtung (Longinos Beispiel in Abschnitt 3) unter anderem deshalb bestätigt sei, weil sie feministischen Werten Rechnung trägt? Argumentationen dieser Art scheinen mir nicht haltbar zu sein, einfach weil externe Werte *keine* Rolle spielen für die wissenschaftsinterne Frage der Wahrheitschancen einer Hypothese (ebenso argumentiert Sober).[40]

38 Siehe in diesem Band, S. 215-223.
39 Ebd., S. 223-229.
40 Elliot Sober »Evidence and Value Freedom«, in: Harold Kincaid u. a. (Hg.), *Value-Free Science? Ideals and Illusions*, Oxford 2007, S. 109-119, S. 110.

Noch beunruhigender sind die Folgen von Longinos *Pluralismus* externer Wissenschaftskriterien. Man bedenke, dass es nicht nur traditionelle versus feministische Bewertungskriterien gibt, sondern auch christliche, islamische usw.; alle diese externen Bewertungskriterien sollten Longino zufolge als grundsätzlich gleichberechtigt zugelassen werden. Dann müssten auch die Vorschläge christlicher Vereinigungen als legitim angesehen werden, kreationistische Abänderungen der Evolutionstheorie in Unterricht und Wissenschaft den Standardtheorien der Evolution vorzuziehen, weil diese kreationistischen Versionen zusätzlich zu empirisch gesicherten Befunden göttliche Eingriffe postulieren und damit besser mit der christlichen Schöpfungslehre übereinstimmen. Soziobiologische Theorien zur Dominanz des Mannes in der Geschichte der Hominiden wären dann insbesondere aus islamistischer Sicht vorzuziehen, weil sie besser zu der vom Islam betonten strengen Rollentrennung zwischen Frau und Mann passen. Ich sehe nicht, wie Longinos Pluralismus irgendwelche Argumente dieser Art ausschließen könnte; andererseits kann ich mir nicht vorstellen, dass Longino diese Konsequenzen wirklich gutheißen würde. Wie dem auch sei, die Überlegung zeigt jedenfalls, dass die pauschale Zulassung von externen Werten bei der Theoriewahl dem Streben nach wissenschaftlicher Objektivität sehr abträglich wäre.

Gehen wir abschließend auf Longinos Argumente gegen die epistemische Natur der traditionellen »superempirischen Tugenden« ein. Einige dieser Argumente scheinen mir unzutreffend, zum Beispiel wenn sie sagt, die Forderung der empirischen Adäquatheit würde nicht festlegen, was als »gesamte Datenmenge« gilt.[41] Empirische Adäquatheit impliziert die Übereinstimmung mit möglichst vielen und repräsentativen Daten; daher verstößt die von Longino diskutierte Ignoranz von Teilpopulationen in Stichprobenauswahlen, zum Beispiel von Schwarzen und Frauen, gegen die empirische Adäquatheitsforderung und benötigt keine feministischen Werte zu ihrer Begründung. Longinos Bedenken gegenüber Einfachheit scheinen mir dagegen berechtigt zu sein. Ich glaube wie Forster und Sober,[42] dass Einfachheit nur dort epistemisch akzeptabel ist,

---

41 In diesem Band, S. 219.

42 Siehe Malcom Forster und Elliot Sober, »How to Tell when Simpler, More Unified, or Less Ad Hoc Theories Will Provide More Accurate Predictions«, in: *British Journal for the Philosophy of Science* 45 (1994), S. 1-35, S. 28.

wo sie sich als Indikator für erhöhte Wahrscheinlichkeit oder Bestätigung ausweist. Dies ist zum Beispiel der Fall, wenn Einfachheit als Suche nach empirischer Vereinheitlichung verstanden wird, denn Theorien mit höchster empirischer Vereinheitlichungskraft sind zugleich am besten empirisch bestätigt.[43] Wo hingegen erhöhte Einfachheit nicht mit erhöhten Wahrheitschancen einhergeht, sollte dieses Kriterium für epistemische Bewertungen auch nicht verwendet werden. Was schließlich den traditionellen Wert der besseren Einpassung einer Theorie in das System akzeptierter Hintergrundannahmen betrifft, so teile ich die Kritik der Wissenschaftstheoretikerin Ruphy an Longino.[44] Wie Ruphy ausführt, sollte sich die Auswahl geeigneter Hintergrundannahmen nicht auf externe, sondern auf epistemische und insbesondere empirische Bewertungsstandards gründen. Ruphy erläutert dies zum Beispiel anhand der beiden von Longino diskutierten kulturellen Evolutionsmodelle vom Steinzeitmenschen als »männlichem Jäger« versus »weiblichem Sammler«. Welche Bedeutung diesen beiden Tätigkeiten in der Evolution von Homo sapiens zukam, ist Ruphy zufolge keine Frage von externen Präferenzen, sondern eine empirische Frage, die mit wissenschaftsinternen Methoden anzugehen ist.

43 Siehe Schurz, *Einführung in die Wissenschaftstheorie*, Kapitel 5.4.1.
44 Siehe Stéphanie Ruphy, »Empiricism all the Way Down: A Defense of the Value-Neutrality of Science in Response to Helen Longino's Contextual Empiricism«, in: *Perspectives on Science* 14/2 (2006), S. 189-214.

4. Wertabhängigkeit von Wissenschaft im gesellschaftlich-ökonomischen Kontext

James Robert Brown
Die Wissenschaftsgemeinschaft – The Community of Science®

Wir schätzen alle die Idee einer Gemeinschaft der Wissenschaftler. Wir verstehen uns – und das gilt für sämtliche Universitätsangehörigen, nicht allein für Naturwissenschaftler – als Personen, die gemeinsame Ziele verfolgen und dabei nicht in Konkurrenz miteinander treten. Zwar bestehen Rivalitäten, häufig sogar sehr starke, und ganz sicher finden wir alle Gefallen an der Anerkennung, die damit einhergeht, etwas Neues und Wichtiges entdeckt zu haben. Doch im Unterschied zu konkurrierenden Unternehmen oder sich bekriegenden Nationen dienen wir nach unserem Selbstbild dem Gemeinwohl – Wissen ist ein Geschenk für alle. Robert Merton bezeichnete dies als »Kommunismus«, einer der Bestandteile seines berühmten »Ethos der Wissenschaft«.[1] Die Vorsicht des Kalten Krieges hat diese Bezeichnung zu »Kommunalismus« geändert, doch der Gedanke blieb der gleiche – Wissen muss und sollte frei und öffentlich geteilt werden.

Die Dinge ändern sich jedoch. Natürlich ist es naiv zu glauben, es hätte ein goldenes Zeitalter gegeben, in dem die Gemeinschaft der Wissenschaftler noch rein und edel war. Aber die Situation verschlechtert sich, und zwar schnell. Dies liegt daran, dass wirtschaftliche Interessen in zuvor nicht gekanntem Ausmaß Einfluss auf die Wissenschaft nehmen. Meinem Titel ist eine registrierte Schutzmarke beigefügt. Das liegt daran, dass der Ausdruck »Community of Science« jetzt einem von der Johns-Hopkins-Universität gegründeten Konsortium gehört, welches »die Wissensproduktion beschleunigen« soll, wie es auf der Website der »Community of Science Inc.« heißt.

Wirtschaftliche Interessen stehen auf dem Spiel, und deshalb ist es sowohl unausweichlich als auch angemessen, eine soziale Elemente stärker einbeziehende Herangehensweise an die Wissen-

---

[1] Robert K. Merton, »The Normative Structure of Science«, in: Robert K. Merton, *The Sociology of Science: Theoretical and Empirical Investigations*, Chicago 1973, S. 267-278. Mertons Wissenschaftsethos besteht aus vier Teilen: Universalismus, Kommunismus, Uneigennützigkeit und organisierte Skepsis (ebd., S. 270 ff.).

schaft in Erwägung zu ziehen, selbst wenn wir dies mit einiger Vorsicht tun müssen. Die Teilnehmer an den so genannten »Wissenschaftskriegen« hielten die beiden gängigsten Positionen für kaum mehr als Karikaturen der Wissenschaft. Laut der einen übernehmen Wissenschaftler ihre Überzeugungen ausschließlich aufgrund verschiedener sozialer, politischer oder psychologischer Interessen; Vernunft und Erfahrung seien nichts als mythische Instanzen zur Verwirrung von Außenstehenden. Nach der anderen Wissenschaftskarikatur sind Vernunft und Erfahrung alles. Verfechter dieser Ansicht verspotten ihre Gegner mit Herausforderungen wie der folgenden: »Wenn du meinst, die Behauptung, Arsen sei giftig, sei bloß eine eigennützige Ideologie, dann sollte es dir ja nichts ausmachen, jetzt einen Löffel voll davon zu nehmen.« Wenn man dies ablehnt, wird dies als Beweis dafür verwendet, dass man ein geistig verwirrter Heuchler ist. Auf der Ebene rein akademischer Debatten sind solche Ansichten harmlos. Doch im öffentlichen Bereich können sie zum Verhängnis werden. Die eine Seite hat recht, wenn sie sich eine Skepsis dem gegenüber bewahrt, was uns als objektive Forschung in denjenigen Disziplinen präsentiert wird, die Einfluss auf unser Leben haben. Die wirtschaftlichen Interessen der pharmazeutischen Industrie sind zum Beispiel ohne Frage für die Art und Weise von Belang, in der diese ihre Forschung betreiben. Aber es sind nicht die Sozialkonstruktivisten, die tatsächlich etwas dagegen tun könnten, sondern gerade diejenigen, die von der Wirksamkeit von Vernunft und Erfahrung auch in diesem Bereich überzeugt sind. Allerdings ist dazu zunächst einmal anzuerkennen, dass die Anti-Objektivitätsseite halb recht hat – vieles von dem, was als reguläre Wissenschaft durchgeht, ist nämlich in Wirklichkeit von sozialen Faktoren durchdrungen.[2] Und die Lösung dieses Problems könnte zumindest zum Teil eine soziale Lösung sein. Das heißt, eine Lösung wird nicht bloß eine strengere Anwendung der existierenden Methoden guter Wissenschaft umfassen, sondern auch eine durch politisches Handeln erreichte soziale Neuorganisation wissenschaftlicher Forschung.

---

2 Zur Erörterung dieser Probleme siehe mein Buch *Who Rules in Science? An Opinionated Guide to the Wars*, Cambridge/MA 2001.

1. Aufkommende Verdachtsmomente

Wenn wir die Wirksamkeit neuer Medikamente vergleichen, erwarten wir, dass die Ergebnisse auf die eine oder andere Art ausfallen können. Das heißt, wenn ein beliebiges von der Firma A hergestelltes Medikament X mit dem von der Firma B hergestellten Medikament Y verglichen wird, dann würden wir erwarten, dass sich X bei der Behandlung eines bestimmten Leidens in der Hälfte der Fälle als besser erweist als Y. So könnten die tatsächlichen Ergebnisse ernsthafter wissenschaftlicher Tests tatsächlich ausfallen – doch dies sind nicht die Ergebnisse, die veröffentlicht werden. Wenn der fragliche Test von einem der betreffenden Pharmaunternehmen finanziert wird, dann schneidet das Medikament des Geldgebers bemerkenswerterweise ohne Ausnahme besser ab. So hat Richard Davidson in seiner Untersuchung von 107 veröffentlichten Aufsätzen zum Vergleich konkurrierender Medikamente herausgefunden, dass dasjenige Medikament, das von den jeweiligen Geldgebern hergestellt wurde, in jedem einzelnen Fall als das bessere eingestuft wurde.[3] Es scheint, dass Fortuna den Geldgebern hold ist.

Die Untersuchung Davidsons ist bezeichnend; es gibt viele andere, die zu einem ähnlichen Ergebnis gelangen, wenn es auch weniger dramatisch ausfällt. Zum Beispiel haben Friedberg u. a. herausgefunden, dass nur 5 % der veröffentlichten Berichte über neue Medikamente, die von dem herstellenden Unternehmen finanziert wurden, negative Bewertungen enthielten.[4] Im Gegensatz dazu waren 38 % der veröffentlichten Berichte nicht günstig, wenn die Untersuchung des gleichen Medikaments aus unabhängigen Quellen finanziert wurde.

Stelfox u. a. haben 70 Artikel über Kalziumkanalblocker untersucht (welche zur Behandlung von Bluthochdruck eingesetzt werden).[5] Die fraglichen Aufsätze wurden dabei als positiv, neu-

---

3 Richard Davidson, »Sources of Funding and Outcome of Clinical Trials«, in: *Journal of General Internal Medicine* 12 (3) (1986), S. 155-158.

4 Mark Friedberg u. a., »Evaluation of Conflict of Interest in Economic Analysis of New Drugs Used in Oncology«, in: *Journal of the American Medical Association (JAMA)* 282 (1999), S. 1453-1457.

5 Henry Thomas Stelfox u. a., »Conflict of Interest in the Debate over Calcium-Channel Antagonists«, in: *New England Journal of Medicine* 338 (1998), S. 101-106.

tral oder kritisch klassifiziert. Ergebnis war, dass 96 % der Autoren positiver Artikel finanzielle Beziehungen zu einem Hersteller von Kalziumkanalblockern hatten; 60 % der Autoren neutraler Artikel hatten derartige Verflechtungen, und nur bei 37 % der Autoren kritischer Artikel bestanden finanzielle Verbindungen. Im Übrigen wurde nur in zwei der 70 veröffentlichten Artikel die finanzielle Beziehung offengelegt.

In Anbetracht dieser Fälle versteht es sich, dass wir besorgt darüber sein sollten, wer Forschung finanziert. Ob wir solche Ergebnisse auf die Theoriebeladenheit von Beobachtungen zurückführen, auf glatten Betrug oder auf eine neue und raffinierte Form von Korruption, tut nicht wirklich etwas zur Sache. Die wichtigen Fragen sind: Wie verbreitet ist das Problem, und was sollen wir dagegen tun? Zur Verbreitung ist kaum etwas festzustellen. 1980 hat der US-Kongress das Bayh-Dole Gesetz verabschiedet, das es privaten Unternehmen ermöglicht, die Früchte öffentlich finanzierter Forschung zu ernten. Die Auswirkungen des Gesetzes waren immens. Vor dem Bayh-Dole-Gesetz gab es nur einige hundert Patente pro Jahr, die aus der Universitätsforschung in den USA stammten. Nun beläuft sich die jährliche Anzahl auf mehrere tausend. Wie wir alle wissen, die wir außerhalb der USA leben, verbreiten sich amerikanische Ideen und Praktiken sehr schnell. Gute Ideen werden kopiert. Weniger brillante Ideen werden ebenso übernommen, häufig dank der Welthandelsorganisation, der Weltbank oder dem Internationalen Währungsfonds, vielleicht im Namen des »freien Handels« oder der »gleichen Wettbewerbsbedingungen«. Zum Beispiel werden Patentrechte »harmonisiert«, was bedeutet, dass die US-Patentierungsregeln von allen übernommen werden müssen. Einige von diesen, wie etwa die Patentierung von Organismen, waren äußerst bedeutend.[6] Das Fazit lautet, dass allen eine kommerzialisierte medizinische Forschung aufgedrängt wird.

6 1980, im gleichen Jahr, in dem das Bayh-Dole-Gesetz verabschiedet wurde, hat das amerikanische Oberste Gericht im Fall *Diamond gegen Chakrabarty* entschieden, dass lebende Organismen patentiert werden dürfen. Diese 5-zu-4-Entscheidung zeigt, wie kontrovers das Thema war. Bei dem fraglichen Organismus handelte es sich um den Mikroorganismus *Pseudomonas*, der ausgelaufenes Öl zersetzt. Diese Entscheidung öffnete Tür und Tor für die Patentierung von Leben im Allgemeinen, und 1988 wurde die Harvard-Krebsmaus (*Oncomouse*) patentiert. Interessanterweise hat sich das Oberste Gericht Kanadas dieser Tendenz widersetzt und sich geweigert, Patente auf die Harvard-Maus zuzulassen.

2. Zeitschriftenrichtlinien

Die Herausgeber mehrerer führender biomedizinischer Zeitschriften haben sich auf eine gemeinschaftliche redaktionelle Linie verständigt, die gleichzeitig in mehreren Fachzeitschriften veröffentlicht wurde. Sie standen mehreren Problemen gegenüber, doch im Allgemeinen befassten sie sich mit der Kommerzialisierung der Forschung und wollten ihre Zeitschriften davor schützen, »an möglicherweise falschen Darstellungen beteiligt zu sein«. Zunächst forderten die Herausgeber die vollständige Offenlegung der finanziellen Beziehungen und wendeten sich gegen Auftragsforschung, bei der die beteiligten Forscher häufig keinen Zugriff auf die vollständigen Daten haben, die in die Endfassung des eingereichten Artikels eingehen. Die Leitlinien von 2001 sind Teil eines überarbeiteten Dokuments, das als »einheitliche Anforderungen an Manuskripte, die bei biomedizinischen Zeitschriften eingereicht werden«, bekannt ist und von vielen führenden biomedizinischen Zeitschriften verwendet wird.[7] Die Breite der Anforderungen im Rahmen dieser Leitlinien ist beträchtlich und reicht vom doppelten Zeilenabstand bis zum Respekt vor der Privatsphäre von Patienten. Gemeinsam fügten die Herausgeber spezifische neue Richtlinien zum Interessenkonflikt hinzu. Hier ein Überblick über einige der Hauptpunkte:

- Autoren müssen alle ihre finanziellen Beziehungen offenlegen, die ihre Befangenheit begründen könnten. Besitzen sie zum Beispiel Aktien des Unternehmens, das die Untersuchungen finanziert oder das Produkt herstellt, werden sie als Fachberater bezahlt usw.? Es liegt im Ermessen des Herausgebers, diese Informationen zusammen mit dem Bericht zu veröffentlichen.
- Forscher sollten keine Vereinbarungen treffen, die in irgendeiner Weise ihren Zugriff auf die vollständigen Daten einschränken, noch sollten sie in ihrer Interpretation und Analyse der Daten eingeschränkt sein.
- Ähnlich sollten Herausgeber und Gutachter von Zeitschriften

---

7 Es ist zum Beispiel in *Lancet* 358, 15. September 2001, S. 854-856 abgedruckt. Dasselbe Dokument ist auch in *JAMA* enthalten, dem *New England Journal of Medicine* sowie vielen anderen Zeitschriftenausgaben, die ungefähr zur selben Zeit, also Mitte September 2001, erschienen. Es ist auch online verfügbar unter ⟨http://www.icmje.org/index.html⟩.

Interessenkonflikte im Rahmen des Begutachtungsverfahrens vermeiden.

Würden diese Richtlinien strikt durchgesetzt, dürften sie zu einer nachdrücklichen Verbesserung der Situation beitragen, und den Zeitschriften gebührte Beifall für ihre Einführung. Nicht nur sind die Richtlinien eine gute Sache, sondern ihre Veröffentlichung hat auch dankenswerterweise die Aufmerksamkeit der Medien auf sich gezogen.[8] Öffentliche Aufmerksamkeit ist ausschlaggebend dafür, dass sich die Allgemeinheit über den Ernst der Lage klar wird.

In jüngerer Zeit haben dieselben Zeitschriftenherausgeber einen weiteren großen Schritt getan. Sie verlangen nun, dass jede klinische Studie von vornherein registriert, also in einer anerkannten Form öffentlich gemacht und ausführlich beschrieben wird. Keine untersuchungsbasierten Ergebnisse würden zur Publikation akzeptiert werden, solange sie nicht direkt aus einer *registrierten* klinischen Studie stammten. Der Punkt dieser Forderung besteht darin, selektive Berichterstattung und die Unterdrückung negativer Ergebnisse zu verhindern. Wenn negative Resultate auftreten, aber nicht veröffentlicht werden, haben andere zumindest die Gelegenheit für kritische Nachfragen.[9]

Solche Probleme können äußerst gravierend sein.[10] In einem beunruhigenden Fall war Celebrex, das bei der Behandlung von Arthritis eingesetzt wird, Gegenstand einer jahrelangen Untersuchung, die von ihrem Hersteller Paramacia (nun im Besitz von Pfizer) finanziert wurde. Die Untersuchung zeigte angeblich, dass Celebrex weniger Nebenwirkungen als ältere Arthritis-Medikamente verursacht. Diese Ergebnisse wurden im *JAMA* zusammen mit einem wohlwollenden Leitartikel veröffentlicht. Später stellte sich heraus, dass sich die vielversprechenden Ergebnisse bloß auf die ersten sechs

8 Als Beispiel siehe »Medical Journals to Set New Policy« in: *New York Times* vom 6. August 2001.

9 Der gemeinsame Leitartikel, der die neue Richtlinie einsetzt, kann in mehreren Zeitschriften gefunden werden (zum Beispiel in Catherine DeAngelis, »Clinical Trial Registration: A Statement From the International Committee of Medical Journal Editors«, in: *Journal of the American Medical Association* 292 (2004), S. 1363-1364). Er ist auch online verfügbar unter: ⟨http://jama.ama-assn.org/cgi/content/full/292/11/1363⟩.

10 Siehe die Diskussion in Kay Dickersin und Drummond Rennie, »Registering Clinical Trials«, in: *Journal of the American Medical Association* 290 (2003), S. 516-523.

Monate der Untersuchung bezogen hatten. Zog man die gesamte Untersuchung heran, besaß Celebrex keinerlei Vorteil gegenüber älteren und billigeren Medikamenten. Nachdem der Autor des wohlwollenden Leitartikels dies erfuhr, sprach er aufgebracht von einem »Vertrauensverhältnis, das hierdurch vielleicht zerstört ist.«[11]

Selektive Serotonin-Wiederaufnahmehemmer, bekannt als SSRI, bildeten den zentralen Bestandteil der neuen Generation von Antidepressiva. Es gibt etliche Medikamente in der SSRI-Gruppe, darunter Fluoxetin (Prozac), Paroxetin (Paxil, Seroxat), Sertralin (Zoloft) und andere; Prozac ist das bekannteste unter ihnen. Sie werden oft als Wundermittel beschrieben, die Millionen von depressiven Menschen erhebliche Linderung bringen. Die Grundlage dieser Behauptung wundersamer Erfolge besteht aus einer großen Anzahl klinischer Untersuchungen, doch bei genauerem Hinsehen erschließt sich eine andere Geschichte.

Es gibt zwei verwandte Themen, die beide mit dem Verschweigen von Befunden aus klinischen Untersuchungen in Zusammenhang stehen. Whitington u. a. haben veröffentlichte und unveröffentlichte Daten über SSRI-Medikamente überprüft und die Ergebnisse miteinander verglichen.[12] Die Resultate als beunruhigend zu bezeichnen wäre eine Untertreibung. Für Fluoxetin fielen die Ergebnisse positiv aus, für die anderen jedoch nicht. Die Autoren haben ihre Untersuchungsergebnisse wie folgt zusammengefasst: »Die Daten zweier veröffentlichter Untersuchungen weisen darauf hin, dass Fluoxetin ein günstiges Nutzen-Risiko-Profil hat, und diese Ergebnisse werden durch unveröffentlichte Daten unterstützt. Veröffentlichte Ergebnisse einer Studie über Paroxetin und zwei Studien über Sertralin legen ein zweifelhaftes oder schwach positives Nutzen-Risiko-Profil nahe. In beiden Fällen deutet aber die Hinzunahme unveröffentlichter Daten darauf hin, dass das Risiko größer als der Nutzen ist. Daten unveröffentlichter Studien über Citalopram und Venlafaxin zeigen nachteilige Risiko-Nutzen-Profile auf.«[13]

11 Zitiert nach Marcia Angell, *The Truth About the Drug Companies: How They Deceive Us and What to Do About It*, New York 2004, S. 109.

12 Craig Whittington u. a., »Selective Serotonin Reuptake Inhibitors in Childhood Depression: Systematic Review of Published Versus Unpublished Data«, in: *Lancet* 363 (2004), S. 1341-1345.

13 Whittington u. a., »Selective Serotonin Reuptake Inhibitors in Childhood Depression: Systematic Review of Published Versus Unpublished Data«, S. 1341.

Der zweite Punkt wird in einem internen Dokument von GlaxoSmithKline veranschaulicht, das kürzlich im *Canadian Medical Association Journal* enthüllt wurde. GlaxoSmithKline hatte eine Kennzeichnungsänderung bei der Regulierungsbehörde beantragt, die Paroxetin (Seroxat) zur Behandlung von Kinder- und Jugend-Depressionen zulassen sollte. Das Dokument hob hervor, dass die Befunde der Untersuchungen »nicht stabil genug« seien, führte jedoch weiter aus: »Es wäre aus wirtschaftlicher Sicht unakzeptabel, eine Stellungnahme des Inhalts hinzuzufügen, dass die Wirksamkeit nicht bewiesen wurde. Denn dies würde dem Anwendungsprofil von Paroxetin Schaden zufügen.«[14] Ich nehme an, dass sie aus wirtschaftlicher Sicht starken Grund zur Beunruhigung hatten, denn der jährliche Umsatz von Seroxat lag zu diesem Zeitpunkt nahezu bei fünf Milliarden US-Dollar.

Die neue Politik der Fachzeitschriften zur Registrierung klinischer Untersuchungen wird hilfreich sein, um solchen Vorkommnissen ein Ende zu setzen. Dies ist sicher eine willkommene Veränderung. Doch nicht alle Richtlinienänderungen haben derart begrüßenswerte Folgen. Verblüffenderweise hat eine Zeitschrift ihre Richtlinien über Interessenkonflikte aufgehoben. *The New England Journal of Medicine* hat nämlich einen Abschnitt abgewandelt, der vorher besagte: »Autoren solcher Aufsätze haben keine finanziellen Interessen an einem Unternehmen (oder seinem Konkurrenten), das das in dem Aufsatz besprochene Produkt herstellt.« Dieser Abschnitt bezieht sich auf Übersichtsartikel, in denen verschiedene kommerzielle Produkte untersucht und beurteilt werden. Solche Aufsätze sind von starkem Einfluss auf praktizierende Ärzte. Die neue Richtlinie besagt: »Autoren solcher Aufsätze haben keine *maßgeblichen* finanziellen Interessen an einem Unternehmen (oder seinem Konkurrenten), das das in dem Aufsatz besprochene Produkt herstellt« (meine Kursivierung).[15] Der Zusatz »maßgeblich« macht einen großen Unterschied. Alles bis zu 10 000 US-Dollar wird als vertretbar angesehen. Die Gründe für diese Richtlinienänderung sind besonders besorgniserregend. Die Herausgeber meinen, dass

14 Zitiert aus Wayne Kondro und Barbara Sibbald, »Drug Company Expert Advised Staff to Withhold Data About SSRI Use in Children«, in: *Canadian Medical Association Journal* 170 (5) (2004), S. 783.

15 Jeffrey M. Drazen und Gregory Curfman, »Editorial«, in: *New England Journal of Medicine* 346 (2003), S. 1901-1902.

Bedenken über Befangenheit erst aufkommen sollten, wenn erheblliche Summen im Spiel sind. Vielleicht haben sie recht. Doch sollte angemerkt werden, dass jemand mit »unmaßgeblichen« kommerziellen Verflechtungen mit mehreren verschiedenen Unternehmen sein Einkommen um 50 000 bis 100 000 US-Dollar erhöhen könnte, ohne gegen die neuen Zeitschriftenregeln zu verstoßen.

In ihrem Vorwort behaupten die Herausgeber außerdem – und das ist schockierend –, dass es zunehmend schwieriger sei, Autoren für Übersichtsartikel zu finden, die keine wirtschaftlichen Beziehungen zu betroffenen Unternehmen haben.[16] Würden solche Berichte entfallen, so das Argument, dann könnten sie gar nichts über neue Produkte veröffentlichen und würden die Leser mit der Bewertung der Hersteller allein lassen. Drazen berichtete, dass er in den zwei Jahren seiner Herausgeberschaft überhaupt nur einen Übersichtsartikel in Auftrag geben konnte. Wahrscheinlich steht hinter der Änderung der Richtlinien der Gedanke, dass maßvoll voreingenommene Informationen besser sind als gar keine. Wenn es tatsächlich stimmt, dass fast alle Autoren von Übersichtsartikeln wirtschaftliche Beziehungen zu den betreffenden Firmen haben – und es schaudert mich bei diesem Gedanken –, dann ist die gegenwärtige Lage sogar noch schlimmer, als es durchschnittlicher Verfolgungswahn befürchten lassen könnte.

Die Aufhebung von Richtlinien scheint an der Tagesordnung zu sein. Die Universität Yale hatte einst proklamiert: »Es ist im Allgemeinen unerwünscht und steht medizinischen und öffentlichen Interessen entgegen, eine Entdeckung oder Erfindung zu patentieren, die im Bereich der öffentlichen Gesundheit oder Medizin anwendbar ist.« Das war 1948. Heute hält Yale eine große Zahl von Patenten, darunter eines auf ein Anti-Aids-Medikament. Yale teilt dieses Patent mit Bristol Myers und macht es zum Nachteil von 8000 Menschen geltend, die in Afrika täglich an Aids sterben, weil sie die Lizenzgebühren nicht bezahlen können.

---

16 Es sollte erwähnt werden, dass Jerome Kassirer, der vorangehende Herausgeber, entschieden anderer Meinung war (J. McKenzie, »Conflict of Interest«, in: *ABC News.com* (12. Juni 2002)).

3. Vermittlungsprovisionen

Die Nachrichten sind täglich voll von Schreckensgeschichten. Zum Beispiel berichtet die britische Zeitung *Observer* von einem besonders schockierenden Fall medizinischen Missbrauchs. Dieser betrifft eine 72 Jahre alte Frau in England, die von ihrem Arzt wegen leichten Bluthochdrucks behandelt wurde.[17] Dies geschah ein paar Monate nachdem ihr Mann gestorben war; im Übrigen war sie bei guter Gesundheit. Ihr Arzt hatte sie ganz ohne ihr Wissen bei einer klinischen Studie angemeldet und ihr in diesem Rahmen verschiedene Tabletten mit schwerwiegenden Nebenwirkungen gegeben und ihr regelmäßig Blut abgenommen, mit der Folge, dass ihre Arme voller blauer Flecken waren. Einige der Tabletten wurden ihr vom Arzt direkt verabreicht und nicht wie üblich über ein Rezept für eine Apotheke. Nach einer besonders schweren Reaktion auf eine bestimmte Tablette schöpfte sie Verdacht und beschwerte sich bei der Gesundheitsbehörde. Die nachfolgenden Untersuchungen ergaben, dass der Arzt im Laufe der letzten fünf Jahre über 100 000 Pfund dafür erhalten hatte, dass er Patienten in klinische Studien für je 1000 Pfund eingeschrieben hatte. Zu den beteiligten Unternehmen zählen AstaZeneca, GlaxoSmithKline und Bayer. Viele der Patienten dieses Arztes wussten gar nicht, dass sie Teil solcher Studien waren, viele hatten überhaupt keine relevanten Symptome, und viele der Patienten mit solchen Symptomen erhielten Placebos anstelle der üblichen Behandlung, die sie benötigt hätten.

Es ist zu hoffen, dass es sich bei diesem Täter nur um ein vereinzeltes schwarzes Schaf handelt. Doch wenn wir hören, dass in Großbritannien mehr als 3000 Allgemeinärzte Patienten für 1000 Pfund zu klinischen Studien anmelden und dass die Pharmaindustrie mehr als 45 Millionen Pfund für die Patientenanwerbung ausgibt, dann ist es nicht überraschend zu erfahren, dass es Dutzende Betrugsbeispiele gibt. Im Falle eines Allgemeinarztes waren 25 der 36 Einverständniserklärungen der Patienten, die er in Studien eingeschrieben hatte, gefälscht. Ein anderer, der 200 000 Pfund vereinnahmt hatte, hatte es versäumt, die Patienten über mögliche Nebenwirkungen aufzuklären. Er wurde anschließend dabei er-

---

17 Antony Barnett, »Patients Used as Drug ›Guinea Pigs‹«, in: *Observer* (9. Februar 2003), ⟨www.observer.co.uk/politics/story/0,6903,891938,00.html⟩, letzter Zugriff 9. 2. 2003.

wischt, wie er einem Patienten ein Bestechungsgeld anbot, damit dieser nicht als Zeuge aussagt.[18]

Wenn derart viel Korruption durch eine Provision von 1000 Pfund erzeugt wird, dann stelle man sich vor, was bei einer Verdreifachung der Vergütung geschähe. 2001 betrug die durchschnittliche Prämie in den Vereinigten Staaten 7000 US-Dollar pro Patient.[19]

Die Zahlung für das Anwerben ist als »Vermittlungsprovision« (*finder's fee*)[20] bekannt. Doch der Begriff wird kaum verwendet, da der dahinter stehende Gedanke häufig als inakzeptabel betrachtet wird. Die Provision wird normalerweise in so genannten Verwaltungskosten versteckt oder auf eine andere Weise getarnt, für die eine Entschädigung für vertretbar gehalten wird. Beispiele sind gut bezahlte Beratungstätigkeiten oder Einladungen zu Konferenzen, die in exotischem und luxuriösem Rahmen stattfinden. Auf jeden Fall kann die Anwerbung derart einträglich sein, dass ein Hausärzteverband in den Vereinigten Staaten folgende Anzeige im Internet aufgegeben hat:

Wir sind auf der Suche nach klinischen Studien! Wir sind eine große Hausärztepraxis [...]. Bei uns arbeiten zwei Vollzeitkoordinatoren, und wir verfügen über eine computergestützte Patienten-Datenbank mit 40 000 Patienten [...]. Wir sind an klinischen Studien der Phasen 2 bis 4 sowie an Untersuchungen nach der Markteinführung interessiert. Wir können Patienten für jede Art von Studie anwerben, die in einer Hausarztpraxis durchgeführt werden kann.[21]

Es gibt Bedenken aller Art im Zusammenhang mit dieser Anwerbung von Patienten. Die meisten sind ethischer Natur. Da mein Schwerpunkt auf der Wissenschaftstheorie liegt, lasse ich sie hier außer Betracht, werde aber einige kurz anführen.

– Glatter Betrug. Dieser entsteht zum Beispiel durch gefälschte Einwilligungserklärungen.
– Fehlende Behandlung. Einige Personen mit einem behandelba-

---

18 Barnett, »Patients Used as Drug ›Guinea Pigs‹«.
19 Angell, *The Truth About the Drug Companies: How They Deceive Us and What to Do About It*, S. 31.
20 [Anm. des Übers.: Zumindest im angelsächsischen Raum.]
21 Zitiert aus Trudo Lemmens und Paul B. Miller, »The Human Subject Trade: Ethical and Legal Issues Surrounding Recruitment Incentives«, in: *Journal of Law, Medicine and Ethics* 31 (2003), S. 398-418.

ren Leiden werden einer Kontrollgruppe zugeteilt und bekommen Placebos verabreicht. Bestehende Behandlungen, die ihnen zugutekommen würden, werden umgangen.

- Sicherheit. Menschen in einem gesundheitlichen Zustand, der sie ungeeignet für bestimmte Studien erscheinen lässt, werden gleichwohl einbezogen, da die finanziellen Anreize ihrer Einschreibung so groß sind.
- Privatsphäre. Krankenakten werden über das Internet gesammelt, um große kommerzielle Datenbanken aufzubauen, die nicht besonders sicher sind.

Meine Interessen sind, wie gesagt, wissenschaftstheoretischer Natur. Nachfolgend einige methodologische Probleme, die aus dieser Perspektive entstehen.

- Es ist zunehmend schwierig, Testpersonen für staatlich finanzierte Forschung zu finden, da diese typischerweise keine Provisionen zahlt. Es wird folglich schwieriger, Forschung durchzuführen, die relativ unabhängig von wirtschaftlichen Interessen ist.
- Inkompetenz. Diese entsteht, wenn praktische Ärzte zum Beispiel an klinischen Studien beteiligt sind; sie verfügen über keine besondere Befähigung oder Ausbildung im Bereich der Forschung.
- Regelwidriger Einbezug. Die Kriterien der Anmeldung werden unangemessen erweitert, sodass es einfacher wird, Testpersonen anzuwerben. Dies vermindert die Verlässlichkeit der Ergebnisse.

Kritiker der kommerzialisierten Forschung neigen dazu, ihr Augenmerk auf moralische Unzulänglichkeiten zu legen, etwa auf das Fehlen von Einwilligungen nach erfolgter Aufklärung oder die Unterlassung bekannt wirksamer Behandlungen. Doch selbst wenn diese moralischen Anforderungen verletzt werden, könnte die betreffende Erkenntnis aus wissenschaftstheoretischer Sicht immer noch solide sein. Die Forschung selbst könnte dagegen in denjenigen Fällen in Mitleidenschaft gezogen werden, in denen die angeworbenen Teilnehmer nicht in das Versuchsschema passen, wenn sie also nicht den geforderten Gesundheitszustand aufweisen. Solche Fälle weisen sowohl moralische als auch wissenschaftstheoretische Mängel auf. Viele dieser Mängel können zumindest im Prinzip durch Regulierungen beherrscht werden. Regeln des Interessenkonfliktes sollten geeignet sein, Missbrauch der von mir genannten Art zu vermeiden, wenngleich nicht ohne Schwierigkeiten. Es reicht, sich daran zu erinnern, dass Vermittlungsprovisionen in so genannten Verwaltungskosten versteckt werden können und somit den sonst offenkundigen Konflikt verschleiern. In jedem Fall drehen sich die meisten Debatten um die Regulierung von Interessenkonflikten.[22] Es taucht jedoch ein zusätzliches wissenschaftstheoretisches Problem auf, das unabhängig von diesen Überlegungen besteht und nicht durch eine derartige Regulierung von Interessenskonflikten gelöst werden kann. Bei den bislang beschriebenen Problemen handelt es sich um so genannte Tatsünden, also um mutwillige Fehlhandlungen. Bei dem Problem, das ich jetzt ansprechen will, geht es stattdessen um Unterlassungssünden. Dieses gewaltige wissenschaftstheoretische Problem betrifft den Mangel an alternativen Theorien.

4. Die Deformation der Forschung durch Patentierbarkeit

Dieser Punkt ist so offensichtlich, dass man ihn kaum zu erwähnen braucht. Dennoch ist er von großer Bedeutung. Verständlicherweise möchten Unternehmen einen Gewinn aus ihren Investitionen erzielen. Der Lohn für die Forschung stammt aus den Lizenzgebühren, die das Recht auf exklusive Nutzung des geistigen Eigentums abwirft. Unternehmen werden folglich dazu neigen, nur solche Projekte zu finanzieren, die im Grundsatz zu einem Patent führen. Andere Arten von Informationen sind in finanzieller Hinsicht ohne Nutzen.

Einem Gesundheitsproblem kann man sich auf zwei Weisen nähern. Eine beinhaltet die Entwicklung eines neuen Medikaments; die andere legt ihr Augenmerk etwa auf Ernährung, Bewegung und auf Umweltfaktoren. Dieser zweite Ansatz könnte eine weit überlegene Behandlung ermöglichen und damit sowohl billiger als auch nutzbringender sein. Doch wird er offensichtlich nicht durch Unternehmen finanziert, da man aus nicht patentierbaren Forschungsergebnissen keinen Cent herausholen kann. Es sollte

22 Zum Beispiel erforschen Lemmens und Miller (»The Human Subject Trade: Ethical and Legal Issues Surrounding Recruitment Incentives«) die Anwendung des Strafrechts zur Regulierung von Interessenkonflikten.

ebenso offenkundig sein, dass ein Geldgeber ohne derart einseitige Interessen, der also lediglich die beste Behandlungsmethode in Erfahrung bringen möchte, im Prinzip jeden der beiden oder beide Forschungsansätze unterstützen würde. Es ginge dann nur darum herauszufinden, welcher von beiden der bessere ist.

Der Streitpunkt tritt deutlicher zutage, wenn man eine vergleichende Studie mit Patienten betrachtet, bei denen ein hohes Diabetesrisiko bestand. Über einen Zeitraum von drei Jahren entwickelten 29 % der Personen aus der Placebo-Gruppe Diabetes und 22 % derer, die das Medikament Metformin erhalten hatten; doch nur 14 % derjenigen, die ihre Ernährung umgestellt und Sport getrieben hatten, bildeten die Erkrankung aus.[23] Natürlich stellte sich das beste Ergebnis als nicht patentierbar heraus. Diese Studie wurde übrigens von der nationalen US-Gesundheitsbehörde und nicht vonseiten der Wirtschaft gefördert.

In einer Untersuchung zu den Auswirkungen von Sport auf Depression gelangten Dunn und seine Forschungskollegen zu bezeichnenden Ergebnissen.

Zusammenfassend lässt sich sagen, dass sich Aerobic-Übungen im Umfang der öffentlichen Gesundheitsempfehlungen bei der Behandlung von leichten bis mäßigen depressiven Störungen als wirkungsvoll erwiesen haben. Weniger als die Hälfte des empfohlenen Übungsumfangs war nicht wirksam. Der Anteil derer, die auf diesen Übungsumfang angesprochen haben oder bei denen die Symptome abgenommen haben, ist vergleichbar mit dem Anteil, den Untersuchungen zur kognitiven Verhaltenstherapie, antidepressiven Medikamenten und anderen Sportarten festgestellt haben.[24]

Dies sind wertvolle Ergebnisse, aber sie sind nicht patentierbar.

Natürlich ist es auch ein Problem, dass die Öffentlichkeit häufig eine schnelle Lösung möchte und sich nicht für Diät und Bewegung begeistert. Würde sie jedoch nicht so mit Industriepropaganda überschüttet oder würde sie ebenso viel öffentlich finanzierte Informationen über die relativen Vorteile von gesundheitsbewusster Ernährung und Sport erhalten (vielleicht in der gleichen hu-

23 Angell, *The Truth About the Drug Companies: How They Deceive Us and What to Do About It*, S. 170.

24 Andrea L. Dunn, »Exercise Treatment for Depression: Efficacy and Dose Response«, in: *American Journal of Preventive Medicine* 28 (1) (2005), S. 1-8, S. 7.

morvollen Art wie in der Werbung für Viagra), dann könnte es gut sein, dass sich mehr Menschen für die bessere Lösung entscheiden. Eine öffentliche Finanzierung ist eindeutig die Antwort auf etliche Aspekte dieses wissenschaftstheoretischen Problems.

Selbst in der patentierbaren Forschung werden einige Bereiche weniger einträglich sein als andere. Infolgedessen bleiben Armutserkrankungen und Krankheiten der Entwicklungsländer (zum Beispiel Malaria) relativ unerforscht, da die Armen es sich nicht leisten können, hohe Lizenzgebühren zu bezahlen. Wir laufen zudem Gefahr, erstklassige Forscher zu verlieren, die keine patentierbare Forschung durchführen. Als ein Beispiel von außerhalb der medizinischen Forschung lässt sich die Universität von Kalifornien in Berkeley anführen, die früher einen Fachbereich für biologische Kontrolle und ein Institut für Pflanzenpathologie hatte, von denen keines heute noch existiert.[25] Was ist der Grund? Aus dem Umfeld wird vermutet, dies liege daran, dass die Arbeit in diesen Bereichen nicht profitabel ist. Typische Projekte in diesen Einrichtungen betrafen die Untersuchung natürlicher Organismen in ihren Umgebungen und zielten auf die Kontrolle anderer natürlicher Organismen ab. Solche Arbeiten können nicht patentiert werden. Sind sie wertvoll? Ja. Sind sie gewinnbringend? Nein.

Bei einer derartigen Entwicklung werden erstklassige Studienabsolventen nicht in diesen Bereich einsteigen. Immer weniger Menschen werden an landwirtschaftlichen Problemen und an Umweltproblemen im Zusammenhang mit biologischer Kontrolle arbeiten. Eventuell wird die petrochemische Industrie ja alle unsere landwirtschaftlichen Probleme lösen können. Über diese Möglichkeit zu spekulieren ist nicht die Aufgabe von Philosophen, aber es ist die Aufgabe der Wissenschaftstheorie, die methodologische Einsicht hervorzuheben, dass wir ohne gut ausgestattete alternative Forschungsansätze niemals wissen werden, wie gut oder schlecht bestimmte patentierbare Lösungen wirklich sind. Es ist ein wissenschaftstheoretischer Gemeinplatz, dass Bewertung ein *vergleichender* Prozess ist. Die unterschiedlichen Hintergrundannahmen rivalisierender Theorien lassen uns die Welt mit jeweils anderen Augen sehen. Der relative Erfolg konkurrierender Forschungspro-

25 Eyal Press und Jennifer Washburn, »The Kept University«, in: *Atlantic* (März 2000), ⟨http://www.theatlantic.com/issues/2000/03/press.htm⟩.

gramme kann auf lange Sicht verglichen werden. Doch hierfür benötigen wir gewichtige Konkurrenten.

5. Vorsätzliche Unwissenheit

Es gibt starke Belege dafür, dass die Tabakindustrie juristischen Rat dahingehend eingeholt hat, möglichst *keine* Forschung zur potenziellen Schädigung durch Tabak durchzuführen. Hätte sie von irgendwelchen schädlichen Auswirkungen erfahren, so hätte das ihre rechtliche Haftung massiv erhöht. Als der Industrie solche Informationen in die Hände kamen, versuchte sie, diese zu unterdrücken. Doch offensichtlich ist es aus ihrer Sicht besser, überhaupt erst gar nicht Bescheid zu wissen. In Anbetracht möglicher Rechtsstreitigkeiten über Haftungsansprüche ist Unwissenheit ein Segen. Interessanterweise beraten viele der Rechtsanwälte, die schon die Tabakindustrie beraten haben, auch die Pharmaunternehmen. Die Rechtsanwaltskanzlei Shook, Hardy und Bacon berät zum Beispiel sowohl die Tabakindustrie als auch Eli Lilly.[26]

Diese rechtliche Vorgehensweise geht von einer Unterscheidung aus, die Philosophen gut kennen – die Unterscheidung zwischen Entdeckung und Rechtfertigung. Die Auffassung scheint zu sein, dass vage Vermutungen der Art, Tabak verursache Lungenkrebs oder SSRI-Medikamente führten manchmal zum Selbstmord, eben genau das sind – vage Vermutungen. Und Vermutungen sind keine Beweise. Dafür würden wir umfassende klinische Studien benötigen, und da diese nicht durchgeführt worden sind, haben wir nach Ansicht der betreffenden Unternehmen überhaupt keine Beweise. Ihnen zufolge gibt es keine Berechtigung dafür, die Schädlichkeit von Tabak oder SSRI-Medikamenten zu behaupten.

Es besteht sehr viel Naivität gegenüber der wissenschaftlichen Methode – und manchmal läuft sie auf absichtliche Unwissenheit hinaus. Einige Forscher behaupten, dass klinische Untersuchungen sowohl notwendig als auch hinreichend für eindeutiges Wissen seien und dass alles, was nicht eine vollständige klinische Studie durchlaufen habe, unbrauchbar sei. (Verfechter der so genannten evidenzbasierten Medizin erheben gelegentlich diesen Anspruch.)

26 Seth Shulman, *Owning the Future*, New York 1999.

Diese Alles-oder-Nichts-Einstellung ist lächerlich. Welche klinischen Studien durchzuführen sind, entscheiden wir aufgrund von Plausibilität, und dabei spielt die Betrachtung von Begleitumständen und Einzelfällen eine entscheidende Rolle. Diese sind ebenfalls Belege, auch wenn sie gewöhnlich nicht so gewichtig sind. Häufig aber sind solche Plausibilitätserwägungen ausreichend – oder sollten ausreichend sein –, um eine ernstzunehmende Untersuchung in Angriff zu nehmen. Eine solche mit der Begründung zu verweigern, es gebe nur »anekdotische Evidenz«, ist nicht allein Ausdruck schlechter Wissenschaftsphilosophie, sondern kann sogar kriminell sein. Selbst die Nazis haben in den 1930er Jahren eine klare Verbindung zwischen Rauchen und Lungenkrebs festgestellt.[27] Andernorts standen wirtschaftliche Interessen für mehr als zwei Jahrzehnte im Weg, während Millionen von Menschen starben.

Oben habe ich SSRI-Medikamente erwähnt. Selektive Serotonin-Wiederaufnahmehemmer werden häufig zur Bekämpfung von Depressionen verwendet. Von diesen ist Prozac vielleicht das bekannteste. In diesem Zusammenhang gibt es viele interessante Dinge zu entdecken. So könnte es sein, dass SSRI-Medikamente den Zustand depressiver Personen tatsächlich bis hin zum Selbstmord verbessern. Das klingt paradox. Anscheinend befinden sich äußerst depressive Personen manchmal in einem Zustand, in dem sie auf nichts reagieren und lethargisch sind. Die SSRI-Medikamente verbessern dann diesen Zustand bis hin zu dem Punkt, an dem sie die Energie und Fähigkeit zum Selbstmord erlangen. Am anderen Ende des Spektrums wurden sogar einige gesunde, nicht-depressive Freiwillige nach der Einnahme von SSRI-Medikamenten suizidgefährdet. Natürlich ist das etwas, was ein nach Gewinn strebendes Unternehmen nur widerstrebend untersucht.

David Healy ist ein britischer Psychiater und derzeit Direktor des Fachbereichs für Psychologische Medizin in Nord-Wales an der Universität Wales. Er hat sich ausgiebig zu psychischen Krankheiten geäußert, besonders zu Arzneimitteln und deren Geschichte.[28] Im September 2000 wurde ihm eine Position als Direktor des Programms für affektive Störungen und Angststörungen am Zentrum

27 Robert Proctor, *The Nazi War on Cancer*, Princeton 1999.
28 Siehe zum Beispiel David Healy, *The Creation of Psychopharmacology*, Cambridge/MA 2001.

für Suchtforschung und psychische Gesundheit (Centre for Addiction and Mental Health – CAMH) angeboten, das an die Universität von Toronto angeschlossen ist. Als Teil der Berufung wurde er auch zum Professor der psychiatrischen Abteilung der Universität ernannt. Er nahm diesen Ruf an, aber noch bevor er nach Kanada umzog, nahm er im November 2000 an einer Konferenz in Toronto teil, bei der er einen Vortrag hielt, der sehr kritisch gegenüber der pharmazeutischen Industrie war. Unter anderem behauptete er, dass Prozac und andere SSRI-Medikamente zum Selbstmord führen könnten. Innerhalb einiger Tage nach seinem Vortrag in Toronto zog das CAMH die Berufung zurück. In der Sache wurde Healy entlassen, bevor er die Stelle angetreten hatte.

Es muss wohl kaum erwähnt werden, dass dies einen ziemlichen Skandal hervorrief. Was war geschehen? Es gibt natürlich kontroverse Ansichten. Die offizielle Darstellung vom CAMH lautet, ihnen sei klar geworden, dass sie einen Fehler gemacht hätten und dass die Ernennung von Healy aus rein akademischen Gründen nicht angemessen sei. Eine andere Auffassung deutet darauf hin, dass Healy dem Druck von Eli Lilly erlegen ist. Keine der beiden Sichtweisen scheint wirklich einleuchtend. Viel glaubhafter ist, dass Eli Lilly keinerlei Druck ausgeübt hat, sondern dass Selbstzensur im Spiel war. Eli Lilly leistet einen finanziellen Beitrag zum CAMH, eine Tatsache, die diese Vermutung glaubwürdig erscheinen lässt. Man braucht gar keinen direkten Druck, wenn die Begünstigten der Freigebigkeit von Lilly bereit sind, selbst die Initiative zu ergreifen. Dies muss nicht bewusst geschehen; einige Werte werden leicht verinnerlicht.

In jüngerer Zeit sind sehr schwerwiegende Vorwürfe erhoben worden, wonach Arzneimittelfirmen versucht hätten, Daten über die schädlichen Auswirkungen von SSRI-Medikamenten auf Kinder zu unterdrücken. Dies habe ich oben im Zusammenhang mit den Zeitschriftenrichtlinien beschrieben, die eine vollständige Offenlegung verlangen. Das ist eine klare Rehabilitierung von Healys Anliegen. Aber wir brauchen uns nicht um die Details des Healy-Falls zu kümmern. Der entscheidende Punkt ist vielmehr, dass es gar nicht im Interesse von Eli Lilly oder anderen pharmazeutischen Unternehmen ist, zu »wissen«, dass Prozac oder andere SSRI-Medikamente Selbstmord verursachen, denn dies würde ihre potenzielle Haftung vergrößern. Wenn Nebenwirkungen erforscht werden sollen, dann wird man das mit öffentlichen Mitteln tun müssen. Es ist unwahrscheinlich, dass Lilly die Rechnung bezahlt.

6. Die Erfindung einer neuen Krankheit

Ich will noch eine andere Art von Beispiel betrachten. Eli Lilly hat kürzlich für ein Produkt namens Sarafem (Fluotexin) geworben, das gegen die prämenstruelle dysphorische Störung, kurz PMDS, wirken soll. PMDS ist eine aktualisierte Version von PMS, dem prämenstruellen Syndrom. Diese vermeintliche psychische Störung soll bei einigen Frauen in der Lutealphase des Menstruationszyklus kurz vor dem Eintreten der Menstruation auftreten. Die Amerikanische Psychiatrische Vereinigung hat bisher noch nicht anerkannt, dass es sich bei PMDS um eine Erkrankung handelt, verzeichnet sie aber im Anhang des Standardwerks dieses Feldes, nämlich im *Diagnostischen und statistischen Handbuch psychischer Störungen* (*Diagnostic and Statistical Manual of Mental Disorders*), in seiner letzten Version als DSM-IV bekannt. Eine Frau muss fünf oder mehr der folgenden elf Symptome aufweisen, die die Störung kennzeichnen, damit bei ihr PMDS diagnostiziert wird.
- deutlich niedergedrückter Gemütszustand
- ausgeprägte Angst
- ausgesprochene Empfindsamkeit
- vermindertes Interesse an Aktivitäten
- Gefühle von Traurigkeit, Hoffnungslosigkeit und Selbstkritik
- Anspannung, Ängstlichkeit oder Nervosität
- anhaltende Gereiztheit, Wut und vermehrte zwischenmenschliche Konflikte
- Gefühle von Müdigkeit, Lethargie oder Antriebslosigkeit
- ausgeprägte Veränderungen des Appetits
- Gefühle des Überwältigtseins und des Kontrollverlusts
- physische Symptome wie eine Empfindlichkeit der Brüste, Schwellungen oder Blähungen.

Offen gesagt kenne ich niemanden – weder Mann noch Frau –, der oder die nicht mindestens fünf dieser Bedingungen von Zeit zu Zeit erfüllt. Jedenfalls ist der Wirkstoff von Sarafem, nämlich Fluoxetin-Hydrochlorid, derselbe wie der Wirkstoff des Antidepressivums Prozac, welches auch von Eli Lilly hergestellt wird. Allerdings bewirbt Eli Lilly Sarafem auf eine ganz andere Weise. Die Vermarktungsspezialistin Laura Miller gibt Auskunft:

Wir haben Frauen und Ärzte zur Behandlung von PMDS befragt, und sie haben uns geantwortet, dass sie eine Behandlungsmöglichkeit mit einem eigenen Image haben wollten, das PMDS von Depressionen unterscheiden würde. Bei PMDS handelt es sich nicht um eine Depression. Bekanntlich ist Prozac eine der geläufigsten Handelsmarken in der pharmazeutischen Industrie und wird stark mit Depressionen in Verbindung gebracht. Sie wollten eine Behandlungsmöglichkeit mit einer eigenen Identität.[29]

Worin aber besteht dann der Unterschied zwischen der Einnahme von Prozac und von Sarafem? In beiden Fällen handelt es sich um eine Dosis von 20 mg Fluoxetin-Hydrochlorid (wobei sich die Farbe der Tabletten von grün in lavendel verwandelt hat – erstaunt?). »Der Unterschied« besteht laut Miller darin, »dass PMDS ein spezifischer klinischer Zustand ist, der von der Depression verschieden ist. PMDS ist keine Depression. PMDS ist zyklisch – Frauen leiden bis zu zwei Wochen vor ihrer Menses unter PMDS, und während der anderen zwei Wochen des Monats haben sie keine PMDS-Symptome.«[30]

Eli Lilly war kurz davor, einen Großteil seines Patentschutzes für Prozac zu verlieren. Es fällt schwer, keine Vermutungen über die Verbindung dieses Umstands mit der Propagierung von PMDS als Krankheit und der Werbung für Sarafem anzustellen. Patentrechte schützen eine Entdeckung, wenn es sich um eine deutlich neue Verwendung eines bereits bestehenden Produkts handelt. Für den Patentschutz ist es dann entscheidend, dass Eli Lilly eine neue Verwendung für Fluoxetin-Hydrochlorid findet. Wenn PMDS eine Depression ist, dann haben sie Pech gehabt.

Abermals ist die philosophische Moral offenkundig. Durch kluges Marketing, kluge Werbung und Öffentlichkeitsarbeit schafft Eli Lilly (in einem bestimmten Sinn) eine neue Krankheit. Wenn sie erst einmal die psychische Krankheit als solche verkaufen können, können sie auch mit dem Heilmittel dafür Geld verdienen. Wie dies vonstattengeht, ist eine eigentümliche und philosophisch interessante Angelegenheit. Ich denke, man kann mit Sicherheit

---

29 Zitiert aus Kelly Patricia O'Meara, »Misleading Medicine«, ⟨http://insightmag. com/archive/20104301.shtml⟩, letzter Zugriff 25. 1. 2005.
30 O'Meara, »Misleading Medicine«.

sagen, dass es PMDS in der Vergangenheit nicht gab, dass es aber in der nahen Zukunft anfangen könnte zu existieren.

Dies kann man so erklären. In einem harmlosen Sinn schafft Eli Lilly eine Krankheit neu, wenn sie uns bloß dazu bringt, an die Existenz einer solchen Krankheit zu glauben. Es besteht kein Zweifel, dass sie genau dies versucht. Es könnte jedoch einen tieferen Sinn geben, in welchem sie die Krankheit erfindet. Ian Hacking hat ausführlich über so genannte »vorübergehende psychische Krankheiten« gearbeitet, die nicht bloß innerhalb einer Person, sondern innerhalb einer Gesellschaft vorübergehen.[31] Multiple Persönlichkeiten, »desorientierte Irrgänger «(die sich ohne Erinnerung weit entfernt von ihrem Ausgangsort wiederfinden) und Anorexie sind ähnliche Beispiele (wenngleich sie natürlich diskutabel sind). Solche psychischen Krankheiten entstehen eher plötzlich und spontan zu einem bestimmten Zeitpunkt und an einem bestimmten Ort und verschwinden ebenso schnell wieder. Auf dieser Grundlage gibt es bei PMDS drei interessante Möglichkeiten.

- Die Krankheit PMDS hat es schon immer gegeben. Eli Lilly bringt bloß eine Tatsache ans Licht, die ihre Forschungen aufgedeckt haben, und wirbt für Sarafem als eine Behandlungsmethode.
- Die Krankheit gibt es nicht. Eli Lilly versucht uns glauben zu machen, dass es sie dennoch gibt, da dies den Verkauf von Sarafem steigert.
- Die Krankheit gab es in der Vergangenheit nicht, aber die Werbeaktivitäten von Eli Lilly werden diese Krankheit (vielleicht wie andere vorübergehende psychische Krankheiten) neu schaffen, und das wird den Verkauf von Sarafem begünstigen.

Im ersten Fall sollten wir Eli Lilly dankbar dafür sein, dass sie uns ein Problem vor Augen geführt und ein Heilmittel zur Verfügung gestellt hat. Wenn aber die zweite oder dritte Möglichkeit zutrifft, dann sind die Gefahren der privaten Finanzierung der marktorientierten medizinischen Forschung offenkundig.

Es gibt eine Reihe zusätzlicher Themen, die ich nicht einmal berührt habe. Diese liefern sogar noch mehr Gründe für ernsthafte Bedenken gegenüber der gegenwärtigen medizinischen For-

---

31 Ian Hacking, *Rewriting the Soul*, Princeton 1995 und Ian Hacking, *Mad Travellers: Reflections on the Reality of Transient Mental Illnesses*, Carlottesville 1998.

schungspraxis. Zum einen ist die Impfstoffforschung zurückgegangen, da Impfstoffe nicht annähernd so gewinnbringend sind wie Medikamente gegen chronische Krankheiten. Zum anderen geben auch seriöse medizinische Zeitschriften Ergänzungshefte heraus, um damit ihre eigene Finanzierung zu stärken. Bei diesen zusätzlichen Ausgaben handelt es sich um kaum mehr als Werbeplattformen für Unternehmen; sie haben jedoch das gleiche Format wie die regulären, von Experten begutachteten Ausgaben, sodass die Leser leicht in die Irre geführt werden. Die Liste ließe sich fortsetzen.

7. Der kühne Unternehmer

Wir sind alle mit dem weitverbreiteten Bild des Unternehmers vertraut, der kühn und innovativ Risiken eingeht und dessen Initiativen uns allen Nutzen bringen. Nun ist es sicher richtig, dass einige ihren Nutzen davongetragen haben. In den Vereinigten Staaten hat die Arzneimittel-Industrie einen Umsatz von mehr als 200 Milliarden US-Dollar pro Jahr. Der Gewinn beläuft sich auf erstaunliche 18 % des Umsatzes, die höchste Rate in der US-Industrie, die in der jährlichen Liste der umsatzstärksten Unternehmen (Fortune Global 500) aufgeführt ist. (Im Mittelfeld dieser Gruppe liegt die Gewinnrate bei weniger als 4 % vom Umsatz.) Wie können wir diesen außergewöhnlichen Erfolg erklären? Hat es etwas mit den 11 % der 200 Milliarden US-Dollar zu tun, die in die Forschung fließen? Das ist in der Tat viel Geld. Oder hat es eher etwas mit den 36 % zu tun, die ins Marketing fließen? Dabei handelt es sich um mehr als das Dreifache des Forschungsbudgets.

2002 hat die amerikanische Bundesbehörde zur Lebensmittelüberwachung und Arzneimittelzulassung (FDA) 78 neue Arzneimittel zugelassen. Nur sieben wurden als Verbesserungen gegenüber älteren Arzneimitteln eingestuft. Bei dem Rest handelt es sich um Nachbildungen, um so genannte »Me-Too«- (oder »Ich-auch«-) Arzneimittel. Kein einziges dieser sieben wurde von einer der führenden US-Arzneimittelfirmen hergestellt. Das Jahr 2002 ist nicht ungewöhnlich. Im Zeitraum von 1998-2002 ließ die FDA 415 neue Arzneimittel zu und stufte sie wie folgt ein:

– Bei 14 % handelte es sich um Neuerungen;

– bei 9 % handelte es sich um bedeutend verbesserte alte Arzneimittel;
– 77 % waren nicht besser als bereits existierende Arzneimittel.[32]

Bei den Letzteren handelt es sich um »Me-Too«-Medikamente. Es sind Nachbildungen bereits existierender Arzneimittel (keine exakten Nachbildungen, denn sie müssen sich ausreichend unterscheiden, um patentierbar zu sein). Nach dem US-Gesetz muss die FDA die Zulassung erteilen, wenn ein neues Arzneimittel »wirksam« ist, was aber lediglich bedeutet, dass es eine bessere Wirkung als ein Blindpräparat (Placebo) im Rahmen einer klinischen Studie haben muss. Ist das Medikament zugelassen, übernimmt das Marketing das Steuer, und ungeheure Gewinne können erzielt werden. Eine preiswertere und bessere, aber nicht-patentierbare Alternative wird nicht in gleicher Weise gefördert, da keine großen Erträge zu erwarten sind.

Es überrascht nicht, dass die Forderung erhoben wird, neue Arzneimittel in klinischen Studien mit der besten vorhandenen Alternative und nicht nur mit Placebos zu vergleichen. Die Bedeutung solcher vergleichender Studien wird durch eine große Vergleichsstudie zu verschiedenen Typen von Blutdruck-Medikamenten veranschaulicht. Sie wurde vom Nationalen Institut für Herz, Lunge und Blut (einem Teil des NIH) ausgeführt und nahezu vollständig aus öffentlichen Geldern finanziert. Das Ergebnis war bemerkenswert: Ein altes Diuretikum (»Wassertablette«) erwies sich als das beste Medikament; es wirkte genauso gut wie oder sogar besser als andere, hatte erheblich weniger Nebenwirkungen und kostete ungefähr 37 US-Dollar pro Jahr im Gegensatz zu mehreren hundert US-Dollar jährlich bei den anderen.[33]

Daraus geht hervor, dass die Zulassung auf der relativen Wirksamkeit eines Medikaments beruhen sollte. Probleme dieser Art können offenbar ohne Schwierigkeiten durch angemessene Regulierung gelöst werden. Ein schlechteres Regulierungssystem als das gegenwärtig in den Vereinigten Staaten vorhandene ist schwer vorstellbar. Es macht einen glauben, dass die US-Gesetzgeber entweder

32 Angell, *The Truth About the Drug Companies: How They Deceive Us and What to Do About It*, S. 75. Relevante Informationen stehen auf der FDA-Website: ⟨www. fda.gov/cder/rdmt/pstable.htm⟩.

33 Angell, *The Truth About the Drug Companies: How They Deceive Us and What to Do About It*, S. 95.

ein Haufen von Schwachköpfen sind oder dass sie genauso korrupt sind wie die Pharmaunternehmen, die sie mit großzügigem Lobbyismus für sich einnehmen. Es gibt genügend Belege für beide Vermutungen.

Wo kommen echte Neuerungen her? Nehmen wir den Fall Taxol (Paclitaxel), ein sehr wichtiges Medikament für die Behandlung verschiedener Formen von Krebs. Es wurde in den 1960er Jahren aus der Rinde der pazifischen Eibe gewonnen. Die Kosten dieser Forschungen beliefen sich auf 183 Millionen US-Dollar, die von den Steuerzahlern über das Nationale Krebs-Institut (NCI) bezahlt wurden. 1991 schloss Bristol-Myers Squibb einen Vertrag mit dem NCI, mit dem Ergebnis, dass sie und nicht die Steuerzahler durch die jährlichen Erlöse von bis zu 2 Milliarden US-Dollar mehrere Millionen an Lizenzgebühren erhalten.[34] Hierbei handelt es sich um ein allgemeines Muster: Für Risiken und Innovationen steht die Öffentlichkeit ein, während die Gewinne privatisiert werden. Wie gewinnbringend kann das sein? Als Taxol auf den Markt kam, beliefen sich die Kosten einer einjährigen Behandlung auf 10 000 bis 20 000 US-Dollar, was das Zehnfache der Produktionskosten darstellt.[35] Es ist nicht klar, ob wir empört oder voller Bewunderung sein sollen. Schließlich wurde die Öffentlichkeit dazu gebracht, nicht einmal, sondern zweimal für diese Forschung zu zahlen.

Die prahlerischen Unternehmer der pharmazeutischen Industrie rühmen sich damit, dass sie gewagte und innovative Forschung betreiben. Das ist reiner Unsinn. Das einzig innovative Geschäft, das sie betreiben, ist das Marketing. Sie sind gänzlich vom Rat ihrer Wissenschaftler abhängig; ihre einzige Expertise besteht in der geschickten Werbung für ihre Produkte. Selbst wenn wir den echten unternehmerischen Geist im Prinzip bewundern, so ist dieser hier nichts als ein Scherz. Diese Unternehmer sind nicht zu vergleichen mit Alexander Graham Bell, der das Telefon, oder mit Guglielmo Marconi, der das Radio erfunden hat, nicht einmal mit Bill Gates, der die Software für den Heimcomputer entwickelt hat. Die Pharmariesen bestehen aus Geschäftsleuten, die die geistige Arbeit anderer ausbeuten. Offen gesagt: Wer braucht diese Parasiten? Ihr einziger Beitrag zur Medizin war das Marketing, und es ist alles an-

34 Ebd., S. 58 f.
35 Ebd., S. 66.

dere als klar, ob die Öffentlichkeit einen Nutzen daraus zieht, wenn man ihr sagt, dass sie möglicherweise unter PMDS oder Potenzstörungen leidet. Umgekehrt wird der Öffentlichkeit durch die Verheimlichung gesundheitsschädlicher Nebenwirkungen und durch Finanzentscheidungen, die die Preise auf das Maximum dessen heben, was der Markt hergibt, sicher Schaden zugefügt. Menschen leiden, und Menschen sterben.

Auch wenn die Geschäfte mit »Me-Too«-Medikamenten nicht ganz zu unserem Bild des heroischen Neuerers passen, so könnten sie immer noch Ausdruck der oft angepriesenen Effizienz sein, die ein wesentlicher Teil der »Magie des Marktes« ist. Könnte es sein, dass öffentlich finanzierte Forschung nicht darauf hoffen kann, gegen hocheffiziente private Organisationen zu bestehen? Hierzu mehr weiter unten.

In jedem Fall muss man sich fragen, inwieweit die Kombination aus privatwirtschaftlicher medizinischer Forschung und der Förderung des Kreationismus in den Schulen die Vereinigten Staaten in eine wissenschaftliche Provinz verwandelt. Viele wichtige Stimmen richten sich gegen beide Tendenzen, doch wenn die apathische Mehrheit der US-Wissenschaftler nicht aktiv wird, können wir nichts weiter als den anhaltenden Zerfall der einst bedeutenden US-Wissenschaft erwarten.

8. Wissenschaftstheorie und Wissenschaftspolitik

Die Wissenschaftstheorie enthielt immer einen normativen Bestandteil. Wir *sollten* diejenige Theorie akzeptieren, die die beste Erklärung gibt; wir *sollten keine* Theorie akzeptieren, die inkonsistent ist; usw. Für gewöhnlich halten sich Wissenschaftstheoretiker jedoch von der Politik fern. Wahrscheinlich würden wir Philosophen bloß lächeln, wenn unsere politischen Führungskräfte uns fragen würden: »Wie sollte unsere Politik in Bezug auf Patente aussehen, wenn sich die Bayesianer gegenüber den Popperianern durchsetzten?« oder wenn der Wissenschaftsminister fragen sollte: »Wie viel Geld sollten wir in Anbetracht des Fehlschlags des Hempelschen Erklärungsmodells in die Hochenergiephysik stecken?« Wir sehen es nicht als unsere Aufgabe an, der Regierung zu sagen, wie man Wissenschaft organisiert. Politische Entscheidungen müssen auf gesellschaftlichen Zielen und anderen Faktoren beruhen, die nichts mit Wissenschaftstheorie zu tun haben.

Jedoch weisen die Überlegungen, die wir bis jetzt beschrieben haben, stark darauf hin, dass solch eine passive Einstellung unhaltbar ist. Diejenigen von uns, die über wissenschaftliche Erkenntnis nachdenken, müssen sich in der Wissenschaftspolitik engagieren, es sei denn, wir sind der Ansicht, dass Wissenschaftstheorie bloß ein beschreibendes Unternehmen ist, vielleicht im Geiste der Wissenschaftssoziologie. Zum Beispiel versteht sich der Sozialkonstruktivist David Bloor als beschreibend und nicht als jemand, der der Wissenschaft etwas vorschreibt.[36] Im Gegensatz dazu können diejenigen von uns, die an genuine objektive Normen der Wissenschaft glauben, etwas Sinnvolles vorschlagen. Wir würden sagen, dass es so etwas wie objektive Wissenschaft gibt und dass deren Richtlinien in der gegenwärtigen medizinischen Forschung ernsthaft dadurch verletzt werden, wie solche Forschung sozial organisiert ist. Vorgaben für die Vorgehensweise in der Forschung können und sollten von denjenigen gemacht werden, die sich um eine gute Methodologie sorgen. Solche Empfehlungen bräuchten gar nicht sehr detailliert zu sein, sie würden sich aber auch nicht in frommen Gemeinplätzen über das Erfordernis intellektueller Redlichkeit erschöpfen.

Steven Shapin, ein bekannter Wissenschaftshistoriker, schreibt in amüsanter Weise über Vorstellungen von der Zuverlässigkeit von Beobachtern in der englischen Wissenschaft des 17. Jahrhunderts.[37] Die vorherrschende Meinung bestand darin, dass man sich bei Dienern und Frauen nicht darauf verlassen konnte, dass sie die Wahrheit sagten, weil sie nicht hinreichend unabhängig waren. Auch konnte man Katholiken in dieser Hinsicht nicht trauen, da sie sich unter dem Einfluss der Jesuitischen Doktrin der »Mentalreservation« befinden konnten. Im Anschluss an die Reformation erlaubte es diese Doktrin englischen Katholiken, eine Lüge zu vermeiden, indem sie still im Geiste »Es ist sicher falsch, dass« dem laut geäußerten Bekenntnis »Ich bin ein Protestant« hinzufügten. Dies mag ein eleganter Trick sein, um religiöse Verfolgung zu vermeiden, doch ist es beunruhigend für diejenigen, die empirische Daten erfassen und dabei auf Berichte anderer angewiesen sind. Der ideale Beobachter ist, wie zu erwarten, der englische Gentleman:

36 David Bloor, *Knowledge and Social Imagery*, Chicago 1976.
37 Steven Shapin, *A Social Theory of Truth*, Chicago 1994.

reich, unabhängig und mit ausreichend Charakterstärke versehen, um jeglicher Korruption zu widerstehen. Seinen Beobachtungen, und nur seinen, können wir vertrauen. Leider gibt es heute nicht genügend englische Gentlemen, um die beträchtlichen Anforderungen der zeitgenössischen Wissenschaft zu erfüllen. Aber Plan B befindet sich schon in den Startlöchern. Das Nächstbeste ist, die Unabhängigkeit der Forscher zu garantieren, indem man einige einfache, aber wesentliche Dinge tut. Ich werde meine Vorschläge auf die medizinische Forschung beschränken, da diese hinreichend viel Raum bietet und weil ich meine Ansicht durchaus absichtlich mit der Sozialpolitik in Verbindung bringen möchte, die in den meisten Ländern verfolgt wird, in denen eine Art staatlicher Gesundheitsdienst besteht. Doch zunächst zu den verfügbaren Forschungsoptionen. Ich sehe drei.

1. Freier Markt
2. Regulierter Markt
3. Sozialisierte oder staatliche Forschung

Der ersten und zweiten Option ist die Auffassung gemeinsam, dass medizinische Forschung marktbasiert durchgeführt werden sollte. Sie unterscheiden sich darin, wie geregelt dieser Markt sein sollte. Der Unterschied zwischen ihnen ist gradueller Art, doch er könnte beträchtlich sein. Verfechter der ersten Auffassung würden natürlich einräumen, dass Betrug verboten werden sollte, doch jenseits dessen würden sie so wenig Regulierungen wie möglich wollen. Verfechter der zweiten Auffassung könnten möglicherweise sehr starke Regulierungen einfließen lassen wollen.

Nachstehend einige Typen von Regulierungen, die mir vorschweben. Ich habe bereits mehrere mögliche Regulierungen genannt, doch es lohnt sich, sie kurz zu wiederholen. Wahrscheinlich würden nicht alle, die Regulierung für wichtig halten, mit sämtlichen Vorschlägen einverstanden sein, aber sie schließen die Art von Maßnahmen ein, die Verfechter eines regulierten Marktes in Erwägung ziehen könnten:

– Vollständige Offenlegung aller finanziellen Interessen bei Veröffentlichungen.
– Vorab-Registrierung aller klinischen Studien als einer Bedingung von Veröffentlichungen oder, besser noch, die Einrichtung einer unabhängigen Behörde, die alle klinischen Studien entwickelt, leitet und interpretiert.

- Klinische Studien müssen Medikamente mit führenden Alternativen sowie mit Placebos vergleichen.
- Keine Vermittlungsprovisionen (einschließlich getarnter Äquivalente).
- Keine unternehmensfinanzierte »Weiterbildung« von Ärzten.
- Keine Werbung für Arzneimittel.

Regulierungen wie diese könnten eingesetzt werden, um einige der Probleme einer marktgetriebenen Medizin zu lösen. Aber jedes Marktmodell der Forschung hat auch bei massiver Regulierung noch Mängel. Zunächst einmal ist es fast unmöglich sicherzustellen, dass Regulierungen alle gravierenden Fälle abdecken. Die Regeln müssen ziemlich detailliert ausgestaltet werden, wenn sie alle schwerwiegenden Probleme vorwegnehmen sollen. Die erste Regulierung zur finanziellen Offenlegung muss zum Beispiel nicht nur die offensichtlichen direkten Fälle, sondern auch die indirekten abdecken. Zum Beispiel stellte sich heraus, dass ein prominenter Herzspezialist, der Vioxx stark kritisiert hatte, der Berater eines Hedge-Fonds war, der darauf gesetzt hatte, dass die Aktien von Merck (dem Hersteller von Vioxx) fallen würden.[38] Vielleicht war er nicht beeinflusst, aber das Problem ist deutlich sichtbar. Es ist fast aussichtslos, das volle Spektrum von Korruption vorab einzugrenzen. Selbst wenn dies gelänge, wäre die Durchsetzung immer noch zweifelhaft. Gegenwärtig basieren die von den medizinischen Zeitschriften eingesetzten Richtlinien für Interessenskonflikte größtenteils auf einem Ehrenkodex. Eine erste Untersuchung von Sheldon Krimsky weist darauf hin, dass die Regeln bei weitem nicht vollständig befolgt werden.[39]

Obwohl ich bezweifle, dass man durch Regulierung alle Schwierigkeiten der medizinischen Forschung und der Zulassung in den Griff bekommen kann, irgendeine Regulierung wird in jedem System erforderlich sein. Strenge Regeln und Regulierungsbehörden, die unabhängig operieren, sind wesentlich. Solche Behörden müssen frei von jeglichem Einfluss vonseiten der Regierung oder der Industrie sein. Das ist in den Vereinigten Staaten derzeit nicht der Fall. David Willman, ein investigativer Journalist der *Los Angeles Times*, hat mehrere beunruhigende Fälle aufgedeckt:

38 Andrew Pollack, »Medical Researcher Moves to Sever Ties to Companies«, in: *New York Times* (25. Januar 2005).
39 Sheldon Krimsky, *Science in the Private Interest*, New York 2003, S. 199.

- Dr. P. Trey Sunderland III, ein erfahrener Forscher in der Psychiatrie, erhielt von Pfizer 508 050 US-Dollar in Form von Provisionen und ähnlichen Vergütungen im gleichen Zeitraum, in dem er mit Pfizer im Rahmen seiner öffentlichen Funktion zusammenarbeitete. Dabei ging es um Studien zu Alzheimer-Patienten. Ohne seine Verbindung mit dem Unternehmen offenzulegen, befürwortete Sunderland 2003 während einer im Fernsehen ausgestrahlten Präsentation am Nationalen Gesundheitsinstitut (NIH) den Gebrauch eines von Pfizer vermarkteten Alzheimer-Medikaments.
- Dr. Lance A. Liotta, ein Laboratoriumsdirektor des Nationalen Krebsinstituts, arbeitete im Rahmen seiner offiziellen Funktion mit einem Unternehmen zusammen, das einen Test für Eierstockkrebs zu entwickeln suchte. Anschließend nahm er 70 000 US-Dollar als Berater eines mit diesem in Konkurrenz stehenden Unternehmens an. Die Entwicklung des Krebstests kam zum Stillstand, was eine Beschwerde des Unternehmens veranlasste. Das NIH stellte sich hinter Liotta.
- Dr. Harvey G. Klein, der führende Experte für Bluttransfusionen des NIH, akzeptierte im Laufe der letzten fünf Jahre 240 200 US-Dollar in Form von Provisionen und 76 000 in Aktienoptionen von Unternehmen, die Blutprodukte entwickelten. Zur selben Zeit trat er in Aufsätzen und Vorträgen für den Nutzen solcher Produkte ein, ohne dabei seine Beziehungen zu dem Unternehmen öffentlich bekannt zu machen.[40]

Es scheint unnötig, diese drei Beispiele weiter zu kommentieren. Manchmal sprechen die Tatsachen einfach für sich.

Eine weitere Episode trägt dazu bei, alles Restvertrauen in US-Regulierungsbehörden zu untergraben. Die Arzneimittelbehörde (FDA) nahm mehrere Schmerzmittel im Anschluss an die Veröffentlichung von Daten zu ernsthaften gesundheitsschädlichen Nebenwirkungen vom Markt. Dazu gehörten Clebrex, Bextra und Vioxx (alle bekannt als Cox-2-Hemmer). Die Entscheidung wurde von einer Kommission aus 32 staatlichen Medikamentenberatern überprüft, und diese Kommission stimmte dafür, die Medikamente auf dem Markt zu belassen. Wie sich dann herausstelle, standen zehn ihrer Mitglieder in finanziellen Verbindungen zu den Medi-

40 David Willman, »Stealth Merger: Drug Companies and Government Medical Research«, in: *Los Angeles Times* (7. Dezember 2003), S. A1.

kamentenherstellern. Wenn sich diese wegen eines Interessenkonflikts enthalten hätten, wäre das Ergebnis ganz anders ausgefallen. Hätten sie nicht mit abgestimmt, wären zwei der Medikamente nicht wieder eingesetzt worden (Celebrex wäre in jedem Fall wieder eingesetzt worden). Das Votum wäre mit 12 zu 8 Stimmen gegen Bextra und 14 zu 8 gegen Vioxx ausgefallen. Die zehn Mitglieder, die Beziehungen zu den Medikamentenherstellern hatten, stimmten in allen Fällen mit neun Ja-Stimmen und einer Nein-Stimme zugunsten der Wiedereinsetzung.[41]

Gute Regulierungen in Kraft zu setzen ist äußerst wichtig. Allerdings sind es die weniger gravierenden Probleme, die tatsächlich durch Regulierung gelöst werden, und häufig können diese auch auf andere Weise gelöst werden. Schwerwiegender ist das Problem, dass es keinen Anreiz gibt, Forschungen zu nicht patentfähigen Lösungen von Gesundheitsproblemen durchzuführen. Was in der gewinnorientierten Forschung völlig fehlt, ist die Erzeugung einer breiten Gruppe alternativer Theorien. Und das ist mein Hauptgrund für die dritte Option, nämlich die sozialisierte oder staatliche Forschung. Ich schlage die folgenden Maßnahmen vor:

– Abschaffung von Patenten in der medizinischen Forschung
– Angemessene finanzielle Ausstattung der medizinischen Forschung

Was kann zugunsten dieser zwei Forderungen gesagt werden? Man könnte meinen, dass Patente als Anreiz für herausragende Leistungen notwendig sind. Das ist Unsinn. Die herausragenden Leistungen, die es in der Mathematik, der Hochenergiephysik und der Entwicklungsbiologie gibt, sind frei von Patenten. Neugier, gute Gehälter und die Anerkennung durch Fachleute im jeweiligen Bereich sind Motivation genug. Wie steht es mit dem Problem, dass ein großer Teil der medizinischen Forschung einfach Packesel-Arbeit ist, nämlich aus umfangreichen klinischen Studien besteht? Dies mag stimmen, doch werden klinische Studien auch für Forschungen gebraucht, die eindeutig nicht patentierbar und genauso eindeutig von großem Nutzen für die Gesellschaft sind. Wenn öffentliche Gelder für klinische Studien des Einflusses von Brokkoli auf die Gesundheit verwendet werden können, bei denen nichts

41 Gardiner Harris und Alex Berenson, »10 Voters on Panel Backing Pain Pills Had Industry Ties«, in: *New York Times* (25. Februar 2005), S. A1.

patentierbar ist, dann können öffentliche Gelder auch bei Medikamenten eingesetzt werden.

Warum verlange ich ein »angemessenes« Niveau der Finanzierung statt eine Anpassung an das gegenwärtige Niveau? Zum einen ist es schwer zu sagen, wie hoch das gegenwärtige Niveau wirklich ist. Pharmaunternehmen behaupten, dass es durchschnittlich mehr als 800 Millionen US-Dollar kostet, ein neues Medikament auf den Markt zu bringen. Dabei handelt es sich jedoch um eine grobe Übertreibung. Eine realistische Schätzung beläuft sich eher auf ungefähr 100 Millionen US-Dollar, da Marketingkosten (welche eingerechnet werden) nicht Teil der wirklichen Forschung sind.[42] Außerdem werden viele Forschungsprojekte an »Me-Too«-Medikamenten durchgeführt, die der Öffentlichkeit nur geringen oder gar keinen Nutzen bringen. Wenn man diese Faktoren in Betracht zieht, dann ist deutlich, dass ein sehr hohes Forschungsniveau für erheblich weniger öffentliche Gelder aufrechterhalten werden kann.

Können diese Vorschläge wirklich umgesetzt werden? Die methodologischen Probleme sind schon schwierig genug, aber die politischen Schwierigkeiten sind noch weitaus vertrackter, da sie in der Gesellschaft überwunden werden müssen. Radikale Vorschläge haben wenig Aussicht auf Erfolg, auch wenn sie aus methodologischer Perspektive tadellos sind. Mein Vorschlag staatlicher medizinischer Forschung mag ziemlich radikal klingen, er ist es aber im Grunde nicht, zumindest nicht in vielen Gesellschaften. In Kanada und anderen Ländern mit sozialisierter oder staatlicher Medizin ist die breite Öffentlichkeit der Ansicht, dass die Medizin ein Gebiet ist, in dem der Markt nicht regieren sollte. (Die Bildung ist ein weiteres Gebiet, bei dem es zumindest für die unteren Schulklassen eine allgemeine Unterstützung für freie öffentlich finanzierte Schulen für alle gibt.) In diesem Zusammenhang passt sich ein Vorschlag wie meiner nahtlos in das vorhandene nationale Gesundheitssystem ein. Eher handelt es sich bei privatwirtschaftlicher medizinischer Forschung um die Kuriosität. Es braucht nicht weiter erwähnt zu werden, dass dies auf die Vereinigten Staaten nicht zutrifft, auf andere Länder der industrialisierten Welt aber schon.

---

42 Siehe Angell, *The Truth About the Drug Companies: How They Deceive Us and What to Do About It*, S. 40. Die öffentliche Bürger-Website enthält relevante Information zum Thema, ⟨http://www.citizen.org/⟩.

Das bedeutet, dass es als Richtlinie relativ leicht einzuführen sein sollte. Kurz gesagt, staatliche Forschung geht Hand in Hand mit staatlicher Medizin.[43]

Aber ist das nicht eine Einladung zur Verschwendung von Steuergeldern? Wird die privatwirtschaftliche Forschung nicht in jeder Hinsicht effizienter sein? Ist es im Grunde genommen nicht eine weithin bekannte Tatsache, dass Sozialisten, egal wie wohlmeinend sie sind, schlecht mit Geld umgehen und hoffnungslos ineffizient sind? Da ich die medizinische Forschung an ein staatliches Gesundheitssystem binde, tun wir gut daran, die relative Effizienz dieser beiden Typen des Gesundheitswesens miteinander zu vergleichen. Woolhandler u. a. haben eine vergleichende Untersuchung über die Kosten der Gesundheitsverwaltung in den Vereinigten Staaten und Kanada durchgeführt und sind dabei zu dem folgenden Schluss gekommen: »1999 beliefen sich die Kosten der Gesundheitsverwaltung in den Vereinigten Staaten auf mindestens 294,3 Milliarden US-Dollar oder auf 1,059 US-Dollar pro Kopf, im Vergleich zu 307 US-Dollar pro Kopf in Kanada.«[44] Sie bemerkten, dass der Abstand größer wird, und zogen daraus die offensichtliche Lehre:

Die Lücke zwischen den Aufwendungen der Vereinigten Staaten und Kanadas für die Gesundheitsverwaltung hat sich auf 752 US-Dollar pro Kopf vergrößert. Eine große Summe könnte in den Vereinigten Staaten eingespart werden, wenn Verwaltungskosten durch die Einführung eines Gesundheitssystems nach kanadischer Art vermindert würden.[45]

Der Vergleich ist noch verblüffender, wenn die Kosten der beiden Systeme in Prozentzahlen des Bruttosozialproduktes (BSP) ausgewiesen werden. Das Gesundheitswesen kostet in den Vereinigten Staaten 15 % des BSP und deckt gleichwohl grob ein Viertel

---

43 Sheldon Krimsky ist ein scharfer Kritiker der gegenwärtigen medizinischen Forschung und Verfechter umfangreicher Regulierung. Er merkte an, dass »sich keine verantwortlichen Stimmen für ein Ende der Finanzierung durch Unternehmen aussprechen« (Krimsky, *Science in the Private Interest*, S. 51). Ich hoffe, dass die von mir angeführten Gründe meinen Vorschlag vernünftig erscheinen lassen, es ist allerdings ein Zeichen der Zeit, insbesondere in den Vereinigten Staaten, dass die Befürwortung einer Rückkehr zur Finanzierungspraxis von vor 1980 als »unverantwortlich« bezeichnet wird.

44 S. Woolhandler u. a., »Costs of Health Care Administration in the United States and Canada«, in: *New England Journal of Medicine* 349 (2003), S. 768-875.

45 Ebd., S. 768.

der Bevölkerung nicht ab. In Kanada belaufen sich die Kosten auf weniger als 10% des BSP, und doch ist die gesamte Bevölkerung abgedeckt.

So viel zur sozialistischen Ineffizienz. Natürlich benötigt man eine Regierung, die sich der Effizienz verschrieben hat. Sogar die meisten am Markt orientierten politischen Parteien in Kanada sehen ein, dass die staatliche Medizin in Kanada nicht rückgängig zu machen ist (zumindest behaupten sie das), und große Unternehmen unterstützen dies, da ihre Kosten dadurch erheblich niedriger als die von US-Konkurrenten gehalten werden. Darum ist Effizienz sowohl im Interesse der Regierung als auch der breiten Öffentlichkeit. Im Gegensatz dazu wollen einige Politiker nicht, dass irgendeine Regierungsstelle effizient arbeitet, weil das eine Herausforderung für die Privatwirtschaft darstellen würde. Solche Politiker haben die folgenden Schritte unternommen: Medicare, einem US-Gesundheitsprogramm für ältere Menschen, wurde es durch ein vom US-Kongress beschlossenes Gesetz verboten, seine Kaufkraft dazu zu verwenden, niedrigere Preise auszuhandeln. Diese staatliche Einrichtung muss den Höchstpreis bezahlen. Alle diejenigen mögen ihre Hände heben, die meinen, dieses Gesetz sei von Sozialisten beschlossen worden.

9. Werte und Methodologie

Es gibt eine Handvoll menschlicher Tätigkeiten, die ganz und gar edel sind. Die Liste wird zweifellos durch die Verringerung von Armut und Leiden angeführt. Dies gilt selbst dann, wenn man große Kunst und Wissenschaft hinzunimmt. Medizinische Forschung sollte sich weit oben auf dieser Liste befinden. Doch alles dieses Wunderbare und Edle wird durch den Kommerz verdorben und durch Habgier herabgesetzt. Vor einem halben Jahrhundert hat Jonas Salk den Impfstoff gegen Kinderlähmung entdeckt und dadurch Millionen von Todesfällen und immens viel Gram verhindert. Als er gefragt wurde, ob er seine Entdeckung patentieren lassen würde, antwortete er: »Es gibt kein Patent. Können Sie die Sonne patentieren?« Nicht alle können einen Beitrag wie Salk leisten, aber jeder von uns kann den schlammigen Morast vermeiden.

Es könnte den Anschein haben, als wenn sich mein Insistieren darauf, Patente in der medizinischen Forschung aus der Welt zu schaffen, an politischen Entscheidungen beteiligt zu sein und eine besondere, hier befürwortete Politik zu betreiben, ein bloßes Abbild verschiedener Werte darstellte, die ich zufällig teile. Vielleicht ist es so. Eigentlich bin ich sogar sicher, dass es so ist. Doch man kann dieses Problem auch anders betrachten, nämlich auf eine Weise, in der Werte keine ausschlaggebende Rolle spielen. Tatsächlich betrachte ich die ganze Angelegenheit als eine Frage der guten Methodologie, nicht der Moral.

Die wissenschaftliche Methode ist nicht für alle Zeiten festgelegt, sondern scheint sich weiterzuentwickeln, oft unter dem Einfluss wissenschaftlicher Entdeckungen. Zum Beispiel hat die Entdeckung von Placebo-Effekten zur Einführung von Blind- und Doppelblindversuchen geführt. Das heißt, die Entdeckung einer Tatsache führte zur Einrichtung einer Norm: In Situationen dieses und jenes Typs *sollten* Blindversuche zur Anwendung kommen. Obwohl es sich hierbei um eine Norm handelt, ist es nicht das, was wir normalerweise einen Wert nennen würden. Es ist also kein sozialer oder moralischer Wert, wenn auch ein erkenntnisorientierter Wert. Andere haben bereits betont, dass die Praxis der Blindversuche so verstanden werden sollte, dass die Wissenschaft das übernimmt, was sie selbst als geeignete Methodik ermittelt hat. In meinen Augen sollten wir die gegenwärtige Situation ähnlich betrachten. Wir haben aus Erfahrung gelernt, dass es zu ernsthaften Problemen führt, wenn Forschung aus wirtschaftlichen Interessen gefördert wird, und zwar zu so ernsthaften, dass die Qualität dieser Forschung gravierend beeinträchtigt wird. Aus diesem Grund habe ich so viele Beispiele angeführt. Der Umstieg auf eine öffentliche Finanzierung löst viele, wenn nicht gar alle dieser wissenschaftstheoretischen Probleme. Deshalb sollte die öffentliche Finanzierung für die medizinische Forschung die wissenschaftstheoretische Norm bilden. Diese Argumentation unterscheidet sich nicht von dem zuvor genannten Fall, nämlich zunächst den Placeboeffekt zu entdecken, dann herauszufinden, dass die mit diesem verbundenen Schwierigkeiten durch Blindversuche überwunden werden können, und schließlich als Schlussfolgerung die methodologische Norm von Blindversuchen einzuführen.

Ein möglicher Einwand könnte lauten, dass meine Argumente, wenn sie für die Abschaffung der geistigen Eigentumsrechte in der medizinischen Forschung gelten, auch im Allgemeinen gelten sollten. Und wenn das so ist, dann sollten Patente überall abgeschafft werden. Andersherum ausgedrückt: Wenn es eine schlechte Idee ist, Patente überall abzuschaffen, dann muss es auch eine schlechte Idee sein, sie aus der Medizin zu verbannen. Meine Antwort ist einfach: Ich bestreite die Allgemeingültigkeit des Arguments. Wenn es um die Wirtschaft geht, vertreten heute nur wenige Menschen den Alles-oder-nichts-Standpunkt, dass der Staat alle Produktionsmittel oder überhaupt keine besitzen sollte. Die erfolgreichsten Wirtschaftsformen sind doch Mischformen. Einige Branchen und Einrichtungen (die Bahn, Schulen) werden am besten öffentlich betrieben, während andere (Restaurants, Bekleidung) am besten der freien Marktwirtschaft überlassen werden. Hier ist es sinnvoll, sich auf praktische Erfahrungen zu stützen. Gerade dies ist meine Einstellung mit Bezug auf Patente. Ich bin davon überzeugt, dass sie in einigen Bereichen von großem Vorteil für die Gesellschaft sind, doch die Medizin zählt nicht zu diesen.

10. Wissenschaftlicher Sozialismus

Der Ausdruck »wissenschaftlicher Sozialismus« könnte als angemessene Bezeichnung der Art von medizinischer Forschung gelten, auf die ich dränge. Aber diejenigen, die mit dem Marxismus vertraut sind, könnten ein anderes Bild heraufbeschwören. Marx und Engels haben ihre Anschauungen bekanntlich vom utopischen Sozialismus unterschieden. Dieser Unterschied ist sehr wichtig. Die Motivation für den utopischen Sozialismus ist in erster Linie moralischer Natur. Er wird von denjenigen vorangetrieben, die über Armut und soziale Ungerechtigkeit aufgebracht sind – wie sie es ja auch sein sollten. Sozialer Wandel, wenn er heraufzieht, wäre eine moralische Antwort auf die Schrecken der gegenwärtigen Lage. Der wissenschaftliche Sozialismus von Marx und Engels steht für eine ganz andere Auffassung. Ihrer Ansicht nach enthält der Kapitalismus die Keimzelle seiner eigenen Zerstörung. Kapitalistischer Wettbewerb führt unweigerlich zur Vergrößerung und Verarmung der Arbeiterklasse. Der Sozialismus wird aus diesen Umständen auf eine vollkommen natürliche und unausweichliche Art hervorgehen. Nach dem herkömmlichen Marxismus ist der Sozialismus zwar moralisch überlegen, aber nicht das Ergebnis einer moralischen Wahl, sondern einer unvermeidlichen historischen Entwicklung und damit einem gesetzmäßigen Prozess vergleichbar.

Die Probleme, die mit der medizinischen Forschung verbunden sind, sehe ich ähnlich. Um es noch einmal zu sagen, dies ist ganz etwas anderes, als aus moralischen Gründen für öffentliche Forschungsförderung einzutreten. Die Politik, die ich fordere, ist vielmehr wissenschaftstheoretisch motiviert. Dieser Unterschied ist dem Gegensatz zwischen utopischem und wissenschaftlichem Sozialismus nicht unähnlich. Die Entwicklung wird nicht durch moralische Empörung vorangetrieben – obgleich ich deren Präsenz eingestehe –, sondern eher durch die innere Logik des Kapitalismus (laut Marx) oder durch die gegenwärtige medizinische Forschung (meiner Ansicht nach).

Deutlich ist jedoch eine offenkundige Abweichung. Nach Marx' wissenschaftlichem Sozialismus führt die innere Logik des Kapitalismus unweigerlich zum Sozialismus. Hingegen führt die innere Logik der gegenwärtigen medizinischen Forschung keineswegs zwangsläufig zur sozialisierten Forschung. Es bedarf nach wie vor politischer Aktionen, um sie zu verwirklichen. Und diese sind alles andere als unausweichlich. Genau an dieser Stelle ist das philosophische Argument im öffentlichen Raum unerlässlich. Und hier erwarte ich nichts weniger als einen langen, schweren Kampf.

Wilfrid Sellars bemerkte einmal, dass es sich bei der Philosophie um einen Dedekindschen Schnitt zwischen den einleitenden Ausführungen und den Schlussfolgerungen handelt. In diesem Sinne war die lange Liste der Probleme, die aus der Kommerzialisierung der medizinischen Forschungen entstehen, meine Einleitung. Meine Schlussfolgerung war ein Aufruf zur Abschaffung von Patenten in der Medizin. Der Dedekindsche Schnitt war der Teil, der blitzartig vorbeizog und in dem moralische Empörung von methodologischer Feinabstimmung unterschieden wurde. Es lohnt sich vielleicht, diesen zu rekapitulieren.

Es könnte den Anschein haben, als stammte die Befürwortung öffentlicher Forschungsfinanzierung im Gesundheitswesen aus einer sozialistischen Ideologie. Das trifft zum Teil zu, aber es geht um viel mehr. Die Unentbehrlichkeit patentfreier öffentlicher Finanzierung der medizinischen Forschung gleicht dem Erfordernis, Blindversuche durchzuführen. Einfach gesagt, handelt es sich um eine wissenschaftstheoretische Entdeckung, die viele Menschen gemacht haben. Es sind Tatsachen aufgedeckt worden, die eine methodologische Antwort verlangen und nicht eine moralische. Die richtige Antwort, die ich nachdrücklich vertrete, lautet, medizinische Forschung in staatlicher Regie zu betreiben. Dass der wissenschaftliche Sozialismus, wie ich ihn hier bezeichne, gut mit dem moralischen Empfinden in Einklang steht, ist ein – zumindest für mich – glücklicher Zufall.

Martin Carrier
Wissenschaft im Griff der Wirtschaft: Auswirkungen kommerzialisierter Forschung auf die Erkenntnisgewinnung[1]

1. Einleitung

Mit dem Begriff der »Wissensgesellschaft« ist oft die Ansicht verbunden, dass die Wissenschaft zu den wichtigsten Wirtschaftsressourcen der modernen Welt zählt. Zu Beginn des 21. Jahrhunderts nimmt die Wissenschaft eine Rolle in der Wirtschaft ein, die derjenigen von Kohle und Stahl im 19. Jahrhundert ähnelt. Ob dies zutrifft oder nicht, die Wissenschaft ist unbestreitbar ein wichtiger Faktor der Wirtschaftsentwicklung. Folglich genießt Wissenschaft nicht deshalb besondere Wertschätzung, weil sie etwa dazu beitrüge, den Code des Universums zu entschlüsseln, sondern weil ihre praktischen Folgen geschätzt werden. Es ist nicht der Erkenntnisfortschritt, der in erster Linie begrüßt würde, sondern die Fähigkeit zum Eingriff in Naturphänomene und deren Einsatz für die Verbesserung der Bedingungen menschlicher Existenz. Entsprechend wird der wissenschaftliche Fortschritt nicht als Zweck in sich selbst angesehen, sondern als ein Instrument zur Erhöhung des Wirtschaftswachstums. Ausgaben für die Forschung werden als eine Investition betrachtet, die angemessen Zinsen tragen soll.

Folglich werden wissenschaftliche Ziele zunehmend mit wirtschaftlichen Interessen verflochten. Große Teile der Forschung in Chemie, Biochemie oder Pharmazie wird in Privatfirmen betrieben. In solchen Bereichen wandern beträchtliche Teile schöpferischer Arbeit aus den Universitäten aus und finden in Industrielaboratorien statt. Wir sind Zeuge einer tiefgehenden Kommerzialisierung der Forschung, die uns vor die Frage stellt, wie die Vorherrschaft wirtschaftlicher Interessen Wissenschaft und Gesellschaft als ganze beeinflusst.

Auf den ersten Blick ist kommerzialisierte Wissenschaft durch drei Elemente charakterisiert. Erstens wird die Tagesordnung der

1 Ich danke Matthias Adam für seine wertvollen Hinweise und Vorschläge, die die Argumentation sehr verbessert haben.

Forschung durch wirtschaftliche Ziele bestimmt, und solche Ziele können sowohl von Erkenntniszwecken als auch von wohlbedachten Interessen der Gesellschaft als ganzer abweichen. Zweitens neigt Industrieforschung zu verschlossenen Türen. Im Unterschied zur erkenntnisorientierten Wissenschaft ist kommerzialisierte Forschung und Entwicklung keineswegs auf den uneingeschränkten Zugriff auf Forschungsergebnisse und deren breite Prüfung eingeschworen. Drittens wird Forschung zu praktischen Fragen allein nach pragmatischen Maßstäben beurteilt. Einziges Erfolgskriterium ist, dass ein Gerät verlässlich und effizient funktioniert. Weiter gehender Ehrgeiz in Erkenntnisdingen fehlt. In der Summe wird erwartet, dass kommerzialisierte Forschung zu einer einseitigen Wahl von Forschungsthemen führt, die Öffentlichkeit aus Industrielaboren heraushält und Opfer methodologischer Nachlässigkeit wird. Ich möchte untersuchen, in welchem Ausmaß solche Befürchtungen gerechtfertigt sind und wie widrige Folgen für die Wissenschaft begrenzt werden können.

2. Verschiebungen in der Forschungsagenda

Die Betonung des praktischen Nutzens bringt es mit sich, dass die Forschungsagenda von Faktoren wie Nützlichkeit, technischer Machbarkeit und erwartbarem Profit geprägt wird. In der Regel genießen erkenntnisorientierte Projekte weniger Aufmerksamkeit und finanzielle Förderung als anwendungsorientierte. Hochtemperatursupraleitung ist ein Beispiel. Wie sich herausstellte, überstieg dieser Effekt den Geltungsbereich des so genannten BCS-Modells, das für gewöhnliche Supraleitung bei tiefen Temperaturen relevant ist. Einschlägige Forschungsaktivitäten sind nur selten darauf gerichtet, theoretische Erklärungen für Hochtemperatursupraleitung anzugeben. Vielmehr richten sich die meisten Anstrengungen auf praktisch wichtige Fragen wie die Erhöhung der Sprungtemperatur, bei der Supraleitung einsetzt, die Identifikation weiterer geeigneter Materialien oder die Verbesserung ihrer technischen Eigenschaften. Fälle wie dieser stützen das Urteil, dass praktische Herausforderungen im Zentrum des Forschungsinteresses stehen.

Anwendungsorientierte Forschung wird in beträchtlichem Maß in Industrieunternehmen und mit Gewinnorientierung durchgeführt. Es ist nicht das Streben nach Wissen, das solche Projekte vorantreibt; vielmehr wird Forschung als Investition aufgefasst, deren Rendite mindestens die Kosten decken soll.[2] Zwar haben der Einstrom von privatem Kapital und die wirtschaftlichen Motive der Forschungsförderung den technischen Fortschritt sicher beflügelt und sogar zur Entfaltung der Wissenschaft beigetragen. Die Kehrseite ist jedoch, dass die Wahl von Problemen in anwendungsorientierter Forschung durch wirtschaftliche Interessen geprägt wird, deren Verfolgung schwerlich allen Betroffenen dienlich ist. Die prominentesten Beispiele entstammen der medizinischen Forschung, bei der die Einseitigkeit der Fragestellung unbestreitbar und offenkundig ist. Die Forschungsanstrengungen konzentrieren sich auf Krankheiten, die in den reichen Ländern verbreitet sind, während Leiden der Dritten Welt wenig Beachtung finden. Philip Kitcher spricht von der »10/90-Lücke«, der zufolge nur 10 % der biomedizinischen Forschung auf Krankheiten gerichtet ist, die 90 % des weltweiten Leidens verursachen. Die Behandlung von Malaria ist weit nachrangiger als die Therapie von Übergewicht. Entsprechend hält es Kitcher für ein Unglück, dass sich die Wissenschaft dem Markt unterwirft.[3]

Das gleiche Argument gilt auch für die Wirtschaftswissenschaft. James R. Brown skizziert das Beispiel, dass es sich finanzkräftige Einrichtungen leisten können, Forschungen zu den Auswirkungen hoher Besteuerung auf die Produktivität in Auftrag zu geben. Angenommen, es ergebe sich dabei wahrheitsgemäß, dass eine höhere Besteuerung die Produktivität beeinträchtige, und weiter angenommen, nichts weiter als dies werde in dem Forschungsbericht dargestellt; der Fehler wäre dann, dass weitere Wirkungen einer höheren Besteuerung außer Betracht gelassen würden. Es gibt nämlich keine großzügig ausgestattete Stiftung *Verband alleinerziehender Mütter auf Sozialhilfe*, die Forschungsprojekte zu den Auswirkungen erhöhter Staatseinnahmen auf die Entwicklungs-

2 Nathan Rosenberg, »Why do Firms do Basic Research (with Their Own Money)?«, in: *Research Policy* 19 (1990), S. 165-174, S. 165; Nathan Rosenberg, »Critical Issues in Science Policy Research«, in: *Science and Public Policy* 18 (1991), S. 335-346, S. 345; Martin Carrier, »Grundlagenforschung ist kein Profit-Center«, in: *Physik Journal* 1 (4) (2002), S. 3.
3 Philip Kitcher, »Reply to Helen Longino«, in: *Philosophy of Science* 69 (2002), S. 569-572, S. 570.

chancen armer Familien finanziert. Obwohl nichts Falsches gesagt wird, stellt die bevorzugte Beachtung der Produktivität andere gesellschaftliche Interessen in den Schatten.[4]

3. Kommerzialisierte Forschung und Entwicklung hinter verschlossenen Türen

Eine zweite nachteilige Folge kommerzialisierter Wissenschaft ist die Neigung, Forschungsergebnisse geheim zu halten. Wie Nathan Rosenberg ausführt, entsteht die Möglichkeit,

dass der potenzielle wirtschaftliche Gewinn, der mit wissenschaftlichen Entdeckungen verbunden ist, zu einem Verlust offener Kommunikation unter Universitätsforschern führt und verhindert, dass Ergebnisse offengelegt werden, aus denen andere Forscher oder Studierende großen Nutzen ziehen könnten. Diese Entwicklung könnte sich als schädlich für den künftigen Fortschritt von Wissenschaft und Technik wie auch für die universitäre Ausbildung erweisen.[5]

Robert Merton hielt den »Kommunalismus« (wie er heute oft genannt wird, oder »Kommunismus«, wie Merton selbst ihn nannte) für einen Pfeiler des Systems kultureller Werte, das wissenschaftliche Forschung charakterisiert. »Kommunalismus« besagt, dass wissenschaftliches Wissen in öffentlichem Besitz ist; Wissenschaft gehört keinem einzelnen Wissenschaftler noch auch seinem Arbeitgeber. Wesentlicher und unentbehrlicher Teil des »Ethos der Wissenschaft« ist, dass wissenschaftliche Ergebnisse Eigentum aller sind. Merton forderte entsprechend, dass wissenschaftliches Wissen uneingeschränkt zugänglich sein sollte, und sprach sich gegen Patente aus, weil sie gegen diese Wertvorgabe verstießen.[6]

Die Verpflichtung auf die Offenheit von Forschung und auf den ungehinderten Zugang zu ihren Resultaten ist ein Kernelement

---

4 James R. Brown, »Privatizing the University – The New Tragedy of the Commons«, in: *Science* 290 (2000), S. 1701 f., S. 1701; James R. Brown, *Who Rules in Science?*, Cambridge/MA 2001, S. 210.

5 Rosenberg, »Critical Issues in Science Policy Research«, S. 340.

6 Robert K. Merton, »The Normative Structure of Science« (1942), in: ders., *The Sociology of Science. Theoretical and Empirical Investigations*, Chicago 1973, S. 273-275.

erkenntnisorientierter Wissenschaft. Das Anreizsystem solcher Wissenschaft stützt sich auf die Veröffentlichung. Im Gegensatz dazu sollen Vorhaben industrieller Forschung und Entwicklung Wissen erzeugen, das exklusiv genutzt werden kann. Schließlich sind Wirtschaftsunternehmen nicht darauf erpicht, Wissen zu produzieren, das anschließend kostenlos von Konkurrenten genutzt werden kann.[7] Folglich sind wichtige Bereiche wissenschaftlicher Aktivität von Industriegeheimnissen oder Patenten abgesteckt und eingegrenzt. Wissenschaftler werden nicht selten durch ihre Arbeitsverträge daran gehindert, ihre eigenen Entdeckungen offenzulegen. Das Drängen auf Geheimhaltung beherrscht Teile der Industrieforschung und bringt die herkömmliche Unterscheidung zwischen Gelehrten und Gesellschaft wieder zur Geltung, die im Laufe der Wissenschaftlichen Revolution allmählich verschwunden war. Die Kommerzialisierung der Forschung geht tendenziell mit einer Privatisierung der Wissenschaft einher, die die öffentliche Verfügbarkeit von Wissen gefährdet.[8] Indem sie hinter dem Schleier der Verschwiegenheit operiert, nähert sich kommerzialisierte Forschung einer Wissensform, die Pythagoras zugeschrieben wird, nämlich der Organisation von Wissenschaft als gelehrter Bruderschaft. In dieser pythagoreischen Tradition gilt die Wahrheit als zu erhaben, um sie der Beschränktheit der breiten Masse auszusetzen. Die Einsichten der Weisen sind nicht zur allgemeinen Verbreitung bestimmt, sie sind vielmehr allein im Kreis der Schüler und Eingeweihten weiterzugeben. Dieses pythagoreische Verständnis von Wissenschaft ist noch für Kopernikus und Newton kennzeichnend und erstreckt sich damit bis in die Neuzeit. Danach sind die Früchte der Erkenntnis der geistigen Elite vorbehalten; diese Früchte verderben durch Austeilung an den gemeinen Mann.

Selbstverständlich entspringt die neue Konspiration des Schweigens anderen Motiven. Sie hat weniger mit der Hochschätzung der Gelehrsamkeit zu tun als mit der Anziehungskraft weltlicher Güter. Aber was hier auf dem Spiel steht, gehört in den Kernbereich der wissenschaftlichen Methode, wie sie nach der Aufgabe

---

7 Partha Dasgupta und Paul A. David, »Toward a New Economics of Science«, in: *Research Policy* 23 (1994), S. 495-498.

8 David Concar, »Corporate Science vs. the Right to Know«, in: *New Scientist* (16. 3. 2002), S. 14-16, S. 15; Elaine Gibson u. a., »Dances with the pharmaceutical industry«, in: *Canadian Medical Association Journal* 166 (2002), S. 448-450.

des pythagoreischen Ideals verstanden wird. Wissensansprüche in der Wissenschaft sollten nämlich dem Urteil von jedermann unterworfen werden können. Die intersubjektive Beschaffenheit der wissenschaftlichen Methode verlangt öffentliche Prüfung und Bestätigung. Die soziale Erkenntnistheorie hat die wissenschaftliche Gemeinschaft als ganze als diejenige Institution in den Mittelpunkt gerückt, die wissenschaftliches Wissen produziert. Wissenschaft verlangt öffentliche Foren, in denen Wissensansprüche der Erörterung und Kritik ausgesetzt sind.[9] Geheimhaltung kann gerade verhindern, dass Wissensansprüche streng geprüft werden. Weder werden solche Behauptungen so kritisch untersucht, wie sie es würden, wenn ihr Inhalt und ihre Bestätigungsgrundlage breiter bekannt wären, noch ist die neue Information für verwandte Forschungsvorhaben verfügbar. Verschwiegenheit unterhöhlt daher die Erkenntnisautorität und den Fortschritt der Wissenschaft. Forschungsergebnisse unter Verschluss zu halten ist nicht allein problematisch für den Geltungsanspruch der Wissenschaft, sondern auch ethisch fragwürdig. Neuerungen der Industrieforschung stützen sich auf frühere Untersuchungen anderer Wissenschaftler und werden durch diese oft erst ermöglicht. Die Entdeckungen von heute hängen von früheren Ergebnissen ab, die meistens im öffentlichen Raum erzielt wurden. Wenn also nützliche Entdeckungen der Fachgemeinschaft und der breiteren Öffentlichkeit entzogen werden, ist dies gleichbedeutend mit der Weigerung, etwas für den empfangenen Nutzen zurückzugeben. Es heißt, die Goldene Regel zu verletzen: Alles, was ihr wollt, dass Euch die Leute tun sollen, das tut ihnen auch.[10] Wissenschaft ist ein ganzheitliches Gewebe von miteinander verflochtenen Lehren und Fähigkeiten. Dieses Gewebe kann nicht säuberlich in Teile aufgetrennt werden, die man sich separat aneignen könnte. Die unhintergehbare Beteiligung der wissenschaftlichen Gemeinschaft als ganzer am Erkenntnisfortschritt, sei es in der Vergangenheit oder in der Gegenwart, sei es öffentlich oder privat, gibt uns ein Anrecht auf Wissen.

9 Hellen E. Longino, *The Fate of Knowledge*, Princeton 2002, S. 129 und S. 143.
10 Matthäus 7:12.

4. Provisorische Erkenntnisstrategien und die Vorherrschaft praktischer Ziele

Anwendungsorientierte Forschung wird von technologischen Motiven angetrieben und ist auf praktische Ziele gerichtet. Daraus entspringt die Erwartung, dass anwendungsorientierte Forschung von einer rein pragmatischen Haltung beherrscht wird, der zufolge das angemessene Funktionieren eines Geräts der einzige Maßstab für Erfolg ist. Wenn eine Apparatur ordnungsgemäß arbeitet, werden keine weiteren Fragen gestellt. Erkenntnisorientierte Herausforderungen, die die unmittelbaren praktischen Erfordernisse übersteigen, finden dagegen tendenziell keine Beachtung. Wegen dieser rein pragmatischen Vorgehensweise scheint anwendungsorientierte Forschung methodologisch defizitär; sie schraubt die Ansprüche an Theorien und Erklärungen stark zurück. So gibt sich anwendungsorientierte Forschung nicht selten mit kontextualisierten Kausalbeziehungen zufrieden, die auf »normale« Bedingungen beschränkt sind und eventuell zugrunde liegende Kausalprozesse außer Betracht lassen. Forschungsergebnisse zu Wirkungen von Arzneimitteln sind oft von dieser Art. Dann wird etwa festgestellt, dass bestimmte Substanzen besondere toxische oder kurative Wirkungen haben, ohne dass der betreffenden Verursachungskette Beachtung geschenkt würde. Solche Ergebnisse sind Resultat schematischer Durchmusterungen und stützen sich nicht auf eine theoretische Durchdringung der zugehörigen molekularen Mechanismen. Kontextualisierte Beziehungen dieser Art reichen gewöhnlich für die Erzeugung der gewünschten Wirkung aus. Eine Einbindung in den weiteren theoretischen Rahmen und eine Aufklärung der zugrunde liegenden Kausalketten werden nicht angestrebt.

Hauptsächliches Ziel anwendungsorientierter Forschung ist praktischer Erfolg, also die Kontrolle von Naturprozessen und der Eingriff in diese. Die Vorherrschaft dieser pragmatischen Haltung scheint ein Übergewicht provisorischer Erkenntnisstrategien herbeizuführen, das solche Forschung von allen weitergehenden Erkenntniszielen abschneidet. Die Erwartung lautet, dass anwendungsorientierte Forschung unter methodologischen Defiziten leidet.[11] Nachstehend untersuche ich, ob anwendungsorientierte

11 Martin Carrier, »Knowledge and Control: On the Bearing of Epistemic Values in Applied Science«, in: Peter Machamer und Gereon Wolters (Hg.), *Science,*

Forschung tatsächlich unter einer einseitigen Forschungsagenda, mangelnder öffentlicher Kontrolle und Nachlässigkeit im Prüfprozess leidet, was gegebenenfalls die Folgen sind und welche Gegenmaßnahmen geeignet scheinen.

5. Kommerzialisierte Forschung und normative Wissensbegriffe

Ich habe zuvor auseinandergelegt, dass die Kommerzialisierung der Wissenschaft eine Forschungsagenda mit sich bringt, die von markant nicht-universellen Zwecken und Interessen bestimmt wird. Industrieunternehmen erstellen eine Liste von Forschungsthemen und legen auf diese Weise fest, was die Untersuchung wert ist. Infolgedessen ziehen die Anwendungsziele kommerzialisierter Wissenschaft nicht die Interessen und Bedürfnisse all derjenigen in Betracht, die von den Ergebnissen betroffen sind.

Kitcher fordert, dass Forschung vom Ideal der »wohlgeordneten Wissenschaft« geleitet wird. In dieser wird die Forschungsagenda auf der Grundlage von Ansprüchen der Bürger festgelegt. Kitcher stellt sich einen Entscheidungsprozess vor, in dessen Rahmen legitime Forschungsfelder durch einen Prozess der Vermittlung zwischen den Interessen der Mitglieder einer Gesellschaft ausgezeichnet werden.[12] Für Kitcher setzt dieses Ideal der wohlgeordneten Wissenschaft der Vorherrschaft kommerzialisierter Forschung Widerstand entgegen. In dieser bestimmen die Vorlieben eines nur kleinen Teils der Gesellschaft, welche Forschungsthemen bearbeitet werden. Wenn Forschung unter dem Druck von Marktkräften betrieben wird, dann wird sie meistenteils durch die ganz unvermittelten Interessen der »Reichen und Mächtigen« geprägt. Kitchers Schlussfolgerung lautet, dass Wissenschaft sich aus dem Markt heraushalten sollte.[13] Kitcher kritisiert entsprechend zwei der genannten Charakteristika kommerzialisierter Wissenschaft, nämlich die Einseitigkeit der Forschungsagenda und die Einschränkung des öffentlichen Zugangs.

Values, and Objectivity, Pittsburgh 2004, S. 275-293; Martin Carrier, »Knowledge Gain and Practical Use: Models in Pure and Applied Research« in: Donald Gillies (Hg.), *Laws and Models in Science*, London 2004, S. 1-17.

12 Philip Kitcher, *Science, Truth, and Democracy*, Oxford 2001, S. 117-123.

13 Kitcher, »Reply to Helen Longino«, S. 570.

Ähnlich unterstreicht Helen Longino die Festlegung der Wissenschaft auf demokratischen Einschluss. Aber anders als Kitcher geht es ihr nicht in erster Linie um die Forschungsagenda, sondern um die Beurteilung von Hypothesen oder Theorien. Erkenntnisansprüche müssen einen Prozess der kritischen Prüfung durchlaufen, in dessen Rahmen Einwände aus allen möglichen relevanten Perspektiven in Betracht gezogen werden. Damit sichergestellt werden kann, dass diese Einwände hinreichend breit gestreut sind, müssen alle Mitglieder der Gesellschaft in diesen Beurteilungsprozess einbezogen werden – wenn auch nicht notwendigerweise im gleichen Maß. Wissen wird durch umfassende kritische Diskussion erzeugt, aus der niemand ausgeschlossen wird, der willens und fähig zur Beteiligung ist.[14]

Brown befürwortet ein ähnlich angelegtes Sozialmodell wissenschaftlicher Prüfung. Danach halten wir alle an unberechtigten Hintergrundannahmen fest, von denen uns viele gar nicht bewusst sind. Aus diesem Grund sollten wissenschaftliche Hypothesen gegen eine Vielzahl unterschiedlicher Hintergrundannahmen geprüft werden. Wir sind außerstande, uns aller dieser Annahmen zu entledigen, und sollten deshalb unterschiedliche Standpunkte bei der Untersuchung wissenschaftlicher Behauptungen zum Tragen bringen. Dies kann etwa dadurch sichergestellt werden, dass Wissenschaftler mit möglicherweise konkurrierenden Interessen Hypothesentests durchführen. Pluralismus in der Wissenschaft und die Demokratisierung von Wissenschaft sind daher nötig, um den Erkenntnisanspruch der Wissenschaft zu untermauern. Sie tragen dazu bei, die Verlässlichkeit von wissenschaftlichen Ergebnissen zu verbessern.[15]

Das pluralistische Verständnis von wissenschaftlicher Objektivität und Rationalität, das von Longino und Brown auseinandergelegt wird, bildet einen markanten Gegensatz zu einem stärker herkömmlichen Ansatz, der auf Francis Bacon zurückgeht. Bacons Denkansatz fasst Objektivität und Rationalität als Sachangemessenheit auf. Keine sachfremden Einflussfaktoren stören die Analyse der Problematik. Dieser Denkansatz verlangt, unberechtigte Vorurteile aufzugeben, während das pluralistische Modell dazu anleitet, alle Vorurteile einer Kontrolle zu unterwerfen. Dieses pluralisti-

14 Longino, *The Fate of Knowledge*, S. 129-134.
15 Brown, *Who Rules in Science?*, S. 187.

sche, hauptsächlich auf Karl Popper und Imre Lakatos zurückgehende Modell sieht es als epistemische Tugend an, gegensätzliche Ansichten in Betracht zu ziehen. Unterschiedliche Formen von Einseitigkeit sollen einander in Schach halten.

Longino will Wissenschaft einer weitergehenden Demokratisierung unterwerfen als Kitcher. Ihrer Ansicht nach beschränkt Kitcher die Demokratisierung auf die Bestimmung der Forschungsagenda, während sie die Beurteilungsverfahren einbezieht. Trotz solcher möglichen Unterschiede stimmen alle Konzeptionen von objektiver oder wohlgeordneter Wissenschaft darin überein, dass zwei der genannten Eigenheiten kommerzialisierter Wissenschaft unakzeptabel sind. Wissenschaft, die privat und hinter verschlossenen Türen betrieben wird, lädt weder zu einer öffentlichen Auszeichnung von Forschungsthemen ein noch zu allgemeiner Beteiligung an der Geltungsprüfung. Kommerzialisierte Wissenschaft steht entsprechend im Gegensatz zu diesen normativen Konzeptionen und erweist sich als moralisch und epistemisch unzulänglich.

Es ist kaum umstritten, dass Einseitigkeiten bei der Festlegung der Forschungsagenda und Einschränkungen beim öffentlichen Zugang zu Forschungsergebnissen unerwünschte Merkmale von Wissenschaft sind. Die schwierige Frage ist, was sinnvoll dagegen getan werden kann. Die Demokratisierung der Wissenschaft wäre zweifellos ein wirksames Gegenmittel. Jedoch stellt es sicher ein sehr langfristiges Vorhaben dar, die Wissenschaft auf eine Weise umzubauen, dass sie die Bedenken und berechtigten Interessen aller in Betracht zieht. Deshalb ist es angezeigt, Prozesse in der anwendungsorientierten Wissenschaft ins Auge zu fassen, die die Nebenwirkungen wirtschaftlichen Drucks begrenzen können und Wissenschaft im Einklang mit Normen der Erkenntnisorientierung halten. Ich gehe im Folgenden Mechanismen nach, die für Forschungsprozesse unabdingbar sind und die dazu beitragen, die Objektivität, Offenheit und Erkenntnisorientierung auch kommerzialisierter Wissenschaft zu bewahren.

6. Pluralismus, Verlässlichkeit und Erkenntnisorientierung in anwendungsorientierter Forschung

Karl Marx und Milton Friedman ist die Einsicht gemeinsam, dass wirtschaftliche Kräfte machtvoll und schwer zu überwinden sind. Solchen Kräften direkt entgegenzutreten kann ein vergebliches Bemühen sein. Kommerzialisierung ist wie eine Flutwelle: Sie kann kaum aufgehalten, wohl aber in eine andere Richtung gelenkt werden. Im Lauf der Zeit kann dies zu merklichen Unterschieden führen. Die Chancen dafür, eine solche Umorientierung der Wissenschaft herbeizuführen, sind besser, wenn man sich auf Verfahren und Mechanismen stützt, die ohnedies Teil der anwendungsorientierten Wissenschaft sind. Dafür empfiehlt es sich zu untersuchen, wie weitreichend und schwerwiegend die Probleme mit der einseitigen Festlegung der Forschungsagenda, den Zugangsbeschränkungen und der methodologischen Nachlässigkeit eigentlich sind, um dann Faktoren innerhalb der kommerzialisierten Wissenschaft aufzuspüren, die deren Tragweite einzuschränken vermögen.

Zu Beginn verdient Erwähnung, dass das einschlägige Engagement von Industrieunternehmen zu vermehrter Forschung führt und daher den wissenschaftlichen Fortschritt befördert. Viele Forschungsanstrengungen in Physik, Chemie und Biologie wären niemals unternommen worden, wenn nicht wirtschaftliche Interessen im Spiel gewesen wären. In einigen Forschungsfeldern ist die Alternative zu kommerzialisierter Wissenschaft nicht Forschung zum allgemeinen Wohl, sondern das Ausbleiben von Forschung. Und vermutlich wären einige Fälle dieser unterbliebenen Forschung für das Gemeinwohl schädlich. Wissensproduktion ist ein Gewinn und verdient Wertschätzung. Natürlich hat die Vorherrschaft wirtschaftlicher Interessen in der Industrieforschung unwillkommene Nebenwirkungen wie eben Zugangsbeschränkungen für Forschungsergebnisse. Gleichwohl sollte nicht allein Gewicht auf solche Mängel bei der Verteilung des Wissens gelegt werden. Vielmehr ist auch anzuerkennen, dass Wissen andernfalls überhaupt nicht erzeugt worden wäre.

Die entscheidende Streitfrage ist, ob die Erkenntnisqualität von Forschung in Unternehmen und unter Anwendungsdruck vermindert ist. Vor dem Hintergrund der pluralistischen Objektivitätskonzeption lautet das Bedenken, dass Industrieforschung keiner Kontrolle von außen unterliegt und daher eher unzuverlässige Resultate produziert als öffentliche Wissenschaft. Ein zweites methodologisches Bedenken weist in die gleiche Richtung: Industrieforschung leidet danach unter ihrer rein pragmatischen Haltung. Der starke Druck, kurzfristig mit funktionierenden Lösungen aufzuwarten, treibt die Forschung, so die Vermutung, zu einem oberflächlichen Vorgehen und beschädigt damit die erkenntnisorientierten Qualitätsstandards.

Viele Gründe sprechen jedoch gegen diese Vermutung einer deutlich sinkenden Vertrauenswürdigkeit oder Seriosität von Forschung im wirtschaftlichen Interesse. Erstens ist es mit Blick auf das pluralistische Modell wissenschaftlicher Objektivität und Rationalität nicht erforderlich – und auch gar nicht möglich –, seine Vorurteile aufzugeben. Wissenschaftliche Objektivität muss gar nicht auf den persönlichen Tugenden von Wissenschaftlern fußen und verlangt insbesondere nicht deren Interessensfreiheit (wie der Methodenkanon im 17. und 18. Jahrhundert proklamierte). Stattdessen ist es wichtig, Urteile und Interessen durch entgegengesetzte Urteile und Interessen auszubalancieren. Konkurrenz zwischen Wirtschaftsunternehmen kann einen Anreiz für eine solche gegenseitige Kontrolle bilden. In der Regel bemüht sich eine Mehrzahl von Wirtschaftsunternehmen um eine bestimmte Neuerung. Konkurrenz kann daher einen Pluralismus ähnlich demjenigen erzeugen, der von der pluralistischen Rationalitätskonzeption befürwortet wird. Wenn etwa Forschungsanstrengungen in einem Unternehmen in eine falsche Richtung gehen, dann stehen die Aussichten gut, dass dieser Irrtum durch das Forschungsprodukt eines erfolgreicheren Konkurrenten aufgedeckt wird. Zweitens ist Verlässlichkeit von herausragender Bedeutung für alle Arten anwendungsorientierter Forschung. Industrieforschung ist oft darauf angewiesen, vertrauenswürdige Ergebnisse zu liefern. Wenn ein Gerät versagt, kann das den Bankrott heraufbeschwören. Industrieforschung kann sich Unzuverlässigkeit nicht erlauben. Kontextualisierte Kausalbeziehungen sind aber weniger verlässlich als theoretisch verstandene Verallgemeinerungen. Der Grund ist, dass solche kontextualisierten Beziehungen auf die üblichen Sachumstände beschränkt sind, sodass die Anwesenheit eines Störfaktors diese leicht ungültig und für praktische Zwecke unbrauchbar machen kann. Die antibiotische Wirkung von Penicillin ist eine kontextualisierte Kausalbeziehung, die durch das Aufkommen von Resistenzen an Tauglichkeit verlor. Will man solche Störeinflüsse unter Kontrolle bringen, muss man die relevanten Kausalketten verstehen. Die praktischen Ziele der Gewinnung und Aufrechterhaltung von Eingriffsfähigkeit treibt anwendungsorientierte Forschung hin zu Erkenntniszielen wie Kausalverstehen.

Deshalb ist der Verlust von Objektivität oder Verlässlichkeit kein dringendes Problem in der anwendungsorientierten Forschung. Zwar gibt es Fälle, in denen die Interessen der Finanziers einer Studie deren Resultat beeinflusst haben.[16] Wenn man Forschungsberichte der Tabakindustrie zu den Gefahren des Rauchens konsultiert, wird man schwerlich ein ausgewogenes und vollständiges Bild erhalten. Aber die beiden zuvor skizzierten Argumente mildern die Befürchtung einer durchgehenden Irreführung. Während nämlich erstens Studien wie die erwähnten in erster Linie für die Öffentlichkeit verfasst werden, liegen die Dinge anders bei Untersuchungen, die zu marktfähigen Produkten führen sollen. Verlässlichkeit ist eine der Voraussetzungen für technische Nutzbarkeit. Aber auch wenn man sich zweitens auf Studien konzentriert, die vor allem auf die öffentliche Meinung zielen, befördert die Konkurrenz zwischen Unternehmen die Aufdeckung fehlerhafter Ergebnisse. Wenn ein Unternehmen einen Forschungsbericht publiziert, der ihre eigenen Produkte fälschlich in Führung sieht, wird ein Konkurrent gern den Fehler enthüllen, mit dem Ergebnis, dass die Glaubwürdigkeit des Fälschers in Mitleidenschaft gezogen würde. Konkurrenz in der Wirtschaft kann daher die Waagschale zugunsten der Wahrheit neigen. Im Einklang mit der pluralistischen Konzeption von Objektivität können konkurrierende Interessen eine wechselseitige Korrektur von Mängeln interessegeleiteter Forschung zuwege bringen. Verlässlichkeit wird dadurch erreicht, dass sich kontrastierende Stimmen zu einer Sache äußern. Die Botschaft ist, dass Pluralismus zu einem gewissen Grad in kommerzialisierter Forschung verwirklicht ist und damit auch schon vor einer vollgültigen Demokratisierung der Wissenschaft erreicht werden kann.

Diese Strategie stößt allerdings klarerweise an Grenzen. In vielen Fällen fällt Pluralismus eher durch Abwesenheit auf. Das zeigt gerade das anhaltende, einhellige Leugnen von Risiken des Rau-

16 James R. Brown, »Funding, Objectivity and the Socialization of Medical Research«, in: *Science and Engineering Ethics* 8 (2002), S. 295-308, S. 297-298.

chens durch die Tabakindustrie. Darüber hinaus ist der öffentliche Zugriff auf Forschungsanstrengungen in sicherheitsrelevanten Bereichen unabdingbar. Der Grund ist, dass dabei der mögliche Schaden unter Umständen unabsehbar groß ist und die Gefahren jeden möglichen Gewinn durch Konkurrenz und wirtschaftliche Anreize bei weitem überwiegen. Zum Beispiel sollten Untersuchungen zu den Risiken chemischer Wirkstoffe nicht von Unternehmen ausgeführt werden, die diese Stoffe unbedingt herstellen wollen. Es gibt Grund zu der Sorge, dass Geschäftsinteressen Urteile über einschlägige Testergebnisse einseitig einfärben.[17] Man muss gar nicht die krasse Fälschung von Daten annehmen, um dabei zu zögern, privaten Unternehmen die Beschaffung von gefährdungsrelevanten Befunden zu überlassen. Risiken sind oft statistischer Natur, und Urteile über statistische Tendenzen werden von vielen Begleitumständen beeinflusst. Wenn man zum Beispiel eine hinreichende Zahl von Untersuchungen durchführt, kann man sich darauf verlassen, dass eine von ihnen statistisch signifikante (oder umgekehrt nicht-signifikante) Resultate liefern wird. Es ist nicht erforderlich, Daten zu fälschen, um irreführende Schlussfolgerungen zu stützen; man muss nur eine Auswahl unter Studien treffen oder Informationen zurückhalten.

Aus diesem Grund ist es geboten, sicherheitsrelevante Entscheidungen auf der Grundlage unabhängiger, vollständiger und unmittelbarer Kenntnis der betreffenden Effekte und Umstände zu treffen. Weiterhin muss sichergestellt sein, dass Sicherheitsfragen von Institutionen behandelt werden, die auch den Belangen potenzieller Geschädigter hinreichendes Gewicht einräumen. Beide Überlegungen legen nahe, dass Behörden die Verantwortung für Sicherheitsfragen tragen und auch das Recht haben sollten, die für die Abschätzung von Gesundheits- und Umweltrisiken relevante Datenbasis selbst zu erheben. In Sicherheitsfragen können wir uns Fehlschläge nicht erlauben, und dies verlangt öffentliche Kontrolle.

---

17 Peter Machamer und Heather Douglas, »Cognitive and Social Values«, in: *Science & Education* 8 (1999), S. 45-54, S. 49.

7. Beschränkungen der Forschungsagenda auf vorab festgelegte Ziele

Beobachtungen zeigen, dass es schwierig ist, eine Forschungsagenda auf Ziele und Fragestellungen einzugrenzen, die zuvor bestimmt wurden. Vielmehr entfaltet Forschung oft eine Fragedynamik, die unvorhergesehene Streitfragen und Antworten hervorbringt. Ein Forschungsvorhaben ist oft durch Unsicherheit gekennzeichnet; es ist schwer zu sagen, wohin es führt. Industrielle Projektmanager sind nicht besser imstande, die untersuchten Probleme auf einen kleinen, anfangs ausgesuchten Bereich einzuschränken, als es Universitätsforscher sind. Forschung ist kreativ und nur schwer zu begrenzen. Es ist daher nicht einfach, an einer gegebenen Agenda festzuhalten.

Problemgetriebene Verschiebungen in der Forschungsagenda treten insbesondere als Folge von »Anwendungsinnovativität« auf. Diese beinhaltet das Auftauchen theoretisch bedeutsamer Neuerungen im Rahmen nutzenorientierter Forschungsprojekte.[18] Praktische Herausforderungen bringen nicht selten fundamentale Fragen mit sich. Solche Herausforderungen können dann nicht angemessen bearbeitet werden, wenn man sich nicht diesen Fragen stellt. Obwohl also theoretisches Verstehen kein Ziel anwendungsorientierter Forschung ist, kann es doch im Zuge der Lösung praktischer Probleme erzeugt werden. Dann erfordert die angemessene Behandlung solcher Probleme die Bearbeitung epistemisch signifikanter Fragen. Unter Umständen transformiert sich also anwendungsorientierte Forschung ohne äußeren Anstoß in Grundlagenforschung und bringt dann, ohne es eigentlich anzustreben, Grundlagenerkenntnisse hervor.

Zum Beispiel wurde die Hochtemperatursupraleitung 1986 im IBM-Forschungslabor nahe Zürich entdeckt, und diese Entdeckung bildete einen Anreiz für die Formulierung neuer theoretischer Erklärungen der Supraleitung – wenn auch auf bescheidenem Intensitätsniveau. Ähnlich wurde der Transistoreffekt in den Bell-Labors gefunden. Dessen Erzeugung nutzte das innovative Verfahren, Störstellen in den Halbleiter einzufügen, die dann als Donatoren oder Akzeptoren wirken. Diese Idee stellte eine enorme

---

18 Carrier, »Knowledge and Control: On the Bearing of Epistemic Values in Applied Science«.

Bereicherung der Festkörperphysik dar. Im Bereich der Biologie wurde die bahnbrechende Polymerase-Kettenreaktion in einer Biotechnologie-Firma entwickelt, und die revolutionäre Konzeption der Prionen wurde im praktischen Zusammenhang der Aufklärung von Infektionsketten ausgearbeitet. Prionen sind infektiöse Proteine, die sich ohne Mithilfe von Nukleinsäuren reduplizieren; sie wurden in einer nutzenorientierten Studie über die Schafkrankheit Scrapie entdeckt.

In diesen Beispielen war die Forschung auf ein praktisches Ziel gerichtet, führte aber zu grundlegenden theoretischen Umwälzungen. Tatsächlich wurden große Teile der Grundlageninnovationen in der Industrieforschung unabsichtlich hervorgebracht. Sie erwuchsen als ungeplante Nebenprodukte aus dem Ringen mit praktischen Fragen. Versuche der Industrieforschung, angewandten Herausforderungen zu begegnen, enden unter Umständen in theoretischen Durchbrüchen.[19]

Das ist kein Zufall. Anwendungsorientierte Forschung überschreitet aus methodologischen Gründen den unmittelbar angewandten Bereich. Wenn ein Phänomen unzulänglich verstanden ist, dann beeinträchtigt das am Ende die Aussichten seiner technischen Nutzung. Oberflächliche Beobachtungsbeziehungen ohne theoretische Grundlage brechen tendenziell zusammen, wenn zusätzliche Einflussfaktoren ins Spiel kommen. Die Aufdeckung der relevanten Mechanismen und ihre Einbettung in einen theoretischen Rahmen erweist sich immer wieder als nützlich für die Sicherung der Anwendbarkeit eines Befundes. Wissenschaftliches Verstehen macht Verallgemeinerungen robust in dem Sinne, dass die Grenzen ihrer Gültigkeit abgesehen und im Einzelfall erweitert werden können.

Ergebnis ist, dass die angemessene Behandlung von angewandten Fragen verlangt, diese nicht ausschließlich als angewandte Fragen zu behandeln. Der Versuch, verlässliches, praktisch relevantes Wissen zu gewinnen, löst nicht selten einen dynamischen Prozess aus, der Grundlagenfragen aufwerfen kann. Daher genügt anwendungsorientierte Forschung in der Regel den Ansprüchen an Wissenschaft als erkenntnissuchendes Unternehmen. Zugleich zeigen die Problemverschiebungen bei innovativer anwendungsorientier-

19 Rosenberg, »Why do Firms do Basic Research (with Their Own Money)?«, S. 169-170.

ter Forschung, wie schwierig es ist, Forschungsprozesse auf einen festen Themenrahmen einzugrenzen. Kreative Forschung kann nicht geplant werden. Deshalb übersteigt die Beschränkung von Fragestellungen und Forschungsthemen die Kräfte von Industrieunternehmen.

8. Geheimhaltung von Forschungsergebnissen

Wie einleitend erwähnt, verstößt kommerzialisierte Forschung durch ihre Zugangsbeschränkungen zu wissenschaftlichen Entdeckungen gegen das hergebrachte Ethos der Wissenschaft. Privat finanzierte Forschung neigt dazu, hinter verschlossenen Labortüren zu operieren, und gefährdet dadurch die Verpflichtung zur Transparenz, die Teil des Wertesystems der Wissenschaft seit der Wissenschaftlichen Revolution ist. Die Absicht, Forschungsergebnisse zu verschweigen und den Nutzen von Wissen zu kontrollieren, wird oft als Kennzeichen von Industrieforschung betrachtet. Das Anreizsystem akademischer Wissenschaft beruht dagegen auf der öffentlichen Anerkennung von Entdeckungen, welche ihrerseits voraussetzt, dass die gewonnenen Einsichten enthüllt und allgemein zugänglich gemacht werden. Umgekehrt ist das Erfolgsmerkmal von Forschung und Entwicklung im Technologiesektor der finanzielle Gewinn, der sich aus der praktischen Verwendung einer Information ziehen lässt. Wissensgewinnung ist kein Ziel, sondern ein Werkzeug, das zur exklusiven Nutzung bestimmt ist.[20]

Kommerzielle Forschung und Entwicklung wird oft von der Verpflichtung zum Schweigen beherrscht. Von einem erkenntnisorientierten Standpunkt aus betrachtet sind solche Einschränkungen des Wissenszugangs bedenklich. Abhilfe versprechen entgegenwirkende Mechanismen, die kommerzielle Forschung in Richtung Offenheit treiben. Erstens ist es schwer, Ideen einzuzäunen. Im Unterschied zu den meisten materiellen Gütern ist Wissen nichtexklusiv; es kann allen gehören, die sich die Mühe machen, es zu erwerben. Wissen ist von expansiver Natur, was es schwer macht, es in den Mauern eines Unternehmens zu halten. Zweitens wird Fortschritt durch Kooperation erleichtert. Wenn zwei Forscher je-

20 Dasgupta und David, »Toward a New Economics of Science«, S. 499-501.

weils die Hälfte eines bestimmten Problems gelöst haben, kann sie das Zusammenfügen ihres Wissens darüber ins Bild setzen, dass sie ihre Aufgabe bereits erfüllt haben. Dagegen bliebe für beide noch viel zu tun, wenn jeder einzeln vorginge. Verfolgt man im umgekehrten Fall ähnliche Projekte getrennt voneinander, so kann dies dazu führen, dass dieselbe Entdeckung zweimal gemacht wird. Die Vereinzelung der Forscher kann sich zu einem kostenträchtigen Hindernis für kommerziell erfolgreiche Forschung auswachsen, während sich Zusammenarbeit ökonomisch auszahlt. Kooperation lässt sich entweder durch gewaltige Forschungsteams oder durch Veröffentlichung erreichen,[21] was eben bedeutet, dass die Mitteilung von Gedanken oft allen beteiligten Parteien nützt. Dies stützt eine Politik der offenen Labortür.

Tatsächlich zeugen einige Charakteristika kommerzieller Forschung und Entwicklung von der Anerkennung des Umstands, dass die Geheimhaltung von Forschungsergebnissen einem Unternehmen Schaden zufügen kann. Drei solcher Anreize für Offenlegung lassen sich heutzutage identifizieren: die Ausnutzung des akademischen Sektors, der Schutz geistigen Eigentums und die Aufmerksamkeit der Massenmedien für Wissenschaft.

Obwohl es abwegig klingt, unterstützt die Ausnutzung des akademischen Forschungs- und Bildungssystems durch kommerzialisierte Wissenschaft den öffentlichen Zugang zu deren Entdeckungen. Von Bedeutung ist hier, dass man nur dann aus Entdeckungen öffentlich finanzierter Forschung Nutzen ziehen kann, wenn man über ein vertieftes Verständnis verfügt. Schließlich wird von Wissenschaftlern in Privatunternehmen erwartet, dass sie die Folgen solcher Forschung für mögliche technische Neuerungen abschätzen. Ein derart fortgeschrittenes Verständnis setzt aber voraus, dass man Teil des betreffenden Forschungszusammenhangs ist. Nur ein Teil des relevanten Wissens ist nämlich explizit niedergelegt; ein anderer Teil ist implizites Wissen. Es ist schwierig, ein funktionierendes Gerät auf der ausschließlichen Grundlage seiner Beschreibung in der betreffenden Patentschrift zu bauen. Die Fertigkeiten, die darüber hinaus erforderlich sind, um Nutzen aus Entdeckungen zu ziehen, die andernorts gemacht wurden, werden am einfachsten dadurch erworben, dass man selbst Teil des

21 K. Brad Wray »The Epistemic Significance of Collaborative Research«, in: *Philosophy of Science* 69 (2002), S. 150-168, S. 155-158.

betreffenden Forschungskontexts ist. Insgesamt können private Forschungseinrichtungen dann am besten Nutzen aus öffentlich geförderter Grundlagenforschung ziehen, wenn sie selbst Projekte der Grundlagenforschung verfolgen. Aber das verlangt, die eigenen Entdeckungen allgemein zugänglich zu machen. Tatsächlich veröffentlichen viele Industrielabore ihre Ergebnisse und suchen Anerkennung als wissenschaftlich respektable Institutionen. Entsprechend beobachtet man einen wechselseitigen Austausch zwischen Universitäts- und Industrieforschung.[22]

Private Anstrengungen zur Nutzung des öffentlichen Bildungssystems wirken in die gleiche Richtung und tragen ebenfalls zur Politik der Öffnung bei. In Deutschland unterstützen Unternehmen häufig die Arbeiten für Bachelor-, Master- oder Doktorarbeiten und erhalten dafür das Recht zur bevorzugten Verwendung der Resultate. Aber dieses exklusive Verwendungsrecht endet nach einer beschränkten Zeitspanne, und die Ergebnisse werden veröffentlicht. Schließlich wird auf ihrer Grundlage ein akademischer Grad verliehen, sodass sie öffentlich zugänglich sein müssen.

Es besteht kein Zweifel, dass es besser wäre, wenn das betreffende Wissen gleich von Anfang an allgemein zugänglich wäre. Andererseits wäre es schlechter, wenn dieses Wissen nie gewonnen worden wäre. Vor dem Hintergrund knapper öffentlicher Mittel trägt private Forschungsfinanzierung zur Sicherung akademischer Forschung bei. Mittel der Industrie machen bestimmte Vorhaben der Grundlagenforschung überhaupt erst möglich.

Zweitens sind Patentverfahren umstritten und unterliegen dem Verdacht, Wissenschaft ihrem öffentlichen Charakter zu entfremden. Patente gewähren die exklusive Nutzung einer Erfindung und widersprechen daher Mertons kommunalistischem Ethos der Wissenschaft. Um die Tragweite dieses Bedenkens zu beurteilen, sind drei Gesichtspunkte von Belang. In Europa können meistenteils nur technische Verfahren, aber nicht deren Resultate patentiert werden; der Patentschutz läuft nach einer gewissen Zeit aus (üblicherweise zwanzig Jahre); ohne den wirtschaftlichen Anreiz

22 Rosenberg, »Why do Firms do Basic Research (with Their Own Money)?«, S. 171; Dasgupta und David, »Toward a New Economics of Science«, S. 494.; Steven P. Nichols und Carl M. Skooglund, »Friend or Foe: A Brief Examination of the Ethics of Corporate Sponsored Research at Universities«, in: *Science and Engineering Ethics* 4 (1998), S. 385-390.

durch Patentschutz wären die betreffenden Forschungen vermutlich nicht ausgeführt worden. Ohne Patentschutz wären forschende Unternehmen Trittbrettfahrern ausgeliefert, die ernten, ohne gesät zu haben. Patente stellen einen wirtschaftlichen Anreiz für privat finanzierte Forschung dar und tragen tatsächlich dazu bei, das betreffende Wissen breiter verfügbar zu machen. Ohne Patentschutz wäre Geheimhaltung das einzige Mittel zur Sicherung der exklusiven Nutzung. Obwohl es paradox klingen mag, trägt die Gewährung geistiger Eigentumsrechte dazu bei, Forschung allgemein zugänglich zu machen.

Zwar läuft die Weigerung, Ergebnisse zu publizieren, bevor ein Patentantrag gestellt ist, tatsächlich auf ein zumindest zeitweises Zurückhalten von Information hinaus. Aber der finanzielle Nutzen erfolgreicher Forschung durch Patentierung stellt einen Anreiz für wissenschaftlichen Fortschritt dar.[23] Darüber hinaus fördert die Verpflichtung zur Offenlegung der patentierten Innovation die Offenheit der Wissenschaft. Schließlich schützt die Patentierung nicht die betreffende Information selbst, sondern nur deren kommerzielle Verwendung.

Patentierung fördert die allgemeine Zugänglichkeit auch durch eine andere Strategie, nämlich das so genannte »defensive Publizieren«. Wenn ein Unternehmen ein Ergebnis veröffentlicht, wird dieses Teil des Forschungsstands und bildet damit den Hintergrund, gegen den jeder Patentantrag eines Konkurrenten geprüft wird. Eine defensive Publikation blockiert einen solchen Patentantrag, indem sie die Erfindung ihrer Neuartigkeit beraubt. Defensives Publizieren dient als Schutz vor einem neuen, unvorhergesehenen Produkt eines Konkurrenten; es verkleinert den Bereich möglicher Verfahren, die der Konkurrent durch ein Patent schützen lassen kann.[24] Obwohl es zunächst seltsam klingen mag, kann die allgemeine Verfügbarkeit einer Information gerade dadurch gefördert werden, dass man ihr exklusive Nutzung einräumt.[25]

23 Christian Munthe und Stellan Wellin, »The Morality of Scientific Openness«, in: Science and Engineering Ethics 2 (1996), S. 411-428, S. 417.

24 Bill Barrett, »Defensive Use of Publications in an Intellectual Property Strategy«, in: Nature Biotechnology 20 (2002), S. 191-193; Vgl. Rosenberg, »Why do Firms do Basic Research (with Their Own Money)?«, S. 171.

25 Allerdings werden Patente unter Umständen dafür benutzt, technischen Fortschritt aufzuhalten statt ihn zu beschleunigen. Zumindest wird jedoch dieses

Drittens suchen Wissenschaftler aus öffentlichen und privaten Einrichtungen unterschiedslos die Aufmerksamkeit der allgemeinen Öffentlichkeit. Viele streben stark nach medialer Sichtbarkeit. Es ist zunehmend Teil des wissenschaftlichen Geschäfts, öffentlich bekannt zu sein. Im Gegensatz zu der unterstellten Neigung zur Verschwiegenheit bemühen sich Wissenschaftler um Beachtung durch die Massenmedien. Eine der Nebenwirkungen solcher Medienaufmerksamkeit ist die mögliche Gefährdung wissenschaftlicher Glaubwürdigkeit.[26] Unzulänglich gestützte Ideen werden öffentlich vorgetragen und voreilig als wissenschaftliches Wissen präsentiert. Wie solche Praktiken auch immer zu beurteilen sind, mit Blick auf die Heimlichkeit sind ihre Wirkungen zu begrüßen. Das Drängen auf öffentliche Anerkennung ist das Gegenteil von übertriebener Geheimhaltung.

Alle drei Züge neuerer anwendungsorientierter Forschung legen nahe, dass es keineswegs so leicht ist, wie man vielleicht erwartet hätte, seine Forschungsresultate vor den Augen der Öffentlichkeit zu verbergen.

---

beklagenswerte Vorgehen, das bereits von Merton (Merton, »The Normative Structure of Science«, S. 275) kritisiert worden ist, durch die Patentierungsregeln beschränkt. Nach dem Auslaufen des Schutzes kann die Erfindung kostenlos von allen genutzt werden, sodass die Vorteile, als Erster ein neues technisches Feld zu besetzen, durch den Stillstand aufgegeben würden. Dann kann es von Vorteil sein, den Vorsprung tatsächlich zu nutzen, den das Patent verschafft. Darüber hinaus ist die Praxis des Patentierens keineswegs auf Privatunternehmen beschränkt; auch öffentlich finanzierte Forschungseinrichtungen streben Patente an. Eine Zahl staatlicher Institute in Deutschland sind gehalten, ihr Budget zum Teil durch Patente und Auftragsforschung selbst zu verdienen. Ebenso strebt das amerikanische »Center for Disease Control« in Atlanta ein Patent für die Identifikation der RNA-Sequenz des SARS-Virus an, und es entwickelt angeblich einen marktfähigen SARS-Test. Da sich viele staatliche Haushalte in einer Zwangslage befinden, lässt der Finanzdruck öffentliche Forschungseinrichtungen wie Privatunternehmen handeln.

26 Peter Weingart, *Die Stunde der Wahrheit. Zum Verhältnis der Wissenschaft zu Politik, Wirtschaft und Medien in der Wissensgesellschaft*, Weilerswist 2001, S. 244-245.

9. Schluss

Eingangs wurden drei möglicherweise schädliche Merkmale von Wissenschaft im Griff wirtschaftlicher Kräfte aufgezählt: eine einseitige Forschungsagenda, Geheimhaltung von Forschungsergebnissen und Vernachlässigung von Erkenntnisorientierung. Erstens werden Forschungsprobleme nach ihren wirtschaftlichen Aussichten gewählt. Zweitens läuft kommerzialisierte Forschung hinter einem Vorhang des Schweigens ab. Während erkenntnisorientierte Wissenschaft der Offenheit und der universellen Geltungsprüfung verpflichtet ist, richtet sich anwendungsorientierte Forschung auf exklusive Nutzung wissenschaftlicher Neuerungen. Drittens lautet die Befürchtung, dass kommerzialisierte Wissenschaft von einer pragmatischen Haltung beherrscht wird, die Wissenschaft oberflächlich werden lässt und tiefgehende Untersuchungen abschneidet.

Die Erörterung dieser Bedenken hat gezeigt, dass Befürchtungen über den Zustand von kommerzialisierter Forschung, Auftragsforschung oder Industrieforschung durchaus berechtigt sind. Jedoch sind sie in unterschiedlichem Maße berechtigt und dies insgesamt in einem geringeren Grad als ursprünglich vermutet. Die Hauptrichtung des hier entwickelten Arguments ist, dass Charakteristika anwendungsorientierter Forschung selbst die Auswirkungen wirtschaftlicher Kräfte vermindern und daher als Sicherungen gegen einige negative Tendenzen wirken können. Erstens ist es nicht einfach, eine Forschungsagenda in anfangs abgesteckten Grenzen zu halten. Forschung unterliegt oft einer Fragedynamik, die die Agenda über thematische Grenzen hinaustreibt. Zweitens schlagen Versuche einer Geheimhaltung von Forschungsergebnissen oft fehl und schaden dann denen, die solche Versuche unternehmen. Labors hinter verschlossenen Türen sind von den Vorteilen der Kooperation abgeschnitten. Tatsächlich beobachtet man diesen Druck zu einer Verbreitung des Wissens in anwendungsorientierter Forschung. Die Menge geheim gehaltener Resultate ist kleiner als vielfach befürchtet. Drittens sind auch methodologische Defizite weniger ausgeprägt als vorab angenommen. Die Fragedynamik, die Teil erfolgreicher praktischer Forschung ist, treibt Wissenschaft in Richtung epistemischer Herausforderungen.

Allerdings ist anzuerkennen, dass Marktkräfte allein nicht sicherstellen, dass Forschungsergebnisse vertrauenswürdig sind und dem Gemeinwohl dienen. Der freie Markt kann weder erkenntnisorientierte noch soziale Forderungen erfüllen. Es trifft aber ebenfalls zu, dass einige interne Prozesse anwendungsorientierter Wissenschaft widrige Auswirkungen der Kommerzialisierung neutralisieren. Solche Prozesse vermindern die Folgen wirtschaftlicher Einflussfaktoren auf die Wissenschaft und können entsprechend genutzt werden, um deren unerwünschte Konsequenzen weiter zu verringern. Die Regulierung von Marktkräften kann dazu beitragen, epistemisch und (in geringerem Maße) gesellschaftlich schädliche Effekte abzuschwächen, während sie zugleich erlaubt, Vorteile aus dem erhöhten Maß an Kreativität und Innovativität zu ziehen, die typischerweise mit Konkurrenz einhergehen. Am Ende gibt es eine wenn auch brüchige Verbindung zwischen der Zunahme an Wissen und dem Wachstum des Reichtums oder zwischen den institutionellen Zielen des Fortschritts der Erkenntnis und der Erhöhung des Wohlstands. Trotz solcher mäßigender oder abmildernder Prozesse aus dem Inneren kommerzialisierter Forschung bleibt das Erfordernis öffentlich finanzierter Forschung bestehen, die sich der Transparenz verschreibt und die legitimen Interessen all derer im Blick behält, die von den Forschungsergebnissen betroffen sind. Dies ist eine anhaltende Herausforderung für Universitätsforschung.

Matthias Adam
Interessen in wirtschaftsnaher Forschung – nutzen oder bannen?

1. Einleitung

Zweifellos verändert die zunehmende, bereits weit fortgeschrittene Durchdringung erheblicher Bereiche wissenschaftlicher Forschung durch wirtschaftliche Interessen nicht nur die institutionelle, sondern auch die normative Verfasstheit der Wissenschaft von Grund auf. Traditionelle Normen wie die Uneigennützigkeit und die eng damit verbundene Unparteilichkeit sowie die Offenheit von Wissenschaft geraten unter Druck. Viele Stimmen warnen vor den Folgen einer Kommerzialisierung für die Zuverlässigkeit, Vertrauenswürdigkeit und – in letzter Konsequenz – den Fortschritt wissenschaftlicher Forschung.[1] Andere Autoren begrüßen dagegen die Veränderungen oder einige ihrer Aspekte, etwa eine stärkere Ausrichtung der Wissenschaft an den Bedürfnissen der Allgemeinheit oder den unternehmerischen Geist, der Universitäten zunehmend erfasse, und sehen in ihnen die Anzeichen eines vielversprechenden neuen Modus der Forschung.[2] Die Norm der Uneigennützigkeit ist in ihrem Status besonders ambivalent. Einerseits erscheinen Uneigennützigkeit wie auch Unparteilichkeit als wichtige Voraussetzungen wissenschaftlicher Objektivität. Andererseits reagiert wissenschaftliche Forschung, die partiellen Interessen folgt, vielleicht gerade dadurch auf wichtige gesellschaftliche Bedürfnisse, während es die Wissenschaft stark voranbringen kann, wenn Wissenschaftlerinnen und Wissenschaftler[3] Fortschritte auch aus eigenem Interesse anstreben.

1 Beispielsweise John Ziman, »Non-Instrumental Roles of Science«, in: *Science and Engineering Ethics* 9 (2003), S. 17-27.
2 Michael Gibbons u. a., *The New Production of Knowledge. The Dynamics of Science and Research in Contemporary Societies*, London 1994; Henry Etzkowitz, »The Entrepreneurial University and the Emergence of Democratic Corporatism«, in: Henry Etzkowitz und Loet Leydesdorff (Hg.), *Universities and the Global Knowledge Economy: A Triple Helix of University – Industry – Government Relations*, London 1997, S. 141-152.
3 Der Einfachheit halber werden im Folgenden männliche Bezeichnungen verwendet. Frauen und Männer sind stets gleichermaßen gemeint.

Ziel dieses Beitrags ist, die tatsächliche Rolle sowie den berechtigten Geltungsanspruch der Norm der Uneigennützigkeit näher zu untersuchen. Die zumeist industriell betriebene Pharmaforschung ist als Untersuchungsgegenstand für diesen Zweck besonders geeignet. Für die Forschung und Entwicklung neuer Medikamente sind viele Verstöße gegen die Forderung der Uneigennützigkeit belegt, die zu unsachgemäßen, einseitigen oder gar verfälschten wissenschaftlichen Ergebnissen führten. Zugleich richten sich viele legitime Interessen an die Pharmaforschung, und einige der zu diskutierenden Maßnahmen, die für die Pharmaforschung vorgeschlagen wurden, zielen darauf ab, Interessen produktiv zu nutzen, statt sie zu beschränken. Ich werde sowohl problematische Verstöße gegen die Norm der Uneigennützigkeit wie auch mögliche Gegenmaßnahmen diskutieren und deren Relevanz für die Geltung von Uneigennützigkeit als ethische und epistemische Norm bewerten. Doch bevor ich mich der Pharmaforschung zuwende, werde ich einige der generellen Argumente vergegenwärtigen, die Uneigennützigkeit als Norm stützen.

2. Uneigennützigkeit als ethische und epistemische Norm

Uneigennützigkeit und die eng damit verknüpfte Pflicht zur Unparteilichkeit gehören zu jenen Forschungsnormen, die – wie die Verpflichtung zur Veröffentlichung von Forschungsergebnissen – als zugleich ethische und epistemische Normen verstanden werden können. Die klassische Position zum Verhältnis von epistemischer Funktion und ethischen Status hat Robert K. Merton formuliert.[4] Merton zufolge ist Uneigennützigkeit Bestandteil des Ethos der Wissenschaft, weil sie dem Ziel der Wissenschaft diene, nämlich der »Erweiterung abgesicherten Wissens«.[5] Merton diskutiert Verstöße gegen Uneigennützigkeit, mit denen die Karriere eines Wissenschaftlers oder politische Ziele befördert werden sollen. Es gehöre zum Ethos der Wissenschaft, egoistische oder politische In-

---

4 Robert K. Merton, »The Normative Structure of Science«, in: ders., *The Sociology of Science*, Chicago 1973, S. 267-278. Deutsch in: Robert K. Merton, *Entwicklung und Wandel von Forschungsinteressen. Aufsätze zur Wissenschaftssoziologie*, Frankfurt/M. 1985.

5 Merton, *Entwicklung und Wandel*, S. 89.

teressen von der Interpretation von Daten oder der Ableitung von Folgerungen aus wissenschaftlichen Befunden fernzuhalten, da die Daten sonst mit hoher Wahrscheinlichkeit verfälscht würden und Schlussfolgerungen gezogen würden, die nach wissenschaftlichen Standards unhaltbar sind. Merton ist allerdings nicht ausdrücklich mit der Frage befasst, ob eine individuelle ethische Verpflichtung von Wissenschaftlern zur Uneigennützigkeit besteht. Zwar betrachtet er die Möglichkeit, dass Forscher die Norm internalisieren und sich daher psychologisch gezwungen sehen, entsprechend zu handeln. Als Hauptinstrument der Wissenschaft sieht er jedoch die institutionalisierte gegenseitige Kontrolle der Wissenschaftler, durch die Uneigennützigkeit sichergestellt wird und die das deutlichste Anzeichen ihrer Geltung innerhalb des Ethos der Wissenschaft ist. Merton zufolge sind unerlaubte Mittel in der Wissenschaft nicht deshalb selten, weil Wissenschaftler besonders integer wären, sondern weil sie wechselseitig ihre Ergebnisse und Schlussfolgerungen wirkungsvoll überprüfen und kritisieren.

Doch schließt die institutionelle Implementierung der Norm der Uneigennützigkeit in einem System wechselseitiger Kontrolle keineswegs aus, auch für jeden einzelnen Wissenschaftler bindend zu sein. Uneigennützigkeit kann der wissenschaftlichen Objektivität dienen, indem sie den Einfluss verzerrender Interessen auf wissenschaftliche Forschung ausschließt. Objektivität jedoch, so lässt sich argumentieren, ist ein allgemeiner ethischer Maßstab der Wissenschaft. Dies ergibt sich nicht nur aus dem allgemeinen Gebot der Aufrichtigkeit und dem entsprechenden Verbot von absichtlicher Täuschung, wie dies für alle gilt. Als Grund kann auch die besondere Stellung angeführt werden, die Wissenschaft in der Gesellschaft einnimmt. Wissenschaftler besitzen Wissen und Fähigkeiten, die ihnen faktisch ein Monopol bei der Bearbeitung von Problemen und der Beantwortung von Fragen sichert, die für die Allgemeinheit oft von großer Bedeutung sind. Sie haben prima facie damit auch die Verpflichtung, diese Fähigkeiten zum allgemeinen Nutzen einzusetzen, was die Bereitstellung zuverlässigen und vertrauenswürdigen Wissens einschließt.[6]

Die Verpflichtung, zum Gemeinwohl beizutragen, kann sich selbstverständlich auch aus einer öffentlichen Finanzierung der

6 Kristin Shrader-Frechette, *Ethics of Scientific Research*, Boston 1994, S. 24 und S. 49.

Wissenschaft ergeben, insbesondere wenn keine spezifischere Zweckbindung vorliegt. Eine solche Verpflichtung gilt verstärkt auch unabhängig von der Finanzierungsquelle, sofern die Wissenschaft eine Profession ist. Professionen genießen typischerweise Privilegien wie eine erhöhte Autonomie und eine weitreichende Selbstregulierung. Im Gegenzug sind die Mitglieder des Berufsstands verpflichtet, sich so zu organisieren, dass für die Gesellschaft wichtige Leistungen, die sie allein erbringen können, auch tatsächlich erbracht werden.[7] Die Wissenschaft weist viele Merkmale einer Profession auf. Wissenschaftler entscheiden beispielsweise autonom über die Mitgliedschaft in der wissenschaftlichen Gemeinschaft und über methodologische Standards. Zudem werden Forschungsmittel in der Regel auf Grundlage einer wissenschaftlichen Bewertung vielversprechender Forschungsfelder und der Peer Review von Forschungsanträgen vergeben. Daher scheinen Forscher primär dazu verpflichtet, das Gemeinwohl anstelle partieller Interessen zu berücksichtigen und die Objektivität und Zuverlässigkeit von Forschungsergebnissen sicherzustellen.[8] Uneigennützigkeit ist ein sowohl erkenntnistheoretisches wie ethisches Gebot.

Nicht nur für die Durchführung wissenschaftlicher Forschung, sondern auch für die vorausgehenden Entscheidungen über die Forschungsagenda sowie für den nachfolgenden Gebrauch und die Verbreitung von Forschungsergebnissen sind Uneigennützigkeit und damit eng verbundene Normen wie Unparteilichkeit und die ausgewogene Berücksichtigung von Interessen eingefordert worden.[9] Die oben skizzierten Gründe können im Grundsatz auf diese Phasen des Forschungsprozesses ausgedehnt werden. Forschungsergebnisse können der Objektivität ermangeln, wenn die Forschungsagenda Fragen ausschließt, die für ein entstehendes wissenschaftliches Verständnis eines Feldes sehr bedeutsam sind. Daher kann man verlangen, dass die Untersuchung eines praktisch wichtigen Feldes nicht auf solche Fragen beschränkt bleibt, die einigen partiellen Interessen dienen, sondern das ganze relevante Feld abdecken.[10] Ähnlich einer Mitteilung von Forschungsergeb-

---

7 Michael D. Bayles, *Professional Ethics*, Belmont ²1989, Kap. 1.

8 Shrader-Frechette, *Ethics of Scientific Research*, S. 24. David B. Resnik, *The Ethics of Science. An Introduction*, London 1998, Kap. 3.

9 Beispielsweise Shrader-Frechette, *Ethics of Scientific Research*, S. 55.

10 Vgl. James R. Brown, »The Community of Science®«, in: Martin Carrier u. a.

nissen, die keine relevanten Aspekte auslassen darf, auch wenn sie nur Richtiges enthält. Denn eine Mitteilung von Forschungsergebnissen steht unter der Erwartung, dass alles gesagt wird, was für das Verständnis der Ergebnisse oder die Ableitung von Handlungskonsequenzen wichtig ist und beim Publikum nicht vorausgesetzt werden kann.[11] Relevante Aspekte zurückzuhalten oder sie von vornherein in einer wissenschaftlichen Untersuchung auszulassen läuft der Verpflichtung zur Objektivität zuwider. Zudem geht es aus professionsethischer Sicht nicht nur um die Zuverlässigkeit und Vertrauenswürdigkeit der Wissenschaft, sondern auch um deren Beiträge zum Gemeinwohl. Die Wahl von Forschungsthemen und die Nutzung und Verbreitung von Ergebnissen unterliegen aus dieser Perspektive weiteren ethischen Anforderungen. Beispielsweise darf sich Forschung schwerlich in dem Sinne interesselos zeigen, dass sie alle Interessen an praktischen Anwendungen ignoriert. Vielmehr sollte sie die legitimen Anwendungsinteressen unparteilich berücksichtigen. Die Verwendung wissenschaftlicher Ergebnisse für Technologieentwicklung muss auch die Interessen derjenigen einbeziehen, die möglicherweise betroffen sind.[12] Die hier skizzierte Rechtfertigung von Uneigennützigkeit impliziert daher keineswegs, dass Wissenschaft sich auf die Weiterentwicklung grundlegenden wissenschaftlichen Wissens beschränken und Nutzungsinteressen grundsätzlich vernachlässigen sollte. Vielmehr soll Wissenschaft ihr zufolge in unparteilicher Weise Leistungen erbringen, die von allgemeinem Wert sind.

(Hg.), *The Challenge of the Social and Pressure of Practice: Science and Values Revisited*, Pittsburgh 2008, S. 189-216, in diesem Band, S. 337-373.

11 Vgl. Paul Grice, *Studies in the Way of Words*, Cambridge/MA 1989, Kap. 2.

12 Philip Kitcher, *Science, Truth, and Democracy*, Oxford 2001, Kapitel 10 entwickelt einen ausgearbeiteten Vorschlag, wie die Festlegung von Prioritäten in der Forschung und die Anwendung von Forschungsergebnissen idealerweise von Interessen mit bestimmt werden sollen.

3. Grenzen für die Geltung von Uneigennützigkeit in der Pharmaforschung

Die Gründe, die für Uneigennützigkeit angeführt werden können, weisen zugleich auf einige Grenzen für die Geltung der Norm hin. So wird man üblicherweise von einzelnen Wissenschaftlern oder Forschungsgruppen nicht verlangen können, dass sie allein eine umfassende und ausgewogene Bearbeitung eines Forschungsfelds zustande bringen. Das würde sie schlicht durch die Menge an Arbeit überfordern. Stattdessen wird es in vielen Fällen die Aufgabe einer wissenschaftlichen Disziplin oder der wissenschaftlichen Gemeinschaft sein, dies zu leisten. Aus dieser Gemeinschaftsaufgabe könnte sich immer noch ableiten, dass einzelne Wissenschaftler angemessen zur umfassenden und ausgewogenen Bearbeitung beitragen müssen, etwa indem sie innerhalb ihrer Möglichkeiten auch bislang vernachlässigte Fragestellungen bearbeiten. Man kann sich aber auch alternative Konstellationen vorstellen, in denen einzelne Wissenschaftler weitgehend davon freigestellt sind, Forschungsthemen zu bearbeiten, die nicht zu ihren eigenen Interessen oder denen ihrer Geldgeber passen. So könnte ein Belohnungssystem, das einen besonderen Bonus für die Untersuchung vernachlässigter Themen vorsieht, ein umfassendes und ausgewogenes Forschungsprogramm sicherstellen, während zugleich die Forscher und Forschungsgruppen ihren eigenen Präferenzen folgen.[13]

Wissenschaftler könnten immer noch dazu verpflichtet sein, einen Beitrag zur Einrichtung eines solchen Belohnungssystems zu leisten. Doch sobald es etabliert ist, würden selbstbezogene Interessen deutlich anders bewertet als in einem Mertonschen System gegenseitiger Kontrolle. Während das Kontrollsystem den Einfluss partieller Interessen auf Forschung zu beschränken sucht und diese ethisch und epistemisch verurteilt, macht das Belohnungssystem produktiven Gebrauch von solchen Interessen, um insgesamt Unparteilichkeit herzustellen. In dem Ausmaß, in dem ein solches

---

13 Beispielsweise vertritt Michael Strevens die Auffassung, dass die Prioritätsregel sowohl zu einer effizienten Ressourcenallokation führt als auch Belohnung am gesellschaftlichen Beitrag bemisst. Der Prioritätsregel zufolge kommt die Belohnung für eine wissenschaftliche Errungenschaft praktisch ausschließlich demjenigen zu, der sie zuerst erzielt. Siehe Michael Strevens, »The Role of the Priority Rule in Science«, in: *Journal of Philosophy* 100 (2003), S. 55-79.

System funktionieren könnte, würden Eigeninteressen von Wissenschaftlern oder ihren Geldgebern gutgeheißen.

Wie bereits oben beobachtet, heißt Uneigennützigkeit oder Unparteilichkeit der Wissenschaft nicht Missachtung der Interessen möglicher Nutzer. Im Gegenteil, wurde argumentiert: Wissenschaft hat die Verpflichtung, die am stärksten gerechtfertigten Interessen zu berücksichtigen und die dringendsten Bedürfnisse zu befriedigen. In der Pharmaforschung (wie generell in der biomedizinischen Forschung) geht es dabei vor allem um die Interessen der Patienten, die an bestimmten Krankheiten leiden. Selbstverständlich ist die Wissenschaft verpflichtet, zu den Möglichkeiten der Heilung und Linderung beizutragen. Daraus kann sich eine weitere Rechtfertigung der Verfolgung kommerzieller Interessen in der Forschung ergeben. Kommerzielle Erfolge hängen in erheblichem Umfang von praktischer Nützlichkeit ab. Der ökonomische Wert eines neuen Medikaments setzt in der Regel einen zusätzlichen therapeutischen Nutzen voraus. Einen dringenden medizinischen Bedarf anzugehen kann daher eine ökonomisch tragfähige Strategie eines Pharmaunternehmens sein und zugleich einigen der am stärksten gerechtfertigten Interessen dienen.[14]

Allerdings ist wohlbekannt, dass ökonomische und allgemeine Interessen vielfach auch nicht auf so glückliche Weise zusammenfallen. Dringendem medizinischen Bedarf der Entwicklungsländer, aber auch seltenen Erkrankungen in den Industrieländern stehen oft nicht angemessene Anstrengungen der Pharmaunternehmen gegenüber. Die meiste Forschung in Unternehmen konzentriert sich stattdessen auf die häufigsten Erkrankungen der entwickelten Länder. Einer Abschätzung der Weltgesundheitsorganisation zufolge fließen nur 10 % der Ressourcen in Behandlungsfelder, in denen 90 % der weltweiten medizinischen Probleme liegen.[15] In den Vereinigten Staaten wie in Europa können Unternehmen Unterstützung und Vermarktungsvorrechte erhalten, wenn sie Arzneimittel entwickeln, die voraussichtlich nur gegen seltene Krankheiten eingesetzt werden können. Keine vergleichbaren Anreize bestehen je-

14 Vgl. Laurence J. Hirsch, »Conflicts of Interest in Drug Development: The Practices of Merck & Co., Inc«, in: *Science and Engineering Ethics* 8 (2002), S. 429-442.

15 Sarah Ramsay, »No Closure in Sight for the 10/90 Health-Research Gap«, in: *Lancet* 358 (2001), S. 1348, S. 1348.

doch für Unternehmensforschung zu Krankheiten vorwiegend der sich entwickelnden Welt wie Malaria, Tuberkulose oder Cholera. Die Entwicklungsgeschichte des Antiparasitikums Nitazoxanid illustriert einige der typischen Schwierigkeiten.

Nitazoxanid wird gegen Durchfallerkrankungen eingesetzt, die durch Protozoen der Arten Cryptosporidium parum und Giardia lambia verursacht sind. Solche Durchfallerkrankungen sind in vielen Entwicklungsländern weit verbreitet und treten auch in entwickelten Ländern häufig auf. Cryptosporidium parum ist einer der schwerwiegendsten Krankheitserreger, die bei der Gewinnung von Trinkwasser aus Oberflächenwasser auftreten. Man nimmt an, dass es der am häufigsten identifizierte Darmerreger bei Kindern zwischen ein und fünf Jahren ist.[16] Giardiasis stellt ebenfalls ein beträchtliches medizinisches Problem dar, insbesondere unter Kindern in Entwicklungsländern. Durch Giardia lambia verursachte Durchfallerkrankungen sind häufig chronisch, führen zu erheblichem Gewichtsverlust und zu Entwicklungsstörungen, während Cryptosporidium parum sogar tödlich sein kann, wenn das Immunsystem der Patienten geschwächt ist (etwa durch Aids) oder sie mangelernährt sind.[17] Trotzdem vergingen von der Entdeckung von Nitazoxanid bis zu seinem klinischen Einsatz 30 Jahre. Die antiprotozoische Wirkung von Nitazoxanid wurde in den frühen 1970er Jahren von Jean-François Rossignol und Raymond Cavier am Pariser Institut Pasteur entdeckt.[18] Obwohl der mögliche Einsatz gegen Durchfallerkrankungen von Kindern von Anfang an nahegelegen haben muss, wurde die klinische Entwicklung erst richtig in Angriff genommen, nachdem Rossignol 1993 eine eigene Firma gegründet hatte. Erste klinische Studien in den USA konzentrierten sich auf protozoale Durchfallerkrankungen bei Aids-Patienten und damit auf ein medizinisches Problem auch in den Industrieländern. Erst als die Studien an Schwierigkeiten mit der Gewinnung von Probanden scheiterten, wurden kontrollierte Untersuchungen an Kindern in Ägypten, Sambia und Peru durchgeführt. Diese Studien belegten die klinische Wirksamkeit von Nitazoxanid gegen pädiatrische Durch-

---

16 World Health Organization (WHO), *Guidelines for Drinking Water Quality – Addendum: Microbial Agents in Drinking Water*, Genf ²2002, S. 71 f.

17 Ebd., S. 72-81.

18 Jean-François Rossignol, Raymond Cavier, »2-benzamino-5-nitrothiazoles«, in: *Chemical Abstracts* 83 (1975), S. 28 216n.

fallerkrankungen und führten 2002 zur Zulassung des Medikaments.[19]

Dieser Fall illustriert einige der Schwierigkeiten einer industriellen Entwicklung von Arzneimitteln gegen Krankheiten der Entwicklungsländer. Er stützt zugleich den Befund, dass die meisten Medikamente ohne Beteiligung von Unternehmen gar nicht für den klinischen Einsatz entwickelt würden.[20] Über die Hürden der klinischen Entwicklung hinaus kann auch die langfristige Bereitstellung eines Medikaments durch einen Hersteller gefährdet sein, wenn der Markt dafür unzureichend attraktiv ist. In einigen Fällen hängt die Herstellung antiparasitärer Arzneimittel durch Pharmaunternehmen von substanziellen Absatzmärkten in den Industrieländern ab, während die Produktion anderer Medikamente aus Mangel an solchen Absatzmöglichkeiten eingestellt wurde.[21] In Übereinstimmung mit dieser Situationsbeschreibung versucht der Hersteller von Nitazoxanid zu belegen, dass in den Vereinigten Staaten Protozoeninfektionen unterdiagnostiziert sind.[22] Arzneimittelentwicklung muss letztlich auf die dringendsten medizinischen Bedarfe und nicht lediglich auf bestehende Pharmamärkte ausgerichtet sein. Dennoch ist die Frage offen, inwieweit Unternehmen ein Vorwurf zu machen ist, wenn die Pharmaforschung die Bedarfe unausgewogen abbildet. Man kann sicherlich von der Industrie verlangen, die medizinischen Bedarfe der Entwicklungsländer stärker zu adressieren. Aber es ist schwerlich zu erwarten, dass Unternehmen so weit gehen, ihre Wettbewerbsfähigkeit oder gar ihren Fortbestand zu riskieren. Es scheint daher primär eine öffentliche Aufgabe zu sein oder in der individuellen Verantwortung zu liegen, Mittel für Forschung und Entwicklung für ver-

19 A. Clinton White, Jr., »Nitazoxanide: An Important Advance in Anti-Parasitic Therapy«, in: *American Journal of Tropical Medicine and Hygiene* 68 (2003), S. 382-383. Food and Drug Administration, »Label Alinia (nitazoxanide). Version as of 16 June 2005«, ⟨www.fda.gov⟩, letzter Zugriff 3. 11. 2006; Romark, *Website Romark Laboratories*, ⟨www.romarklabs.com⟩, letzter Zugriff 3. 11. 2006.

20 92 % der chemisch neuartigen Arzneimittel, die zwischen 1981 und 1990 von der amerikanischen Food and Drug Administration zugelassen wurden, waren von Pharmaunternehmen entwickelt worden. Siehe Kenneth I. Kaitin u. a., »The Role of the Research-Based Pharmaceutical Industry in Medical Progress in the United States«, in: *Journal for Clinical Pharmacology* 33 (1993), S. 412-417.

21 White, »Nitazoxanide«.

22 Romark, *Website*.

nachlässigte Krankheiten bereitzustellen. Solange keine ausreichenden Mittel bereitstehen, ist eine überwiegende Ausrichtung der Pharmaunternehmen an den Märkten und damit an den Interessen derjenigen, die unter Bluthochdruck, Diabetes, Krebs oder Alzheimer leiden, ethisch gesehen besser, als alle berechtigten Interessen gleichermaßen zu vernachlässigen. Während Unparteilichkeit eine Verpflichtung für die Pharmaforschung als ganzer ist, scheinen Pharmafirmen dieser Pflicht zu großen Teilen nicht unmittelbar zu unterliegen und daher berechtigt, eine parteiliche Forschungsagenda zu verfolgen.

Diese Überlegungen zeigen, dass die Reichweite von Uneigennützigkeit als ethischer Norm in mehrfacher Hinsicht begrenzt ist. Dies betrifft insbesondere die Festlegung von Prioritäten für Forschung und Entwicklung. Möglicherweise konfligieren Eigeninteressen und Interessen der Allgemeinheit gar nicht, weil ein Anreizsystem oder effiziente Märkte egozentrische Forschungsprioritäten in Übereinstimmung bringen mit dem Gemeinwohl und den dringenden Bedarfen. Zudem kann die Beitragspflicht zum Gemeinwohl beschränkt sein, wenn Privatunternehmen forschen.[23] Da Wissenschaftler in der Industrie nicht alle Freiheiten ihrer akademischen Kollegen haben, unterliegen sie auch nicht allen deren Pflichten.

Die Geltung von Uneigennützigkeit und Unparteilichkeit in den anderen Phasen des Forschungsprozesses scheint demgegenüber unangefochten. Wenn sich ein Unternehmen für ein bestimmtes pharmazeutisches Forschungs- und Entwicklungsprogramm entschieden hat, kann es Untersuchungen über die möglichen Risiken der Arzneistoffe nicht vernachlässigen. Es ist zudem keineswegs darin frei, Forschungsergebnisse von seinen wirtschaftlichen Interessen beeinflussen zu lassen oder Resultate gar zu verfälschen. Es darf nicht nur die Ergebnisse publizieren, die der Vermarktung dienlich sind, und Belege für eine therapeutische Unwirksamkeit

---

23 Zusätzliche ethische Beschränkungen für Unternehmensforschung können insbesondere dann bestehen, wenn die Forschung nicht nur Bedarfe der Kunden befriedigt, sondern zugleich für andere schädlich sein kann. Industrielle Waffenforschung unterliegt sicherlich Einschränkungen etwa zu Waffentypen und deren erwarteter Verbreitung. In dem Maß jedoch, in dem Pharmaforschung auf einen Nutzen für einige zielt, ohne anderen zu schaden, können solche Beschränkungen hier außer Betracht bleiben.

oder schädliche Folgen nicht zurückhalten. Ich wende mich jetzt einigen der Befunde zu, die nahelegen, dass Pharmaunternehmen gegen solche Verpflichtungen zur Uneigennützigkeit, die von den Überlegungen in diesem Abschnitt unberührt bleiben, tatsächlich regelmäßig verstoßen.

4. Verzerrende Interessen in der Pharmaforschung

Der Einfluss von Interessen insbesondere wirtschaftlicher Art auf Arzneimittelforschung und -entwicklung wird breit diskutiert. Im Zentrum der Debatte stehen klinische Studien, in denen die Wirksamkeit und die Unbedenklichkeit neuer Arzneimittel durch Erprobung an Patienten untersucht werden. Vielfältige Befunde legen nahe, dass klinische Studien oft auf ethisch problematische Weise durch wirtschaftliche Interessen beeinflusst sind. So werden neue Arzneimittel mit höherer Wahrscheinlichkeit positiv beurteilt, wenn eine Studie von der Industrie anstatt aus öffentlichen Mitteln finanziert wird.[24] Eine Untersuchung von insgesamt 370 klinischen Studien aus allen Therapiebereichen fand heraus, dass 16 % der Studien, die von nicht gewinnorientierten Organisationen finanziert wurden, das neue Arzneimittel als beste Wahl empfahlen. Demgegenüber beurteilten 51 % der industriell finanzierten Studien neue Arzneimittel als die beste verfügbare Therapie.[25] Ähnliche Auswirkungen der Quelle der Finanzierung der Studien und der hinter ihnen stehenden Interessen lassen sich auch bei pharmakoökonomischen Bewertungen nachweisen, mit denen die Kosteneffizienz von Therapien verglichen wird. Von 20 Industriestudien über neue Krebsmedikamente kam nur eine (5 %) zu einer negativen Einschätzung des Kosten-Nutzen-Verhältnisses, wohingegen von den 24 unabhängig finanzierten Studien derselben Medikamente 9 (38 %) negativ ausfielen. In allen Fällen industrieller Finan-

24 Richard A. Davidson, »Source of Funding and Outcome of Clinical Trials«, in: *Journal of General Internal Medicine* 1 (1986), S. 155-158; Benjamin Djulbegovic u. a., »The Uncertainty Principle and Industry-Sponsored Research«, in: *Lancet* 356 (2000), S. 635-638; Bodil Als-Nielsen u. a., »Association of Funding and Conclusions in Randomized Drug Trials«, in: *Journal of the American Medical Association* 290 (2003), S. 921-928.
25 Als-Nielsen, »Funding and Conclusions«.

zierung hatte der jeweilige Hersteller der bewerteten Medikamente die Studie bezahlt.[26]

Die Ergebnisse klinischer Studien sind auf vielfältige Weise manipulierbar. Schon das Design der Studie hat große Auswirkungen auf die Wahrscheinlichkeit positiver Ergebnisse. So können Studien auf die Umstände (wie Endpunkte) oder Patientenpopulationen beschränkt werden, die am meisten Erfolg versprechen, auch wenn eigentlich ein weiterer Anwendungskreis vorgesehen ist. Außerdem ist gezeigt worden, dass Standardtherapien in Vergleichsstudien mit neuen Medikamenten unzureichend dosiert werden, was den neuen Medikamenten einen Vorsprung verschafft.[27] Auch die Datengewinnung bietet viele Eingriffsmöglichkeiten. In vielen Fällen werden mehrere klinische Zentren gleichzeitig mit der Studie beauftragt, um genügend Probanden für Studien zu gewinnen, während das finanzierende Unternehmen selbst die Daten kumuliert und auswertet. Die klinischen Forscher haben dann oft keinen Überblick über die Gesamtheit der gewonnenen Daten und können daher letztlich nicht kontrollieren, ob ihre eigenen Beiträge angemessen verarbeitet und interpretiert wurden.[28]

Schließlich wirft die Veröffentlichungspraxis Fragen auf. Viele Studienergebnisse bleiben unveröffentlicht. Pharmaunternehmen begründen dies damit, dass nicht alle Ergebnisse wissenschaftlich oder medizinisch relevant sind und viele Studien nur explorativen Charakter haben.[29] Unterstellt man dagegen, dass Unternehmen ihren Eigeninteressen folgen, wäre zu erwarten, dass sie positive Ergebnisse bevorzugt veröffentlichen oder gerade zur Markteinführung positive Studienergebnisse gehäuft publizieren, während negative Ergebnisse erst mit zeitlicher Verzögerung oder gar nicht veröffentlicht würden. Indem man zudem Studienergebnisse einzeln oder nur gemeinsam mit den Ergebnissen weiterer Studien veröffentlicht, ließe sich sowohl die Gesamtaussage einer Veröf-

26 Mark Friedberg u. a., »Evaluation of Conflict of Interest in Economic Analyses of New Drugs Used in Oncology«, in: *Journal of the American Medical Association* 282 (1999), S. 1453-1457.

27 Julio S. G. Montaner u. a., »Industry-Sponsored Clinical Research: A Double-Edged Sword«, in: *Lancet* 358 (2001), S. 1893-1895.

28 Ebd., Joe Collier und Ike Iheanacho, »The Pharmaceutical Industry as an Informant«, in: *Lancet* 360 (2002), S. 1405-1409.

29 Hirsch, »Conflicts of Interest«.

fentlichung beeinflussen wie auch die Aufmerksamkeit steuern, die einer Studie zufällt. Dass eine solche Feinjustierung in der Veröffentlichungsstrategie keineswegs aus der Luft gegriffen ist, belegt eine Untersuchung von 42 klinischen Studien über fünf neue Antidepressiva. Wie sich herausstellte, wurden von den insgesamt 21 Studien, die zu einer signifikanten positiven Einschätzung der neuen Medikamente gelangten, 19 einzeln veröffentlicht, die anderen beiden zusammen mit weiteren Ergebnissen. Dagegen wurden von den ebenfalls 21 Studien, die keinen signifikanten Effekt zeigten, nur sechs Studien einzeln veröffentlicht, elf zusammen mit weiteren Ergebnissen und vier überhaupt nicht.[30]

Unabhängig von der Finanzierungsquelle einer Studie trägt zur Einseitigkeit der Veröffentlichungspraxis bei, dass negative Ergebnisse von wissenschaftlichen Zeitschriften seltener zur Publikation akzeptiert werden, dass sie eher in weniger renommierten Zeitschriften erscheinen und dass sie im Vergleich zu positiven Beiträgen seltener zitiert werden.[31] Schließlich steht der Gebrauch klinischer Studienergebnisse für Werbezwecke in der Kritik. So enthalten Werbeprospekte, mit denen bei Ärzten für Medikamente geworben wird, häufig medizinische Aussagen, die nicht anhand der klinischen Literatur überprüfbar sind oder inhaltlich nicht mit den zitierten Quellen übereinstimmen.[32]

5. Soll die Pharmaforschung vergesellschaftet werden?

Verstöße gegen die Norm der Uneigennützigkeit in der Pharmaforschung sind also offenbar weit verbreitet und führen vielfach zu inakzeptabler Geheimhaltung, Beeinflussung oder möglicherweise gar Verfälschung von Forschungsergebnissen. Es liegt nahe, die Finanzierung der Forschung durch Unternehmen und die damit verbundenen wirtschaftlichen Interessen als Hauptursache zu betrachten und daher zu fordern, dass Pharmaforschung von wirt-

30 Hans Melander u. a., »Evidence B(i)ased Medicine – Selective Reporting from Studies Sponsored by Pharmaceutical Industry: Review of Studies in New Drug Applications«, in: *British Medical Journal* 326 (2003), S. 1171-1175.

31 Collier und Iheanacho, »Informant«.

32 Thomas Kaiser u. a., »Sind die Aussagen medizinischer Werbeprospekte korrekt?«, in: *Arznei-Telegramm* 35 (2) (2004), S. 21-23.

schaftlichen Interessen freigehalten werden muss. James Robert Brown hat besonders weitreichende Vorschläge in dieser Richtung unterbreitet. Brown zufolge sollte die medizinische und pharmazeutische Forschung vergesellschaftet und ausschließlich öffentlich finanziert werden. Um dies zu erreichen, schlägt er vor, der industriellen Pharmaforschung die wirtschaftliche Grundlage zu entziehen, indem Patente auf pharmazeutische Innovationen abgeschafft werden. Auf diese Weise könne man Ausgaben für Arzneimittel einsparen, die dann für öffentliche Forschung einsetzbar wären.[33]

Browns Vorschlag müsste sicherlich detaillierter ausformuliert werden, bevor man die Auswirkungen in den verschiedenen nationalen Gesundheitssystemen genauer bewerten kann. Beispielsweise wäre anzugeben wie die Prioritätensetzung in Pharmaforschung (besser) koordiniert werden könnte, wenn die Koordinationsfunktion des globalen Markts wegfiele. Doch sind nach meiner Einschätzung bereits aus den Umrissen des Vorschlags zwei grundlegende Probleme offensichtlich. Erstens hat der Vorschlag kaum Chancen einer Realisierung. Die Umsetzungshürden sind besonders hoch, weil der privaten Forschung nur durch die Abschaffung von Patenten in allen größeren Märkten wirkungsvoll die ökonomische Grundlage entzogen würde. Und auch wenn man den Vorschlag zweitens eher grundsätzlich betrachtet denn als konkrete Handlungsoption, scheint er letztlich ungeeignet, die starken partiellen Interessen aus den Gesundheitssystemen herauszuhalten. Denn die anderen Akteure der Gesundheitssysteme – insbesondere Krankenkassen, Ärzteverbände, öffentliche Forschungseinrichtungen und Patientenorganisationen – bleiben mit ihren Eigeninteressen präsent. Die deutschen Krankenkassen haben beispielsweise wiederholt gezeigt, dass ihr Interesse an medizinischen Innovationen durchaus eigentümlich sein kann. Sofern sie untereinander und mit privaten Krankenversicherungen um Versicherte konkurrieren, sind sie stark an einer Begrenzung der Kosten für medizinische Behandlungen interessiert. Demgegenüber wenden sich die Ärzteverbände stets gegen Kostenkürzungen. Allerdings zielt ihr Widerstand meist auf Begrenzungen ärztlicher Behandlungen und Verschreibungen, wohingegen sie sich häufig mit den Krankenkassen

---

33 James R. Brown, »Funding, Objectivity and the Socialization of Medical Research«, in: *Science and Engineering Ethics* 8 (2002), S. 295-308; Brown, »Community of Science*«, in diesem Band, S. 337-373.

in der Bepreisung von Medikamenten einig sind. Weitere Akteure wie Apothekerverbände, Einrichtungen der Grundlagenforschung und der klinischen Forschung sowie Patientenorganisationen, die auf bestimmte Krankheiten konzentriert sind, bringen ihre eigenen, häufig voneinander abweichenden Interessen ins Spiel. So honoriert die Wissenschaft grundlegende wissenschaftliche Leistungen besonders stark, dagegen die Entwicklung neuartiger oder verbesserter praktischer Anwendungen in der Regel viel weniger. Es wäre daher zu befürchten, dass eine sich selbst überlassene akademische Wissenschaft sich viel mehr den wissenschaftlich reizvollen statt den medizinisch dringlich gebotenen Problemen zuwendet. Die Interessen der Pharmaindustrie sind daher bei weitem nicht die einzigen, die auf die medizinische Forschung Einfluss nehmen. Welche Form auch immer eine Vergesellschaftung der Medizin und Gesundheitsforschung annimmt, sie scheint als solche höchst ungeeignet, in einem bisher von starken partiellen Interessen geprägten Feld eine unparteiliche Berücksichtigung der dringendsten Bedarfe durchzusetzen.

6. Pluralismus und das Fürsprecher-Modell wissenschaftlicher Objektivität

Wenn sich partielle Interessen aus der Pharmaforschung schon nicht verbannen lassen, könnte man sie wenigstens auf produktive Weise einzusetzen versuchen. Unparteilichkeit ergäbe sich dann, so ein Vorschlag von Martin Carrier, indem partielle Interessen vieler verschiedener Akteure untereinander in Wettstreit gebracht werden, sich gegenseitig kontrollieren und so einen unangemessenen Einfluss einer einzelnen Agenda ausschließen. Dieser Mechanismus beruht auf einer Pluralität partieller Interessen, die implizit nun als solche gutgeheißen werden, da sie als Motivation für Wettbewerb und wechselseitige Kontrolle nützlich sind. In seiner Begründung beruft sich Carrier auf ein, wie man es nennen könnte, »Fürsprecher-Modell« wissenschaftlicher Objektivität. Im Fürsprecher-Modell geht es um eine Pluralität von Meinungen, nicht von Interessen. Es weist die Baconsche Forderung zurück, wonach der Ausgangspunkt wissenschaftlicher Untersuchung frei von theoretischen oder anderen Vorannahmen sein solle. Wissenschaftliche Objektivität verlange nicht die Unparteilichkeit des einzelnen Forschers, sondern die Kritik und Kontrolle einer eventuellen Voreingenommenheit in der wissenschaftlichen Auseinandersetzung.[34] Wissenschaftler sind dann nicht verpflichtet, als harte Kritiker ihrer eigenen Hypothesen aufzutreten. Vielmehr dürfen sie die von ihnen vertretenen Ideen verteidigen und die bestmögliche Begründung für sie vorbringen, während die Kritik und die Suche nach widersprechenden Befunden weitgehend anderen überlassen bleibt.[35] Die pluralistische Position ergibt sich aus der Übertragung dieses Modells auf den Umgang mit divergierenden Interessen in wirtschaftsnaher Forschung. Demnach bewirkt der Wettbewerb zwischen partiellen Interessen deren Kontrolle und letztendlich Neutralisierung.

Tatsächlich lässt sich ein großer Teil der Maßnahmen, die zur Vermeidung der dargestellten Verzerrungen der Pharmaforschung diskutiert und implementiert wurden, als Versuch der Etablierung oder Stärkung des Pluralismus verstehen. So wird eingestanden, dass die Beiträge von Unternehmen zur pharmazeutischen Forschung und Entwicklung zwar unverzichtbar sind. Zugleich wird aber gefordert, dass mehr öffentlich finanzierte Forschung stattfindet, die nicht von wirtschaftlichen Motiven beeinflusst wird.[36] Öffentliche Forschungseinrichtungen wie Universitätskliniken oder Zulassungsbehörden (wie die amerikanische Food and Drug Administration FDA) führen in der Tat solche Forschung durch.[37]

34 Martin Carrier, »Science in the Grip of the Economy. On the Epistemic Impact of the Commercialization of Research«, in: Martin Carrier u. a. (Hg.), *The Challenge of the Social and Pressure of Practice: Science and Values Revisited*, Pittsburgh 2008, S. 217-234, in diesem Band, S. 374-396; Vgl. Helen Longino, *The Fate of Knowledge*, Princeton 2002, Kapitel 6.

35 Jim Woodward und David Goodstein, »Conduct, Misconduct and the Structure of Science«, in: *American Scientist* 84 (1996), S. 479-490, hier S. 484 f.

36 David B. Resnik, »Financial Interests and Research Bias«, in: *Perspectives on Science* 8 (2000), S. 255-285, hier S. 278.

37 Wie jedoch der Vioxx-Skandal zeigte, scheint auch die FDA nicht frei von Industrieeinflüssen zu sein. Mit der Einführung von Gebühren für industrielle Zulassungsanträge im Jahre 1992 stieg der Anteil des Budgets des Center for Drug Evaluation der FDA, der für Neuzulassungen ausgegeben wurde, von 53 % im Jahr 1992 auf 79 % im Jahr 2003. Der Anteil der Mittel für Forschung über die Sicherheit bereits zugelassener Medikamente sank entsprechend. Siehe Gardiner Harris, »At F.D.A., Strong Drug Ties and Less Monitoring«, in: *New York Times*

Zudem fördern private Stiftungen oder Patientenorganisationen häufig biomedizinische Forschung, internationale Organisationen wie die Weltgesundheitsorganisation koordinieren mitunter solche Forschung oder finanzieren sie teilweise.[38] In Deutschland hat das von Ärzteorganisationen und Krankenkassen getragene Institut für Qualität und Wirtschaftlichkeit im Gesundheitswesen eine von wirtschaftlichen Interessen unabhängige Bewertung von Therapien zur Aufgabe.[39] Die Position der Regulierungsbehörden wird in Europa schließlich durch ein zentrales Register gestärkt, an das alle klinischen Studien zu melden sind. Eine Behörde kann damit bei einem Zulassungsantrag die ihr vorgelegte Evidenz besser beurteilen, da sie einen Überblick über alle Studien erhält, die von dem beantragenden Unternehmen oder anderen geplant oder durchgeführt wurden. Allerdings bleibt in diesem Fall der Pluralismus der Interessen so lange eingeschränkt, wie nur Zulassungsbehörden, nicht aber akademische und klinische Forscher oder die breite Öffentlichkeit Zugang zu den registrierten Daten erhalten.[40]

Die medizinischen Fachzeitschriften besetzen eine Schlüsselposition in klinischer Forschung und Praxis, da sie die zentralen Organe der Kommunikation klinischer Resultate sind. Die Veröffentlichung einer Studie in einer angesehenen und weitverbreiteten Zeitschrift trägt nicht nur den Autoren wissenschaftliches Renommee ein, sondern kann auch die medizinische Praxis nachhaltig beeinflussen. Daher sind positive Bewertungen von Medikamenten in diesen Zeitschriften von besonders großem wirtschaftlichen Wert für die Arzneimittelhersteller. Medizinische Fachzeitschriften ha-

---

6.12.2004. (Mein Dank an Justin Biddle für den Hinweis auf solche Interessenverflechtungen.)

38 Zum Beispiel Nelly Oudshoorn, »Shifting Boundaries between Industry and Science: The Role of the WHO in Contraceptive R&D«, in: Jean-Paul Gaudillière, Ilana Löwy (Hg.), *The Invisible Industrialist*, London 1998, S. 345-379; World Health Organization, »US$30 Million Research Effort to Develop New Test for Deadly Infectious Diseases«, World Health Organization Press Release, 22.5.2003, ⟨www.who.int/mediacentre/news/releases/2003/en/⟩, letzter Zugriff 3.11.2006.

39 Institut für Qualität und Wirtschaftlichkeit im Gesundheitswesen, Website, ⟨www.iqwig.de⟩, letzter Zugriff 3.11.2006.

40 Harro Albrecht, »Blockiertes Register«, in: *Die Zeit* 18/2004; Gerd Antes u.a., »Plädoyer für die Einrichtung eines öffentlichen Registers«, in: *Deutsches Ärzteblatt* 102 (27) (2005), S. 1937.

ben dies wiederholt dazu genutzt, um eine bessere Kontrolle wirtschaftlicher Interessen durchzusetzen. Die Herausgeber führender medizinischer Fachzeitschriften haben unter anderem beschlossen, dass Autoren Interessenkonflikte offenlegen müssen. Der Sponsor der klinischen Studien ist zu benennen, und die Autoren müssen erklären, ob sie durch persönliche Honorare oder durch Aktienbesitz finanziell mit den Herstellern bewerteter Medikamente verbunden sind.[41] Zudem werden die Studien nur dann veröffentlicht, wenn sie bereits vor Beginn der Probandenregistrierung in einem öffentlichen Register für Arzneimittelstudien angemeldet wurden.[42]

Die Zeitschriften sind jedoch selbst auch nicht frei von wirtschaftlichen Abhängigkeiten. In Einzelfällen wurde berichtet, dass Artikel abgelehnt wurden, weil Journale befürchteten, dass deren Inhalt wichtige Werbekunden verärgern würde.[43] Der höchste Wert einer Fachzeitschrift liegt jedoch in ihrer Glaubwürdigkeit. Einseitige, von wirtschaftlichen Interessen bestimmte Veröffentlichungen bedrohen ihre Geschäftsgrundlage. Aus der Perspektive des Pluralismus kann man daher die Maßnahmen der Zeitschriften zur Offenlegung von Interessenkonflikten im Zusammenhang mit klinischen Studien als Versuche bewerten, nicht nur die eigene Position als Forum für glaubwürdige und verlässliche wissenschaftliche Information zu erhalten, sondern zugleich die eigene wirtschaftliche Grundlage zu sichern.

Die Anzahl der wissenschaftlichen Untersuchungen über Verzerrungen in Forschung und Veröffentlichung ist in den letzten Jahren stark angewachsen und hat sich zu einem eigenen Forschungsprogramm entwickelt, das mitunter als »Epidemiologie industriefinanzierter Forschung« bezeichnet wird.[44] Solche Forschung scheint ein wirkungsvolles Instrument zu sein, die Verbreitung von verzerrenden Einflüssen zu bestimmen und sie mit wissenschaftlichen

41 Frank Davidoff u. a., »Sponsorship, Authorship, and Accountability«, in: *Lancet* 358 (2001), S. 854-856.

42 Catherine D. DeAngelis u. a., »Clinical Trial Registration«, in: *Journal of the American Medical Association* 292 (2004), S. 1359-1362.

43 Owen Dyer, »Journal Rejects Article after Objections from Marketing Department«, in: *British Medical Journal* 328 (2004), S. 244. Werner Bartens, »Eiertanz der Gutachter. Wie ein medizinischer Fachverlag dem Druck der Pharmaindustrie nachgab und eine kritische Artikelserie stoppte«, in: *Süddeutsche Zeitung* 19. 9. 2006.

44 Montaner u. a., »Industry-Sponsored Clinical Research«.

Methoden zu kritisieren. Sie legt partielle Interessen durch Kritik offen und fordert damit deren Kontrolle ein – wichtige Funktionen aus Sicht des Interessenpluralismus. Es liegt im Interesse der Forscher selbst, den guten Ruf der medizinischen Wissenschaften und ihrer Ergebnisse zu erhalten oder wiederzugewinnen. Wenn dies mit wissenschaftlichen Methoden gelingt, könnte die Profession zeigen, dass sie ihre Glaubwürdigkeit in autonomer Weise zu verteidigen in der Lage ist.

Schließlich könnte auch die Pharmaindustrie selbst von der Kontrolle verzerrender Interessen profitieren. Eine sich verschlechternde Reputation würde nicht nur politisches Lobbying zunehmend behindern, sondern auch die Wirkung von Werbekampagnen erheblich schwächen. In Deutschland haben die Arzneimittelhersteller einen Verein zur freiwilligen Selbstkontrolle der eigenen Marketingmaßnahmen gegründet. Ein Verhaltenskodex bestimmt die legitimen Grenzen in den Beziehungen zwischen Industrie und Ärzten, etwa bei Vergütungen und Geschenken für die Teilnahme an industriefinanzierten Fortbildungen oder für Vorträge klinischer Forscher. Es wurden eine Schiedsstelle sowie eine Berufungsinstanz eingerichtet. Die Selbstkontrolle sieht vor, Unternehmen bei Verstößen gegen den Kodex mit Geldstrafen zu belegen oder öffentlich zu rügen.[45]

7. Voraussetzungen der pluralistischen Kontrolle wirtschaftlicher Interessen

Die vielfältigen vorgeschlagenen und realisierten Maßnahmen sind auf verschiedenen Ebenen angesiedelt. So gibt es einseitige Reaktionen beteiligter Akteure wie die von den Zeitschriften erlassenen Richtlinien für Veröffentlichungen, regulatorische Eingriffe wie die gesetzliche Verpflichtung für Krankenkassen und Ärzteorganisationen, das erwähnte Institut für Qualität und Wirtschaftlichkeit im Gesundheitswesen einzurichten, und schließlich Selbstregulierung, zu denen die Marketingrichtlinien in der Pharmaindustrie, aber auch die wissenschaftliche Erforschung des Einflusses wirtschaftlicher Interessen auf Forschung und Veröffentlichung gezählt wer-

---

45 FS Arzneimittelindustrie, *Website Freiwillige Selbstkontrolle Arzneimittelindustrie*, ⟨www.fs-arzneimittelindustrie.de⟩, letzter Zugriff 3.11.2006.

den können. Wie mit den Problemen umgegangen wird, scheint nicht zuletzt von bekannten nationalen Eigenheiten der jeweiligen Regulierungsstile abzuhängen.[46] Das für Deutschland charakteristische neokorporatistische Regulierungsmodell zeigt sich beispielsweise, wenn Akteuren des Gesundheitssystems die Einrichtung des industrieunabhängigen Instituts für Qualität und Wirtschaftlichkeit im Gesundheitswesen gesetzlich auferlegt wird, wenn Unternehmen durch ihre »freiwillige« Selbstregulierung einer staatlichen Regelung zuvorkommen oder wenn der Zugang zum Register für klinische Studien auf die Zulassungsbehörden beschränkt wird. Solche nationalen Besonderheiten sind nur eine unter einer Vielzahl an Voraussetzungen, von denen ein Erfolg der Maßnahmen letztlich abhängen wird. Eine Abschätzung der Erfolgsaussichten ist sicherlich nicht einfach. Dennoch lassen sich einige plausible Bedingungen für eine wirksame pluralistische Kontrolle partieller Interessen identifizieren.

Einige der Maßnahmen zielen darauf ab, sowohl die Interessen als auch die Evidenzlage transparenter zu machen. Dazu gehören die Richtlinien der Zeitschriften ebenso wie die Register für klinische Studien. Offenheit allein kann sicherlich Beeinflussung nicht vollständig ausschließen. Indem ein Autor offenlegt, dass der Inhalt einer Studie seine finanziellen Interessen berührt, ändert sich zunächst wenig an deren wissenschaftlicher Verlässlichkeit oder Glaubwürdigkeit. Ebenso unterbindet die Bekanntheit aller durchgeführten klinischen Studien nicht schon Manipulationen in einer bestimmten Studie. Jedoch können alle beteiligten Parteien vorliegende Ergebnisse besser bewerten, wenn sie die Interessen kennen und ihnen die wissenschaftlichen Befunde in vollem Umfang vorliegen. Wenn potenziell beeinflussende Interessen und die volle Breite der Evidenz unbekannt blieben, könnten andere schwerlich überprüfen, ob tatsächlich eine Beeinflussung stattgefunden hat oder ob Befunde selektiv vorgelegt werden. Transparenz ist daher eine wichtige Bedingung der wechselseitigen Kontrolle partieller Interessen im Sinne des Pluralismus.

Doch auch wenn alle Daten und Interessen offenliegen, muss daraus noch kein echter Interessenwettbewerb folgen. Denn die

---

46 Arthur Daemmrich und Georg Krücken, »Risk versus Risk: Decision-making Dilemmas of Drug Regulation in the United States and Germany«, in: *Science as Culture* 9 (2000), S. 505-534.

Teilnahme am Wettbewerb kann Kompetenzen und Ressourcen erfordern, über die möglicherweise nicht alle interessierten Parteien verfügen. Kliniken, akademische Forschung, Regulierungsbehörden und Institutionen der öffentlichen Gesundheitssysteme müssen daher ausreichende Mittel haben, damit sie in den wichtigsten Therapiegebieten sowie in Fällen, in denen sie bei vorliegenden Befunden eine starke Einseitigkeit vermuten, eigene Forschung betreiben können. Echter Wettbewerb setzt nicht unbedingt gleiche Mittel für alle Beteiligten voraus. Doch muss aus Sicht des Pluralismus auch die schwächste Partei sich ernsthaft am Spiel beteiligen können, wenn es um ihre zentralen Interessen geht.

Selbst wenn Mittel ausreichend vorhanden und verteilt sind und Transparenz gegeben ist, scheint eine erhöhte Verlässlichkeit und Vertrauenswürdigkeit medizinischen Wissens noch keineswegs gesichert. Beispielsweise müssen Akteure, die aus wirtschaftlichen Motiven über dringende medizinische Bedarfe hinweggehen, zwar nun damit rechnen, wegen der Einseitigkeit ihrer Interessen kritisiert zu werden. Solche Kritik dürfte unter den Bedingungen des Pluralismus allerdings nicht nur bei echten Verstößen gegen die wissenschaftliche Objektivität aufkommen, sondern auch wenn lediglich die Interessen einer anderen Partei berührt sind. Ein allein von seinen partiellen Interessen motivierter Akteur könnte daher versucht sein, gegenüber jedweder Kritik – berechtigt oder unberechtigt – verstärkt auf seinem eigenen Standpunkt zu beharren. Genauso hält ihn die Erwartung von Gegenstudien womöglich nicht davon ab, Ergebnisse zu verfälschen, sondern regt ihn vielleicht sogar dazu an, die Verzerrung noch zu verstärken. Vielleicht erscheint ein Mittelwert zwischen eigenen Befunden und gegnerischen Ergebnissen dem breiteren Publikum am plausibelsten, da der Gegner bekanntermaßen ebenfalls Eigeninteressen verfolgt. Oder für bestimmte Zielgruppen sind die Ergebnisse des Akteurs glaubwürdiger als die der Gegner, und für ihn kommt es vor allem auf die Einschätzung dieser Zielgruppe an. (Man denke etwa an Patienten, die der Schulmedizin kritisch gegenüberstehen und Naturheilkunde, Homöopathie oder traditioneller chinesischer Medizin mehr vertrauen.) Schließlich könnte eine rein egoistisch motivierte Organisation die Ergebnisse gerade an den Stellen verfälschen, an denen eine Kontrolle nicht zu befürchten oder gar nicht durchführbar ist.

Solche Szenarien mögen unwahrscheinlich wirken. Soweit sie es sind, werden sie jedoch nicht schon durch die pluralistische Interessenkontrolle ausgeschlossen, sondern weil wir unterstellen, dass Forscher und Unternehmen ihre Eigeninteressen nicht so rücksichtslos verfolgen werden. Man würde erwarten, dass sie gerechtfertigter Kritik früher oder später nachgeben und ihre Interessen nicht erst aufgeben, wenn es keinen anderen Ausweg mehr gibt. Das heißt dass die Akteure, die wir uns im pluralistischen Wettbewerb vorstellen, letztlich nicht nur von eigenen Interessen motiviert sind, sondern auch der Uneigennützigkeit und Objektivität der Wissenschaft als solcher einen Wert beimessen.

Die Fähigkeit des Pluralismus, die Objektivität der Forschung durch eine gegenseitige Kontrolle partieller Interessen sicherzustellen, hat also Grenzen. Das Fürsprecher-Modell wissenschaftlicher Objektivität verspricht zwar einen effektiven Umgang mit Vorurteilen. Die von diesem Modell inspirierten pluralistischen Mechanismen scheinen aber deutlich weniger wirkungsvoll bei der Kontrolle konkurrierender Interessen. Auf den Unterschied zwischen Pluralismus und Fürsprecher-Modell scheint es entscheidend anzukommen: beim einen geht es um abweichende Interessen, beim anderen um unterschiedliche Überzeugungen oder wissenschaftliche Positionen. Abstrakt gesehen gibt es hierfür eine naheliegende Erklärung. Wenn Forschungsergebnisse aufgrund von Vorurteilen oder Vorannahmen der Wissenschaftler einseitig sind, kann Kritik nicht nur die mangelnde Rechtfertigung der Ergebnisse offenbaren, sondern auch die Revision der Vorurteile zur Folge haben. Denn als Überzeugungen sind sie natürlich Ziele wissenschaftlicher Kritik. Solange Wissenschaftler rational genug sind, Vorurteile im Lichte der Kritik zu prüfen, führt der Wettbewerb zwischen Forschungsprogrammen, die von verschiedenen Annahmen ausgehen, wohl mit hoher Wahrscheinlichkeit zu einer objektiven Lösung.[47] Divergierende Interessen werden dagegen von rationaler Kritik sehr viel weniger berührt. Die Einsicht, dass einige meiner Interessen parteiisch sind und Forschungsergebnisse beeinflussen, braucht mit den Mitteln wissenschaftlicher Rationalität allein keineswegs zu einer Revision der Interessen zu führen. Die Kritik zeigt nicht, dass die Interessen als solche ungerechtfertigt sind. Unternehmen können sich beispielsweise weiter für berechtigt halten, mit ihren

---

47 Longino, *Fate of Knowledge*, Kapitel 6.

Produkten Gewinne anzustreben, auch wenn dieses Interesse hin und wieder zu inakzeptablen Beeinflussungen eigener Forschungsergebnisse führt. Zwar ist der Einfluss der Interessen auf die Forschung zu Recht Gegenstand der Kritik. Die Interessen selbst werden sich aber qua wissenschaftlicher Rationalität allein kaum revidieren lassen. Es braucht eine anhaltende Motivation, die Forschungsergebnisse nicht unzulässig von Interessen beeinträchtigen zu lassen. Mit anderen Worten: Es braucht eine Motivation zur Uneigennützigkeit.

Uneigennützigkeit behält damit auch unter den Bedingungen des Pluralismus ihre Geltung als methodologische und ethische Norm. Damit können aber zu ihrer Durchsetzung auch genuin ethische Mechanismen in Stellung gebracht werden, wie die öffentliche Bekräftigung der Norm, ihre Verankerung in Richtlinien und Kodizes und die Verurteilung von Verstößen. Maßnahmen mit erkennbar ethischer Stoßrichtung sind auch für die Pharmaforschung in Diskussion oder bereits umgesetzt. So ist es eines der Ziele der oben genannten Selbstregulierung der Pharmaindustrie zu verhindern, dass die Unternehmen durch den wirtschaftlichen Wettbewerb zu illegalen oder unethischen Vermarktungsmethoden gedrängt werden. Der Kodex soll den wirtschaftlichen Wettbewerb fair halten und wurde entsprechend von den Kartellbehörden als Wettbewerbsregel autorisiert. Auch dass die öffentliche Rüge als Höchststrafe vorgesehen ist, zeigt den ethischen Charakter des Instruments. Die Enthüllung beeinflussender wirtschaftlicher Interessen ruft immer wieder erhebliche Empörung in wissenschaftlichen wie in öffentlichen Debatten hervor. Studien über einen solchen Einfluss in wissenschaftlichen Zeitschriften werden oft von Leitartikeln begleitet, die heftige Kritik an der Pharmaindustrie üben und gelegentlich zu beißender Satire greifen.[48] Zeitungen berichten wiederkehrend über diese Studien und tragen die Empörung in die breite Öffentlichkeit.[49] Die Gefahr öffentlicher

48 Zum Beispiel David L. Sackett und Andrew D. Oxman, »HARLOT plc: An Amalgamation of the World's Two Oldest Professions«, in: *British Medical Journal* 327 (2003), S. 1442-1445.

49 Zum Beispiel Nicola von Lutterotti, »Das Schweigen der Forscher. Veröffentlicht wird oft nur das, was gefällt«, *Frankfurter Allgemeine Zeitung* 293 (17. 12. 2003); Jochen Paulus, »Die Tricks der Pillendreher. Wie Pharmafirmen mogeln, damit Studien die gewünschten Resultate zeigen«, in: *Die Zeit* 18/2004.

Entrüstung mag – vergleichbar mit der wechselseitigen Kontrolle von Interessen – die individuelle ethische Motivation verringern, die Akteure für die Kontrolle eigennütziger Interessen aufbringen müssen. Wie von Merton festgestellt, muss die Uneigennützigkeit der Wissenschaft dann keine besonders starke ethische Motivation der Wissenschaftler voraussetzen. Dennoch wird die Geltung von Uneigennützigkeit als einem Kernbestandteil der normativen Verfasstheit der Wissenschaft bestätigt durch die Erwartung, dass individuelle ethische Integrität, die gesellschaftliche Durchsetzung der Norm und eine pluralistische Kontrolle beeinflussender Interessen gemeinsam die Objektivität und Unparteilichkeit der Wissenschaft auch angesichts ihrer zunehmenden Durchdringung mit wirtschaftlichen Interessen aufrechtzuerhalten imstande sind. Damit ist jedoch noch nichts darüber gesagt, ob die Pharmaforschung diesen ethischen Ansprüchen tatsächlich gerecht werden wird.[50]

---

50 Teile dieses Beitrags sind in früherer Fassung erschienen in Peter Weingart u. a. (Hg.), *Nachrichten aus der Wissensgesellschaft. Analysen zur Veränderung von Wissenschaft*, Weilerswist 2007, S. 234-247.

Gesamtbibliographie

Adorno, Theodor W. (1956), *Zur Metakritik der Erkenntnistheorie*, W. Kohlhammer, Stuttgart.

Adorno, Theodor W. (Hg., 1969a), *Der Positivismusstreit in der deutschen Soziologie*, Luchterhand, Neuwied.

Adorno, Theodor W. (1969b), »Einleitung«, in: Theodor W. Adorno (Hg., 1969a), *Der Positivismusstreit in der deutschen Soziologie*, Luchterhand, Neuwied, S. 7-79.

Agarwal, Bina (1997), »›Bargaining‹ and the Gender Relations: Within and Beyond the Household«, in: *Feminist Economics* 3 (1), S. 1-51.

Albert, Hans (1964) »Der Mythos der totalen Vernunft«, in: Theodor W. Adorno (Hg., 1969a), *Der Positivismusstreit in der deutschen Soziologie*, Luchterhand, Neuwied, S. 193-234.

Albert, Hans (1965a), »Im Rücken des Positivismus?«, in: Theodor W. Adorno (Hg., 1969a), *Der Positivismusstreit in der deutschen Soziologie*, Luchterhand, Neuwied, S. 267-306.

Albert, Hans (1965b), »Wertfreiheit als methodisches Prinzip. Zur Frage der Notwendigkeit einer normativen Sozialwissenschaft«, in: Ernst Topitsch (Hg., 1965), *Logik der Sozialwissenschaften*, Kiepenheuer & Witsch, Köln, S. 181-212

Albert, Hans (1968), *Traktat über kritische Vernunft*, J.C.B. Mohr (Paul Siebeck), Tübingen.

Albert, Hans (2010), *In Kontroversen verstrickt. Vom Kulturpessimismus zum kritischen Rationalismus*, (2. Auflage), Lit Verlag, Wien.

Albert, Hans und Topitsch, Ernst (Hg., 1971), *Werturteilsstreit*, Wissenschaftliche Buchgesellschaft, Darmstadt.

Albert, Hans und Popper, Karl R. (2005), *Briefwechsel 1958-1994*, Suhrkamp, Frankfurt/M.

Albert, Hans und Topitsch, Ernst (Hg., 1971), *Werturteilsstreit*, Wissenschaftliche Buchgesellschaft, Darmstadt.

Albrecht, Harro (2005), »Blockiertes Register«, in: *Die Zeit* 18/2004.

Als-Nielsen, Bodil u. a. (2003), »Association of Funding and Conclusions in Randomized Drug Trials«, in: *Journal of the American Medical Association* 290, S. 921-928.

Altmann, Jeanne (1974), »Observational Study of Behavior: Sampling Methods«, in: *Behavior* 49, S. 227-267.

Anderson, Elizabeth (1995), »Feminist Epistemology: An Interpretation and a Defense«, in: *Hypatia* 10 (3), S. 50-84.

Anderson, Elizabeth (1995), »Knowledge, Human Interests, and Objectivity in Feminist Epistemology«, in: *Philosophical Topics* 23, S. 59-94.

Angell, Marcia (2004), *The Truth About the Drug Companies: How They Deceive Us and What to Do About It*, Random House, New York.

Antes, Gerd u.a. (2005), »Plädoyer für die Einrichtung eines öffentlichen Registers«, in: *Deutsches Ärzteblatt* 102 (27), S. A1937.

Apel, Karl Otto (1965), »Die Entfaltung der sprachanalytischen Philosophie und das Problem der Geisteswissenschaften«, in: *Philosophisches Jahrbuch* 72. Jg., S. 239-289.

Aqvist, Lennart (1984), »Deontic Logic«, in: Dov Gabbay und Franz Guenthner (Hg.), 1984), *Handbook of Philosophical Logic. Vol. II: Extensions of Classical Logic,* Reidel, Dordrecht, S. 605-714.

Ayer, Alfred J. (1936), *Language, Truth and Logic*, Victor Gollancz, London.

Baigrie, Brian S. (1995), »Fuller's Civic Republicanism and the Question of Scientific Expertise«, in: *Philosophy of the Social Sciences* 25, S. 502-511.

Barnes, Barry, Bloor, David und Henry, John (1996), *Scientific Knowledge: A Sociological Analysis,* University of Chicago Press, Chicago.

Barrett, Bill (2002), »Defensive Use of Publications in an Intellectual Property Strategy«, in: *Nature Biotechnology* 20, S. 191-193.

Barrow, Craig S. und Conrad, James W. (2006), »Assessing the Reliability and Credibility of Industry Science and Scientists«, in: *Environmental Health Perspectives* 114 (2), S. 153-155.

Baumgarten, Eduard (1964), *Max Weber. Werk und Person (ausgewählte und kommentierte Dokumente)*, J.C.B. Mohr (Paul Siebeck), Tübingen.

Bayles, Michael D. (²1989), *Professional Ethics*, Wadsworth, Belmont.

Bekelman, Justin E., Li, Yan und Gross, Cary P. (2003), »Scope and Impact of Financial Conflicts of Interest in Biomedical Research: A Systematic Review«, in: *Journal of the American Medical Association* 289, S. 454-465.

Bell, Alan P. und Weinberg, Martin S. (1978), *Homosexualities: A Study of Diversity Among Men and Women,* Simon and Schuster, New York.

Beller, Mara (1998), »The Sokal Hoax: At Whom Are We Laughing?«, in: *Physics Today* September 1998, S. 29-34.

Beushausen, Ulrich u.a. (1998), »Die medizinische Fakultät im Dritten Reich«, in: Heinrich Becker u.a. (Hg. 1998), *Die Universität Göttingen unter dem Nationalsozialismus,* (2., korrigierte und erweiterte Ausgabe), De Gruyter Saur, München, S. 183-286.

Biddle, Justin (2007), »Lessons from the Vioxx Debacle: What the Privatization of Science Can Teach Us about Social Epistemology«, in: *Social Epistemology* 21 (1), S. 21-39.

Birnbacher, Dieter (2003), *Analytische Einführung in die Ethik*, W. de Gruyter, Berlin.

Bittman, Michael, u.a. (2003), »When Does Gender Trump Money? Bargaining and Time in Household Work«, in: *American Journal of Sociology* 109 (1), S. 186-214.

Blettner, Maria u. a. (1999), »Traditional Reviews, Meta-analyses and Pooled Analyses in Epidemiology«, in: *International Journal of Epidemiology* 28, S. 1-9.

Bloor, David (1979), *Knowledge and Social Imagery*, University of Chicago Press, Chicago.

Blumenthal, David u. a. (1997), »Withholding Research Results in Academic Life Science: Evidence from a National Survey of Faculty«, in: *Journal of the American Medical Association* 277, S. 1224–1228.

Boseley, Sarah (2006), »Renowned Cancer Scientist Was Paid by Chemical Firm for 20 Years«, in: *The Guardian*, 8. Dezember, 2006, S. 1.

Brown, Donald E. (1991), *Human Universals*, Temple University Press, Philadelphia.

Brown, James R. (2000), »Privatizing the University – The New Tragedy of the Commons«, *Science* 290, S. 1701-1702.

Brown, James R. (2001), *Who Rules in Science?*, Harvard University Press, Cambridge/MA.

Brown, James R. (2002), »Funding, Objectivity and the Socialization of Medical Research«, in: *Science and Engineering Ethics* 8, S. 295-308.

Brown, James Robert (2004), »Money, Method, and Medical Research«, in: *Episteme* 1, S. 49-59.

Brown, James R. (2008), »The Community of Science®«, in: Martin Carrier u. a. (Hg., 2008), *The Challenge of the Social and Pressure of Practice: Science and Values Revisited*, University of Pittsburgh Press, Pittsburgh, S. 189-216.

Brown, W. Ray (1991), »Implication of the Reexamination of the Liver Sections from the TCDD Chronic Rat Bioassay«, in: Michael Gallo, u. a. (Hg.), *Biological Basis for Risk Assessment of Dioxins and Related Compounds*, Cold Spring Harbor Laboratory Press, New York, S. 13-26.

Carnap, Rudolf (1928), *Der logische Aufbau der Welt*, Weltkreis Verlag, Berlin.

Carnap, Rudolf (1931), »Überwindung der Metaphysik durch logische Analyse der Sprache«, in: *Erkenntnis* 2, S. 219-241. Abgedruckt in: Eric Hilgendorf (Hg., 1998), *Wissenschaftlicher Humanismus. Texte zur Moral- und Rechtsphilosophie des frühen logischen Empirismus*, Haufe Verlag, Freiburg, S. 72-102.

Carnap, Rudolf (1934), »Theoretische Fragen und praktische Entscheidungen«, in: *Natur und Geist* 2, S. 257-260. Abgedruckt in: Eric Hilgendorf (Hg., 1998), *Wissenschaftlicher Humanismus. Texte zur Moral- und Rechtsphilosophie des frühen logischen Empirismus*, Haufe Verlag, Freiburg, S. 103-108.

Carnap, Rudolf (1950), »Empiricism, Semantics, and Ontology«, in: *Revue Internationale de Philosophie* XI, S. 20-40.

Carrier, Martin (2002), »Grundlagenforschung ist kein Profit-Center«, in: *Physik Journal* 1 (4), S. 3.

Carrier, Martin (2004a), »Knowledge and Control: On the Bearing of Epistemic Values in Applied Science«, in: Peter Machamer und Gereon Wolters (Hg.), *Science, Values, and Objectivity*, University of Pittsburgh Press, Pittsburgh, S. 275-293.

Carrier, Martin (2004b), »Knowledge Gain and Practical Use: Models in Pure and Applied Research«, in: Donald Gillies (Hg.), *Laws and Models in Science*, King's College Publication, London, S. 1-17.

Carrier, Martin (2008), »Science in the Grip of the Economy. On the Epistemic Impact of the Commercialization of Research«, in: Martin Carrier u. a. (Hg., 2008), *The Challenge of the Social and Pressure of Practice: Science and Values Revisited*, University of Pittsburgh Press, Pittsburgh, S. 217-234.

Carrier, Martin, u. a. (Hg., 2008), *The Challenge of the Social and the Pressure of Practice. Science and Values Revisited*, University of Pittsburgh Press, Pittsburgh.

Cartwright, Nancy (1983), *How the Laws of Physics Lie*, Oxford University Press, Oxford.

Carus, Andrew W. (2007), *Carnap and Twentieth-Century Thought. Explication as Enlightenment*, Cambridge University Press, Cambridge.

Chan, An-Wen u. a. (2004), »Empirical Evidence for Selective Reporting of Outcomes in Randomized Trials: Comparison of Protocols to Published Articles«, in: *Journal of the American Medical Association* 291, S. 2457-2465.

Churchman, C. West (1948a), »Statistics, Pragmatics, and Induction«, in: *Philosophy of Science* 15, S. 249-268.

Churchman, C. West (1948b), *Theory of Experimental Inference*, Macmillan, New York.

Churchman, C. West (1956), »Science and Decision-Making«, in: *Philosophy of Science* 22, S. 247-249.

Claussen, Detlev (2003), *Theodor W. Adorno. Ein letztes Genie*, Fischer, Frankfurt/M.

Collier, Joe und Iheanacho, Ike (2002), »The Pharmaceutical Industry as an Informant«, in: *Lancet* 360, S. 1405-1409.

Concar, David (2002), »Corporate Science v the Right to Know«, in: *New Scientist* 16. 3. 2002, S. 14-16.

Coyle, Susan L. (2002), »Physician-Industry Relations. Part 1: Individual Physicians«, in: *Annals of Internal Medicine* 136 (5), S. 396-402.

Cranor, Carl F. (1993), *Regulating Toxic Substances: A Philosophy of Science and the Law,* Oxford University Press, New York.

Czaniera, Uwe (2001), *Gibt es moralisches Wissen?*, Mentis, Paderborn.

Daemmrich, Arthur und Krücken, Georg (2000), »Risk versus Risk: Decision-making Dilemmas of Drug Regulation in the United States and Germany«, in: *Science as Culture* 9, S. 505-534.

Dahms, Hans-Joachim (1994a), *Positivismusstreit. Die Auseinandersetzungen der Frankfurter Schule mit dem logischen Positivismus, dem amerikanischen Pragmatismus und dem kritischen Rationalismus*, Suhrkamp, Frankfurt/M.

Dahms, Hans-Joachim (1994b), »Hans Reichenbachs Beziehungen zur Frankfurter Schule. Nebst einigen Bemerkungen zum Wahren, Schönen und Guten«, in: Andreas Kamlah u. a. (Hg.), *Hans Reichenbach und die Berliner Gruppe*, Vieweg, Braunschweig, S. 333-349

Dahms, Hans-Joachim (1994c), *Positivismusstreit*, Suhrkamp, Frankfurt/M.

Dahms, Hans-Joachim (2001), »Die Philosophen und die Demokratie in den 20er Jahren des 20. Jahrhunderts: Hans Kelsen, Leonard Nelson und Karl Popper«, in: Clemens Jabloner und Friedrich Stadler (Hg., 2001), *Logischer Empirismus und reine Rechtslehre. Beziehungen zwischen dem Wiener Kreis und der Hans Kelsen-Schule*, Veröffentlichungen des Instituts Wiener Kreis, Wien, S. 209-229.

Dahms, Hans-Joachim (2004), »*Neue Sachlichkeit* in the Architecture and Philosophy of the 1920s«, in: Steve Awodey und Carsten Klein (Hg., 2004), *Carnap Brought Home: The View from Jena*, Open Court Publishing, Chicago, S. 357-375.

Dahms, Hans-Joachim (2006), »Karl Poppers erste Schritte in die Philosophie: Leonard Nelsons Paradoxien der Souveränität und Nelsons sowie Poppers Lösungsversuche«, in: Ian Jarvie u. a. (Hg., 2006), *Karl Popper. A Centenary Assessment, Vol. I: Life and Times, and Values in a World of Facts*, Ashgate Publishing, Aldershot/GB, S. 83-98.

Dahms, Hans-Joachim und Neumann, Michael (1994), »Sozialwissenschaftler und Philosophen in der Münchener Räterepublik«, in: Carsten Klingemann u. a. (Hg., 1992), *Jahrbuch für Soziologiegeschichte*, S. 115-146.

Dahms, Hans-Joachim (2008), »Politisierung der Wissenschaft: Die drei Positivismusstreite«, in: Reinhard Neck (Hg., 2008*), Was bleibt vom Positivismusstreit?*, Peter Lang, Frankfurt/M., S. 19-40.

Dahrendorf, Ralf (1962), »Anmerkungen zu den Referaten von Karl R. Popper und Theodor W. Adorno«, in: Theodor W. Adorno (Hg., 1969a), *Der Positivismusstreit in der deutschen Soziologie*, Luchterhand, Neuwied, S. 145-154.

Dasgupta, Partha und David, Paul A. (1994), »Toward a New Economics of Science«, in: *Research Policy* 23, S. 487-521.

Davidoff, Frank u. a. (2001), »Sponsorship, Authorship, and Accountability«, in: *Lancet* 358, S. 854-856.

Davidson, Richard (1986), »Sources of Funding and Outcome of Clinical Trials«, in: *Journal of General Internal Medicine* 12 (3), S. 155-158.

Davis, Philip G. (1998), *Goddess Unmasked: The Rise of Neopagan Feminist Spirituality*, Spence Publishing, Dallas.

DeAngelis, Catherine D. u. a. (2004), »Clinical Trial Registration«, in: *Journal of the American Medical Association* 292, S. 1359-1362.

Deutsche Gesellschaft für Soziologie (1911), *Verhandlungen des Ersten Deutschen Soziologentages vom 19.-22. Oktober 1910 in Frankfurt*, DGS, Tübingen.

Dickersin, Kay und Rennie, Drummond (2003), »Registering Clinical Trials«, in: *Journal of the American Medical Association* 290, S. 516-523.

Dietz, Hans Peter (2007), »Bias in Research and Conflict of Interest: Why Should We Care?«, in: *International Urogynecology Journal* 18, S. 241-243.

Djulbegovic, Benjamin, u. a. (2000), »The Uncertainty Principle and Industry-Sponsored Research«, in: *The Lancet* 356, S. 635-638.

Doll, Richard (1988), »Effects of Exposure to Vinyl Chloride: An Assessment of the Evidence«, in: *Scandinavian Journal of Work, Environment & Health* 14 (2), S. 61-78.

Doppelt, Gerald (1978), »Kuhn's Epistemological Relativism – An Interpretation and Defense«, in: *Inquiry* 21, S. 33-86; abgedruckt in: J. W. Meiland und M. Krausz, (Hg., 1982), *Relativism: Cognitive and Moral*, University of Notre Dame Press, Notre Dame/IN, S. 113-146.

Doppelt, Gerald (1980), »A Reply to Siegel on Kuhnian Relativism«, in: *Inquiry* 23, S. 117-23.

Doppelt, Gerald (1981), »Laudan's Pragmatic Alternative to Positivism and Historicism«, in: *Inquiry* 24, S. 253-71.

Doppelt, Gerald (1983), »Relativism and Recent Pragmatic Conceptions of Scientific Rationality«, in: Nicolas Rescher (Hg., 1983), *Scientific Explanation and Understanding: Essays on Reasoning and Rationality in Science*, Center for Philosophy of Science Publications in Philosophy of Science, University of Pittsburgh and University Press of America, London, S. 106-142.

Doppelt, Gerald (1986), »Relativism and the Reticulation Model of Scientific Rationality«, in: *Synthese* 69, S. 225-252.

Doppelt, Gerald (1988), »The Philosophical Requirements for an Adequate Conception of Scientific Rationality«, in: *Philosophy of Science* 55, S. 104-133.

Doppelt, Gerald (1990), »The Naturalist Conception of Methodological Standards«, in: *Philosophy of Science* 57, S. 1-19.

Doppelt, Gerald (2001), »Incommensurability and the Normative Foundations of a Scientific Knowledge«, in: Howarld Sankey und Paul Hoyningen-Huene (Hg. 2001), *Incommensurability and Related Matters*, Kluwer, Dordrecht, S. 159-179.

Douglas, Heather (1998), *The Use of Science in Policy Making: A Study of Values in Dioxin Science*, University of Pittsburgh Press, Pittsburgh/PA.

Douglas, Heather (2000), »Inductive Risk and Values in Science«, in: *Philosophy of Science* 67, S. 559-579.

Drazen, Jeffrey M. und Curfman, Gregory (2002), »Editorial«, in: *New England Journal of Medicine* 346, S. 1901-1902.

Drummond, Rennie (2004), »Trial Registration«, in: *Journal of the American Medical Association* 292, S. 1359-1362.

Dubislav, Walter (1937), »Zur Unbegründbarkeit der Forderungssätze«, in: *Theoria* 3 (1937), S. 330-342; abgedruckt in: Eric Hilgendorf (Hg., 1998), *Wissenschaftlicher Humanismus. Texte zur Moral- und Rechtsphilosophie des frühen logischen Empirismus*, Haufe Verlag, Freiburg, S. 236-254.

Duhem, Pierre (1908), *Ziel und Struktur der physikalischen Theorien*, Felix Meiner, Hamburg (1978).

Dunn, Andrea L. u. a. (2005), »Exercise Treatment for Depression: Efficacy and Dose Response«, in: *American Journal of Preventive Medicine* 28 (1), S. 1-8.

Dupré, John (2001), *Human Nature and the Limits of Science*, Oxford University Press, Oxford.

Dupré, John (2007), »Fact and Value«, in: Harold Kincaid, u. a. (Hg., 2007), *Value-free Science?*, Oxford University Press, Oxford, S. 28-41.

Dyer, Owen (2004), »Journal Rejects Article after Objections from Marketing Department«, in: *British Medical Journal* 328, S. 244.

Ekman, Paul (1998), »Afterword: Universality of Emotional Expression? A Personal History of the Dispute«, in: Charles Darwin, *The Expression of the Emotions in Man and Animals, annotated by Paul Ekman*, 3. Auflage, Oxford University Press, Oxford, S. 363-393.

Ericksen, Robert P. (2012), *Complicity in the Holocaust. Churches and Universities in Nazi Germany*, Cambridge University Press, Cambridge/GB.

Etzkowitz, Henry (1997), »The Entrepreneurial University and the Emergence of Democratic Corporatism«, in: Henry Etzkowitz und Loet Leydesdorff (Hg., 1997), *Universities and the Global Knowledge Economy: A Triple Helix of University – Industry – Government Relations*, Pinter, London, S. 141-152.

Fausto-Sterling, Anne (1993), »The Five Sexes: Why Male and Female Are Not Enough«, in: *The Sciences* März/April 1993, S. 20-25.

Festing, Michael F. W. und Douglas G. Altman (2002), »Guidelines for the Design and Statistical Analysis of Experiments Using Laboratory Animals«, in: *ILAR Journal* 43 (4), S. 244-258.

Feyerabend, Paul (1979), *Erkenntnis für freie Menschen*, Suhrkamp, Frankfurt/M.

Finkel, Adam M. (1988), »Dioxin: Are We Safer Now Than Before?«, in: *Risk Analysis* 8, S. 161-165.

Firth, Roderick (1952), »Ethical Absolutism and the Ideal Observer«, *Philosophy and Phenomenological Research*, Vol. XII, No. 3, S. 317-345.

Forster, Malcom und Sober, Elliot (1994), »How to Tell when Simpler, More Unified, or Less Ad Hoc Theories will provide More Accurate Predictions«, in: *British Journal for the Philosophy of Science* 45, S. 1-35.

Frankena, William K. (1994), *Analytische Ethik*, dtv, München (5. Aufl., engl. Orig. 1963).

Fricker, Miranda (2003), »Epistemic Injustice and a Role for Virtue in the Politics of Knowing«, in: *Metaphilosophy* 34, S. 154-73.

Friedberg, Mark u. a. (1999), »Evaluation of Conflict of Interest in Economic Analyses of New Drugs Used in Oncology«, in: *Journal of the American Medical Association* 282, S. 1453-1457.

Friedman, Milton (1953), »The Methodology of Positive Evonomics«, in: Milton Friedman, *Essays in Positive Economics*, University of Chicago Press, Chicago, S. 3-43.

Friedman, Robert Marc (1989), *Appropriating the Weather: Vilhelm Bjerkness and the Construction of a Modern Meteorology*, Cornell University Press, Ithaca/NY.

Fuller, Steve (1993), *Philosophy, Rhetoric, and the End of Knowledge: The Coming of Science and Technology Studies,* University of Wisconsin Press, Madison.

Gadamer, Hans-Georg (1965), *Wahrheit und Methode: Grundzüge einer philosophischen Hermeneutik*, Mohr Siebeck, Tübingen.

Gäfgen, Gerard (1963), *Theorie der wirtschaftlichen Entscheidung*, Mohr Siebeck, Tübingen.

Gagnier, Reginia und Dupré, John (1995), »On Work and Idleness«, in: *Feminist Economics* 1, S. 1-14.

Gibbons, Michael u. a. (1994), *The New Production of Knowledge. The Dynamics of Science and Research in Contemporary Societies*, Sage, London.

Gibson, Elaine, Françoise Baylis und Lewis, Steven (2002), »Dances with the Pharmaceutical Industry«, in: *Canadian Medical Association Journal* 166, S. 448-450.

Gluud, Lise Lotte (2006), »Bias in Clinical Intervention Research«, in: *American Journal of Epidemiology* 163 (6), S. 493-501.

Goldman, Alvin I. (1986), *Epistemology and Cognition*, Harvard University Press, Cambridge/MA.

Goldman, Alvin I. (1999), *Knowledge in a Social World*, Oxford University Press, Oxford.

Goodman, Dawn G. und Sauer, Robert M. (1992), »Hepatoxicity and Carcinogenicity in Female Sprangue-Dawley Rats Treated with 2,3,7,8-tetrachlorodibenzo-p-dioxin (TCDD): A Pathology Working Group Reevaluation«, in: *Regulating Toxicology and Pharmacology* 15, S. 245-252.

Gosepath, Stefan u. a. (Hg., 2008), *Handbuch der politischen Philosophie und Sozialphilosophie*, 2 Bde., De Gruyter, Berlin.

Graham, John D. und Rhombert, Lorenz (1996), »How Risks Are Identified and Assessed«, in: *The Annals of the American Academy of Political and Social Science* 545, S. 15-24.

Grandy, Richard (1987), »Information Based Epistemology, Ecological Epistemology, and Epistemology Naturalized«, in *Synthese* 70 (1), S. 191-203.

Greenlee, William F. u. a. (1991), »A Perspective on Biologically-Based Approaches to Dioxin Risk Assessment«, in: *Risk Analysis* 11, S. 565-568.

Grice, Paul (1989), *Studies in the Way of Words*, Harvard University Press, Cambridge/MA.

Gross, Paul R. und Levitt, Norman (1994), *Higher Superstition: The Academic Left and its Quarrels with Science*, John Hopkins Press, Baltimore.

Guala, Francesco (2000), »The Logic of Normative Falsification: Rationality and Experiments in Decision Theory«, in: *Journal of Economic Methodology* 7, S. 59-93.

Habermas, Jürgen (1963), »Analytische Wissenschaftstheorie und Dialektik«, in: Theodor W. Adorno (Hg., 1969 a), *Der Positivismusstreit in der deutschen Soziologie*, Luchterhand, Neuwied, S. 155-192.

Habermas, Jürgen (1964a), »Gegen einen positivistisch halbierten Rationalismus«, in: Theodor W. Adorno (Hg., 1969 a), *Der Positivismusstreit in der deutschen Soziologie*, Luchterhand, Neuwied, S. 235-266.

Habermas, Jürgen (1964b), »Verwissenschaftlichte Politik und öffentliche Meinung«, in: Richard Reich, (Hg.), *Humanität und politische Verantwortung*, E. Rentsch, Erlenbach-Zürich, S. 54-73.

Habermas, Jürgen (1965), »Erkenntnis und Interesse«, in: Jürgen Habermas (1968), *Technik und Wissenschaft als »Ideologie«*, Suhrkamp, Frankfurt/M., S. 146-168.

Habermas, Jürgen (1966), »Technischer Fortschritt und soziale Lebenszeit«, in: *Praxis* (Zagreb), Heft 1/2 1966, S. 217-228.

Habermas, Jürgen (1967a), »Arbeit und Interaktion. Bemerkungen zu Hegels Jenenser Philosophie des Geistes«, in: Hermann Braun und Manfred Riedel (Hg.), *Natur und Geschichte. Karl Löwith zum 70. Geburtstag*, W. Kohlhammer, Stuttgart, S. 132-155.

Habermas, Jürgen (1967b), »Dogmatismus, Vernunft und Entscheidung«, in: Jürgen Habermas, *Theorie und Praxis: Sozialphilosophische Studien*, Luchterhand, Neuwied, S. 231.

Habermas, Jürgen (1968), »Technik und Wissenschaft als ›Ideologie‹«, leicht gekürzter Vorabdruck in: *Merkur*, Heft 243, S. 591-610, und Heft 244, S. 682-693.

Hacking, Ian (1995), *Rewriting the Soul*, Princeton University Press, Princeton.

Hacking, Ian (1998), *Mad Travellers: Reflections on the Reality of Transient Mental Illnesses*, University Press of Virginia, Carlottesville.

Hacohen, Malachi Haim (2000), *Karl Popper. The Formative Years 1902-1945. Politics and Philosophy in Interwar Vienna*, Cambridge University Press, Cambridge.

Hacohen, Malachi Haim (2006), »The young Popper as a Scholarly Field: A Comment on Dahms, Hansen, and ter Hark«, in: Ian Jarvie u. a. (Hg., 2006), *Karl Popper. A Centenary Assessment, Vol. I: Life and Times, and Values in a World of Facts*, Ashgate Publishing, Aldershot/GB, S. 99-110.

Haraway, Donna (1986), »Primatology Is Politics by Other Means«, in: Ruth Bleier (Hg.), *Feminist Approaches to Science*, Pergamon Press, Elmsford/NY, S. 77-118.

Hare, Richard (1952), *The Language of Morals*, Oxford University Press, Oxford.

Hare, Richard (1981), *Moral Thinking*, Clarendon Press, Oxford.

Harrington, Anne (1999), *The Placebo Effect: an Interdisciplinary Exploration*, Harvard University Press, Cambridge.

Harris, Gardiner und Berenson, A. (2005), »10 Voters on Panel Backing Pain Pills Had Industry Ties«, in: *New York Times* (25. Februar 2005).

Harris, Gardiner (2004), »At F.D.A., Strong Drug Ties and Less Monitoring«, in: *New York Times* 6. 12. 2004.

Healy, David (2001), *The Creation of Psychopharmacology*, Harvard University Press, Cambridge/MA.

Hegselmann, Rainer (1979), *Normativität und Rationalität. Zum Problem praktischer Vernunft in der Analytischen Wissenschaftstheorie*, Campus Verlag, Frankfurt.

Hegselmann, Rainer (1984), »Logischer Empirismus und Ethik«, in: Moritz Schlick (Hg., 1984), *Fragen der Ethik*, hg. v. Rainer Hegselmann, Suhrkamp, Frankfurt/M., S. 7-46.

Hempel, Carl G. (1965), »Science and Human Values«, in: Carl G. Hempel, *Aspects of Scientifc Explanation*, Free Press, New York, S. 81-96.

Hilberg, Raul (1961), *The Destruction of the European Jews*, W.H. Allen, Chicago.

Hilgendorf, Eric (1998), »Zur Philosophie des frühen logischen Empirismus. Ein Problemaufriß«, in: Eric Hilgendorf (Hg., 1998), *Wissenschaft-*

licher Humanismus. Texte zur Moral- und Rechtsphilosophie des frühen logischen Empirismus, Haufe Verlag, Freiburg, S. 378-414.

Hilgendorf, Eric (2000), »Das Problem der Wertfreiheit in der Jurisprudenz«, in: Eric Hilgendorf und Lothar Kuhlen (Hg., 2000), *Die Wertfreiheit in der Jurisprudenz*, C. F. Müller, Heidelberg, S. 1-32.

Hilgendorf, Eric (Hg., 1998), *Wissenschaftlicher Humanismus. Texte zur Moral- und Rechtsphilosophie des frühen logischen Empirismus*, Haufe Verlag, Freiburg.

Hirsch, Laurence J. (2002), »Conflicts of Interest in Drug Development: The Practices of Merck & Co., Inc.«, in: *Science and Engineering Ethics* 8, S. 429-442.

Howson, Colin und Urbach, Peter (1996), *Scientific Reasoning: The Bayesian Approach*, Open Court, Chicago (2. Aufl.).

Hrdy, Sarah Blaffer (1981), *The Woman that Never Evolved*, Cambridge University Press, Cambridge/MA.

Huff, J. E. u. a. (1991), »Long-Term Carcinogenesis Studies on 2,3,7,8-Tetrachlorodibenzo-p-dioxin and Hexachlorodibenzo-p-dioxins«, in: *Cell Biology and Toxicology* 7, S. 67-94.

Hull, David L. (1988), *Science as a Process: An Evolutionary Account of the Social and Conceptual Development of Science*, University of Chicago Press, Chicago.

Hume, David (1739/40), *A Treatise of Human Nature, Vol. II, Book III: Of Morals*, London.

Husserl, Edmund (1954), *Die Krisis der europäischen Wissenschaften und die transzendentale Phänomenologie. Gesammelte Werke*, Bd. VI, Nijhoff, Den Haag.

Jarvie, Ian u. a. (Hg., 2006), *Karl Popper. A Centenary Assessment, Vol. I: Life and Times, and Values in a World of Facts*, Ashgate Publishing, Aldershot/GB.

Jeffrey, Richard (1956), »Valuation and Acceptance of Scientific Hypotheses«, in: *Philosophy of Science* 22, S. 337-346.

Johansen, Helle Krogh und Gøtzsche, Peter C. (1999), »Problems in the Design and Reporting of Trials of Antifungal Agents Encountered During Meta-Analysis«, in: *Journal of the American Medical Association* 282, S. 1752-1759.

Johnson, Paula D. und David G. Besselsen (2002), »Practical Aspects of Experimental Design in Animal Research«, in: *ILAR Journal* 43 (4), S. 203-206.

Kaesler, Dirk (1984), *Die frühe deutsche Soziologie 1909 bis 1934 und ihre Entstehungs-Milieus. Eine wissenschaftssoziologische Untersuchung*, Westdeutscher Verlag, Opladen.

Kaiser, Thomas u. a. (2004), »Sind die Aussagen medizinischer Werbepro-spekte korrekt?«, in: *Arznei-Telegramm* 35(2), S. 21-23.

Kaitin, Kenneth A. u. a. (1993), »The Role of the Research-Based Phar-maceutical Industry in Medical Progress in the United States«, in: *Journal for Clinical Pharmacology* 33, S. 412-317.

Keller, Evelyn (1983), *A Feeling for the Organism*, W. H. Freeman and Co., San Francisco.

Keller, Evelyn (1995), *Refiguring Life*, Columbia University Press, New York.

Keuth, Herbert (1989), *Wissenschaft und Werturteil*, Mohr Siebeck, Tübingen.

Kincaid, Harold, u. a. (Hg., 2007), *Value-free Science?*, Oxford University Press, Oxford.

Kitcher, Philip (1993), *The Advancement of Science*, Oxford University Press, Oxford.

Kitcher, Philip (1997), »An Argument about Free Inquiry«, in: *Nous* 31, S. 279-306.

Kitcher, Philip (1998), »A Plea for Science Studies«, in: Noretta Koertge (Hg., 1998), *Nature and Causes of Homosexuality: A Philosophic and Sci-entific Inquiry*, The Haworth Press, New York, S. 32-56.

Kitcher, Philip (2001), *Science, Truth and Democracy*, Oxford University Press, Oxford.

Kitcher, Philip (2002), »Reply to Helen Longino«, in: *Philosophy of Science* 69, S. 569-572.

Kjaergard, Lise L. und Bodil Als-Nielsen (2002), »Association between Competing Interests and Authors' Conclusions: Epidemiological Study of Randomized Clinical Trials Published in the BMJ«, in: *British Medical Journal* 325, S. 249-252.

Kociba, Richard u. a. (1978), »Results of a Two-Year Chronic Toxicity and Oncogenicity Study of 2, 3, 7, 8-Tetrachlorodibenzo-p-dioxin Rats«, in: *Toxicology and Applied Pharmacology* 46, S. 279-303.

Kociba, Richard (1991), »Rodent Bioassays for Assessing Chronic Toxicity and Carcinogenic Potential of TCDD«, in: Michael Gallo u. a. (Hg.), *Biological Basis for Risk Assessment of Dioxins and Related Compounds*, Cold Spring Harbor Laboratory Press, New York S. 3-12.

Koertge, Noretta (Hg., 1982), *Nature and Causes of Homosexuality: A Philo-sophical and Scientific Inquiry*. The Haworth Press, New York.

Koertge, Noretta (1993), »Ideology, Heuristics and Rationality in the Con-text of Discovery«, in: Steven French and Harmke Kamminga (Hg.), *Correspondence, Invariance and Heuristics*, Kluwer Academic Publishers, Dordrecht, S. 125-136.

Koertge, Noretta (Hg., 1998), *A House Built on Sand: Exposing Postmod-ernist Myths About Science*. Oxford University Press, New York.

Kondro, Wayne und Sibbald, Barbara (2004), »Drug Company Expert

Advised Staff to Withhold Data About SSRI Use in Children«, in: *Canadian Medical Association Journal* 170 (5), S, 783.

Konegen, Norbert und Sondergeld, Klaus (1985), *Wissenschaftstheorie für Sozialwissenschaftler*, Leske Verlag, Opladen.

Korn, David und Ehringhaus, Susan (2006), »Principles for Strengthening the Integrity of Clinical Research«, in: *PLoS Clinical Trials* 1 (1), e1.

Kourany, Janet A. (2003), »A Philosophy of Science for the Twenty-First Century«, in: *Philosophy of Science* 70 (1), S. 1-14.

Krimsky, Sheldon (2003), *Science in the Private Interest*, Rowman and Littlefield, New York.

Kriz, Jürgen u. a. (1990), *Wissenschafts- und Erkenntnistheorie. Eine Einführung für Psychologen und Humanwissenschaftler*, Leske Verlag, Opladen.

Kuhn, Thomas (1970a), »Logic of Discovery or Psychology of Research?«, in: Imre Lakatos und Alan Musgrave (Hg., 1970), *Criticism and the Growth of Knowledge*, Cambridge University Press, Cambridge, S. 1-25.

Kuhn, Thomas (1970b), »Reflections on my Critics«, in: Imre Lakatos und Alan Musgrave (Hg., 1970), *Criticism and the Growth of Knowledge*, Cambridge University Press, Cambridge, S. 231-279.

Kuhn, Thomas (1970c), *The Structure of Scientific Revolution*, 2. Auflage, University of Chicago Press, Chicago.

Kuhn, Thomas (1977), »Objectivity, Value, and Theory Choice«, in: Thomas Kuhn, *The Essential Tension: Selected Studies in Scientific Tradition and Change*, The University of Chicago Press, Chicago, S. 320-339.

Kuhn, Thomas S. (1977), *The Essential Tension: Selected Studies in Scientific Tradition and Change*, University of Chicago Press, Chicago.

Kulen, Lothar (2000), »Wertfreiheit in der Jurisprudenz?«, in: Eric Hilgendorf und Lothar Kuhlen, (Hg., 2000), *Die Wertfreiheit in der Jurisprudenz*, C.F. Müller, Heidelberg, S. 33-49.

Kutschera, Franz von (1982), *Grundlagen der Ethik*, W. de Gruyter, Berlin.

Lakatos, Imre (1970), »Falsification and the Methodology of Scientific Research Programmes«, in: Imre Lakatos und Alan Musgrave (Hg., 1970), *Criticism and the Growth of Knowledge*, Cambridge University Press, Cambridge, S. 91- 197.

Latour, Bruno (1987), *Science in Action*, Harvard University Press, Cambridge/MA.

Laudan, Larry (1976), »Two Dogmas of Methodology«, in: *Philosophy of Science* 43, S. 585-597.

Laudan, Larry (1977), *Progress and Its Problems*, University of California Press, Berkeley.

Laudan, Larry (1981), *Science and Hypothesis*, Reidel, Dordrecht.

Laudan, Larry (1984), *Science and Values*, University of California Press, Berkeley.

Laudan, Larry (1987), »Progress and Rationality? The Prospects for Normative Naturalism«, in: *American Philosophical Quarterly* 24, S. 19-31.

Lemmens, Trudo (2004), »Piercing the Veil of Corporate Secrecy About Clinical Trials«, in: *Hastings Center Report* 34 (5), S. 14-18.

Lemmens, Trudo und Miller, Paul B. (2003), »The Human Subject Trade: Ethical and Legal Issues Surrounding Recruitment Incentives«, in: *Journal of Law, Medicine and Ethics* 31, S. 398-418.

Levi, Isaac (1960), »Must the Scientist Make Value Judgements?«, in: *The Journal of Philosophy* 57 (11), S. 345-357.

Levi, Isaac (1961), »Decision Theory and Confirmation«, in: *The Journal of Philosophy* 58 (21), S. 614-625.

Levi, Isaac (1962), »On the Seriousness of Mistakes«, in: *Philosophy of Science* 29 (1), S. 47-65.

Levins, Richard und Lewontin, Richard (1985), *The Dialectical Biologist*. Harvard University Press, Cambridge/MA.

Lewis, David K. (1969), *Convention: A Philosophical Study*, Harvard University Press, Cambridge/MA.

Lexchin, Joel u. a. (2003), »Pharmaceutical Industry Sponsorship and Research Outcome and Quality: Systematic Review«, in: *British Medical Journal* 326, S. 1167-1170.

Longino, Helen E. (1990), *Science as Social Knowledge: Values and Objectivity in Scientific Inquiry*, Princeton University Press, Princeton.

Longino, Helen E. (1996), »Cognitive and Non-cognitive Values in Science«, in: Lynn Nelson und Jack Nelson (Hg.), *Feminism, Science, and the Philosophy of Science*, Kluwer Publishers, London, S. 39-58.

Longino, Helen E. (1997), »Feminist Epistemology as a Local Epistemology«, in: *Proceedings of the Aristotelian Society*, Suppl. 71, S. 19-35.

Longino, Helen E. (2002), *The Fate of Knowledge*, Princeton University Press, Princeton.

Longino, Helen E. (2008), »Values, Heuristics, and the Politics of Knowledge«, in: Martin Carrier u. a. (Hg., 2008), S. 68-87.

Lutterotti, Nicola von (2003), »Das Schweigen der Forscher. Veröffentlicht wird oft nur das, was gefällt«, in: *Frankfurter Allgemeine Zeitung* 17. 12. 2003.

Machamer, Peter und Douglas, Heather (1999), »Cognitive and Social Values«, in: *Science & Education* 8, S. 45-54.

Maher, Patrick (1993), *Betting on Theories*, Cambridge University Press, Cambridge.

Marcuse, Herbert (1967), *Der eindimensionale Mensch*, Luchterhand, Neuwied.

Markowitz, Gerald und Rosner, David (2002), *Deceit and Denial: The Deadly Politics of Industrial Pollution*, University of California Press, Berkeley.

Maronpot, Robert R. u. a. (1986), »National Toxicology Program Nomenclature for Hepatoproliferative Lesions of Rats«, in: *Toxicologic Pathology* 14, S. 263-273.

Martin, Emily (1991), »The Egg and the Sperm«, in: *Signs: Journal of Woman in Culture and Society* 16 (3), S. 485-501.

McMullin, Ernan (1983), »Values in Science«, in: Peter D. Asquith und Thomas Nickles (Hg.), *Proceedings of the 1982 Biennial Meeting of the Philosophy of Science Association, Vol. I*, Philosophy of Science Association, East Lansing, S. 3-28.

McSherry, Corynne (2001), *Who Owns Academic Work?*, Harvard University Press, Cambridge/MA.

Meiland, Jack (1974), »Kuhn, Scheffler, and Objectivitiy in Science«, in: *Philosophy of Science* 41, S. 179-187.

Melander, Hans u. a. (2003), »Evidence B(i)ased Medicine – Selective Reporting from Studies Sponsored by Pharmaceutical Industry: Review of Studies in New Drug Applications«, in: *British Medical Journal* 326, S. 1171-1175.

Merkur. Deutsche Zeitschrift für Europäisches Denken: Macht und Ohnmacht der Experten (Heft 760/761, Sonderheft Sept./Okt. 2012), hg. v. Christian Demand.

Merton, Robert K. (1942), »The Normative Structure of Science«, in: ders. (1973), *The Sociology of Science, Theoretical and Empirical Investigations*, University of Chicago Press, Chicago, S. 267-278.

Merton, Robert K. (1979), *Sociology of Science*, University of Chicago Press, Chicago.

Meyer-Abich, Klaus Michael und Schefold, Bertram (1986), *Die Grenzen der Atomwirtschaft. Mit einer Einleitung von Carl Friedrich v. Weizsäcker* (2. Auflage), C.H. Beck, München.

Meynell, Hugo (1975), »Science, the Truth, and Thomas Kuhn«, in: *Mind* 84, S. 79-93.

Montaner, Julio S. G. u. a. (2001), »Industry-Sponsored Clinical Research: A Double-Edged Sword«, in: *Lancet* 358, S. 1893-1895.

Moore, George E. (1903), *Principia Ethica*, Cambridge University Press, New York.

Mormann, Thomas (2010), »Wertphilosophische Abschweifungen eines Logischen Empiristen: der Fall Carnap«, in: *Veröffentlichungen des Instituts Wiener Kreis* 15, S. S. 81-102.

Morrison, Margaret (2000), *Unifying Scientific Theories. Physical Concepts and Mathematical Structures*, Cambridge University Press, Cambridge.

Müller-Doohm, Stefan (2003), *Adorno. Eine Biographie*, Suhrkamp, Frankfurt/M.

Mundt, Kenneth A. u. a. (2000), »Historical Cohort Study of 10 109 Men in the North American Vinyl Chloride Industry, 1942-72: Update of Cancer Mortality to 31 December 1995«, in: *Occupational and Environmental Medicine* 57 (11), S. 774-781.

Munthe, Christian und Welin, Stellan (1996), »The Morality of Scientific Openness«, in: *Science and Engineering Ethics* 2, S. 411-428.

Myrdal, Gunnar und Bok, Sisella (1944), *The American Dilemma*, Transaction Publishers, New Jersey.

Neck, Reinhard (Hg., 2008), *Was bleibt vom Positivismusstreit?*, Peter Lang, Frankfurt/M.

Neurath, Otto (1931), *Empirische Soziologie. Der wissenschaftliche Gehalt der Geschichte und Nationalökonomie*, Springer, Wien. Abgedruckt in: Rudolf Haller und Heiner Rutte (Hg., 1981), *Otto Neurath – Gesammelte philosophische und methodologische Schriften*, 2 Bde., öbv, Wien, S. 423-527.

Neyman, Jerzy (1950), *First Course in Probability and Statistics*, Henry Holt & Co., New York.

Nichols, Steven P. und Skooglund, Carl M. (1998), »Friend or Foe: A Brief Examination of the Ethics of Corporate Sponsored Research at Universities«, in: *Science and Engineering Ethics* 4, S. 385-390.

Nussbaum, Martha und Sen, Amartya (Hg., 1993), *The Quality of Life*, Oxford University Press, Oxford.

Ortiz de Montellano, Bernard R. (1996), »Afrocentric Pseudoscience: The Miseducation of African Americans«, in: Paul R. Gross, Norman Levitt und Martin Lewis, *The Flight from Science and Reason*, New York Academy of Science, New York, S. 561-572.

Oudshoorn, Nelly (1998), »Shifting Boundaries between Industry and Science: The Role of the WHO in Contraceptive R&D«, in: Jean-Paul Gaudillière und Ilana Löwy (Hg. 1998), *The Invisible Industrialist*, Macmillan, London, S. 345-379.

Oyama, Susan (2000), *The Ontogeny of Information*, Duke University Press, Durham/NC.

Partington, James und McKie, Douglas (1937), »Historical Studies on the Phlogiston Theory. I. The Levity of Phlogiston«, in: *Annuals of Science* 2, S. 361-404.

Patry, Jean-Luc (1991), *Transsituationale Konsistenz des Verhaltens und Handelns in der Erziehung*, Peter Lang, Bern.

Paulus, Jochen (2004), »Die Tricks der Pillendreher. Wie Pharmafirmen mogeln, damit Studien die gewünschten Resultate zeigen«, in: *Die Zeit* 18/2004.

Pearson, Egon S. (1933), »A Survey of the Uses of Statistical Method in the Control and Standardization of the Quality of Manufactured Products«, in: *Journal of the Royal Statistical Society* 96 (1), S. 21-75.

Peukert, Detlev J. K. (1989) »Weber contra Ploetz: Der historische Ort des Werturteilsstreits in der Vorgeschichte der deutschen Barbarei«, in: ders. (Hg., 1989), *Max Webers Diagnose der Moderne*, Vandenhoeck & Ruprecht, Göttingen, S. 92-101.

Picht, Georg (1964), »Der Sinn der Unterscheidung von Theorie und Praxis in der griechischen Philosophie«, in: *Evangelische Ethik*, 8. Jg; 1964, S. 321 ff.

Pigden, Charles R. (1989), »Logic and the Autonomy of Ethic«, in: *Australasian Journal of Philosophy* 67, S. 127-151.

Pigden, Charles R. (Hg., 2010): *Hume on ›Is‹, and ›Ought‹*, Palgrave Macmillan, Hampshire.

Pollack, Andrew (2005), »Medical Researcher Moves to Sever Ties to Companies«, in: *New York Times* (25. Januar 2005).

Popper, Karl R. (1945), *The Open Society and its Enemies,* 2 Bde., Routledge, London.

Popper, Karl R. (1957), *Die offene Gesellschaft und ihre Feinde,* 2 Bde., Mohr Siebeck, Tübingen.

Popper, Karl R. (1962), »Die Logik der Sozialwissenschaften«, in: Theodor W. Adorno (Hg., 1969 a), *Der Positivismusstreit in der deutschen Soziologie*, Luchterhand, Neuwied, S. 103-124.

Popper, Karl R. (1963), *The Logic of Scientific Discovery*, Routledge, London.

Popper, Karl R. (1970), »Reason or Revolution?«, in: *Archives Européennes de Sociologie* 11, S. 252-262.

Popper, Karl R. (1974a), »Intellectual Autobiography«, in: Paul A. Schilpp (Hg., 1974), *The Philosophy of Karl Popper,* 2 Bde., Open Court, Chicago, S. 3-181.

Popper, Karl R. (1974b), »Replies to my Critics«, in: Paul A. Schilpp (Hg., 1974), *The Philosophy of Karl Popper,* 2 Bde., Open Court, Chicago, S. 962-1197.

Popper, Karl R. (1974c), *Objektive Erkenntnis. Ein evolutionärer Entwurf*, Hoffmann und Campe, Hamburg (engl. Original 1972; 4., verbess. dt. Aufl. 1998).

Popper, Karl R. (1984a), »Gegen die großen Worte (Ein Brief, der ursprünglich nicht zur Veröffentlichung bestimmt war)«, in: ders. (1984), *Auf der Suche nach einer besseren Welt. Vorträge und Aufsätze aus dreißig Jahren*, Piper, München, S. 99-114.

Popper, Karl R. (1984b), *Auf der Suche nach einer besseren Welt. Vorträge und Aufsätze aus dreißig Jahren*, Piper, München.

Popper, Karl R. (1994), *The Myth of the Framework. In Defence of Science and Rationality*, Routledge, New York.

Prim, Rolf und Tilman, Heribert (1979), *Grundlagen einer kritisch-rationalen Sozialwissenschaft*, Quelle & Meyer, Heidelberg.

Prior, Arthur N. (1960), »The Autonomy of Ethics«, in: *Australasian Journal of Philosophy* 38, S. 199-206.

Proctor, Robert (1999), *The Nazi War on Cancer*, Princeton University Press, Princeton.

Putnam, Hilary (1990), »Objectivity and the Science/ Ethics Distinction«, in: James Conant (Hg., 1990), *Realism with a Human Face*, Harvard University Press, Cambridge/MA, S. 163-178.

Putnam, Hilary (2002), *The Collapse of the Fact/ Value Dichotomy, and other Essays, including the Rosenthal Lectures*, Harvard University Press, Cambridge/MA.

Quine, Willard Van Orman (1951), »On Carnap's Views on Ontology«, in: *Philosophical Studies*, II, Nr. 5 (1951), S. 65-72.

Quine, Willard Van Orman und Ullian, Joseph (1978), *The Web of Belief*, Random House, New York.

Quine, Willard Van Orman (1979), *Von einem logischen Standpunkt. Neun logisch-philosophische Essays*, Ullstein, Frankfurt/M.

Radbruch, Gustav (1913), *Einführung in die Rechtswissenschaft*, Quelle und Meyer, Leipzig.

Radkau, Joachim (2005), *Max Weber – Die Leidenschaft des Denkens*, Carl Hanser Verlag, München.

Raiffa, Howard (1973), *Einführung in die Entscheidungstheorie*, Oldenbourg, München (engl. Original 1968).

Rampton, Sheldon und Stauber, John (2001), *Trust Us, We're Experts*, Tarcher/Penguin, New York.

Ramsay, Sarah (2001), »No Closure in Sight for the 10/90 Health-research Gap«, in: *Lancet* 358.

Rawls, John (1971), *A Theory of Justice*, Harvard University Press, Cambridge/MA.

Rawls, John (1979), *Eine Theorie der Gerechtigkeit*, Suhrkamp, Frankfurt/M.

Reichenbach, Hans (1931), *Ziele und Wege der heutigen Naturphilosophie*, Meiner, Leipzig.

Reichenbach, Hans (1951), *The Rise of Scientific Philosophy*, University of California Press, Berkeley.

Rennie, Drummond (1997), »Thyroid Storm«, in: *Journal of the American Medical Association* 277, S. 1238-1243.

Resnik, David B. (1998), *The Ethics of Science. An Introduction*, Routledge, London.

Resnik, David (2000), »Financial Interest and Research Bias«, in: *Perspectives on Science* 8 (3), S. 255-285.

Resnik, David (2007), *The Price of Truth: How Money Affects the Norms of Science*, Oxford University Press, Oxford.

Ringer, Fritz (1997), *Max Weber's Methodology. The Unification of the Cultural and Social Sciences*, Harvard University Press, Cambridge/MA.

Ringer, Fritz (2004), *Max Weber. An Intellectual Biography*, University of Chicago Press, Chicago.

Robbins, Bruce (1998), »Love, Sex, and Disciplinary Imperialism«, in: *Chronicle of Higher Education* 18, September 1998.

Rolin, Kristina (1998), »What Should a Normative Theory of Values in Science Accomplish?«, Konferenzbeitrag zum 1998 Meeting of the Philosophy of Science Association. Beitrag zugänglich unter: ⟨http://scistud. umkc.edu/psa98/papers/⟩, letzter Zugriff 5. 12. 2012.

Rooney, Phyllis (1992), »On Values in Science: Is the Epistemic/Non-Epistemic Distinction Useful?«, in: David Hull u. a. (Hg.), *Proceedings of the 1992 Biennial Meeting of the Philosophy of Science Association, Volume 2*, Philosophy of Science Association, East Lansing, S. 13-22.

Rosander, Arlyn Custer (1951), *Elementary Principles of Statistics*, D. Van Nostrand Co., New York.

Rosenberg, Nathan (1990), »Why do Firms do Basic Research (with Their Own Money)?«, in: *Research Policy* 19, S. 165-174.

Rosenberg, Nathan (1991), »Critical Issues in Science Policy Research«, in: *Science and Public Policy* 18, S. 335-346.

Ross, Andrew (1995), »Science Backlash on Technoskeptics«, in: *Cultural Studies Times* 1 (3), S. 1.

Ross, Andrew (Hg., 1996), *Science Wars*, Duke University Press, Durham.

Rossignol, Jean-François und Cavier, Raymond (1975), »2-benzamino-5-nitrothiazoles«, in: *Chemical Abstracts* 83.

Rudner, Richard (1953), »The Scientist *qua* Scientist Makes Value Judgements«, in: *Philosophy of Science* 20, S. 1-6.

Ruphy, Stéphanie (2006), »Empiricism all the Way Down: A Defense of the Value-Neutrality of Science in Response to Helen Longino's Contextual Empiricism«, in: *Perspectives on Science* 14/2, S. 189-214.

Ruse, Michael (1988*), Homosexuality – A Philosophical Inquiry*, Basil Blackwell, New York.

Sackett, David L. und Oxman, Andrew D. (2003), »HARLOT plc: An Amalgamation of the World's Two Oldest Professions«, in: *British Medical Journal* 327, S. 1442-1445.

Sankey, Howard (2000), »Methodological Pluralism, Normative Natural-

ism and the Realist Aim of Science«, in: Robert Nola und Howard Sankey (Hg., 2000), *After Popper, Kuhn and Feyerabend: Recent Issues in
Theories of Scientific Method*. Kluwer, Dordrecht, S. 211-229.

Sargent, Rose-Mary (1995), *The Diffident Naturalist. Robert Boyle and the
Philosophy of Experiment*, University of Chicago Press, Chicago.

Sass, Jennifer Beth, Castleman, Barry und Wallinga, David (2005), »Vinyl
Chloride: A Case Study of Data Suppression and Misrepresentation«,
in: *Environmental Health Perspectives* 113, S. 809-812.

Satel, Sally L. (1995), »Science By Quota«, in: *The New Republic* 27, February 1995, S. 14-15.

Schaber, Peter (2008) »Wert/Tatsache«, in Stefan Gosepath u. a. (Hg.,
2008), *Handbuch der politischen Philosophie und Sozialphilosophie,* 2
Bde., De Gruyter, Berlin, S. 1469-1472.

Scheffler, Israel (1967), *Science and Subjectivity*, Bobbs-Merrill, Indianapo-
lis/IN.

Scheffler, Israel (1972), »Vision and Revolution: A Postscript on Kuhn«, in:
Philosophy of Science 29, S. 366-374.

Schelling, Friedrich (1958), *Schellings Werke, nach der Originalausgabe in
neuer Anordnung herausgegeben von Manfred Schröter*, Bd. III, C.H. Beck,
München.

Schelsky, Helmuth (1963), *Einsamkeit und Freiheit*, Rowohlt, Hamburg.

Schilpp, Paul A. (Hg., 1974), *The Philosophy of Karl Popper,* 2 Bde., Open
Court, Chicago.

Schlick, Moritz (1930), *Fragen der Ethik*, Springer, Wien.

Schlick, Moritz (1937), »L'ecole de Vienne et la philosophie traditionelle«,
in: Raymond Bayer (Hg., 1937), *Travaux du IXe Congrès International de
Philosophie. Congrès Descartes*, Bd. IV, Paris, S. 99-107.

Schmidt, Paul F. (1971), »Ethische Normen in der wissenschaftlichen Methode«, in: Hans Albert und Ernst Topitsch (Hg., 1971), *Werturteilsstreit*,
Wissenschaftliche Buchgesellschaft, Darmstadt. S. 353-364.

Schmoller, Gustav (1911), »Volkswirtschaftslehre«, in: Johannes Conrad
(Hg.), *Handwörterbuch der Staatswissenschaften*, Verlag Gustav Fischer,
Jena, Bd. VIII, S. 426-501.

Schurz, Gerhard (1997), *The Is-Ought Problem. An Investigation in Philosophical Logic*, Kluwer (Studia Logica Library), Dordrecht 1997.

Schurz, Gerhard (³2011), *Einführung in die Wissenschaftstheorie*, Wissenschaftliche Buchgesellschaft, Darmstadt.

Sen, Gita und Grown, Caren (1978), *Development, Crises and Alternative
Visions: Third World Women's Perspectives*, Monthly Review Press, New
York.

Shapere, Dudley (1964), »The Structure of Scientific Revolutions«, in: *Philosophical Review* 73, S. 383-394.

Shapere, Dudley (1966), »Meaning and Scientific Change«, in: R. Colodny (Hg., 1966), *Mind and Cosmos: Essays in Contemporary Science and Philosophy*, University of Pittsburgh Press, Pittsburgh, S. 41-85.

Shapere, Dudley (1971), »The Paradigm Concept«, in: *Science* 172, S. 706-709.

Shapere, Dudley (1982), »The Concept of Observation in Science and Philosophy«, in: *Philosophy of Science* 49, S. 485-525.

Shapere, Dudley (1984), *Reason and the Search for Knowledge. Boston Studies in the Philosophy of Science* 78, Reidel, Dordrecht.

Shapin, Steven und Schaffer, Simon (1985), *Leviathan and the Air-Pump. Hobbes, Boyle, and the Experimental Life*, Princeton University Press, Princeton.

Shapin, Steven (1994), *A Social Theory of Truth*, University of Chicago Press, Chicago.

Shrader-Frechette, Kristin (1994), *Ethics of Scientific Research*, Rowman & Littlefield, Boston.

Shrader-Frechette, Kristin (2004), »Using Metascience to Improve Dose-Response Curves in Biology: Better Policy through Better Science«, in: *Philosophy of Science* 71 (5), S. 1026-1037.

Shulman, Seth (1999), *Owning the Future*, Houghton Mifflin, New York.

Siegel, Harvey (1980), »Epistemological Relativism in Its Latest Form«, in: *Inquiry* 23, S. 107-117.

Simpson, George G. (1967), *The Meaning of Evolution*, 2. Auflage, Yale University Press, New Haven.

Smith, Adam (1776), *The Wealth of Nations*. Herausgegeben von E. Cannan (1994). Modern Library, New York.

Snell, Bruno (1964), »Theorie und Praxis«, in: ders., *Die Entdeckung des Geistes. Studien zur Entstehung des europäischen Denkens bei den Griechen*, Vandenhoeck & Ruprecht, Hamburg.

Sober, Elliott (2007), »Evidence and Value Freedom«, in: Harold Kincaid u. a. (Hg., 2007), *Value-Free Science? Evidence and Value Freedom*, Oxford University Press, Oxford, S. 109-119.

Sokal, Alan (1996), »Transgressing the Boundaries: Toward a Transformative Hermeneutics of Quantum Gravity«, in: *Social Text* 46-47, S. 217-252.

Sokal, Alan, und Bricmont, Jean (1998), *Fashionable Nonsense. Postmodern Intellectuals' Abuse of Science*. Picador, New York.

Solomon, Miriam (2001), *Social Empiricism*, MIT Press, Cambridge/MA.

Song, F. u. a. (2000), »Publication and Related Biases«, in: *Health Technology Assessment* 4 (10), S. 1-115.

Sperling, Susan (1991), »Baboons with Briefcases: Feminism, Functionalism and Sociobiology in the Evolution of Primate Gender«, in: *Signs: Journal of Woman in Culture and Society* 4 (1), S. 4-20.

Stadler, Friedrich (1997), *Studien zum Wiener Kreis. Ursprung, Entwicklung und Wirkung des Logischen Empirismus im Kontext*, Suhrkamp, Frankfurt/M.

Starmer, Chris (2000), »Developments in Non-Expected Utility: The Hunt for a Descriptive Theory of Choice under Risk«, in: *Journal of Economic Literature* 38, S. 332-382.

Stegmüller, Wolfgang (1979), »Wertfreiheit, Interessen und Objektivität«, in: ders. (Hg.), *Rationale Rekonstruktion von Wissenschaft und ihrem Wandel*, Reclam, Stuttgart, S. 177-203.

Steinert, Heinz (1992), *Die Entdeckung der Kulturindustrie. Oder: Warum Professor Adorno Jazz-Musik nicht ausstehen konnte*, Westfälisches Dampfboot, Münster.

Stelfox, Henry Thomas u. a. (1998), »Conflict of Interest in the Debate over Calcium-Channel Antagonists«, in: *New England Journal of Medicine* 338, S. 101-106.

Strauss, Leo (1953), »Die Unterscheidung zwischen Tatsachen und Werten«, in: Hans Albert und Ernst Topitsch (Hg., 1971), *Werturteilsstreit*, Suhrkamp, Frankfurt/M.

Streeck, Wolfgang (2012), »Wissen als Macht, Macht als Wissen. Kapitalversteher im Krisenkapitalismus«, in: *Merkur* 760/761, S. 776-787.

Strevens, Michael (2003), »The Role of the Priority Rule in Science«, in: *Journal of Philosophy* 100, S. 55-79.

Tesh, Sylvia Noble (1988), *Hidden Arguments: Political Ideology and Disease Prevention Strategy*, Rutgers University Press, Trenton/NJ.

Thornhill, Randy und Thornhill, Nancy Wilmsen (1992), »The Evolutionary Psychology of Men's Coercive Sexuality«, in: *Behavioral and Brain Sciences* 15, S. 363-421.

Thornhill, Randy und Palmer, Craig (2000), *A Natural History of Rape: Biological Bases of Sexual Coercion*, MIT Press, Cambridge/MA.

Timbrell, John A. (1989), *Introduction to Toxicology*, Taylor and Francis, New York.

Topitsch, Ernst (Hg., 1965), *Logik der Sozialwissenschaften*, Kiepenheuer & Witsch, Köln.

Toulmin, Stephen (1950), *The Place of Reason in Ethics*, Cambridge University Press, Cambridge.

Travis, Charyl Brown (Hg., 2003), *Evolution, Gender, and Rape*, MIT Press, Cambridge/MA.

Van Fraassen, Bas (1980), *The Scientific Image*, Oxford University Press, Oxford.

Vom Saal, Frederick S. und Hughes, Claude (2005), »An Extensive New

Literature Concerning Low-Dose Effects of Bisphenol A Shows the Need for a New Risk Assessment«, in: *Environmental Health Perspectives* 113, S. 926-933.

Vom Saal, Frederick S. und Welshons, Wade V. (2005), »Large Effects from Small Exposures. II. The Importance of Positive Controls in Low-Dose Research on Bisphenol A«, in: *Environmental Research* 100 (1), S. 50-76.

von Ferber, Christian (1965), »Der Werturteilsstreit 1909/1959. Versuch einer wissenschaftsgeschichtlichen Interpretation«, in: Ernst Topitsch (Hg., 1965), *Logik der Sozialwissenschaften*, Kiepenheuer & Witsch, Köln, S. 165-180.

Wald, Abraham (1942), *On the Principles of Statistical Inference* (= *Notre Dame Mathematical Lectures* 1), University of Notre Dame, Notre Dame/IN.

Weber, Marianne (1926), *Max Weber. Ein Lebensbild*, ³1984, Mohr Siebeck, München.

Weber, Max (1904a), »Die ›Objektivität‹ sozialwissenschaftlicher und sozialpolitischer Erkenntnis«, in: *Archiv für Sozialwissenschaft und Sozialpolitik* 19; abgedruckt in: ders. (1982), *Gesammelte Aufsätze zur Wissenschaftslehre*, hg. v. Johannes Winckelmann, Mohr Siebeck, Tübingen, S. 146-214.

Weber, Max (1904b), »Kritische Studien auf dem Gebiet der kulturwissenschaftlichen Logik«, in: ders. (1982), *Gesammelte Aufsätze zur Wissenschaftslehre*, hg. v. Johannes Winckelmann, Mohr Siebeck, Tübingen.

Weber, Max (1904c), »R. Stammlers ›Ueberwindung‹ der Materialistischen Geschichtsauffassung«, in: ders. (1982), *Gesammelte Aufsätze zur Wissenschaftslehre*, hg. v. Johannes Winckelmann, Mohr Siebeck, Tübingen.

Weber, Max (1913), »Gutachten zur Werturteilsdiskussion im Ausschuß des Vereins für Socialpolitik«, in: Eduard Baumgarten (1964), *Max Weber. Werk und Person* (ausgewählte und kommentierte Dokumente), Mohr Siebeck, Tübingen, S. 102-139.

Weber, Max (1917), »Der Sinn der ›Wertfreiheit‹ der soziologischen und ökonomischen Wissenschaften«, in: Max Weber (1982), *Gesammelte Aufsätze zur Wissenschaftslehre*, hg. v. Johannes Winckelmann, Mohr Siebeck, Tübingen, S. 489-540

Weber, Max (1919a), *Wissenschaft als Beruf*, München/Leipzig. Abgedruckt in: ders. (1995), *Wissenschaft als Beruf*, Reclam, Stuttgart.

Weber, Max (1919b), *Politik als Beruf*, München/Leipzig, Stuttgart. Abgedruckt in: ders. (1992), *Politik als Beruf*, Reclam, Stuttgart.

Weber, Max (1982), *Gesammelte Aufsätze zur Wissenschaftslehre*, hg. v. Johannes Winkelmann, Mohr Siebeck, Tübingen.

Weingart, Peter (2001), *Die Stunde der Wahrheit. Zum Verhältnis der Wis-*

senschaft zu Politik, Wirtschaft und Medien in der Wissensgesellschaft, Velbrück Wissenschaft, Weilerswist.

Weingart, Peter u. a. (Hg., 2007), *Nachrichten aus der Wissensgesellschaft. Analysen zur Veränderung von Wissenschaft*, Velbrück Wissenschaft, Weilerswist.

Weingartner, Paul (²1978), *Wissenschaftstheorie I: Einführung in die Hauptprobleme*, problemata, frommann-holzboog, Stuttgart-Bad Cannstatt.

White, Clinten A. Jr. (2003), »Nitazoxanide: An Important Advance in Anti-Parasitic Therapy«, in: *American Journal of Tropical Medicine and Hygiene* 68, S. 382-383.

White, Morton (1956), *Toward Reunion in Philosophy*, Havard University Press, Cambridge.

Whittington, Craig u. a. (2004), »Selective Serotonin Reuptake Inhibitors in Childhood Depression: Systematic Review of Published Versus Unpublished Data«, in: *Lancet* 363, S. 1341-1345.

Willman, D. (2003), »Stealth Merger: Drug Companies and Government Medical Research«, in: *Los Angeles Time* (7. Dezember 2003).

Wong, Otto u. a. (1991), »An Industry-wide Epidemiologic Study of Vinyl Chloride Workers, 1942-1982«, in: *American Journal of Industrial Medicine* 20 (3), S. 317-334.

Wong, Otto und M. Donald Whorton (1993), »Diagnostic Bias in Occupational Epidemiologic Studies: An Example Based on the Vinyl Chloride Literature«, in: *American Journal of Industrial Medicine* 24 (2), S. 251-256.

Woodward, Jim und Goodstein, David (1996), »Conduct, Misconduct and the Structure of Science«, in: *American Scientist* 84, S. 479-490.

Woolhandler, S. u. a. (2003), »Costs of Health Care Administration in the United States and Canada«, in: *New England Journal of Medicine* 349, S. 768-875.

Wray, K. Brad (2002), »The Epistemic Significance of Collaborative Research«, in: *Philosophy of Science* 69, S. 150-168.

Zammito, John (2004), *A Nice Derangement of Epistemes*, University of Chicago Press, Chicago.

Zihlmann, Adrienne (1978), »Woman in Evolution, Pt. II«, in: *Signs: Journal of Woman in Culture and Society* 4 (1), S. 4-201.

Ziman, John (2003), »Non-Instrumental Roles of Science«, in: *Science and Engineering Ethics* 9, S. 17-27.

Textnachweise und Übersetzungshinweise

Verwendete Abkürzungen:

Kincaid et al. (2007): Kincaid H., Dupré, J., and Wylie, A. (Hg.), *Value-free Science?*, Oxford University Press, Oxford 2007.

Carrier et al. (2008): Carrier, M., Howard, D., and Kourany, J. (Hg.), *The Challenge of the Social and the Pressure of Practice. Science and Values Revisited*, University of Pittsburgh Press, Pittsburgh 2008.

Textnachweise:

Max Weber: Der Sinn der »Wertfreiheit« in den soziologischen und ökonomischen Wissenschaften. Auszug des 1917 geschriebenen Aufsatzes (ausgelassene Teile in Fußnoten gekennzeichnet). In: Max Weber, *Gesammelte Aufsätze zur Wissenschaftslehre*, hg. v. J. Winckelmann, Mohr Siebeck, Tübingen, 3. Aufl. 1968, S. 489-540. Gemeinfreie digitalisierte Fassung unter: ⟨http://www.zeno.org/Soziologie/M/Weber,+Max⟩.

Jürgen Habermas: Erkenntnis und Interesse. Zuerst in: *Merkur*, Heft 213, Dezember 1965, S. 1139-1153. Wiederabgedruckt in: Jürgen Habermas, *Technik und Wissenschaft als »Ideologie«*, Suhrkamp, Frankfurt/M. 1968, S. 146-168.

Richard Rudner: Der Wissenschaftler *qua* Wissenschaftler fällt Werturteile. Übersetzung von: »The Scientist *qua* Scientist Makes Value Statements«, in: *Philosophy of Science* 20 (1953), S. 1-6. Abgedruckt mit Genehmigung der University of Chicago Press.

Carl G. Hempel: Wissenschaft und menschliche Werte. Übersetzung von: »Science and Human Values«. Zuerst in: R. E. Spiller (Hg.), *Social Control in a Free Society*, University of Pennsylvania Press, Philadelphia 1960, S. 39-64. Wiederabgedruckt in: Carl G. Hempel, *Aspects of Scientific Explanation*, Free Press, New York 1965, S. 81-96. Abgedruckt mit Genehmigung der University of Pennsylvania Press. (Revisionen im Wiederabdruck von 1965 wurden in die Übersetzung aufgenommen.)

Heather Douglas: Induktives Risiko und Werte in den Wissenschaften. Übersetzung von: »Inductive Risk and Values in Science«, in: *Philosophy of*

Science 67 (2000), 559-579. Abgedruckt mit Genehmigung der University of Chicago Press.

Torsten Wilholt: Einseitigkeiten und Werte in der naturwissenschaftlichen Forschung. Übersetzung von: »Bias and Values in Scientific Research«, in: *Studies in History and Philosophy of Science* 40 (2009), S. 92-101. Abgedruckt mit Genehmigung des Autors und der Elsevier Press.

Helen E. Longino: Werte, Heuristiken, und die Politik des Wissens. Übersetzung von: »Values, Heuristics, and the Politics of Knowledge«, in: Carrier et al. (2008), S. 68-87. Abgedruckt mit Genehmigung der University of Pittsburgh Press.

Noretta Koertge: Wissenschaft, Werte und die Werte der Wissenschaft. Übersetzung von: »Science, Values, and the Values of Science«, in: *Philosophy of Science (Supplement)* 67 (2000), S. 45-57. Abgedruckt mit Genehmigung der University of Chicago Press.

Gerald Doppelt: Die Wertgeladenheit wissenschaftlicher Erkenntnis. Übersetzung von: »The Value Ladenness of Scientific Knowledge«, in: Kincaid et al. (2007), S. 188-218. Abgedruckt mit Genehmigung der Oxford University Press.

John Dupré: Tatsachen und Werte. Übersetzung von: »Fact and Value«, in: Kincaid et al. (2007), S. 28-41. Abgedruckt mit Genehmigung der Oxford University Press.

James R. Brown: Die Wissenschaftsgemeinschaft – The Community of Science®. Übersetzung von: »The Community of Science®«, in: Carrier et al. (2008), S. 189-215. Abgedruckt mit Genehmigung der University of Pittsburgh Press.

Martin Carrier: Wissenschaft im Griff der Wirtschaft: Auswirkungen kommerzialisierter Forschung auf die Erkenntnisgewinnung. Übersetzung von: »Science in the Grip of the Economy«, in: Carrier et al. (2008), S. 218-235. Abgedruckt mit Genehmigung der University of Pittsburgh Press.

Matthias Adam: Interessen in wirtschaftsnaher Forschung – nutzen oder bannen? Übersetzung von: »Promoting Disinterestedness or Making Use of Bias?«, in: Carrier et al. (2008), S. 236-254. Abgedruckt mit Genehmigung der University of Pittsburgh Press.

Übersetzunghinweise:

Die Erstversionen der Übersetzungen wurden erstellt von Ute Feldmann (Douglas, Longino, Koertge, Brown), Thorsten Wilholt (Wilholt), Alexander Christian (Rudner), Alexander Gebharter (Hempel), Matthias und Tobias Unterhuber (Dupré), Florian Boge (Doppelt), Martin Carrier (Carrier) und Matthias Adam (Adam). Die Erstversionen wurden von den Herausgebern überarbeitet. Für die Manuskriptdurchsicht und Fußnotenerstellung danken wir Alexander Christian.

Über die Autorinnen und Autoren

Max Weber (1864-1920) gehört (neben Ferdinand Tönnies und Georg Simmel) zu den Gründervätern der deutschen Soziologie. Neben Schriften zu speziellen Soziologien (wie der Wirtschafts-, Religions-, Herrschafts- und Berufssoziologie) war er Begründer des Prinzips der Wertneutralität in den Sozialwissenschaften. Er wurde 1896 auf den Karl-Kries-Lehrstuhl in Heidelberg berufen, übernahm 1904 die Redaktion des *Archivs für Sozialwissenschaften und Sozialpolitik* und war 1909 Mitbegründer der Deutschen Gesellschaft für Soziologie. Nach Kriegsende nahm er seine Lehrtätigkeit mit Professuren in Heidelberg und München wieder auf. Wichtige Schriften u. a.: *Wissenschaft als Beruf* (1919), *Die protestantische Ethik und der Geist des Kapitalismus* (1920), *Wirtschaft und Gesellschaft* (1921/22). Eine Zusammenstellung seiner wissenschaftsphilosophischen Schriften ist: *Gesammelte Aufsätze zur Wissenschaftslehre* (1968).

Jürgen Habermas zählt zu den bekanntesten deutschsprachigen Philosophen der Gegenwart. 1956-1961 war er Mitarbeiter an dem von Max Horkheimer und Theodor W. Adorno geleiteten Institut für Soziaforschung in Frankfurt am Main. Als Vertreter der Kritischen Theorie beteiligte er sich 1963-1965 am Positivismusstreit in der deutschen Soziologie. Er wurde 1964 auf Horkheimers Lehrstuhl an der Universität Frankfurt berufen, wechselte 1971-1983 zum Max-Planck-Institut am Starnberger See und kehrte danach nach Frankfurt zurück. Schriften u. a.: *Erkenntnis und Interesse* (1968), *Technik und Wissenschaft als »Ideologie«* (1968), *Zur Rekonstruktion des Historischen Materialismus* (1976), *Theorie des kommunikativen Handelns* (1981), *Der philosophische Diskurs der Moderne* (1985), *Die Zukunft der menschlichen Natur* (2001), *Zur Verfassung Europas* (2011).

Hans-Joachim Dahms habilitierte sich in Philosophie an der Universität Osnabrück und arbeitete dort an zahlreichen wissenschaftshistorischen und philosophischen Forschungsprojekten, seit 2005 am »Institut Wiener Kreis« an der Universität Wien. Sein gegenwärtiges Forschungsprojekt ist »Die Neue Sachlichkeit. Die Erfindung und Ausbreitung des Zeitgeistes der 20er Jahre«. Er ist Autor des Buches *Positivismusstreit. Die Auseinandersetzungen der Frankfurter Schule mit dem logischen Positivismus* (1994), Verfasser zahlreicher Aufsätze zur Wissenschaftstheorie und zur Philosophie, Wissenschafts- und Universitätsgeschichte sowie Herausgeber und Koautor der Sammelbände *Philosophie, Wissenschaft, Aufklärung. Beiträge zur Geschichte und Wirkung des Wiener Kreises* (1985) und *Die Universität Göttingen unter dem Nationalsozialismus* (1987, 1998).

Richard S. Rudner (1921-1979) war ein einflussreicher Wissenschaftsphilosoph des 20. Jahrhunderts mit Schwerpunkten im Gebiet der Philosophie der Sozialwissenschaften und der Sprachphilosophie. Rudner war Professor an der Washington University und 1959-1975 Herausgeber der Zeitschrift *Philosophy of Science*. Neben zahlreichen Beiträgen in Fachzeitschriften schrieb er das Einführungswerk *Philosophy of Social Science* (1966).

Carl Gustav Hempel (1905-1997) ist einer der bedeutendsten Wissenschaftsphilosophen des 20. Jahrhunderts. Er promovierte in Berlin in der Gruppe um Hans Reichenbach und arbeitete zugleich eng mit Rudolf Carnap in Wien zusammen, über den er Aufnahme in den Wiener Kreis fand. 1939 emigrierte er in die USA, war Professor am Queens College in New York, an der Yale University, der Princeton und der Pittsburgh University. Buchpublikationen u. a.: *Aspects of Scientific Explanation* (1965; deutsch als *Aspekte wissenschaftlicher Erklärung* 1977), *Philosophy of Natural Science* (1966; deutsch als *Philosophie der Naturwissenschaften* 1974).

Heather Douglas ist Waterloo Chair in Science and Society am Department of Philosophy der University of Waterloo, Ontario, Canada. Sie promovierte 1998 am History and Philosophy of Science Department an der University of Pittsburgh mit Unterstützung durch die National Science Foundation und ist Verfasserin von zahlreichen Aufsätzen sowie Autorin des Buches *Science, Policy, and the Value-Free Ideal* (2009).

Torsten Wilholt ist Professor für Philosophie und Geschichte der Naturwissenschaften an der Leibniz-Universität Hannover. Zu seinen aktuellen Forschungsschwerpunkten gehören die soziale Erkenntnistheorie und die politische Philosophie der Wissenschaften. Er ist Autor der Bücher *Zahl und Wirklichkeit: Eine philosophische Untersuchung über die Anwendbarkeit der Mathematik* (2004) und *Die Freiheit der Forschung: Begründungen und Begrenzungen* (2012) sowie Verfasser von zahlreichen Forschungsartikeln in *Philosophy of Science, British Journal for the Philosophy of Science, Studies in History and Philosophy of Modern Physics* und anderen Fachzeitschriften.

Helen Longino ist Clarence Irving Lewis Professor am Philosophy Department der Stanford University. Wissenschaftsphilosophie, soziale Erkenntnistheorie und feministische Philosophie sind ihre wichtigsten Forschungs- und Lehrgebiete. Sie schrieb die Bücher *Science As Social Knowledge* (1990), *The Fate of Knowledge* (2001) sowie *Studying Human Behavior* (2013), eine Studie zum Zusammenhang der logischen, erkenntnistheoretischen und sozialen Aspekte der Verhaltenswissenschaften.

Noretta Koertge ist Professor Emerita am Department of History and Philosophy of Science an der Indiana University. Sie ist Fellow der American Association of Science, war Herausgeberin der Zeitschrift *Philosophy of Science* und des *New Dictionary of Scientific Biography*. Ihre Forschungsinteressen reichen von der Geschichte der Chemie und von Theorien des wissenschaftlichen Wachstums bis zum Einfluss der Gesellschaft auf die Wissenschaft. Für den vorliegenden Band ist insbesondere der von ihr herausgegebene Sammelband *Scientific Values and Civic Virtues* (2005) von Bedeutung.

John Dupré ist Professor für Philosophy of Science an der University of Exeter und Direktor des ESRC Centre for Genomics in Society (Egenis). Buchpublikationen u. a.: *The Disorder of Things: Metaphysical Foundations of the Disunity of Science* (1993) und *Processes of Life: Essays on the Philosophy of Biology* (2012). Gegenwärtig ist er Präsident der British Society for the Philosophy of Science und Fellow der American Association for the Advancement of Science.

Gerald Doppelt ist Professor für Philosophy und Science Studies an der University of California at San Diego sowie Distinguished Teacher des Akademischen Senats dieser Universität. Seine Forschungen in der Wissenschaftsphilosophie betreffen Themen wie die Natur von Evidenz, wissenschaftlicher Realismus, wissenschaftlicher Wandel und Fortschritt, Thomas Kuhn und der Logische Empirismus, die Rolle von Werten in den Wissenschaften und Konzeptionen wissenschaftlicher Rationalität. Seine Arbeiten in der politischen Philosophie kreisen um John Rawls, um Liberalismus und Fragen der Gerechtigkeit sowie um Multikulturalismus, Feminismus und Marxismus.

Gerhard Schurz ist Professor für Philosophie (Lehrstuhl Theoretische Philosophie) an der Universität Düsseldorf und Direktor des Düsseldorf Center for Logic and Philosophie of Science (DCLPS). Er war außerordentlicher Professor an der Universität Salzburg, wo er sich 1989 habilitierte, und Gastprofessor an der University of California at Irvine und der Yale University. Seine Forschungsschwerpunkte umfassen die Wissenschaftstheorie, Logik, Erkenntnistheorie und Metaethik. Er ist Autor zahlreicher Aufsätze in internationalen Fachzeitschriften. Buchpublikationen u. a.: *The Is-Ought Problem* (1997), *Einführung in die Wissenschaftstheorie* (2006, 3. Aufl. 2011), *Evolution in Natur und Kultur* (2011).

James Robert Brown ist Professor für Philosophie an der University of Toronto. Seine Forschungsschwerpunkte sind Grundlagenfragen der Mathematik und Physik, Gedankenexperimente sowie die Beziehung der Wissenschaften zur Gesellschaft, insbesondere die Effekte der Kommerzialisierung medizischer Forschung. Seine Buchpublikationen umfassen *The Laboratory of the Mind* (1993), *Who Rules? An Opinionated Guide to the Epistemology and Politics of the Science Wars* (2001), *Philosophy of Mathematics* (2008) und zuletzt *Platonism, Naturalism, and Mathematical Knowledge* (2011). Er ist Fellow der Royal Society of Canada und der Deutschen Akademie der Naturforscher Leopoldina.

Martin Carrier ist Professor für Philosophie an der Universität Bielefeld. Er habilitierte sich in Philosophie an der Universität Konstanz mit der Arbeit *The Completeness of Scientific Theories* (1994). Er ist Mitglied der Deutschen Akademie der Naturforscher Leopoldina, der Berlin-Brandenburgischen Akademie der Wissenschaften, der Akademie der Wissenschaften und der Literatur Mainz und der Academia Europaea. 2008 erhielt er den Leibniz-Preis der DFG. Sein hauptsächliches Arbeitsgebiet ist die Wissenschaftsphilosophie mit den Schwerpunkten Wissenschaftsentwicklung und Theorienwandel, Theoriebeladenheit und empirische Prüfung, intertheoretische Beziehungen und Reduktionismus sowie Methodologie angewandter Forschung. Buchpublikationen u. a.: *Wissenschaftstheorie: Zur Einführung* (2006, 3. Aufl. 2011), *Raum-Zeit* (2009).

Matthias Adam ist Leiter des Dezernats Struktur und Strategie der Technischen Universität Darmstadt. Nach seiner Promotion in Philosophie an der Universität Bielefeld arbeitete er dort als Postdoktorand über die Methodologie anwendungsnaher Pharmaforschung. Ausgewählte Veröffentlichungen: *Theoriebeladenheit und Objektivität* (2002), »Integrating Research and Development« (2005), »Multi-Level Complexities in Technological Development« (2011).

Namenregister

Sachregister